RW

Bibliothek
des
Kath. Gemeindeverbandes in Bremen
Hohe Str. 8/9, 28195 Bremen
Telefon: 04 21 - 3 69 41 51

RW 2/165

Handwörterbuch religiöser Gegenwartsfragen

Handwörterbuch religiöser Gegenwartsfragen

Herausgegeben von
Ulrich Ruh, David Seeber, Rudolf Walter

Herder Freiburg · Basel · Wien

Alle Rechte vorbehalten – Printed in Germany
© Verlag Herder Freiburg im Breisgau 1986
Herstellung: Freiburger Graphische Betriebe 1986
ISBN 3-451-20628-5

Vorwort

Bücher entstehen jeweils im Horizont und auf dem Hintergrund ihrer Zeit und verdanken sich in der Regel einer Überlieferung. Die Idee zu diesem Handwörterbuch geht zurück auf einen fernen Vorläufer. Es knüpft in Titel und Buchtyp an Conrad Gröbers erfolgreiches „Handbuch der religiösen Gegenwartsfragen" an, das in den vierziger Jahren in mehreren Auflagen im gleichen Verlag erschien. Die geistige Konstellation war damals durch die Gegnerschaft zum Nationalsozialismus bestimmt. Ein einziger Autor prägte das Profil des Werks, das selbst in seiner grundsätzlichen Gegnerschaft zum Nationalsozialismus noch in dessen Zeit hineinverflochten blieb.
Natürlich läßt sich ein solches Werk unter den heutigen Voraussetzungen nicht einfach fortschreiben. Aber das Anliegen ist noch wichtiger geworden. Die religiöse Situation ist eine völlig andere. Sie ist einfacher und komplexer zugleich. Es fehlen die militanten Töne gegen das Christentum und gegen Religion überhaupt. Während die einen den Bedeutungsverlust von Religion beklagen und von lautlosem „Ausrinnen" religiöser Vorstellungen reden, fragen andere angesichts wachsender Orientierungsunsicherheit neu nach dem religiösen Sinn des Lebens und nach den in den christlichen Kirchen tradierten religiösen Orientierungen. Religiös-weltanschauliche Sinnangebote verschiedenster Prägung bestimmen die geistige Szene. In den christlichen Kirchen selbst läßt sich – mit wechselnden Gewichten und Schwerpunkten – beides beobachten: das Bemühen um die Bewahrung „konfessioneller Identität" und eine selbstverständlich gewordene Offenheit, untereinander, ökumenisch und gegenüber anderen Religionen. Auch das Weltverhältnis der Kirchen schwankt zwischen neuer Abkapselung und wachsender Verantwortungsbereitschaft angesichts neuer kultureller, politischer und sittlicher Herausforderungen.
In dieser Situation versucht das „Handwörterbuch religiöser Gegenwartsfragen" die heute gleichermaßen aktuellen und grundsätzlichen Fragen im Spannungsfeld von Religion und Gesellschaft, von Glaube und Leben, von Kirche und Welt brennpunktartig zu benennen und zu beleuchten.
Die Nomenklatur des Handwörterbuchs kreist im wesentlichen um drei Hauptachsen: um die Darstellung wesentlicher Grundsachverhalte des christlichen Glaubens, um spezifisch gegenwartsbezogene religiöse Problemstellungen, Entwicklungen, Bewegungen innerhalb und außerhalb des Christentums und um die ethischen Fragen, durch die angesichts des gesellschaftlichen Wandels und angesichts der Folgeprobleme des technischen Fortschritts sich nicht nur Christen herausgefordert fühlen, denen gegenüber christlicher Glaube sich aber zu bewähren hat. Diese offene Grundstruktur bestimmt die Vielfalt der Themen. Obwohl zentrale theologische Begriffe im

Sinne einer das Wesentliche herausarbeitenden Grundinformation in die Nomenklatur einbezogen sind, will das „Handwörterbuch" kein Kompendium dogmatischer Grundwahrheiten sein. Es will auch nicht in erster Linie die „Innenseite" von Theologie und Kirche ausleuchten, sondern vor allem die „Berührungszonen" reflektieren, in denen christlicher Glaube und religiöses Leben als gesellschaftliche Wirklichkeit für den einzelnen virulent und für die Öffentlichkeit bedeutsam sind.

Dialogische Offenheit, ökumenische Ausrichtung und Sensibilität für jeweils neue Problemstellungen, soweit sie unsere Lebensverhältnisse verändern, sind durch das II. Vatikanum sozusagen das Vorzeichen vor der Klammer geworden, innerhalb welcher Glaube reflektiert und gelebt wird. Diesem Geist wissen sich die Herausgeber verpflichtet. So war es selbstversändlich, daß die Autoren nicht nach konfessionellen, sondern nach fachlichen Gesichtspunkten ausgewählt wurden. Der katholische Hintergrund und Standort des Werkes, vom Verlag und den Herausgebern ohnehin vorgegeben, brauchten deswegen in keiner Weise verleugnet zu werden.

Die Herausgeber waren sich von vornherein bewußt, daß das Werk keine enzyklopädische Darstellung aller mit einem Stichwort zusammenhängenden Einzelfragen werden konnte. Die Nomenklatur mußte schon aus Gründen des Umfangs in Grenzen gehalten werden. Und Auswahlkriterien bleiben immer diskutabel. Wichtig war uns, auf gutem wissenschaftlichem Niveau und in einer auch für Nichtfachleute verständlichen Sprache Durchblicke möglichst quer durch Disziplinen und Erkenntnisweisen zu bieten. Das „Handwörterbuch" will vor allem fachlich gut fundierte Orientierungshilfe für den persönlichen wie für den beruflichen Gebrauch sein. Daß seine Themen über lexikographisch-objektivierende Darstellung hinaus auch persönliches Engagement erfordern und die Vielfalt der Perspektiven auch ein breites Spektrum von Positionen mit sich bringt, ist von der Sache selbst bestimmt.

Den Autoren danken wir für Kooperationsbereitschaft und Entgegenkommen.

Die Herausgeber

Agnostizismus

↗ Atheismus; Gewissen; Kultur und Kirche; Offenbarung

1. Wissenschaftliche Selbstbeschränkung

Den Begriff „Agnostizismus" hat erst 1869 der Zoologe Thomas Henry Huxley eingeführt. Er sollte gerade keinen „-ismus", sondern die tolerante Offenheit gegenüber unterschiedlichen Lehren bezeichnen. Gebildet ist das Wort nach dem griechischen ‚agnoein' = nicht wissen; doch wird hier nicht die Möglichkeit wahrer Erkenntnis überhaupt bestritten (wie im Skeptizismus), sondern die Möglichkeit *metaphysischer* Einsicht, die Behauptung philosophischer Gewißheiten hinsichtlich „Sein", Welt und Gott. Und dies nach beiden Seiten, sei nun jemandem gewiß (aufgrund von Gottesbeweisen), Gott existiere, oder behaupte er zu wissen, Gott existiere nicht.

Für Huxley stand (natur-)wissenschaftliche Aufklärung im Vordergrund. Als infam hat er die Unterstellung abgewiesen, es handle sich hier um feige verbrämten Unglauben, als töricht die Festlegung auf den Positivismus; ihm war es vielmehr um Volksbildung und humane Vernünftigkeit zu tun, um wissenschaftlichen Fortschritt und um Fortschritt durch die Wissenschaften.

Diese szientistische Komponente hat sich zunächst noch verschärft: in dem, was wir mit Heinz Robert Schlette den *analytischen Agnostizismus* nennen können. Hier hält man nicht bloß Antworten für unmöglich, sondern erklärt schon die entsprechenden Fragen für sinnlos. Agnostizismus wird so zum Positivismus. Ihm zufolge kommt Erkenntnis durch Erfahrung und Sprache, genauer: durch Empirie und Logik zustande. Die Logik stellt deren Form dar; sie ist notwendig wahr, aber bleibt als Regel bloßer Umformung von Sätzen analytisch und vermag keine Erkenntnis der Wirklichkeit zu vermitteln. Ihren Inhalt gibt dieser Form die Empirie; sie ist nach ihrer reinsten exaktesten Gestalt Physik.

Philosophische Sätze bieten demgemäß nur Scheinaussagen; sie sind höchstens als Dichtung („Begriffsdichtung") anzuerkennen. Doch näher liegt es, sie als Krankheitssymptom zu werten. Darum erscheint diese Form des Agnostizismus weniger tolerant: sowohl in anti-metaphysischer Polemik wie in sozusagen therapeutischer Attitüde, wonach philosophische Probleme zwar zu behandeln seien – aber wie bzw. als Krankheiten.

2. Selbstbescheidung vor dem Rätsel der Welt

Entwicklungen in der modernen Physik wie methodologische Schwierigkeiten haben dazu geführt, daß dieser doktrinäre Agnostizismus (der so genau zu wissen glaubte, was wir nicht wissen) schrittweise aufgegeben worden ist. Das betrifft aber nur das nicht-agnostische Moment daran, eben die selbstsichere Gewißheit, (nicht) zu wissen. Der Agnostizismus selber hat sich eher ausgebreitet und scheint so etwas wie eine Grundstimmung der Gegenwart zu bilden. Seine heutige Gestalt kennzeichnet Schlette als „aporetisch-änigmatischen Agnostizismus".

Agnostizismus; denn Grundsatz ist nach wie vor „die Forderung, das Gebiet sicheren Wissens nicht mit Behauptungen zu überschreiten" (G. Patzig). *Aporetisch,* weil man vor den widersprüchlichen Aussagen der Denkgeschichte und vor der Geschichte überhaupt mit ihrer Last von Leid und Schuld in Ausweglosigkeit (= Aporie) gerät. *Änigmatisch,* weil Welt und Seele sich als ein Rätsel (= änigma) darstellen, das auch und gerade im Blick auf Gott nicht etwa lösbar erscheint, sondern nur erst recht als unlösbar erkannt werde. Während Nietzsche eine solche Position als pseudoreligiös attackiert: „Woher nehmen sie das Recht, ein Fragezeichen anzubeten?", betonen ihre philosophischen Verteidiger, daß hier weder Resignation noch antirationale Emotion im Spiel sei, sondern umgekehrt diese Urteilsenthaltung die einzig rationale Konsequenz aus der Situation des Menschen in Welt und Geschichte darstelle. Obendrein sei sie die einzig vertretbare Basis für einen umfassenden Humanismus und so für möglichen Frieden. Denn jede Behauptung provoziert Gegenbehauptungen, jede propagierte „Gnosis" (Erkenntnis) führt zu Parteiungen, wobei die einen die anderen für dumm und/oder böse halten müssen. Darum führt Wahrheitsgewißheit immer wieder zu Gewalt, zu Inquisition und Terror, zu weltanschaulich motivierten Kriegen. So könne es Humanismus nur als aporetischen, im Geist des aporetischen Agnostizismus geben.

Dem hat man durch Jahrhunderte hin entgegengehalten, in so grundsätzlichen Fragen wie jener nach dem Sinn des Lebens und des Ganzen überhaupt, nach Gott und möglichem Heil von ihm her könne der Mensch sich auf die Dauer nicht in Unentschiedenheit halten. „Ihr mögt tun, was ihr wollt: dennoch muß man entweder glauben oder leugnen oder zweifeln" (Pascal). „Glaube oder (sei's kaschierte) Verzweiflung", lautet Kierkegaards Entweder-Oder. Moderne Agnostiker nennen das „Erpressung durch Alternativen" und stellen dem Entweder-Oder das Programm eines Weder-Noch entgegen. So etwa Bernd-Ulrich Hergemöller (Thomas Bernhard zitierend): „Ich kann nicht *ja* sagen, aber ich will auch nicht *nein* sagen." Nicht ja sagen kann der Agnostiker, weil er sich zur Annahme bestimmter Glaubenssätze nicht verstehen kann; nein sagen will er nicht, weil er sich nicht definitiv alle Zukunft abschneiden will. Und in diesem Gleichgewicht läßt sich leben. „Nur wenn ich einem Tausch der Verben des Zitats erliegen würde, so daß es hieße: ‚Ich will nicht ja sagen, aber ich kann auch nicht nein sagen', wäre ich jenes zerrüttete und dem Spaltungsirrtum geweihte Wrack, als das mich die Entscheidungsfanatiker zu karikieren pflegen."

Tatsächlich scheinen nicht wenige Menschen in bewußtem Verzicht auf Letzt-Fragen und letzte Antworten leben zu können. Daß viele es nicht vermögen, belegt die gegenwärtige Konjunktur von Visionen, Prophezeiungen, Esoterik und religiösen Alternativ-Angeboten verschiedenster Herkunft. Bezeichnenderweise lebt ja auch der religiöse Agnostizismus eines Buddha nur im „Kleinen Fahrzeug" weiter. „Der Buddha weigerte sich nicht nur zu antworten, sondern sogar über diese Punkte (metaphysischer Spekulationen in Philosophie und Religion) zu diskutieren. Alles mußte ausgeräumt werden, was nicht der Erlangung von Ruhe, Erkenntnis, höchster Weisheit und Nirvana dient" (H. Nakamura). Aber im „Großen Fahrzeug" bietet sich wieder ein ganzer religiöser Kosmos an.

3. Wahrheit und Wahrheitsanspruch

Doch ist nicht die Lebbarkeit des Agnostizismus die Frage, sondern die Wahrheit seines Anspruchs. Hier gilt es erstlich zu sehen, daß de facto auch er *ein* Standpunkt, *eine* Einstellung unter anderen ist. Unweigerlich behauptet auch er – nämlich sich selbst und stellt insofern selber eine „Gnosis" neben anderen dar. So gilt auch vom Agnostiker: „Er kann und darf sich nicht selbst als den fraglos richtigen Denker und Menschen empfinden, sondern muß sich ebenso der Frage und der Fraglichkeit unterwerfen wie den jeweils anderen, dem er gegenübersteht" (Hergemöller). So daß vielleicht dennoch ein Metaphysiker mit seinem Wahrheits- und Gewißheitsanspruch recht hätte? Will man aber so weit nicht gehen, dann ist man umgekehrt nun doch nicht mehr so „weit entfernt von der Rolle des Weltenrichters". Beim selben Autor steht, im Rückbezug auf den Skeptiker Sextus Empiricus, es gebe Ruhe, wenn im Philosophenstreit der Agnostiker „die unentwegt auf und nieder gehenden Waagschalen beider Seiten anhält und als ‚ehrlicher Makler' der Philosophie schiedsrichterliche und ausgleichende Funktionen übernimmt". Dann wäre der Agnostizismus nicht mehr nur eine Ansicht unter anderen, sondern die rechte über allen anderen? Und dies obendrein im Dienste des Friedens?

Das läßt an einen Nachlaß-Aphorismus Nietzsches denken: „Es wird erzählt, daß der berühmte Stifter des Christentums vor Pilatus sagte: ‚Ich bin die Wahrheit.' Die Antwort des Römers darauf ist Roms würdig; als die größte Urbanität aller Zeiten." Eine Urbanität, die es im weiteren erlaubt, sich die Hände zu waschen, während man einen Unschuldigen nach der Geißelung ans Kreuz schickt. Denn zwar ist die *Gefahr* von Intoleranz eine Wesensbedrohung von Glaubensüberzeugungen; die bloße Gemeinsamkeit sich bescheidenden (Über-)Lebenswillens aber kann ihr nichts entgegensetzen; ja, daraus *folgt* sogar Intoleranz: in Konfliktsituationen, wo bei der Wahrheit und ihrer Ethik zu verbleiben vitale Nachteile für den Betreffenden brächte (in dieser Lage war ja Pilatus). Mit Werner Kraft gesagt: „Wenn Menschen behaupten, sie wüßten nicht, was die Wahrheit sei, darf man sie höflichst darauf hinweisen, daß sie wissen, was die Lüge ist. Die Lüge setzt die Wahrheit voraus."

Gibt es keine Wahrheit, dann ist auch die Rede von Wahrhaftigkeit sinnlos. Denn dann ist auch der Satz – vielleicht – nicht wahr, es sei geboten, wahrhaftig zu sein. Wenn aber, einzeltherapeuthisch wie sozialtechnisch, Nutzen und Schaden zum Erstprinzip des Handelns gemacht würden, dann wäre nicht allein die Wahrheitsfrage, sondern auch wahre Menschlichkeit ausgetrieben. Und kein Appell an Vernünftigkeit, an Gefühle oder Goodwill brächte sie zurück.

In der Gewissenserfahrung aber bezeugt sich ein unbedingter Wahrheitsanspruch (aller Auseinandersetzung über konkrete Gewissensforderungen voraus): Freilich darf man Erfahrung hier nicht auf objektivistische Empirie reduzieren und Wahrheit nicht auf intersubjektiv feststellbare Faktenrichtigkeiten. Nach einem Wort Schellings ist das Gewissen in uns „der einzige offene Punkt für den Himmel". Dies (in einem „deontologischen Gottesbeweis") zu entfalten ist hier nicht der Ort. Doch könnte schon dieser Hinweis sehen lassen, daß Erkennen nicht Begreifen oder Durchschauen besagen muß. Gegen solchen Rationalismus wenden sich Agnostiker mit vollem Recht. Und in diesem Sinn kann man – mit Karl Rahner – den Agnostizismus sogar als heutige Weise der Gotteserfahrung auffassen, als Selbstübergabe an jene „Finsternis" und „Unbegreiflichkeit, die man Gott nennt". Ein Begreifen ist ja auch von den Lehraussagen der katholischen Kirche über die natürliche Erkennbarkeit Gottes nicht gemeint; selbst der Glaube löst die Ijobsfrage nicht etwa (er hilft, mit ihr zu leben – weil man „*weiß*, wem man glaubt", 2 Tim 1,12); und nicht einmal „Anschauung Gottes" meint ein Begreifen, vielmehr die Offenbarung seines angebeteten Geheimnisses. Erkenntnis im Vollsinn ist weder bloß passive „Objektivität" noch bloß ein aktives Er-fassen, sondern das Sich-Auftun für eine Wirklichkeit, die ihrerseits den sie Erkennenden erfaßt: von der er sich erfassen läßt. – Und diese Erfahrung wird er dann auch entschieden vor anderen bezeugen.

Literatur:
B.-U. Hergemöller, Weder-Noch, Traktat über die Sinnfrage (Hamburg 1985); *Th. H. Huxley,* Collected Essays I–IX (London 1893–1894), bes. IV u. V (hier: Agnosticism and Christianity); *K. Rahner,* Glaubensbegründung in einer agnostischen Welt, in: Schriften zur Theologie, Bd. XV (Zürich 1983) 33–138; *H. R. Schlette* (Hrsg.), Der moderne Agnostizismus (Düsseldorf 1979); *J. Splett,* Der Mensch ist Person. Zur christlichen Rechtfertigung des Menschseins (Frankfurt a. M. 1978); *ders.,* Gotteserfahrung im Denken. Zur philosophischen Rechtfertigung des Redens von Gott (Freiburg – München 1985).

Jörg Splett

Anthroposophie

↗ Esoterik; Okkultismus; Östliche Religiosität

1. Begriff

Anthroposophie will „*die* Weisheit (griech.: sophia) vom Menschen (griech.: anthropos)" sein, die jeder erlangen kann, der den von *Rudolf Steiner* (1861-1925) entwickelten *geistigen Schulungsweg* betritt. Der Begriff umfaßt sowohl die mit dieser Methode zu erlangende *Erkenntnis* des Menschen und der übersinnlichen Welt als auch den *Weg* geistiger Entwicklung selbst, den der „Geistesschüler" durchläuft („anthroposophische Geisteswissenschaft"). Der Begriff wird aber auch allgemein verwendet für die Weltanschauungsgemeinschaft, in der dieser geistige Schulungsweg gepflegt wird. Als solche zählt Anthroposophie zu den esoterisch-neugnostischen Weltanschauungen. (Unabhängig von dieser im 20. Jahrhundert entstandenen Weltanschauung begegnet der Begriff schon früher bei den Philosophen Troxler, H. I. Fichte und R. Zimmermann).

2. Herkunft und Zielsetzung

Herkunft und Intention der Anthroposophie lassen sich nur verstehen aus dem Lebenswerk ihres Gründers, des 1861 in Kraljevec (Österreich-Ungarn, heute Jugoslawien) geborenen Rudolf Steiner. Schon im Kindesalter hatte Steiner eine Intuition von der geistigen Welt, die bereits das Programm seiner späteren anthroposophischen „Geisteswissenschaft" enthielt. „Bei der Geometrie sagte ich mir: Hier darf man etwas wissen, was nur die Seele selbst durch ihre eigene Kraft erlebt ... Und ich fühlte, so wie Geometrie muß man das Wissen von der geistigen Welt in sich tragen." Steiners Beschäftigung mit Goethes naturwissenschaftlichen Schriften, die ihm die Berufung an das Goethe- und Schiller-Archiv in Weimar (1890-1897) brachte, ist die Voraussetzung der anthroposophischen *Goethe*-Rezeption. 1894 erscheint seine für die Anthroposophie erkenntnistheoretisch grundlegende *„Philosophie der Freiheit"*, in der Steiner die Menschheit zur Erkenntnis des freien Ich führen will: *Der Mensch ist in seinem Handeln frei und erlebt, sobald er frei handelt, das Göttliche in sich selbst* (von Stieglitz). Die „Philosophie der Freiheit" wird heute von den meisten Anthroposophen als Grundlage ihrer Lehre und Lebensweisheit betrachtet. Auf die Frage, was nach Jahrtausenden von seinem Werk übrigbleiben werde, sagte Steiner einmal: „Nichts als die Philosophie der Freiheit. Wenn jemand *den dort geschilderten Freiheitsakt* realisiert, findet er *den ganzen Inhalt der Anthroposophie.*" Darin und in den beiden 1904 bzw. 1910 veröffentlichten Hauptwerken *„Theosophie"* und *„Die Geheimwissenschaft im Umriß"* finden sich die Grundlagen der anthroposophischen Weltanschauung. Sie kann allgemein auf drei Grundelemente zurückgeführt werden: die Goetheanistische Naturbetrachtung, den Haeckelschen Monismus in der Deutung der Evolution und den theosophischen Okkultismus. Hinter der Anthroposophie steht zunächst die von *Goethes* naturwissenschaftlichen Schriften herkommende Einsicht, daß das materialistisch-quantitative Denken der neuzeitlichen Wissenschaft den organischen Vorgängen im Leben der Natur nicht adäquat ist. In Goethes Weltanschauung ist gleichzeitig die von der Anthroposophie vertretene Ansicht vorweggenommen, daß „Materie nie ohne Geist, der Geist nie ohne Materie existiert".

3. Theosophie und Anthroposophie

Diese Ansicht ist aber auch für die andere Quelle der anthroposophischen Geisteswissenschaft zentral: *die Theosophie.* Die Begegnung mit dem theosophischen Okkultismus verhilft Steiner dazu, die bei Goethe gewonnene Auffassung vom Organischen auf den ganzen Kosmos und die Überwelt auszudehnen. Alles ist nach theosophischer Ansicht eingeordnet in die Überzeugung von der ursprünglichen Geistigkeit alles Gewordenen und seiner Wiederhinwendung zum Geist. Als eine der esoterischen Weltanschauungsgemeinschaften, die um die Jahrhundertwende in weiten Teilen Europas aufblühte, da man mit dem einseitigen Materialismus vieler Naturwissenschaftler immer unzufriedener wurde, ist die Theosophie ein Teil des weltanschaulichen *Okkultismus,* der oftmals auch mit einem religiösen *Synkretismus* einhergeht. Zwischen Steiners Goethe-Rezeption und seiner Hinwendung zum theosophischen Okkultismus steht, in dem Jahrzehnt zwischen 1892 und 1902, seine Begegnung mit *Ernst Haeckel* (1834–1919). 1905/06 vertrat er die These: „Die Haeckelschen Forschungsresultate bilden sozusagen das erste Kapitel der Theosophie oder Geisteswissenschaft. Viel besser als durch irgend etwas anderes kann man sich in das Werden und Umgestalten der organischen Formen hineinfinden." Bei Goethe lernte Steiner jeden Organismus als eine *dynamische Ganzheit* begreifen, bei Haeckel lernte er die ganze „Evolution" als einen solchen *einheitlichen Lebensprozeß* („natura naturans"), in den alles mit einbezogen ist, verstehen. Steiner bewunderte an Haeckel den Mut, von diesem *Monismus* aus zu forschen. In der „Geheimwissenschaft im Umriß" (1910) hat Steiner den Evolutionsgedanken konsequent auf die Darstellung „okkulter" Werdeprozesse von Welt und Mensch angewandt. Von seiner Berliner Zeit an wurde versucht, den theosophischen Okkultismus als „wissenschaftlich" zu rechtfertigen („Geisteswissenschaft") und zugleich die im Monismus Haeckels angelegte Tendenz zu einer umfassenden Weltanschauung mit Hilfe der Theosophie auszuführen.

„Anthroposophie" nennt Steiner seine auf einer „höheren Schau" beruhende „Geheim-" oder „Geisteswissenschaft" aber erst *ab 1913,* nach dem Bruch mit der Führung der anglo-indischen „Theosophischen Gesellschaft", und bei späteren Neuauflagen seiner zuvor erschienenen Werke wird das Wort „Theosophie" von den Herausgebern einfach durch „Anthroposophie" er-

setzt. Sachlich ändert sich damit jedoch nichts an der Grundkonzeption der „Geisteswissenschaft."

4. „Erneuerte Mysterien"

Dies gilt auch für den Versuch, die Theosophie bzw. Anthroposophie als *„erneuerte Mysterien"* für den Menschen des 20. Jahrhunderts darzustellen. Diese Linie taucht nicht zufällig erstmals auf in einem der ersten Vortragszyklen, die Steiner nach seiner Hinwendung zur Theosophie 1901/02 in Berlin gehalten hat: *„Das Christentum als mystische Tatsache und die Mysterien des Altertums"*. Ziel der hellenistischen Mysterien war es, den Initianten teilhaben zu lassen an den „göttlichen *Gesetzen des Kosmos"*, vor allem an dem *Wechsel von Werden, Vergehen und Neuwerden*. Die Theosophie bzw. Anthroposophie soll etwas den alten Mysterien völlig Analoges für unser wissenschaftliches Zeitalter sein, nur auf einer höheren geistigen Stufe: „Darauf kommt es an: daß der Mensch durch mystische Entwicklung, ohne *äußere* Mysterien, durch eine reine Seelenentwicklung ... heute das erleben kann, was in den alten Zeiten in den Mysterien erlebt worden ist." Der aus diesem Ansatz resultierende Impuls „erneuerter Mysterien" durchzieht das gesamte weitere Wirken Steiners und der Anthroposophie: Aus dem Verständnis der alten Mysterien holte sich Steiner auch sein neues Verständnis des Christentums, vor allem den Zugang zu seinen *christologischen Forschungen,* die sich immer mehr zum zentralen Thema seiner Anthroposophie entwickelten: Das Christentum ist die „um das Christus-Ereignis bereicherte Mysterien-Erkenntnis", das Kreuz auf Golgota ist der „in eine Tatsache zusammengezogene Mysterienkult des Altertums", denn der Christus hat die Mysterienvorgänge von Sterben und Auferstehen, das Erleben der übersinnlichen Welt vor aller Augen vorgelebt und ist damit zum Repräsentanten der geistigen Welt geworden, an den sich halten muß, wer Anteil gewinnen will an dieser Welt (v. Stieglitz). Auf diesem neuen Zugang zum Christentum aufbauend, konstituierte sich insbesondere die auch von zahlreichen evangelischen Pfarrern, die bei Steiner in die Lehre gingen, mitbegründete religiöse Erneuerungsbewegung, die sog. *„Christengemeinschaft",* die von Steiner als Träger eines wesentlichen Teils der „erneuerten Mysterien" betrachtet wurde und von ihm selbst auch einen neuen Kultus, die „Menschenweihehandlung", erhielt.
Der zentrale Inhalt des „*Mysteriums von Golgatha"* – die *Weihe* der Erde zu ihrem geistigen Fortschreiten zur vollen Entfaltung der *Ich-Kräfte* des Menschen – ist jedoch für Steiner keineswegs auf den religiösen Bereich beschränkt, sondern Grundlage der künftigen *„Ich-Kultur"* der gesamten Menschheitsentwicklung.

5. Heutige Wirkung

Im Gegensatz zu allen auch auf die westliche Zivilisation zur Zeit einwirkenden östlichen Bewußtseins- und Einweihungstechniken der Ich-Transzendierung und des Ich-Verlusts (Bhagwan u. a.) wird von der Anthroposophie an der *christlich-abendländischen Persönlichkeitskultur* festgehalten, war schon in Steiners Distanzierung von der in der „Theosophischen Gesellschaft" gepflegten „unverstandenen orientalischen Mystik" zum Ausdruck kam und einer der Hauptgründe für die Wirkung der Anthroposophie auf einen Teil seines bürgerlichen Publikums bis heute ist. Dies kommt auch in der anthroposophischen Auffassung von *Reinkarnation* und *Karma* zum Ausdruck, die nicht an das hinduistische Kreislaufdenken ewiger Wiedergeburten als Verhängnis für die Menschheit anknüpft, sondern an westliche Vorbilder, vor allem an Lessings „Erziehung des Menschengeschlechts" und an den Deutschen Idealismus, wo die Wiederverkörperung als Chance zur Selbstvervollkommnung der menschlichen Individualität verstanden wurde, sowie an den Evolutionsgedanken Darwins. In der vollen *Ich-Entfaltung* über die vielen Inkarnationen des menschlichen Geistes hin wird das Ziel der gesamten kosmischen Entwicklung gesehen und damit die bereits in der „Philosophie der Freiheit" zugrundeliegende Auffassung vom Menschen als Schöpfer seiner Freiheit zu einer die Lösung aller Lebensrätsel umfassenden Weltanschauung weiterentwickelt.

Über den engeren Kreis der organisierten Anthroposophen hinaus wirkt Anthroposophie heute werbend in Teilen der Öffentlichkeit vor allem durch ihre *Tochtergründungen:* Waldorfschulen, Krankenhäuser und Behindertenanstalten, biologisch-dynamischen Landbau und Heilmittelproduktion sowie, in der „alternativen Szene", durch die vor allem von kulturrevolutionären Jung-Anthroposophen getragene Bewegung für „soziale Dreigliederung" als „drittem Weg" jenseits von Kapitalismus und Kommunismus. Die Zahl der Waldorfschüler hat sich etwa in der Bundesrepublik Deutschland in einem Jahrzehnt zwischen 1970 und 1982 nahezu verdoppelt auf ca. 35 000 und beträgt heute ca. 40 000 Schüler in 84 Schulen. Der „Waldorfschul-Boom" dürfte allerdings auch darauf zurückzuführen sein, daß zahlreiche Vertreter dieser Bewegung „die befremdlichen Besonderheiten der anthroposophischen Erziehungslehre dem normalen Common Sense und pädagogischen Zeitgeschmack anpassen" konnten (K. Prange). Es mehren sich deshalb auch Stimmen innerhalb der Anthroposophie, die angesichts des heute im Vordergrund stehenden Interesses an praktischen Initiativen der Anthroposophie davor warnen, den ursprünglichen, sich oberflächlicher Popularisierung entziehenden *esoterischen* Ansatz zu übersehen und diese mit einem „modernen Dienstleistungsgewerbe" zu verwechseln (G. Wehr).

Literatur:
K. E. Becker – H.-P. Schreiner (Hrsg.), Anthroposophie heute (München ²1981); *J. Hemleben*, Rudolf Steiner (Reinbek 1963); *R. Steiner*, Ausgewählte Werke in 10 Bänden (Frankfurt a. M. 1985); – *Kritisch: J. Badewien*, Anthroposophie (Konstanz 1985); Handbuch Religiöse Gemeinschaften (Gütersloh ³1985) 386ff.; *K. Prange*, Erziehung zur Anthroposophie. Darstellung und Kritik der Waldorfpädagogik (Bad Heilbrunn 1985); *K. von Stieglitz*, Die Christosophie Rudolf Steiners (Witten 1955).

Hans-Jürgen Ruppert

Arbeitsrecht, kirchliches

↗ Arbeitswelt und Kirche; Diakonie, kirchliche; Kirche; Laien

1. Kirchen und Arbeitsrecht

Arbeitsrecht als ein eigenes Rechtsgebiet ist eine sehr junge Errungenschaft. Bis dahin war die rechtliche Lage derer, die im Dienstverhältnis durch unselbständige Arbeit ihr Brot verdienen mußten, nur unzulänglich geregelt und vor allem unzureichend geschützt. So hatte Pius XI. allen Grund, es in „Quadragesimo anno" freudig zu begrüßen. Damit ist aber noch nicht geklärt, ob dieses erfreuliche Ergebnis einer Entwicklung, die sich im weltlichen Raum der Erwerbswirtschaft abgespielt hat, auch im kirchlichen Raum anwendbar ist. Es versteht sich nicht ohne weiteres von selbst, daß die Kirche nach ihrem Selbstverständnis sich als Arbeitgeber versteht, als solcher auftritt und Arbeitnehmer in ihren Dienst stellt, und insbesondere, ob zwischen der Kirche und ihren *eigenen* Gläubigen streng arbeitsrechtliche Beziehungen sinnvoll oder auch nur überhaupt möglich sind. Diese Grundsatzfragen sollen hier nicht vertieft werden. Wir haben es auch nicht zu tun mit den kirchlichen Ämtern und deren geweihten Inhabern („Geistliche"), auch nicht mit den Ordensleuten oder mit dem ehrenamtlichen Dienst in der Kirche, sondern mit der großen Zahl derer, die gegen *Entgelt* im Dienste der Kirche arbeiten.

In diesem *arbeitsrechtlichen* Verhältnis stehen die beiden Partner, die Kirche und der in ihre Dienste tretende, einander als gleichberechtigte Tauschpartner gegenüber; keiner will selbstlos den anderen begünstigen, aber ebenso will auch keiner den anderen übervorteilen, sondern beide wollen ihr Interesse in dem Sinne wahren, daß sie *gleichwertige* Leistungen und Gegenleistungen austauschen. So und nicht anders versteht es auch das kirchliche Gesetzbuch.

Noch das Gesetzbuch von 1917 ging von der patriarchalischen Vorstellung des Arbeits*herrn* aus, der die ihm Untergebenen als vermeintlich Unmündige in jeder Hinsicht zu bevormunden und zu betreuen hatte. In diesem Sinne

schrieb dessen can. 1524 vor, ihnen „einen ehrbaren und gerechten Lohn zuzuerkennen", betonte aber vor allem ihre religiöse und sozialökonomische Betreuung. Von unserem heutigen Verständnis des rechtlich und tatsächlich freien Lohnarbeitsverhältnisses war noch nichts zu spüren.
Ganz anders das neue Rechtsbuch der Kirche, der CIC von 1983. In can. 1286, Ziff. 1 schreibt es vor, „auch das weltliche Arbeits- und Sozialrecht genauestens zu beachten". Unglücklicherweise hat sich in den Erstdruck der deutschen Übersetzung ein Fehler eingeschlichen, der erst in einer zweiten Auflage berichtigt werden kann; sie spricht von „Vergabe von Aufträgen", während es im lateinischen Urtext ‚operarum locatio' heißt, was eindeutig „Arbeitsvertrag" bedeutet und auch im Sinnzusammenhang nur so gemeint sein kann. Nach dieser Vorschrift gilt für die ganze Kirche weltweit in jedem einzelnen Lande dessen eigenes Arbeits- (und Sozial-)Recht, und ist nach dem Willen des kirchlichen Gesetzgebers „genauestens" (‚adamussim'), d. i. dem Wortlaut und dem Sinne nach, zu befolgen. (Mit „Recht" ist selbstverständlich nur wirkliches Recht, sind nicht Willkürsatzungen irgendeines Unrechtsstaates gemeint.)
Diese Vorschrift schließt keineswegs aus, daß die Kirche für ihren Rechtsbereich zusätzliche Vorschriften erläßt, sei es, daß sie Lücken des staatlichen Gesetzes schließt, sei es, daß sie Ausführungsbestimmungen erläßt. Im Rechtsbuch der Kirche findet sich jedoch nichts dieser Art; eigenes gesamtkirchliches Arbeitsrecht gibt es nicht. Demnach ist es Sache der *Teil*kirchen, eigenes kirchliches Arbeitsrecht bei sich einzuführen, wenn sie ein Bedürfnis danach erkennen und die Freiheit dazu haben.
Die Kirche in der Bundesrepublik Deutschland erfreut sich dieser Freiheit. – Das Grundgesetz der Bundesrepublik Deutschland ermächtigt die Religionsgemeinschaften, ihre Angelegenheiten selbständig zu ordnen und zu verwalten; *was* als deren Angelegenheit gilt, wird äußerst weitherzig ausgelegt. Die großen Kirchen genießen überdies öffentlich-rechtlichen Status. Aus Rücksicht auf die vorgenannte den Religionsgemeinschaften eingeräumte Freiheit spart unsere staatliche Gesetzgebung zudem noch bestimmte Bereiche des *kollektiven* Arbeitsrechts als *Freiraum* für sie aus. Damit haben wir den eigenartigen Zustand, daß das kirchliche Gesetzbuch in can. 1286 auf das staatliche Arbeitsrecht verweist, dieses aber wieder auf von der Kirche geschaffenes oder zu schaffendes Arbeitsrecht *zurück*verweist.
Von der auf diese Weise eröffneten Möglichkeit haben beide großen Kirchen in der Bundesrepublik Deutschland Gebrauch gemacht. Damit stellt sich die Frage nach dem rechtlichen Charakter dieser von ihnen geschaffenen arbeitsrechtlichen Gesetze. Hatte der Staat diesen ihm selbst verfassungsrechtlich verwehrten Raum den Religionsgemeinschaften lediglich *offengelassen,* womit ihnen freistand, ihn in Anspruch zu nehmen oder nicht, oder hatte er, weil er selbst diese Lücke nicht schließen konnte, sie den Religionsgemeinschaften *zugewiesen,* damit diese sie ausfüllten, womit das, was sie lieferten, als Bestandteil in das staatliche Gesetz einging und an dessen Gesetzeskraft

teilnahm? Ein förmlicher Auftrag dieser Art ist niemals erteilt worden, und die Kirchen, die zunächst 20 Jahre lang untätig geblieben sind, haben sich auch offenbar nicht als beauftragt angesehen. So ist die Frage der (staatlichen) Gesetzeskraft bis heute umstritten. Um ihre arbeitsrechtlichen Vorschriften notfalls mit Hilfe der staatlichen Gerichtsbarkeit durchzusetzen, muß die Kirche sich aber darauf verlassen können, daß die staatlichen Gerichte diese ihre Gesetze anerkennen. Diese Gewißheit kann sie sich dadurch verschaffen, daß sie das, was sie in ihren Gesetzen vorschreibt, mit jedem Mitarbeiter, den sie einstellt, in seinem individuellen Arbeitsvertrag als *Vertragsinhalt* vereinbart.

2. *Mitarbeitervertretungsordnungen*

Einer kirchlichen, von der staatlich vorgeschriebenen abweichenden Regelung bedürftig erachten die Kirchen vor allem die *Arbeitsverfassung* ihrer Betriebe (Anstalten und Einrichtungen), insbesondere hinsichtlich der Rechte der Personalvertretung. Dementsprechend sind im Betriebsverfassungsgesetz § 118, Abs. 2 (ähnlich, jedoch von geringer praktischer Bedeutung auch im Aktiengesetz § 1, Abs. 2) „Religionsgemeinschaften und ihre karitativen und erzieherischen Einrichtungen unbeschadet ihrer Rechtsform" von der gesetzlichen Regelung ausgenommen und freigestellt.

Auf katholischer Seite wurde dafür die Lehre von der „Dienstgemeinschaft" entwickelt. Die gesamte Wirksamkeit der Kirche und aller ihrer Anstalten und Einrichtungen stehe im Auftrag der von Jesus Christus seiner Kirche erteilten *Sendung*. Darum müsse auch jeder einzelne Mitarbeiter seine Mitarbeit in diesem Sendungsbewußtsein erbringen, dürfe seine Mitarbeit nicht nur auf das konkrete Werkziel der ihm zugeteilten Teilaufgabe hinordnen, sondern müsse das ideale Wirkziel der Kirche sich zu eigen machen, wogegen es im weltlichen Betrieb genüge, daß jeder seine arbeitsvertraglich übernommene und zugesagte Leistung erbringt und den Betriebsfrieden wahrt. Aus dieser nur von einer Minderheit der Mitarbeiter angenommenen, auch theologisch nicht unbestrittenen Vorstellung der „Dienstgemeinschaft" sollen sich völlig andere Beziehungen ergeben sowohl zwischen Vorgesetzten und Untergebenen als auch der Mitarbeiter untereinander; deshalb bedürfe es auch einer ihnen entsprechenden rechtlichen Betriebsverfassung und sei namentlich die Funktion einer kirchlichen Mitarbeitervertretung ihrem Wesen nach eine andere als die einer weltlichen Personalvertretung oder eines Betriebsrats.

So haben die 22 Bistümer der Bundesrepublik eigene Mitarbeitervertretungsordnungen (MAVO) erlassen, die bis auf geringfügige Unterschiede sich an eine gemeinsame Muster-MAVO halten. Tatsächlich sind auch im Vergleich mit den Personalvertretungsordnungen des Bundes und der Länder und zum Betriebsverfassungsgesetz die Unterschiede nicht sehr gewichtig. In Einzelheiten finden sich in ihnen sogar Fortschritte über diese hinaus; aufs Ganze gesehen, bleiben sie aber dahinter zurück. Obwohl der Rückstand nicht sehr groß ist, empfindet die große Mehrzahl der Betroffenen ihn als ungerechte Zurücksetzung; nicht nur von ihnen muß die Kirche sich vorwerfen lassen, sie bleibe hinter den Anforderungen ihrer eigenen Soziallehre zurück.

3. „Kommission zur Ordnung des diözesanen Arbeitsvertragsrechts"

Außer der MAVO gibt es eine unter dem Namen „KODA" („*K*ommission zur *O*rdnung des *d*iözesanen *A*rbeitsvertragsrechts) bekannte, vom Verband der deutschen Bistümer und von diesen einzeln erlassene gesetzliche Regelung eigener Art als Grundlage für den von den Kirchen als Ersatz für den von ihnen abgelehnten Tarifvertrag eingeschlagenen sogenannten „dritten Weg". Eine sog. Zentral-KODA gilt für die überdiözesanen und die dem Deutschen Caritas-Verband angeschlossenen Einrichtungen; daneben bestehen die Diözesan-KODAs, für die allein der im Kurznamen KODA enthaltene Buchstabe D zutrifft.

Während in der Tarifverhandlung Arbeitgeber(-verbände) und Gewerkschaften in voller Gleichberechtigung und gegenseitiger Unabhängigkeit einander gegenüberstehen, sind in der KODA die Mitarbeiter zwar paritätisch, aber nicht in gleicher Unabhängigkeit vertreten. Das deutsche Arbeitsrecht kennt keine Verpflichtung, sich den Gewerkschaften zu stellen und auf Verhandlungen mit ihnen einzulassen; infolgedessen steht es den Kirchen rechtlich völlig frei, es abzulehnen und ihren „dritten Weg" zu gehen. Ihre Befürchtung, durch Eingehen auf den Tarifvertrag sich der Gefahr auszusetzen, bestreikt zu werden, ist unbegründet. Eher läßt sich einsichtig machen, daß ihre eigene Lehre von der Dienstgemeinschaft es ihnen verwehrt, sich mit einer ausgesprochenen Interessenvertretung, wie die Gewerkschaften ihrer Natur nach es sind, in Verhandlungen einzulassen.

4. Individuelles Arbeitsrecht

MAVO und KODA („dritter Weg") gehören dem Bereich des kollektiven Arbeitsrechts an. Für das individuelle Arbeitsrecht gilt das vom Staat gesetzte Arbeitsrecht uneingeschränkt. Nichtsdestoweniger wirkt die Eigenart der „Tendenz" der Kirche sich in diesem Bereich am stärksten aus, weit über das hinaus, was das Betriebsverfassungsgesetz unter „Tendenzbetrieben" versteht und unter dieser Überschrift regelt. – Die Kirche *muß* darauf bestehen, daß ihre Mitarbeiter nicht nur die arbeitsvertraglich vereinbarte Leistung erbringen, sondern auch durch ihr übriges Verhalten ihr keine Unehren bereiten und erst recht ihre *Glaubwürdigkeit* nicht schädigen. Bei der Einstellung von Mitarbeitern ist es eigene Sache der Kirche, die rechte Auswahl zu treffen. Versagt oder enttäuscht der Eingestellte und glaubt die Kirche, sich von ihm trennen zu müssen, dann greift der Kündigungsschutz ein. Im Streitfall hat dann das staatliche Arbeitsgericht zu beurteilen, ob die Kündigung „sozial gerechtfertigt" ist. Die Frage, welches Verhalten eines Mitarbeiters der Kirche zumutbar, für sie tragbar ist, insbesondere inwieweit sie es verantworten kann, ihn in dieser seiner Stellung zu halten und ihm diese seine Aufgabe weiter anzuvertrauen, läßt, von Extremfällen abgesehen, einen *breiten* Beurteilungsspielraum. Da es um die Glaubwürdigkeit der Kirche bei ihren eigenen Gläubigen geht (beispielsweise, ob gläubige Eltern diesem kirchlichen Kindergarten ihre Kinder anvertrauen), hat der Richter nicht die Wertmaßstäbe einer unbestimmten Allgemeinheit, sondern die ganz bestimmten Wertmaßstäbe *dieser* Kirche und *ihres* Glaubens und insbesondere *ihr* Verständnis der „Dienstgemeinschaft" anzulegen. Damit wendet er nicht „kirchliches Arbeitsrecht" an, sondern den vom Staat ihm vorgeschriebenen, von der zu beurteilenden Sache her zu nehmenden und darum allein zutreffenden Maßstab. Indem die Kirche dies fordert, betreibt sie kein Sonderinteresse, macht nicht angebliches „kirchliches Arbeitsrecht" geltend, sondern wahrt gerade so das staatliche Arbeitsrecht „genauestens".

Literatur:
R. *Bietmann,* Betriebliche Mitbestimmung im kirchlichen Dienst (Königstein/Ts. 1982); Essener Gespräche zum Thema Staat und Kirche, Bd. 10: 1975 und Bd. 18: 1983 (Münster 1976 bzw. 1984); A. *Janssen,* Das Streikrecht der Angestellten und Arbeiter im öffentlichen Dienst und der „Dritte Weg" der Kirchen (Heidelberg 1982); A. *Pahlke,* Kirche und Koalitionsrecht. Zur Problematik des kirchlichen Arbeitsrechtsregelungsverfahrens (Tübingen 1983); A. *Rauscher,* Die Eigenart des kirchlichen Dienstes. Zur Entscheidung der katholischen Kirche für den „Dritten Weg" (Würzburg 1983); R. *Richardi,* Staatliches Arbeitsrecht und kirchliches Dienstrecht (München 1984).

Oswald v. Nell-Breuning

Arbeitswelt und Kirche

↗ Familie; Konsumgesellschaft; Säkularität und Säkularismus; Wertewandel; Wirtschaftssysteme

1. Begriffsverständnis

„Arbeitswelt" meint hier nicht nur die Arbeit selbst als laufendes, von uns an der uns umgebenden Außenwelt ausgeübtes Geschehen, sondern auch die ganze „Welt" der Einrichtungen tatsächlicher und rechtlicher Art, die Technik und die Organisationen, kurz die gesamte sachliche und menschliche Umwelt, in der diese Arbeit sich abspielt und die ihr oder der sie wechselseitig das Gepräge geben.
Nach gläubigem Verständnis hat Gott die von ihm geschaffene und damit in ihrem Bestand, ihren Gegebenheiten und Möglichkeiten uns vorgegebene kosmisch-physikalische Welt uns Menschen zu „bearbeiten" übergeben. Das

ist von der Kirche gelehrte unwandelbare Glaubenswahrheit. Dagegen sind die Beziehungen der Kirche zur Arbeitswelt und ihre Haltung ihr gegenüber wandelbar. Sie haben sich mit dem Wandel der Arbeitswelt geändert und werden sich auch künftig weiter wandeln.

2. Agrarwirtschaftlich geprägte Arbeitswelt

Noch liegt bei uns selbst die Zeit nicht lange zurück, und in manchen Ländern verhält es sich für einen Großteil der Menschen heute noch so, daß der Mensch seine Kraft nahezu voll aufwenden muß, um der Erde abzuringen, was er für seinen Lebensunterhalt unerläßlich benötigt. In dieser ganz von der Agrarwirtschaft geprägten Arbeitswelt erlebt der Mensch alltäglich und unwiderlegbar, in wie hohem Maß der Erfolg seiner Arbeitsmühe von Naturereignissen (Witterung) abhängt, auf die er keinen Einfluß hat. Unter diesen Umständen findet er das, was die Kirche ihm über Gottes Anteil am Erfolg seiner Arbeit sagt, in seiner Erfahrung laufend bestätigt. Ganz ersichtlich entsprang der erzielte Ertrag seine Arbeit nicht seiner Mühewaltung allein, sondern war mindestens ebensosehr den Umständen zu verdanken, in denen die Kirche ihn den Segen Gottes zu erkennen lehrte. Kam dann noch hinzu, daß die Menschen durch diese Arbeit sich und ihre Familien ehrlich ernährten, dann mußte die Kirche darin überdies die Erfüllung einer hohen sittlichen Pflicht erkennen und anerkennen. Sie fand an einer solchen Arbeitswelt ungeteiltes Wohlgefallen, wenn sie sie nicht gar als die einzig sinnvolle, ja *die* gottgewollte ansah.

3. Industriewirtschaftlich geprägten Arbeitswelt

a) Anderes Verhältnis zur Natur: Zumindest in den sog. fortgeschrittenen Ländern hat inzwischen ein Wandel stattgefunden. Ausgelöst hat ihn wohl unser verändertes Verhältnis zur Natur, näherhin die dank immer vollkommenerer Kenntnis ihrer Gesetze unvergleichlich gesteigerte technische Effizienz unserer in die Außenwelt eingreifenden und sie in unseren Dienst stellenden Arbeit.
b) Trennung von Haushalt und Betrieb: Daß die ungeheuer gesteigerte Produktivität unserer Arbeit den Menschen von der notdürftigen Erhaltung seines physischen Daseins zur heutigen reichen Entfaltung seines kulturellen Lebens erhoben hat, kann auch die Kirche nur begrüßen. Tiefe Besorgnis aber mußte ihr die Trennung von Haushalt und Betrieb bereiten: die Konsequenz immer weitergehender Arbeitsteilung und damit verbundener Massenfertigung.
Vom „Großen Haus", in dem neben mehreren Generationen auch nicht zur Familie Gehörige zusammen lebten und arbeiteten, entwickelt die Familie sich zur Klein- und Intimfamilie zurück. Im Zusammenhang damit kommt es zu der Vorstellung, im ökonomischen Sinn produktiv sei *nur* die außerhäus-

lich als Erwerbstätigkeit im Betrieb geleistete Arbeit. Der Mann, der seinen im Betrieb verdienten Lohn nach Hause bringt und seiner Frau als Haushaltsgeld übergibt, sei der „Ernährer" der Familie, und nicht nur die Kinder, sondern auch die Frau empfingen den Unterhalt von ihm. Dies hatte bedeutende Auswirkungen auf die tatsächliche und rechtliche Stellung der Frau und das Verständnis der Familie („Hausfrauenehe"). Von der in Familie und Haushalt verbliebenen Arbeit ist hier jedoch nicht zu handeln; zur Arbeitswelt im heutigen Wortverständnis zählt im strengen Sinn nur die *erwerbstätig* im Betrieb geleistete Arbeit.

c) Vertauschung von Sachziel und Personziel der Arbeit: Gewichtigste Folge dieser Verlagerung der Arbeit in die Betriebe ist der damit unvermeidlich verbundene Wandel des *Zieles* der Arbeit. In der Rechtsgestalt des Lohnarbeitsverhältnisses tritt er besonders deutlich in Erscheinung: Der Arbeitnehmer im Betrieb arbeitet nicht oder jedenfalls nicht ausschließlich oder auch nur an erster Stelle um des sachlichen Ergebnisses willen, das er durch seine Arbeit herbeiführt (lat.: ‚finis operis'); an dessen Stelle tritt bei ihm vielmehr der *Entgelt,* den er für seine Arbeit empfängt. Dieser Entgelt („Lohn") schiebt sich als sein persönliches Ziel (lat.: ‚finis operantis') zwar nicht notwendig vor, aber auf jeden Fall an die Seite des Sachziels. Der Arbeitnehmer versteht seine Arbeit als Erwerbstätigkeit, sie wird von ihm selbst und allgemein als solche gewertet. (Das ist auch der Grund, weswegen er als der „Ernährer" der Familie angesehen wird.)

Den damit vollzogenen Umbruch des Sinnes der Arbeit hat in der ganzen Tragweite niemand vorausgesehen oder vorausbedacht. Die Kirche griff zwar in der Enzyklika „Rerum novarum" Leos XIII. 1891 die Arbeiterfrage auf und nahm sich der Frage an, wie der Arbeiter durch die *un*selbständige Arbeit, durch die „Lebenslage der abhängigen Arbeit" *sub*jektiv betroffen war. Den damit vollzogenen *ob*jektiven Umbruch des Sinnes der Arbeit und der Arbeitswelt, den veränderten Platz, den sie im Gesamtbereich der Kultursachgebiete in Anspruch nimmt und der ihr tatsächlich eingeräumt wird, bekam sie aber nicht in den Blick und noch weniger in den Griff.

d) Technische Effizienz: Durch die seit Beginn des industriellen Zeitalters gestiegene Produktivität und technische Effizienz seiner Arbeit hat der Mensch in relativ kurzer Zeit das Angesicht der Erde umgestaltet. Unsere materiellen Daseinsbedingungen, die Bedürfnisse und Gesetzmäßigkeiten unseres Zusammenlebens gewannen namentlich durch die Rechtsgestalt der unselbständigen Erwerbstätigkeit ein anderes Gesicht. Die Welt der Arbeit hat sich verselbständigt, sich zu einer eigenen Welt entwickelt, zu einer *Welt für sich.*

In dieser „Arbeitswelt" geht es zunächst um den Sacherfolg, das reale Produkt der gesteigerten Produktivi*tät* der Arbeit. Seitdem in unseren fortgeschrittenen Ländern die Arbeit ein Mehrfaches des Lebensnotwendigen produziert und seit uns diese Produktivität einen Wohlstand gestattet, bei dem uns ein Vielfaches unseres Bedarfs zu Gebote steht, ist diese Arbeitswelt nicht mehr von Knappheit oder gar Mangel an Arbeitskräften, sondern ist oder erscheint wenigstens von deren *Überfluß* gekennzeichnet.

4. Arbeitslosigkeit und Beschäftigungspolitik

Damit stellt sich für uns die völlig ungewohnte Frage: Sollten wir künftig anstatt unsere Arbeit auf den größtmöglichen Sacherfolg auszurichten, vielmehr deren *Menge* auf das Maß beschränken, *wofür* zu arbeiten sinnvoll ist? Sollten wir also darauf verzichten, unser Sozialprodukt ohne Rücksicht darauf, wonach Bedarf oder sinnvoller Begehr besteht, parallel zur ständig steigenden Produktivität unserer Arbeit ins Uferlose zu vermehren, nur um so allen „Beschäftigungen", d. h. Erwerbsgelegenheit, zu schaffen?
Dagegen läßt sich der Einwand erheben, selbst in den fortgeschrittensten Ländern sei die Frage zur Zeit noch nicht aktuell; auch in ihnen bestehe derzeit noch ein empfindlicher Mangel an öffentlichen Gütern. Ferner bedürfe es, um der Umweltzerstörung Einhalt zu gebieten und die bereits zerstörte Umwelt wiederherzustellen, einer so großen Menge von Arbeit, daß in Wirklichkeit kein Überfluß an Arbeitskräften, sondern eher immer noch Mangel daran bestehe. Unbestreitbar aber besteht bei uns die Massenarbeitslosigkeit. Sie erweist sich offenbar als Dauererscheinung, die unwiderlegbar belegt, daß wir zum mindesten allem Anschein nach einem sogar auf die Dauer wachsenden Teil derer, die Arbeits- und Erwerbsgelegenheit suchen, keine solche Gelegenheit zu bieten haben werden. Auch auf die Entwicklungs-Länder rückt diese Frage, soweit sie sie noch nicht erreicht hat, unaufhaltsam zu. – An die Frage, was deren Lage für uns bedeutet, welche Verpflichtungen sie uns auferlegt, welche Rücksichten wir bei den von uns zu treffenden Maßnahmen auf ihre von der unsrigen in wesentlichen Stücken grundverschiedene, zum Teil gegensätzliche Lage zu nehmen haben, sei hier nur erinnert. Seit „Mater et magistra" (1961) und „Populorum progressio" (1967) nimmt die Kirche daran lebhaftes Interesse. Gleichviel, wie wir die Situation bei uns im eigenen Lande, in der Europäischen Gemeinschaft oder weltweit beurteilen, können wir sinnvollerweise nur diejenigen Güter und solche Mengen von Gütern durch unsere Arbeit erstellen, nach denen Bedarf oder sinnvoller Begehr besteht. *Andere* Güter oder eine *größere Menge* von Gütern zu erstellen ist sinnloses Tun; es dem Menschen *zuzumuten* und seine Entlohnung und damit seinen Lebensunterhalt davon abhängig zu machen, daß er sich dieser Zumutung unterzieht, heißt ihn *entwürdigen*. Daß diese Zumutung von den Menschen hingenommen und ertragen wird, hat seinen Grund in der Trennung von Sachziel und Personziel der Arbeit. Da der Arbeitnehmer nicht das physisch-konkrete Produkt seiner Arbeit erhält, sondern ein abstraktes Einkommen in Gestalt von Geld erzielt, kann er sein Interesse mehr oder weniger von dem abwenden, was bei seiner Arbeit herauskommt, und statt dessen auf das richten, was sie ihm als *Einkommen* erbringt. In abgewandelter Weise trifft das auch auf den selbständigen Erwerbstätigen zu. Eben darin kommt

der durch die Verlagerung der Arbeit aus den Haushalten in die Betriebe aktuell gewordene Unterschied von Sachziel und Personziel voll zum Tragen. Unter der bloßen Rücksicht der Entlohnung ist vollkommen belanglos, ob nützliche oder schädliche Dinge, Mittel des Lebensunterhalts oder Massenzerstörungsmittel erstellt werden; an beiden kann der Beschäftigte Geld verdienen. (Aus Erfahrung wissen wir, daß sich mit Rüstungs- und Kriegswirtschaft sogar am schnellsten und sichersten Voll-„Beschäftigung" herbeiführen läßt.) Wenn trotzdem das Angebot solcher Erwerbsgelegenheit nicht entrüstet und empört abgelehnt wird, dann wohl deshalb, weil der Widersinn vielfach nicht im vorhinein ersichtlich ist, sich vielmehr erst im nachhinein herausstellt, wenn z. B. die zusätzlich erstellten Güter keinen Absatz finden. Ethisch und wirtschaftspolitisch ginge es also darum, nicht Güter zu schaffen, um die „Beschäftigung" zu mehren, und auch nicht, Güter zu schaffen, nach denen kein Bedarf besteht und mit denen niemandem gedient ist, sondern Güter zu schaffen und Dienstleistungen zu erbringen, die wirklich dazu beitragen, das menschliche Leben nicht nur zu erhalten, sondern es auf eine höhere kulturelle Stufe zu heben.

Droht oder besteht bereits Arbeitslosigkeit, dann darf nicht ein Teil der Arbeitsfähigen und Arbeitswilligen das gesamte Angebot von Arbeitsplätzen für sich beanspruchen, sondern muß den Zugang dazu *allen* freilegen, und Arbeit und Lohn mit ihnen *teilen*. Mit Recht verurteilen wir eine „kapitalistische" Klassengesellschaft, in der eine Minderheit sich den Besitz der Produktionsmittel vorbehält und die Mehrheit darauf beschränkt, *un*selbständige Arbeit daran zu leisten. Mindestens ebenso streng müßten wir eine „laboristische" Klassengesellschaft verurteilen, in der die Inhaber von Arbeitsplätzen diese und das daran zu verdienende Arbeitseinkommen sich vorbehielten und andere davon ausschlössen.

Der richtige und unverzichtbare Gedanke, der Mensch sollte sein Einkommen „erarbeiten", für die realen Unterhaltsmittel, die er in Anspruch nimmt, also eine ebenso reale Gegenleistung erbringen, wird in Widersinn verkehrt, wenn man ihn sinn- und nutzlos beschäftigt und ihm damit eine *Schein*leistung abverlangt.

Das Recht auf Arbeit ist kein Recht auf zu entlohnendes sinnloses Tun, sondern auf Arbeit, deren Sachziel der arbeitende Mensch sich als nicht nur sittlich einwandfrei, sondern auch als sinnvoll als sein persönliches Ziel zu eigen machen kann. Nur so versteht und vertritt die Kirche das Recht auf Arbeit. Diesen Unterschied zwischen recht verstandener Arbeit und bloßer Beschäftigung hat die Kirche bereits zur Zeit der Weltwirtschaftskrise um 1930 betont und in diesem Sinn „materielle" und bloß „formelle" oder „nominelle" Vollbeschäftigung unterschieden. Sie kann auch heute nicht anders als darauf drängen, die Arbeitswelt so zu organisieren, daß alle arbeitsfähigen und arbeitswilligen Menschen Gelegenheit finden, durch ihre Arbeit einen echten Beitrag zu dem zu leisten, was dazu gehört, um *allen* ein menschenwürdiges Dasein zu sichern.

5. Perspektiven der Arbeitszeitverkürzung

Einige kirchliche Kreise sehen in der Arbeitszeitverkürzung die Gefahr, daß die Menschen dem Müßiggang verfallen. Recht verstanden, steht die Kirche hier aber vor einer großen sozialpädagogischen Aufgabe: den Menschen, die noch keine Gelegenheit hatten, es zu lernen, hilfreich beizustehen, ihre für den Broterwerb nicht mehr benötigte Zeit für andere Tätigkeiten zu verwenden, die den Mitmenschen beglücken und dem eignen Leben echten Gehalt geben.

„Arbeitswelt" ist nicht *die* Welt schlechthin. Alle anderen Kultursachbereiche, die Politik und vielleicht die Religion ausgenommen, waren in der Vergangenheit daneben Randerscheinungen, waren ‚Muße' einer kleinen Gruppe von „Honoratioren"; die unvergleichlich größere Vielzahl der „einfachen Leute" war davon ausgeschlossen. Dabei braucht es nicht zu bleiben. Je mehr der Bedarf an transitiver Arbeit, d. h. an unmittelbar an der oder auf die Außenwelt gerichteten Werktätigkeit, zurückgeht, um so mehr können *alle* sich an dem beteiligen, was bisher einer kleinen Minderheit vorbehalten war.

Zu lehren, wie die Arbeitswelt zu organisieren wäre, damit sie den Anforderungen genügt, die der bereits stattgefundene und der weiter fortschreitende Wandel an sie stellt, ist nicht Sache der Kirche. Sie beansprucht es auch nicht und weist es den dazu berufenen Sachkundigen zu. Weniger Arbeit im Dienste des Broterwerbs, mehr Raum für andere, höhere Tätigkeit namentlich im selbstlosen Dient an der Gemeinschaft, kann die Kirche nur freudig begrüßen. Menschliche Arbeit erschöpft sich nicht und soll sich nach Gottes heiligem Willen nicht erschöpfen in dem, was wir bisher als unsere „Arbeitswelt" kannten und als solche benannten. Die Arbeitswelt ist nach christlichem und kirchlichem Verständnis nicht die Fülle, sondern nur die Grundlage, um nicht zu sagen die bloße Vorstufe dessen, was uns Menschen als unser Wirken hier auf Erden aufgegeben ist.

Literatur:
Synodenbeschluß Kirche und Arbeiterschaft, in: Gemeinsame Synode der Bistümer in der Bundesrepublik Deutschland. Beschlüsse der Vollversammlung. Offizielle Gesamtausgabe, Bd. I. (Freiburg i. Br. [6]1985) 313–364; *W. Bienert,* Die Arbeit nach der Lehre der Bibel (Stuttgart 1954); *G. Brakelmann,* Arbeit, in: Christlicher Glaube in moderner Gesellschaft, Bd. 8 (Freiburg i. Br. [2]1981); *H. Bravermann,* Die Arbeit im modernen Produktionsprozeß (Frankfurt a. M. – New York 1977); *K. Fütterer,* Streit um die Arbeit (Stuttgart 1984); *J. Hässle,* Das Arbeitsethos der Kirche (Freiburg i. Br. 1923); *K. Lehmann,* Der Christ und die Kirche vor dem modernen Berufs- und Arbeitsverständnis, in: Handbuch der Pastoraltheologie, Bd. IV (Freiburg i. Br. 1969) 350–375; *D. Mieth,* Arbeit und Menschenwürde (Freiburg i. Br. 1985); *O. v. Nell-Breuning,* Arbeitet der Mensch zuviel? (Freiburg i. Br. 1985); *O. v. Nell-Breuning,* Kapitalismus kritisch betrachtet (Freiburg i. Br. [2]1986); *F. Prinz,* Kirche und Arbeiterschaft – gestern, heute, morgen (München – Wien 1974).

Oswald von Nell-Breuning

Askese

↗ Buße und Bußpraxis; Konsumgesellschaft; Mystik; Orden und Ordensreform; Psychohygiene und Religion; Sexualität; Spiritualität; Umweltethik; Wertewandel

1. Geschichte

Das griechische Wort (Verbum und Substantiv) besagt: Übung zur Erlangung einer – athletischen, soldatischen und auch tugendhaft-charakterlichen – Fähigkeit. In der stoisch-kynischen Popularphilosophie verengte sich die Begrifflichkeit auf das Negative: Verzicht – bis zur Totalität aller Annehmlichkeiten des Lebens – um eines (positiven) Ziels (Tugend, ewiges Leben u. ä.) willen. Die Integration dieser „asketischen" Grundstimmung in jesuanische Haltung, die schon vom jüdischen Ursprung her ganzheitlich aus der göttlichen Ordnung lebte, gelang bei der Inkulturation des Christentums in den hellenistischen Mittelmeerraum nicht völlig. Über das neuplatonisch gefärbte Denken vieler Kirchenväter wurde auch das Christentum dualistisch ausgedeutet – wenigstens in moralischer, kaum in ontologischer Hinsicht. Der bleibende „christliche" Wahrheitsgehalt solcher asketisch-dualistischen Unterströmungen liegt in der Sündhaftigkeit und damit Offenheit zur Anfechtung der menschlichen Existenz. In der weiteren Geschichte des christlich-religiösen Lebens (besonders der mönchischen Spiritualität) läßt sich verfolgen, wie die Gefahr einer dualistischen Abwertung des diesseitigen Lebens und damit einer asketischen „Weltverachtung" vermieden wird durch die Existentialisierung der menschlichen Entscheidung – d. h.: kein „Nein" zur Welt und zum Materiellen, sondern ein je neu zu leistendes „Ja" zum größeren Gott (so oftmals in der „Memento-mori"-Literatur). Den Traktaten über „Askese", die in der Barockscholastik mit dem theologischen Fach „Asketik" aufkamen, gelang es nur unvollkommen, existentielle *Ent*scheidung (d. h. „Ja" zum Guten) und ontologische *Ver*schiedenheit (als sei das Böse im Materiellen seinshaft vorhanden) begrifflich auseinanderzuhalten. Auch die lutherische Scholastik konnte die entsprechende, vom Reformator wohl ursprünglich gemeinte Existentialisierung nicht aufarbeiten. So ergab sich in beiden Konfessionen auf der Theorie-Ebene eine Moralisierung des humanen und christlichen Wahrheitskerns der asketischen Haltung. Erst mit der vertieften Bibelkenntnis der heutigen Exegese und dem personal-existentiellen Neuansatz von Theologie kann dieser ausformuliert werden. Leicht zu zeigen ist allerdings, daß das gelebte Christentum stets näher der jesuanischen Botschaft war als dessen theoretischer Ausdruck. Namen wie Augustinus, Bernhard, Tauler, Pascal, Kierkegaard, Newman stehen dafür.

2. Das Evangelium und die Neuentdeckung der Askese

Kein Zweifel besteht heute darüber, daß Jesus selbst nicht „asketisch" im negativen Sinn lebte und lehrte. Doch die „eschatologische" Predigt des „Verlassens von allem – um des Himmelreiches willen" (im Sinne einer Existenzentscheidung und keiner Abwertung) und die Aufforderung zur totalen Jüngernachfolge („Kreuz auf sich nehmen") veranlaßten eine eher „negativ-asketische" Ausdeutung der biblischen Aufforderungen. Man wird die Botschaft Jesu erst dann voll würdigen und die vermeintlichen „ebionitischen" Züge (besonders bei Lukas) richtig deuten, wenn man ein Verständnis für den humanen und theologischen Stellenwert von Askese gewonnen hat. Über die fernöstliche Religiosität mit ihrer tiefen menschlichen Weisheit, über eine vertiefte Psychologie und über den Eindruck von Hunger und Armut in weiten Gebieten der Menschheit wächst seit einiger Zeit auch im profanen Bereich ein neues Verständnis von Verzicht und asketischem Leben.

3. Stufen der Askese

Es gibt Lebensumstände, die den Menschen zum Verzicht zwingen, ohne daß er ihn bewußt will – hier sollte man noch nicht von Askese sprechen. Tiefer führt die Einsicht, daß eine bewußt asketische Haltung in jedes geglückte Leben gehört. Kein Mensch kann alle in ihm angelegten Fähigkeiten entwickeln; er muß verzichten und diesen Verzicht auch bewußt (und nicht nur instinktiv) leisten, um voll Mensch sein zu können. Das beginnt biologisch (Sorge für Gesundheit), spielt sich auf der kommunikativen Ebene ab (Partnerwahl) und reicht in den geistigen Bereich hinein (Spezialisierung).
Manche Verzichtleistung und damit asketische Haltung ergibt sich aus entsprechenden Lebenssituationen und Zielsetzungen. Der Sportler kennt Askese als „Training". Der Wissenschaftler wird nur in asketischer Konzentration sein Ziel erreichen. Wirtschaftlicher Aufschwung hing immer auch mit Askese zusammen. Die Gesamtmenschheit steht heute vor der „asketischen" Frage, ob ein ungehemmter „Fortschritt" von Kultur und Zivilisation nicht letztlich Rückschritt und gar Zusammenbruch bringen wird.
Für den Christen ergibt sich in der heutigen konsum-orientierten Gesellschaft die Frage, ob er seinen Glauben überhaupt leben kann ohne „Askese", d.h. also nicht nur Verzicht auf das moralisch Unerlaubte, sondern auch Enthaltung von Annehmlichkeiten, die ihm eigentlich zustehen. Man kann die Menschheitsfragen von Hunger, Krankheit und Not nicht einfach durch rationale Planung lösen; immer gehört personaler Einsatz mit Verzicht (über das vom Kalkül verlangte Notwendige hinaus) dazu.
Das Christentum (wie überhaupt jede Religion nach S. N. Eisenstadt) nimmt

seine – auch innerweltlich-politische – Kraft aus einer transzendent-jenseitigen Ausrichtung. Damit kommt eine „asketische" Vertiefung der christlichen Einstellung zum Leben. Das Christentum lehrt nun – im Gegensatz zu manchen Ansätzen fernöstlicher Religiosität – keine Zerstörung des „Diesseits" für ein besseres, sondern dessen „Umgestaltung" in ein zukünftiges „Jenseits" (Teilhard de Chardin). Das aber heißt, daß auch seine Weise der Askese eine der „Ordnung" und keine der „Abwertung" sein darf.
Darüber hinaus weiß die Geschichte der Spiritualität von Christen, die Askese übten, weil sie *in personaler Liebe dem leidenden Jesus gleich* sein wollten. Heute ist es manchen humanitären Strebungen nicht mehr fremd, solidarisch „Askese" zu üben, weil es anderen schlecht geht. Zweifelsohne ist manches derart Berichtete nicht frei von pathologischen Zügen. Doch darf der zugrunde liegenden Intention nicht die Berechtigung abgesprochen werden. Das christliche Jenseits ist personal zu verstehen; und daher wird der Glaube an Gottes Menschwerdung und den Kreuzestod des Menschgewordenen immer auch ein Motiv für ein „Leiden mit dem leidenden Jesus" bilden.

4. Theologie der Askese

Die zuletzt genannte Motivation von „Askese" hat auch deshalb ihren Sitz im Leben, weil die *Todessituation,* der jeder Christ mit Jesu Kreuz konfrontiert wird, seine eigene ist. In vielfältigen Ansätzen zeigt die moderne Anthropologie, wie sehr das menschliche Dasein vom „Sein zum Tode" geprägt ist. Hier nun schenkt der christliche Karfreitags- und Osterglaube eine Gewißheit, die über das Todesschicksal des eigenen Lebens hinausreicht. Wie sehr auch von daher Hoffnung das Leben bestimmen darf, bleiben doch zugleich Züge des Verzichts aus der Karfreitagssituation maßgebend. Man kann daher die Askese des täglichen Lebens theologisch als ein „Einüben in den Tod" deuten (K. Rahner).
Von daher ergibt sich auch die Kriteriologie einer jeden und die Berechtigung der sogenannten *„mystischen Askese":* Es handelt sich bei letzterer um ein methodisch-übend angestrebtes „Leerwerden", ein asketisches Sich-frei-Machen von Anhänglichkeiten, damit darin Gottes Fülle einströmen kann. Das dahinter stehende neuplatonische „Deum cogere" (Gott zwingen, was die christliche Mystik rechtgläubig deutet) zeigt den möglichen Irrweg, der sich damit auftun kann – als könne man Gottes Gnade herbeizwingen. Wo aber die freie Zuwendung Gottes gewahrt bleibt, kann das asketische Bereiten die menschliche Psyche wie eine Schale öffnen, in die hinein Gott seine Erfahrung legen kann.
Untrennbar verbunden damit ist die soziale Komponente der Askese. Die Nachahmung des leidenden Jesus ist zugleich ein *Mitleiden mit den Menschen in Kirche und Welt* als Gliedern seines „mystischen Leibes", seiner sakramentalen Geistgegenwart heute. Auch anthropologisch ist die aktive Solidarität

des Einsatzes gegen das Elend kaum zu trennen von einer passiv-erduldenden Solidarität des Mitleid(en)s.
Erwähnt werden muß auch die Frage des *Dämonischen,* die sich geschichtlich besonders mit dem „asketischen Wüstenkampf gegen die Dämonen" verband (Antonius der Große; Versuchung Jesu). Bei aller notwendigen Zurückhaltung (was ist psychopathologisch? usw.) darf auch dieser Aspekt in der Theologie der Askese nicht vergessen werden.

5. Möglichkeiten der Askese

Das Erbe der Vergangenheit mit ihren uns heute oft pervers anmutenden Bußübungen darf das nüchterne Urteil nicht trüben. Grausamkeiten gegen den eigenen Körper, wie Geißeln bis aufs Blut oder langes Fasten, können nach A. Huxley Wirkstoffe zur erlebten Bewußtseinserweiterung (Adrenalin) freisetzen, können eine Konzentration aufs Wesentliche bewirken, können auch einfach die Liebe zu dem, der „für mich solches litt" (M. Eckhart), zeichenhaft verwirklichen.
Im Blick auf die Gegenwart kann man eine gesunde christliche Askese polar bestimmen: Die *eschatologische Ausrichtung* des Christentums (Gott, das Ziel des Menschen, ist über alles Gegenwärtige hinaus) bedingt irgendwo auch ihre *greifbare Realisierung.* Das aber heißt: Verzicht auf etwas von dem, was im Blick auf die reine Gegenwart sinnvoll sein könnte. Doch da die Gegenwart in sich wertvoll ist als Zeichen der Präsenz Gottes (Gott will die Welt „erneuern" und nicht „vernichten"), muß sich dieser Verzicht (= Askese) messen an der *seelischen Gesundheit* dessen, der ihn leistet, an seinem *gesellschaftlichen Dasein* und an der *sozialen Verantwortung,* die ein jeder über den Umkreis des unmittelbar Sichtbaren hat.
Im umschriebenen Raum aber ist eine *Vielzahl von asketischen Übungen* möglich und auch notwendig. Im Unterschied zur Vergangenheit ist heute zu sagen: daß wir die anthropologische Kriteriologie klarer sehen, daß die Mannigfaltigkeit asketischer Möglichkeiten deutlicher, besonders „geistige" und „personale" Haltungen (z. B.: jemanden Zeit schenken) wichtiger und die sozialen Aspekte (Verzicht, um anderen zu helfen) maßgeblicher geworden sind.
Die drei Ordensgelübde: Gehorsam, Armut, ehelose Keuschheit, stehen in einem vielfältigen Beziehungsnetz: Ruf, Dienst, Heiligkeit, Sendung usw. Ein wichtiger Verstehensansatz ist der asketische Verzicht „um des Himmelreiches willen". Nur eine exegetische Engführung kann die biblischen Ansätze dazu übersehen („Wir haben alles verlassen und sind dir nachgefolgt", Mt 19,27). Daß hier eine anthropologische Grundgegebenheit sichtbar wird, zeigen nicht zuletzt die Weltreligionen mit ähnlichen „asketischen" Forderungen. Man darf sie also nicht einfach als „monastische"-„klösterliche" Eigenspiritualität abtun, sondern muß ihnen einen *Zeichencharakter* für den asketischen Zug von christlicher Existenz im allgemeinen zubilligen; dabei

findet ihre „eschatologische" Sinngebung (daß wir jetzt im gebrochenen, aber endgültige Erfüllung hoffenden Zustand leben) besonders dort ausdrückliche Gestalt, wo Menschen sich dem Dienst der Kirche widmen.

Literatur:
Maßgeblich ist das Dictionnaire de Spiritualité, ascétique et mystique, Doctrine et Histoire (Paris, seit 1932 erscheinend). *H. Schürmann,* Im Knechtsdienst Christi. Priesterliche Lebensform (Freiburg i. Br. 1985); *M. Viller – K. Rahner,* Aszese und Mystik in der Väterzeit. Ein Abriß (Freiburg i. Br. 1938); *C. F. v. Weizsäcker,* Gehen wir einer aszetischen Weltkultur entgegen? in: *ders.,* Deutlichkeit (1978) 56–87; *A. Schjelderup,* Die Askese (Berlin 1928); *P. Lippert,* Wer sein Leben retten will. Selbstverwirklichung und Askese in einer bedrohten Welt (Düsseldorf 1978); *G.-K. Kaltenbrunner* (Hrsg.), Überleben und Ethik. Die Notwendigkeit, bescheiden zu werden (Freiburg i. Br. 1976); *K. Rahner,* Schriften zur Theologie, Bd. III (Zürich 1956 – mehrere Aufsätze, besonders: Zur Theologie der Entsagung, 61–72).

Josef Sudbrack

Atheismus

↗ Agnostizismus; Auschwitz; Gott; Glaubensvermittlung; Kultur und Kirche; Marxismus; Säkularität und Säkularismus

1. Geschichtlicher Überblick

Atheismus als ausdrückliche Leugnung der Existenz Gottes ist wesentlich ein *nachchristliches* Phänomen, insofern er erst in der Neuzeit, und zwar im christlich-abendländischen Kulturraum, in großer Verbreitung auftritt. Die Frage, ob es einen strengen Atheismus im kulturellen Umfeld der *fernöstlichen Religionen* Taoismus, Buddhismus und Hinduismus gegeben hat, ist eher zu verneinen. Mit dem Begriff des Tao ist auch eine überweltliche Realität gemeint; Buddha leugnet nicht die Götter schlechthin, sondern betont deren Erlösungsbedürftigkeit; am ehesten noch kann man bei der hinduistischen Samkhya-Philosophie eine atheistische Weltansicht antreffen. Auch in der *griechisch-römischen Antike* treffen wir kaum einen Atheismus im Sinne der Leugnung *jedes* Göttlichen an. Der bekannteste Beleg für eine anscheinend atheistische Position findet sich in Platos „Apologie des Sokrates", in der die Anklagepunkte gegenüber Sokrates berichtet werden: „Sokrates frevle, indem er die Jugend verderbe und die Götter, welche der Staat annimmt, nicht annehme, sondern Anderes, Dämonisches, Neues" (Apologie 24b). Es ist offenkundig, daß es sich hier nicht um einen radikalen Atheismus handelt, sondern um einen A-theismus im Verhältnis zu der Göttervielfalt, an die die Polis, die Stadt, bzw. der Staat glaubte; daher ist Atheismus ein politisch (d.h. öffentlich) relevantes Vergehen und wird infolgedessen als politisches Verbrechen verfolgt (Asebieprozesse). Ein analoger Vorwurf richtete sich gegen die frühen Christen, die den staatlichen Götterkult bzw. religiösen Staatskult nicht anerkannten und daher mit dem Vorwurf, „Atheisten" zu sein, konfrontiert waren (vgl. Justin, Apologie I 6; Migne PG 6, 336).

Im *Mittelalter* ist Atheismus öffentlich nicht in Erscheinung getreten; die Frage, ob es Gott gibt, ist aber ein wichtiges Thema philosophischer Theologie *(Anselm von Canterbury, Thomas von Aquin)*. Erst mit Beginn der Neuzeit wird die Atheismus-Thematik in größerem Umfang akut, zuerst wiederum in der Gestalt des Vorwurfs gegenüber philosophischen Positionen, die politisch relevant *(N. Machiavelli)* und auch offen religionskritisch sind *(B. de Spinoza)*. *Pierre Bayle* vertrat die – zu Unrecht als Atheismus bezeichnete – Auffassung, daß ein Staat von Atheisten denkbar sei, da auch der, der nicht an Gott glaubt, die bürgerlichen Gesetze befolgen würde.

2. Atheismus und Moderne

Ein selbstbewußter Atheismus tritt erstmals in der Zeit der französischen Aufklärung auf, wie z. B. in der konsequent gottlosen Sicht de Lamettries, der auch den Menschen in eine mechanistisch-materialistische Sicht einbezieht, dann in d'Holbachs naturalistischer Deutung des Kosmos, die ohne Schöpfergott auszukommen meint. Den bisher radikalsten Einschnitt in der Geschichte des neuzeitlichen Atheismus bedeutete die Religionstheorie *Ludwig Feuerbachs*. Der Grundgedanke seiner beiden Hauptwerke „Das Wesen des Christentums" (1841) und „Das Wesen der Religion" (1851) ist, daß der Ursprung der Gottesvorstellung in den Bedürfnissen und Wünschen des Menschen begründet ist. Wird die Bedürfnisstruktur der nun als bloße Projektion sich zeigenden Vorstellung begriffen, dann erweise sich, daß das Geheimnis der Theologie die Anthropologie, des göttlichen Wesens das menschliche Wesen sei. Das zentrale Anliegen Feuerbachs, die Gottesvorstellung reduktionistisch auf das menschliche Bewußtsein zurückzuführen, wurde in der folgenden Entwicklung des Atheismus stets beibehalten. Es fand aber verschiedene Ausprägungen, die (etwas vereinfacht) als individualistische Positionen einerseits und als gesellschaftlich-kollektivistische Erklärungsversuche andererseits bezeichnet werden können.

Den Ansatz beim Individuum und seinem Freiheitswollen nimmt ein weiterer Vertreter des „klassischen" Atheismus des 19. Jahrhunderts, nämlich *Friedrich Nietzsche;* der Tod Gottes wird als Tat des Menschen begriffen. Im 20. Jahrhundert versucht *Sigmund Freud* die Gottesvorstellung auf den infantilen Wunsch nach einem übermächtigen Vater zurückzuführen. Die individualistische Ausrichtung prägt auch das Motiv eines Atheismus um der Freiheit des Menschen willen, der die atheistischen Positionen der Existenzphilosophie kennzeichnet *(J.-P. Sartre, A. Camus)*. Die gesellschaftlich-kollektivistischen Erklärungen des Marxismus schließen in wesentlichen Punkten an die Religionskritik Feuerbachs an. *Karl Marx* ist entscheidend von ihm beeinflußt; doch Marx setzt eine Stufe tiefer als Feuerbach in seiner Kritik an: er gibt den Grund an, nämlich die ungerechten sozio-politischen Verhältnisse, die vermeintlich die Religion entstehen und bestehen lassen. Religion wird als sekundärer Ausdruck (Überbau) der inhumanen sozialen Zustände beurteilt. Feuerbachs *psychologisch*-genetische Erklärung wird somit durch Marx zu einer *soziologisch*-genetischen Theorie der Entstehung religiöser Anschauungen. Die Aufhebung der Religion könne demnach durch Beseitigung der ökonomischen Entfremdung und Ausbeutung in einer klassenlosen Gesellschaft herbeigeführt werden. Diese Auffassung wird im marxistisch-leninistischen Atheismus kommunistischer Länder auch noch heute vertreten, obwohl das faktische Weiterbestehen der Kirchen und religiösen Gemeinschaften in diesen Ländern das Gegenteil bezeugt. Für das Verhältnis des Marxismus-Leninismus zur Religion sind außer Marx vor allem Lenin und Engels maßgebend. *Lenins* Beitrag ist vor allem in einer polemischen, die Religion bekämpfenden Strategie zu erblicken. Durch *Engels* sind Elemente der positivistischen und materialistischen Philosophie des 19. Jahrhunderts zum Marxschen Atheismus hinzugekommen; dies hatte entscheidend zum systematischen Ausbau der Weltanschauung des Dialektischen Materialismus beigetragen, der sich heute als „wissenschaftlicher" Atheismus versteht. In den kommunistischen Staaten wird zwar in den Verfassungen verbal die Religionsfreiheit zugestanden, in der konkreten Praxis allerdings müssen Menschen, die offen ihre Religion bekennen, mit Benachteiligungen (wie z.B. Verhinderung von beruflichen Möglichkeiten oder der Zulassung zum Studium) und bisweilen sogar mit schärferen Sanktionen (bis zur unberechtigten Einweisung in psychiatrische Anstalten) rechnen.

Als *Staatsdoktrin* hat der marxistisch-leninistische Atheismus nicht nur weite Verbreitung, sondern auch große öffentliche, politische Relevanz. Verbunden mit einem totalitären Regime, war im 20. Jahrhundert die nationalsozialistische Ideologie aufgetreten, die im Grund, trotz verbalen Glaubens an Gott und die Vorsehung, eine extreme Form des Atheismus war, was sich in der Verfolgung der Juden und von bekennenden Christen auf brutale Weise dokumentierte. Als eine Folge der Grausamkeiten des Dritten Reiches findet sich in der Gegenwart eine verschärfte Formulierung der Theodizeefrage, die konkret lautet, wie man nach Auschwitz noch an Gott glauben könne. Ansonsten ist die aktuelle Situation der Atheismusproblematik in Europa und Amerika weithin von einer agnostizistischen Einstellung geprägt, die die Gottesfrage als unbeantwortbar und letztlich irrelevant für das Leben des Menschen betrachtet und daher auch keine Entscheidung anstrebt.

3. Kirche und Atheismus

Für Kirche und Theologie war der neuzeitliche Atheismus von seinen Anfängen an ein schwieriges Problem, da er nicht nur einzelne Glaubenssätze in Frage stellt, sondern das Fundament des christlichen Glaubens überhaupt negiert. Die Radikalität dieses Protestes wurde schon auf dem Ersten Vatikanischen Konzil (1869/70) deutlich erkannt, auf dem man dieser Herausforderung durch eine *lehramtliche Verurteilung* des Atheismus in allen seinen Formen (Materialismus und Pantheismus werden namentlich genannt) zu begegnen versuchte (DS 3021 ff.). Diese Haltung der entschiedenen Zurückweisung prägte die kirchlichen Stellungnahmen zum Atheismus bis zur Vorbereitungsphase des Zweiten Vatikanischen Konzils; erst im Verlaufe diese Konzils kam es zu einem entscheidenden Umschwung, der zu Recht als Wende vom Bannfluch zum Dialog bezeichnet wurde. Das ausdrückliche Gespräch mit dem Atheismus führt das Konzil in der Pastoralkonstitution über „Die Kirche in der Welt von heute" (Gaudium et spes). Hier werden die Formen und Wurzeln des Atheismus (Art. 19), der systematische Atheismus (Art. 20) und die Haltung der Kirche zum Atheismus (Art. 21) zur Sprache gebracht. Diese drei Nummern, an deren endgültiger Formulierung das noch während des Konzils gegründete Sekretariat für die Nichtglaubenden den entscheidenden Anteil hatte, dokumentieren eine völlig gewandelte Haltung. Erstmals in einem lehramtlichen Dokument der katholischen Kirche wird hier konzediert, daß in manchen Fällen auch die Christen an der Entstehung des Atheismus mitschuldig waren (vgl. Art. 19).

Dieses Eingeständnis korrespondiert der Einsicht, daß es sich beim Atheismus um ein nachchristliches und postreligiöses Phänomen handelt. Unter den verschiedenen Formen, die aufgezählt werden, sind der Atheismus der Freiheit und der Atheismus um der wirtschaftlichen und gesellschaftlichen Befreiung willen im einzelnen dargestellt (vgl. Art. 20), jedoch unter Verzicht der ausdrücklichen Nennung von Existentialismus bzw. Marxismus und Kommunismus, wodurch – insbesondere im letzten Fall – jeder Anschein einer direkten Verurteilung vermieden werden sollte.

4. Erfordernisse des Dialogs

Die Erfordernisse des Dialogs, die das Konzil nennt (vgl. Art. 21), werden auch in Hinkunft stets zu beachten sein. So ist angesichts des kommunistischen Atheismus eine gesellschaftlich relevante Praxis des Glaubens verlangt. Es ist wichtig, das Gespräch in Aufrichtigkeit und Klugheit zu führen sowie die Zusammenarbeit von Glaubenden und Nichtglaubenden beim Aufbau einer humanen Welt zu bejahen. Die Kirche aber wird auch ihrerseits die Diskriminierung zwischen Glaubenden und Nichtglaubenden beklagen und als eine Nichtachtung der Grundrechte der menschlichen Person verurteilen. Die Ermöglichung der freien Religionsausübung in allen Ländern ist darum anzustreben, und der Dialog sollte nicht die faktischen Schwierigkeiten übergehen, sondern stets im Bewußtsein geführt werden, daß es zu ihm keine Alternative im Zusammenleben von Menschen verschiedener weltanschaulicher Auffassungen gibt.

Über diese notwendigen Erfordernisse hinaus müßten Kirche und Theologie die Frage nach der angemessenen Verkündigung des eigenen Glaubens in „nachchristlicher" bzw. „atheistischer" Zeit stellen. Im besonderen ist auf die Darstellung des Glaubens an Gott hinzuweisen, der sich nicht in „beweisenden" Argumentationen erschöpfen darf. Dadurch soll aber nicht die Wichtigkeit der rationalen Auseinandersetzung geschmälert, sondern diese in den Horizont universaler Sinnerfahrung eingefügt und zur Sprache gebracht werden. In dieser ganzheitlichen Sicht wird sich der Glaube an Gott sowohl vom wissenschaftlich-technischen Erkenntnismodus als auch von einer diffusen irrationalen Frömmigkeit abheben. Im Gespräch mit der heutigen Gestalt des Atheismus, insbesondere mit dem Agnostizismus und Indifferentismus, wird man sich bewußt sein müssen, daß Gott auch immer der je größere, über alles Begreifen hinausgehende, verborgene Gott bleibt. In fundamentaler Weise wird der Christ auf die konkrete Erfahrung der Wirklichkeit Gottes in der Offenbarung durch Jesus Christus hinweisen, in dem Bewußtsein, daß diese Botschaft dem tiefsten Verlangen des menschlichen Herzens entspricht, und im Vertrauen darauf, daß es Gott ist, der den Menschen – den Christen wie den Atheisten! – „zu tieferem Nachdenken und demütigerem Suchen aufruft" (Gaudium et spes 21).

Literatur:
E. *Biser,* Theologie und Atheismus. Anstöße zu einer theologischen Aporetik (München 1972); E. *Coreth* – *J. B. Lotz* (Hrsg.), Atheismus kritisch betrachtet (München 1971); *J. Figl,* Atheismus als theologisches Problem. Modelle einer Auseinandersetzung in der Theologie der Gegenwart (Mainz 1977); H. v. *Glasenapp,* Der Buddhismus eine atheistische Religion (München 1964); E. *Jüngel,* Gott als Geheimnis der Welt. Zur Begründung der Theologie des Gekreuzigten im Streit zwischen Theismus und Atheismus (Tübingen ³1978); W. *Kern* – W. *Kasper,* Atheismus und Gottes Verborgenheit, in: Christlicher Glaube in moderner Gesellschaft, Bd. 22 (Freiburg i. Br. 1982) 5ff; F. *König,* Gibt es einen wissenschaftlichen Atheismus? (Freiburg i. Br. 1978); W. *Pannenberg,* Gottesgedanke und menschliche Freiheit (Göttingen 1972); A. K. *Wucherer-Huldenfeld* – *J. Figl* – S. *Mühlberger* (Hrsg.), Weltphänomen Atheismus (Wien 1979).

Franz Kardinal König

Auschwitz

↗ Atheismus; Gott; Juden und Christen; Kirche und Politik

1. Mahnwort

Auschwitz, Mahnwort für die Ermordung von sechs Millionen Juden und fast einer Million Menschen, die aus anderen Gründen der nationalsozialistischen Ideologie zum Opfer fielen, bedeutet den Bruch mit der politischen Arglosigkeit christlicher Glaubenspraxis. Das Schweigen der christlichen Kirchen zur Verfolgung der Juden durch das NS-Regime fordert eine Klärung des christlichen Selbstverständnisses überhaupt und besonders im Verhältnis zu den Juden und zum Judentum. Im Synodenbeschluß „Unsere Hoffnung" (1975) bekennt die katholische Kirche, daß das Gedenken der Opfer und das Eingeständnis der Schuld nach einer durch politische Wachsamkeit gegenüber Inhumanität und Machtmißbrauch ausgezeichneten Glaubenspraxis verlangen. Es geht in diesem Zusammenhang nicht um die Wiederbelebung des problematischen Begriffs der Kollektivschuld, sondern um Erinnerung in praktischer Absicht: Erinnerung meint die Aneignung der konkreten Geschichte als Geschichte von Subjekten und deren Erfahrungen. Sie verlangt danach, daß Auschwitz sich nicht wiederholen dürfe. Der Versuch eines adäquaten, nicht menschenverachtenden Umgangs mit der Geschichte und ihren Subjekten bezieht auch die gegenwärtigen Folgen dieser Geschichte mit ein: Daß sich Juden in der Bundesrepublik heute bedroht fühlen, mahnt zur Erinnerung und zur politischen Wachsamkeit. Überlebende Juden heute sterben an den psychischen und körperlichen Verletzungen durch die Verfolgung; viele leiden an „anfallsweiser Hypermnesie", dem KZ-Syndrom. Hier ist Auschwitz unmittelbar gegenwärtig. Gegenwärtig freilich auch im Gegenbild der Sprachlosigkeit vieler Überlebender: in der anhaltenden Verdrängung von Schuld und im Schweigen der am Massenmord mittelbar und unmittelbar Beteiligten.
Die psychischen und sozialen sowie die politisch-kulturellen Spätfolgen schlagen sich selbst in den Generationen der Nachgeborenen nieder. Subtile Formen der Unfähigkeit zu Trauer und Sühne; Gelähmtheit statt Widerstand; die geistig-kulturell, aber auch theologisch-religiös und politisch-sozial überkommene Unsicherheit, wie mit Fremdem und Unbekanntem, mit Konflikten, mit sich selbst und mit Schuld umzugehen sei: das alles zeichnet konkret gelebtes Bewußtsein im Nachkriegsdeutschland aus.
Christen und Juden ist Auschwitz in höchst unterschiedlicher Weise zum Mahnwort geworden. Die Wiedergewinnung der Erfahrung der Opfer, die Erinnerung der verdrängten Schuldgeschichte und das Hinhören auf die Shoah-Geschichten der Überlebenden sind christlicherseits Voraussetzungen der Verständigung und Begegnung von Christen und Juden nach 1945. Dabei liegt es nicht bei den Christen, sondern bei den Opfern, zum Gespräch einzu-

rem katastrophischen Wesen wahrnehmen können. Hier geht es nicht um ein tragisches Selbstbewußtsein angesichts der Negativität von Geschichte, das seinerseits die Verabschiedung von der Geschichte bedeutete, sondern um den Kampf um eine Erinnerung, die nicht nur das Gelungene, sondern das Zerstörte, nicht nur das Verwirklichte, sondern das Verlorene in den Blick nimmt.

4. Auschwitz und die politische Verantwortung der Christen

Erinnerung ist keine private Angelegenheit. Im oben entfalteten Sinn begreift sie Auschwitz auch als Folge geistig-kultureller, politisch-sozialer und theologisch-religiöser Traditionen, die bis in die gegenwärtige Erziehungs- und Glaubenspraxis, bis in Sozialisationsprozesse und in die gegenwärtige Politik hinein fortwirken. Bislang sind es vorwiegend Gesellschaftswissenschaftler, Sozialpsychologen, Psychoanalytiker und Historiker, die bemüht sind, die Ursachen und Mechanismen aufzudecken, die diese Traditionen aufrechterhalten und fortsetzen: Konfliktscheu, Autoritätsfixiertheit, Angst angesichts der Verantwortung von persönlicher Schuld, widerstandsloses – wenn auch von moralischem Unbehagen begleitetes – Hinnehmen politischer und kirchlicher Fehlentscheidungen, Sehnsucht nach einer idealisierten Vergangenheit, atmosphärisch-praktischer Antipluralismus trotz offiziell proklamiertem Pluralismus infizieren immer noch die soziale und politische Situation in mitteleuropäischen Ländern (A. Pelinka). Im Bereich christlicher Theologie sind es zumeist Kirchengeschichtler, die den innerkirchlichen Traditionen des Antisemitismus nachspüren. In bezug auf die geistes- und theologiegeschichtlich überkommenen Denkformen, die dem christlichen Antijudaismus Argumentationshilfen zur Verfügung stellen konnten, stehen solche Untersuchungen noch aus.

Die Warnung des Überlebenden von Auschwitz Elie Wiesel gilt: „Alles, was uns geschieht, kann der ganzen Menschheit geschehen." Auf eine perspektiveneröffnende und richtungsweisende Dimension im Umgang mit Erfahrungen von Auschwitz machen etliche jüdische Partner im christlich-jüdischen Dialog aufmerksam: Die judeozentrische Betrachtungsweise von Auschwitz darf nicht dazu führen, daß die Opfer des NS-Terrors gegeneinander ausgespielt werden. Das Eingedenken gilt der Vergangenheit, indem es Wachsamkeit und Umkehrbereitschaft heute herausfordert. Wo gegenwärtig Unterdrückungsverhältnisse existieren, drängt das praktische Wissen um Auschwitz auf die Solidarität mit den Opfern. Dabei steht die Einzigartigkeit der Shoah quer zu jedem ungebrochenen (oder plump-direkten) Übertragungsversuch. Die praktische, religiös und politisch verantwortete Entscheidung muß in jeder Situation neu getroffen werden.

Literatur:
Synodenbeschluß. Unsere Hoffnung. Ein Bekenntnis zum Glauben in dieser Zeit, in: Gemeinsame Synode der Bistümer in der Bundesrepublik Deutschland, Beschlüsse der Vollversammlung, Bd. I (Freiburg i. Br. 1985) 84–111; Juden und Judentum in Katechese und Predigt. Hinweise der vatikanischen Kommission für die Beziehung zum Judentum, in: Herder-Korrespondenz 39 (1985), Heft 10, 467; *Th. W. Adorno,* Erziehung nach Auschwitz, in: ders., Stichworte. Kritische Modelle 2 (Frankfurt a. M. 1963) 125–146; *Th. W. Adorno – M. Horkheimer,* Elemente des Antisemitismus. Grenzen der Aufklärung, in: dies., Dialektik der Aufklärung (Frankfurt a. M. ⁹1982) 151–187; *G. Baum,* Der Holocaust und die politische Theologie, in: Concilium (1984) Heft 5, 390–398; *M. Brocke – H. Jochum* (Hrsg.), Wolkensäule und Feuerschein. Jüdische Theologie des Holocaust (München 1982); Deutsche, Linke, Juden, in: Ästhetik und Kommunikation, Juni 1983, Heft 51; *J. Kohn,* Haschoah. Christlich-jüdische Verständigung nach Auschwitz (Mainz 1986); *J. B. Metz,* Jenseits bürgerlicher Religion (Mainz 1980); *ders.,* Im Angesichte der Juden. Theologie nach Auschwitz, in: Concilium (1984) Heft 5, 382–389; *A. und M. Mitscherlich,* Die Unfähigkeit zu trauern. Grundlagen kollektiven Verhaltens (München 1967); *F. Mußner,* Traktat über die Juden (München 1979); *A. Pelinka,* Die Wurzeln des Nationalsozialismus in Vergangenheit und Gegenwart, in: Frankfurter Hefte, 38 (1983) Heft 8, 32–40; *H. M. Stöhr,* Erinnern, nicht vergessen. Zugänge zum Holocaust (München 1979); *C. Thoma,* Christliche Theologie des Judentums (Aschaffenburg 1978); *E. Wiesel,* Die Massenvernichtung als literarische Inspiration, in: E. Kogon, J. B. Metz (Hrsg.), Gott nach Auschwitz (Freiburg i. Br. 1979) 44f.

Johanna Kohn / Johann Baptist Metz

Basisgemeinden

↗ Befreiungstheologie; Gemeinde; Inkulturation; Kirche; Laien; Neue geistliche Bewegungen; Priestermangel

1. Begriff und Phänomen

Basisgemeinden sind eine Form kirchlicher Gemeinschaftsbildung, die in der Nachkonzilszeit unter den verschiedensten gesellschaftlichen und kirchlichen Bedingungen entstanden ist. Bezeichnungen wie „Basisgemeinschaften", „Basisgruppen", „kleine kirchliche" bzw. „christliche (Basis-)Gemeinschaften" werden nicht selten synonym verwendet. In einem engeren Sinn bezeichnet man als „Basisgemeinden" lateinamerikanische Kleinstgemeinden und solche Gemeinschaften, die sich ausdrücklich am lateinamerikanischen Vorbild sowie der Theologie der Befreiung ausrichten. In einem weiteren Sinn werden auch verschiedenste Kleingruppen religiöser Bewegungen dazugezählt, Aktionsgruppen, Gebetskreise, Gemeinden innerhalb von Territorialgemeinden u. a. Basisgemeinden verstehen sich entweder als Teilgemeinschaften von Pfarreien, sind an Pfarreien mehr oder weniger eng angebunden oder existieren unabhängig von diesen. Die Größe variiert entsprechend den jeweiligen Verhältnissen zwischen nur wenigen Personen oder Familien bis zu 100 oder 200 Personen. Die Diskussion um die Basisgemeinde entstammt dem katholischen Raum, hat jedoch inzwischen auch in andere Kirchen hineingewirkt.

2. Unterschiedliche Modelle und Entwicklungen

Am bekanntesten sind bislang die *lateinamerikanischen* Basisgemeinden. Entstanden sind diese im Zuge verstärkter Evangelisierungsbemühungen seit Ende der fünfziger Jahre. In weiten Teilen des Subkontinents sind Basisgemeinden (Schätzungen sprechen von einigen 100 000 Gemeinden) zu einem kaum mehr wegzudenkenden kirchlichen Strukturelement geworden. Die beiden Vollversammlungen der lateinamerikanischen Bischöfe von Medellín 1968 und Puebla 1979 haben die Ortskirchen in der Schaffung dieser Gemeindeform bestärkt. Ausgangspunkt für die Entstehung der Basisgemeinden war in erster Linie die ein wirkliches Gemeindeleben oftmals verunmöglichende Größe vieler Pfarreien. Basisgemeinden stellen demgegenüber den Versuch dar, daß Laien sich selbst auch ohne die direkte Mitwirkung von ordinierten Amtsträgern, aber durchaus in Kontakt und Übereinstimmung mit diesen, als Gemeinschaft von Glaubenden, und damit als Kirche, entdecken lernen. Pfarreien werden auf diese Weise nicht überflüssig, sondern verändern sich zu Gemeinschaften von vielen kleinen örtlichen Gemeinschaften. Basisgemeinden bestehen in Lateinamerika vor allem auf dem Lande und am Rande der Städte. Sie unterscheiden sich nicht unerheblich voneinander: Die einen haben einen Schwerpunkt in liturgischer Feier, Verkündigung und Volksfrömmigkeit, andere bemühen sich über das Genannte hinaus, ihre Lebensbedingungen zu verbessern, oder setzen sich beim Kampf um die Respektierung elementarer Menschenrechte ein. Das Entstehen von Basisgemeinden bedeutet mehr als eine nur äußerliche Veränderung kirchlicher Strukturen: Schon die Tatsache, daß Laien, und zwar vielfach mit einer nur rudimentären allgemeinen und katechetischen Ausbildung, Verkündigungs- und Leitungsaufgaben in den Gemeinden versehen, führte zu einem beträchtlichen Wandel des kirchlich-religiösen Denkens und Handelns. Angesichts erlebter und erlittener sozialer Ungerechtigkeit und der Mißachtung der Menschenrechte las man die Heilige Schrift mit anderen Augen, lernte den Gott der jüdisch-christlichen Tradition als einen befreienden Gott kennen und leitete aus beidem die Notwendigkeit einer Parteinahme für die Armen und Unterdrückten ab. Die Erfahrungen der Mitglieder von Basisgemeinden waren so eine wichtige Quelle für die Entstehung der Theologie der Befreiung. Nicht wenige Priester und Bischöfe begannen, ihr kirchliches Amt stärker als Dienst an den bestehenden Gemeinden vor Ort zu verstehen. Während die Basisgemeinden in Lateinamerika Teil einer „Ekklesiogenesis" im Volk sind, handelt es sich bei der Entstehung von „kleinen christlichen Gemeinschaften" in einer Reihe von *afrikanischen* Ländern um einen zum Teil von der amtlichen Kirche selbst in Gang gesetzten pastoralen Ansatz zu einer gewünschten stärkeren Verankerung des kirchlichen Lebens in einem afrikanisch geprägten religiösen und kulturellen Umfeld. Basisgemeinden sind in Afrika der Versuch, das Prinzip Ortskirche des Zweiten Vatikanischen Konzils im Zuge des Abbaus missionskirchlicher Strukturen in ortskirchliche Wirklichkeit zu übersetzen. Anknüpfungspunkt hierfür ist das traditionelle afrikanische Gemeinschaftsbewußtsein. In *Asien* sind die Philippinen das Land mit den meisten Basisgemeinschaften. Der Anteil der Gruppen, die sich am lateinamerikanischen Vorbild orientieren, ist schon wegen der Nähe des Landes zum lateinischen Kulturraum recht groß. In *Europa* ist die Situation in bezug auf Basisgemeinschaften und -gruppen sehr uneinheitlich: In den romanischen Ländern sind diese Gruppen zahlreicher als beispielsweise in den deutschsprachigen Ländern. In Südeuropa, aber auch in den Niederlanden trug zur Entstehung von Basisgemeinden nicht zuletzt ein ausgeprägter Dissens zwischen der kirchlichen Hierarchie und Teilen des Kirchenvolkes bei, unter Einschluß politisch-gesellschaftlicher Fragen. Inzwischen hat der Anteil der Gruppen mit betont spiritueller Ausrichtung zugenommen. Vor allem im deutschsprachigen Raum gibt es Territorialpfarreien, die sich am Modell der Basisgemeinde ausrichten und z. T. innerhalb der Pfarrgemeinde Subgemeinden bilden, in denen sich ein mehr oder weniger großer Teil der zur Pfarrei gehörenden oder von außerhalb kommenden Gläubigen zu Gemeinschaften mit einem der Volkskirche gegenüber höheren Grad an Verbindlichkeit zusammenschließen. In manchen Ostblockländern (Ungarn, Polen, Tschechoslowakei) entstanden Basisgruppen, weil unter den dortigen Bedingungen des Staat-Kirche-Verhältnisses ein offensichtliches Bedürfnis nach neuen kirchlichen oder kirchennahen Gemeinschaftsformen besteht. Zumal wenn solche Gruppen sich auf politisches Gebiet vorwagen, stehen ihnen kirchliche Stellen oft kaum weniger reserviert gegenüber als staatliche.

3. Ekklesiale und soziale Motive

Das weltweite Entstehen von neuartigen Gruppen und Gemeinden ist eine Reaktion auf bestimmte Defizite im traditionellen Leben der nachkonziliaren Kirche. Als grundlegende ekklesiologische Kategorie stand bei der Bildung solcher Gruppen der *Volk-Gottes-Gedanke* aus der Kirchenkonstitution des Zweiten Vatikanischen Konzils Pate. Auf der Grundlage des Berufen-Seins aller Getauften sind Basisgemeinden ein Versuch einer neuen Art von Kirchesein: Die Glaubenden sollen nicht länger Objekte einer pastoralen Betreuung durch die amtlichen Vertreter der Kirche sein, sondern Subjekte ihres Glaubens. Angesichts von Anonymität und Beziehungslosigkeit unter den Mitgliedern von unüberschaubar gewordenen Großpfarreien will man ein neues, gemeinschaftlich geprägtes Gemeindeleben ermöglichen. Die von vielen erlebte Distanz zwischen einem subjektlosen Glauben einerseits und einem sich als „privat" gegen Ansprüche aus Ethik und Glauben immunisierenden Leben andererseits soll verringert werden. In einer mit den herrschenden Eliten z.T. eng verbundenen Kirche sucht man – nicht selten gegen erhebliche Widerstände innerhalb der Kirche selbst – eine Erneuerung als Kirche der Armen.

4. Kirchenamtliche Einschätzung

In kirchenamtlichen Stellungnahmen zu den Basisgemeinden wird versucht, zwischen den verschiedenen Formen zu unterscheiden und möglichen Gefahren entgegenzutreten. In dem Apostolischen Rundschreiben „Evangelii nuntiandi" Pauls VI. von 1975 werden Basisgemeinden ausführlich beschrieben (Art. 58). Von den legitimen kirchlichen Basisgemeinschaften werden solche unterschieden, die sich „durch ihren Geist der Kontestation von der Kirche trennen und deren Einheit verletzen". Eine „Hoffnung für die universale Kirche" seien Basisgemeinschaften in dem Maße, wie sie u.a. „vom Wort Gottes her zu leben suchen und nicht einer politischen Polarisierung oder modischen Ideologie erliegen" sowie „fest verbunden bleiben mit der Ortskirche". Ähnlich äußert sich die Instruktion der vatikanischen Glaubenskongregation „Libertatis conscientia" von 1986 (Art. 69). Verschiedene europäische Episkopate wandten sich in demselben Zusammenhang sowohl gegen eine ungebührliche *Politisierung* wie auch eine unangemessene *Spiritualisierung* des Glaubens.

5. Offene Fragen

Vor allem die Übertragung der Sozialform Basisgemeinde auf die gesellschaftlichen und kirchlichen Verhältnisse in den Industrieländern erweist sich oftmals als nicht unproblematisch. Eine euphorische Verwendung des Begriffs „Gemeinde" übersieht zuweilen, daß eine Gemeinde mehr ist als ein lockerer Freundeskreis bzw. eine Gebets- und Aktionsgruppe. Das Attribut „Basis" kann mitunter nicht darüber hinwegtäuschen, daß die Basis der Kirche in Mitteleuropa nicht in Gruppen dieser Art organisiert ist, sondern in zumeist mittelschichtsgeprägten Territorialgemeinden, während Gruppen, die sich ausdrücklich als Basisgemeinden verstehen, sich von der Großkirche als Avantgarde absetzen und oft ein Übergewicht an akademisch ausgebildeten Mitgliedern aufweisen. Eine unkritische Favorisierung der Bildung kleiner Gemeinschaften läuft im übrigen Gefahr, den unumgänglichen institutionellen Charakter von Kirchen zu übersehen. Basisgemeinden mögen zwar eine gewisse Ähnlichkeit mit frühchristlichen Gemeindeformen aufweisen, unter den heutigen Bedingungen der Industrieländer können sie jedoch auch Ausdruck eines gewissen Fluchtverhaltens gegenüber einer komplexer werdenden Lebenswelt sein.

Wie die Situation in Lateinamerika und Afrika zeigt, müssen sich Pfarrei und Basisgemeinde jedoch keineswegs ausschließen. Steht erstere für die Einheit aller Teilgemeinschaften in der *einen* Gemeinschaft der Glaubenden, symbolisiert die zweite die Berufung des Volkes Gottes, wo und unter welchen Umständen seine Mitglieder auch immer leben, im Vollsinn Kirche zu bilden. Eine realistische Einschätzung der Chancen und Grenzen beider Gemeindetypen wird für die ganze Weltkirche kaum einheitlich ausfallen können. Der Basisgemeinde wird man dabei mehr Freiheit zugestehen müssen, als ihr mancher aus Angst um die kirchliche Einheit einzuräumen bereit ist. Die Pfarrgemeinde dürfte hingegen gerade als ein vergleichsweise stabiles Element kirchlichen Lebens auch auf die Dauer unverzichtbar sein. Trotz mancherlei Defizite im Leben von Territorialgemeinden darf nicht übersehen werden, daß es immer noch die Territorialgemeinde ist, die das universale Heilsangebot, von dem niemand – in welcher Weise er auch immer am kirchlichen Leben teilnimmt – ausgeschlossen ist, am deutlichsten verkörpert. Die Pfarrgemeinde dürfte sich allerdings um so lebensfähiger erweisen, je mehr sie bereit ist, sich ihrerseits basisgemeindlich zu strukturieren und sich so im Sinne des Volk-Gottes-Gedankens zu erneuern.

Literatur:
L. Boff, Die Neuentdeckung der Kirche. Basisgemeinden in Lateinamerika (Mainz ⁵1985); Christliche Basisgemeinden in den Ländern Osteuropas, in: Probleme des Friedens, hrsg. von der deutschen Sektion von Pax Christi 18 (1983) Heft 4; *N. Copray u. a.* (Hrsg.), Die andere Kirche. Basisgemeinden in Europa (Wuppertal 1982); *H. Frankemölle* (Hrsg.), Kirche von unten. Alternative Gemeinden (München – Mainz 1981); *R. J. Kleinert,* Basisgemeinden in der Kirche (Köln 1976); *E. Klinger – R. Zerfaß* (Hrsg.), Die Basisgemeinden – ein Schritt auf dem Weg zur Kirche des Konzils (Würzburg 1984); *J. Pichler,* Kirche – Glaube – Politik. Basisgemeinden in Italien (München – Mainz 1984); *P. Warnier,* Nouveaux témoins de l'Eglise. Les communautés de base (Paris 1981).

Klaus Nientiedt

Befreiungstheologie

↗ Basisgemeinden; Bergpredigt und Politik; Bibel; Diakonie, kirchliche; Frau in der Kirche; Gewalt; Inkulturation; Kirche; Kirchliche Hilfswerke; Laien; Lehramt; Marxismus; Menschenrechte; Nord-Süd-Konflikt; Pazifismus; Pluralismus, kirchlicher; Recht und Liebe; Seelsorge; Verkündigung; Wirtschaftssysteme

1. Bestimmende Merkmale

Theologie der Befreiung ist die ab den frühen sechziger Jahren in Lateinamerika (vor allem in Brasilien, Peru, Chile) sich entwickelnde, im Licht des Evangeliums realisierte, theologische Reflexion über das kulturelle, soziale und politische Engagement aktiver Christen mit dem Ziel der umfassenden Befreiung der millionenfach im Elend lebenden Volksmassen.
Die lateinamerikanische Theologie der Befreiung, die inzwischen mit einer mehr anthropologischen Akzentsetzung eine Neuschöpfung auch in Afrika und mit einer mehr religiösen Betonung eine eigene Gestalt auch in Asien gefunden hat, erwächst aus dem Quellgrund der *Betroffenheit* dortiger Christen von der Verelendung ihrer Brüder und Schwestern. Sie äußert sich nicht primär in wissenschaftlichen Publikationen, sondern in dem vom Evangelium her motivierten und reflektierten Einsatz für Gerechtigkeit, Menschenwürde, Befreiung und Frieden. Lateinamerikaner sagen, die Theologie der Befreiung habe eine „populare", eine „pastorale" und eine „professionelle" Ebene. *Popular:* das Leiden und Beten, Kämpfen und Hoffen, Meditieren und Reflektieren des einfachen Volkes in den kirchlichen Basisgemeinden; *pastoral:* auf einer mittleren Ebene die pastoraltheologischen Konzeptionen von haupt- und nebenamtlichen Pastoralträgern, Pfarrern und Ordensfrauen, Bischöfen und Bischofskonferenzen; *professionell:* die systematischen, teils eher am Detail, teils aber auch am Ganzen dieses Prozesses orientierten Aufsätze und Bücher der universitär geschulten und wissenschaftlich arbeitenden Berufstheologen. Wichtig ist, daß diese drei Ebenen in einer ständigen und fruchtbaren Wechselwirkung stehen. In Übereinstimmung mit Mk 1,5 ist Theologie der Befreiung – unter Voraussetzung der Ansage des Reiches Gottes und der daraus sich ergebenden Veränderung der Welt – Aufforderung zur Umkehr, zur *tätigen Neugestaltung des gesamten individuellen wie kollektiven Lebens* im Sinne des Evangeliums. In dem Wortpaar „Theologie der Befreiung" liegt der Akzent auf der Befreiung, das heißt auf dem befreiten, neugestalteten Leben. Die Theologie ist auf dieses Ziel hin gerichtet. Gegenüber der spekulativen Reflexion hat die gelebte Praxis den Vorrang, und jene zielt auf diese ab.
Die Theologie der Befreiung zeichnet sich durch eine *„vorrangige Option für die Armen"* aus (Puebla 1134–1165). Diese Vor-entscheidung wird in Lateinamerika vielfältig begründet. *Theo-logisch* (von Gott her): Gott fühlt sich gedrängt, den Armen und in ihrem Leben Bedrohten zu Hilfe zu eilen;

christologisch: Christus weiß sich eindeutig zu den Bedrängten gesandt, ihnen soll er helfen, sie soll er heilen und befreien, sie sind die ersten Adressaten seiner Verkündigung, und mit ihnen identifiziert er sich; *eschatologisch:* beim Jüngsten Gericht werden wir erkennen, daß sich der höchste Richter in den Hungernden, Durstenden, Fremden, Obdachlosen, Nackten, Kranken und Eingesperrten verborgen gehalten hat; *apostolisch:* in der Apostelgeschichte legen die ersten Christen ihre ganze Habe zusammen, so daß keiner mehr Not zu leiden braucht.

Während sich die klassische Theologie von philosophischen Fragen anregen ließ und sich philosophischer Begrifflichkeit bedient, um das Eigentliche des Glaubens zum Ausdruck zu bringen, fühlen sich lateinamerikanische Priester und Laien ermächtigt, angesichts der gegenwärtigen gesellschaftlichen Herausforderung die Botschaft des Glaubens auch in *soziologischer und politischer Nomenklatur* theologisch zu artikulieren. Dabei ist ihnen bewußt, daß auch Soziologie und Politologie noch einmal ihren eigenen philosophischen Hintergrund haben.

2. Methodische Eigenart

Methodisch geht die Theologie der Befreiung in dem auf Joseph Cardijn zurückgehenden Dreischritt „Sehen – Urteilen – Handeln" (Analyse – Interpretation – Aktion) vor:

a) Im Stadium des *Sehens* weist die Theologie der Befreiung die Armut als Kehrseite des Reichtums (Ver-armung aufgrund von Bereicherung), die Unterdrückung als Folge der industriellen Überentwicklung und die Ungerechtigkeit als Produkt des interkontinental vorgehenden „kapitalistischen Liberalismus" (Puebla 542) aus. Bestimmte wirtschaftliche, gesellschaftliche und politische Strukturen erzeugen nach ihrer Meinung diese Verarmung. Wie die Theologie der Befreiung in der „vorrangigen Option für die Armen" ihre Vor-entscheidung hat, so bestimmt die sozialwissenschaftliche *Dependenztheorie* vielfach ihr *Vor-verständnis.*

b) In der Phase des *Urteilens* erscheint lateinamerikanischen Christen im Licht des Evangeliums diese Lage als ein „System, das eindeutig von Sünde geprägt ist" (Puebla 92), ja als „soziale Sünde" („Christliche Freiheit und Befreiung" 75).

c) Im Blick auf den dritten Schritt, das *Handeln,* gilt es, eine Pastoral zu entwerfen, die im Geist des Evangeliums und der besten Tradition der Kirche Antworten bietet zur *Überwindung der vorfindlichen Situation.* Im Blick auf eine möglichst wirksame Evangelisierung findet an vielen Orten eine für alle verbindliche Pastoralplanung (Pastoral de conjunto) statt. Dabei ist wichtig, daß diese Praxis nicht nur Sozialarbeit, sondern als Dienst am Nächsten immer auch schon Gottesdienst ist.

3. Befreiungstheologie als kirchliche Theologie

Politik, Pädagogik und Theologie umreißen (wenn auch nicht allein) die *Einheit des Lebens*. Wo Menschen in materiellem Elend, in bewußtseinsmäßiger Entfremdung und – religiös gesprochen – in persönlicher und gesellschaftlicher Sünde leben, will das Christentum Gerechtigkeit, persönliche und gemeinschaftliche Selbstfindung und – als Gabe Gottes – das Heil bringen. Wichtig ist, daß die genannten Elemente drei *Stränge* eines einzigen einheitlichen Prozesses sind (Puebla 323–326): Sakrales in Profanem, Gottesdienst im Weltdienst, Heilsgeschichte in den Ereignissen der Profangeschichte.

In einer Situation „institutionalisierter Gewalt" (Medellín, Frieden 16; Puebla 1259) optiert ein breiter Strom lateinamerikanischer Christen in der Nachfolge des gewaltfreien, aber von einer militärischen Besatzungsmacht gewaltsam getöteten Jesus für eine Strategie, eine Pädagogik und eine Spiritualität der *Gewaltfreiheit* und des „passiven Widerstandes".

Träger dieser Theologie ist an erster Stelle das geschundene Volk, das sich in seinen kirchlichen Basisgemeinden zusammenfindet, seine Probleme bespricht, das Evangelium liest, Gott den Herrn lobt, das zu Tuende plant, sich gegenseitig tröstet und ermutigt. Die Theologie der Befreiung ist eine in mehrfacher Hinsicht entschieden *kirchliche Theologie:* Sie wurzelt im kirchlichen Leben des armen und zugleich gläubigen Volkes; sie will der kirchlichen Praxis dienen, damit Menschen menschenwürdig leben können und Gott von ihnen verherrlicht werden kann; sie steht in einem fortwährenden Prozeß des Hinhörens auf das kirchliche Lehramt und der Auseinandersetzung mit ihm.

Aus dem Gesagten ergibt sich: Theologie der Befreiung ist ein lebendiges Geschehen: ein wechselseitiger Prozeß zwischen Leiden und Hoffen, Beten und Kämpfen, Denken und Handeln, Gottesdienst und Weltdienst, Aktion und Reflexion. Sie ist weniger ein bestimmter Gegenstand als ein *bestimmter Geist*. Aus diesem Vor-verständnis und aus dieser Vor-entscheidung liest sie die Texte aus Schrift, Tradition und Theologie neu. So versieht die Theologie der Befreiung den Gesamtkatalog der klassischen theologischen Einzeldisziplinen mit neuen Akzenten. Darüber hinaus wirft sie auch neue Fragen auf (Bedeutung des „Volkes", Befreiungsengagement als Ort der Gottesbegegnung, Evangelisierung in einer Klassengesellschaft, Menschenrechte und befreiende Evangelisierung, usw.).

4. Der Streit um die Befreiungstheologie

Die Theologie der Befreiung wird seit ihren Anfängen *kontrovers* beurteilt. Die lehramtliche Kritik fand ihren Ausdruck vor allem in der Instruktion der Kongregation für die Glaubenslehre über einige Aspekte der „Theologie der Befreiung" vom 6. 8. 1984. Ihre Warnungen wurden durch die Instruktion „Libertatis conscientia" vom 22. 3. 1986, die einige Anliegen der Befreiungs-

theologie positiv aufnimmt, nochmals bestätigt. Die Streitpunkte lassen sich wie folgt zusammenfassen:
a) Bringt die Theologie der Befreiung mit ihren Artikulationen das Ganze dessen zum Ausdruck, was biblisch und theologisch mit Freiheit gemeint ist? Darauf antworten die Vertreter der Befreiungstheologie: Abgesehen davon, daß die verschiedenen Teile, Schichten und Gattungen der Bibel des Alten wie des Neuen Testaments immer einen konkret geschichtlichen Entstehungsort haben, läßt sich das Gesamt der biblischen Botschaft immer nur in der Annäherung erfassen. Die verschiedenen Situationen und hier die Lage von Abhängigkeit und Unterdrückung in Lateinamerika sind Schienen, die an das Ganze heranführen und neben denen unbestritten auch andere berechtigte Wege herlaufen.
b) Es heißt, die soziologische Begrifflichkeit wie auch die marxistische Analyse verderben das Christentum. Dagegen setzt sich die Theologie der Befreiung ausdrücklich vom dialektischen Materialismus ab und behauptet, die zwingende Verbindung zwischen historischem und dialektischem Materialismus sei ein Postulat des orthodoxen Marxismus, das Christen jedoch in keiner Weise verpflichte. „Klassenkampf" wird in der Befreiungstheologie nicht als Aufforderung zur Liquidierung der Kapitaleigner durch das Proletariat verstanden, sondern als analytische Feststellung.
c) Ein weiterer Vorwurf lautet, die Befreiungstheologie trage den Klassenkampf in die Kirche und spalte Kirchenvolk und Hierarchie. Tatsache ist, daß die unter d) beschriebenen Konflikte auch unter Christen existieren und sich bis ins Innere der Kirche hin auswirken. Die Theologie der Befreiung will durch die analytisch exakte Wahrnehmung dieser Probleme und durch die Herbeiführung einer neuen, gerechteren Gesellschaft die gesellschaftlichen Spannungen auch innerhalb der Kirche beheben.
d) Man sagt, die vorrangige Entscheidung für die Armen sei zu einer ausschließlichen Option geworden, die andere Schichten bewußt beiseite lasse. Dagegen die Theologie der Befreiung: Die Aufforderung Jesu wie auch die Pastoral der Kirche richten sich an alle gleichermaßen, jedoch nicht in gleicher Weise. Wer in einer von Ungleichheiten bestimmten Klassengesellschaft zu den Armen gehört, muß allen Haß, allen Neid und alle Anwandlung der Gewalt aus seinem Herzen verbannen, und wer zur Klasse der Reichen gehört, muß sich fragen, ob sein Reichtum nicht auf der Unterdrückung und Ausbeutung der Kleinen gründe.
e) Weil in der Theologie der Befreiung von Revolution gesprochen wird, meinen manche, ihre Vertreter und Befürworter plädierten für Gewaltanwendung. Es ist jedoch ein Mißverständnis, aus dem Begriff „Revolution" auf eine Option für Gewalt zu schließen. Revolution wird in Lateinamerika vielmehr verstanden als eine strukturelle, beschleunigte Veränderung der Gesellschaft, deren Sinnspitze die „constitutio libertatis" (Ermöglichung von Freiheit) ist. Die Lateinamerikaner halten sich bei einer grundsätzlichen vom Evangelium inspirierten Gewaltfreiheit in Konfliktsituationen an die ein-

schlägigen Grundsätze der kirchlichen Soziallehre (Lehre vom gerechten Krieg, Tyrannenmord; vgl. Populorum progressio 31, „Christliche Freiheit und Befreiung" 79).

f) Häufig wird die Theologie der Befreiung der Soziallehre der Kirche gegenübergestellt. Auch dabei unterliegen manche insofern einem Mißverständnis, als sie die Theologie der Befreiung offensichtlich als einen auf Lateinamerika hin aktualisierten Sektor des theologischen Gesamtbetriebs verstehen. Theologie der Befreiung hat jedoch Horizontcharakter, die christliche Soziallehre wird von lateinamerikanischen Befreiungstheologen als ein Gegenstand innerhalb dieses Horizonts verstanden.

Literatur:
Beschlüsse der II. Generalversammlung des Lateinamerikanischen Episkopats, Medellín 1968; Dokument der III. Generalkonferenz des Lateinamerikanischen Episkopats, Puebla 1979; Instruktion der Glaubenskongregation über einige Aspekte der Theologie der Befreiung („Libertatis nuntius") vom 6. 8. 1984; Instruktion der Glaubenskongregation über die christliche Freiheit und Befreiung („Libertatis conscientia") vom 22. 3. 1986. – *C. Boff,* Die Befreiung der Armen. Reflexion zum Grundanliegen der lateinamerikanischen Befreiungstheologie (Freiburg i. Ue. 1986); *L. Boff,* Die Neuentdeckung der Kirche. Basisgemeinden in Lateinamerika (Mainz ³1983); *P. Eicher* (Hrsg.), Theologie der Befreiung im Gespräch (München 1985); *H. Goldstein* (Hrsg.), Befreiungstheologie als Herausforderung. Anstöße – Anfragen – Anklagen der lateinamerikanischen Theologie der Befreiung an Kirche und Gesellschaft hierzulande (Düsseldorf ³1985); *G. Gutiérrez,* Theologie der Befreiung. Mit einem Vorwort von J. B. Metz (München – Mainz ⁸1985); *M. Kriele,* Befreiung und politische Aufklärung. Plädoyer für die Würde des Menschen (Freiburg i. Br. ²1986); *K. Lehmann* (Hrsg.), Theologie der Befreiung (Einsiedeln 1977); *K. Rahner* u. a. (Hrsg.), Befreiende Theologie. Der Beitrag Lateinamerikas zur Theologie der Gegenwart (Stuttgart – Berlin – Köln – Mainz 1977).

Horst Goldstein

Bergpredigt und Politik

↗ Befreiungstheologie; Bibel; Friedensethik; Gewalt; Nord-Süd-Konflikt; Pazifismus; Politik und Kirche; Recht und Liebe

1. Mißbräuchliche Verwendung des Evangeliums

Das Evangelium ist kein politisches Programm. Formulierungen wie „die Politik der Bergpredigt" sind irreführend, weil von einer solchen Politik nicht die Rede sein kann. Allerdings läßt sich der Mißbrauch nie völlig ausschließen. Man findet ihn zum Beispiel historisch, wenn Versuche, Völker zu christianisieren, mit handfesten Eroberungsabsichten vermischt waren.

Was für die ganze Heilige Schrift gilt, das gilt auch für Teile aus ihr, also auch für Kapitel 5 bis 7 des Matthäusevangeliums, die uns unter dem Namen „Bergpredigt" tradiert sind. Es ist nicht uninteressant, daß die Berufung auf die Bibel zum Zwecke politischer Appelle in der Regel selektiv geschieht. Ein solches Schicksal widerfährt in der Gegenwart vor allem auch der Bergpredigt. Sie wird primär in den Diskussionen über das Friedensproblem zitiert. Dabei hat ihre Benutzung eine ziemlich eindeutige, aber eben auch einseitige Argumentationsrichtung. Sie wird als rhetorische Waffe benutzt von Anhängern der sogenannten Friedensbewegungen gegenüber denjenigen, die für staatliche Verteidigungsmaßnahmen eintreten. Nun stehen in der Bergpredigt Ermahnungen zur Friedfertigkeit, zur friedlichen Gesinnung und zu friedlichem Verhalten. Nichts steht aber in ihr über politische Möglichkeiten der Friedenssicherung. Ähnliches ließe sich über die Gerechtigkeit sagen, von der *in* der Bergpredigt ebenfalls die Rede ist. Keine Empfehlung findet sich aber in ihr zu politischen Maßnahmen, die der Herstellung sozialer Gerechtigkeit dienen können.

In unserer Zeit erschweren weitverbreitete aktionistische Haltungen und Einstellungen den Zugang zur Bibel, der zuallererst spirituelle Offenheit verlangt. So wird dann nicht selten gerade die Bergpredigt vorschnell und flächenhaft wie eine Anleitung zum Handeln gelesen. Eine solche Instrumentalisierung der Schrift gerät leicht in Schwierigkeiten und Widersprüche. Man findet dann für recht unterschiedliches Handeln Belegstellen. Die Vordergründigkeit politischer Nutzung zeigt sich gerade auch darin, daß die Kontrahenten sich gegenseitig auf Bibelstellen hinweisen, die der jeweiligen Position nützen sollen. So wird dann zum Beispiel in der Friedensdiskussion auf die Aufforderung Jesu an seine Jünger, sich zu bewaffnen, verwiesen (Lk 22,35ff.), oder es wird die Aussage Jesu herangezogen, er sei nicht gekommen, den Frieden zu bringen, sondern Entzweiung (Lk 12,51 und Mt 10,34). Die Offenbarungsschriften sind aber eben kein systematischer und spannungsloser Vorschriftenkatalog. Sie eignen sich auch nicht für politische Programmatik.

2. Angemessene Bibelinterpretation

Eine an den Worten klebende, sich aber um den Geist nicht kümmernde Auslegung der Schrift kann in Schwierigkeiten führen. Wenn gesagt wird, ich solle einem, der mich schlägt, auch die andere Wange hinhalten, so ist damit sicherlich nicht eine Rechtfertigung des Schlagenden gemeint. In der konkreten Situation ist denkbar, daß das Hinhalten der anderen Wange ihn vom zweiten Schlag abhält. Es ist aber ebenso denkbar, daß es ihn zu diesem, also zu weiterem Unrecht verführt. Das kann nicht im Sinne des Liebesgebotes sein. Es wird auch nicht gesagt, ich dürfte mich nicht wehren oder den anderen nicht am Weiterschlagen hindern, ich sollte mich aber, was ich auch tue, nicht vom Gedanken an Rache leiten lassen. Gerade an dieser Stelle setzt sich Jesus von der Maxime „Aug um Aug, Zahn um Zahn" ab.

Unser Bibelverständnis steht nicht mehr in der christlichen Tradition, wenn wir in Jesus nur einen großen Menschen, nicht aber auch den Christus, den Gottessohn, sehen. Ohne Glauben an die göttliche Offenbarung und die gnadenhafte Erlösung entfällt die Grundlage für ein in Wahrheit theologisches Verständnis der Bibel. Das in der Bergpredigt verheißene Himmelreich ist nicht von dieser Welt. Das transzendente Heilsgeschehen verliert in der Offenbarung seinen Geheimnischarakter nicht. Alle menschlichen Vorstellungsversuche reichen nicht an die transzendente Wahrheit heran, sie machen das Geheimnis nicht begreifbarer. Der Mensch ist aber beim Versuch der Annäherung auf Vorstellungen, Begriffe und Bilder aus seiner Erfahrungswelt angewiesen, und der Mensch gewordene Gottessohn spricht in dieser Erfahrungswelt und deren Verständigungsmittel zu den Menschen. So hat die Offenbarung für den Menschen enthüllenden und verbergenden Charakter zugleich. Die Bergpredigt ist in erster Linie eine Verheißung, nicht eine Verordnung. Wie man sich das Himmelreich vorzustellen versucht, ist in diesem Zusammenhang von zweitrangiger Bedeutung. Jedenfalls ist die Erlösung in der christlichen Botschaft ein gnadenhaftes Geschehen und nicht Menschenwerk. In der Nachfolge Christi wird der Mensch auf die Erlösung vorbereitet, innerlich gereinigt und für die Gnade empfangsbereit. Insofern ist der Mensch auch durch sein Verhalten an der Antizipation des Himmelreiches beteiligt. Wiederum ist es aber nicht die äußere Form des Handelns, in der solche Antizipation geschieht, sondern die geistig-seelische Verfassung, die innere Form. Die äußere Form ist insofern nicht gleichgültig, als sie auf die innere Formung des Menschen zurückwirkt.

3. Autonomie und Relativität der Sachbereiche

Christliche Ethik als Nachfolge Christi kann von ihrer Idee her nicht selektierend oder aussparend sein. Sowohl der Anruf der Gnade wie auch die Antwort des Menschen meinen die Person in allen Lebensbezügen. Insofern kann man nicht sagen, Heilige Schrift oder Bergpredigt hätten mit Politik nichts zu tun. Biblische Spiritualität strahlt ihrer Intention nach in alle menschlichen Sachbereiche hinein, hebt aber die Autonomie dieser Sachbereiche nicht auf. Nachfolge Christi ist nicht gleichbedeutend mit einem kleinlichen Nacheifern und Imitieren von Lebensformen. Ein Arzt als Christ hat ein anderes Verhältnis zu seinen Patienten als Mitmenschen. Er kann sich aber nicht ausschließlich auf seine Motivation aus der Nächstenliebe heraus berufen und deshalb Erkenntnisse der medizinischen Wissenschaft in den Wind schlagen. Wir würden den für einen schlechten Baumeister halten, der meinte, er brauche sich um die Gesetze der Statik nicht zu kümmern, weil sein Vertrauen in die Gnade Gottes grenzenlos sei.

Auch wenn man die Forderungen der Bergpredigt primär als Maximen für die konkrete Lebensführung versteht, wendet sich die Interpretation gegen ihren Geist, sobald man die Entfaltungen des Liebesgebotes in gegenseitige Rechte ummünzt. Schon deshalb kann eine politische Deutung der Bergpredigt nicht in ihrem Sinne sein. In der Politik geht es wesentlich um den Aufbau gegenseitiger Rechtsbeziehungen unter Menschen. Gerade diese Dimension wird aber von den Forderungen und Verheißungen der Bergpredigt aufgebrochen, ohne daß sie dadurch zerstört oder belanglos wird. Um wiederum in den Bildern Jesu zu sprechen: Aus der Aufforderung, der Geschlagene möge auch die andere Wange hinhalten, kann der Schlagende nicht ein Recht konstruieren. Die Verheißung für die, die um der Gerechtigkeit willen Verfolgung erleiden, legitimiert keine Verfolgung. Und wenn gesagt wird, wir sollten uns nicht so sehr um Essen und Kleidung kümmern, dann kann dies die Politik nicht von der Sorge um die soziale Wohlfahrt dispensieren. Es ist Aufgabe der Politik, Systeme gegenseitiger Verläßlichkeit zu sichern. In der Bergpredigt relativiert Jesus die Werke dieser Welt, also auch die Politik, indem er sie gerade nicht mit dem Reich Gottes und mit dem Erlösungsheil gleichsetzt.

4. Politik und Moral

Politik bedeutet immer auch Umgang mit Macht. Das gilt sowohl für den professionellen Politiker wie – was häufig vergessen wird – für das politische Handeln der Bürger. Macht als Einfluß auf andere Menschen ist ambivalent, mehrwertig. Dies nicht nur in dem Sinne, daß sie zu guten oder schlechten Zielen gebraucht werden kann. Vielmehr ist sie immer schon von vornherein als zwischenmenschlicher Vorgang mit positiven und negativen Wertigkeiten behaftet. Wenn ich zum Beispiel einen Menschen in Richtung auf etwas Gutes beeinflusse, beschränke ich zugleich damit seine Eigenständigkeit und Freiheit. Die Mehrwertigkeit zeigt sich auch darin, daß auch Intentionen ganz anderer Art von der Macht durchwirkt sind. Je intensiver sich zum Beispiel Menschen lieben, um so mehr Macht haben sie gegenseitig über sich. Der Mensch kann von seiner Natur her nicht das unvermischte und absolute Gute verwirklichen. Indem die Bergpredigt nun Ideale der Vollkommenheit aufzeigt, legt sie zugleich den Blick für die wesenhafte Unvollkommenheit des Menschen frei. In den Worten Jesu offenbart sich eine selten erreichte Genauigkeit der Kenntnis des Menschen. Insofern ist die Bergpredigt zwar nicht politisch, aber eben für politisches Handeln von großer Bedeutung. „Ihr habt gehört: ‚Du sollst nicht töten.'" Aber die Sünde beginnt schon da, wo jemand „seinem Bruder zürnt" oder ihn „Dummkopf" nennt. Im Lichte der Bergpredigt kann das Gewissen des politisch handelnden Christen nicht rein sein, wenn er seinen Gegner verunglimpft. Die Rigorosität der Bergpredigt liegt in der Radikalität der Selbsterkenntnis des Menschen, nicht in einem weltflüchtigen Formalismus. Sie taugt zur gründlichen Gewissenserforschung, nicht hingegen zum gegenseitigen Moralisieren.

Zur Eigenart der Politik gehört es, daß sie immer ein Handeln für andere und im Namen von anderen, von Gruppen und Gemeinschaften ist. Den Kern aller Politik bildet die Herbeiführung und Durchsetzung von für die staatlich organisierte Gesellschaft verbindlichen Entscheidungen. Sie ist also nicht nur durch Macht, sondern vor allem auch durch Herrschaftsprozesse gekennzeichnet. Eine Regierung, die sich an der Kategorie der Menschenwürde orientiert, ist immer auch mit dem Problem der Zumutbarkeit für die vielen Regierten konfrontiert. Auch eine Regierung, die sich den Vollkommenheitsidealen der Bergpredigt verpflichtet fühlt, würde gerade gegen deren Geist verstoßen, wollte sie diese Ideale allgemeinverbindlich und rechtlich sanktionierbar machen. Dem säkularisierten und pluralistischen Staat sind ohnedies hinsichtlich der Durchsetzung moralischer Prinzipien offensichtlich enge Grenzen gesetzt. Er bedarf für die Legitimierung seiner Entscheidungen über Verhaltensnormen immer des Nachweises der sozialen Unverträglichkeit des abweichenden Verhaltens. Damit wird die Politik im Lichte der Bergpredigt aber nicht zu einem ausschließlich defizitären Bereich erklärt. Jesus propagiert kein soziales Regelungssystem. Mit seinen Verheißungen transzendiert er diese Systeme, ohne sie aufzuheben.

Literatur:
F. Alt, Frieden ist möglich. Die Politik der Bergpredigt (München 1983); *A. Auer,* Autonome Moral und christlicher Glaube (Düsseldorf 1971); *Deutsche Bischofskonferenz,* Gerechtigkeit schafft Frieden (Bonn 1983); *M. Hättich,* Herrschaft – Macht – Gewalt, in: Christlicher Glaube in moderner Gesellschaft, Bd. 14 (Freiburg i. Br. 1982); *M. Hättich,* Weltfrieden durch Friedfertigkeit. Eine Antwort an Franz Alt (München 1983); *P. Hoffmann – V. Eid,* Jesus von Nazareth und eine christliche Moral (Freiburg i. Br. ³1979); *L. Kerstiens,* Verbindliche Perspektiven menschlichen Handelns (Stuttgart – Bonn 1983); *H. Küng,* Christsein (München 1974); *P. Lapide,* Die Bergpredigt. Utopie oder Programm? (Mainz 1982); *G. Lohfink,* Wem gilt die Bergpredigt? (Freiburg i. Br. 1984); *G. Strecker,* Die Bergpredigt. Ein exegetischer Kommentar (Göttingen 1984); *A. Vögtle,* Was ist Frieden? Orientierungshilfen aus dem Neuen Testament (Freiburg i. Br. ³1984).

Manfred Hättich

Bevölkerungswachstum

↗ Familienplanung; Menschenrechte; Nord-Süd-Konflikt; Schwangerschaftsabbruch

1. Die demographische Lage

a) Es dauerte Jahrtausende, bis die Weltbevölkerung um 1830 die Milliardengrenze erreichte. Um 1930 zählte sie 2 Milliarden, 1960 3 Milliarden und 1985 schon 4,8 Milliarden Menschen. Im Jahr 2000 werden nach heutigen Schätzungen bis zu 6 Milliarden Menschen auf der Erde leben. Das Schwergewicht des Wachstums, das zunächst in den Industrieländern lag, hat sich in den letzten Jahrzehnten zunehmend in die Dritte Welt verlagert, wo heute schon drei Viertel der Menschheit leben. Dieser Trend wird sich fortsetzen, da die Bevölkerungszahlen in den Industrieländern stagnieren bzw. rückläufig sind.
Die Erde bietet nur einer begrenzten Anzahl von Menschen ausreichenden Lebensraum und Lebensunterhalt. Daran ändert auch der Umstand nichts, daß wir nicht genau wissen können, wo die Grenze liegt. Dies ist vor allem ein Problem der Dritten Welt, wo das rapide Bevölkerungswachstum ein schwerwiegendes Entwicklungshindernis darstellt und heute schon den Kampf gegen die Armut zumindest sehr erschwert. Die Bevölkerungsentwicklung muß sich daher allmählich auf einem in etwa gleichbleibenden (stationären) Stand einpendeln, wenn alle Menschen, auch künftige Generationen, ihre Grundbedürfnisse befriedigen und unter menschenwürdigen Verhältnissen leben können sollen.
b) Eine historisch-vergleichende Analyse zeigt, daß es keine quasi-naturgesetzlichen, sondern nur gesellschaftlich bedingte Bevölkerungsentwicklungen gibt. Dies erlaubt es nur sehr eingeschränkt, die heutige Bevölkerungsentwicklung in der Dritten Welt mit der der Industrieländer in den vergangenen Jahrzehnten zu vergleichen.
Die Entwicklungsländer haben ein viel schnelleres und größeres Wachstum zu bewältigen, da die Sterblichkeit in vergleichsweise kurzer Zeit sank und die Ausgangszahlen oft schon sehr hoch lagen. Hauptursache dafür ist der Import moderner Medizin, welche die Sterberate drastisch senkte. Nicht mitübertragen wurde dagegen die wissenschaftlich-technische Kultur des Westens, die in den Industrieländern selbst nicht nur die Medizin revolutionierte, sondern gleichzeitig auch zu veränderten Einstellungen führte und eine wirtschaftliche Entwicklung einleitete, welche längerfristig auch die Geburtenrate sinken ließen. Damit stabilisierte sich dort das Bevölkerungswachstum nach einer Phase des „demographischen Übergangs" auf niedrigem Niveau.
All das läßt nicht begründeterweise erwarten, daß die Geburtenrate auch in der Dritten Welt in einer Art von Selbstregelungsmechanismus allmählich zu-

rückgehen und das Bevölkerungswachstum damit zum Stillstand kommen wird. Notwendig ist vielmehr eine bewußte Bevölkerungspolitik. Sie ist um so dringlicher, als sie ohnehin erst langfristig Erfolge zeitigen kann.

c) Die demographische Lage der Entwicklungsländer ist allerdings länder- und nicht selten sogar regionalspezifisch sehr verschieden. Dies zeigen schon die unterschiedlichen Zahlen hinsichtlich Zuwachsraten (Differenz aus Geburten- und Sterberate), Bevölkerungsdichte oder Urbanisierungsgrad. Ganz besonders gilt dies aber für eine Vielzahl von Rahmenfaktoren wie Rohstoffreserven, Nahrungsspielraum, Energiebedarf, ökologische Belastbarkeit, wirtschaftlicher Entwicklungsstand oder soziale Dichte, welche das Bevölkerungswachstum überhaupt erst zum Problem machen. Dabei ist jeweils im einzelnen genau festzustellen, in bezug auf welche dieser Faktoren die Gefahr einer „Überbevölkerung" besteht. Ähnlich verschieden sind meist die jeweiligen soziokulturellen Bedingungen, z.B. die soziale Stellung der Frau oder die Vorstellungen über die ideale Kinderzahl, welche das generative Verhalten (Fortpflanzung) nachhaltig beeinflussen. Daher müssen sowohl Ziele wie Mittel der Bevölkerungspolitik immer auf die jeweils konkreten Verhältnisse ausgerichtet und ihnen angepaßt sein.

2. Die Notwendigkeit einer ganzheitlichen Bevölkerungspolitik

a) Erfolg oder Scheitern jeder Bevölkerungspolitik hängt letztlich davon ab, ob es gelingt, die betroffenen Menschen für die Familienplanung zu motivieren. Dies setzt voraus, daß man von ihren Werten und Bedürfnissen ausgeht. Der Wunsch nach vielen Kindern ist angesichts der Lebensumstände in den Entwicklungsländern meist sehr einsichtig, auch wenn er zu den nationalen Zielen der Bevölkerungspolitik in Widerspruch steht. Dieser offensichtliche Konflikt zwischen individueller und demographischer Sichtweise läßt sich nur überwinden, wenn die betroffenen Menschen inmitten ihrer alltäglichen Lebensverhältnisse konkret erfahren können, daß eine Begrenzung der Kinderzahl tatsächlich im Interesse ihres eigenen Wohls wie des ihrer Kinder liegt. Voraussetzung dafür ist ein an der Bekämpfung der Armut orientierte Entwicklungspolitik, ohne die sich bevölkerungspolitische Maßnahmen ohnehin nicht rechtfertigen lassen.

b) Übergeordnetes Ziel jeder Entwicklungs- und damit auch Bevölkerungspolitik muß es sein, das Leid der Menschen in seinen vielfältigen Formen möglichst zu überwinden. Das Bevölkerungswachstum ist nun keineswegs die einzige, sondern nur eine von vielen Ursachen für den Zustand der „Unterentwicklung". Ungerechte Einkommensverteilung, Vernachlässigung der ländlichen Entwicklung oder Mißbrauch der politischen Macht sind für die weitverbreitete Armut und Not mindestens ebenso verantwortlich. Bevölkerungspolitische Maßnahmen sind daher nur dann sinnvoll, wenn sie in eine umfassende Entwicklungspolitik integriert sind, welche die Armut in ihren vielfältigen Formen zu überwinden versucht. Dies würde sich auch auf die

Familienplanung unmittelbar positiv auswirken. Eine bessere Befriedigung der Grundbedürfnisse würde z. B. das nötige Vertrauen schaffen, daß die künftige wirtschaftliche Sicherheit der Familie nicht allein von einer möglichst großen Kinderzahl abhängt. Mehr und bessere Bildung machten es leichter, Kenntnisse über die Geburtenregelung zu vermitteln und das Interesse am qualitativen Weiterkommen der Kinder zu fördern.

c) Besonders wichtig ist die Einbeziehung der Familienplanung in Programme zur Verbesserung der Gesundheitsbedingungen der Armen. Unzureichende Wohn- und Gesundheitsverhältnisse als eine der Ursachen der Armut verstärken eher den Wunsch nach mehr Kindern. Darum hat hohe Kindersterblichkeit im allgemeinen hohe Geburtenzahlen zur Folge. Umgekehrt werden die Mittel der Familienplanung meist als medizinische Maßnahmen erfahren, zumal sie nicht selten gesundheitliche Nebenwirkungen haben, die medizinische Hilfe und Beratung erforderlich machen. Ein besserer Basisgesundheitsdienst würde daher nicht nur unmittelbar zu einer niedrigeren Geburtenquote beitragen, sondern die Bevölkerung auch indirekt zur Familienplanung motivieren. Die Gesundheit der Kinder und der Familien hat in jedem Fall einen hohen Motivationswert und läßt zum medizinischen Personal eine Vertrauensbasis entstehen, was sich auch auf deren Ratschläge bezüglich der Familienplanung günstig auswirken würde. Gerade in den Ländern der Dritten Welt zählen persönliche Beziehungen meist sehr viel mehr als rein sachliche Argumente.

3. Familienplanung als praktisches und ethisches Problem

a) Aus der Sicht einer ganzheitlichen Bevölkerungspolitik ist es immer falsch und schädlich, Familienplanung einfach mit dem Gebrauch von Verhütungsmitteln oder mit Sterilisation gleichzusetzen. Physische oder sonstige direkte Zwangsmittel (im Unterschied zum indirekten Anreizen) zu verwenden verbietet sich von selbst, da dies meist nur die dauerhafte Ablehnung jeglicher Geburtenregelung zur Folge hat, ganz zu schweigen davon, daß solche Eingriffe die Freiheitssphäre der betroffenen Menschen verletzt. Um so wichtiger ist es, möglichst frühzeitig mit der Förderung der Familienplanung zu beginnen, damit nicht eines Tages nur noch Zwangsmaßnahmen als Ausweg bleiben.

b) Selbstverständlich müssen die Mittel der Familienplanung medizinisch unbedenklich, möglichst sicher und ethisch verantwortbar sein. Dabei wird es darauf ankommen, im interdisziplinären Gespräch die spezifischen Vor- und Nachteile der verschiedenen Methoden unter allen wichtigen Rücksichten abzuwägen. Ethische, medizinische und soziokulturelle Gründe schließen auf jeden Fall den Schwangerschaftsabbruch als Mittel der Geburtenregelung aus.

Besonderes Gewicht verdient die *sozial* ethische Forderung, in den Programmen der Familienplanung Methoden einzuschließen, von denen man vernünftigerweise annehmen kann, daß sie auch von der breiten Mehrheit der ärmeren Bevölkerung anwendbar sind. Andernfalls wäre nicht nur jede Bevölkerungspolitik zum Scheitern verurteilt, sondern würde den Armen faktisch auch das Recht auf Familienplanung verwehrt. Berücksichtigt man Bildungsstand und Lebensweise der betroffenen Menschen, so werden diesem Kriterium im allgemeinen nur solche Mittel der Geburtenregelung gerecht, die billig, leicht erhältlich und einfach anwendbar sind. Die Erfahrung in den Entwicklungsländern zeigt, daß sowohl „natürliche Familienplanung" wie auch „Pille" nur in Ausnahmefällen diesem Anspruch entsprechen, da sie nur bei sehr personalintensiver Betreuung dauerhaften Erfolg zeigen. Jedenfalls wäre es völlig unrealistisch, ein nationales Familienplanungsprogramm auf dieser Grundlage konzipieren zu wollen. Selbstverständlich müssen die Menschen auch in der Wahl der Mittel frei sein. Die Armen haben freilich nur dann wirklich eine Wahl, wenn ihnen überhaupt gangbare Wege offenstehen.

c) Die Lebensbedingungen in der Dritten Welt bringen es mit sich, daß die Menschen kaum aus eigener Initiative zu einer regelmäßigen Familienplanung finden. Die Bevölkerungspolitik ist daher auf öffentliche Programme angewiesen, die für die Familienplanung werben und sie verbreiten. Dabei ist es nicht genug, über ihre Ziele zu informieren und für sie zu motivieren, sondern es braucht ebenso klare Hinweise auf die geeigneten Mittel. Da es in der Regel nur begrenzte Informationsmöglichkeiten gibt und die Menschen an traditionelle Autoritätsmuster gewöhnt sind, wäre es naiv und sozial unverantwortlich, ihnen jene Entscheidungshilfen zu verweigern, ohne die sie mit ihren Problemen allein gelassen sind. Dies darf freilich umgekehrt nie zu ihrer Entmündigung führen.

4. Verantwortung der Kirchen und Religionen

Bevölkerungspolitik und Familienplanung werden wegen ihrer ethisch-moralischen Implikationen immer kontroverse Themen bleiben. Grundanliegen muß dabei immer der Einsatz für das menschliche Leben und menschenwürdige Lebensbedingungen sein. Da die Armen besonders unter inhumanen Verhältnissen zu leiden haben, müssen ihre Interessen vorrangig berücksichtigt werden. Die christlichen Kirchen (und die Weltreligionen) tragen eine besondere Verantwortung, zur sittlichen Bewußtseinsbildung der Menschen in diesen Fragen beizutragen. Zu Recht betonen sie die Würde des Menschen und weisen auf die Grenzen einer rein technokratischen Bevölkerungspolitik hin. Wenig glaubwürdig und wirksam sind dagegen Stellungnahmen, die nur Verbote aussprechen, nicht aber zugleich auch gangbare Wege aufzeigen. Gerade in der so schwierigen Frage der Familienplanung braucht es Normen, die nicht nur unter einem hohen moralischen Anspruch stehen, sondern auch den konkreten Nöten der Menschen wie den bevölkerungssoziologischen Fakten gerecht werden.

Literatur:
D. *Baldeaux,* Bevölkerungspolitik der Entwicklungsländer (Köln 1985); Demographic Policies from a Christian View Point, hrsg. von F. *Biffi* (Rom 1984); J. A. *Hauser,* Bevölkerungsprobleme der Dritten Welt (Bern 1974); J. A. *Hauser,* Bevölkerungslehre (Bern 1982); W. *Kerber,* Bevölkerungspolitik, in: Staatslexikon, hrsg. von Görres-Gesellschaft, Bd. 1 (Freiburg i. Br. ⁷1985), 764–770; K. M. *Leisinger,* Soziale Voraussetzungen für kleinere Familien in der Dritten Welt, in: Social Strategies – Forschungsberichte 1 (1985) Nr. 1; J. *Müller,* Die Zukunft der Weltbevölkerung, in: StdZ 202 (1984) 507–520; M. *Oberhoffer – A. Radtke,* Bevölkerungswachstum, Entwicklungsarbeit und Familienplanung (Aachen 1985); J. *Schmid,* Einführung in die Bevölkerungssoziologie (Reinbek 1976); Weltentwicklungsbericht 1984, hrsg. von *Weltbank* (Washington/D. C. 1984); M. *Wingen,* Bevölkerung, in: Staatslexikon, hrsg. von Görres-Gesellschaft, Bd. 1 (Freiburg i. Br. ⁷1985) 748–763.

Johannes Müller

Bibel

↗ Basisgemeinden; Befreiungstheologie; Bergpredigt und Politik; Fundamentalismus; Glaubensvermittlung; Jesus Christus; Juden und Christen; Offenbarung

1. Die Bibel als Grundlage des Glaubens

Die Bibel bleibt das „Buch der Bücher", bis heute das am meisten verbreitete Literaturwerk, in fast alle Sprachen und viele Dialekte übersetzt. In ihrer Sprachgewalt und Poesie, mehr noch in ihrer existentiellen Ansprache der Leser bei ihrer Suche nach dem Sinn des Lebens fasziniert sie viele Menschen auch außerhalb der jüdischen und christlichen Religion, zunehmend auch in Ländern, die vom Atheismus beherrscht werden. In den christlichen Kirchen hat die Bibel als Grundlage des Glaubens, als Ausgangsort aller Theologie und als unversieglicher Quell der Volksfrömmigkeit stets (auch im Mittelalter) höchste Wertschätzung gefunden. In den Reformationskirchen rückte die Verkündigung des Evangeliums in den Mittelpunkt, wurde die Bibel zur alleinigen Richtschnur des Glaubens und befruchtete durch die tägliche Bibellesung die persönliche Frömmigkeit. In der Neuzeit entstanden in vielen Ländern „Bibelgesellschaften" zu Verbreitung der Bibel in den Volkssprachen. In der katholischen Kirche wurde die Bibel zwar neben dem Katechismus bisweilen aus antireformatorischer Haltung zurückgedrängt, aber niemals in ihrem Gewicht für Theologie und Verkündigung geringgeachtet. Papst Leo XIII. schrieb 1893 eine Enzyklika („Providentissimus Deus") über das Studium der Heiligen Schrift. In der Gegenwart, besonders durch das Zweite Vatikanische Konzil (1962/65), hat die Bibel im katholischen Raum für Theologie, Liturgie, Katechese und religiöses Leben eine vertiefte und

weitreichende Bedeutung gewonnen. Die Konstitution über die göttliche Offenbarung (Dei Verbum) des Zweiten Vatikanums faßt die Bedeutung der Bibel in die prägnanten Worte: „Die Kirche hat die Heiligen Schriften immer verehrt wie den Herrenleib selbst, weil sie, vor allem in der heiligen Liturgie, vom Tisch des Wortes Gottes wie des Leibes Christi ohne Unterlaß das Brot des Lebens nimmt und den Gläubigen reicht. In ihnen zusammen mit der Heiligen Überlieferung sah sie immer und sieht sie die höchste Richtschnur des Glaubens ..." (Art. 21). Die Heilige Schrift und die mündliche Überlieferung (Tradition) sind eng miteinander verbunden und haben aneinander Anteil. In der Frage der Inspiration und Irrtumslosigkeit sagt das Dokument: „Von den Büchern der Schrift ist zu bekennen, daß sie sicher, getreu und ohne Irrtum *die Wahrheit* lehren, die *Gott um unseres Heiles willen in heiligen Schriften* aufgezeichnet haben wollte" (Art. 11). Wenn auch nicht alle Fragen geklärt sind, die sich der Theologie und dem heutigen Bibelleser stellen, sind wir doch entscheidend darauf verwiesen, jene Wahrheit in der Bibel zu suchen, die der Mensch für sein Welt- und Daseinsverständnis braucht und die ihm Gott durch Jesus Christus im Heiligen Geist offenbaren will.
Das Alte und das Neue Testament können nicht voneinander gelöst werden. Der Neue Bund ist im Alten verborgen und der Alte im Neuen erschlossen (Art. 16, nach einem Augustinus-Wort). In den Büchern des Alten Bundes liegt „die Geschichte des Heils, von heiligen Verfassern vorausverkündet, berichtet und gedeutet, als wahres Wort Gottes vor" (Art. 14). Das Studium der Bibel soll gleichsam die Seele der heiligen Theologie sein (Art. 24), und aus der gesteigerten Verehrung des Wortes Gottes darf man „neuen Antrieb für das geistliche Leben erhoffen" (Art. 25).

2. Entwicklung und Stand der katholischen Bibelbewegung

Der Weg zu diesem Höhepunkt katholischer Neubesinnung auf die Bibel war lang und mühsam. In der Zeit des Modernismus (Anfang des 20. Jahrhunderts) war die katholische Bibelwissenschaft durch enge Dekrete der Päpstlichen Bibelkommission und durch disziplinarische Maßnahmen gegen Exegeten in Bedrängnis. Zwischen den beiden Weltkriegen brach jedoch, namentlich in der Jugend, eine „Bibelbewegung" auf, die in enger Verbindung mit der „Liturgischen Bewegung" eine Neubelebung von Bibelstudium und Bibellesung in Gang setzte. Für die Exegese bedeutete die Enzyklika Papst Pius' XII. „Über die zeitgemäße Förderung der biblischen Studien" vom 30. 9. 1943 („Divino afflante Spiritu") einen Durchbruch, weil sie gesunde und konkrete Grundsätze für die Auslegung der Bibel aufstellte, die Bibelgelehrten zur Anwendung heutiger wissenschaftlicher Methoden ermutigte und zum Ausschöpfen des theologischen Gehalts der Bibel aufrief. Doch auch praktische Impulse für Studium und Verkündigung, Bibelverbreitung und Bibellesen wurden darin gegeben. Weiterführend war eine Instruktion der neuen Päpstlichen Bibelkommission über „Die Wahrheit der Evangelien"

vom Jahre 1964, in der die Eigenart der in den Evangelien gesammelten Überlieferung beleuchtet und für das Glaubensverständnis erschlossen wird. Sie ist in ihrem wesentlichen Gehalt in die Konstitution „über die göttliche Offenbarung" (s. o.) eingegangen.
Die fünfziger und sechziger Jahre brachten ein Aufblühen der katholischen Bibelbewegung. In Exegese und Theologie, Bildungsarbeit und religiösem Leben gewann die Bibel eine mächtige Triebkraft. Wesentlichen Anteil an der Breitenwirkung der katholischen Bibelbewegung hat das 1933 gegründete „Katholische Bibelwerk" in Stuttgart, das seit längerem in Verbindung mit dem Schweizerischen und dem Österreichischen Bibelwerk tätig ist. Eng verbunden ist damit die „Katholische Bibelanstalt" (Stuttgart), die sich der Herausgabe von Bibeln (darunter der Einheitsübersetzung) widmet und mit der „Deutschen Bibelgesellschaft" (bzw. der früheren „Württembergischen Bibelanstalt") zusammenarbeitet. Doch auch die wissenschaftliche Exegese nahm einen großen Aufschwung, wie zahlreiche Kommentare und Monographien belegen. Die wiedergewonnene Freiheit für die Forschung führte zu einer Annäherung an die internationale und interkonfessionelle Bibelwissenschaft, so daß heute alle früheren Grenzen abgetragen sind.
Die Hoffnung der Konzilsväter auf eine „gesteigerte Verehrung des Wortes Gottes" und eine spirituelle Erneuerung aus dem Wort Gottes in der Bibel hat sich aber nur teilweise erfüllt. Die wissenschaftliche Exegese mit ihren verfeinerten Methoden, ihren bisweilen kühnen Hypothesen und wechselnden Ergebnissen wird als verwirrend, ja destruktiv empfunden. Die biblisch orientierte Verkündigung in Predigt und Katechese befriedigt viele Gläubige nicht, und der Zugang zu dem ehrwürdigen Buch der Bücher mit seiner Sprache und Vorstellungswelt bleibt trotz aller angebotenen Hilfen schwierig. Nicht selten breitet sich ein Unbehagen im Umgang mit der Bibel aus, weil viele Fragen des heutigen Menschen das unmittelbare Hören und Lesen der biblischen Texte blockieren und es erschweren, daraus „Brot für die Seele" zu gewinnen.
Dennoch geht die biblische Erneuerung auf verschiedenen Ebenen verheißungsvoll weiter. Theologisch ist es bedeutsam, daß Fundamentaltheologen und Dogmatiker viel stärker als früher von der Bibel ausgehen und sich von ihr zu neuen Fragestellungen und Entwürfen anregen lassen. Die Bibel entfaltet aufs neue eine schöpferische Kraft und wird wieder zur „Seele der Theologie". In der Liturgie hat die Liturgiereform des Zweiten Vatikanums der Bibel einen hervorragenden Platz eingeräumt. Neue Formen für „Wortgottesdienste" entstehen, und die Volksfrömmigkeit wird durch biblisches Liedgut und das Stundengebet bereichert.
Beachtung verdient die Bibellesung in kleinen Gruppen, die sich in biblische Meditation versenken, häufig im Anschluß an bildhafte und symbolische Darstellungen. Einen besonderen Charakter haben die vielen (in die Tausende gehenden) Basisgemeinden z. B. in Lateinamerika, die mit der Lesung biblischer Texte ihre menschliche und gesellschaftliche Situation reflektieren

und von daher Impulse für ihr soziales und politisches Handeln, für ihr Ringen um Befreiung von äußerer Bedrückung empfangen. In ähnlicher Weise sind die von Katechisten geleiteten Gruppen in Afrika, Asien und Ozeanien um eine lebendige Aufnahme und Vertiefung des Glaubens bemüht; doch auch in Europa gibt es solche aktiven kleinen Gemeinschaften, gleichsam Zellen religiösen Lebens, die sich an der Bibel orientieren (vgl. die „Charismatische Erneuerung").

3. Bibel und Ökumene

Für das in den letzten Jahrzehnten verstärkte ökumenische Streben nach Annäherung und Wiedervereinigung der getrennten Kirchen und kirchlichen Gemeinschaften hat die Bibel eine eminente Bedeutung. Sie ist in der zerrissenen Christenheit die gemeinsame Basis für Glaube, Theologie und Frömmigkeit. Auch wenn die Geltung und Funktion der Bibel in den Konfessionskirchen verschieden beurteilt wird (Verhältnis von Bibel und Tradition, Verkündigung und Lehramt), gehen die zahlreichen ökumenischen Dokumente stets auf die biblischen Aussagen zurück und argumentieren von der Bibel her. Für die Praxis sind Bemühungen um einen einheitlichen Bibeltext eine Hilfe zum gemeinsamen liturgischen und persönlichen Bibellesen. Dazu kommen Bibelleseplände, Bibelkalender usw. mit Beiträgen von evangelischer und katholischer Seite. In nicht wenigen Ländern sind einheitliche Texte für ökumenische Gottesdienste und Feiern verbreitet. Doch auch private Übersetzungen, die die Bibel dem Verstehen heutiger Menschen nahebringen wollen, werden von Gläubigen verschiedener Konfession benutzt. Die Evangelische Kirche in Deutschland hat 1984 einen revidierten Luther-Text zum Neuen Testament herausgebracht, der in guter Weise die Tradition der Luther-Bibel fortsetzt, freilich auch den gemeinsamen Gebrauch desselben Textes („Einheitsübersetzung") hemmt. Im theologischen Gespräch sind sich die Exegeten bei der Auslegung der Bibel nahegekommen; doch enthüllen sich in der Auswertung und Anwendung noch weiterbestehende, in der jeweiligen Tradition begründete tieferliegende Unterschiede.

Erfreulich ist die Neubelebung des christlich-jüdischen Gesprächs. „Synagoge" und „Kirche" lesen gemeinsam die alte Bibel (das AT), die für das Urchristentum das Buch der göttlichen Offenbarung schlechthin war. Erst in einem längeren Prozeß kam der neutestamentliche Kanon hinzu. Heutige jüdische Bibelwissenschaftler wenden aber auch dem Neuen Testament ihre Aufmerksamkeit zu und ordnen es in die jüdische Welt ein. Für die christlich-jüdische Neubegegnung nach Jahrhunderten der Kluft und Feindschaft bildet die Bibel Ausgangspunkt und Brücke zum gegenseitigen Verstehen.

4. Zugänge zur Bibel

In der geistesgeschichtlichen Entwicklung hat sich die Frage der Hermeneutik, der Kunst des Auslegens und Verstehens, immer stärker in den Vordergrund gedrängt. Begnügte man sich im Altertum und Mittelalter mit Regeln für die Auslegung der Bibel im Glaubenshorizont und stellte Luther das Prinzip der Selbstauslegung der Schrift auf (unter Ablehnung der kirchlichen Tradition), so löste die Aufklärung das Verstehen der Texte aus dem Vorverständnis des Glaubens heraus, blieb aber wiederum im Vor-Urteil rationaler Vernünftigkeit befangen. Die neuere Hermeneutik reflektiert den ganzen schwierigen Prozeß der Aufnahme und Aneignung geschichtlich bedeutsamer Texte durch Menschen in einem neuen Verstehenshorizont. Mit der „Erklärung" der Texte im Verständnis ihrer Verfasser ist es nicht getan, sondern es muß zu einer Rezeption ihres Sinngehaltes durch die späteren Hörer und Leser kommen, zu einer „Horizontverschmelzung" (H.-G. Gadamer, Wahrheit und Methode [1965]). Aber die „Wahrheitsfrage" bleibt nach den je verschiedenen Ansätzen strittig. Sprach- und Kommunikationstheorien spielen heute eine beträchtliche Rolle. Das noch nicht ausdiskutierte Problem der Hermeneutik, das nicht wenig vom philosophischen und weltanschaulichen Standpunkt abhängt, kann auch die unterschiedlichen Positionen in der theologischen Auslegung der Bibel erklären. Heute werden vor allem Recht und Grenzen der historisch-kritischen Methode diskutiert. Man sucht neue Zugänge zur Bibel aus der Sprachwissenschaft (Strukturalismus, Semiotik, Textlinguistik), der Soziologie (dabei u.a. „materialistische" Auslegung), der Tiefenpsychologie („Mythen und Träume" als Hilfe zum Verstehen), der Kommunikationswissenschaft (Bibelauslegung als „Interaktion") usw. Nur eine „mehrdimensionale" Schriftauslegung scheint manchen Beurteilern dem Sinngehalt der Bibel gerecht zu werden. In der Tat ist die Bibel für verschiedene Zugänge offen.

Gläubige Bibelleser wollen aus der Bibel sowohl Glaubensstärkung als auch Lebenshilfe erfahren. Für die „Verteidigung und Bekräftigung des Evangeliums" (Phil 1,7) ist die vernünftige Erforschung der Bibel mit Hilfe der historisch-kritischen Methode unverzichtbar; aber um die das Leben durchdringende, die persönliche Existenz wie das gesellschaftliche Geschehen betreffende Kraft der Bibel zu erfahren, bedarf es darüber hinaus eines gläubigen Hörens und Befolgens dessen, was die Bibel dem einzelnen, der Kirche, der Menschheit hier und jetzt zu sagen hat. Man kann die Bibel nicht wie jedes andere Buch lesen, weil das, was sie sagt nicht nur gelesen, sondern getan werden will. Daraus fließt das Recht, ja die Dringlichkeit, neue Zugänge zum Buch der Bücher zu suchen, um seine Worte ins Leben umzusetzen.

Literatur:
Bibel-Lexikon, hrsg. von *H. Haag* (Einsiedeln – Zürich – Köln ²1968; Neubearbeitung in Vorbereitung); *B. Lang,* Ein Buch wie kein anderes (Biblische Basisbücher) (Stuttgart 1980); *G. Lohfink,* Jetzt verstehe ich die Bibel. Ein Sachbuch zur Formkritik (Stuttgart ¹²1983); Mittelpunkt Bibel, hrsg. von *S. Meurer* (Stuttgart 1983); Praktisches Bibellexikon, hrsg. von *A. Grabner-Haider* (Freiburg – Basel – Wien ⁸1985); *J. Schreiner* (Hrsg.), Einführung in die Methoden der biblischen Exegese (Würzburg 1976); *P. Stuhlmacher,* Vom Verstehen des Neuen Testaments. Eine Hermeneutik (Göttingen 1979); Wörterbuch zur biblischen Botschaft, hrsg. von *X. Léon-Dufour* (Freiburg – Basel – Wien ³1981); *H. Zimmermann,* Neutestamentliche Methodenlehre (Stuttgart ⁷1982).

Rudolf Schnackenburg

Bindungsverhalten

↗ Ehe; Familie; Nichteheliche Lebensgemeinschaften;Tradition; Wertewandel

1. Begriff und Bedeutung

„Bindung" wird als auf Dauer angelegte emotionale und soziale Verbundenheit zwischen zwei Menschen angesehen. „Bindungsverhalten" bezeichnet ein Verhalten, das Bindung herstellt oder aufrechterhält. Entwicklungspsychologisch zeigt sich, daß Bindungsverhalten überlebenswichtig ist. Nach der Trennung des Kleinkindes vom Mutterleib sucht es durch Einklang mit der Mutter oder Erziehungsperson „Urvertrauen" (Erikson) zu entwickeln. Ohne Bindung an Mutter und/oder Vater kann beim jungen Menschen kein Selbstwertgefühl entstehen.
Auch das Erwachsenenleben wird von umfassenden und wichtigen Lebensbindungen (z. B. der Ehe) geprägt. Typisch für jede Bindung ist eine eigentümliche Ambivalenz: Wo viel geliebt wird, wird auch intensiv gezürnt. Da Bindungen nicht konfliktfrei gelebt werden können, kommt es darauf an, ob sich die beiden Partner aus- und gegeneinander entwickeln oder ob eine gemeinsame Entwicklung (Koevolution, J. Willi) möglich ist, bei der sowohl die Gemeinschaft zu ihrem Recht kommt als auch jeder einzelne Partner seine Fähigkeiten entfalten kann. Interessengegensätze und Meinungsunterschiede können so sowohl die Beziehung selbst als auch die Lebensführung der Partner bereichern. Daraus entsteht dann ein besonders intensives Gefühl der Verbundenheit und Zugehörigkeit.

2. Bindungsfähigkeit und Bindungsbedürfnis

Gerade dauerhafte Bindung ist abhängig von der Fähigkeit, festhalten und loslassen zu können. Starke Wünsche nach „Verschmelzung" in der Phase des Verliebtseins erfordern eine nachfolgende Lösung, einen Prozeß, in dem beide Partner ihre Eigenständigkeit zurückgewinnen. Eine der wichtigen Voraussetzungen für Ablösung aus Verklammerung und Abhängigkeit ist die in Familien vielfach zu wenig geübte und geförderte Fähigkeit, allein leben zu können. Lieben ist mit der Erfahrung gegenläufiger Erwartungen sowie ambivalenter Gefühle und Verhaltensweisen verbunden. Das Bedürfnis, nicht alles gemeinsam zu tun, sich abzugrenzen und alleinsein zu wollen, wird allzuoft als Zeichen nachlassender Zuneigung und Verbundenheit interpretiert.

Bindung äußert sich in einfachen Tugenden, die im Leben der Menschen unverzichtbar sind: Dasein für den anderen, Zuverlässigkeit, miteinander arbeiten, füreinander sorgen, den anderen nicht fallenlassen, auch wenn er enttäuscht hat. Tugenden wie die hier beschriebenen kommen in besonderer Weise in den Erwartungen an Elternliebe zum Ausdruck. Sie ist eine wichtige Voraussetzung für die Liebesfähigkeit eines Kindes, Jugendlichen und Erwachsenen. Durch sie erfährt ein Kind Lebenswichtiges, nämlich daß es gewollt bejaht wird, daß liebevolle Zuwendung zuverlässig und dauerhaft ist und daß Eltern treu sind, auch wenn Einstellungen und Verhaltensweisen eines Kindes elterlichen Erwartungen nicht entsprechen.

Dieses gilt als Anspruch auch für die Liebe zwischen Erwachsenen: Ja-sagen zum Leben des anderen; ihm eine Zukunft geben; die eigenen und fremden Bedürfnisse und Interessen zur Geltung kommen lassen; sich selbst zugunsten des anderen zurücknehmen.

Dauerhafte Partnerbeziehungen brauchen dieses Erleben von Verbundenheit im Alltag. Bindung ist in vielfacher Hinsicht nüchtern, solide, zuverlässig. Ihr mag mitunter das fehlen, was mit einer bestimmten Form leidenschaftlicher Liebe verbunden ist: intensive Gefühle, erotische, spontane kreative Impulse. Bindung lebt im Alltag mehr von den kleinen als von den großen Zeichen: Zuhören, Schweigen, Verstehen, Loben, Zärtlichsein. Liebe in einem ganzheitlichen Sinne drängt auf dauerhafte Verbundenheit. Wird Bindung verweigert, kann sich menschliches Leben psychisch und oft auch physisch nicht entfalten.

Menschen, deren Bindungsbedürfnis mißachtet wird, wird die Erfahrung versagt, daß sie für einen anderen Menschen wichtig sind und ihr Leben dadurch Sinn erhält. Bindungsabbrüche schaffen Diskontinuität im Leben des Menschen. Enttäuschte Liebe kann je nach dem Grad der persönlichen Verletzung oft ein Leben lang unheilbar bleiben.

Umfassende Beziehungen zu einem Menschen sind nicht aufkündbar. Liebesbeziehungen sind kein Vertrag. Menschen, die sich binden, haben einen gemeinsamen Lebenszusammenhang, eine gemeinsame Lebensgeschichte.

Sie können sich trennen, aber durch die Trennung ist der eine nicht aus dem Leben des anderen entlassen.
Bindung dauerhaft zu leben ist ein hoher und schwierig einzulösender Anspruch. Aber ohne ihn verliert menschliche Liebe ihren Sinn. Daher ist nicht der Abbau des Anspruchs zu fordern, man muß vielmehr an besser gelingenden dauerhaften Beziehungen arbeiten.

3. Beobachtbare Veränderungen

Die Suche nach Erklärungen für die auffällige Diskrepanz zwischen dem Wunsch nach dauerhafter Bindung und der Erfahrung häufig geringer Tragfähigkeit personaler Beziehungen setzt auf der gesellschaftlichen und der individuellen Ebene an. Es scheint, daß die Erklärung auf diesen Ebenen an Grenzen stößt, wenn der Anspruch nach dauerhafter Bindung sich nicht auf einen überindividuellen Sinn von Liebe stützen kann, wenn Rückbindung des Menschen ins Leere stößt und weder Glaube noch Philosophie menschliches Empfinden, Fühlen, Denken und Handeln begründen. Dauerhafte Bindung kann sich offenbar nicht allein auf eine Gefühls- und Situationsethik abstützen. Sie ist angewiesen auf tragfähige Rückbindungen: auf Ideen und Überzeugungen, die es ermöglichen, Augenblicksperspektiven in die Zukunft zu verlängern.
Viele Menschen erfahren nämlich gerade heute das Scheitern ihrer Beziehung; ihre Bindungen zerbrechen. Lebenslange Verbundenheit wird seltener verwirklicht.
Seit Beginn der sechziger Jahre nehmen in der Bundesrepublik Deutschland die Heiratsquoten der Ledigen, Verwitweten und Geschiedenen ab, die Zahl der Ehescheidungen steigt, und gleichzeitig verstärkt sich die Tendenz, unverheiratet zusammenzuleben.
Beobachtbare Veränderungen im Bindungsverhalten der Menschen lösen ambivalente Reaktionen in der Gesellschaft aus. Für die einen verdichten sich die Anzeichen unaufhaltsamer Entwicklung zu einer bindungslosen Gesellschaft, für die anderen bahnt sich ein Prozeß der Umorientierung von traditionellen Institutionen zu neuen Lebensgemeinschaften mit einem individualisierten Bindungsverständnis und der Erprobung neuer Formen des Zusammenlebens an.
Das zentrale Problem lautet heute jedoch: Entwickeln die Menschen noch Zutrauen zu einer lebenslangen Bindung? Können sie sich angesichts einer für sie offenen Zukunft auf eine Zugehörigkeit von Dauer einstellen? Werden sie in unserer auf Wandlung bedachten Gesellschaft begründete Zuversicht auf die Tragfähigkeit ihrer Beziehungen zu anderen bewahren können? Die Antworten auf diese Fragen zielen auf die Gemeinschaftsfähigkeit der Menschen.

4. Soziale Belastungen und sozialer Schutz

Neben der Erfahrung des Scheiterns von Beziehungen erleben die meisten Zeitgenossen, daß einerseits von ihnen eine erhebliche Flexibilität erwartet wird, und zwar vor allem im Berufsleben; sie sollen mobil sein, also der Beschäftigung wegen ihren Wohnort und ihre sozialen Einbindungen verlassen und sich auf Neues umstellen. Andererseits wird gerade im beruflichen Alltag Belastungsfähigkeit erwartet; diese wiederum mißt man leicht an geregelten familiären Umständen. So soll das Privatleben jene Geborgenheit vermitteln, die die Berufswelt vorenthält, und soll zugleich Stütze sein, damit man die Hauptkraft der außerhäuslichen Tätigkeit widmen kann. Dieser Widerspruch zwischen Beweglichkeit und Bindung muß zu Anpassungsschwierigkeiten führen. Nach den Befunden der Verhaltensforschung und Anthropologie kann sich der Mensch nur unter bestimmten Bedingungen wechselnden Personen und Umwelten anpassen. Menschlicher Flexibilität und Mobilität sind Grenzen gesetzt. Menschen brauchen kleinere Gemeinschaften, in denen das Zusammenleben überschaubar und die zwischenmenschlichen Beziehungen unmittelbarer sind als in den Großorganisationen der anonymen Massengesellschaft. Bindung braucht abgeschlossene und offene Beziehungen sowie räumliche Umwelten. Um aber auch Isolation in der Zweierbeziehung oder in der Kleinfamilie zu vermeiden, ist die Öffnung der kleinsten Lebensgemeinschaften zu Nachbarschaft, Gemeinde und Clubs und Vereinen unbedingtes Erfordernis. Veränderungen sind aber auch notwendig in bezug auf die Schaffung stabiler Kleingruppen und Bezugspersonen im Bildungswesen und in der Arbeitswelt.

Unsere sich wandelnde Gesellschaft ermöglicht einerseits mehrere *Arten* von Bindungen (z. B. auch nichteheliche Lebensgemeinschaften), andererseits erschwert sie aber Bindung *als solche,* indem sie Lebensmodelle des Individualismus und der Trennung im Konfliktfalle als bevorzugte Haltungsbilder anbietet. Zwar gehört zum menschlichen Leben auch die Möglichkeit des Scheiterns, aber ohne sozialen Schutz fällt es schwer, Bindungen notfalls auch über schwere Konflikte hinweg zu bewahren.

5. Bindungsfähigkeit als Grundlage menschlicher Entwicklung

In unserer derzeitigen gesellschaftlichen Entwicklung müssen wir Lösungen dafür finden, wie Liebe (und Fürsorge) verbunden werden können mit persönlicher Entfaltung. An der Frage der Treue kann man das sehen: Für die meisten Menschen heute hängt Treue an der Liebe, die Veränderung der Beziehung beendet dann unter Umständen auch die Treue. Persönliches Wohlbefinden steht über den Pflichten, die sich aus Bindungen ergeben.

Daher setzt sich im subjektiven Erleben und Handeln bei jungen Menschen verstärkt die Vorstellung durch, die Entscheidung zu Partnerschaft dürfe nicht zur Beeinträchtigung der individuellen Handlungsspielräume führen.

Hohe Bewertung der individuellen Rechte und Kompetenzen stehen in Spannung und zum Teil auch im Widerspruch zu den gesellschaftlichen Möglichkeiten und den individuellen Fähigkeiten zu selbstbestimmtem, eigenverantwortlichem Bindungsverhalten.

Es ist daher sicher ratsam, sich daran zu erinnern, daß Bindungsfähigkeit Grundlage menschlicher Entwicklung und Veränderung ist. Das Bewußtsein der Freiheit, sich notfalls vom anderen zu trennen, muß verbunden werden mit der Bereitschaft, sich für bestehende Bindungen einzusetzen und Schwierigkeiten gemeinsam zu bewältigen (notfalls auch mit Hilfe von außen, z. B. durch Familien- oder Ehetherapie). Ohne die Kraft, die Bindungen entströmt, vermag niemand seine in ihm schlummernden Fähigkeiten zum Leben zu erwecken. Erst die Liebe gibt der Kreativität ihren rechten Schub.

Im letzten Grund verweist die menschliche Bindungsfähigkeit auf das Vertrauensgefühl gegenüber einer großen bergenden Unendlichkeit, die das Bedürfnis nach Erfüllung und Wiederherstellung stillt. Religiöser Glaube vermittelt Bindung an das Leben insgesamt, eine Bindung, die alles Scheitern und alle Trennung überschreitet und sich beruft auf die Zusage der Verheißung eines Gottes, der seinen Regenbogen als Zeichen *seiner* Bindung zu den Menschen in die Wolken setzt (Gen 9,12–17).

Literatur:
F. Böckle, Geschlechterbeziehung und Liebesfähigkeit, in: Christlicher Glaube in moderner Gesellschaft, Bd. 6 (Freiburg i. Br. 1981) 109–153; *E. H. Erikson,* Identität und Lebenszyklus (Frankfurt a. M. 1966); *E. Fromm,* Haben oder Sein (Stuttgart 1976); *H. Jonas,* Das Prinzip Verantwortung (Frankfurt a. M. 1979); *W. Korff,* Wie kann der Mensch glücken? (München – Zürich 1985); *D. Mieth,* Die neuen Tugenden (Düsseldorf 1984); *S. Rupp u. a.,* Eheschließung und Familienbildung heute (Wiesbaden 1980); *W. Schmidbauer,* Die Angst vor der Nähe (Reinbek 1985); *R. Süssmuth,* Wandlungen im Bindungsverhalten, in: Herder-Korrespondenz 35 (1981) 195–199, 246–252; *J. Willi,* Koevolution – Die Kunst gemeinsamen Wachsens (Reinbek 1985).

Rita Süssmuth

Bioethik

↗ Evolution; Familienplanung; Fortpflanzungsmedizin; Gentechnik; Humangenetische Beratung; Insemination; Recht und Ethik; Schwangerschaftsabbruch; Sterbehilfe; Technik und Ethik; Umweltethik

1. Die neueren Fragestellungen

Gemessen an den Faktoren der Darwinschen Evolutionstheorie, Vererbung und Auslese, wird es dem Menschen heute möglich, den Prozeß der Naturgeschichte, der ihn hervorbrachte, faktoriell selbst zu steuern. Gentechnische Veränderungen an Mikroorganismen, Pflanzen und Tieren und in fernerer Sicht auch am Menschen wecken mannigfache Produktionshoffnungen, motivieren zum Einsatz von Kapital und Know-how im industriellen Bereich, machen Politiker mobil, um aus der erwarteten Rendite für die eigene Volkswirtschaft einen möglichst großen Anteil zu sichern. Forschungs-, Technologie- und Industriepolitik fließen zusammen.

Aus der immer etwas rückständig erscheinenden, nur teilweise exakt arbeitenden Biologie ist innerhalb kurzer Zeit eine „moderne" Naturwissenschaft geworden. Das neu erschlossene Feld der biotechnischen Veränderungsmöglichkeiten ist verwirrend breit. Die hier möglich werdenden Eingriffe wecken bei den einen euphorische Fortschrittshoffnungen und bei den anderen tiefgehende Bedenken. Der Biochemiker Erwin Chargaff, selber an der Entschlüsselung des genetischen Codes beteiligt, spricht heute im Blick auf die biotechnische Bastelwut der Gentechnologen von der „Bestialisierung der wissenschaftlichen Phantasie".

Wenn heute im Blick auf die biotechnischen Verfügungsmöglichkeiten wieder das „Heilige" und „Unverfügbare" am Lebensprozeß beschworen wird, so wird deutlich, daß hier etwas konkret Gegebenes und zugleich etwas ganz und gar nicht Gestalthaftes angesprochen wird. Bei den Umsichtigen geht die Sorge um, durch vorschnellen Zugriff könnte die unverwechselbare Einmaligkeit der aus dem Evolutionsprozeß hervorgegangenen Formen endgültig vernichtet werden. Das mit dieser Sorge Gemeinte zielt auf die nicht rekonstruierbare Einmaligkeit dieser Welt, dieser irdischen Lebensformen und dieses Menschen, der das alles im nachhinein zu bedenken, zu verändern, aber nicht zu wiederholen vermag.

Der tiefere Einblick in das Geheimnis der irdischen Natur im Sinne ihres Schöpfungseins zeigt sich also nicht dort, wo das technisch-naturwissenschaftliche Verfügungswissen über die Natur scheitert und ans Ende kommt. Es scheitert ja nirgends der naturwissenschaftliche Erkenntnisanspruch. Von den Grenzen dieser Erkenntnisweise kann nur insofern die Rede sein, als Deutungsanspruch und Nutzungspraxis, wie sie mit den biologischen Fortschritten Hand in Hand gehen, zu inhumanen und naturzerstörerischen Konsequenzen führen können. Hier vor allem ist der Ort der bioethischen Frage.

Wenn die unverwechselbare und unwiederholbare Zeitgestalt des Lebens durch Gentechnologie ein Ende erführe, dann wäre das Unzulässige geschehen. So wie mit der Atomphysik die Atombombe verbunden war, obwohl die Quantenphysik die Determinationsmuster der klassischen Physik auflöste, so könnte heute mit der auf der Evolutionstheorie fußenden Gentechnologie wiederum eine Nutzungspraxis verbunden sein, die das Ende der uns tragenden Naturgeschichte bedeuten würde.
Gewiß wird der neuzeitliche Mensch das Leben auf dieser Erde nicht auslöschen können. Auch nach einem biosphärischen Gewaltakt durch Atomwaffen oder durch biotechnische Nutzungswillkür bliebe die Chance zu einer neuerlichen Evolution auf veränderter Grundlage. Aber damit wäre die Geschichte dieses Lebens mit dieser einen ganz bestimmten Epochen-, Arten- und Geschlechterfolge auch in dem Sinne abgebrochen, daß der Mensch als das Wesen, das sein Stehen in diesem Prozeß als Geschenk und Verpflichtung zu begreifen vermag, ausgelöscht wäre.

2. Besinnung auf die Schöpfung

Die durch den Fortschritt der Biotechnologie gegebenen Veränderungsmöglichkeiten machen über die eigentlich ethischen Fragen hinaus für den Christen die Frage nach der Schöpfung aktuell. Schöpfung ist Führungsgeschichte unter der Voraussetzung eines bestimmten Weges, den man geführt wird und den man darum auch wissend gestalten kann. *Hans Jonas* spricht in seiner „Zukunftsethik" von der menschlichen Freiheit und der Werthaftigkeit des Seins im Ganzen und bezeichnet die Spannung zwischen diesen beiden Polen als das Handlungsfeld menschlicher Verantwortung. Dabei geht Jonas von einer besonderen „ontologischen Befähigung", die den Menschen als den zur Verantwortung Gerufenen kennzeichnet, aus. Hier gebraucht er den alten theologischen Begriff der imago dei (Gottesebenbildlichkeit), der schon immer die Verantwortungsfähigkeit des Menschen als des besonders herausgerufenen Geschöpfes meinte, längst bevor Bioethik aktuell war.
Was der Mensch im Sinne jener besonderen Berufung wissen kann und heute in gesteigertem Maße wissen muß, das betrifft sein Unterwegssein in der Zeit, das betrifft Herkunft und Zukunft des Menschen in der Welt, das betrifft den unermeßlichen Wert ebendieses Weges und aller damit verbundenen Kreatürlichkeiten, Zusagen und Hoffnungen. Dies meint Erkenntnis der Schöpfung im Einlassen auf die Kontinuität der Naturgeschichte und im Wissen um ihre unabschließbare Vorläufigkeit. Es ist ein Wissen um den besonderen Wert menschlichen Lebens unter dem Andrang biotechnischer Veränderungsmöglichkeiten.
Udo Krolzik hat in seinen Überlegungen zu einer christlichen Ethik der Gentechnik insbesondere auf die Möglichkeiten zu einer tiefgreifenden „Neuschöpfung der Natur" durch Biotechnik aufmerksam gemacht. Er fragt nach der Zulässigkeit solchen Tuns. Darf der Mensch so tief in die Natur eingrei-

fen, daß er neue Lebewesen konstruiert? Darf der Mensch Handlungen vornehmen, deren Folgen er prinzipiell nicht überblicken und nicht mehr aufhalten und korrigieren kann? Darf der Mensch gentechnisch Hand an sich legen, um so seiner Existenz eine neue Qualität beizumessen? Parallel zu der von Jonas vorausgesetzten „Werthaftigkeit alles Seins" geht Krolzik von dem prozeßhaften Zusammenspiel aller Bereiche der Schöpfung aus und sieht sie im Sinne biblischer Verheißungen (vgl. Röm 8,8ff.) auf den Weg zu einer neuen Schöpfung gebracht, aber eben so, daß diese Zusage nicht einfach durch menschliche Willkür eingelöst werden kann.

Die Schwierigkeit in der gegenwärtigen bioethischen Diskussion mit der Gentechnik liegt darin, daß heute Veränderungen möglich werden, die epidemiologisch, ökologisch und evolutionsbiologisch gravierend sind. Die heute möglich werdenden Veränderungen des Artenspektrums auf der Erde haben irreversiblen Charakter. Vermutlich ist es gerade dieser nicht zu bestreitende Tatbestand, der die Befürworter und Betreiber der Gentechnologie in so „hohen Tönen" von den Vorzügen ihrer Technologie (billige Medikamente, neue Nutzpflanzen, Entgiftung der Umwelt und Gesundheit für den Menschen) reden läßt. Und auch das immer wieder vorgebrachte Argument, man verfahre ohnehin nur nach den in der Natur üblichen Mustern des Genaustauschs, darf nicht darüber hinwegtäuschen, daß dabei etwas radikal Neues und unverwischbar Folgenreiches geschieht.

Der Mensch, selbst Ergebnis und Produkt der umfassenden Naturgeschichte, wird mit der Anwendung von Gentechnologie über die bisherigen Steuerungsmöglichkeiten hinaus zum Takt- und Zielgeber eben dieses Prozesses. Die Träume und Herrschaftsutopien, die seit Descartes' Parole vom Herr- und Meistersein des Menschen über die Natur den technisch-naturwissenschaftlichen Erkenntnisdrang bewußt-unbewußt begleitet haben, gehen heute in Erfüllung.

Dem immer weiter ausgreifenden Veränderungswillen der Gentechniker ist der Hinweis auf die tieferen Dimensionen der Natur im Sinne ihres Schöpfungscharakters entgegenzustellen. Dies ist nicht im Sinne einer statischen Theologie der Schöpfungsordnung gemeint, so als müßte die Welt immer so bleiben, wie sie war. Aber die sich in immer neuen Formen und Vielfalten realisierende Natur geht nach dem Verständnis der christlichen Weltverantwortung im Raster technisch-naturwissenschaftlicher Vernunft nicht auf. Fragt die wissenschaftliche Vernunft nach dem Objektivierbaren, d. h. nach dem in der Zeit gleichbleibenden Gültigen, so sieht glaubensbezogene Verantwortung gerade auch das in der Kontinuität des Naturprozesses Innovative und Einmalige als Indiz für das tiefere Schöpfungsgeheimnis an.

3. Ethische Steuerungskriterien

Die in der Stunde der Verantwortung *jetzt* wahrgenommene Vielfalt der Schöpfung verpflichtet. Sie darf nicht beliebig angetastet werden. Ihr Vorhandensein nötigt zu behutsamer Begleitung. Verändernde Eingriffe können nur unter der Voraussetzung gerechtfertigt werden, daß sie die Kontinuität des Gewesenen fortsetzen und die Zukunft nicht unangemessen festlegen. So unpräzis eine solche Handlungsanweisung scheint, so ist damit doch klar zum Ausdruck gebracht, wie unangemessen und gefährlich eine nur-naturwissenschaftliche oder eine nur-biotechnische Steuerung des Evolutionsprozesses wäre. Vollends fatal wird es, wenn biotechnische Eingriffsmöglichkeiten unter den Druck schonungsloser Nutzungsinteressen geraten und schließlich auch auf den Menschen Anwendung finden.

Wir stehen vor der Notwendigkeit, neue Verhaltensmuster für die Steuerung des technisch-naturwissenschaftlichen Erkenntnisprozesses entwickeln zu müssen. Es geht nicht nur darum, möglichst frühzeitig und möglichst umfassend nach den Folgen bestimmter Erkenntnisse und daraus abgeleiteter Anwendungsmöglichkeiten zu fragen. Das wäre im Blick auf die Ambivalenz technisch-industrieller Nutzungsmöglichkeiten schon viel. Im Falle der durch Biotechnologie entbundenen Veränderungsmöglichkeiten stellt sich darüber hinaus die Frage nach der Verantwortbarkeit bestimmter Erkenntniszuwächse. Hans Jonas hat in diesem Kontext auf die „jedes sichere Vorauswissen" überholenden Folgen des biotechnischen Fortschritts hingewiesen und von der Notwendigkeit gesprochen, „ein neues Wissen von dem zu erarbeiten, was sein darf und nicht sein darf".

Eine solche Überlegung wird vielfach als Angriff auf die Forschungsfreiheit und als Forschungsbehinderung zurückgewiesen. Angesichts des beschleunigten Erkenntniszuwachses in den biologischen Wissenschaften und angesichts der dadurch möglicherweise auslösbaren irreversiblen Folgen ist es jedoch unumgänglich, die bioethische Prüfsorgfalt so weit ausgreifen zu lassen. Vergebliche Kontrolle im nachhinein ist zu wenig. Je eher wir uns daran gewöhnen, risikoträchtige Erkenntnisfortschritte unter eingrenzenden Vorbehalt zu stellen, desto besser wird der Fortgang des Lebens bei uns in Obhut genommen sein.

Literatur:
G. Altner, Fortschritt wohin? Der Streit um die Alternative (Neukirchen 1984); *G. Altner – E. Benda – G. Fülgraff,* Menschenzüchtung. Ethische Diskussion über die Gentechnik (Stuttgart 1985); *F. Böckle,* Gentechnologie und Fortpflanzungstechnik. Grundlagen und Anwendung aus ethischer Sicht, in: Lebendiges Zeugnis (1985) Heft 1, 35–48; *F. Böckle – A. W. v. Eiff,* Wissenschaft und Ethos, in: Christlicher Glaube in moderner Gesellschaft, Bd. 20 (Freiburg i. Br. ³1984) 119–147; *E. Chargaff,* Das Feuer des Heraklit (Stuttgart 1979); *H. Jonas,* Technik, Ethik und biogenetische Kunst. Betrachtungen zur neuen Schöpferrolle des Menschen, in: Am Beginn des Zweiten Jahrtausends. Hoechst Pharma. Interna-

tionales Symposion vom 29.–30. Mai 1984; *R. Kollek – U. Krolzik,* Gentechnik und christliche Ethik, EZW-Texte, Information Nr. 95 VIII/1985; *U. Steger* (Hrsg.), Die Herstellung der Natur. Chancen und Risiken der Gentechnologie (Bonn 1985).

Günter Altner

Buße und Bußpraxis

↗ Gemeinde; Gewissen; Gott; Kirche; Kirchlichkeit; Sakramente

1. Wortbedeutung und biblischer Hintergrund

Die Worte „Buße" und „Büßen" erinnern *im Deutschen* zunächst an die gerichtsmäßig oder außergerichtlich verhängte Sühne: Wer büßt, der muß für seine Vergehen bezahlen, der hat sich einer „Pein" (lat. paenitentia) zu unterziehen, die seine *Schuld* tilgen soll. Womöglich ergibt sich von hier aus die sprachgeschichtlich belegte Verwandtschaft der Buße zur „Besserung", die jedoch den allgemeinen Sprachgebrauch nie nachhaltig mitbestimmen konnte. Der (quasi-)juristische Sprachgebrauch hat sich vielmehr auch im kirchlichen Bußwesen durchgesetzt. Wo aber die dem Glaubenden je neu aufgegebene Buße in einen allzu engen Zusammenhang mit der dem „Büßer" abverlangten „Sühne" gerückt wird, da verliert sie jenen theologischen Sinnhorizont, der sie im Alten und im Neuen Testament zum Grundvollzug des Glaubens werden ließ.

Die entsprechenden *griechischen und hebräischen Wortstämme,* deren umfassende Bedeutung mit dem deutschen Wort *Umkehr* eher getroffen ist, bezeichnen die Umkehr einer falschen Lebensrichtung, die neuerliche Hinkehr zur lebenspendenden Gemeinschaft mit Gott (und der Gemeinde). Der hebräische Stamm bezieht sich auf die Metapher des Wandels: Wie der Mensch vor Gott wandelt, so *ist* er; geht er von Jahwe weg, so verirrt er sich in den Ausweglosigkeiten und Irrwegen eines Lebens ohne Gott. Es ist – besonders in der prophetischen Literatur – Jahwe selbst, der den Verirrten zurückholt, der die Sünder aus ihrem falschen Wandel heraushoIt, der das in die Irre gegangene Volk aus der Versklavung in die falsche Lebensweise „freikauft" (Jes 43,3). Jahwe selbst leistet die „Knechtsarbeit", mit der all das weggeschafft werden muß, was sein Volk von ihm trennt (Jes 43,25).

Gott, der die Verirrten selbst zurückholt – dieses Motiv ist in den Gleichnisreden Jesu belegt (Mt 18,10–14; Lk 15,3–7); es steht darüber hinaus wie ein Leitmotiv über der Sendung Jesu. Er ist gesandt, die Verlorenen zurückzuholen; er lebt jenes liebende Entgegenkommen Gottes, das die Umkehr möglich macht, weil es dem Sünder die Augen für seinen verkehrten Lebenswandel öffnet und ihm zugleich die Möglichkeit eines Neubeginns in der Gemeinschaft mit dem verzeihenden, unwiderruflich solidarischen Gott verbürgt. Jesus verkündigt und lebt die *Nähe der Gottesherrschaft,* indem er mit seiner Zuwendung denen, die wegen ihres Lebenswandels von der Sündenvergebung ausgeschlossen schienen, die heilsame Gottesgemeinschaft anbot. Dieses Angebot verwandelt den, der auf es eingeht (vgl. Lk 19,1-10), aber die Umkehr ist gerade nicht Vorleistung und Bedingung für Gottes Zuwendung. Jesus ist die Person gewordene Herausforderung zur Umkehr und die Ermöglichung der Umkehr; dafür setzt er sein Leben ein bis zum Tod, den ihm jene zufügen, die seine Herausforderung abwehren wollen; er ist das „Lösegeld", Gottes „Einsatz", die Menschen aus ihrer Verstrickung in ein falsches Leben herauszulösen (vgl. Mk 10,45 und die Deutung des Todes Jesu als Sühne).

2. Die Entwicklung kirchlicher Bußpraxis

Zum Glauben kommt, wer das Angebot der Umkehr, der Teilhabe an der heilsamen, dem Menschen wahrhaft gerecht werdenden Gottesgemeinschaft annimmt. In der Gemeinde stellt sich freilich das Problem, wie jenen zu begegnen ist, die die Gnade der Umkehr mißbrauchen und als Gemeindemitglieder durch ihren verfehlten Lebenswandel die Sendung der Gemeinde, Leib Christi – der sichtbare Christus – zu sein, gefährden. Schon Matthäus kennt ein geordnetes Verfahren, in dem die Gemeinde den Fehlenden zur Ordnung ruft und – falls dies nicht gelingt – mit göttlicher Vollmacht aus ihren Reihen ausschließt. Er überliefert freilich im Anschluß daran – gleichsam als Korrektiv zu dieser Praxis – ein Jesuswort über die unbegrenzte Vergebungsbereitschaft der Glaubenden (Mt 18,15-18 bzw. 21 f.). Seit dem 2. Jahrhundert bildet sich – insbesondere bei den Kapitalsünden Mord, Ehebruch und Glaubensabfall – das Institut der *„zweiten Buße"* (nach der ersten in der Taufe) heraus: Der Vorsteher der Gemeinde (Bischof) stellt öffentlich den Ausschluß des Büßenden von den grundlegenden Lebensvollzügen der Gemeinde fest (Bußexkommunikation); er bestimmt ein Bußwerk, mit dessen Ableistung der Sünder seine Umkehr von neuem zu vollziehen und zu bewähren hat. Die Gemeinde begleitet den Büßer in seiner Bußzeit mit ihrer Fürsorge und ihrem Gebet; nach Ablauf der Bußzeit nimmt der Vorsteher den Büßer wieder in die Gemeinde auf (Rekonziliation), wobei mehr oder weniger bewußt mitvollzogen wird, daß diese Erneuerung der Gemeinschaft mit der Gemeinde zugleich auch Erneuerung der Gemeinschaft mit Gott bedeutet, da der Sünder zu seiner Berufung, Glied am sichtbaren Leib Christi zu sein, zurückgefunden hat.
Die Rigorosität der auferlegten Bußwerke und die Einmaligkeit der „zweiten Buße" führten zur Krise der öffentlichen Exkommunikationsbuße. Unter ostkirchlichem und irisch-angelsächsischem Einfluß setzt sich die Praxis der wiederholten Absolution durch den Priester mit *nachfolgender* Ableistung der Bußwerke durch. Die Bußwerke verlieren immer mehr ihre Zuordnung zu den begangenen Verfehlungen und werden – nach Maßgabe genauer „ta-

riflicher" Regelungen – in symbolische Leistungen (an Geld, Gebeten, Stiftungen, Kasteiungen) umgewandelt („Tarifbuße"). Die Bußinstitution verliert ihren öffentlichen Charakter und findet ihren Ort in der vom Beichtgeheimnis geschützten Zweierbeziehung zwischen Beichtvater und Beichtendem. Diese Beziehungsstruktur wird jedoch weiterhin nach Analogie des öffentlichen Bußgerichts verstanden. Problematisch blieb freilich, daß die Rekonziliation/Lossprechung in der zunehmend auf das Strafgerichtsverfahren hin verengten Analogie keine Entsprechung fand, so daß – gerade in der Reformation – die Frage diskutiert wurde, ob die rechtliche Struktur des kirchlichen Bußverfahrens seinem theologischen Sinn wirklich entspricht. Das Trienter Konzil nennt die sakramentale Lossprechung zwar einen „richterlichen Akt". Aber es legt die Bußtheologie damit nicht auf die Analogie zum Strafprozeß als einen letztlich hinreichenden und in jeder Hinsicht geeigneten Interpretationsrahmen fest. So bleibt es der Bußtheologie aufgegeben, über das (quasi-)juristische Verständnis der Beichte hinauszufragen und das biblische Verständnis der Umkehr als Leitlinie der kirchlichen Bußpraxis zur Geltung zu bringen.

3. Ursachen der Krise des Bußsakraments

Die seit etwa 20 Jahren weithin empfundene Krise des Bußsakraments hat sicher weit zurückreichende Wurzeln: Auch da, wo menschliche Verfehlungen nicht nur als therapeutisch zu bewältigendes Fehlverhalten diagnostiziert wurden (Nietzsche), schwand der Sinn für die Dimension der vor Gott begangenen und vor ihm auszusprechenden Sünde. Schuld wird dementsprechend nicht mehr vorrangig als eine Übertretung des göttlichen Gesetzes gesehen, die nach symbolischer Bestrafung und mit der Verzeihung durch den in seiner Herrscherwürde beleidigten göttlichen Gesetzgeber „aus der Welt geschafft" wäre. Schuld erscheint vielmehr ausschließlich als im zwischenmenschlichen und im sozialen Bereich begangene und dort aufzuarbeitende Verfehlung, und es ist für viele Zeitgenossen kaum noch nachvollziehbar, wie moralische Schuld in die Dimension des Gott-Mensch-Verhältnisses hineinreichen sollte. Zur Krise des Bußsakraments hat sicher auch beigetragen, daß die kirchliche Bußpraxis einseitig auf die Beichte konzentriert war und das „Umfeld" – die im Alltag je neu zu vollziehende „révision de vie" (klassisch: Buße als Tugend) – weithin aus dem Blick geriet. So ist theologisch einerseits der „Mehrwert" des Redens von *Sünde* gegenüber einer bloß moralischen oder sozialwissenschaftlichen Thematisierung menschlicher Schuld herauszuarbeiten. Andererseits wäre der Sinn der Buße als „Tugend" und als Sakrament für einen verheißungsvollen Umgang des Menschen mit seiner Schuld darzustellen.

4. Schuld und Sünde

„Schuld" ist ein moralischer Grundbegriff, der sich in seiner Bedeutung nicht auf bloß abweichendes Verhalten reduzieren läßt, sondern auf die Verantwortlichkeit des Menschen für die Beziehungen, in und aus denen er lebt, abzielt. Der Mensch wird schuldig, wo er nicht alles in seinen Kräften Stehende tut, damit diese Beziehungen allen Beteiligten in möglichst hohem Maße gerecht werden, wo er sich nicht nach seinen Möglichkeiten dafür einsetzt, daß die Menschen in Verhältnissen leben können, die ihnen möglichst wenig Leid zufügen. Die „Moral der einfühlenden Voraussicht" (A. Mitscherlich) fordert vom Menschen, die Auswirkungen des eigenen Verhaltens auch vom Betroffenen her zu beurteilen, sich einfühlend mit dem Betroffenen zu identifizieren und sein Verhalten aus dieser Betroffenheit heraus zu gestalten. Die Identifikation mit dem Betroffenen, wie sie in der „goldenen Regel" der Bergpredigt ausgesprochen wird (Mt 7,12), ist der Grundvollzug der *Nächstenliebe,* die die Menschen immer schon und immer wieder verweigern und vor deren höchst realem Risiko sie zurückschrecken. Der christliche Glaube verschleiert dieses Risiko nicht; aber er weiß, daß Liebe möglich ist und zur Vollendung führt, weil Gott die Liebe ist und weil er Liebe stärker macht als Haß und Tod. So sieht er die Wurzel moralischer Schuld und das *Wesen der Sünde* darin, daß der Mensch sich weigert, der Liebe und damit Gott selbst das Entscheidende zuzutrauen. Die falsche Lebenseinstellung, auf die sich der Sünder festgelegt hat und aus der er herausgelöst („er-löst") werden muß, ist das Mißtrauen gegen Gott und das resignative Sich-Abfinden mit der Herrschaft des Hasses und des Todes. Umkehr geschieht, wo dem Menschen die Augen aufgehen für die Abgründigkeit seiner falschen Lebenseinstellung und für die Verheißung, die – um Gottes willen – in der Liebe liegt; wo er dafür gewonnen wird, in der heilsamen Gemeinschaft mit Gott der Liebe mehr zuzutrauen als dem Tod.

5. Buße als „Tugend" und als Sakrament

Kirchliche Bußpraxis versucht dieser Umkehr den Weg zu bereiten. Mit seiner Umkehr bringt der Sünder seine Verfehlungen „in die Bewegung der Verheißung zurück" (P. Ricœur), so daß es ihm nicht mehr vorrangig darum gehen muß, die (unlösbare) Frage nach dem ihm moralisch zurechenbaren Schuldanteil zu klären, sondern vielmehr darum, aus der Verstrickung in seine unheilvolle Lebenseinstellung herausgelöst zu werden. Diese Herauslösung erfordert eine „révision de vie" – ein Neu-sehen-Lernen meines Lebens und eine Revision meines falschen Lebensentwurfs. Der „Büßende" macht sich die Perspektive des endzeitlichen Richters zu eigen, der sich – nach Mt 25,31–41 – mit den geringsten Brüdern identifiziert und ihnen die Augen dafür öffnet, wie sie selbst ihre Mitmenschen zum geringsten Bruder und zur geringsten Schwester machen. Wer sich so die Augen für die Opfer des eigenen

Tuns und Unterlassens öffnen, wer sich hier und jetzt „richten" läßt, der darf freilich wissen: In diesem „brüderlichen Gericht" ergreift der gerecht werdende Gott selbst den Sünder, um ihn in Liebe – auf die endzeitliche Gottesherrschaft hin – zurechtzubringen.

Die kirchliche Bußpraxis hat diese beiden Dimensionen des gerecht werdenden und zurechtbringenden „Gerichts" zur Geltung zu bringen. Sie will die Glaubenden anleiten, Unvereinbarkeiten zwischen ihrem Lebensentwurf und der Gottesherrschaft, auf die hin sie leben wollen, zu entdecken; zu entdecken, was sie ihrer Berufung und ihren Mitmenschen schuldig bleiben. Sie wird zugleich bezeugen, daß die neue Lebensgemeinschaft der Sünder und Opfer vor und mit ihrem Gott, daß die umfassende Versöhnung von Gott her möglich und von ihm gewollt ist. In der Beichte vollzieht sich das zurechtbringende „Gericht" im Medium des lösenden Gesprächs, das den Beichtenden in die Begegnung mit seinen Brüdern und Schwestern hineinführt und zur „révision de vie" herausfordert. Dieser „richterliche Akt" hat seinen Sinn freilich nicht in einer „angemessenen" Vergeltung, sondern in der Lossprechung, die mit von Gott verliehener Vollmacht feststellt, daß die dem Bußgericht überantworteten Verfehlungen nicht länger zwischen Gott und dem Beichtenden, zwischen dem Beichtenden und seiner Berufung zur Gottesherrschaft stehen.

In *gemeindlichen Bußfeiern* kommt besonders deutlich zum Ausdruck, daß die Gemeindemitglieder ihre gemeinsame Berufung, Leib Christi – Verleiblichung des Geistes Christi – zu sein, neu ergreifen und bereit sind, ihre Verfehlungen gegen diese Berufung in der Gemeinschaft der Glaubenden und im Vertrauen auf Gottes schöpferische Solidarität aufzuarbeiten.

Literatur:
H.-P. *Arendt,* Bußsakrament und Einzelbeichte (Freiburg i. Br. 1981); *K. Baumgartner,* Erfahrungen mit dem Bußsakrament, Bd. I. und II (München 1978/79); *G. Condrau – F. Böckle,* Schuld und Sünde, in: Christlicher Glaube in moderner Gesellschaft, Bd. 12 (Freiburg i. Br. 1981) (Lit.); *E. Feifel* (Hrsg.), Buße, Bußsakrament, Bußpraxis (München 1975); *K. Rahner,* Schriften zur Theologie, Bd. 11. Frühe Bußgeschichte. In Einzeluntersuchungen (Zürich 1973); *P. Ricœur,* Symbolik des Bösen (Freiburg i. Br. – München 1971); *K. Stadel,* Buße in Aufklärung und Gegenwart (München – Paderborn – Wien 1974); *H. Vorgrimler,* Der Kampf des Christen mit der Sünde, in: J. Feiner – M. Löhrer (Hrsg.), Mysterium Salutis, Bd. V (Zürich 1976) 349–461; *J. Werbick,* Schulderfahrung und Bußsakrament (Mainz 1985); *A. Ziegenaus,* Umkehr – Versöhnung – Friede. Zu einer theologisch verantworteten Praxis von Bußgottesdienst und Beichte (Freiburg i. Br. 1975).

Jürgen Werbick

Datenschutz

↗ Gentechnik; Humangenetische Beratung; Technik und Ethik

1. Personenbezogene elektronische Datenverarbeitung

Wesentlich für die Frage des Datenschutzes heute ist das Faktum, daß in allen Industriestaaten die personenbezogenen Daten in zunehmendem Maße elektronisch gespeichert und verarbeitet, d.h. verändert, gesperrt, gelöscht, miteinander kombiniert und übermittelt werden. Ein beträchtlicher Anteil des für die Organisation moderner Gemeinwesen notwendigen personenbezogenen Wissens ist von der EDV (= Elektronische Datenverarbeitung) abhängig. In der Bundesrepublik Deutschland etwa werden auf diese Weise gegenwärtig im Durchschnitt ca. 2000 Daten von einer Familie registriert: von Meldebehörden, der Sozial-, Arbeits- und Steuerverwaltung, im Gesundheits- und Sicherheitswesen, in Personalinformationssystemen und bei Kreditinstituten. Steigende Erwartungen an den Sozialstaat, eine zur Norm gewordene elektronische Ausstattung gesellschaftlicher Institutionen sowie im Aufbau befindliche Kabelnetze, in denen Computer und Telekommunikation miteinander verknüpft sind („Telematik"), werden eine Ausweitung der personenbezogenen EDV mit sich bringen.

Der Einsatz der Elektronik ist mit erheblichen Vorteilen verknüpft: Immer größere Datenmengen können auf immer kleinerem Raum gespeichert werden. Benötigte Daten können gezielt und schnell abgerufen werden; außerdem sind sie in beliebiger Hinsicht miteinander kombinierbar. Eine effektivere Ökonomisierung von Verwaltungsvorgängen ist die Folge. Darüber hinaus können komplexe Zusammenhänge hergestellt und transparent gemacht werden (etwa im Bereich der medizinischen Forschung). Vorteile ergeben sich für die persönliche und soziale Sicherheit, angefangen von der Gesundheitsvorsorge und Hygiene bis zur Verbrechens- und Spionagebekämpfung.

Zusammen mit diesen positiven Auswirkungen der EDV kommen Risiken auf den Menschen zu, die in der Natur der Sache selbst liegen. Im Vergleich zu herkömmlichen manuellen oder halbautomatischen Datenverarbeitungstechniken sind es in erster Linie drei Gesichtspunkte, die Gefahren signalisieren: Extensität, Intensität und Expansion des einmal erfaßten Datenmaterials.

Die EDV eröffnet die Möglichkeit, sämtliche Personen eines Gemeinwesens, also nicht nur bestimmte einzelne (wie bei manueller Datenverarbeitung) betreffende Daten, einer beliebigen und schnell verfügbaren Bestandsaufnahme zugänglich zu machen.

Bei Anwendung der EDV ist jede beliebige Einzelperson in der Gesamtheit möglicher Hinsicht kontrollierbar (bei manueller Datenverarbeitung: in bestimmten Einzelhinsichten). An verschiedenen Orten gespeicherte Daten können zusammengeführt und damit Persönlichkeitsprofile erstellt werden, die den einzelnen nicht nur in einer beliebigen Einzelheit, sondern insgesamt ausrechenbar machen.

Warnend wird auf konkrete soziale und sozialpsychologische Wirkungen dieser allgemeinen Gefahrentatbestände hingewiesen: auf eine massive Verunsicherung des einzelnen und gesellschaftlicher Gruppen, auf die Angst vor nicht faßbaren Kontrollen, auf die Entwicklung hin zu einer allmächtig werdenden Verwaltung, die durch systematisches Eindringen in alle Lebensbereiche fundamentale Persönlichkeitsrechte verletzen kann. Im Kern geht es um die persönliche Autonomie des einzelnen, die sich in der von ihm zu verantwortenden Steuerung seines Handelns und Verhaltens ausformt, und um die interpersonale Einheit der Gesellschaft, die durch zunehmende elektronische Erfassung in voneinander isolierte Individuen zu zerfallen droht.

2. Juristische Aspekte

Um den einzelnen vor dem Mißbrauch dieser personenbezogenen Daten zu schützen und ihn darüber hinaus allgemein vor einer Beeinträchtigung seiner schutzwürdigen Belange infolge der Datenverarbeitung zu bewahren, wurden in den westlichen Demokratien seit den sechziger Jahren dieses Jahrhunderts Datenschutzgesetze beraten und verabschiedet. In der Bundesrepublik Deutschland legen das seit 1978 geltende Bundesdatenschutzgesetz (BDSG) und neben ihm entsprechende Ländergesetze Regeln für die Verarbeitung von Daten fest, die in öffentlichen oder privaten Dateien, manuell oder automatisch organisiert, zu Personen gespeichert und verarbeitet werden. Damit wurde ein Schritt vom Schutz einzelner Kommunikationsbereiche (Wohnung, Brief-, Arztgeheimnis usw.) hin zu einem generellen Schutz der personenbezogenen Daten getan.

Ziel der Datenschutzgesetze ist es, die Entstehung eines umfassenden Systems sozialer Kontrolle durch eine rechtliche Stärkung des einzelnen und kleiner Gruppen zu verhindern. Diesem Zweck dienen die Leitprinzipien des Bundesdatenschutzgesetzes: Zweckbindung und Erforderlichkeit. Jede Datenverarbeitungsstelle darf dementsprechend nur diejenigen Daten speichern, die für ihren vom Gesetzgeber anerkannten Zweck unbedingt erforderlich sind. Durch diesen Informationspluralismus innerhalb der öffentlichen Verwaltung wird beispielsweise die – vom Grundgesetz untersagte – Herstellung eines totalen Persönlichkeitsbildes verhindert.

Die Einhaltung dieser beiden Prinzipien wird mit Hilfe des Transparenzgebotes kontrollierbar: Jeder Bürger hat das Recht auf Auskunft über die Daten, die zu seiner Person gespeichert sind, und über die speichernden Dateien (ausgenommen ist allerdings der Bereich der inneren und äußeren Sicherheit), auf die Berichtigung nachweislich falscher, die Sperrung nicht als wahr erweisbarer und die Löschung falscher und für den Zweck der Datenverarbeitungsstelle nicht erforderlicher oder zu lange aufbewahrter Daten. Rechtsgüter dieser Gesetze sind die allgemeine Handlungsfreiheit und das allgemeine Persönlichkeitsrecht, wobei letzteres in der Verfassungsrechtsprechung (1983) als „informationelles Selbstbestimmungsrecht" präzisiert wurde, das sich in ein Recht auf Identität, das Recht auf persönliche Ehre, das Recht auf Schutz der Privat-, Geheim- und Intimsphäre konkretisiert. Während die Befürworter gesetzlicher Datenschutzmaßnahmen auf deren weitere Verfeinerung und bereichsspezifische Konkretisierung drängen, weisen Kritiker auf eine durch den Datenschutz bedingte Behinderung und Bürokratisierung von selbstverständlichen Dienstleistungen, von Forschungsaktivitäten sozialwissenschaftlicher und medizinischer Art und von Sicherheitsinteressen des Staates und jedes einzelnen Bürgers hin.

3. Ethische Aspekte

Das Spezifische der ethischen Betrachtungsweise liegt darin, daß EDV- und Datenschutz-Maßnahmen in ihrem immanenten Zusammenhang mit den – zueinander äquivalenten – fundamentalethischen Kategorien der Freiheit (Handlungs- und Entscheidungsfreiheit) und der Einheit (Individual- und Sozialeinheit) erfaßt und von dorther begründet oder verworfen werden. Die zentrale Bedeutung beider Kategorien für dieses Handlungsfeld tritt am eigentlichen Kern des Datenschutzes zutage: der Weigerung, bestimmte personenbezogene Daten generell von Datenverarbeitungsstellen abfragen und verarbeiten zu lassen (Datenverweigerung) oder zumindest dem Bestehen auf einer voneinander abgeschotteten Verarbeitungsweise der einmal mitgeteilten Daten (Datendiskretion). In dieser oder jener Form geht es um die Bewahrung eines geschützten Raumes, angefangen von der Geschäftsbeziehung bis hin zu intimen Bereichen von Gesundheit und Partnerbeziehung.
Dieses Bestreben von Menschen nach einem geschützten Raum ist unterschiedlichen Mißdeutungen ausgesetzt:
1. In einer bis auf die Sophisten zurückgehenden Deutung erscheint Geheimhaltung als Ausdruck einer defekten anthropologischen Struktur. Der Mensch ist demzufolge ein Trieb- und Instinktwesen, ohne letztliche Freiheit zum Guten oder Bösen, allein auf Zwang reagierend. Nur die Angst, daß andere ihn beobachten und für sein Handeln zur Rechenschaft ziehen, hält ihn von ungezügeltem Egoismus ab und gewährleistet ein geregeltes Zusammenleben.
2. Ohne diese anthropologische Implikation wird oftmals, gerade im Alltagsverständnis und in Bürokratenmentalität, jede Art von Geheimhaltung vor anderen als Hinweis auf den Verstoß gegen gesetzliche Normen oder gesellschaftliche Regeln gedeutet. Hierbei wird im Ausgang von Verdunkelungsmanövern im kriminellen Kontext trugschlüssig jede Art der Geheimhaltung kriminalisiert bzw. davon ausgegangen, daß bestehende Geheimnisschranken die Freiheit des Menschen behindern und in der Fortentwicklung einer

humanen Gesellschaft fallen müssen. Eine solche Denunzierung des Geheimnisses gefährdet menschliche Sozial- und Individualeinheit gleichermaßen. Die innere Struktur jeder Beziehung von Menschen untereinander und von Individuen zu gesellschaftlichen Institutionen ist nämlich von dem Gegensatzpaar Kundgeben/Verbergen geprägt (G. Simmel). Etwas zu verbergen ist demnach ein gleichgewichtiges Korrelat zur Kundgabe. Aufgrund dieses strukturellen Zusammenhangs von Verbergen und Kundgabe ist weder ein umfassender und unbedingter Mitteilungsanspruch noch ein gleichartiges Datenverweigerungsrecht begründbar.

Zu fragen ist vielmehr, wie dieses reziproke Verhältnis ausgestaltet werden muß, damit es menschlicher Freiheit in ihrer individualen und sozialen Verwirklichung dienlich ist.

Als *Grundregeln* bieten sich dafür an: Jeder personenbezogenen Datenverarbeitungsmaßnahme muß ein Zweck zugrunde liegen, der von der erfaßten Person mitgetragen wird, in ihrem Interesse liegt und den Interessen der Gesellschaft zumindest nicht schadet. Der Zweck, aus dem sich analytisch die zu erfassende Datenmenge ergibt, muß nach diesen Kriterien ausgewiesen sein, erst im Gegenzug dazu bedarf eine Datenverweigerung der Rechtfertigung. Sie ist dann begründet, wenn eventuelle Nachteile der Datenverarbeitungsmaßnahme die Nützlichkeit ihres Zwecks wenigstens ausgleichen. Gerade im persönlichen und intimen Bereich, aber nicht nur dort, kann eine Person mit dem Hinweis auf die besondere Gefährdung eigener Freiheit und Identität, wie auch der von Partnern, eine Datenverarbeitungsmaßnahme, selbst in anonymisierter Form ablehnen; doch ebenso ist denkbar, daß aufgrund möglicher Folgen für andere eine Mitteilung auch intimer Daten sittlich geboten ist (evtl. Krebsregister).

Gegen den Willen einer Person oder ohne ihr Wissen auf sie bezogene Daten systematisch zu sammeln oder weiterzugeben ist nur dann sittlich gerechtfertigt, wenn eine derartige Freiheitseinschränkung letzlich den Interessen des Betroffenen und der Gesellschaft insgesamt dient und wenn es zu derartigen Maßnahmen keine Alternative gibt. Entscheidende Bedeutung kommt hierbei der Frage entsprechender Ausweisbarkeit, gesellschaftlicher Kontrolle und Nachvollziehbarkeit solcher Abwägungsvorgänge zu. So ist es etwa im Sinne dieser doppelten Fürsorgepflicht geboten, daß staatliche Behörden Gesetzes- und Ordnungsverletzungen registrieren. Hinsichtlich einer derartigen Erfassung geben Faktoren wie die Schwere der Tat, die Größe des Schadens, die Wirkung auf die Gesellschaft, prognostizierte Wiederholung und eventuelle Notlagen wesentliche Gesichtspunkte dafür ab, ob und für wie lange sie erlaubt, ob sie geboten oder nicht statthaft ist.

Werden die Betroffenen über ihre Erfassung und deren Inhalt nicht unterrichtet, muß dies ihnen gegenüber gerechtfertigt werden, da ein solcher Wissensvorenthalt eine Einschränkung ihrer Freiheit bedeutet. Selbst dort, wo – wie im Falle der äußeren und inneren Sicherheit – Geheimhaltung von der Sache selbst her geboten ist, muß der Betroffene durch einen neutralen Dritten die Rechtfertigung einer solchen Maßnahme überprüfen können, andernfalls wird er als Subjekt nicht ernst genommen. Angesichts der hitzigen Auseinandersetzungen um Sinn, Zweck, Gestaltung und Ausdehnung der personenbezogenen EDV und des Datenschutzes muß nicht zuletzt unter sozialethischem Aspekt auf das Grundgebot der philosophischen Ethik, der Vernunft gemäß zu handeln, verwiesen werden. Dies bedeutet konkret: Es besteht die sittliche Verpflichtung, Widersprüche im Handeln zu vermeiden und zu sachgerechten Abwägungen innerhalb des Grundrahmens von Einheit und Freiheit zu gelangen.

Literatur:
S. Bok, On the ethics of concealment and revelation (New York 1984); *H. P. Bull,* Datenschutz oder die Angst vor dem Computer (München 1984); *E. Denninger,* Das Recht auf informationelle Selbstbestimmung und Innere Sicherheit. Folgerungen aus dem Volkszählungsgesetzurteil des Bundesverfassungsgerichts, in: Informationsgesellschaft oder Überwachungsstaat. Strategien zur Wahrung der Freiheitsrechte im Computerzeitalter, Symposium der Hessischen Landesregierung (Wiesbaden 1984) 285–341; *L. Kruse,* Privatheit als Problem und Gegenstand der Psychologie (Bern 1980); *D. Rohlf,* Der grundrechtliche Schutz der Privatsphäre. Zugleich ein Beitrag zur Dogmatik des Art. 2 Abs. 1 GG, Schriften zum Öffentlichen Recht 378 (Bonn 1980); *K. Ph. Seif,* Daten vor dem Gewissen. Die Brisanz der personenbezogenen Datenerfassung (Freiburg i. Br. 1986); *R. Sennett,* Verfall und Ende des öffentlichen Lebens. Die Tyrannei der Intimität (Frankfurt a. M. 1983); *G. Simmel,* Das Geheimnis und die geheime Gesellschaft, in: Gesammelte Werke, Bd. 2 (Berlin ⁵1968) 256–304; *W. Wunden,* Das Recht des Intim (Stuttgart 1974).

Klaus Philipp Seif

Diakonie, kirchliche

↗ Arbeitsrecht, kirchliches; Gemeinde; Jesus Christus; Kirche; Kirchensteuer; Kirchliche Hilfswerke; Ökumene; Recht und Liebe; Seelsorge

1. Diakonie als Grundgestalt kirchlichen Zeugnisses

Die Kirche hat den Auftrag, Gottes Liebe zur Welt in Jesus Christus allen Menschen zu bezeugen. Diakonie ist eine Gestalt dieses Zeugnisses und nimmt sich besonders der Menschen in leiblicher Not, in seelischer Bedrängnis und in sozial ungerechten Verhältnissen an. Sie sucht auch die Ursachen dieser Nöte zu beheben. Sie richtet sich in ökumenischer Weite an einzelne und Gruppen, an Nahe und Ferne, an Christen und Nichtchristen. Da nach christlicher Glaubensüberzeugung die Entfremdung von Gott die tiefste Not

des Menschen ist und sein Heil und Wohl untrennbar zusammengehören, vollzieht sich Diakonie in Wort und Tat als ganzheitlicher Dienst am Menschen.
Kraftquelle, Maßstab und Zielrichtung dieses kirchlichen Handelns im Vollzug der Nächstenliebe ist die Christus-Identität. Jesu Wirken in der Welt ist Gottes Diakonie an dieser Welt. Der Menschensohn ist nicht gekommen, daß er sich dienen lasse, sondern um zu dienen (diakonein) und sein Leben als Lösegeld für die Menschheit zu geben (Mt 20,28). Als der Diakon Gottes erfüllt Christus die in Jes 53 verheißene Bestimmung des Gottesknechtes, der die Krankheit der Menschen auf sich nimmt und ihre Sünden trägt. Die Kranken sind seine Freunde, den Schwachen gibt er neue Kraft. Die gnädige Zuwendung zu den Hilfsbedürftigen in persönlicher Selbstpreisgabe wird zum Kennzeichen jedes Christus-Dienstes. Die Gleichnisse vom barmherzigen Samariter (Lk 10,25-37), die Heilungsgeschichten, die Bergpredigt und die Rede vom Jüngsten Gericht (Mt 25,31-46) markieren den Dienst Gottes an der Menschheit, zu dem er alle befähigt, die sich dazu rufen lassen. Im Annehmen, Besuchen, Helfen, Dienen, Sich-Mitfreuen, Mittrauern, Mitleiden, Einladen, Aufnehmen, Beherbergen, Geduld-Haben und Trösten gewinnt Jesu Evangelium in vielfältiger Weise durch ungezählte Menschen Hand und Fuß inmitten menschlichen Elends. Die eucharistische Mahlversammlung der Glaubenden ist der Ort, an dem Gottes Diakonie empfangen wird, nicht nur zum eigenen Heil, sondern zur Weitergabe an die dieses Heils Bedürftigen. Aus dieser Sammlung durch Christus erfolgt die diakonische Sendung seiner Gemeinde in die Welt.
Die Arbeitsfelder für diesen Dienst richten sich nach den Bedürfnissen der Menschen. Es sind vor allem vielfältige und differenzierte Angebote im Gesundheitswesen, in der Altenpflege, im Dienst für Kinder und Jugendliche, in den Aufgaben der Rehabilitation und Resozialisierung, in Beratungsstellen und ambulanten Diensten. Ein freiheitlicher und sozialer Rechtsstaat, wie er in der Bundesrepublik Deutschland verfassungsrechtlich angelegt ist und der ständigen Weiterentwicklung bedarf, muß Raum haben für freie Initiativen. Er darf weder Monopole im sozialen Feld dulden noch sie für sich selbst beanspruchen. Hier hat das vielfältige Angebot der Freien Wohlfahrtspflege (Diakonisches Werk, Deutscher Caritasverband, Arbeiterwohlfahrt, Deutsches Rotes Kreuz, Deutscher Paritätischer Wohlfahrtsverband, Zentral-Wohlfahrtsstelle der Juden in Deutschland) seinen legitimen Platz. Zur Zeit wird dieses Angebot täglich von mehr als drei Millionen Bürgern in Anspruch genommen. Die Diakonie der Kirchen stellt dabei mit über einer halben Million hauptamtlicher und einer mindestens gleich großen Zahl ehrenamtlicher Mitarbeiter das größte Kontingent.
Je klarer profiliert ihr Angebot ist, desto mehr hilft sie dazu, jedem Einheitsschema sozialer Dienste zu wehren, bei welchem dem einzelnen Bürger in seiner je verschiedenen persönlichen Grundrichtung nicht so individuell geholfen wäre, wie es unser freiheitlicher Staat ermöglichen will. Denn wo es

um Grenzzonen des Lebens geht, um Geburt und Tod, um Leid und Ratlosigkeit, um körperliche Behinderung und seelische Schäden, um unparteiische Sozialanwaltschaft für Benachteiligte und Diskriminierte, um das Lebensrecht für solche Menschen, die sich nicht selbst darum bemühen können, darf die Kirche mit ihrem Angebot ganzheitlicher Zuwendung zum Menschen in seinen körperlichen, geistigen und seelischen Bedürfnissen nicht fehlen. Je verstehbarer die Diakonie die Liebe Gottes bezeugt und in Handreichungen seine Barmherzigkeit übt, desto mehr wird man es ihr glauben, daß sie nicht um Privilegien oder um ihren Besitzstand kämpft, sondern allein darum, daß jeder Mensch zu seinem Recht kommt und unser Staat seine freiheitliche Struktur bewahrt. Die Diakonie zielt darum nicht auf ständige Expansion ihrer Arbeit, sondern auf deren permanente qualitative Verbesserung und auf die theologisch-geistliche Motivation ihrer Mitarbeiter.

Den Programmen der Aus- und Weiterbildung dieser Mitarbeiter für die verschiedenen sozialen Berufe in eigenen Ausbildungsstätten kommt dabei vermehrt Bedeutung zu; sie richten sich nach den staatlichen Richtlinien und umfassen die meisten Fachrichtungen im sozialen Bereich.

Die Finanzierung der Arbeit erfolgt aus öffentlichen Mitteln oder aus Versicherungsbeiträgen, aber auch aus Opfern der Kirchengemeinden und einzelner.

2. Diakonie als Signatur der Gemeinde

Wenn Diakonie aus dem Hören auf das Evangelium erwächst und eine dem Hilfsbedürftigen nah oder fern zugewandte Form gelebten Glaubens ist, dann ist sie als Lebenszeichen jeder Gemeinde nicht zu ersetzen. Sie ermöglicht vielmehr erst die Entfaltung der verschiedenen Gnadengaben, die so lange in den einzelnen Menschen brachliegen, bis sie zum Dienst für andere herausgefordert werden. Gottesdienst, Zeugnis und Dienst am Nächsten (Liturgie, Martyrie und Diakonie) stellen in jeder Situation das Kräftedreieck der Christusgemeinde dar. Wer eine dieser Spitzen abschlägt oder veröden läßt, gefährdet das Leben der Gemeinde. Lob und Dank vor Gott machen die Gemeinde sensibel für Gottes Handeln in der Welt und damit auch für die Hilferufe der Gequälten. Erst die Erfahrung der Diakonie Gottes im eigenen Angenommensein macht den Blick der Helfer unparteiisch, ihr Handeln barmherzig und ihre Zuversicht stark. Die Gemeinde bleibt dann nicht stumm, sondern bereit zum Zeugnis, das Wort und Tat als gleichrangige Ausdrucksformen der Gegenwart Christi unlöslich zusammenschließt. Ohne Dienst der Liebe kann der Gottesdienst zur Heuchelei werden. Ohne Gotteslob und ohne eine Frömmigkeit, die sich im Gebet immer wieder erneuert, kann soziales Handeln der Kirche zum anonymen Dienstleistungsbetrieb entarten. Diakonie wird zwar nicht erst wirksam durch das hinzugefügte Wort Gottes, aber es lebt vom gehörten Wort, braucht immer wieder Deutung durch dieses Wort und will es auch nicht verschweigen, wenn die Stunde dafür da ist. Weil diakonisches Handeln stets auf den ganzen Menschen zielt, der Leib- und Seelsorge braucht, zielt es immer auf Hilfe in jeder Beziehung. Auch wo es – z. B. in manchen Ländern nach den dortigen gesetzlichen Bestimmungen – aus bestimmten Gründen manchmal wortlos bleiben muß, wird doch die Sprache der Liebe auch ohne Worte verstanden werden, wenn eine Persönlichkeit mit diakonischer Grundeinstellung dahintersteht.

Welche Aufgaben sich einer diakonischen Gemeinde stellen, ist von Ort zu Ort und von Zeit zu Zeit verschieden. Die Diakonie der Kirche hat im Lauf der Geschichte viele Wandlungen durchlebt. Auch wo der großartige Dienst der Orden, Schwestern- und Brüderhäuser zurücktritt, bleibt der diakonische Auftrag jeder Gemeinde bestehen, der sich nach den Bedürfnissen der Menschen zu richten hat. Er versteht sich als Dienst der rettenden Liebe, auf den Johann Hinrich Wichern (1808–1881) bei der Gründung der Inneren Mission (1848) immer wieder hingewiesen hat. Dazu bedarf es zu jeder Zeit einer neuen Ausgestaltung. Nur wenn ein geistlicher Grundwasserspiegel vorhanden ist, wird an der Oberfläche der täglichen sozialen Szene mehr Humanität und Toleranz, mehr Ehrfurcht vor dem Leben und mehr Würde beim Sterben verwirklicht werden, aber auch mehr Achtung vor dem Andersartigen, vor dem Fremden, vor dem aus dem Strafvollzug Entlassenen, vor dem in seiner Biographie vielfach Gescheiterten, vor dem moralisch abgeglittenen Menschen. Eine so begründete Diakonie entlarvt jenes Denken als Utopie, ein noch so moderner Staat und eine noch so aktive Kirche könnten das Leid aus der Welt schaffen und das Himmelreich auf die Erde bringen. Das heißt aber nicht, vor dem Leid zu kapitulieren und die Hände in den Schoß zu legen. Jede Erneuerung diakonischer Dienstgruppen setzt die Hilfe der Gemeinden voraus. Nur dann kann die vielfach beklagte Sprachlosigkeit moderner Medizin oder sozialer Rehabilitation überwunden werden. Fachlichkeit und Frömmigkeit dürfen in einer diakonischen Gemeinschaft keine Gegensätze sein; vielmehr bilden sie zusammen das notwendige Fadenkreuz für jede Standortbestimmung diakonischer Zuwendung.

3. Diakonie als ökumenische Gemeinschaftsaufgabe

Weil das Verständnis von dem Gottessohn Jesus Christus in menschlicher Gestalt und in österlicher Vollmacht unter allen christlichen Konfessionen geteilt wird, ist gerade in der Diakonie ökumenische Gemeinschaft auf Dauer auch geistlich erfahrbar. Dafür gibt es im Bereich der Christenheit in Deutschland viele ermutigende Beispiele. Die Trennung in zwei deutsche Staaten hat die grenzenübergreifende diakonische Gemeinschaft nicht gefährdet; die riesigen Probleme einer Zweidrittel-Hungerwelt haben gleichzeitig (1959) zur Gründung der großen Aktionen „Misereor" und „Brot für die Welt" geführt, die bei aller kirchengebundenen Eigenständigkeit ein hohes Maß an Zusammenarbeit im Austausch von Erfahrungen, in der Öffentlichkeitsarbeit und auch in regelmäßigen gemeinsamen Projekten erfüllen; aber die Stränge solcher Kooperationen gehen noch viel weiter zurück: so arbeiten z. B. die Dienstgruppen evangelischer und katholischer Gemeinden in der Organisation der Bahnhofsmission nach anfänglich getrennten Formen seit über einem dreiviertel Jahrhundert unter dem gemeinsamen Dach einer von beiden Kirchen verantworteten Konferenz kirchlicher Bahnhofsmission. Ähnliches ist von manchen Sozialstationen, Telefonseelsorge-Einrichtungen und weiteren Beratungsstellen zu berichten. Solche Gemeinschaft muß freilich gewollt und praktiziert werden. Daß der lernbereite Dialog der Liebe dem manchmal spröden Dialog der Lehre weit voraus sein und ihm Wege bahnen kann, ist eine diakonische Erfahrung, die es in allen Kirchen zu nutzen gilt.

Dabei erweist sich die Diakonie der Kirchen auch als Übungsfeld christlichen Lebens überhaupt. Es geht um das Menschenbild der Bibel, das keine aussichtslosen „Fälle" kennt. Es geht um die Tendenz von der Betreuungsdiakonie zur Befähigungsdiakonie. Es geht um eche Hilfe zur Selbsthilfe und damit um die Würde jedes Menchen, auch wenn er keine Leistung erbringen kann. Es geht um die Anstiftung zu einer Hoffnung, die jenseits menschlicher Möglichkeiten nicht abstirbt, sondern dann gerade zu leuchten beginnt.

Im diakonischen Alltag der Gemeinden geht es um den täglich neu zu wagenden Weg von einer gläubigen Jenseits*erschlossenheit* zur tapferen Diesseits*entschlossenheit*.

Literatur:
A. v. Campenhausen, Kann der Staat für alles sorgen? (Düsseldorf 1976); *K. Deufel,* Sozialstaat und christliche Diakonie, in: Christlicher Glaube in moderner Gesellschaft, Bd. 15 (Freiburg i. Br. 1982) 121–177; *W. Dreier,* Caritasarbeit für eine alternative Lebensweise christlicher Gemeinden (Freiburg i. Br. 1979); *W. Geiger,* Caritas im freiheitlichen Rechtsstaat (Freiburg i. Br. 1977); *H. C. von Hase,* Diakonie der Gemeinde (Berlin – Stuttgart. 1961–63); *P. Philippi,* Christozentrische Diakonie. Ein theologischer Entwurf (Frankfurt a. M. ^{2}1975); *A. Rinken,* Das Öffentliche als verfassungstheoretisches Problem, dargestellt am Rechtsstatus der Wohlfahrtsverbände (Berlin 1971); *Th. Schober,* Handbücher für Zeugnis und Dienst der Kirche, Bde. I–VII. (Stuttgart 1978–1983); *ders.,* Evangelisches Soziallexikon (Stuttgart ^{7}1980); *R. Völkl,* Caritas der Gemeinde – Neutestamentliche Grundlegung (Freiburg i. Br. 1976).

Theodor Schober

Ehe

↗ Bindungsverhalten; Familie; Familienplanung; Kirche; Nichteheliche Lebensgemeinschaften; Sakramente; Wiederverheiratete Geschiedene

1. Ehe und sozialer Wandel

Kulturgeschichtlich betrachtet, ist die Ehe eine der stabilsten Institutionen der Menschheitsgeschichte. Ethische Normen und Rechtsformen haben sich vielfältig gewandelt. Aber auch wenn geschichtlich immer wieder angezweifelt wurde, daß die Ehe die einzige rechtmäßige und verbindliche Form der Geschlechterbeziehung sei, so steht auch fest: Heute wird wie eh und je geheiratet, im Bewußtsein höchster Verbindlichkeit und Verantwortung. Gleichwohl ist die Ehe ein Risiko, und die Risikofaktoren der Ehe tragen heute spezifische Züge. Sie hängen mit der wirtschaftlichen, sozialen und kulturellen Entwicklung der Familie in der Neuzeit zusammen. Hauptfaktoren sind: Auflösung der Einheit von Großfamilie und Wirtschaftsbetrieb, Trennung von Arbeitsplatz und Wohnung, Reduzierung der Familie auf die Eltern-Kind-Gemeinschaft, Verständnis der Ehe (und der Wohnung) jetzt als „Privatbereich", verstärkt durch die rechtsstaatliche Garantie von Ehe und Familie als „staatsfreiem Raum", und schließlich, seit der Zeit der Romantik, die Gründung der Ehe vorwiegend auf die institutionsfremde Spontaneität der Liebe zwischen den Partnern.
Diese Entwicklung wird, wie immer man sie bewertet, wohl niemand ändern können. Die Anforderungen an die Ehe sind dadurch jedenfalls gestiegen (und werden auch als solche bejaht). Traditionelle gesellschaftliche und psychische Stützen tragen nicht mehr im gleichen Maß wie früher. Das Gelingen der Ehe steht verstärkt auf der Zweierbeziehung der Partner. Welche Situation eröffnet sich dadurch für ein religiöses, ein christliches Verständnis der Ehe und des Lebens in ihr?

2. Ehe und Glaube

Wenn Christen heute bewußt vor Gott die Ehe schließen, tun sie etwas ganz und gar Abenteuerliches. Wie können sie eigentlich bei klarem Verstand so die Zukunft vorwegnehmen, daß sie sich zutrauen: Wir gehören lebenslang zusammen, sind aneinander gebunden, füreinander da in „guten und in bösen Tagen"? Christen können diesen Mut nicht haben im Vertrauen auf ihre eigenen Gefühle, ihren Charakter, ihre vernünftige gegenseitige Prüfung, sondern nur, weil und insofern sie auf einen Grund ihrer Zusammengehörigkeit, ihrer Liebe vertrauen, der stärker und härter ist als der weiche Grund vernünftiger Überlegungen oder als der schwankende Grund der Gefühle. Für den Glaubenden ist dieser Grund Gott und das Vertrauen auf seine Liebe, die das Leben der Menschen von Anfang an trägt und die er in Jesus

Christus unwiderruflich anschaulich gemacht und der Welt zugewendet hat. Christen verstehen ihre Ehe so, daß sie diese Liebe Gottes mit allen Konsequenzen einander weitergeben und darin gleichsam abbilden. So wird ihr Leben in der Ehe ein Zeichen, ein Sinnbild, ja eine Darstellung der Liebe Gottes in Christus zu den Menschen und damit in der Tat zu einer „religiösen Lebensfrage". So ist es auch gemeint im Brief an die Epheser 5,22–33, jenem Text, der trotz der zeitbedingten und darum überholten Aussagen über die Unterordnung der Frau unter den Mann in seiner Grundaussage ein Basistext des christlichen Verständnisses von der Ehe ist und bleibt. Doch auch Nichtchristen, Nichtglaubende können die religiöse Tiefe der „Lebensfrage" Ehe erfahren, vorausgesetzt, das Miteinander von Frau und Mann ist für sie mehr als eine Vertragsfrage, ein juristisches und wirtschaftliches Problem oder ein Gesellschaftsspiel.

3. Ehe und Kirche

Für den Christen stellt sich in diesem Kontext auf sozusagen selbstverständliche Weise der Zusammenhang zwischen Ehe und Kirche ein. Gottes Wort über Mann und Frau und ihre Verbindung, die niemand trennen soll (Mt 19,6), seine Offenbarung als die Liebe selbst in Jesus Christus kann sich der Mensch mit seiner Vernunft nicht selber sagen, es muß ihm gesagt *werden*. Die Kirche ist die Gemeinschaft derer, die an das Wort des Selbstkundgabe Gottes in Christus glauben, dieses Wort einander und der Welt weitersagen. Christliche Ehe kann sich deshalb von der Kirche gar nicht emanzipieren, weil sie ohne die Kirche gar nicht wissen kann, daß sie *christliche* Ehe ist. Der Kirche aber kann die Ehe ihrer Glieder nicht gleichgültig sein, weil die christlich gelebte Ehe ja die Liebe Gottes zu den Menschen, die Hingabe Jesu für die Sünder abbilden und veranschaulichen soll – also durch sich selbst ein Stück der Verkündigung der Kirche von der Liebe Gottes ist. Darum muß klar sein, wer verheiratet ist und wer nicht – andernfalls würde diese Verkündigung verdunkelt. Wegen der überragenden Bedeutung der Ehe für den Menschen in der Kirche ist es auch geradezu selbstverständlich, daß am Beginn der Ehe eine gottesdienstliche Feier steht – so wie die Taufe am Anfang, die Firmung in der Reife und die Krankensalbung beim nahenden Ende des Lebens.

Aus diesen Einsichten ist schon in der frühen Kirche der Brauch entstanden, den Ehebund in einem Gottesdienst zu segnen. Später traten noch andere Gründe hinzu und gaben der kirchlichen Trauung zusätzliche Funktionen, vor allem die, die Freiheit der Partnerwahl zu sichern, indem die Kirche erzwungene Ehen nicht als gültig anerkennt und den Pfarrer bei der Trauung fragen läßt, ob die Brautleute auch „frei und ungezwungen" die Ehe schließen wollen. Die heutige Form der kirchlichen Trauung geht zurück auf Formen, die schon im frühen Mittelalter ausgebildet wurden. Es ist nur natürlich, wenn die Kirche in diesem Zusammenhang auch gewisse rechtliche Regelungen traf – zum Beispiel festlegte, welcher Priester im Normalfall für die Trauung zuständig ist, die Eintragung eines Eheabschlusses im Taufbuch vorschrieb usw. Diese Regelungen können grundsätzlich auch anders aussehen. Die Kirche hat auch im Laufe der Jahrhunderte das Eherecht und die Eheschließungsform immer wieder geändert – zuletzt wieder im Zusammenhang der Liturgiereform des Zweiten Vatikanischen Konzils und der Neugestaltung des kirchlichen Gesetzbuches, des „Codex Iuris Canonici" von 1983. Grundmotiv bei alldem ist: die Braut- und Eheleute gerade *nicht* zu bevormunden, sondern sie in ihren ganz menschlichen und „weltlichen" Anliegen zu schützen, nämlich sich in Freiheit und Liebe ihren Ehepartner auszusuchen und mit ihm und ihren Kindern, öffentlich anerkannt, ungestört zusammenzuleben.

4. Treue in der Ehe

Kein Zweifel, daß Jesus die Scheidung einer Ehe verwirft – die bewußte und gewollte Entlassung des Ehepartners (Mt 5,32; 19,9; Mk 11,11f.; Lk 16,18). Da Ehescheidung zur Zeit Jesu faktisch immer Entlassung der Frau durch den Mann war, bedeutet Jesu Wort gegen die Ehescheidung zugleich die Wiederherstellung gleichberechtigter Partnerschaft zwischen Frau und Mann. Aber er dehnt die Scheidebriefregelung (Dtn 24,1) nicht etwa auf die Frau aus, sondern verbietet sie auch dem Mann. Das alles war für die Hörer Jesu ärgerlich und gar unverständlich. So fragen die Gesprächspartner Jesu denn auch nicht nach dem *Recht* zur Scheidung, sondern nur nach den zulässigen und nicht zulässigen *Gründen*. Sie fragen nach dem Ausmaß von Zugeständnissen – aber Jesus antwortet mit dem klaren Gebot Gottes.

Die Kirche würde Jesus untreu, wenn sie die Strenge des Scheidungsverbotes nach dem Maßstab des Zeitgeistes abschwächte. Zudem: Wenn Liebe und Zusammenhalt in der Ehe tatsächlich in dem Felsengrund der Liebe Gottes verankert sind, dann ist die Ehe von innen her unscheidbar. Wenn die Kirche die Ehescheidung erlaubte, so hieße das, daß sie nicht mehr daran glaubte, daß Gottes Liebe die Liebe zwischen Menschen unverbrüchlich machen kann. Daher auch die diesbezüglichen eisernen Regeln des kirchlichen Eherechts: Wenn öffentlich – durch Unterschrift und Zeugen – klar ist, daß zwei Christen mit eindeutigem Wissen und Willen in der Kirche gültig eine Ehe geschlossen haben, dann kann die Kirche zwar keine bürgerliche Scheidung verhindern, muß letztlich solche Christen ihrem Gewissen vor Gott überlassen, aber sie sieht sich unter dem Wort Jesu außerstande, dazu in Form von rechtlichen Regelungen auch noch ja zu sagen.

Nun gehen trotz allem immer wieder Eheleute auseinander, lassen sich scheiden. Ehen können zerbrechen durch leichtfertige oder zynische Verstoßung in modernen Formen – also durch jenes Unrecht, gegen das sich Jesu Scheidungsverbot direkt richtet. Sie können auch scheitern infolge einer Selbsttäuschung der Partner, die vielleicht in bester Absicht und in klarer Erkenntnis

dessen, was christliche Ehe ist, geheiratet haben und später, oft erst nach Jahren, bemerken, daß es ein Fehler war. Solche Selbsttäuschungen beruhen oft auf verborgenen seelischen Fehlentwicklungen in der Jugend, die erst an die Oberfläche kommen, wenn man längst verheiratet ist. Ehen können schließlich unmerklich ausbrennen, und erst irgendein äußerer Anlaß bringt an den Tag, daß die Ehe schon lange nur noch eine Fassade ist.
Gegenüber all solchem Unglück bleibt die katholische Kirche unterschiedslos bei ihrer konsequenten Haltung: keine Scheidung, keine Anerkennung oder gar Trauung neuer Ehen von Geschiedenen. Nur wenn mangelnder Ehewille oder Formfehler nachgewiesen werden können – was ein kompliziertes kirchenrechtliches Verfahren erfordert –, erklärt sie eine Ehe für von Anfang an „nichtig". Das ist dann aber, dem äußeren Anschein zum Trotz, keine Scheidung, weil es ja gar nichts zu „scheiden" gibt. Eine wirkliche Scheidung („dem Bande nach") gibt es nur auf der Grundlage des sog. „paulinischen Privilegs" (1 Kor 7, 12–15), wenn nämlich von zwei ungetauften Ehepartnern der/die eine sich taufen läßt und die/der andere daraufhin die Ehe nicht „friedlich", im Respekt vor dem Gewissensentscheid des/der anderen fortsetzen will. Das Kirchenrecht hat in den letzten Jahrzehnten dieses „Privileg" beträchtlich ausgedehnt und erkennt dem Papst die Vollmacht zu, durch „Auflösungsbescheid" *jede* Ehe aufzulösen, in der auch nur *einer* der Partner ungetauft ist, vorausgesetzt, die Auflösung geschieht aus wohlerwogenen Gründen „zugunsten des Glaubens" eines der Partner oder auch eines/einer Dritten – die Bekehrung des ungetauften Partners ist nicht mehr unbedingt erforderlich.
Auch Katholiken machen sich heute Gedanken darüber, daß bei all dem noch ungelöste Fragen bleiben, sowohl bei der Härte gegenüber den Ehen der Getauften wie bei der immer weitergehenden Großzügigkeit gegenüber den Ehen unter oder mit Ungetauften. Gewichtige theologische und pastorale Gründe sprechen für die Hoffnung, daß die Kirche geeignete Formen findet, bei wirklicher Not Gott das Gericht über Schuld und Nichtschuld zu überlassen, barmherzig zu handeln und dennoch den Ernst des Gebotes Jesu nicht ins Zwielicht zu bringen.

5. Ehe als „Sakrament"

Ihre bisherige Kompromißlosigkeit begründet die Kirche zutiefst mit ihrer Lehre, daß die Ehe ein „Sakrament" ist. Nach wie vor hält sie diesen Satz hoch gegen die Auffassung der Reformatoren, die Ehe sei ein „weltlich Ding" (Luther), und will damit das Tiefste sagen, was sie aufgrund des Wortes Gottes über Frau und Mann zu sagen hat. Der konfessionelle Streit um diese Auffassung kann freilich leicht zum bloßen Kampf um Worte werden. Die Ehe ist heilig, Gottes gnädige und gute Ordnung für das Leben der Menschen – das ist für Luther so selbstverständlich, daß er unter Protest gegen die Abwertung der Ehe in der Kirche seiner Zeit sagen kann, die Ehe sei der eigentliche „geistliche Stand". „Weltlich Ding" ist sie, sofern es Ehe unter Gottes Wort auch schon vor der Kirche gab und außerhalb von ihr gibt. Umgekehrt: Nach katholischer Auffassung ist nicht die Ehe selbst, also das Zusammenleben von Mann und Frau, gar die Sexualität „heilig" und göttlich. Im Christentum gab es nie, wie in alten heidnischen Religionen, „heilige Hochzeiten" und gar Tempelhurerei als Gottesdienst. So gesehen, ist die Ehe „weltlich", buchstäblich „profan". Aber das *Leben* in der Ehe kann und soll „heilig" sein, indem es Gottes Liebe zur Welt, Christi Verbundenheit mit seiner Kirche abbildet und anschaulich macht. Nach allen entscheidenden kirchlichen Texten, vor allem denen des Konzils von Trient (1547–1563), besteht *darin* die „Sakramentalität" der Ehe. Dann allerdings ist die Ehe, nicht anders als zum Beispiel die Taufe, auch Gnadenmittel: Anschaulich wird die Liebe Gottes in Christus ja eben dadurch, daß die Eheleute in ihrem Eheleben die Liebe Gottes einander und ihren Kindern weiterschenken, die sie selbst empfangen haben. Das Leben in der Ehe selbst wird dadurch – ganz von selbst – Glaubenszeugnis, Glaubenszeichen, Gottesdienst. Auf das Wort „Sakrament" kommt es dann nicht an. Man kann sagen: Die christlich gelebte Ehe ist um so mehr „Sakrament", je mehr man lebt, was mit dieser Lehre gesagt sein will, und je weniger man daran denkt.

Literatur:
Die Deutsche Bischofskonferenz / Der Rat der Evangelischen Kirche in Deutschland (Hrsg.), Ja zur Ehe (Bonn – Hannover 1981); Gemeinsame Synode der Bistümer in der Bundesrepublik Deutschland, Beschluß: Christlich gelebte Ehe und Familie, in: Offizielle Gesamtausgabe, Bd. 1 (Freiburg i. Br. [6]1985) 423–457 (411–422: Einleitung von Franz Böckle); *Johannes Paul II.,* Dem Leben in Liebe dienen. Apostolisches Schreiben Papst Johannes Pauls II. über die Aufgaben der christlichen Familie in der Welt von heute. Mit einem Kommentar von F. Böckle (Freiburg i. Br. 1982). – *J. Feiner – L. Vischer* (Hrsg.), Neues Glaubensbuch. Der gemeinsame christliche Glaube (Freiburg i. Br. [17]1984) 590–609; *J. Gründel,* Die Zukunft der christlichen Ehe. Erwartungen, Konflikte, Orientierungshilfen (München 1978); *F. Henrich – V. Eid* (Hrsg.), Ehe und Ehescheidung (München 1972); *W. Kasper,* Zur Theologie der christlichen Ehe (Mainz 1977); *G. Koch – W. Breuning,* Die Ehe des Christen. Lebensform und Sakrament (Freiburg i. Br. 1981); *G. B. Langemeyer,* Als Mann und Frau leben. Biblische Perspektiven der Ehe (Zürich 1984); *K. Lehmann – W. Pannenberg* (Hrsg.), Lehrverurteilungen – Kirchentrennend? I: Rechtfertigung, Sakramente und Amt im Zeitalter der Reformation und heute (Göttingen – Freiburg i. Br. 1986): Ehe; *K. Lüdicke,* Eherecht (Essen 1983); *D. Mieth,* Ehe als Entwurf. Zur Lebensform der Liebe (Mainz 1982); *O. H. Pesch – F.-X. Kaufmann – K. H. Mandel,* Ehe, in: Christlicher Glaube in moderner Gesellschaft, Bd. 7 (Freiburg i. Br. [2]1981) 8–86 (Lit.); *R. Pesch,* Freie Treue. Die Christen und die Ehescheidung (Freiburg i. Br. 1971); *W. Schöpsdau,* Konfessionsverschiedene Ehe. Ein Handbuch (Göttingen 1984); *L. Wachinger,* Ehe. Einander lieben – einander lassen (München 1986).

Otto Hermann Pesch

Esoterik

↗ Anthroposophie; Jugendreligionen; Meditation; Mystik; Mythos; Okkultismus; Östliche Religiosität

1. Merkmale des Esoterischen

Als esoterisch (griechisch: nach innen) kann man Lehren und Handlungen mit Bezug auf Übersinnlich-Übermenschliches bezeichnen, von denen ihre Vertreter meinen, sie seien nur einem begrenzten Kreis von Eingeweihten, Einverstandenen und Erleuchteten, nicht aber der Allgemeinheit verständlich, weil sie die Initiation in besondere Bewußtseinszustände oder (meist altüberlieferte) Erkenntnisse – in mystisch-meditative Versenkung, Intuitionen, symbolische Deutekunst u. ä. – erfordern, die innerlicher, schwerer zu erlangen und verborgener sind als die Kenntnisse der allgemein anerkannten, exoterischen (wörtlich: nach außen) Wissenschaft und Religion.

Das erste Merkmal, der *elitäre* Charakter, führte in weltanschaulich geschlossenen Gesellschaften dazu, daß die Esoteriker (der Mysterienkulte, Gnosis, Kabbala, Alchemie u. a.) ihre Lehren und Praktiken geheim oder symbolisch verschlüsselt, das heißt arkan oder hermetisch, behandelt haben, während er sie in pluralistischen Gesellschaften wie den gegenwärtigen westlichen dazu antreiben konnte, ihre Auffassungen avantgardistisch als Ferment eines bei allen fälligen Bewußtseinswandels zu betrachten und publizistisch zu verbreiten.

Das zweite Merkmal, der *gnostische, erleuchtungszentrierte* Charakter, ist in den einzelnen Richtungen verschieden ausgeprägt. Die Frage, wie Esoterik-Anhänger das Verhältnis der erstrebten Erleuchtung zur Erkenntnis der öffentlich anerkannten Wissenschaften und Religionen bestimmen, kann eine sinnvolle Typologie und Systematik der unüberschaubaren Vielfalt von Esoterikformen begründen, die es heute gibt.

2. Verschiedene Formen von Esoterik heute

a) *Glaubens- und System-Esoterik:* Die Anhänger dieser (klassischen) Richtungen fühlen sich dem gesamten weltanschaulichen System verpflichtet, das der Stifter mit der Autorität eines Erleuchteten oder mit Berufung auf uralte Traditionen überliefert hat und das Außenstehenden gegenüber (exoterisch) nicht begründet, sondern nur von ähnlich Erleuchteten und Initiierten verstanden werden kann. Die etablierten Religionen werden durch eine eigene Auswahl von Elementen anerkannt und synkretistisch zu einer Zusammenschau verbunden. Doch werden sie gleichzeitig auch umgedeutet und für überholt erklärt: Sie enthalten in volkstümlicher (exoterischer) Form einzelne Weisheiten, die die esoterische Lehre in ihrem ursprünglichen, wahren Sinn entschlüsselt.

Als typische Glaubens- und System-Esoterik kann neben der Rosenkreuzer-Bewegung und der Anthroposophie die *Theosophie* gelten. Sie beruft sich auf die Lehre, die *Helena P. Blavatsky* (1831–1891) aufgrund ihres Studiums östlicher und westlicher Religionen sowie spiritistischer Inspiration als Auslegung eines angeblich alttibetischen „Buches Dzyan" entwickelt hat. Der theosophische Erleuchtungspfad soll dem Menschen über sieben Stufen, durch Verzicht auf Tierfleisch, Alkohol und Nikotin, durch regelmäßige Meditation, durch Barmherzigkeit gegenüber allen Wesen und durch die Ermutigung von seiten der in die Vollendung eingegangenen Lehrer die Erkenntnis vermitteln, daß die Kraft des Göttlichen in ihm selbst wohnt, so daß er in mystischer Vereinigung mit ihr alle Vereinzelung und alles egoistische Kämpfen der Einzelwesen gegeneinander als Täuschung (maya) begreift und mit der Liebe des kosmischen Geistes (Gott) alle und alles liebt.

Denn auf der gegenwärtigen Evolutionsstufe des Sonnensystems und des Kosmos befindet sich der Mensch etwa in der Mitte zwischen dem untersten Bereich des Vitalen, Astralen, Physischen (der der Erde bzw. dem Mond entstammt) und dem obersten Bereich des Göttlich-Spirituellen. Seine siebenfache Natur umfaßt alle Bereiche des Kosmos, die – spiritualistisch und evolutionistisch – als verschiedene Verdichtungs- und Materialisierungsstufen des Einen-Ewigen gesehen werden: vom Grobstofflichen über das Feinstoffliche bis zum Träger des abstrakten Denkens (Buddhi-Manas und Atma). Diese beiden höchsten Prinzipien muß er in sich erkennen und herrschen lassen, um zur Wesenseinheit mit dem Ewigen zu gelangen.

b) *Rechtfertigungs- und Auswahl-Esoterik:* Die zahlreichen Vertreter dieser Spielart übernehmen nur einen Teil von einem esoterischen Weltanschauungssystem und interessieren sich ansatzweise auch für eine exoterische Rechtfertigung ihrer Überzeugungen und ihres Erleuchtungsweges durch Aussagen der allgemein anerkannten Wissenschaften, Philosophien und Religionen, so kombinatorisch und bestätigungsheischend dieser Versuch oft geraten mag.

Neben zahlreichen einzelnen Autoren und Kursleitern sind hierzu auch Bewegungen wie die „Transzendentale Meditation" des Maharishi Mahesh Yogi, die Scientology von Ron Hubbard, die Psychotechniken von Bhagwan Shree Rajneesh sowie die „Transpersonale Psychologie" (R. Assagioli, S. Grof, C. Tart, F. Capra) und die von ihr beeinflußte New-Age-Bewegung zu zählen.

Die Anhänger von *New Age* verbinden alternative und esoterische Anliegen miteinander und pflegen mit verschiedenen Schwerpunkten Ideale und Praktiken der Human-Potential-Bewegung, der ökologischen Bewegung, des spiritistischen Jenseits-Kontakts, östlicher Meditationsschulen, der Theosophie, mythisch-magischer Indianer- und Schamanenspiritualität, christlicher Mystik und humanistischer Ethik. Gemeinsam ist ihnen die Zuversicht, daß die Menschheit jetzt die Chance hat, in ein neues Zeitalter (new age) einzutreten, in dem breite Kreise eine „Transformation" des Bewußtseins zu mehr Erleuchtung, Intuition und Harmonie erfahren, der auch ein gesellschaftlicher Wandel folgen werde. Diese Wende deutet man astrologisch als Übergang vom Fische-Zeitalter zum Wassermann-Zeitalter.

c) *Gebrauchs-Esoterik:* Deren Anhänger verwenden meditative, magisch-therapeutische oder schicksalsbefragende Techniken esoterischer Traditionen, ohne sich jedoch für die spirituelle Schulung und Weltanschauung zu interessieren, die ursprünglich meistens damit verbunden war. Die Erkenntnis/Erleuchtung beschränkt sich hier auf das Wissen, wie man diese Techniken für die Entspannung, Heilung und Zukunftsbewältigung nutzen kann – Techniken, die deshalb nicht allgemein anerkannt sind, weil sie in Vergessenheit gerieten oder mit wissenschaftlich (noch) nicht beobachtbaren paranormalen Fähigkeiten oder kosmischen Kräften arbeiten.

3. Esoterische Grundideen und Erfahrungswelten

a) *Der gnostische, erleuchtungszentrierte Charakter* ist bei allen Richtungen unverkennbar. Er entspringt dem Willen zu unmittelbarer und intensiver Erfahrung übersinnlicher Wirklichkeit – und der Abneigung gegen Glaubensüberzeugungen, die nur gedanklich erschlossen oder bloß begrifflich-dogmatisch umschrieben, aber nicht erlebbar sind.
So will Rudolf Steiner zu einem Denken und Lieben anleiten, das alle raumzeitliche Vereinzelung überschreitet, so daß wir uns darin nicht mehr ein Abbild vom universalen Weltgrund machen, sondern dessen Manifestation sind. Andere deuten mit *Carl G. Jung* unwillkürliche Träume und andere inspirierende Einfälle als archetypische Regungen eines überindividuellen, kollektiven, göttlichen Unbewußten in uns. Ähnlich wertet die „Transpersonale Psychologie" die Umschaltung vom normalbewußten Ich- und Lenkungsbewußtsein auf „veränderte Bewußtseinszustände" mit Zeit- und Raumreisen, Hellsehen, Identifizierung mit Tieren, Pflanzen und Dingen sowie Jenseits-Kontakten und kosmischem Einheitsbewußtsein, die zunächst nur eine kontrollierte, wohltuende Identitätsdiffusion und eine Bereitschaft zu unwillkürlich-unbewußten Regungen bedeuten, als Erweiterung des individuellen Bewußtseins zum alleinen „Überbewußten" *(S. Grof).*
Das Christentum ist damit herausgefordert, den Glauben nicht nur als Lehre, Ritus und Moral, sondern auch als lebendige Erfahrung zu vermitteln. Es muß aber auch auf neugnostische Einseitigkeiten der heutigen Esoterik hinweisen: Intensive spirituelle Erfahrung – Meditation, Inspiriertsein, unwillkürlich-automatisches Reden und Schreiben (etwa bei medialen Jenseitskontakten), Intuition und Hingabe an symbolisch-mythische Imaginationen – verfällt dem Wunschdenken sowie der Leichtgläubigkeit und Autoritätshörigkeit gegenüber Sehern und geheimwissenschaftlichen Überlieferungen, wenn sie nur nach ihrer erhebenden und utopischen Wirkung beurteilt und einer „Unterscheidung der Geister", einer metaphysischen Realitätsprüfung, die auch öffentlichkeitsfähig (exoterisch) sein muß, entzogen wird. Die ge-

suchten Bewußtseinszustände, die man nach S. Grof auch ohne ethisch-religiöse Vorbereitung, durch LSD-Anwendung und die sufische Technik des beschleunigten Atmens, erreichen kann, ist nur dann als religiöse Erfahrung zu werten, wenn sich der Mensch darin in Bejahtsein, Dank und Verantwortung dialogisch auf ein ganz anderes, aber nahes Du bezogen erlebt, wie es das normalbewußte Nachdenken über seinen letzten Ursprung und Sinn gedanklich erschließt.

b) *Die monistisch-holistische Einheitsschau:* Die gesamte Wirklichkeit als ein einziges *geistig-energetisches Kraftfeld,* in dem sich das Göttliche, der materielle Kosmos, die Pflanzen- und Tierwelt und der Mensch nur graduell, als verschiedene Verdichtungs- und Emanationsebenen, und nur vorläufig, als Evolutionsstufen hin zur vollendeten Vergeistigung (durch Wiederverkörperungen der Erde und der Menschen hindurch) unterscheiden und alle anderen Dualismen Maja-Täuschungen sind – das ist eine je nach Richtung variierte Grundüberzeugung aller Esoteriker. Sie kennzeichnet den „geistgemäßen Monismus" *Rudolf Steiners* ebenso wie den ökosophischen Versuch, die Erde neomythisch als „Allmutter" Gaia zu sehen (J. Lovelock, B. Samples u. a.) und die esoterische Physik F. Capras, der zufolge alle Bausteine des Kosmos – auch das Gehirn des Menschen – systemisch-holographisch die Informationen des gesamten Universums enthalten und Materie, Leben und Geist nur verschiedene Grade von Komplexität und Selbstorganisations-Dynamik bilden, wobei das (apersonale) Göttliche als „kosmischer Geist" und als „Selbstorganisations-Dynamik des gesamten Kosmos" zu denken ist.

Dieses Weltbild, das Psychisches und Körperliches, Geistiges und Materielles, Gewordenes und Urgrund energetisiert und entdifferenziert, beruht, logisch betrachtet, auf unscharfen Begriffen und Analogie-Schlüssen. Es ist in erster Linie auch nicht Ergebnis weltanschaulicher Reflexion, sondern Ausdruck einer *ekstatisch-optimistischen Erfahrung der Allverbundenheit,* wie sie als „Mystik", „kosmisches Bewußtsein" (R. M. Bucke), „ozeanisches Gefühl" (Sigmund Freud) oder „kosmischer Narzißmus" (H. Kohut) beschrieben wurde und von den Esoterikern als Erleuchtung und Lebensgefühl angestrebt wird.

In dieser Sicht werden die Willensregungen, Gefühle und Gedanken nicht mehr von den biochemischen und physikalischen Vorgängen im Menschen und seiner Umwelt unterschieden, sondern einfach als Äußerungen einer einzigen *„Lebensenergie"* (Prana, Chi, Mana, Baraka, Weltäther, Bioenergie usw.) von verschiedener Stärke betrachtet. Wer die Fähigkeit dazu bewahrt oder durch Schulung erworben hat, kann sich mit dieser psychokosmischen Kraft aufladen und an sieben Zentren des Nervensystems (Chakras) spüren, wie er sie empfängt und ausstrahlt.

Ausgestrahlt wird die Prana-Energie als Aura, und zwar über den „feinstofflichen" und unsterblichen *„Astralleib",* der vor dem sichtbaren, grobstofflichen Leib vorhanden ist – als Energiefeld, um dessen Muster sich dieser bildet. Das Vorhandensein eines Astralleibes meint man in den *außerkörperlichen*

Erfahrungen (Geistreisen, Astralreisen) zu spüren, in denen man den eigenen Körper von einem anderen Standpunkt aus sieht. Der Astralleib gewährleistet auch die Kontinuität in der *Kette von Reinkarnationen*, die man sich meistens nach dem Karma-Gesetz denkt und die Geburt und Tod als bloße Übergänge der einen Lebensenergie erscheinen läßt. Viele Esoteriker sprechen auch Erde und Sonne eine feinstoffliche Energie zu und halten den *gesamten Kosmos* für ein Energiefeld mit zahlreichen Zwischenstufen und Zentren. Der Mensch ist mit ihnen verwoben und verbunden und kann durch Meditation, biologisch-dynamischen Landbau, natürliche Heilverfahren, Magie, spiritistische Kontakte und Astrologie mit Kräften, Naturgeistern und höheren Wesen in Verbindung treten und Hilfe und „kosmische Bruderschaft" (Ernst Benz) erfahren.

Christlicher Glaube sollte die hier zum Ausdruck kommende Suche nach weisheitlichen, spirituellen und optimistischen Alternativen zum weitverbreiteten Materialismus, Rationalismus, Konsumismus und Pessimismus der Gegenwart sehen und sich durch die esoterische Einheitsschau daran erinnern lassen, daß jede Weltanschauung auf das Verlangen des Menschen nach Allverbundenheit zu antworten hat, daß der übersteigerte Anthropozentrismus der Neuzeit durch eine ökologische Sicht zu korrigieren und die wissenschaftlich-technische Vernunft durch vertiefende Meditation zu ergänzen ist. Christlicher Glaube muß aber bei allem Verständnis für die durch die Esoterik angesprochenen Sehnsüchte auch darauf verweisen, daß diese Einheitsschau in ein undifferenziertes, partizipativ-magisches und animistisches Denken (Jean Piaget) zurückfällt, anstatt die Bereitschaft zu vertrauender Allverbundenheit zu einem Glauben weiterzuentwickeln, der zwischen Materie und Geist, Welt und Weltgrund unterscheidet und den Menschen als von Gott angesprochene Person und als von ihm bejahten einmaligen Selbstwert begreift und nicht nur als „die Identität eines Rhythmus" (F. Capra) sieht.

Literatur:
E. *Benz,* Kosmische Bruderschaft (Freiburg i. Br. 1978); M. *Berman,* Wiederverzauberung der Welt (Reinbek 1985); F. *Capra,* Das Tao der Physik (München 1985); M. *Ferguson,* Die sanfte Verschwörung (Basel 1982); S. *Grof,* Geburt, Tod und Transzendenz (München 1985); B. *Grom,* Gottlose Religiosität?, in: P. Gordan (Hrsg.), Gott (Graz 1986) 173–209; E. *Gruber – S. Faßberg,* New-Age-Wörterbuch (Freiburg 1986); H. *Reller – M. Kiessig* (Hrsg.), Handbuch Religiöse Gemeinschaften (Gütersloh 1985); H.-J. *Ruppert,* New Age (Wiesbaden 1985); J. *vom Scheidt,* Antworten aus dem Unbewußten (Freiburg i. Br. 1986).

Bernhard Grom

Evolution

↗ Bioethik; Fortpflanzungsmedizin; Fundamentalismus; Gentechnik; Umweltethik

1. Evolution als Begriff und Metapher

Unter Evolution wird eine schrittweise Veränderungsbewegung verstanden, welche die gegenwärtigen biologischen Organisationsformen über eine sehr lange Zeit hinweg aus andersgestalteten Organismen ausgebildet und dabei die Welt des Lebendigen als Ganzes in eine nähere oder entferntere *Verwandtschaftsbeziehung* gebracht hat. Am Anfang der Generationenkette steht ein hypothetisch erfaßter erster Lebensträger, dessen konstitutionelle Elemente sich in der Vielfalt der Formen und Arten ausgebaut und vervollkommnet haben.

Während der Evolutionsbegriff innerhalb der Biologie und in anderen Naturwissenschaften, wo seinem Erklärungswert ein erster Rang zukommt, eine klar umrissene Gestalt hat, bleiben seine Konturen unscharf, wenn er auf kultur- und geistesgeschichtliche und andere Zusammenhänge und Vorgänge übertragen wird. Hier beschreibt er im allgemeinen solche Wandlungsprozesse, bei denen die ursprungsbezogene Einheit und die beziehungstiftende Stetigkeit in den Ereignisfolgen nicht notwendig gegeben sein müssen. Der Evolutionsbegriff wird bei diesem Gebrauch zur umschreibenden Metapher. Schon im antiken Geistesleben wurde Entwicklung als Wirklichkeitsgestalt in Betracht gezogen *(Heraklit, Anaximander)*. Aber erst in den letzten zwei-, dreihundert Jahren hat sie in einem spezifischen Sinn – teils systembildend – in die Philosophie und Naturforschung Eingang gefunden *(G. W. Leibniz, G. W. F. Hegel, F. W. Schelling, Ch. Darwin, H. Spencer, E. Haeckel)*. Die moderne Vorstellung von Evolution und ihrer treibenden Kräfte ging namentlich aus den molekularbiologischen Forschungen in den letzten vierzig Jahren hervor *(J. S. Huxley, G. G. Simpson, B. Rensch, E. Mayr)*.

2. Die synthetische Evolutionstheorie

Der Evolutionsgedanke als solcher behauptet wegen der sachlichen und begrifflichen Offenheit seinen Platz mühelos im heutigen Sprachleben. Als wissenschaftliche Theorie mußte er dagegen immer wieder mit zum Teil erheblichen Widerständen kämpfen und seine Schlüssigkeit zunehmend differenzierter unter Beweis stellen. Auch war und ist die Evolutionstheorie mitunter vollkommen unsachgemäßen Folgerungen in soziologischen, anthropologischen, ethischen und theologischen Bereichen ausgesetzt.

Dessen ungeachtet stellt die *synthetische Evolutionstheorie* den weitgehend überzeugenden Versuch dar, die Gesetzmäßigkeiten der Evolution mit strenger Methodik vereinheitlichend zu beschreiben und so Einblick in die genetischen und stammesgeschichtlichen Zusammenhänge zu nehmen. Die Gruppe der *naturgesetzlichen Voraussetzungen* von Evolution wird angeführt von der physikalischen und chemischen Charakteristik des Lebens und seiner Umwelt. Sie umfassen ebenso den genetischen Automatismus beim Aufbau von Informations- und Funktionsstrukturen wie das Einsetzen spezifischer chemischer Reaktionen, die unwillkürliche Umwandlung von Substanzen und Energie beim Stoffwechsel. Dazu kommen die Stärke der ultravioletten Strahlung, der gestaltgebende Einfluß der Schwerkraft und des Erdmagnetismus sowie die Determinierung des arttypischen Verhaltens durch Instinkte. Damit sind aus der Fülle der evolutionären Rahmenbedingungen einige wenige herausgegriffen, die ihrerseits allerdings oft variable Komponenten enthalten.

Diesen steht die Gruppe der *zufallsabhängigen,* meist nicht genauer bestimmbaren *Evolutionsfaktoren* gegenüber. Sie offenbaren sich vor allem beispielsweise in den planlosen Veränderungen und Rekombinationen bei den genetischen Übertragungsprozessen, in den Auswirkungen von Naturkatastrophen und Unterbrechungen in den Nahrungsketten auf die Organismen, im Übergewicht oder in der Abwesenheit eines natürlichen Feindes einer Art, in der Beschaffenheit des Biotops oder in der Fähigkeit, Umweltveränderungen mit erlernten, neuen Verhaltensmustern zu begegnen. Durch die komplementäre Verschränkung von zufallsbestimmten und zwangsläufigen Vorgängen werden die Lebewesen und Arten in eine Situation gestellt, die von ihnen Erneuerung und Anpassung fordert und so die evolutionäre Ausdifferenzierung und Selektion weitertreibt. Entscheidend ist dabei aber, daß Individuum und Art als solche nicht bloß ein summatives Kompositum der naturgesetzlichen und zufallsabhängigen Teilprozesse darstellen, sondern durch ihre Wechselwirkungen zu einer *übersummativen Systemganzheit* gelangen, deren Neuheit sich nicht von früheren Formen ableiten läßt.

Die Evolutionstheorie kann sich bei ihrem Plausibilitätsnachweis also nicht nur auf physikalische und chemische Gesetze stützen, sie muß auch die Unwägbarkeit einmaliger, nicht-wiederkehrender Ereignisse in ihre rationalen Begründungsgänge einbeziehen. Dabei gleicht sich ihre Methodik streckenweise derjenigen der Geschichtswissenschaften an. Dies hat bedeutende Rückwirkungen auf ihren *wissenschaftstheoretischen Status,* denn die erkenntnistheoretische Leistungsfähigkeit und die innere Geschlossenheit des Evolutionsparadigmas sind davon betroffen. Geschichtlich einmalige Ereignisse und naturgesetzlich fundierte Regelmäßigkeit beherrschen die Theoriebildung in der Weise, daß eine lückenlose Beweisbasis nur angestrebt, aber kaum je erreicht werden kann. Naturgeschichtliche Einzelerscheinungen und empirisch nicht mehr erkundbare Kausalabläufe vor Millionen und Milliarden von Jahren schränken den Nachweis der Widerspruchslosigkeit und Einheitlichkeit der Evolutionstheorie erheblich ein und zwingen zur Konstruktion von Modellen und Hypothesen.

Davon ist wiederum die *voraussagende Kraft* betroffen, die sonst einer guten wissenschaftlichen Theorie innewohnt. Das Erkennen und Erklären vergangener Ereignisse erlaubt den Evolutionstheoretikern nämlich nicht auch schon die Voraussage künftiger Entwicklungen, nicht einmal in statistisch wahrscheinlicher Form. Diese Leistung von einem komplexen, naturwissenschaftliche und historische Disziplinen einschließenden Paradigma fordern hieße es überfordern. Der sich an den Möglichkeiten orientierende Anspruch geht zunächst nur auf den Erweis der Konvergenz und Verträglichkeit von ungleichartigen Erkenntnissen, die durch Analogieschlüsse auf der Grundlage gegenwärtiger wissenschaftlicher Standards gezogen werden. Sollte die wirklichkeitserhellende Approximation der, aufs Ganze gesehen, noch jungen Evolutionsforschung in Zukunft zu mehr fähig sein, um so besser. Sollte sie sich dagegen in größer werdende Widersprüche verwickeln und dadurch an Erklärungswert viel einbüßen, so ist vorstellbar, daß das gesicherte evolutionäre Grundwissen in eine neue, mächtigere Transformationstheorie eingeht.

3. Christlicher Glaube und Evolutionstheorie

Vor allem an den inhaltlichen Berührungsstellen und Überschneidungen mit *theologischen Sachbereichen* ist der Evolutionstheorie immer wieder Gegnerschaft erwachsen, gegen die sie sich allerdings erfolgreich verteidigte. Machten ihr am Anfang naturwissenschaftliche *und* kirchliche Einwendungen zu schaffen, war später lange Zeit die kirchlich-theologische Opposition dominierend. Sie betrachtete es als eine unerträgliche Beeinträchtigung der Würde des Menschen als Geschöpf Gottes, daß die Ursprünge des Menschen in einer engen Beziehung zur Tierwelt gesehen wurden. Schöpfung und Evolution schienen sich aufgrund der wörtlichen Auslegung der biblischen Schöpfungserzählungen auszuschließen. Nachdem aber die historisch-kritische Forschung weniger in der Berichterstattung als im Glaubenszeugnis und in der Glaubensverkündigung die besondere Eigenart der Heiligen Schrift erkannt hatte, wurde diese als naturgeschichtliche Erkenntnisquelle fallengelassen. Zeitbedingte anthropomorphe und mythologische Elemente konnten schärfer von den bleibenden Heilsaussagen getrennt werden. Nach nahezu hundert Jahren wich die kompromißlose Ablehnung der Evolutionstheorie in der katholischen Kirche der begrenzten Zustimmung, wie sie 1950 Pius XII. in der Enzyklika „Humani generis" zum Ausdruck brachte.
Inzwischen sind die theologischen wie auch die naturwissenschaftlichen Forschungen intensiv weitergegangen und haben zahlreiche neue und wichtige Einsichten gebracht, die eine Verträglichkeit und Komplementarität auch für jene Grenzbereiche erkennen lassen, die noch kontrovers geblieben waren und vor allem die Beziehung des universellen Werdegeschehens zum Schöpfungsakt Gottes und die Ähnlichkeit und den Unterschied des Menschen zum Tier betreffen. Die Überzeugung hat sich dabei festgesetzt, daß sich das geschaffene Sein in einem Prozeß der Selbstüberbietung übersteigen und ver-

vollkommnen kann und dadurch an einem Schöpfungswirken Gottes teilnimmt, das sich nun nicht mehr auf punktuelle Eingriffe in die Naturabläufe beschränkt. Gott wird vielmehr als der tragende und freisetzende Grund für das innerweltliche Kausalgeschehen und Schöpfung als ein fortdauerndes Zusammenwirken von transzendenter Erst- und immanenter Zweitursache und so als „creatio continua" gesehen. Die Übertragung dieser Figur auf das Entstehen der typisch menschlichen Besonderheiten kann zusammen mit systemtheoretischen Ansätzen auch die empirisch zugängliche Zone geistig-seelischen Seins als das Ergebnis unableitbarer Synergieeffekte und übersummativer Wirkungen von Wechselbeziehungen deutlich machen. In dieser Auffassung ist das Ganze des Geistes mehr als die Summe der neuronalen Teilprozesse und kann auch von einem radikalen Reduktionismus nicht restlos aufgelöst werden.

4. Der kreationistische Widerspruch

Kategorisch abgelehnt wird die Evolutionstheorie aus theologischen wie naturwissenschaftlichen Gründen in unserer Zeit hauptsächlich vom sogenannten *Kreationismus,* einer fundamentalistischen Strömung, welche der den Evolutionismus da und dort begleitenden materialistischen Einebnung des christlichen Verständnisses vom Menschen den Kampf angesagt hat. Gestützt auf eine in den großen christlichen Kirchen, auch in der katholischen, nur sehr begrenzt angewandte Auslegung der Heiligen Schrift nach dem Wortsinn, behaupten kreationistische Maximalisten, daß Gott Materie und Leben in einem Augenblick aus dem Nichts geschaffen habe. Die dabei entstandenen Dinge und Lebewesen seien bis in unsere Tage unverändert die gleichen geblieben, so daß unmöglich eine Verwandtschaftsbeziehung zwischen Menschen und Affen nachgewiesen werden könne, derzufolge sie gemeinsame Vorfahren hätten. Das Alter der Welt und des Kosmos betrage etwa zehntausend Jahre, und etwaige Veränderungen in der tektonischen Struktur der Erde und das Aussterben von Arten gingen ausschließlich auf Auswirkungen von Katastrophen zurück.
Das Auseinanderklaffen von kreationistischem Credo und Evolutionstheorie ist evident. Viele wichtige und gesicherte Ergebnisse der jüngsten Forschungen werden außer acht gelassen oder auf den Kopf gestellt, so etwa das über mehrere Wege ermittelte Alter des Universums von annähernd zwanzig Milliarden Jahren oder die serologisch und molekulargenetisch erhärtete Verwandtschaft der Primaten. Auch kann die Tatsache nur sehr gepreßt mit einem unmittelbaren Schöpfungsakt Gottes erklärt werden, daß nicht nur fortwährend neue Arten von Lebewesen entstehen, von denen viele wieder aussterben, sondern daß z. B. diesen Arten auch typische Parasiten, ganze Familien und Ordnungen von Flöhen, Läusen, Zecken, Würmern usw. entsprechen, die sie zu Tode quälen können ...
Was Respekt verdient, ist der entschiedene Kampf des Kreationismus gegen

jede Form von nivellierendem Materialismus und Agnostizismus. Gewonnen kann er freilich nur werden, wenn er mit dem Wissen ausgetragen wird, das Natur- und Geisteswissenschaften heute und morgen bereitstellen und wenn deren Grenzen klar umschrieben und beachtet werden. Unbedachte Schlußfolgerungen über diese Grenzlinien hinaus treiben die Evolutionsforschung und den biblischen Schöpfungsglauben in unnötige Konflikte.

Literatur:
G. *Altner* (Hrsg.), Der Darwinismus. Die Geschichte einer Theorie (Darmstadt 1981); *S. N. Bosshard,* Erschafft die Welt sich selbst? Die Selbstorganisation von Natur und Mensch aus naturwissenschaftlicher, philosophischer und theologischer Sicht (Freiburg i. Br. 1985); *ders.,* Evolutionismus und Kreationismus, in: Stimmen der Zeit 204 (1986) 232–240; *ders.,* Evolution und Schöpfung, in: Christlicher Glaube in moderner Gesellschaft, Bd. 3 (Freiburg i. Br. ³1986) 87–127; *H. v. Ditfurth,* Wir sind nicht nur von dieser Welt. Naturwissenschaft, Religion und die Zukunft des Menschen (München 1984); *L. Gilkey,* Die Debatte über die Schöpfung, in: Concilium 19 (1983) 456–475; *L. R. Godfrey,* Scientists Confront Creationism (New York 1983); *H. Haken,* Erfolgsgeheimnisse der Natur. Synergetik: Die Lehre vom Zusammenwirken (Darmstadt 1984); *K.-H. Ohlig,* Die Welt ist Gottes Schöpfung (Mainz 1984); *G. Osche,* Evolution. Grundlagen – Erkenntnisse – Entwicklungen (Freiburg i. Br. ¹⁰1979).

Stefan N. Bosshard

Familie

↗ Arbeitswelt und Kirche; Ehe; Familienplanung; Medienpädagogik; Nichteheliche Lebensgemeinschaften; Religiöse Erziehung; Wertewandel

1. Familie als institutionelle Lebensform

Der inhaltliche Kern der in westlichen Kulturen zahlreichen Umschreibungen von Familie lautet, es handle sich dabei um die institutionell anerkannte Lebensform, in der sich die Beziehungen zwischen Kindern und Eltern, den Eltern untereinander und zu weiteren Verwandten entfalten. Sie ist somit eine Gruppe eigener Art, die Aufgaben von fundamentaler Bedeutung für die Entwicklung des einzelnen, der Gesellschaft und des menschlichen Geschlechtes erfüllt. Dadurch sind alle Umschreibungen von Familie untrennbar mit Sinngebungen der menschlichen Existenz verknüpft, namentlich mit denjenigen, die sich aus der Religion und dem Glauben ergeben. – Eng verbunden mit dem Begriff der Familie, jedoch nicht deckungsgleich und dementsprechend davon zu unterscheiden sind die Begriffe: *Haushalt* (die Gemeinschaft zusammenlebender und wirtschaftender Personen), *Ehe* (die auf Dauer angelegte, institutionell anerkannte Lebensgemeinschaft von

Mann und Frau), *Verwandtschaft* (der durch gemeinsame Herkunft bezeichnete Kreis von Menschen, unter denen besondere Regelungen hinsichtlich der Heirat, der Weitergabe von Eigentum und der Verpflichtung zur Unterstützung bestehen).

2. Die Eltern-Kind-Beziehungen als Funktionsmitte

Sozialgeschichtlichen Forschungen verdanken wir über die Entwicklung von Familie, Ehe und Haushalt wichtige Einsichten, aus denen sich für unseren Kulturbereich folgende Generalisierungen ergeben:

a) Zu allen Zeiten gab es – oft nebeneinander – verschiedene Formen des Haushaltes, darin lebten Familien mit wenigen und mit vielen Kindern, und zusätzlich lebten darin u. U. weitere Verwandte sowie Bedienstete.

b) Der heute vorherrschende Typ der Kernfamilie, die primär auf den Eltern-Kind-Beziehungen beruht, ist dadurch entstanden, daß den Eltern die zentrale Verantwortung für die Pflege und Erziehung der Kinder übertragen und ihnen eine gewisse Autonomie der Gestaltung eines privaten alltäglichen Lebensraumes zugebilligt worden ist. – Sonderformen wie Familien alleinerziehender Mütter oder Väter wurden im Laufe der Zeit zusehends als gleichwertig anerkannt.

c) Parallel zur Entwicklung dieses relativ autonomen Lebensraumes der Familie ist ein Netzwerk mehr oder weniger formalisierter sozialer Beziehungen und öffentlicher Einrichtungen entstanden, die die Kernfamilie in der Pflege und Erziehung der Kinder sowie in der Sorge für die Alten unterstützen, teilweise ergänzen, aber auch mit ihr konkurrieren.

Zusätzlich zu dem eben eingeführten *kategorialen* Begriff von Familie können wir von einem *Familientyp* sprechen, um empirisch Familien mit Bezug auf ein soziales Merkmal, mehrere Merkmale oder spezifische Merkmalskonfigurationen zu kennzeichnen, die familiale Verhaltensweisen zeitweilig oder dauernd strukturieren oder strukturieren können (z. B. junge Familien, Familien alleinerziehender Eltern, Ausländerfamilien). Davon zu unterscheiden ist wiederum die *individuelle* Familie, charakterisiert durch Vorstellungen und Erfahrungen von Individualität, die für einzelne Familienangehörige sowie die Familie als Gruppe Orientierungspunkte ihres Handelns sind oder sein können. Viele Mißverständnisse sind vermeidbar, wenn die drei Ebenen des Begriffes, Familie als Institution, Familientyp und individuelle Familie, auseinandergehalten werden.

3. Die Familie als politischer Aufgabenbereich

Die familialen *Aufgaben* lassen sich schematisch auf zwei Dimensionen abbilden. Die eine betrifft die *Tätigkeitsbereiche,* die andere *Phasen der Entwicklung* der einzelnen Familien. Tätigkeitsbereiche sind Haushalten und Wohnen, Pflegen und Erziehen sowie die Gestaltung von internen und externen zwischenmenschlichen Beziehungen. Für die Entwicklung lassen sich unterschiedliche Phasen, von der Familiengründung bis zu ihrer Auflösung unterscheiden. Im Alltag müssen Familien unter konkreten wirtschaftlichen, politischen und kulturellen Verhältnissen sowohl die unterschiedlichen Tätigkeitsbereiche als auch ihre Entwicklung aufeinander abstimmen. Das erfordert ein hohes Maß an Fähigkeit zur Koordination und Synchronisation des Handelns aller Familienangehörigen. Letztlich konstituieren sich auf diese Weise individuelle und kollektive Identitäten. Familien haben somit überaus anspruchsvolle Aufgaben zu bewältigen und vollbringen dementsprechend große Leistungen. Dies ist auch in unserer Gegenwart unbestritten, mehr noch, die Tragweite familialen Handelns wird zusehends besser erkannt.

Das Ziel familienpolitischen Handelns besteht darin, das Leistungspotential von Familien anzuerkennen und zu fördern. Im wesentlichen stehen dazu vier Arten von Maßnahmen zur Verfügung: finanzielle Maßnahmen (familiengerechte Steuertarife, Kindergeld, Erziehungsgeld); Wohnbaupolitik (Förderung des familiengemäßen Wohnungsbaues bzw. Unterstützung für Familien beim Erwerb von Wohneigentum); Bildung und Beratung (Angebote der Elternschulung, der Familienberatung und -therapie); öffentliche Anerkennung von Familie (Sozialberichterstattung über die Situation der Familie mit dem Ziel, die Erfüllung familialer Aufgaben, dabei auftretende generelle Schwierigkeiten und Möglichkeiten ihrer Bewältigung darzustellen).

Zusätzlich zu diesen familienpolitischen Aktivitäten i. e. S. ist das Recht zu erwähnen, das auf allen Ebenen, d. h. der Verfassung, des Gesetzes und der Verordnung und in allen seinen Geltungsbereichen, Belange der Familie ordnet, ohne sie allerdings abschließend zu definieren.

Träger von Familienpolitik sind neben den staatlichen Organen die Kirchen, die freien Träger der Wohlfahrt sowie Selbsthilfeorganisationen. Ein weitgehend anerkanntes Prinzip der Familienpolitik lautet, daß die Autonomie der einzelnen Familien dadurch nicht angetastet werden soll, sondern vielmehr ihre Fähigkeit zu eigenverantwortlichem Handeln gefördert werden soll (Subsidiarität i. w. S.). In der Praxis können sich indessen Spannungen ergeben. Dies betrifft insbesondere die Abgrenzung zur Sozialhilfe sowie die Unterstützung, die für Familien in besonderen Belastungssituationen – zumindest zeitweilig – nötig sein kann, ebenso kann es zu Konflikten über die gesellschafts- bzw. ordnungspolitischen Implikationen einzelner Maßnahmen kommen.

Die christlichen Kirchen stehen vor einer doppelten Aufgabe. Zum einen müssen sie an ihrem Verständnis des Evangeliums und des daraus gründenden Glaubens sowie aus den Traditionen ihrer Lehre Aussagen ableiten, die von den einzelnen Menschen als Richtlinien und Hilfen bei der Gestaltung des Familienlebens verstanden und nachvollzogen werden können. Zum anderen sind direkte oder indirekte Stellungnahmen zu familienpolitischen Aktivitäten geboten, mit denen die Lebensverhältnisse von Familien und die Rahmenbedingungen ihres Handelns beeinflußt und verändert werden.

4. Aktuelle Problemlagen

In unserer Gegenwart gibt es eine Reihe von Themen, die als Kristallisationspunkte der Problematisierung familialen Handelns dienen und die dementsprechend kontrovers behandelt werden.

a) *Innerfamiliale Spannungen:* Die sozialgeschichtlichen Analysen ebenso wie viele zeitgenössische Berichte lassen erkennen, daß die innerfamilialen Beziehungen in der Gegenwart häufiger und subtiler als früher problematisiert werden. Ungeachtet der nach wie vor bestehenden Unterschiede kann diese Entwicklung mit einer generellen Verbesserung der materiellen Lebensverhältnisse in Verbindung gebracht werden; hinzu kommt die Popularisierung psychologischer Betrachtungsweisen. Die Möglichkeiten der Empfängnisverhütung verlangen nach neuen subjektiven Sinngebungen für Elternschaft. Je weniger – scheinbar – Vorstellungen wie Tradition oder Schicksal das Verhalten zu begründen vermögen, desto höher ist das Bewußtsein individueller Verantwortung. In diesem Kontext können sich Überforderungen ergeben, die ihrerseits den Nährboden für vermehrte Spannungen, eine Zunahme der Ehescheidungen und in schlimmen Fällen für Kindsmißhandlung bilden.

b) *Ehe und Familie:* Die steigende Zahl von Paaren, die unverheiratet zusammenleben, weist darauf hin, daß die traditionelle Sequenz Verlobung – Heirat – Familiengründung nicht mehr allgemein befolgt wird. Wirtschaftliche Bedingungen (Stipendien, bessere Verdienstmöglichkeiten für beide Geschlechter, geringere Ansprüche) erleichtern jungen Menschen die Bildung eines gemeinsamen Haushaltes. Angesichts der allgemein bekannten Möglichkeiten der Empfängnisverhütung ist die – auch schon früher nie ausschließliche – Bindung intimer Beziehungen an die Ehe für einen Großteil der Menschen entfallen. Der Entschluß zu heiraten wird auf die konkret beabsichtigte Familiengründung bezogen. Die Wahl der Methoden der Empfängnisverhütung vor und in der Ehe, eingeschlossen die operative Sterilisation, wird überwiegend nach Erwägungen der Zweckmäßigkeit gefällt. Für die Kirchen ergibt sich unter diesen Bedingungen die Aufgabe, den Wert der personalen Liebe und den Gehalt des sakramentalen Verständnisses von Ehe in einer für den heutigen Menschen nachvollziehbaren Weise zu verbinden. Dabei erweist es sich zusehends als wichtig, von einer übertriebenen Idealisierung Abstand zu nehmen und statt dessen die Realität alltäglicher Schwierigkeiten, unterschiedlicher Interessen und daraus resultierender Spannungen anzuerkennen und zu zeigen, inwiefern Verantwortung, Treue und Solidarität geeignet sind, Lösungen zu finden, die über die Gemeinschaft der Individualität aller Familienangehörigen gerecht zu werden vermag. Diese Aufgaben stellen sich mit besonderer Dringlichkeit angesichts einer steigenden Zahl von Ehescheidungen, wobei Alter, Ehedauer und selbst die Konfession zusehends an Gewicht zu verlieren scheinen.

c) *Familie und Wirtschaft:* Die Entwicklung von Formen des familialen Zusammenlebens steht in engen Wechselbeziehungen zu den Formen wirtschaftlichen Handelns. Zwei Dimensionen sind hervorzuheben: Zum einen beeinflußt Erbfolge seit jeher die Gestalt von Familien. Zum anderen leben die meisten Familien in Haushalten, in denen täglich wirtschaftliche Entscheidungen anfallen. – In unserer Gegenwart scheinen Regeln und Konsequenzen der Erbfolge weniger bedeutsam als früher zu sein, hingegen gewinnt u. a. die Verpflichtung der Eltern zur Gewährung einer angemessenen Ausbildung an Bedeutung. Die Bindung vieler Stipendien an die wirtschaftliche Leistungsfähigkeit der Herkunftsfamilie der Stipendiaten drückt ebenfalls Rechte und Pflichten in Geldwert aus. Das bleibt nicht ohne Auswirkungen auf das Verständnis von Familie. Solidarität kann so von der Tugend zur einklagbaren Verpflichtung werden.

Wichtige Veränderungen spielen sich selbstverständlich in Verbindung mit der zunehmenden Erwerbstätigkeit von Müttern ab. Diese Entwicklung scheint unumkehrbar zu sein, wenn man in Betracht zieht, daß sie in allen modernen Gesellschaften ähnlich verläuft. Ihre volle Tragweite vermögen wir jedoch noch kaum zu erkennen. Die Forschung stellt übereinstimmend fest, daß sich keine generellen Aussagen darüber machen lassen, wonach die mütterliche Erwerbstätigkeit, für sich allein betrachtet, nachteilig auf die Kinder wirkt. Stets sind die näheren Umstände mit zu berücksichtigen, also etwa das Alter der Kinder, die Verfassung der Familie, die Beziehungen zu Bekannten und Verwandten, das Umfeld und die Natur der Arbeit sowie die Gründe der außerhäuslichen Erwerbstätigkeit. In zunehmendem Maße wird auf die Wünschbarkeit einer vermehrten Beteiligung der Männer im Haushalt hingewiesen und offensichtlich auch praktiziert. – Eine bedeutsame Diffusion wirtschaftlicher Rationalität in die Familien geschieht durch die Beeinflussung des familialen Konsums; das bevorzugte Mittel sind die modernen Medien. Sie stellen im übrigen auch hinsichtlich der Gestaltung des familialen Alltags und der Pflege einer für die Identität einer Familie unabdingbaren Familienkultur erhebliche Anforderungen. – Sowohl hinsichtlich des Verhältnisses der Familie zur Wirtschaft als auch zu den Medien ist es wichtig, daß seitens der Kirchen immer wieder auf die Bedeutung spontaner, die Entfaltung von „Kopf, Herz und Hand" fördernder Beziehungen und ihre religiöse Fundierung hingewiesen wird.

5. Rückgewinnung der anthropologischen Grundlagen

Die bereits in früheren Zeiten zu beobachtende Vielfalt von Familienformen scheint in der Gegenwart wesentlich ausgeprägter zu sein, obgleich sich die Familien in ihrer Größe angleichen. Eine subjektive Perspektive in der Auffassung von Familie herrscht vor: Ihre Bedeutung wird am Wert und Nutzen für den einzelnen gemessen, was wiederum zur Folge hat, daß Einzelheiten der materiellen Lebensverhältnisse, des Alltages und des gegenseitigen Umganges stark gewichtet werden. Hinzu kommt, daß familienpolitische Maßnahmen, vorab solche sozialpädagogischer Art, indirekt jedoch auch die Wohnbaupolitik, oft in einem ambivalenten Verhältnis zur Autonomie der einzelnen Familie stehen. Um so wichtiger ist es, die anthropologischen Grundlagen von Familie zu betonen: die verantwortungsvolle Gestaltung einer alltäglichen Lebenswelt für die Beziehungen zwischen den Geschlechtern und den Generationen. Auf diese Weise läßt sich einerseits eine praktisch unumgängliche Toleranz gegenüber vielen vordergründigen Unterschieden gewinnen. Andererseits liegt hier die Basis, um die ungebrochene Aktualität der christlichen Auffassung von Familie zu entfalten, wonach das Verhältnis der Menschen zueinander Abbild des Verhältnisses von Gott und Mensch ist.

Literatur:
P. Ariès, Geschichte der Kindheit (München – Wien 1975); *E. Beck-Gernsheim,* Vom Geburtenrückgang zur neuen Mütterlichkeit (Frankfurt a. M. 1984); Deutscher Bundestag (8. Wahlperiode), Die Lage der Familie in der Bundesrepublik Deutschland (Dritter Familienbericht). 1980. Bundestagsdrucksache 8/3120 u. 3121; *J. Duss von Werdt – R. Welter-Enderlin* (Hrsg.), Der Familienmensch (Stuttgart 1981); Familienbund der Deutschen Katholiken, Landesverband Hessen, Ehe und Familie in kirchlichen Verlautbarungen. Schriftenreihe Heft 4, Januar 1984; Familienpolitik in der Schweiz. Bern: Eidgen. Drucksachen- und Materialzentrale, 1982; *W. E. Fthenakis – R. Niesel – H.-R. Kunze,* Ehescheidung. Konsequenzen für Eltern und Kinder (München – Wien – Baltimore 1982); *F.-X. Kaufmann* (Hrsg.), Staatliche Sozialpolitik und Familie (München 1982); *R. König,* Die Familie in der Gegenwart. Ein interkultureller Vergleich (München 1974); *K. Lüscher* (Hrsg.), Sozialpolitik für das Kind (Hamburg 1983); *D. Schwab,* Familie, in: O. Brunner u. a. (Hrsg.), Geschichtliche Grundbegriffe, Bd. II (Stuttgart 1975) 253–301; *G. Schwägler,* Soziologie der Familie (Tübingen ²1975); *E. Shorter,* Die Geburt der modernen Familie (Reinbek 1977); *A. C. Skynner,* Die Familie, Schicksal und Chance. Handbuch der Familientherapie (Olten – Freiburg i. Br. 1978); Sozialgeschichte der Familie in der Neuzeit Europas. Neue Forschungen, hrsg. von W. Conze (Stuttgart 1976); Wissenschaftlicher Beirat für Familienfragen beim BMJFG, Familie und Arbeitswelt (Stuttgart 1984).

Kurt Lüscher

Familienplanung

↗ Bevölkerungswachstum; Ehe; Familie; Fortpflanzungsmedizin; Humangenetische Beratung; Insemination; Kirchlichkeit; Lehramt; Schwangerschaftsabbruch; Wertewandel

1. Gegenwärtige Problemstellung

Familienplanung ist sowohl Aufgabe einer verantwortungsbewußten Eheführung wie einer heute erforderlichen Familien- und einer internationalen Bevölkerungspolitik. Angesichts der Eindämmung der Kindersterblichkeit, weltweiter Seuchenbekämpfung und der Anhebung der Lebenserwartungen des Menschen durch die moderne Medizin ist ein unkontrolliertes Anwachsen der Bevölkerung, wie dies besonders noch in den Entwicklungsländern der Fall ist, ein weltpolitisches Problem und stellt eine Gefährdung für die gesamte Menschheit dar. Familienplanung, Familienpolitik und bevölkerungspolitische Maßnahmen sind, wenngleich eng mitsammen verflochten, doch voneinander zu unterscheiden. Familienplanung kommt den Eheleuten urtümlich zu; sie hängt eng zusammen mit dem unveräußerlichen Persönlichkeitsrecht auf Ehe und Kindererziehung. Staatliche Autorität hat dieses Recht zu respektieren, zu schützen und zu fördern, darf jedoch weder durch Zwangsmaßnahmen noch durch anderweitigen Druck die Gewissensentscheidung der Eheleute manipulieren. Doch muß sie auf ein entsprechendes Verantwortungsbewußtsein hinwirken, damit Eheleute bei ihrer Entscheidung über die Zahl der zu bejahenden Kinder auch das Wohl der Gesamtgesellschaft berücksichtigen.

2. Familienplanung und Bevölkerungspolitik

Die gesellschaftlichen Umbrüche unserer Zeit und die grundlegend veränderten Lebensverhältnisse der Familie in soziologischer und sozialökonomischer Hinsicht machen heute Familienplanung und eine entsprechende Familienpolitik zum dringenden Anliegen von Staaten und übernationalen Gemeinschaften. Doch kommen als Träger familiengerechter Maßnahmen im einzelnen auch die Betriebe, die Tarifpartner und die jeweiligen Berufsstände in Frage. Aus dem Sozialprinzip der Subsidiarität läßt sich noch keineswegs ein vorgegebenes Rangverhältnis der verschiedenen Träger der Familienpolitik herauslesen. Familiengerechter Wohnungsbau, familiengemäßes Einkommen, Kindergeld und ein entsprechender Familienlastenausgleich zählen zu den die Familie fördernden Maßnahmen, die auch eine Verbesserung der Voraussetzungen und Möglichkeiten einer Ausbildung, Erziehung und sittlichen Unterweisung Jugendlicher einschließen. Eine rechte Familienpolitik wird sich auch positiv auf eine Familienplanung auswirken; sie steht in Wechselbeziehung zur Bevölkerungspolitik. Letztere hat auf internationaler Ebene unter Wahrung der urtümlichen Rechte von Ehe und Familie die Bedingungen für die Zukunft der Menschheit und für ein künftiges menschenwürdiges Leben zu verbessern. Wenn es hierbei regional vorübergehend zu einem Geburtendefizit kommt, wie dies seit Jahren bei einigen Industrieländern Europas der Fall ist, sollte dies jedoch nicht bloß nationalistisch, sondern auch in weltweiter Sicht bewertet werden. Fällt jedoch eine Familienplanung gänzlich aus, fehlt es hierbei an Verantwortungsbewußtsein, so können sich Regierungen genötigt sehen, die Entscheidungsbefugnis ihrer Bürger hinsichtlich des generativen Verhaltens wenigstens vorübergehend durch Maßnahmen wie Zwangssterilisation auszuschalten, um auf diese Weise den Bevölkerungsüberschuß einzudämmen, wie dies zeitweise in Indien der Fall war. Ein solches Vorgehen mag zwar als Notordnung angesehen werden, läßt sich aber sittlich nicht rechtfertigen. Das Zweite Vatikanische Konzil hat auf das Problem des beschleunigten Wachstums der Weltbevölkerung und auf die Notwendigkeit internationaler Zusammenarbeit hingewiesen, zugleich aber die Entscheidung über die Zahl der Kinder dem rechten Urteil der Eltern zugesprochen. Sie ist Folge des unveräußerlichen Rechtes auf Ehe und Familie und „kann keinesfalls dem Urteil der staatlichen Autorität überlassen werden" (Gaudium et spes 87).

Familienplanung – oder besser „verantwortungsbewußte Elternschaft" – bedeutet nicht, so viele Kinder zu bejahen wie „möglich" im Sinne des physisch Möglichen. Vielmehr sollten Ehepartner bereits zu Beginn ihrer Ehe mit einer Regelung der Empfängnis in Verantwortung voreinander, vor der Gemeinschaft und vor Gott ansetzen. Verantwortungsbewußte Elternschaft bedeutet zugleich eine Änderung der Motivationsstruktur. Es geht nicht mehr um die Frage, wann und mit welchen Methoden eine Empfängnis verhütet werden darf, sondern um die ernsthafte Prüfung, wann und unter welchen Voraussetzungen überhaupt ein „Ja" zu verantwortungsbewußter Zeugung neuen Lebens gesagt werden darf. Dies bleibt eine originäre Aufgabe der Ehepartner. Ihr gegenüber können staatliche Eingriffe im Sinne einer Steuerung der Geburten nur subsidiären Charakter tragen. Heute bedarf es hierbei bisweilen wieder einer „Ermutigung zum Kind".

3. Die lehramtliche Position der Kirche

Im Pastoralprogramm von Johannes Paul II. nimmt die Familie eine zentrale Stellung ein. Das Apostolische Schreiben „Familiaris consortio" (1981), das bisher in der Geschichte der Kirche ausführlichste Dokument zu Fragen der Ehe und Familie, faßt die Beratungen der Römischen Bischofssynode von 1980 über Ehe und Familie zusammen. Die Kirche tritt als Schützer von Ehe und Familie auf und wertet weiterhin die Nachkommenschaft als Segen Gottes, hält vor allem an der Einheit von ehelicher Hingabe und Zeugungsbereitschaft fest und tritt somit jener modernen Auffassung eines Sexualverhaltens entgegen, das den Sinn der Fruchtbarkeit völlig auszuklammern versucht. In

der innerkirchlichen katholischen Diskussion rückte bei der Familienplanung die Frage nach der Erlaubtheit der Methode einer Empfängnisregelung in den Vordergrund. Dabei hat sich die kirchliche Ehelehre von einer vorrangigen Bewertung der Zeugung und Erziehung von Nachkommenschaft zu einem partnerschaftlichen Verständnis der Ehe hin entfaltet. Dies schlägt sich auch in den offiziellen Lehräußerungen zur Empfängnisregelung nieder. So anerkennt die Enzyklika „Casti connubii" (1939) die Verhütung der Empfängnis unter Benutzung der empfängnisfreien Zeit. Pius XII. weitete dieses Zugeständnis 1951 dahingehend aus, daß christliche Eheleute aus entsprechend gewichtigen Gründen die Zahl der Kinder grundsätzlich beschränken oder auf sie verzichten könnten. Das Zweite Vatikanische Konzil weist den Eheleuten die Aufgabe zu, menschliches Leben weiterzugeben. Dabei sollen sie sich ein sachgerechtes Urteil über die Zahl der Kinder bilden, wobei sie ihr eigenes Wohl, das der schon geborenen oder noch zu erwartenden Kinder, die materiellen und geistigen Verhältnisse ihrer Zeit und ihres Lebens und das Wohl der Gesamtfamilie, der weltlichen Gesellschaft und der Kirche zu bedenken haben. Doch sollten Eheleute ihr Urteil nicht nach eigener Willkür fällen, sondern sich leiten lassen „von einem Gewissen, das sich auszurichten hat am göttlichen Gesetz"; denn die Ehe ist „nicht nur zur Zeugung von Kindern eingesetzt, sondern die Eigenart des unauflöslichen personalen Bundes und das Wohl der Kinder fordern, daß auch die gegenseitige Liebe der Ehegatten ihren gebührenden Platz behalte, wachse und reife" (Gaudium et spes 50).
Abtreibung und Tötung des Kindes werden ausdrücklich als Methoden einer Geburtenregelung abgelehnt. Bezüglich der Empfängnisregelung wird dabei betont, daß die sittliche Qualität der Handlungsweise ehelichen Lebens nicht allein von der guten Absicht und von den Motiven abhängt, sondern „von objektiven Kriterien, die sich aus dem Wesen der menschlichen Person und ihrer Akte ergeben und die sowohl den vollen Sinn gegenseitiger Hingabe als auch den einer wirklich humanen Zeugung in wirklicher Liebe wahren ... Von diesen Prinzipien her ist es den Kindern der Kirche nicht erlaubt, in der Geburtenregelung Wege zu beschreiten, die das Lehramt in Auslegung des göttlichen Gesetzes verwirft" (Gaudium et spes 51).

4. Innerkirchliche Diskussion

Wenngleich in den Konzilstexten künstliche Mittel der Empfängnisverhütung nicht ausdrücklich verworfen werden, so geschieht dies doch in der von Paul VI. 1968 veröffentlichten Enzyklika „Humanae vitae". Darin wird von einer unlösbaren Verknüpfung der beiden Sinngehalte – liebende Vereinigung und Fortpflanzung – gesprochen; der Mensch dürfe diese nicht eigenmächtig auflösen. „Die Kirche bleibt sich und ihrer Lehre treu, wenn sie einerseits die Berücksichtigung der empfängnisfreien Zeit durch die Gatten für erlaubt hält, andererseits den Gebrauch direkt empfängnisverhütender

Mittel als immer unerlaubt verwirft" (16). Allerdings wird nicht näherhin erläutert, warum gerade hier der Mensch nicht steuernd eingreifen dürfe. An diesem Ansatz entzündete sich die bis heute nicht beendete Diskussion. Moraltheologen sehen im Grundansatz dieser authentischen kirchlichen Lehre noch die Auswirkung einer inzwischen überholten Zeugungsmetaphysik. Insofern es sich hierbei zwar um eine authentische, aber keineswegs unfehlbare Lehre der Kirche handle, sei darum auch eine andere von der Enzyklika abweichende Bewertung künstlicher empfängnisverhütender Mittel möglich. Wo darum verantwortungsbewußte Ehegatten in dieser kirchlichen Weisung keinen für sie praktikablen Weg erblicken, sondern andere Methoden einer Empfängnisregelung glauben wählen zu müssen, dürften sie nicht als „ungehorsam gegenüber der Kirche" bezichtigt werden. Dabei bleiben Abtreibung und Kindestötung als Methoden grundsätzlich ausgeschlossen. Auch gegen Nidationshemmer, die möglicherweise abortiv wirken, erheben sich schwere Bedenken. Johannes Paul II. hat diese Position von „Humanae vitae" in seinem Rundschreiben „Familiaris consortio" lediglich bestätigt. Dieses Rundschreiben stellt die Aufgaben der christlichen Familie hinsichtlich des Lebens und der Sendung der Kirche deutlich heraus. Es will eine „Charta der Familienrechte" sein und betont, daß wie eh und je noch vor jeder anderen Gemeinschaft die Familie die erste Lebenszelle der Gesellschaft darstellt. Darum werde sich die Kirche nachdrücklich für die Verteidigung der Rechte der Familie gegenüber untragbaren Anmaßungen der Gesellschaft und des Staates einsetzen (46).

Literatur:
Paul VI., Enzyklika „Humanae vitae". Über die rechte Ordnung der Weitergabe menschlichen Lebens (1968); *Johannes Paul II.,* Enzyklika „Familiaris consortio". Über die Aufgaben der christlichen Familie in der Welt von heute (1981); *W. Cyran,* Verantwortete Elternschaft. Kritische Anmerkungen zur Enzyklika „Humanae vitae" (Frankfurt a. M. 1981); *J. Gründel* (Hrsg.), Sterbendes Volk? Fakten, Ursachen und Konsequenzen des Geburtenrückgangs in der BRD (Düsseldorf 1973); *ders.,* Empfängnisregelung und Bevölkerungspolitik, in: A. Hertz u. a. (Hrsg.), Handbuch der christlichen Ethik II (Freiburg i. Br . ²1979) 148–160; *ders.,* Die Zukunft der christlichen Ehe (München ²1979); *E. Kleindienst,* Partnerschaft als Prinzip der Ehepastoral (Würzburg 1982); *W. Korff,* Wie kann der Mensch glücken? Perspektiven der Ethik (München u. a. 1985); *R. Olechowski* (Hrsg.), Familienpolitik und Sexualmoral (Wien 1976); *J. M. Reuß,* Familienplanung und Empfängnisverhütung. Überlegungen im Anschluß an die Synodenvorlage „Christlich gelebte Ehe und Familie" sowie an die Enzyklika „Humanae vitae" (Mainz 1975); *G. Scherer u. a.* (Hrsg.), Ehe – Empfängnisregelung – Naturrecht (Essen 1969); Rivista di Studi sulla Persona e la Famiglia: „Anthropos", hrsg. von Istituto Giovanni Paolo II per studi su matrimonio e famiglia, Heft 1 ff. (1985 ff.).

Johannes Gründel

Fortpflanzungsmedizin

↗ Bioethik; Familienplanung; Gentechnik; Humangenetische Beratung; Insemination; Recht und Ethik; Technik und Ethik

1. Begriff und technische Verfahren

Fortpflanzungsmedizin (Reproduktionstechnologie) ist ein medizinisch-technisches Verfahren mit dem Ziel, die menschliche Fortpflanzungsfähigkeit zu verbessern und zu sichern. Im Mittelpunkt der Diskussion steht die In-vitro-Fertilisation (IVF) (Reagenzglasbefruchtung; in diesem Zusammenhang wird irreführenderweise der Begriff „Retortenbaby" gebraucht). Die Technik besteht im wesentlichen darin, daß einer Frau nach einer zur Superovulation führenden Hormongabe mehrere Eizellen operativ entnommen und außerhalb des Mutterleibes (extrakorporal; in einer Petri-Schale oder Retorte) mit männlichen Keimzellen befruchtet werden. Ungefähr 48 bis 60 Stunden nach der Eizellgewinnung werden die befruchteten Eizellen im Vier- oder Acht-Zell-Stadium in die Gebärmutter der Frau zurückgesetzt. Nur in 10 bis 20% aller Fälle nistet sich jedoch ein Ei ein. Die IVF stellt eine Basistechnik dar, mit der mehrere verschiedene Folgetechniken zusammenhängen, so z. B. Samenspende, Samenbanken, Eispende, Embryonenspende, Ersatzmutterschaft, Forschungen an Embryonen oder Kryokonservierung.

2. Rechtliche Problematik

a) *Homologe In-vitro-Fertilisation:* Erfolgt die IVF unter Verwendung der Ei- und Samenzellen eines Ehepaares im *homologen System* und wird die befruchtete Keimzelle der Ehefrau eingesetzt, werden keine grundsätzlichen rechtlichen oder standesethischen Einwände erhoben.
b) *Heterologe In-vitro-Fertilisation:* Die IVF im *heterologen System* mit Spendersamen wirft die gleichen Probleme wie die heterologe Insemination (s. d. 2) auf. Ihr haftet jedoch noch in gesteigertem Maße das Merkmal der Künstlichkeit an. Der 88. Deutsche Ärztetag hat im Mai 1985 empfohlen, In-vitro-Fertilisation und Embryonentransfer grundsätzlich nur bei bestehender Partnerschaft im homologen System durchzuführen. Im Bericht der gemeinsamen Arbeitsgruppe des Bundesministers für Forschung und Technologie und des Bundesministers der Justiz (im folgenden Benda-Bericht genannt) wird dem Gesetzgeber nahegelegt, die extrakorporale Befruchtung mit Spendersamen nur unter bestimmten Absicherungen zuzulassen. Insbesondere dürfe einem so entstandenen Kind nicht die Möglichkeit genommen werden, seine genetische Herkunft zu erfahren.
c) *Samenbanken:* In diesem Zusammenhang ist die Einrichtung von Samenbanken zur Spermadeponierung für die künstliche Befruchtung zu sehen. Eine mehrfache Samenspende durch denselben Spender erhöht das Risiko,

daß später Halbgeschwister in Unkenntnis ihrer Verwandtschaft miteinander die Ehe eingehen. Zudem besteht die Gefahr einer Kommerzialisierung der Zeugung.

d) *Eispende:* Die Möglichkeit, fremde Eizellen mit dem Samen des Ehemannes extrakorporal zu befruchten und der Ehefrau zu transferieren, ist den gleichen Bedenken wie die Samenspende ausgesetzt. Erschwerend kommt hier noch hinzu, daß es für das bislang unbekannte Auseinanderfallen von genetischer und gebärender Mutterschaft noch an klaren rechtlichen Regelungen für das Mutter-Kind-Verhältnis fehlt. Gleiches gilt für die Frage nach einer Anfechtbarkeit der Ehelichkeit.

e) *Embryonenspende:* Sind beide Ehepartner nicht zeugungsfähig, so könnte der Kinderwunsch erfüllt werden, indem der Ehefrau fremde extrakorporal befruchtete Eizellen transferiert werden. Gegen diese Embryonenspende sprechen in gleichem Maße die Bedenken, die gegen die Samen- und Eispende zu erheben sind. Darüber hinaus ist es entscheidend, daß hier das Kind mit keinem Elternteil verwandt ist. Embryonenspende ist allenfalls dann zu rechtfertigen, wenn durch sie ein Embryo vor dem Tod bewahrt wird. Dabei ist sicherzustellen, daß die genetischen Eltern dem Transfer zustimmen, daß das andere Ehepaar bereit ist, das Kind als eigenes anzunehmen und daß dieses Verfahren rechtlich abgesichert ist.

f) *Ersatzmutterschaft:* Ersatzmutterschaft (Leih-, Miet-, Surrogat-, Ammenmutterschaft) in der Weise, daß sich eine Frau künstlich heterolog befruchten oder sich einen fremden Embryo transferieren läßt, um das Kind nach seiner Geburt Dritten zu überlassen, wird fast übereinstimmend abgelehnt; entsprechende gewerbliche Unternehmen sollten verboten werden.

g) *In-vitro-Fertilisation bei nichtverheirateten Paaren und alleinstehenden Frauen:* Unsere verfassungsrechtliche Ordnung hält im Interesse des Kindeswohles die Wahrnehmung der Elternverantwortung in einer auf Ehe beruhenden Gemeinschaft für die beste Lösung. Auch der vom Grundgesetz intendierte Vorrang der Ehe vor anderen Lebensgemeinschaften bleibt zu beachten. Der 88. Deutsche Ärztetag hat sich dafür ausgesprochen, IVF grundsätzlich nur bei bestehender Ehepartnerschaft durchzuführen. Im Benda-Bericht wird dem Gesetzgeber vorgeschlagen, bei in nichtehelicher Gemeinschaft zusammenlebenden Paaren eine IVF nur in begründeten Ausnahmefällen, im übrigen bei Ledigen nicht zu gestatten.

h) *Forschungen an Embryonen:* Im Benda-Bericht hält die Kommissionsmehrheit die Erzeugung von menschlichen Embryonen zu Forschungszwecken für nicht zulässig. Außerdem seien Versuche mit menschlichen Embryonen nur insoweit vertretbar, als sie dem Erkennen, Verhindern oder Beheben einer Krankheit bei dem betreffenden Embryo oder der Erzielung definierter, hochrangiger medizinischer Erkenntnisse dienen. Im Dezember 1985 hat die Bundesärztekammer für diesen Bereich eigene Richtlinien erlassen.

i) *Kryokonservierung:* Dem Benda-Bericht zufolge sollte eine Kryokonservierung (Haltbarmachung von Embryonen durch Tiefgefrieren) allenfalls nur dort in Betracht kommen, wo ein Embryotransfer vorübergehend nicht möglich ist und das Einfrieren der befruchteten Eizellen die Chance für einen Transfer innerhalb der nächsten zwei Jahre eröffnet, oder wo der Embryonentransfer in einem der folgenden Zyklen der Frau durchgeführt werden soll, um hierdurch die Nidationschance für den Embryo zu erhöhen.

3. Generelle ethische Einwände gegen die In-vitro-Fertilisation

Die Einwände gegen die IVF zielen in drei Richtungen: auf die Methode, auf den Zweck und auf die Folgen (vgl. Böckle – v. Eiff).

Der Einwand gegen die *Methode* wird besonders deutlich vom kirchlichen Lehramt vorgetragen. Zwar liegt z. Z. (Sommer 1986) kein kohärentes römisches Lehramtsdokument zur IVF vor, da sich aber die IVF grundsätzlich unter die Formen der künstlichen Befruchtung einreihen läßt, finden die diesbezüglichen Äußerungen des kirchlichen Lehramtes auch hier ihre Anwendung.

Ausdrücklich findet die IVF Erwähnung in einer Ansprache Pius' XII. von 1956. Die Befruchtung in vitro wird „als unmoralisch und absolut unstatthaft" verworfen (Utz/Groner 4726). Dieses Urteil stand jedoch unter dem Eindruck der Experimente des Biologen Daniele Petrucci von der Universität Bologna, dem es nach eigenen Angaben gelungen war, ein menschliches Ei in vitro zu befruchten und den Embryo 29 Tage am Leben zu erhalten („Ein Herzschlag war erkennbar").

Regionale Bischofskonferenzen nehmen unterschiedliche Standpunkte zur IVF ein. Während der Gemeinsame Ausschuß der katholischen Bischöfe über bioethische Fragen im Auftrag der Katholischen Bischofskonferenz Großbritanniens (1983) zu einer ablehnenden Haltung kommt, findet die Österreichische Bischofskonferenz (1985), daß die IVF nicht in jedem Fall abzulehnen sei. Die Deutsche Bischofskonferenz hat anläßlich der Herbstvollversammlung 1985 die homologe IVF nicht förmlich abgelehnt. Aus folgenden Gründen lege sich jedoch „äußerste Zurückhaltung auf:

– Das Auseinandertreten von ehelicher Vereinigung und Zeugungsakt gefährdet die leibliche Gestalt der ehelichen Liebe (vgl. die Äußerungen des ordentlichen Lehramtes seit Pius XII.).

– Der Notwendigkeit, alle befruchteten Eizellen (Embryonen) ‚zurückzusetzen', wird nach den uns vorliegenden Erkenntnissen nicht befriedigend Rechnung getragen.

– Einer experimentellen Forschung mit Embryonen, die menschliches Leben ‚verbraucht', kann – auch im Zusammenhang der Therapie – nicht zugestimmt werden."

Die vom katholischen Lehramt vorgetragenen Einwände gegen die Methode, nämlich gegen die Manipulation des Zeugungsgeschehens, werden durch einzelne Vertreter der psychosomatischen Medizin unterstützt. Die bisher von Biologie und Technik unberührt gebliebenen Befruchtungsvorgänge der

ersten Tage des vorgeburtlichen Menschen würden durch die IVF nach kausal-mechanischen Gesichtspunkten zerlegt und der Manipulation von Drittpersonen ausgeliefert.
Weitere Einwände richten sich gegen den *Zweck* (die Indikation) der IVF. Zum einen wird der Krankheitsbegriff der Unfruchtbarkeit kritisiert; hierbei wird allerdings der Leidensdruck, den die Unfruchtbarkeit verursachen kann, nicht genügend berücksichtigt. Zum anderen wird die IVF als Zweckmoral abgelehnt. Der für die IVF eingesetzte Aufwand erscheint den Kritikern außerhalb jeder Proportion. Dieser Einwand müßte dann aber auch gegen die konservative Sterilitätsbehandlung erhoben werden.
Eine dritte Gruppe von Einwänden betrifft die *Folgen* der IVF, hier vor allem negative Auswirkungen und mögliche Mißbräuche. Die IVF stelle die wesentliche Voraussetzung für tiefgehende Eingriffe in die menschliche Reproduktion, Embryonalentwicklung und für Experimente mit menschlichen Embryonen dar. Auch dürfe die Auswirkung der IVF auf die Werteinstellungen der Gesellschaft nicht unterschätzt werden. Hier sei insbesondere das Rollenverständnis von Vater und Mutter sowie die Beziehung zwischen Kindern und Eltern betroffen.

4. Ethische Beurteilung der In-vitro-Fertilisation im homologen System

Unter Berücksichtigung der zuvor erhobenen Einwände vertritt die Mehrheit der deutschsprachigen katholischen Moraltheologen ein bedingtes Ja zur IVF; d. h. die ethische Zulässigkeit wird von der Einhaltung folgender Bedingungen abhängig gemacht:
– Die extrakorporale Befruchtung muß die einzig mögliche Methode (ultima ratio) darstellen, um ein eigenes Kind zu empfangen (d. h. die Sterilität kann auf andere Weise nicht überwunden werden).
– Es müssen reelle Chancen gegeben sein, das Ziel – die Reagenzglasbefruchtung mit anschließendem Embryotransfer – zu erreichen. Dabei sollten Risiken, die die Gesundheit von Mutter und Kind gefährden, möglichst ausgeschlossen sein.
– Es darf keine Kontraindikation von psychosomatischer Seite bestehen (z. B. Psychose, schwere neurotische Depression, zwiespältiger Kinderwunsch bei einem der Partner).
– Die betroffenen Ehepaare müssen über alle vorgesehenen Eingriffe sowie über deren Risiken, Erfolgschancen und Kosten informiert werden.
– Ei und Samen müssen von Ehepartnern stammen (homologe Befruchtung).
– Manipulationen müssen dadurch ausgeschlossen sein, daß alle befruchteten Eier implantiert werden (Bereitschaft zur Mehrlingsgeburt).
Das bedingte Ja verliert seine Gültigkeit in dem Augenblick und in dem Maß, in dem diese Methode von den engumgrenzenden Bedingungen abweicht.

5. Ethische Bewertung der In-vitro-Fertilisation im heterologen System

a) *In-vitro-Fertilisation bei Ehepaaren:* Dieses Verfahren ist denkbar, wenn der Mann steril ist (IVF durch Samenspende), wenn der Ehefrau keine eigenen befruchtungsfähigen Eizellen zur Verfügung stehen (IVF durch Eispende) oder wenn beide Ehepartner zeugungsunfähig sind (IVF durch Embryonenspende). Kann die Frau das Kind nicht gebären, könnte überdies eine Ersatzmutter das Kind austragen.
Die Befürworter der heterologen IVF machen insbesondere geltend, daß bei den Methoden der Ei- oder Samenspende das von der Ehefrau geborene Kind die Hälfte seiner Erbanlagen von einem Ehepartner besitzt und dieses Verfahren daher als sog. Halb-Adoption einer Adoption vorzuziehen sei. Diese Verwandtschaftsasymmetrie zwischen Mutter/Kind und Vater/Kind kann jedoch zu einer psychisch asymmetrischen Elternschaft und damit zu Problemen führen. Die Entwicklungspsychologie lehrt, daß für die Identitätsfindung des Kindes nicht die Art der Zeugung bzw. der Anteil der Gene, sondern die Weise, in der Mann und Frau die Elternrolle ihrem Kind gegenüber erfüllen, entscheidend ist. Ausschlaggebend ist hier das Wohl des Kindes. Unter dieser Rücksicht kann man der heterologen IVF nicht zustimmen. Darüber hinaus ergibt sich die Ablehnung der heterologen IVF auch aus den bei der heterologen Insemination gemachten Einwänden.
b) *In-vitro-Fertilisation bei unverheirateten Paaren und alleinstehenden Frauen:* Die genannten Verfahren verstoßen nicht nur gegen die Vorstellung von der Ehe im christlichen Sinn, auch vom Wohl des Kindes her sind beide Formen der IVF ethisch nicht vertretbar. Selbst wenn für die Entwicklung des Kindes in erster Linie eine glückliche Beziehung der Eltern und nicht der formelle Eheabschluß maßgebend ist, so darf doch nicht übersehen werden, daß das Kindeswohl durch die nicht rechtlich fixierte und jederzeit aufhebbare Verbindung besonders gefährdet ist. Ersatzmutterschaft ist von der Würde und dem Wohl des Kindes, aber auch von der Benutzung der Ersatzmutter her unvertretbar.

6. Ethische Problematik des Umgangs mit Embryonen

Hierbei ist von folgendem Grundsatz auszugehen: Mit der Vereinigung von Ei- und Samenzelle beginnt artspezifisches menschliches Leben. Ihm kommt ab diesem Zeitpunkt ein ethischer und rechtlicher Wert um seiner selbst willen zu. Daraus ergeben sich folgende Konsequenzen: Die Erzeugung menschlicher Embryonen ist nur mit dem Ziel des Embryotransfers zulässig. Es ist darauf hinzuwirken, daß nur die für den Transfer unverzichtbare Anzahl von Embryonen entsteht und daß diese Embryonen einzeitig in den Uterus zurückgesetzt werden. Sind im Rahmen der Sterilitätsbehandlung aus unvorhersehbaren Gründen (z. B. Tod der Mutter) einzelne Embryonen nicht implantiert worden, so gehen über ihre Verwendung die Meinungen auseinander. Viele meinen, hier sei der Tod als natürliches Geschehen hinzunehmen. Andere sind der Ansicht, daß in solchen Fällen eine auf hochrangige medizinische Zwecke ausgerichtete Untersuchung durchgeführt werden dürfe. Allerdings würde die Gefahr von Mißbräuchen auch für diese Fälle den generellen Verzicht nahelegen. Eine Möglichkeit, dem Lebensanspruch dieser verwaisten Embryonen Rechnung zu tragen, besteht darin, daß sie von einem anderen Ehepaar analog einer Adoption angenommen und von der Frau dieses Ehepaares ausgetragen werden. – Jegliche verbrauchende Forschung mit menschlichen Embryonen ist jedoch kategorisch abzulehnen.

7. Aufgabe der Pastoral

Vom ethischen Standpunkt aus kann die In-vitro-Fertilisation, wenn sie von einem hohen Ethos getragen wird und den oben entwickelten Kriterien folgt, nicht schlechterdings für unzulässig erklärt werden. Bevor Ehepaare sich für diese Methode entscheiden, sollten sie jedoch die Möglichkeit einer Adoption als die humanere Lösung prüfen. Christen sollten sich darüber hinaus die Frage stellen, ob sie auf eine an sich mögliche und nicht verwerfliche Therapie verzichten wollen. Ein Recht auf ein Kind gibt es nicht. Kinder sind Geschenk Gottes (Ps 127,3), und wo ein solches Geschenk ausbleibt, kann dies für das Ehepaar eine von Gott verfügte Aufgabe sein. Unfreiwillige Kinderlosigkeit kann zur positiven Entscheidung werden. Die anfängliche Leere wird dann zum Freiraum, der für andere Formen von fruchtbarer Liebe kreativ genützt werden kann. Hier richtig zu beraten, ist eine wichtige Aufgabe kirchlicher Pastoral.

Literatur:
F. Böckle – A. W. v. Eiff, Wissenschaft und Ethos, in: Christlicher Glaube in moderner Gesellschaft, Bd. 20 (Freiburg i. Br. 1982) 119–147; *K. Demmer,* Ein Kind um jeden Preis?, in: Trierer Theologische Zeitschrift 94 (1985) 223–243; *Der Bundesminister für Forschung und Technologie* (Hrsg.), In-vitro-Fertilisation Genanalyse und Gentherapie. Bericht der gemeinsamen Arbeitsgruppe des Bundesministers für Forschung und Technologie und des Bundesministers der Justiz (Benda-Bericht) (München 1985); *A. Elsässer,* Extrakorporale Befruchtung und Experimente mit menschlichen Embryonen, in: Reiter – Theile (Hrsg.), Genetik und Moral, 171–184; *A. Eser,* Humangenetik: Rechtliche und sozialpolitische Aspekte, in: Reiter – Theile (Hrsg.), Genetik und Moral, 130–145; *B. Fraling,* Ethisch-theologische Bewertung der extrakorporalen Befruchtung, in: Theologie und Glaube 75 (1985) 269–285; *J. Gründel,* Theologisch-ethische Beurteilung der extrakorporalen Befruchtung und des Embryotransfers beim Menschen, in: U. Jüdes (Hrsg.), In-vitro-Fertilisation und Embryotransfer (Retortenbaby) (Stuttgart 1983) 249–272; *A. Kaufmann,* Der entfesselte Prometheus. Fragen der Humangenetik und der Fortpflanzungstechnologie aus rechtlicher Sicht, in: R. Flöhl (Hrsg.), Genforschung – Fluch oder Segen? (München 1985) 259–277;

J. Reiter – U. Theile (Hrsg.), Genetik und Moral. Beiträge zu einer Ethik des Ungeborenen (Mainz 1985); *A. F. Utz – J. F. Groner,* Aufbau und Entfaltung des gesellschaftlichen Lebens. Soziale Summe Pius' XII., 3 Bde. (Freiburg i. Ue. 1954–1961); *J. G. Ziegler,* Extrakorporale Zeugung in moraltheologischer Sicht, in: Trierer Theologische Zeitschrift 94 (1985) 37–54.

Johannes Reiter

Frau in der Kirche

↗ Ehe; Familie; Gemeinde; Kirche; Kirchlichkeit; Laien; Seelsorge; Sexualität; Wertewandel; Zölibat

1. Die Situation in den Kirchen

Frauen waren noch bis vor wenigen Jahrzehnten die treuesten Kinder der Kirche und die zuverlässigsten Besucher der Gottesdienste. Die Pfarrer konnten auf sie zurückgreifen, wenn es galt, den Kirchenraum zu reinigen oder zu schmücken – oder für kirchliche Zwecke zu sammeln. In wachsendem Maß ist jedoch in den letzten dreißig Jahren vielen Frauen bewußt geworden, wie sie durch Jahrhunderte in der Kirche zum Schweigen und zur Passivität verurteilt waren, von großen Heiligen, Fürstinnen oder auch Ordensfrauen abgesehen; Männer aber hatten das Sagen und prägten das Leben in der Kirche. Diese grundsätzliche Beobachtung gilt, bei allen Unterschieden im einzelnen und in der Struktur der Kirchenverfassungen, für alle großen Konfessionen der einen Kirche.

Viele Frauen sind heute nicht mehr bereit, das hinzunehmen, und melden sich zu Wort. Die Frauen im kirchlichen Dienst haben in vieler Hinsicht eine Schlüsselstellung, da sie oft in der Spannung zwischen den bereits erreichten Möglichkeiten und vielerlei Abhängigkeiten im konkreten Alltag leben. In wachsendem Maß rühren sich aber auch Frauen aus den Pfarrgemeinden, unter ihnen viele aus aktiven Gruppen und Verbänden, die durch eine zeitoffene Bildungsarbeit für die Probleme der Frauen in den christlichen Kirchen sensibel geworden sind; viele bleiben freilich weiter angepaßt und stumm als schweigende Mehrheit.

Seit den sechziger Jahren machen sich kleine Gruppen qualifizierter Minderheiten aus dem akademischen Bereich bemerkbar: Vertreterinnen der vor allem in den USA verbreiteten sog. „feministischen Theologie", die sich in verschiedenen Ansätzen und Richtungen entfaltet hat. Diese Theologinnen verstehen sich als aktive Pionierinnen einer neuen Frauenbewegung; sie haben sich zum Ziel gesetzt, die Strukturen einer „versteinerten Männerkirche" (I. Raming) zu verändern – auf größere Menschlichkeit hin –, indem sie weibliche Elemente einbringen wollen. Das ist ein Aufbruch, ja ein Aufstand, der

mit streitbarer Konsequenz betrieben wird und den Anspruch erhebt, eine ganz neue Phase in der Kirchengeschichte einzuleiten. Vielen Feministinnen fehlt in einem Stadium der Selbstreflexion und der Abwehr gegen alle männliche Aktivität die Bereitschaft zum Dialog mit den Männern und oft auch das Interesse für die Probleme der Frauen an der Basis. Bei so hohem Anspruch ist es auch nicht verwunderlich, wenn nicht wenige von diesen christlichen Feministinnen in ihrem aufständischen Engagement resignieren: Die Strukturen der Kirche erscheinen ihnen zu hart und ihre Traditionen zu festgefahren – und sie *verlassen die Kirche;* die nicht primär auf Erringung von Macht, sondern auf konstruktive Reform in der Kirche bedachten und dialogbereiten Feministinnen brauchen jedoch Unterstützung.
So schmerzlich das „Aussteigen" begabter feministischer Theologinnen ist, der vielbeklagte „lautlose Auszug der Frauen" aus den Gemeinden – besonders vieler junger Frauen – gibt noch mehr Grund zur Besorgnis; das zeigen neue Erhebungen: 1968 identifizierten sich noch 70% aller unter 30jährigen Frauen mit der christlichen Religion, 1985 noch 40%. Der Anteil der jungen Frauen, die regelmäßig den Gottesdienst besuchen, ist im gleichen Zeitraum von 35 auf 7% gesunken (R. Köcher). Auch wenn diese Entwicklung auf die zunehmende Säkularisierung breiter Schichten zurückgeht, so spielt die Frage, wie weit die vermännlichte Kirche selbständig gewordene Frauen mit ihrem veränderten Lebensgefühl noch anzusprechen vermag, sicher wesentlich mit.
Solche alarmierenden Zahlen machen allmählich auch die verantwortlichen Vertreter der offiziellen Kirche – jedenfalls der katholischen – unruhig. Sie begreifen, daß es eine Lebensfrage für die Kirche werden könnte, wenn sie nicht mehr mit der selbstverständlichen Glaubenstreue christlicher Mütter rechnen kann: Diese vermitteln ja die ersten entscheidenden Begegnungen mit dem Christentum für die kommende Generation. Immer mehr Amtsträger erkennen auch, daß sie an den Frauen selbst eine Aufgabe haben: Papst Johannes XXIII. hat in „Pacem in terris" die Emanzipation der Frau unter die „Zeichen der Zeit" gerechnet. In den Dokumenten des Zweiten Vatikanischen Konzils finden sich wesentliche Sätze zur Gleichberechtigung der Frauen. Gründlich und offen haben sich die deutschen Bischöfe in ihrem Wort „Zu Fragen der Stellung der Frau in der Kirche und Gesellschaft" von 1981 mit dem Fragenkomplex auseinandergesetzt.

2. Der Horizont von Bibel und Kirchengeschichte

Bei vielen kirchenkritischen Frauen wächst die Erkenntnis, daß wesentliche Wurzeln der Geringschätzung von Frauen in der Geschichte des Christentums zu suchen sind.
Aus den *Evangelien,* der *Apostelgeschichte* und auch aus der Erwähnung bestimmter Personen in den *Paulusbriefen* wird deutlich, wie die Frauen in der

frühen Kirche des 1. Jahrhunderts noch ganz im Geiste Jesu, frei und partnerschaftlich mit den Männern zusammen ihr Christentum lebten und für seine Ausbreitung arbeiteten. Sie nahmen verschiedenerlei Aufgaben seelsorglicher und karitativer Art in den Gemeinden wahr, etwa als Diakoninnen oder als Witwen.
Wo in der Apostelgeschichte oder in den Briefen des Apostels Paulus von dessen konkreter Beziehung zu Frauen die Rede ist, spricht daraus Unbefangenheit und Achtung vor ihrer offensichtlich angesehenen Stellung und Selbständigkeit. Das steht quer zu den Weisungen des Apostels an die Frauen, in der Kirche zu schweigen, sich unterzuordnen oder zu Hause die Männer zu befragen, wenn sie etwas wissen wollten (1 Kor 9,34ff., auch Eph 5,22ff.). Paulus knüpfte als rabbinischer Theologe an die herrschende gesellschaftliche Ordnung des patriarchalischen Mann-Frau-Verhältnisses an. Daß er im Grunde von der Gleichwertigkeit der Frauen überzeugt war, wird deutlich, wenn diese Stellen im Gesamtzusammenhang andere Akzente erhalten, oder wenn man in Gal 3,28 liest, daß die gesellschaftlichen Unter- und Überordnungen, wie Jude und Heide, Sklave und Freier, Mann und Frau, durch die Gleichheit in Christus überwunden sind.
Dennoch haben diese Stellen sich bei der Autorität des Völkerapostels verhängnisvoll und tiefgreifend ausgewirkt.
Schon gegen Ende des 1. Jahrhunderts n. Chr. setzten sich die Einflüsse der patriarchalischen jüdischen Umwelt gegenüber dem charismatischen Aufbruch von Männern *und* Frauen in den frühchristlichen Gemeinden wieder durch; in den folgenden Jahrhunderten verhalfen die *Kirchenväter* (so Hieronymus, Origenes und vor allem Augustinus) der Geringschätzung und Abwertung der Frau in einer Zeit patriarchalischer Normen zu einer bis heute spürbaren Geltung. Dabei werteten sie die Ehe weit unter der Jungfräulichkeit (mit Einschränkungen bei Augustinus); Sinn und „Nutzen" der Frau liegen in der Nachkommenschaft. Wenn dagegen eine Frau sich für die Jungfräulichkeit und Askese entscheidet, kann sie durch diese „Vermännlichung" „geistig" und damit vollwertig werden; das eigentlich Belastende wären demnach ihre Geschlechtlichkeit und ihre biologischen Anlagen: Der Seele nach nehmen auch für die Kirchenväter Mann und Frau in gleicher Weise an der Erlösung teil.
Die (scheinbar) frauenfeindlichen Äußerungen des Paulus und die Frauenverachtung der Kirchenväter wirken weiter auf die *scholastischen Theologen* des Mittelalters. Unter dem Einfluß des Aristoteles ist Thomas von Aquin der Überzeugung, die Frau sei von Natur aus ein minderwertiges Wesen – ein mißglückter Mann mit begrenztem Verstand –, das infolge eines Mangels bei der Zeugung entstehe. Bei einem Theologen von so überragender Bedeutung haben sich das Gewicht und der Mißbrauch seiner Aussagen bis heute folgenschwer ausgewirkt.
Im Zusammenhang damit fand die Verachtung und Abwehrhaltung von Kirchenmännern den Frauen gegenüber eine unvorstellbare Verdichtung in den

Hexenverfolgungen. Sie begannen im Mittelalter und erreichten ihren Höhepunkt im 17. Jahrhundert. Etwa eine Million Frauen soll ihnen zum Opfer gefallen sein. Kirchliche und weltliche Gerichte arbeiteten zusammen in der Vernichtung von Frauen, die in den großen Umwälzungen der beginnenden Neuzeit, in sozialem Elend und in der inneren Auflösung der alten Glaubensbindungen sich den gesellschaftlichen und kirchlichen Normen nicht mehr anpaßten.
Ende des 15. Jahrhunderts wurde die Hexenverfolgung durch den von Frauenfeindschaft und Grausamkeit erfüllten „Hexenhammer", den zwei Dominikaner als eine Art von Handbuch der Hexenverfolgung verfaßt hatten, und durch die Bulle „Summis desiderantes affectibus" (1484) von Papst Innozenz VIII. kirchlich legitimiert. Aber auch in den protestantischen Territorien wurden später zahlreiche Hexen verurteilt und verbrannt.
Hinter der bis zur Revision des Kirchenrechts (1983) noch geltenden Vorschrift, daß Frauen den Altarraum nicht betreten dürfen, steckt sicher auch unterschwellige Angst vor der Geschlechtlichkeit der Frauen als den Verführerinnen und Erbinnen der Eva; hier liegt wohl die tiefste Wurzel der – verbalen oder handgreiflichen – Abwehrreaktionen gegen die Frauen. Ihre geschlechtlichen Kräfte, ihre Einbindung in einen bestimmten zyklischen Rhythmus, ihre Gebär- und Stillfähigkeit waren in vorchristlichen Jahrhunderten einmal Ursache der Hochschätzung des Weiblichen als eines Trägers göttlicher Kräfte gewesen. Das hat sich in einem langen geschichtlichen Prozeß ins Gegenteil gewandt: Der Komplex weiblicher Sexualkräfte wurde zum Tabu, wurde – besonders für viele Zölibatäre – als unheimlich und abstoßend und schließlich dann auch als bedrohlich und dämonisch empfunden. Hier liegt auch ein Ansatz für die Klärung der Frage, warum vieles, was Frauen durch die Jahrhunderte geleistet haben, von den Männern totgeschwiegen wurde.
Ausnahmen gab es sicher auch – etwa die Anerkennung großer heiliger Frauen, bedeutender Fürstinnen oder vieler Ordensfrauen. Auf die meisten von diesen trifft zu, was über die Hochschätzung „vergeistigter" Frauen gesagt wurde, die ein jungfräuliches Leben führten. Beachtliche Entfaltungsmöglichkeiten hatten solche Frauen in den Klöstern, die ja im Mittelalter große kulturelle Bedeutung als Bildungszentren für Mädchen hatten. Trotz der Aufwertung der Ehe und Familie durch Luther wirkte sich das Ausfallen der Ordensexistenz in der Kirche der Reformation auch als Beschränkung der Frau auf die Lebensform der bürgerlichen Hausfrau und Mutter aus.
Heute haben die wachen christlichen Frauen erkannt, daß jede von ihnen zur Entfaltung aller ihrer gottgeschenkten Anlagen und Fähigkeiten im Dienst an den Mitmenschen berufen ist. Und feministische Theologinnen haben in ihren systematischen Forschungen zur Situation der Frau entdeckt, daß es auch im Mittelalter sowie vorher und nachher „normale" Frauen mit kreativen Fähigkeiten, ja mit wissenschaftlichen Leistungen gab, die aber nicht bekannt, sondern von den Männern „unsichtbar gemacht" wurden.

3. Perspektiven für die Zukunft

Die Frauenforschung hat sich stärker mit den Perioden der frühen Kirche, des Mittelalters und der beginnenden Neuzeit beschäftigt als mit den letzten Jahrhunderten. Im Bereich der Volkskirche blieb im wesentlichen das patriarchalische Frauenbild der „züchtigen Hausfrau" erhalten. Im 19. Jahrhundert wurden die sozialen Probleme durch die Industrialisierung, durch Frauen- und Kinderarbeit zum Anstoß für die erste Frauenbewegung, die sich zunächst dem sozialen Elend zuwandte und dann besonders um gleiche Bildungschancen für die Frauen kämpfte. Auch die christliche Frauenbewegung um die Jahrhundertwende hat die Aufwertung der Frau in der Kirche nicht thematisiert. Das blieb den Jahren um das Zweite Vatikanische Konzil vorbehalten, bereitete sich aber schon in den Jahren davor in aktiven Frauenkreisen vor: die schweren Kriegs- und Nachkriegsjahre, als viele Frauen wirklich für ihre Männer hatten einspringen müssen, hatten ihr Selbstbewußtsein geweckt und gestärkt. Das mußte sich beim Neuaufbruch in der Kirche auswirken.

In vieler Hinsicht stehen wir aber auch heute noch erst am Anfang einer wirklichen Veränderung der Situation der Frau in der Kirche. Es wird darauf ankommen, ob die aktiven Frauen in den Gemeinden sich selbständig engagieren und zugleich auf das Gespräch mit dem Pfarrer Wert legen; ob sie neben den bisher schon geübten „fraulichen" Diensten, zu denen sie auch Männer heranziehen sollten, immer mehr auch solche Dienste übernehmen dürfen und wollen, die bisher Männern vorbehalten waren. Auch wenn diese von Laien ohne besondere Weihe ausgeübt werden können und von vielen Frauen im kirchlichen Dienst auch bereits ausgeübt werden (besonders in der Dritten Welt), so wünschen doch viele, daß nach den Männern bald auch Frauen zur Diakonatsweihe zugelassen werden. Gegen die Zulassung von Frauen zum Weihepriestertum sprechen keine theologischen Gründe; es ist jedoch zu fragen, ob die Stunde dafür reif ist, ob nicht andere Schritte in Richtung auf eine geschwisterliche Kirche erst noch zu realisieren wären. Wenn die Feministinnen solche Schritte fordern, so wird es darauf ankommen, ob sie sich entschließen können, sich zu öffnen für das Gespräch mit den Männern, auch mit den Amtsträgern. Denn zum Aufarbeiten der unterschwelligen Ängste ist es nötig, daß die Frauen ihnen helfen. Wenn sie ihnen glaubwürdig vermitteln, daß es bei der Emanzipation der Frauen nicht zuletzt um eine menschlichere Kirche geht, ist der Weg frei für eine Emanzipation der Männer: für das Loslassen ihres Herrschaftsanspruches und die Entdeckung dessen, was sie dabei zu gewinnen haben; ohne diesen Beitrag kann die Befreiung der Frauen nicht gelingen. Von seiten der Frauen aber wird es entscheidend darauf ankommen, ob Theologinnen, Frauen im kirchlichen Dienst und Frauen an der „Basis" auf verschiedenen Wegen, aber im Kontakt miteinander als Glieder des einen pilgernden Gottesvolkes das gemeinsame Ziel dieser Freiheit der Töchter Gottes mutig und zuversichtlich ansteuern.

Literatur:
G. *Becker* – S. *Bovenschen* – H. *Brackert* (Hrsg.), Aus der Zeit der Verzweiflung. Zur Genese und Aktualität des Hexenbildes (Frankfurt a. M. 1979); G. *Dautzenberg* – H. *Merklein* – K. *Müller* (Hrsg.), Die Frau im Urchristentum (Freiburg i. Br. ²1986); E. *Ennen,* Frauen im Mittelalter (München ²1985); Frauen – unsichtbar in Theologie und Kirche, in: Concilium (1985) Heft 6; H. *Frohnhofen,* Die Frau im frühen Christentum, in: Stimmen der Zeit (1985) Heft 12; E. *Gössmann* (Hrsg.), Archiv für philosophie- und theologiegeschichtliche Frauenforschung; Bd. 1: Das wohlgelahrte Frauenzimmer; Bd. 2: Eva, Gottes Meisterwerk (München 1984/1985); E. *Gössmann,* Das Bild der Frau heute (Düsseldorf 1967); *dies.,* Die streitbaren Schwestern – Was will die feministische Theologie? (Freiburg i. Br. 1981); P. *Ketsch,* Frauen im Mittelalter, hrsg. von A. Kuhn, Bd. 2: Frauenbild und Frauenrechte in Kirche und Gesellschaft (Düsseldorf 1984); H. *Pissarek-Hudelist,* Feministische Theologie – eine Herausforderung?, in: Zeitschrift für katholische Theologie 103 (1981) 289–308 400–425.

Marianne Dirks

Friedensethik

↗ Bergpredigt und Politik; Gewalt; Menschenrechte; Pazifismus; Politik und Kirche; Wertewandel

1. Die christliche Friedensbotschaft

„Frieden" ist zum einen ein theologischer, zum anderen ein politischer Begriff. Beide Bedeutungen sind auseinanderzuhalten, stehen aber auch in Beziehung zueinander. Erst darum kann man i. e. S. von einer christlichen Friedensethik, die zu einer christlichen Friedenslehre führt, sprechen. Theologisch gründet Frieden in der Versöhnung Gottes mit der Menschheit in Jesus Christus. Darum kann Paulus Christus selbst „unseren Frieden" (Eph 2,14) nennen. Durch Christus wurde Gott unser Vater, wurden die Erlösten folglich untereinander Brüder, aus Gnade und über ihre natürlichen Kräfte hinaus zu brüderlichem Handeln befähigt und verpflichtet. So ragt durch die christliche Gemeinde das Reich Gottes heute schon in diese Welt hinein, wenngleich es erst mit der Wiederkunft Christi vollendet sein wird. Dies ist das Zentrum der christlichen Friedensbotschaft.

Die (systematisch) erste Friedensfrage der christlichen Gemeinde richtet sich darum auf die praktische Entfaltung von Versöhnung, Konfliktlösung, Gewaltlosigkeit, Zuvorkommen im Leben der christlichen Gemeinde. Entfaltung bedeutet dabei zuerst die theoretische Entwicklung der großen biblischen „Perspektiven" christlichen Handelns auf innergemeindliche Problemzonen: Auf gemeinsames Handeln von Amtsträgern und Laien, auf den Umgang von Verbänden miteinander, auf das Zusammenleben in einer christlichen Familie usw. Zweitens aber ist erforderlich, daß all dies Gemeindepraxis wird. Die Handlungsantwort der Gemeinde kann als ein Maßstab für ihren Ernst dienen, mit dem sie sich dem Erlösungswerk Jesu Christi anvertraut und es durch Praxis Wirklichkeit werden läßt.

Daß eine solche praktische Entfaltung des neutestamentlichen Ethos in der christlichen Gemeinde dann auch politische Bedeutsamkeit erlangt, liegt auf der Hand, ist aber im einzelnen genauer zu entwickeln. Dabei drohen erfahrungsgemäß vor allem zwei Gefahren: zum einen die Gefahr der Verweltlichung, d.h., daß das Neue, das mit Jesus Christus in diese Welt gekommen ist, politisch unberücksichtigt bleibt; zum anderen die Gefahr der Entweltlichung, d.h., daß „Welt" und „Reich Gottes" nicht mehr unterschieden, die Macht des Bösen in dieser Weltzeit übersehen und der vollendete, ungefährdete Friede des Reiches Gottes für politisch herstellbar gehalten wird.

2. Friede als politische Aufgabe

Politischer Friede ist das Werk menschlicher Anstrengung. Er ist stets gefährdet, darum stete Aufgabe verantwortlicher Politik. Welche Ziele eine Friedenspolitik anstreben soll, welche Gefährdungen sich ihr entgegenstellen, welche Strategien vorzugswürdig sind, sind die Hauptfragen einer Friedensethik.

Das *Ziel* der Friedenspolitik wird in der Friedensethik anspruchsvoll definiert. Friedenspolitik ist nicht Werteverzicht, sondern Werteverwirklichung und, wenn erforderlich, Werteschutz. Darum erfahren zu eng gefaßte Friedensdefinitionen in der kirchlichen Friedenslehre eine Absage: „Der Friede besteht nicht darin, daß kein Krieg ist; er läßt sich auch nicht bloß durch das Gleichgewicht entgegengesetzter Kräfte sichern; er entspringt ferner nicht dem Machtgebot eines Starken" (Gaudium et spes 78). Positiv formuliert das Konzil dann Frieden als „Werk der Gerechtigkeit" und „Frucht der Liebe". Ein Problem ist, wie diese Definitionsmerkmale in eine plurale Welt konsensfähig übersetzt werden können.

Spätestens seit dem 2. Weltkrieg spielen die Menschenrechte hier eine entscheidende Rolle, und dies in vielfältiger Hinsicht. Einmal drückt sich in der modernen Entwicklung der Menschenrechte vieles von dem aus, was auch die christliche Tradition als Anspruch versteht, der sich aus der „Würde des Menschen" ergibt. Zum anderen ist die Erklärung der Menschenrechte, von allen Staaten unterzeichnet, vielfach auch Teil der nationalen Verfassungen geworden. Das heißt, hier ist trotz aller Schwierigkeiten, sie im konkreten Fall gleichermaßen auszulegen, anzuwenden und einzuklagen, ein Ansatzpunkt für ein „internationales Recht", dessen eine Weltfriedensordnung bedarf.

Wenn Verwirklichung der Menschenrechte Friedenspolitik ist, dann liegen in politischen Menschenrechtsverletzungen die tiefsten *Gefährdungen* des Friedens. Im Bereich der Menschenrechtsverletzungen sieht die christliche Friedensethik dann auch die entscheidenden Kriegsursachen wie auch die letzten Gründe für jenes Mißtrauen, das Frieden bedroht, Rüstung und Kriegsgefahr bewirkt.

Eine konkretere Defizitanalyse zeigt, daß die Menschenrechte in allen Blökken und Staaten bedroht sind und ihre Verwirklichung überall defizient ist: Bald sind es eher die Freiheitsrechte („geistige Menschenrechte"), bald ist es stärker die ungerechte Verteilung der materiellen Güter („materielle Menschenrechte"), deren Verwirklichung um des Friedens willen angemahnt werden muß. Friedenspolitik besteht dann zunächst und vor allem darin, daß man die Menschenrechtsverletzungen, die im eigenen System behebbar sind, abstellt. Hierzu sind aufgerufen die Regierungen und die Völker, ohne deren Zustimmung eine Politik weltweiter Menschenrechtsverwirklichung unmöglich ist. Außerdem gehört es zur Friedenspolitik, Menschenrechtsverletzungen in anderen Systemen anzumahnen.

Die kirchliche Friedenslehre bezieht dabei keine Position der Äquidistanz. Sie klagt beispielsweise die Verletzungen der Religionsfreiheit und anderer Freiheitsrechte in totalitären und autoritären Staaten deutlich an, lobt hingegen deren zunehmende Verwirklichung in den liberalen Demokratien. Doch ebenso deutlich wird die Unfähigkeit der reichen Industriestaaten kritisiert, den Forderungen internationaler Gerechtigkeit zu entsprechen.

3. Vorrang der Friedensförderung

Auf der Ebene der Friedensstrategien steht dann die Frage im Vordergrund, wie man den tieferen Ursachen des Unfriedens entgegenwirken soll. Die Bekämpfung dieser „Kriegsursachen" erhält vorrangige Bedeutung; sie wird unter der Bezeichnung „Friedensförderung" von der anderen Teilaufgabe, der „Friedenssicherung", abgehoben.

Friedensförderung reflektiert das eigene politische Handeln darauf hin, inwieweit es selbst Grund für Mißtrauen und Gewalt schafft. Am häufigsten genannt wird mit Bezug auf die reichen Industriestaaten das Problem der internationalen Gerechtigkeit, des Hungers und der Unterentwicklung in der Welt. Wohl wissend, daß Entwicklung nicht nur von außen geleistet werden kann, vielmehr zunächst und vor allem Aufgabe der Völker der Entwicklungsländer selbst ist, werden die Industriestaaten an den ihnen möglichen Beitrag erinnert, dem sie nicht Genüge tun. Vielmehr haben sie bisher die Spannung zwischen berechtigtem Selbstinteresse und den Erfordernissen eines Weltgemeinwohls zu wenig reflektiert und übersehen, daß gerade dies eine Quelle von Mißtrauen und potentieller Gewalt ist. Diese Folgen nun spielen sich nicht auf einer anderen Ebene ab als die heute bevorzugt erlebten Kriegsgefährdungen im Ost-West-Konflikt. Denn das hier entstandene Miß-

trauen behindert in gleicher Weise Rüstungskontrollerfolge; die hier entstehende Gewalt wird mit Sicherheit dann, wenn sie virulent geworden ist, vom Ost-West-Konflikt überlagert.
Mit den Werten Wahrheit, Gerechtigkeit, Solidarität und Freiheit werden seit der Enzyklika „Pacem in terris" (1963) die entscheidenden Handlungsfelder der Friedensförderung benannt. Adressat entsprechender Konkretionen sind vor allem die „Völker", ihr Lebensstil, ihre „kulturellen Selbstverständlichkeiten", ihre Bereitschaft, die Erfordernisse einer Menschenrechtspolitik auch politisch mitzutragen.
Für die christliche Gemeinde ergibt sich eine wenigstens partielle Identität der Aufgaben im Bereich der Friedensförderung mit den Forderungen, die in christlichem Ethos immer schon enthalten waren. Das heißt, indem Christen in Glaube, Hoffnung und Liebe sowie deren Werken wachsen, erfüllen sie auch friedenspolitisch bedeutsame Aufgaben. Friedensförderung und Christsein konvergieren, was nicht ausschließt, daß auch Nichtchristen dieselben Pflichten anerkennen und verwirklichen können. Im Gegenteil werden in einer christlichen Friedensethik „alle Menschen guten Willens" angesprochen. Erst recht ist darum eine Zusammenarbeit aller Christen in der Friedensfrage anzustreben, zumal die hier vorgelegte Friedenslehre weitgehend mit der evangelischen Sozialethik konvergiert.

4. Das Recht auf Verteidigung und seine Grenzen

Friedenssicherung ist eine der vornehmsten Pflichten und Aufgaben des *Staates,* solange ein leistungsfähiges supranationales „System kollektiver Sicherheit" nicht besteht. Sie ist so lange erforderlich, wie das völkerrechtliche „Gewaltverbot" und die sowohl in der Ethik wie im Bewußtsein der Völker gleichermaßen gültige Aussage, daß Krieg kein Mittel der Politik mehr ist, in der politischen Praxis nicht gesichert sind. Insofern besteht ein nahezu umfassender ethischer Konsens über das Verteidigungsrecht und die -pflicht der Staaten. Ethisch gründet diese Pflicht darin, daß man auch für die Übel verantwortlich ist, die man hätte verhindern können; ihre Zuspitzung findet diese Verantwortung dann, wenn solche Übel von den Mitmenschen nur mit gewaltsamen Mitteln abgewendet werden können. Hier geht es dann um die entscheidende Frage, ob man in bestimmten Ausnahmefällen dem Liebesgebot nur dadurch entsprechen kann, daß man Gewalt anwendet. Dies ist die Auffassung, welche die Tradition mehrheitlich vertreten hat; sie hat die Möglichkeit sittlich erlaubter Gewaltanwendung nicht ausgeschlossen.
Das Verteidigungsrecht hat jedoch, gerade *weil* aus dem Liebesgebot begründet, seine Grenzen; insofern spricht das Zweite Vatikanische Konzil vom „Recht auf sittlich erlaubte Verteidigung". Die entscheidenden Begrenzungen des Verteidigungsrechts gründen im Prinzip der „Proportionalität" und im Prinzip der „Unterscheidung" (Diskrimination). Zwischen den Schäden, die bei einer Verteidigung bewirkt werden, und den Werten, die verteidigt

werden, muß ein vertretbares Verhältnis (Proportion) bestehen. Pius XII. lehrte schon 1953, während der Diskussion um die Wasserstoff-Bombe: „Wenn die Schäden, die ein Krieg nach sich zieht, unvergleichlich größer sind als die der ‚geduldeten Ungerechtigkeit', kann man verpflichtet sein, die ‚Ungerechtigkeit auf sich zu nehmen'." Dies ist eine unmittelbare Folgerung aus dem Proportionalitätsprinzip. Das Diskriminationsprinzip fordert darüber hinaus, daß keine kriegerische Handlung „direkt" auf die Tötung von Nichtkämpfenden ausgerichtet, anders gesagt, daß die Tötung solcher Nicht-Kombattanten nicht das Ziel des Handelnden sein darf. Darum die absolute Verwerfung des „totalen Krieges" durch das Konzil (vgl. Gaudium et spes 80).

Von beiden Prinzipien her stellen sich dringende Fragen an das gegenwärtige Abschreckungssystem. Sicherlich verfügen beide Blöcke über militärische Optionen, deren Verwirklichung in einem Verteidigungskrieg sittlich verwerflich wäre. Diese Probleme lösen sich nur zum Teil, wenn in der Friedensethik zwischen dem militärischen und dem politischen Gebrauch der Massenvernichtungswaffen unterschieden wird: Durch den politischen Gebrauch gerade dieser Waffen, d.h. durch ihren Gebrauch zu einer glaubwürdigen Abschreckung, soll der Krieg verhindert werden. Hier liegen schwierige Fragen, die immer wieder neu und sehr genau zu untersuchen sind – ungleich eingehender, als es an dieser Stelle möglich ist. Bisher besteht jedenfalls in Friedensethik wie in kirchlicher Friedenslehre weithin ein Konsens, daß einseitige (atomare) Abrüstung keine bessere Alternative ausmacht. Ebenso aber besteht Konsens, daß das gegenwärtige „Gleichgewicht des Schreckens" überwunden werden soll; dies erfordert Anstrengungen auf dem Gebiete der Strategieplanung. Es erfordert jedoch zugleich ein radikales Umdenken hinsichtlich der großen Aufgaben der Friedensförderung.

Literatur:
Botschaft von Johannes Paul II. an die 2. außerordentliche Abrüstungskonferenz der Vereinten Nationen; Der Beitrag der katholischen Kirche in der Bundesrepublik Deutschland für Entwicklung und Frieden (Beschluß der Würzburger Synode); Dienst am Frieden. Stellungnahme der Päpste, des II. Vatikanischen Konzils und der Bischofssynode. 1963–1980 (= Verlautbarungen des Apostolischen Stuhls 23) (Bonn o. J.); Frieden wahren, fördern und erneuern (Friedensdenkschrift der EKD); Gerechtigkeit schafft Frieden (Friedenswort der deutschen Bischöfe); Pastoralkonstitution „Gaudium et spes". *F. Böckle – G. Krell* (Hrsg.), Politik und Ethik der Abschreckung (Mainz – München 1984); *P. Eicher* (Hrsg.), Das Evangelium des Friedens (München 1982); *H. P. Ford – F. X. Winters* (Hrsg.), Ethics and Nuclear Strategy? (Maryknoll 1977); *N. Glatzel – E. J. Nagel* (Hrsg.), Frieden in Sicherheit (Freiburg i. Br. ²1982); *A. Hertz,* Die Lehre vom „gerechten Krieg" als ethischer Kompromiß, in: ders. u.a. (Hrsg.), Handbuch der christlichen Ethik, Bd. 3 (Freiburg i. Br. – Gütersloh 1982) 425–448; *K. Hörmann,* Friede und moderner Krieg im Urteil der Kirche (Wien 1964); *W. Lienemann,* Gewalt und Gewaltverzicht (München 1982); *E. J. Nagel* (Hrsg.),

Dem Krieg zuvorkommen (Freiburg i. Br. 1984); *C. F. v. Weizsäcker*, Der bedrohte Friede (München 1981).

Ernst Josef Nagel

Fundamentalismus

↗ Bibel; Evolution; Ökumene; Pluralismus, kirchlicher; Protestantismus; Säkularität und Säkularismus; Sekten, christliche; Traditionalismus

1. Geschichtlicher Ursprung

Beim Fundamentalismus im strengen Sinn handelt es sich um eine kirchenübergreifende Bewegung, die im nordamerikanischen Protestantismus im zweiten Jahrzehnt des 20. Jahrhunderts organisatorische Gestalt annahm und seither zum „rechten" Spektrum im Erscheinungsbild des protestantischen Christentums gehört. Davon sollte man die Evangelikale Bewegung unterscheiden. Beide haben zwar gleiche Quellen und teilen viele Überzeugungen; zwischen beiden liegt auch eine sich überlappende Berührungszone. Doch gibt es genug theologische und organisatorische Unterschiede, die Gemeinsamkeiten eher zufällig erscheinen lassen. Man wird den Begriff Fundamentalismus auch nicht auf den Traditionalismus im Katholizismus übertragen dürfen. Das ergibt sich daraus, daß die Grundvoraussetzung des Fundamentalismus die Unfehlbarkeit und Irrtumslosigkeit der Bibel ist.

Diese Repristinierung des von der lutherischen und reformierten Orthodoxie entwickelten Dogmas der Verbalinspiration geschah vor allem als Antwort auf die historisch-kritische Bibelwissenschaft und die liberale Theologie, dann aber auch, um mit Hilfe der unfehlbaren Bibel neue Erkenntnisse der Natur- und Sozialwissenschaften abzuwehren. Der Kampf des Fundamentalismus gegen den Modernismus im ersten Viertel des 20. Jahrhunderts glich jenem Abwehrkampf, den auch die römisch-katholische Kirche zumeist gegen dieselben Gegner bestritt.

Wichtige Impulse erhielt der Fundamentalismus aus dem erwecklich-evangelistischen Christentum (etwa *D. L. Moody*), von der presbyterianisch ausgerichteten Princeton-Theologie *(Charles Hodge, Benjamin B. Warfield, J. Gresham Machen)*, aus der Heiligungsbewegung (Keswick-Bewegung um *Pearsall Smith*) sowie durch die „heilsgeschichtliche" Interpretation der Bibel, wie sie zuerst von dem Engländer *John Nelson Darby* (1800–1882) durchgeführt und in der „Scofield Reference Bible" (1909) mit ihrem Kettenverweissystem popularisiert wurde.

Danach ist die Kirche bereits kurz nach dem Tod der Apostel abgefallen und kann auch nicht „wiederhergestellt" werden. Die wahren Gläubigen leben als heiliger Rest abgesondert von allen verfaßten Kirchentümern und erwarten sehnlichst ihre „Entrückung" in den Himmel. Die Wiederkunft Christi ereignet sich vor Anbruch des 1000jährigen Reiches (Prämillennialismus). Die apokalyptisch-eschatologischen Ideen lösten einen Fortschrittsoptimismus ab, der gemeint hatte, in Amerika werde bald das 1000jährige Reich anbrechen, an dessen Ende dann die Wiederkunft Christi stehe (Postmillennialismus). Der Zukunftspessimismus ergab sich aufgrund wirtschaftlicher Rezessionen nach dem Brügerkrieg und der rapiden Verstädterung der Gesellschaft mit allen negativen Folgen eines ungezügelt operierenden Kapitalismus, was besonders die Einwanderer zu spüren bekamen.

Auf zahlreichen Bibelkonferenzen (z.B. Niagara Bible Conference, Northfield Conference) und in Bibelschulen (Moody Bible Institute in Chicago, Bible Institute of Los Angeles – BIOLA) wird diese Eschatologie in Kombination mit der Unfehlbarkeit der Bibel gelehrt. Zwischen 1900 und 1915 erschien eine zwölfbändige Schriftenreihe „The Fundamentals: A Testimony to the Truth", die eine allgemeine Verteidigung des Glaubens gegen den Modernismus darstellte, sich aber eines anspruchsvollen Niveaus befleißigte. 1919 kam es zur Gründung der *World's Christian Fundamentals Association,* ein Jahr später gebrauchte C. L. Laws den Namen *Fundamentalists* zur Selbstbezeichnung derjenigen, die den *Fundamentals* anhingen.

2. Neuere Entwicklung und ihre Bewertung

In den zwanziger Jahren kam es dann zu einer Trivialisierung des Fundamentalismus, als man gegen die Deszendenztheorie und Evolution öffentlich zu Felde zog. Dem ehemaligen Außenminister William Jennings Bryan, der die Fundamentalisten im sogenannten Affenprozeß von Dayton (1925) vertrat, trotzte der Gegenanwalt im Kreuzverhör das Zugeständnis ab, daß die Welt nicht in sechs Tagen à 24 Stunden erschaffen worden sei. Der Prozeß vermittelte der Öffentlichkeit den Eindruck, daß der Fundamentalismus rückständig sei.

Offenbar um des öffentlichen Ansehens willen wurde diese Bewegung ausgesprochen patriotisch. Zu den fünf unaufgebbaren Fundamentalien: Irrtumslosigkeit und Unfehlbarkeit der Bibel, Jungfrauengeburt, Gottheit Jesu Christi, stellvertretendes Sühneopfer sowie die leibliche Auferstehung und Wiederkunft, gesellte sich jetzt noch der Glaube an die Sendung Amerikas mit seinem Wirtschaftssystem und dem Privateigentum. Es entstand ein theologisch-politisch-wirtschaftliches Syndrom, das sich zur Abwehr des Kommunismus bildete und besonders ausgeprägt bei Carl McIntire (* 1906) in Erscheinung trat.

In den letzten Jahren hat der Fundamentalismus in seiner religiös-politischen Ausprägung erheblich an Attraktivität gewonnen. Vor allem die Massenkommunikationsmittel Radio, Fernsehen und Computer werden unermüdlich eingesetzt, um fundamentalistisches Gedankengut zu verbreiten. Die Politik der Regierung Reagan fand lebhafte Unterstützung in fundamentalistischen

Kreisen („*Moral Majority*" um Jerry Falwell) und scheint auch auf diese günstige Rückwirkungen gehabt zu haben. Das trägt dazu bei, eine diffuse amerikanische „*civil religion*" zu stärken, und führt zum Stolz, auf diese Weise einer Säkularisierung des öffentlichen Lebens entgegenzuwirken (z. B. in Fragen des Schulgebets, des Schwangerschaftsabbruchs, der Betonung der Familie).
Neuerdings dringt auch auf den europäischen Kontinent fundamentalistisches Gedankengut ein. Bibelschulen und die Freie Evangelisch-Theologische Akademie (FETA) in Basel (Zeitschrift: „Fundament"), aber auch zahlreiche Bücher sind Einfallstore. Anziehend wirkt der Fundamentalismus auf evangelikale Kreise, vor allem wegen der behaupteten „Faktizität" aller Mitteilungen der Heiligen Schrift, was gegenüber der erfahrenen Komplexität der Welt Eindeutigkeit zu vermitteln scheint. Der Fundamentalismus unternimmt den an sich legitimen Versuch, Glauben und Theologie auf „Fundamentalien" zu befragen, doch leistet er statt einer Elementarisierung auf die Fundamentalien eine gefährliche Reduzierung auf Marginalien und entwickelt von daher ein einfaches „Entweder-Oder-Schema" für die Feststellung, wer Christ ist und wer nicht. Daher ist er anti-ökumenisch, d. h. gleichermaßen gegen Rom und Genf (Ökumenischer Rat der Kirchen) eingestellt, weil für ihn Rom die Hure der Apokalypse ist und die Genfer Ökumene angeblich ihre Mitgliedskirchen Rom zuführen will. Er wirkt so spalterisch in der Christenheit, auch in den Missionsgebieten.

3. Fundamentalistische Strömungen im Islam und Judentum

Im abgeleiteten Sinn wird der Begriff auch für den Islam und das Judentum gebraucht. Nach Überzeugung des islamischen Fundamentalismus hat Allah durch den Propheten mitteilen lassen, wie die Gläubigen alle Einzelheiten ihres persönlichen und politischen Lebens einzurichten haben. Interpretationen oder gar Abweichungen sind nicht erlaubt. Ziel des islamischen Fundamentalismus ist es, ein Staatswesen auf der Grundlage der islamischen Gesetze (Scharia) aufzubauen. Dabei gehen die Anwendung alter Strafen (z. B. im Falle von Diebstahl durch Handabschlagen) und der Kampf gegen westliche Dekadenz (z. B. Kino, Alkohol, Frauenemanzipation, Polygamieverbot) Hand in Hand. Das Aufeinandertreffen westlicher Zivilisation mit islamischen Traditionen in Entwicklungs- und Ölländern muß als auslösender Faktor für das Hervortreten solcher Tendenzen gelten. Voraussetzung ist weiterhin die Berufung auf ein autoritatives Buch. Die Anwendung islamischer Prinzipien soll die Unterlegenheit arabischer Länder kompensieren. Die große Anziehungskraft des islamischen Fundamentalismus ist darin zu sehen.
Auch bei der dritten Buchreligion – dem Judentum – werden gelegentlich fundamentalistische Stimmen laut, doch sind sie weit weniger einflußreich als im Christentum oder Islam. Hier geht es vor allem um die Frage, welche

territoriale Ausdehnung dem Staat Israel nach der hebräischen Bibel zukommen soll.

4. Fundamentalistisches Denkverhalten im politisch-gesellschaftlichen Bereich

Eine weitere Derivatbedeutung ist im politisch-gesellschaftlichen Bereich erkennbar. Konservative oder reaktionäre Bewegungen können mit dem Begriff belegt werden, oder innerhalb alternativer Gruppen werden die kompromißlosen Verfechter einer ursprünglichen Idee als Fundamentalisten bezeichnet (z.B. die „Fundamentalisten" und „Realos" bei den Grünen). Hier geht dann die Prinzipienreiterei mit Engstirnigkeit, Kompromißlosigkeit oder Buchstabengläubigkeit gegenüber einem Programm einher. Dieser Fundamentalismus bezeichnet zumeist ein Denkverhalten, das die komplexe Wirklichkeit auf Überschaubares reduzieren will, wobei Weg- und Zielvorstellungen erheblich divergieren können. Daß in hochindustrialisierten Gesellschaften der Fundamentalismus Zulauf hat, überrascht angesichts der Undurchschaubarkeit vieler politisch-gesellschaftlicher Entscheidungsprozesse nicht.

Literatur:
J. Barr, Fundamentalismus (München 1981); *E. Geldbach,* Evangelikalismus. Versuch einer historischen Typologie, in: R. Frieling (Hrsg.), Die Kirchen und ihre Konservativen (Göttingen 1984) 52 ff.; *W. Gitt,* Das Fundament (Stuttgart-Neuhausen 1985); *G. Marsden,* Fundamentalism and American Culture (New York 1980); *J. Reich,* „Twentieth Century Reformation". Dynamischer Fundamentalismus nach Geschichte und Erscheinung (Marburg 1969); *E. R. Sandeen,* The Roots of Fundamentalism. British and American Millenarianism 1800–1930 (Chicago 1970).

Erich Geldbach

Gebet

↗ Auschwitz; Gott; Gottesdienst; Jesus Christus; Kirche; Meditation; Mystik; Neue geistliche Bewegungen; Spiritualität

1. Ein menschliches Phänomen

Der französische Philosoph Auguste Comte entwarf ein System vernünftiger Religion ohne Gott. Das Gebet galt ihm als eine der Grundfunktionen der menschlichen Natur: Er verordnete seinen Anhängern täglich zwei Stunden des Gebets. – Der schweizerische Maler Ferdinand Hodler hat immer wieder den betenden Menschen gemalt, mit Vorliebe adamitisch nackt, kniend ein Knabe oder mit erhobenen Händen eine Frau: Ausdruck einer Religiosität, die sich von Kirche und Christentum gelöst hat, nicht aber vom Gebet. Der homo religiosus betet, und wo Menschen leben, sind Gebete. Beten ist menschlich. Das zeigen die Religionen, und auch der Areligiöse mag einmal seufzen: „Hier hilft nur noch beten."

Aber ist der Gemeinplatz auch wahr? In unserem Kulturkreis hat ein Gefühl des Unerhörtseins um sich gegriffen, das zu einer Gebetslähmung führte. Die Gebete rinnen ins Leere. Da ist niemand, der antwortet. Ausdruck fand dieses Gefühl des Unerhörtseins etwa bei Rilke: „Wer, wenn ich schrieb, hörte mich denn aus der Engel Ordnungen" oder bei Benn: „Vor wem sollen wir noch knien? Der Alte hat uns im Stich gelassen, die Lage ist bitter." – Die Zitate ließen sich vermehren; ein geschichtliches Datum wird greifbar: Der Rauch von Auschwitz hat das Unerhörtsein in den Himmel geschrieben: „Die Fähigkeit zu verehren und sich zu begeistern, d.h. zu beten, wurde im Menschen getötet" (Elie Wiesel). Wo nur noch beten half, half beten nicht mehr. Auschwitz beinhaltet ein geschichtliches Datum des Unerhörtseins ohnegleichen.

Theologische Schriftsteller beschreiben die Krise der Frömmigkeit, reden vom Gebetskollaps der Neuzeit. Gleichzeitig aber halten Gemeindegruppen und Studenten Gebetsnächte ab, und Gebetbücher kommen in großer Zahl auf den Büchertisch. Starb in der Moderne die Fähigkeit zu beten, so scheint sie in der Postmoderne neu zu erstehen. Die Lage ist verwirrend.

2. Philosophische und prophetische Gebetskritik

Schon die antiken Philosophen kritisierten das naive Bittgebet: „Nicht was du begehrst, erbitte von den Göttern, sondern daß du frei werdest von allem Begehren, das erflehe von ihnen. Dann werden dich die Götter erhören, wenn du nicht um das Angenehme, sondern um das Wertvolle betest" (Epiktet). Der stoische Beter ergibt sich in sein Schicksal: Wunschlosigkeit, Gelassenheit sind sein Ideal. Dieses stoische Ideal haben die Aufklärer übernommen: „Das vollkommenste Gebet ist die völlige Resignation in Gottes Willensfügungen ... Jedes andere Gebet ist überflüssig und steht mit diesem im Widerspruch" (Rousseau). Diese philosophische Gebetskritik wirkt stark in das Christentum hinein.

Wird schon bei Epiktet das Problem der Erhörung gesehen, so versuchte 1883 Sir Francis Galton das Problem der Erhörung statistisch zu untersuchen. Er fragte, ob das gottesdienstliche Gebet für den Herrscher, das in der Regel die Bitte um ein langes Leben einschloß, sich in der Lebensdauer der Fürsten auswirkte. Nein! Auch bei den Geistlichen als den Berufsbetern vermochte Galton im Vergleich zu Rechtsanwälten und Medizinern keinen Effekt des Gebets im Blick auf längere Lebensdauer nachzuweisen (vgl. dazu V. Brümmer 7 ff.). Das Gefühl des Unerhörtseins hat offenbar eine lange Tradition.

Auch die prophetische Gebetskritik enthält einen Beitrag zur Frage der Erhörung, rückt sie aber in einen Horizont, in dem etwa die Statistiken von Sir

Francis verblassen: An ihr muß die getötete wie die wieder auferstandene Fähigkeit zu beten gemessen werden. So etwa Jesaja: Wenn ihr eure Hände ausbreitet, verhülle ich meine Augen vor euch. Wenn ihr auch noch so viel betet, ich höre es nicht. Eure Hände sind voll Blut ..." (1,15; vgl. 29,13 f.). Micha weissagt gegen die, „die mein Volk auffressen ...", eine Zeit, da „werden sie zum Herrn schreien, er aber wird ihnen nicht antworten. Er wird sein Angesicht vor ihnen verbergen; denn ihre Taten sind böse" (3,3 f.). Jesus verdichtet die Gebetskritik der Propheten in den Satz: „Nicht jeder, der zu mir sagt: Herr, Herr!, wird in das Himmelreich kommen, sondern nur, wer den Willen meines Vaters im Himmel erfüllt" (Mt 7,21). Wird die Erhörung an die Übereinstimmung mit dem göttlichen Willen gebunden, erweist sich das Gebet als unnütz, wenn es zum Schaugeschäft und zur Vielrednerei verkommt (Mt 6,5-8). Der Prophet aus Nazaret löst das Gebet aus kultischer Verortung und setzt dem Garizim und Jerusalem den Geist und die Wahrheit als neuen Ort des Gebets gegenüber (Joh 4,19 ff.). Paulus verdichtet die prophetische Kritik zu dem Eingeständnis, daß wir nicht wissen, „worum wir in rechter Weise beten sollen", und markiert auf diese Weise die Grenze aller Methodik und Kunst des Gebets. Mit dieser Grenze öffnet er eine neue Möglichkeit: „Der Geist selber tritt jedoch für uns ein mit Seufzen, das wir nicht in Worte fassen können" (Röm 8,26). Die weitgehende Geistvergessenheit von Theologie und Kirche mag dazu beigetragen haben, daß das Verhältnis von Menschlichem und Göttlichem beim Beten weithin ungeklärt geblieben ist (vgl. unten 3 c).

Die prophetische Gebetskritik zeigt: Das Beten des Menschen kann nicht von seinem ethischen Verhalten getrennt und der Geist des Gebets muß immer neu geprüft werden. Die Sprachhandlung Gebet, das Gebet als Urform alles menschlichen Verhaltens, bedarf der theologischen Durchdringung. Im folgenden seien einige Themen dieser Arbeit herausgestellt. Innovationen kommen hier von der exegetischen Arbeit und von der Begegnung mit dem Judentum. Gerade nach Auschwitz darf die Kirche das Gebet der Synagoge nicht ignorieren.

3. Probleme der Gegenwart

An der Stellung des Menschen zu Gott entscheidet sich das Gebet. Weil der Schöpfer nach dem Menschen fragt, fragt das Geschöpf nach Gott. Weil Gott zum Menschen spricht, darf der Mensch zu Gott sprechen. Das Gefühl des Unerhörtseins aber signalisiert eine epochale Störung im Gottesverhältnis.
a) *Bittgebet und Klage* gewinnen in dieser Situation eine besondere Aktualität. Die exegetische Forschung hat deutlich gemacht, daß das landläufige Verständnis der Bitte „Dein Wille geschehe" eher vom Geist der Stoa als vom Geist des Alten und Neuen Testaments geprägt wird, indem die bürgerliche Religion das Geschick mit dem Willen Gottes unkritisch in eins setzt und allzuschnell bereit ist, das eschatologische Geschehen von Getsemani mit der Haltung des Sokrates in Einklang zu bringen und zu generalisieren: „wenn es

den Göttern so lieb ist, so sei es so!" Man vergißt, daß das Geheimnis göttlichen Willens die Einigung des Alls in Christo meint (Eph 1,9 f.). Die Bitte um das Geschehen des Willens Gottes intendiert nicht eine stoische Ergebung ins Schicksal, sondern die Verwandlung der Welt. Der Wille Gottes resultiert nicht aus den Geschehnissen des menschlichen Lebens, sondern aus dem geoffenbarten Gesetz Gottes. Die Verfälschung christlichen Betens durch stoisches Gedankengut mag dazu beigetragen haben, daß die Klage aus unseren Gottesdiensten weitgehend verschwand.

b) *Der Einzelne und das Ganze:* Gegenüber der religio privata des bürgerlich-christlichen Herkommens zeigen uns die Klagelieder des einzelnen, wie in Israel der einzelne als Teil des Gottesvolkes betete und wie das Gottesvolk im Klageritual dem einzelnen Raum gab. Der einzelne, der mit Christus betet, betet nie ohne dessen Leib, die universale Kirche, wie andererseits das Gebet der Gemeinde von und im Gebet des einzelnen lebt. Hier bedarf es einer doppelten Anstrengung: einer Einführung des einzelnen in die Gebete der Tradition, und ein Hören auf die Stimme des einzelnen, damit im Gottesdienst ein neues Lied – und sei es ein Klagelied – ertönt.

c) *Das Wort und das Schweigen:* Im Horizont der prophetischen Gebetskritik wird wichtig, daß der Geist uns im Psalter und im Vaterunser – der hohen Schule des Gebets – zur Sprache verhilft, wie denn auch Psalm 1 die Urform des Meditierenden darstellt: Das Gebet lebt vom Hören auf das Wort, vom Nachsprechen des Wortes, zu dem wesensmäßig das Schweigen gehört: Die Begegnung mit den fernöstlichen Religionen erfordert eine Klärung des Verhältnisses von Gebet, Meditationen und Kontemplation (z. B. oratio mentalis und oralis) bzw. eine neue theologische Überprüfung unserer eigenen mystischen Tradition.

d) *Beten in gegenwärtiger Endzeit:* Indem sich der einzelne in den Problemen der Gegenwart als ohnmächtig und hilflos erfährt, gewinnt für ihn der endzeitliche Horizont des Gebets eine neue Bedeutung. Indem Jesus den Seinen die Bitte um das Kommen des Himmelreiches in den Mund legt, werden die Beter aktiv in dieses Kommen hineingezogen. Im allgemeinen haben die Aussagen der Schrift über die Ungewißheit der Parusie (Mt 24,36; 1 Thess 5,1 f.) die Aussagen weithin verdeckt, welche die Bedeutung der Gemeinde für Gottes Zukunft andeuten (Jes 62,6 f.; Mt 24,14; Apg 3,19 f.; Röm 9–11; 2 Petr 3,11 f.). Nach Auschwitz aber wird das Beten sinnlos, das nicht unterwegs ist zu einer neuen Erde: „Klagemauer Nacht, / Von dem Blitze eines Gebets kannst du zertrümmert werden ..." (Nelly Sachs).

e) *Erhörung:* Im Kontext der prophetischen Gebetskritik einerseits und der apokalyptischen Endzeiterfahrung andererseits wird die Frage der Erhörung in besonderer Weise bedrängend. Da ist neu zu entdecken: Durch Christus ist das gestörte Gottesverhältnis ein für allemal behoben. Die absolute Zusage der Erhörung qualifiziert das Beten der Christen. Erhörungsgewißheit unterscheidet das Beten der Christen vom Beten anderer Religionen. Damit wird die prophetische Gebetskritik ins Positive gewendet. Das Gefühl des Unerhörtseins aber gerät in die Krisis, insofern das epochale Unerhörtsein epochale Schuld signalisiert und Umkehr die Hinwendung zu Gott bestimmen muß. Die Erhörung gilt in der Bergrede – nach der Gebetskritik und Gebetsanweisung Jesu (Mt 6,5–15) – unbedingt: „Bittet, dann wird euch gegeben ..." (Mt 7,7–11). Bei Johannes wird die Erhörung an die Präsenz Jesu bzw. an seinen Namen gebunden: „Wenn ihr in mir bleibt und wenn meine Worte in euch bleiben, dann bittet um alles, was ihr wollt: Ihr werdet es erhalten" (15,7; vgl. 14,13). Markus verknüpft die Erhörungszusage mit der Aufforderung zum Vergeben (11,24f.; vgl. Mt 6,14f.). Der unerhört am Kreuze starb und nach drei Tagen auferweckt wurde, verkörpert in seiner Person die Erhörungsgewißheit.

Literatur:
G. *Besier* u. a., Glaube und Lernen, in: Zeitschrift für theologische Urteilsbildung (Göttingen 1986) Heft 1; *V. Brümmer,* Was tun wir, wenn wir beten? Eine philosophische Untersuchung (Marburger theol. Studien 19) (Marburg 1985); *M. Dietz,* (Hrsg.), Kleine Philokalie. Belehrungen der Mönchsväter der Ostkirche über das Gebet (Zürich 1976); *E. S. Gerstenberger,* Der bittende Mensch. Bittritual und Klagelied des Einzelnen im Alten Testament (Neukirchen 1980); *F. Heiler,* Das Gebet. Eine religionsgeschichtliche und religionspsychologische Untersuchung (München [5]1969); *A. J. Heschel,* Der Mensch fragt nach Gott. Untersuchungen zum Gebet und zur Symbolik (Neukirchen 1982); *G. Lercaro,* Wege zum betrachtenden Gebet (Freiburg i. Br. 1959); *E. Lohmeyer,* Das Vater-unser (Göttingen [5]1962); *J. J. Petuchowski,* Gottesdienst des Herzens. Eine Auswahl aus dem Gebetsschatz des Judentums (Freiburg i. Br. 1983); *K. Rahner,* Von der Not und dem Segen des Gebets (Freiburg i. Br. [9]1977).

Rudolf Bohren

Gemeinde

↗ Basisgemeinden; Diakonie; Frau in der Kirche; Glaubensvermittlung; Gottesdienst; Kirche; Laien; Priestermangel; Seelsorge; Sonntag; Verkündigung

1. Grundverständnis und heutige Probleme

Im Unterschied zur Pfarrei, womit vorwiegend ein kirchenrechtlich umschriebener Territorialbezirk als Untergliederung einer Diözese gemeint ist, bezeichnet Gemeinde die innerhalb solcher Pfarrstrukturen und zum Teil auch darüber hinaus wachsende Gemeinschaft von Menschen, die am jeweiligen Ort am kirchlichen Leben teilnehmen und dieses prägen. In aller Regel bilden verschiedene Kreise, Initiativen und Aktivitäten mit sehr unterschiedlichen Kommunikationsstrukturen eine Gemeinde. Das letztlich Einigende und Grundlegende aber ist die lebendige Feier des Gottesdienstes mit der Verkündigung des Evangeliums und der Feier des Herrenmahls. In den konkreten „rechtmäßigen Ortsgemeinschaften der Gläubigen" ist „die Kirche

Christi wahrhaft anwesend". Sie sind nämlich je an ihrem Ort „... das von
Gott berufene neue Volk" (Lumen Gentium 26).
„Wesen und Bedeutung der Gemeinde sowie deren verschiedene Verwirklichungsformen wurden in den letzten Jahrzehnten lebhaft erörtert. Diese Diskussionen und die sie begleitenden praktischen Experimente sind noch nicht abgeschlossen. Es werden aber bereits einige Grundlinien deutlich." Was die Synode der Bistümer in der Bundesrepublik Deutschland 1976 in ihrem Beschluß „Die pastoralen Dienste" (2.3.1) so formulierte, muß auch heute als ein unabgeschlossener Vorgang angesehen werden. So gibt es auf dem Feld der Gemeinde zahlreiche Experimente, Untersuchungen und Modellbeschreibungen. Die Zahl der – vor allem pastoraltheologischen – Publikationen zum Thema Gemeinde ist groß. Die Erneuerung der Kirche und die Weckung eines kirchlichen Bewußtseins erscheint mehr denn je eine Frage des Aufbaus lebendiger Gemeinden zu sein. Die Aussagen des Zweiten Vatikanums über die Kirche als Volk Gottes, über eine lebendige Teilnahme der Laien an der Liturgie und am kirchlichen Leben, über die Sendung und Verantwortung aller Christen können nur dann Realität werden, wenn es gelingt, Gemeinden zu schaffen, in denen etwas von ihnen konkret erfahrbar wird.

2. Ortskirche und Weltkirche

Die Kirche ist immer Gesamtkirche mit dem einen Haupt Christus. Als solche ist sie immer Weltkirche. Aber zugleich ist die Kirche auch Einzelkirche, die „Kirche am Ort", z. B. in Ephesus, Korinth oder Rom. In der konkreten Kirche am Ort verwirklicht sich die Kirche zuerst als Gemeinschaft der Glaubenden und als Gemeinschaft in den Sakramenten. Die traditionelle katholische Theologie betonte bis zum Zweiten Vatikanum mehr und einseitig den gesamtkirchlichen Aspekt. Das Konzil bedeutet hier einen Wendepunkt. Im Kollegialitätsgedanken hat es die relative Eigenständigkeit der einzelnen Teilkirchen ins Bewußtsein gebracht. Hatte sich das Konzil zwar in besonderer Weise der Bedeutung des Bischofsamtes und der Bedeutung der Einzelkirchen zugewandt, so wollte es die Einzelkirche doch keineswegs nur auf die einzelne Diözese verstanden wissen. In der Kirchenkonstitution (Nr. 26) ist ausdrücklich die Rede von den „fidelium congregationes locales", in denen die Kirche anwesend ist. Die Würzburger Synode hat die biblische und altkirchliche Idee der Kirche als Communio und als Volk Gottes und die damit verbundene Mehrheit vom gemeinsamen Priestertum aller Getauften weiter ausgeführt. Diese Sichtweise hat sich in der Folgezeit belebend und bestimmend auf die Gemeindetheologie ausgewirkt. So wird die Kirche gerade auch in den einzelnen Gemeinden verwirklicht gesehen. Die eine Kirche besteht in und aus vielen Ortskirchen. Sie sind nicht nur Verwaltungsbezirke der Gesamtkirche, sondern Darstellung und Vergegenwärtigung der Kirche. „Ortskirche im eigentlichen Sinn ist jede vom Bischof geleitete Diözese. Aber auch die einzelnen Pfarrgemeinden machen durch den im Geist gegenwärtigen

Herrn, in Verbindung mit dem Bischof, die Kirche am jeweiligen Ort sichtbar" (Gemeinsame Synode, Die pastoralen Dienste, 2.2.2). Die Gemeinde ist die Kirche am Ort, in der konkret erfahren werden muß, was Kirche eigentlich ist und bedeutet. In jeder Gemeinde, in ihrer gottesdienstlichen Versammlung, in ihrer Verkündigung des Wortes und durch die Diakonie verwirklicht sich die Kirche ganz, weil in ihr Christus und sein Heiliger Geist anwesend sind.

Aus diesem Ansatz ergibt sich, daß es eine legitime Vielfalt in der Ausformung und Gestalt kirchlicher Gemeinden gibt. „Ihren unterschiedlichen Verhältnissen entsprechend sollen die Gemeinden das kirchliche Leben auf vielfältige Weise darstellen" (Gemeinsame Synode, Die pastoralen Dienste, 2.2.2). Das Gesicht einer Gemeinde wird durch die Gegebenheiten und Herausforderungen am jeweiligen Ort mitgeprägt. Die verschiedenen Gemeinden können einander anregen und ergänzen. Im Austausch miteinander und im lebendigen Kontakt mit der Diözese und der Gesamtkirche kann die einzelne Gemeinde zur Verlebendigung der Kirche beitragen.

3. Mitarbeit und Mitverantwortung aller

Mit der Charakterisierung der Kirche als Volk Gottes und der Betonung des gemeinsamen Priestertums aller Gläubigen haben Konzil und Synode der aktiven Teilnahme aller Gläubigen am Schicksal und Leben der Gemeinde Raum gegeben. „Das Zeugnis für das Evangelium Christi und der Dienst für die Menschen in unserer Gesellschaft können nur in gemeinsamer Verantwortung aller gelingen. Aus einer Gemeinde, die sich pastoral versorgen läßt, muß eine Gemeinde werden, die ihr Leben im gemeinsamen Dienst aller und in unübertragbarer Eigenverantwortung jedes einzelnen gestaltet" (Gemeinsame Synode, Die pastoralen Dienste, 1.3.2). Damit ist deutlich gemacht, daß jeder einzelne seine persönliche Aufgabe und seine Verantwortung, auch seine besondere Berufung in der Gemeinde hat. Die vielen Dienste machen im Zusammenwirken den einen Dienst der Gemeinde aus und bauen die Gemeinde auf. Es kann jedoch nicht übersehen werden, daß die Wirklichkeit vieler Pfarreien von dieser Zielvorstellung noch weit entfernt ist und sie in überkommenen Vorstellungen und Strukturen einer vom Klerus bestimmten Versorgungskirche weiter existieren.

Daß alle in der Gemeinde den Heiligen Geist empfangen haben zur Verlebendigung der Gemeinde und zu ihrer Sendung, am jeweiligen Ort „Sakrament des Heils" zu sein, ist auch eine Frage der Organisation und des Rechts, letztlich aber eine Frage des Glaubens. Das neue Verständnis von Gemeinde erfordert neue rechtlich-organisatorische Strukturen, für die nachkonziliar in den Pfarrgemeinderäten gewisse Voraussetzungen geschaffen sind. In vielen Gemeinden gibt es in der Tat eine weitgehend kooperative Zusammenarbeit, bei der der Amtsträger seine Verantwortung für die Einheit der Gemeinde so wahrnimmt, daß den verschiedenen Charismen und der Mitverantwortung aller in der Gemeinde Raum gegeben ist. Eine lebendige und aktive Teilnahme vieler, möglichst aller, am Leben der Gemeinde setzt eine gewisse Selbstorganisation der Gemeinde voraus, die im Rahmen des gegenwärtigen Rechts aber mehr oder weniger vom Wohlwollen und der jeweiligen Einstellung des priesterlichen Gemeindeleiters abhängig ist.

Eine Verlebendigung der Gemeinden ist in erster Linie nicht von einer Vermehrung der Amtsträger oder hauptamtlich tätiger Laien zu erwarten, sondern durch Entdeckung und Weckung der vielfältigen Gaben und Mitverantwortungen bei den Gliedern der Gemeinde. Daß alle in der Gemeinde den Heiligen Geist empfangen haben und daß die Gemeinde wächst und lebendig wird durch die Mitverantwortung aller, indem sie ihre Möglichkeiten und Gnadengaben einbringen, ist nicht nur eine Frage der Organisation, sondern des Glaubens.

Dabei hat die konkrete Gemeinde in aller Regel einen schwierigen und wohl auch längerfristigen Prozeß durchzumachen. Allzutief sitzt in manchen Laien eine Erwartungshaltung an eine Betreuungsgemeinde mit klarer Autorität. Andere sind befangen in einer Sicht der Kirche als bloßer Institution, an der sie konkret nur wenig Anteil und auf deren Leben und Entscheidungen sie auch auf der Gemeindeebene keinen Einfluß haben. Für die Gemeindemitglieder gab es ja auch lange kein Mitsprache-, geschweige denn ein Mitbestimmungsrecht an der Gestaltung des eigentlichen Gemeindelebens. Viele erleben vor allem in den Großgemeinden keine erfahrbare Gemeinschaft von Menschen, die über die sie bewegenden Probleme und Anliegen in Kontakt kommen und sich in ihrem Glauben gegenseitig stützen und ermutigen.

Das neue Gemeindeverständnis erfordert nicht zuletzt ein verändertes Selbstverständnis des Amtsträgers. Sein priesterlicher Dienst ist vor allem als Dienst an der Einheit der Gemeinde zu sehen, den es in kollegialer Weise mit allen den Glauben und das gemeindliche Leben mittragenden Gemeindemitgliedern wahrzunehmen gilt. Dieses Gemeindeverständnis erfordert nicht nur einen neuen Führungsstil. Es wird sich nur unter einem sich wandelnden Selbstverständnis der Amtsträger langsam verwirklichen können.

4. *Gesellschaftliche Herausforderungen*

„Die Gemeinde darf nicht neben den Problemen der Gesellschaft herleben, sondern muß mitten in ihr präsent sein. Sie muß sich verantwortlich wissen für die gesellschaftlich an den Rand Gedrängten und Zurückgesetzten, für die Entrechteten und alle Menschen in Not. Zu dieser Aufgabe, in der je konkreten gesellschaftlichen Situation Gemeinde Jesu zu sein, gehört nach den Worten der Synode neben der diakonischen Sorge um die einzelnen in ihrer vielgestaltigen Not auch der Einsatz für Frieden, Gerechtigkeit und Freiheit" (Gemeinsame Synode, Die pastoralen Dienste, 2.3.3).

An dieser Stelle zeigt sich aber sehr deutlich, wie sehr die herkömmlichen Gemeinden in der bürgerlichen Gesellschaft verwurzelt und verhaftet sind. Sie lassen sich schwerlich von den Problemen unserer Gesellschaft herausfordern. In überkommener Weise gibt es in fast allen Gemeinden erstaunliche diakonische Einsätze und Anstrengungen, wo es um Hilfe für einzelne oder um caritative Bemühungen für Menschen geht, die vom Unglück betroffen sind. Wenn in einer Gemeinde aber eine Gruppe klare Positionen zu gesellschaftlichen Herausforderungen bezieht (z. B. in der Friedensfrage, zum Problem der Arbeitslosigkeit), kommt es fast immer zu Unruhen und zu Distanzierungen. Meist können solche Gruppen sich nicht auf Mehrheiten in einer Gemeinde stützen. Oft werden sie an den Rand der Gemeinde oder auch aus ihr hinausgedrängt. Es gibt fast immer eine Polarisierung zwischen der bürgerlich geprägten Gemeinde, die ihre Einheit im gemeinsamen Kult und im innergemeindlichen Leben findet, und solchen meist kleinen Gruppen, Initiativen und „Basisgemeinden", die sich in spiritueller Orientierung im gesellschaftlichen Bereich engagieren.

Die christlichen Gemeinden in Westeuropa als ganze scheinen im Unterschied zu den Basisgemeinden in Ländern der Dritten Welt nicht die Kraft, vielleicht auch nicht die Möglichkeit zu haben, sich in Konsequenz aus dem Evangelium entschieden und verbindlich einer bestimmten gesellschaftlichen Herausforderung zu stellen. Solches wird meist nur um den Preis der eigenen Umkehr oder der Veränderung des eigenen Selbst- oder Weltbildes möglich. Darum braucht die christliche Gemeinde bei uns Gruppen, die aus spiritueller Orientierung „Nachfolge" leben in ihrem gesellschaftlichen Engagement. Sie können wichtige und unerläßliche Impulse in die Gemeinde bringen und dazu beitragen, daß die Gemeinden nicht unter Ausklammern ihrer gesellschaftlichen Diakonie zu rein innerkirchlichen Bedürfnisgemeinden verkümmern.

Literatur:
N. Greinacher – N. Mette – W. Möhler, Gemeindepraxis (Mainz – München 1979); *F. Klostermann*, Kirche – Ereignis und Institution (Wien 1976); *K. Lehmann*, Gemeinde, in: Christlicher Glaube in moderner Gesellschaft, Bd. 29 (Freiburg i. Br. 1982) 6–65 (Literatur); Pastorale Handreichung für den pastoralen Dienst. Die Gemeinde (Mainz 1970); *G. Schneider*, Grundbedürfnisse und Gemeindebildung. Soziale Aspekte für eine menschliche Kirche (Mainz 1982); *H. M. Schulz*, Damit Kirche lebt. Eine Pfarrei wird zur Gemeinde (Mainz 1975); *P. Weß*, Gemeindekirche. Zukunft der Volkskirche (Wien – Freiburg – Basel 1976); *ders.*, Ihr seid alle Geschwister. Gemeinde und Priester (Mainz 1983); *H. Wieh*, Konzil und Gemeinde. Eine systematisch-theologische Untersuchung zum Gemeindeverständnis des Zweiten Vatikanischen Konzils in pastoraler Absicht (Frankfurter Theologische Studien Bd. 25), (Frankfurt 1978); *P. M. Zulehner – J. Fischer – M. Huber*, „Sie werden mein Volk sein". Grundkurs gemeindlichen Glaubens (Düsseldorf 1985).

Reinhold Waltermann

Gentechnik

↗ Bioethik; Fortpflanzungsmedizin; Humangenetische Beratung; Technik und Ethik

1. Begriff und molekularbiologische Grundlagen

„Gentechnik" bezeichnet die gezielte Veränderung genetischen Materials. Als Teilbereich der biotechnischen Verfahren und Methoden, biologische Prozesse oder Systeme, Lebewesen oder Teile von Lebewesen technisch zu nutzen, eröffnet Gentechnik der genetischen und molekularbiologischen Forschung neue Wege, aber auch der Anwendung und Umsetzung ihrer Erkenntnisse in der biotechnischen Praxis, das Erbgut von Lebewesen direkt und gezielt zu verändern.

Der Begriff des Gens ist älter als das Verständnis der molekularbiologischen Grundlagen. Nach Wiederentdeckung der Vererbungsregeln des Augustiners Gregor Mendel bezeichnete man mit einem Gen die Elemente oder Einheiten, die ein bestimmtes vererbbares Merkmal hervorrufen. Molekularbiologisch ist ein Gen ein DNS-Abschnitt, der aus bis zu einigen Tausend Gerüstelementen besteht. Neben Genen, die den Aufbau der Aminosäuresequenzen bestimmter Verbindungen in der Zelle codieren, sogenannten Strukturgenen, kennt man Regulatorgene, die Strukturgene an- oder abschalten, den Anfang oder das Ende eines Strukturgens kenntlich machen o. ä. Man schätzt, daß das menschliche Genom, d. h. die Gesamtheit des genetischen Materials in den Zellen des menschlichen Organismus, ca. 50 000 Gene oder Genorte enthält, darüber hinaus aber ein Vielfaches an weiterem genetischem Material, also DNS-Abschnitten (Mosaikgene), deren Funktion und Bedeutung noch unbekannt sind.

Einzelne DNS-Abschnitte können mit spezifischen Enzymen aus den DNS-Strängen herausgeschnitten und nach genauer Identifizierung auch synthetisiert werden.

2. Anwendung industrieller Verfahren im pflanzlichen und tierischen Bereich

In der industriellen Produktion werden gentechnisch veränderte Bakterien zur biotechnischen Herstellung kompliziert gebauter Moleküle eingesetzt. Auf diese Weise konnte erstmals menschliches Insulin hergestellt werden, während insulinbedürftige Zuckerkranke bis dahin auf Insuline angewiesen waren, die aus Bauchspeicheldrüsen von Schlachttieren gewonnen wurden. Auch andere Substanzen für schon bekannte oder noch zu erforschende Anwendung in der Medizin lassen sich durch gentechnisch veränderte Bakterien herstellen. Dazu zählen z. B. Interferone, Wachstumshormone, Gerinnungsfaktoren zur Behandlung der Bluterkrankheit, Stoffe zur Verhinderung von Thrombosen u. a. m.

Zu biotechnischen Produktionsprozessen verwendete, gentechnisch veränderte Bakterien oder andere Zellsysteme werden in geschlossenen Kulturgefäßen (Fermentern) gehalten und sollen unter normalen Umständen nicht nach außen und in die Umwelt gelangen. Anders bei solchen Mikroorganismen, die z. B. im Rahmen von Umweltschutz, Energie- oder Rohstoffgewinnung oder in der Landwirtschaft eingesetzt werden sollen. Diesen werden durch Übertragung von Fremdgenen bestimmte Fähigkeiten ‚angezüchtet', die sie gerade für einen Einsatz in der Umwelt geeignet machen. Sie können dazu gebracht werden, Enzyme herzustellen, mit denen sie Ölteppiche auf den Meeren oder andere Umweltschadstoffe oder besonders giftige Sonderabfälle abbauen können. Sie können auch die Verwertung schwer zugänglicher oder unkonventioneller Rohstoffe ermöglichen. Allen möglichen Anwendungen, an denen experimentell gearbeitet wird, ist gemeinsam, daß die genetisch manipulierten Organismen das Laboratorium verlassen und freigesetzt werden sollen. Bisher (1986) ist das noch nicht in großem Stil erfolgt.

Die Ausbringung genetisch gesteuerter Mikroorganismen ist aus mehreren Gründen problematisch und hinsichtlich langfristiger Folgen nur unzureichend abschätzbar. Die Hauptgefahr, die seit Beginn der 70er Jahre zunächst von beteiligten Wissenschaftlern und zunehmend in der Öffentlichkeit diskutiert wurde, ist die der versehentlichen oder absichtlichen Konstruktion stark toxischer oder pathogener Keime, die für Pflanzen, Tiere oder Menschen eine Gefahr darstellen könnten. Darum wurden strenge Sicherheitsanforderungen an alle Laboratorien gestellt, in denen gentechnisch gearbeitet wird. Mikroorganismen, die für bestimmte Aufgaben außerhalb der Laboratorien eingesetzt werden sollen, müssen Vitalitäts- und Überlebensfaktoren für die jeweilige Umwelt mitbekommen, in der sie überleben und bestimmte Funktionen übernehmen sollen. Die Erwartung geht dann dahin, daß sie in einer anderen Umwelt als der, für die sie hergestellt werden, nicht überleben. Es gibt aber keine Erfahrung damit, wie sie sich tatsächlich verhalten werden, wenn sie in großen Mengen und auf großen Flächen ausgebracht werden. Die Gefahr liegt nicht zuletzt im Erfolg. Je erfolgreicher manipulierte Organismen bestimmte Aufgaben bewältigen, desto massenhafter wird ihr Einsatz sein.

Daß sich auch der *militärisch*-industrielle Komplex der Gentechnik angenommen hat, kann nicht verwundern. Es bedarf keiner großen Phantasie, sich auszumalen, welche neuen Dimensionen manipulierte Mikroorganismen in die biologische Kriegführung bringen können.

In der *Pflanzenzüchtung* können durch die Anwendung gentechnischer Methoden die Grenzen zwischen verschiedenen Arten, die bei der natürlichen Züchtung bestehen, überwunden und neuartige Genkombinationen gebildet werden. Die wichtigsten allgemeinen Ziele der gen- und biotechnischen Pflanzenzüchtung sind neben weiterer Ertragssteigerung und der Suche nach neuen Nutzpflanzen mit besonderem Genuß- und Nährwert Pflanzen, die frostfest sind, Pflanzen, die auf salzigen Böden oder in Dürregebieten wachsen, Pflanzen, die direkt atmosphärischen Stickstoff binden können, wodurch die Pflanzenproduktion vom Boden unabhängig würde, Pflanzen, die resistent gegen bestimmte Schädlinge sind, oder Pflanzen, die widerstandsfähig gegenüber Herbiziden sind.

In der *Tierzucht* werden mutatis mutandis ähnliche Techniken angewandt. Keimzellen oder befruchtete Eizellen sich natürlicherweise nicht paarender Tiere können verschmolzen werden, oder einzelne Gene können in die befruchtete Eizelle, die erste embryonale Zelle also, eingeschleust werden. Hybriden von Ziege und Schaf oder von Huhn und Wachtel wurden schon vorgestellt, ebenso Riesenmäuse, denen als Embryonen das Wachstumsgen von Ratten mitgegeben worden war.

Ein wichtiges Verfahren ist das *Klonieren*. Gemeint ist damit die Vermehrung von DNS-Abschnitten oder DNS-Molekülen. Man kann aber auch das gesamte genetische Material einer Zelle klonieren und erhielte, wenn dies mit einer Zelle eines Tieres oder eines Menschen geschähe, eine genetisch identische Kopie dieses Tieres oder Menschen. Klonieren ist in diesem Sinne eine ungeschlechtliche Vermehrung, eine Art Knospung. Aus einer befruchteten Eizelle, deren Chromosomen je zur Hälfte aus den mütterlichen und väterlichen Keimzellen stammen, wird das genetische Material abgesaugt und durch den vollständigen Chromosomensatz aus einer Körperzelle ersetzt. Bei Amphibien und Mäusen wurde die Technik schon erfolgreich praktiziert. Menschen können bisher (1986) noch nicht kloniert werden, doch werden Überlegungen dazu angestellt und Vorversuche unternommen. Die Gründe, Menschen klonieren zu wollen, reichen vom Anlegen einer Organreserve für spätere Transplantationen, wofür sich eine jüngere Kopie des eigenen Organismus besonders gut eignen würde, über die Erzeugung von Sportmannschaften oder guten Soldaten bis zu dem Wunsch, besonders geniale, erfolgreiche oder schöne Menschen zu vermehren möglichst natürlich unter gleichzeitiger Beschränkung der Vermehrung weniger erfolgreicher oder weniger schöner Menschen. Abgesehen davon, daß solchen Überlegungen eine biologistisch gefärbte Verkennung der relativen Bedeutung von Anlagen, Erziehung und Umwelt für die Entwicklung eines Menschen zugrunde liegt, sprechen sie auch für sich in ihrer Verachtung menschlicher Würde und Einmaligkeit. Die unverwechselbare Identität würde einer identischen Zellinie weichen.

3. Humangenetische Aspekte

Von solch problematischen Zukunftsvisionen, wie sie sich am Beispiel des Klonierens abzeichnen, einmal abgesehen, dient Gentechnik im Humanbereich zunächst der Bekämpfung erblich bedingter Krankheiten. Vielen *menschlichen Krankheiten* liegen defekte Gene zugrunde. Soweit nur ein Gen betroffen ist, sollte es eines Tages möglich sein, das defekte Gen durch ein normal funktionierendes zu ersetzen, wobei die einzelnen Schritte, wie oben beschrieben, darin bestehen, das Gen zu isolieren, zu analysieren und über einen geeigneten Vektor in die Zellen des Organs, in dem das Gen exprimiert wird, einzuführen. Das Problem besteht darin, daß es bei höheren Organismen für die Expression eines Gens nicht nur darauf ankommt, daß es überhaupt vorhanden ist, sondern auch darauf, daß es im richtigen Chromosom und an der richtigen Stelle des Chromosoms eingebaut ist. Es gibt aber bisher keine Methode, um das zu beeinflussen. Gentherapie an Körperzellen ist daher derzeit nicht durchführbar.

Anders ist der Versuch der *Behandlung genetischer Defekte* oder, allgemeiner gesprochen, die genetische Manipulation an Keimbahnzellen oder an Zellen, die die Fähigkeit zur Bildung eines ganzen Menschen besitzen, zu beurteilen. Auch in diesem Fall ist der Einbau einzelner Gene nicht gezielt möglich, so daß nicht abzusehen ist, ob und wie ein neues Gen exprimiert und wie es die Expression anderer Gene beeinflussen würde. Das Ergebnis einer Gentherapie an embryonalen Zellen beträfe nicht nur die Körperzellen des späteren Individiums, sondern auch dessen Keimbahnzellen, so daß auch alle Nachkommen die durch den Eingriff veränderte Erbinformation erhielten.

Von einigen hundert Krankheiten ist bekannt, daß sie auf Veränderungen einzelner Gene beruhen. Bei zahlreichen weiteren genetischen Abweichungen konnte ein Zusammenhang mit einer Krankheit nicht beobachtet werden. Einige genetisch bedingte Krankheiten sind behandelbar, wenn sie bei Neugeborenen erkannt werden, bei anderen kann durch eine Anpassung der Lebensweise eine Erkrankung verhindert werden. In vielen Fällen genanalytisch diagnostizierbarer Abweichung ist dagegen weder eine Behandlung noch eine Prävention möglich. Vielmehr erfährt der Betroffene, daß er in seinen Erbanlagen den Keim einer künftigen, irgendwann ausbrechenden Krankheit trägt. Allgemeine genetische Suchtests, die über das Ziel hinausgehen, bestimmte, behandelbare Krankheiten zu erkennen, sind daher wenig sinnvoll.

Je mehr genetische Faktoren erkannt werden, die die individuelle Disposition für bestimmte Krankheiten, wie z. B. Krebs oder Herzinfarkt, oder die Toleranz gegenüber Chemikalien oder anderen Belastungen eines Arbeitsplatzes verändern, um so mehr besteht die Gefahr, daß die Einstellung von Arbeitnehmern vom Ergebnis eines genetischen Suchtests abhängig gemacht wird, wie es in den USA schon geschieht.

4. Bewertung

Gentechnologie hat viele Facetten; sie ist nicht eindimensional zu bewerten. Sie ist nicht nur ein faszinierendes Forschungsfeld und Grundlage einer vielversprechenden biotechnischen Industrie, aber auch nicht nur ein weiteres und besonders radikal und irreversibel wirkendes Instrument zur Ausbeutung von Natur und Umwelt und zur Schaffung neuer Abhängigkeiten. Sie ist von beidem etwas, in einzelnen Bereichen mehr das eine, in anderen das andere. Da die Folgen der Anwendung weiter reichen können, als menschliche Einsichtsfähigkeit voraussehen kann, sollte vorsichtiger vorgegangen werden bei der Anwendung gentechnischer Verfahren, als dem ungestümen Fortschreiten der Wissenschaft entspricht. Es fehlt der gentechnischen Forschung an ausreichender Öffentlichkeit, und es gibt keine soziale Kontrolle dieser Forschung. Freiheit der Forschung kann aber kein Selbstzweck sein und sollte nicht unabhängig sein von den Zielen, denen die Forschung dient.

Literatur:
G. Altner – E. Benda – G. Fülgraff, Menschenzüchtung. Ethische Diskussion über die Gentechnik (Stuttgart 1985); *H. Bielka* (Hrsg.), Molekularbiologie (Stuttgart 1985); *W. van den Daele,* Mensch nach Maß. Ethische Probleme der Genmanipulation und Gentherapie (München 1985); *R. Knippers,* Molekulare Genetik (Stuttgart 1985); *T. Löbsack,* Das manipulierte Leben. Gentherapie zwischen Fortschritt und Frevel (München 1985); *R. Löw,* Leben aus dem Labor. Gentechnologie und Verantwortung – Biologie und Moral (München 1985); *U. Steger* (Hrsg.), Die Herstellung der Natur. Chancen und Risiken der Gentechnologie (Bonn 1985); *E.-L. Winnacker,* Gene und Klone (Weinheim 1985).

Georges Fülgraff

Gewalt

↗ Friedensethik; Gewissen; Marxismus; Nord-Süd-Konflikt; Pazifismus; Politik und Kirche; Recht und Liebe

1. Unterscheidung von Gewalt und Zwang

Mit dem Wort „Gewalt" verbindet sich in der alltäglichen Rede die Vorstellung von heftiger und deshalb schadenstiftender physischer Einwirkung. Es empfiehlt sich deshalb, diese im Alltag mit dem Wort „Gewalt" verknüpften Vorstellungen für die Definition des Begriffs beizubehalten und sie insbesondere nicht auf Zwang und Freiheitsberaubung auszudehnen. Denn eine so elementare Gegebenheit menschlichen Lebens bedarf eines ihr allein vorbehaltenen Begriffs. Nicht zu vermeiden sind allerdings Unklarheiten dort, wo leibliche und seelische Einwirkungen ineinander übergehen.

Eine Vermengung der Begriffe „Gewalt" und „Zwang" verbietet sich schon deshalb, weil Gewalt in eine ganz andere Kategorie menschlichen Tuns gehört als Zwang. Die Anwendung von Gewalt ist eine Weise des Einwirkens auf Gegenstände oder Personen. Sie bildet daher z. B. mit Zärtlichkeit, Überredung und Manipulation zusammen eine Gruppe. Zwang ausüben heißt dagegen: jemanden in eine bestimmte Lage (eine Zwangslage!) versetzen, so

daß er etwas tun muß, was er von sich aus nicht tun will. Dieser kategoriale Unterschied schließt selbstverständlich nicht aus, daß man jemanden durch Anwendung von Gewalt unter Zwang setzt. Aber wie man Zwang außer mit Gewalt noch auf vielerlei andere Weise ausüben kann, so muß Gewaltanwendung nicht mit der Absicht verbunden sein, jemanden zu etwas zu zwingen; sie kann z. B. purer Angriffslust entspringen.
Drohung mit Gewalt ist eine Variante nicht von Gewaltanwendung, sondern von Zwang. Das zeigt sich auch daran, daß man ihr auf mancherlei andere – aus der jeweiligen Lage sich bietende – Weise begegnen kann als durch Gewaltanwendung. Ferner gibt es viele Möglichkeiten, zwar mit physischen Mitteln, jedoch ohne Gewalttätigkeit Zwang auszuüben. Hierher gehören insbesondere alle Arten von Blockaden, z. B. aber auch das Niederschreien eines Redners. Obgleich derartige Aktionen nicht mit physischer Einwirkung verbunden sind und daher den Begriff der Gewalt nicht erfüllen, sind sie doch mit Recht ebenso verpönt wie diese. Denn sie versetzen den Betroffenen in eine Zwangslage, aus der er sich, wenn er Zugeständnisse an die Täter vermeiden will, nur befreien kann, wenn er seinerseits Gewalt anwendet, z. B. Leute, die sich vor sein Auto setzen, überfährt.

2. Die Wirkung von Gewalt

Wie wirkt nun und was bewirkt Gewalttätigkeit? Falsch ist die verbreitete Meinung, durch sie erniedrige der Täter den Betroffenen in jedem Falle zum Objekt. Denn in der Regel zielt Gewalttätigkeit ja gerade auf den Betroffenen als Person, ob nun der Täter ihn damit zu etwas zwingen, ob er ihn strafen oder kränken oder ob er sich an den Schmerzen, die er seinem Opfer zufügt, weiden will. – Wirklich zum Objekt wird jemand nur durch Manipulation, weil sie ihrem Begriff nach den Menschen etwas Bestimmtes zu tun veranlaßt, ohne daß ihm dies als von außen kommender Zwang bewußt wird.
Ist also derjenige, dem Gewalt zugefügt wird, in der Regel durchaus als Person gemeint, dann doch auf eine destruktive Weise: Der Täter will ihm in seinem Person-Sein absichtlich schaden. Entsprechend fühlt sich der Betroffene über den körperlichen Schmerz oder sonstige physische Beeinträchtigung hinaus in seinem Person-Sein mißachtet und gekränkt. Allerdings vermag Gewalttätigkeit das Person-Sein ebensowenig wirklich zu treffen, wie ein Angriff gegen die Menschenwürde dem Angegriffenen seine Menschenwürde tatsächlich nehmen kann. Der Täter macht sich schuldig durch das, was er tut, ohne zu erreichen, was er mit seinem Tun bezweckt. „Meinem Körper angetane Gewalt ist mir angetane Gewalt" (Hegel). Jegliche Kränkung des Person-Seins der Beteiligten schwindet allerdings, wenn beide Seiten die Gewaltanwendung akzeptieren, wie es beim vereinbarten Zweikampf oder „ritterlichen" Kampf der Fall ist. Denn hier ist die Gewaltsamkeit in die Disziplin personaler Interaktion genommen und an der Würde der Person orientiert.

3. Gewalt – Staatsgewalt – Recht

Daß Gewalt zu personaler Interaktion in Widerspruch steht, wird besonders sinnfällig an ihrem Verhältnis zur Macht. Die elementare Form der Macht ist dasjenige Potential, etwas zu bewirken oder zu erreichen, das einem Menschen aus der Zustimmung und Unterstützung anderer Personen zuwächst. Man muß daher auf deren Interessen eingehen und sich um ihre Zustimmung bemühen, wenn man Macht erlangen, vermehren oder erhalten will. Diese elementaren Voraussetzungen der Macht kann jedermann erfahren, der z. B. in einer politischen Partei Einfluß anstrebt. Weil nun also Macht - wenigstens in ihrer elementaren, der Interaktion unmittelbar entspringenden Form – die Achtung und Pflege der Personalität der anderen Beteiligten voraussetzt, wird sie durch Gewalt, die das Person-Sein des anderen mißachtet, zerstört.

Im Begriff der „Staatsgewalt" ist „Gewalt" noch in der ursprünglichen Bedeutung erhalten, wie wir sie z. B. auch in den Worten „Verwalter" oder „schalten und walten" finden. Mithin ist „Staatsgewalt" als höchste Macht und Handlungskompetenz eines politischen Verbandes zu verstehen. Davon ein Teil ist das staatliche Monopol legitimer Gewaltsamkeit. Unentbehrlich ist dieses Monopol, weil erstens der Staat in der Lage sein muß, gewalttätige Störung des Friedens, die eine niemals auszuschließende Möglichkeit bleibt, abzuwehren, und weil zweitens die staatliche Rechtsordnung nur wirksam ist, wenn sie auch gegen Widerstreben durchgesetzt werden kann. Legitim ist das Gewaltmonopol des Staates, weil und sofern es dem Frieden und dem Recht dient und wenn die mit Zwangsgewalt ausgestattete Staatsgewalt „vom Volke ausgeht" (Grundgesetz Art. 20 II), d. h. vom Wollen der Gesamtbevölkerung getragen ist.

Zwischen Gewalt und Recht besteht insofern ein innerer Zusammenhang, als es zu den wesentlichen Leistungen staatlicher Rechtsordnung gehört, das Austragen von Konflikten ohne Rückgriff auf Gewalt zu ermöglichen und Gewalttätigkeit dadurch auf ein Mindestmaß zu beschränken, daß sie unter Strafe gestellt ist. So gewährleistet die Rechtsordnung den innergesellschaftlichen Frieden. Das alles bedeutet aber, daß jegliche Gewaltsamkeit wegen ihrer primär physischen Vermittlung der Interaktion „die rechtliche Geregeltheit der Sozialbeziehungen als Bedingung menschlichen Seins selbst in Frage stellt" (Calliess). Das schließt eine Mißachtung des Friedens ein, letzteres insbesondere dann, wenn der Gewaltanwendende sich willentlich und ausdrücklich über geltende Rechtsnormen hinwegsetzt. Musterfall dafür ist die sog. Gewalt gegen Sachen. Sie besitzt einen Schein des Erlaubten, weil sie keiner Person weh tut. In Wahrheit aber handelt es sich um Friedensstörung, die nicht hingenommen werden darf, will man nicht die Abwehrkraft des Rechts auch gegen die gegen Personen gerichtete Gewalt schwächen.

4. Gewaltherrschaft und legitime Gewaltanwendung

Wenn man – wie eingangs begründet – für den Begriff „Gewalt" physische Einwirkung als wesentliches Merkmal setzt, dann trifft das Wort „Gewaltherrschaft" nicht eigentlich das, was allgemein damit gekennzeichnet werden soll. Denn solche Herrschaft gründet keineswegs allein auf permanent ausgeübter Gewalt, sondern sie wird durch vielfältige Praktiken des Zwangs, der Manipulation und des Terrors aufrechterhalten. Dabei ist wiederum der Umfang des Begriffs „Terror" keineswegs auf Gewaltakte wie z. B. Folter beschränkt, sondern er erstreckt sich z. B. auf die Politisierung privater Konflikte, auf Bestrebungen, die Individualität auszulöschen, sowie auf die „Ermordung der moralischen Person" (H. Arendt). Zu den charakteristischen Mitteln eines Terrorregimes gehört es, Menschen in ausweglose Antinomien der Gewissensentscheidungen zu versetzen; das Martyrium seiner zeichenhaften Wirkung zu berauben, indem es die Opfertat nicht öffentlich bekannt werden läßt; die Menschen so zu isolieren, daß es unmöglich wird, Widerstand breit zu organisieren.

Die Frage, unter welchen Voraussetzungen über legitimen staatlichen Gewaltgebrauch hinaus Gewaltanwendung – insbesondere in der Politik – zulässig oder gar geboten sei, erscheint in der gegenwärtigen Diskussion aus zwei Gründen komplizierter, als sie ist. Erstens überschneiden sich die zwei gegenläufigen Tendenzen, einerseits jeglichen Gebrauch von Gewalt für menschenunwürdig schlechthin zu halten, andererseits den Einsatz von Gewalt nicht nur zur Abwehr von Unrecht, sondern auch zur Mehrung der Gerechtigkeit zu fordern (s. u.). Zweitens wird die Frage, wann Gewalt zulässig sei, oft auch dann isoliert erörtert, wo sie sich in Wirklichkeit nur als Teilfrage des Widerstandsrechts und der Legitimierung von Revolution zureichend beantworten läßt.

Auf alle Fälle gilt, daß Gewalt zulässig sein muß, um tatsächlich stattfindende Gewalttätigkeit abzuwehren. Denn physischem Einwirken kann man nicht anders denn durch physische Mittel begegnen. Doch sollte die Verteidigung begleitet sein von dem Bemühen, den Angreifer von der Gewaltanwendung abzubringen. Daher bleiben z. B. Kriegführende verpflichtet, *politische* Auswege aus dem Konflikt zu suchen und auf Vermittlungsdienste Dritter einzugehen. Geboten ist Gewaltanwendung ferner dann, wenn nur noch auf diese Weise Verhältnisse überwunden werden können, die von eben der Art sind, wie sie durch Gewalt bewirkt werden (strukturelle Gewalt).

Wenn sich gegenwärtig die Fälle häufen, in denen Menschen sich zu Gewaltakten selbst berechtigt fühlen bzw. bereit sind, sie anderen zuzubilligen, so liegt das weniger daran, daß zu den seit je allgemein anerkannten Rechtfertigungsgründen neue hinzugefügt wurden. Vielmehr wird der Umfang dieser Gründe in ähnlicher Weise immer weiter gefaßt, wie man den Begriff „Gewalt" ausgedehnt hat. Wer sich einbildet, der Staat verkörpere für die Grundrechte die stets mögliche Unmenschlichkeit (D.-D. Hartmann); wem normales rechtsstaatliches Handeln, ja sogar staatliche Toleranz als „repressiv" gilt; wer den Gebrauch von Atomenergie für eine unmittelbare Bedrohung der Existenz der Menschheit hält, der muß entsprechend oft glauben, Gewalt sei die einzig noch mögliche und in Anbetracht der zu verteidigenden höchsten Güter auch legitime Abwehr. Zu argumentieren ist in derartigen Fällen in erster Linie nicht erst gegen das Mittel Gewalt, sondern gegen abwegige Vorstellungen von dem, was ein Staat ist, und gegen irrationale Ängste.

5. Kriterien gerechter Gewaltanwendung

Die Neigung zu Gewaltgebrauch wächst auch, wenn Gewalt nicht nur zum Schutz des Rechts bzw. zur Abwehr von Unrecht für legitim angesehen wird, sondern auch zur Mehrung der Gerechtigkeit. Hier werden die gesellschaftlichen Verhältnisse nicht nach dem tatsächlich erreichbaren Maß an Gerechtigkeit beurteilt, sondern sie werden nach moralisch gesetzten absoluten Kriterien nicht nur als ungenügend, sondern auch als auf friedliche Weise nicht veränderbar angesehen. Daher erscheint nur noch gewaltsame Abhilfe möglich. Diese Vorstellungen verbinden sich leicht mit dem Begriff „positiver Frieden", nach dem alle Ungerechtigkeit dem Wirken „struktureller Gewalt" zugeschrieben wird, das ist Gewalt, die nicht physisch ausgeübt wird, sondern in den gesellschaftlichen Verhältnissen enthalten ist. Zwar betont der Erfinder dieser Theorie, *Johan Galtung,* ausdrücklich, daß die Anwendung physischer – wie er sagt: personaler – Gewalt als Mittel gegen strukturelle Gewalt, nicht nur unzulässig, sondern auch ungeeignet sei. Dementgegen aber läßt sich in der politischen Praxis leicht die Überzeugung verbreiten, daß strukturelle Gewalt, da es sich schließlich um Gewalt handele und sich wie Gewalt auswirke, zur Anwendung von „Gegengewalt" berechtige.

Die aktuelle Problematik der gegenwärtigen Auseinandersetzungen über berechtigte Gewaltanwendung liegt also weniger darin, daß es schwierig wäre, deren Voraussetzungen zu bestimmen, als vielmehr in der Neigung, diese Voraussetzungen im Einzelfall voreilig als gegeben zu behaupten. Man sollte deshalb als Mahnung beherzigen, was Papst Paul VI. in der Enzyklika „Populorum progressio" Nr. 31 über die Revolution geschrieben hat und was mit entsprechenden Kautelen auch in die Instruktion „Libertatis conscientia" (Nr. 79) der römischen Glaubenskongregation von 1986 übernommen wurde: „Jede Revolution – ausgenommen im Fall der eindeutigen und lange dauernden Gewaltherrschaft, die die Grundrechte der Person schwer verletzt und dem Gemeinwohl des Landes ernsten Schaden zufügt – zeugt neues Unrecht, bringt neue Störungen des Gleichgewichts mit sich, ruft neue Zerrüttung hervor. Man kann das Übel, das existiert, nicht mit einem noch größeren Übel vertreiben."

Literatur:
H. Arendt, Macht und Gewalt (München 1970); *dies.,* Elemente und Ursprünge totaler Herrschaft (Frankfurt a. M. 1955); *R.-P. Calliess,* Der Begriff der Gewalt im Systemzusammenhang der Straftatbestände (Tübingen 1974); *Ch. v. Ferber,* Die Gewalt in der Politik. Eine Auseinandersetzung mit Max Weber (Stuttgart 1970); *J. Galtung,* Gewalt, Frieden und Friedensforschung, in: *M. Funke* (Hrsg.), Friedensforschung. Entscheidungshilfe gegen Gewalt (München 1975); *H. Greifenstein* (Hrsg.), Macht und Gewalt. Leitlinien lutherischer Theologie zur politischen Ethik heute (Hamburg 1978); *D.-D. Hartmann,* Verwirkung von Grundrechten, in: Archiv des öffentlichen Rechts 1970, 567 ff.; *N. Lohfink – R. Pesch,* Weltgestaltung und Gewaltlosigkeit. Ethische Aspekte des Alten und Neuen Testaments in der Einheit und in ihrem Gegensatz (Düsseldorf 1978); *K. Röttgers – H. Saner* (Hrsg.), Gewalt. Grundlagenprobleme in der Diskussion der Gewaltphänomene (Basel – Stuttgart 1978); *F. M. Schmölz,* Chance und Dilemma der politischen Ethik (Köln 1966).

Hans Buchheim

Gewissen

↗ Buße und Bußpraxis; Lehramt; Menschenrecht; Rechte und Ethik; Wertewandel

1. Mehrdeutiger Sprachgebrauch

Anders als das Englische oder die romanischen Sprachen unterscheidet das Deutsche zwischen Bewußtsein und Gewissen. Dabei bezeichnet Bewußtsein die erkenntnisbezogene Seite der dem Menschen wesentlichen Fähigkeit der Reflexion, die unterschwellig seinen Lebensvollzug als den ihm eigenen begleitet und ihn jederzeit in die kritische Überprüfung zu heben vermag. Gewissen dagegen umschreibt dasselbe geistige Vermögen hinsichtlich des eigengestalterischen Handelns und Verhaltens und der dieses bestimmenden persönlichen, im Rahmen der je möglichen Freiheit gesetzten Entscheide. Mit Gewissen meint man entsprechend die sittliche Fähigkeit des Menschen zur Verantwortlichkeit für sein Tun und Lassen.

Dennoch ist auch das deutschsprachige Bedeutungsspektrum nicht einheitlich. Vielmehr lassen sich im *alltäglichen Sprachgebrauch* drei sittlich relevante Bedeutungsstränge unterscheiden: 1. das die menschliche Tat rückblickend hinsichtlich ihres Bezugs auf die sittlichen Ziele und Erfordernisse beurteilende, sog. gute bzw. schlechte Gewissen; 2. die bildungsfähige sittliche Grundanlage des Menschen, dank welcher verschiedene konkrete Handlungsmöglichkeiten auf ihre sittliche Zielkonformität anhand von Kriterien so gegeneinander abgewogen werden können, daß sich, nun prospektiv, eine davon als die sittlich hier und jetzt geforderte zu erweisen vermag; 3. die in freier Verantwortung aus solcher Erwägung wachsende persönliche Entscheidungstat, der sog. „Gewissensentscheid".

Diesem umgangssprachlichen Befund entspricht auch die *biblische Sicht,* die zwar (außer einmal in der Weisheitsliteratur: Weish 17,10) nur in den paulinischen Schriften den dem griechischen Denken geläufigen Gewissensbegriff „Syneidesis" verwendet, der Sache nach aber das Gewissensphänomen durchaus thematisiert. Daß diese Ausdrücke dann vor allem das Gewissen als Anlage zu sittlicher Verantwortung umschreiben, liegt auf der Hand, wobei die stete Aufforderung zu wacher Hörbereitschaft an den frommen Israeliten wie durch Jesus an seine Jünger ebenfalls in diese Richtung deutet. Das beurteilende Gewissen dagegen erscheint als schlechtes Gewissen narrativ in der Geschichte vom Sündenfall der Ureltern bzw. des Kain (Gen 3,4ff. bzw. 4,9ff.) oder bei Petrus nach dessen Verleugnung Jesu (Mt 26,74) und in Bildworten im Reuepsalm 51, dem das Lob des guten Gewissens von Ps 36 gegenübersteht. Vor allem aber wird die persönliche Gewissensentscheidung thematisiert in den zahlreichen Berufungsberichten der alttestamentlichen Propheten wie in den Appellen Jesu zur Metanoia als Sinnesänderung und Umkehr und so in seine Nachfolge.

2. Das retrospektiv beurteilende Gewissen

Obwohl aus diesem Bedeutungsspektrum das beurteilende Gewissen, vor allem in seiner negativen Ausprägung als schlechtes oder „beißendes" Gewissen, existentiell offensichtlich besonders deutlich erfahren wird (in freier Assoziation verbindet sich der Gewissensbegriff spontan meist mit dieser Bedeutung), ist seine ethische Tragweite relativ gering. Denn einmal ist dieses rückblickend urteilende Gewissen manchen Täuschungen ausgesetzt. Dann aber kann für die künftige Entscheidungsfindung das rückblickende Urteil des Gewissens nur insofern von Bedeutung sein, als eine weitgehend ähnliche Entscheidungssituation eine kasuistische Übertragung zuläßt. Gerade dies aber dürfte außer für Bagatellfälle in einer differenzierten und sich rasch verändernden Epoche nur sehr selten zutreffen. Entsprechend wenig angepaßt ist es unter dieser Voraussetzung moralpädagogisch dann auch, die Gewissensbildung vorrangig über diese Erfahrung des guten bzw. schlechten Gewissens aufbauen zu wollen.

3. Gewissen als bildungsfähige sittliche Anlage

Der ethisch bildende Gesichtspunkt hat vielmehr bei der Auseinandersetzung mit dem Gewissen als sittlicher Anlage anzusetzen. Als sog. „Synderese" bzw. als „Seelenfünklein" oder als „potentia oboedientialis", also als Horch- und Gehorchfähigkeit des Menschen schon in der mittelalterlichen Moraltheologie eigens benannt und reflektiert, erlauben die entwicklungspsychologi-

schen Erkenntnisse ein differenzierteres Bild dieser den Menschen in seinem innersten Personkern bestimmenden Fähigkeit, deren Entfaltungsgrad weitgehend denjenigen der Persönlichkeit selber bestimmt.
Im Verlauf der normalen Persönlichkeitsentwicklung lassen sich so (in Anlehnung an J. Piaget) wenigstens drei freilich nicht sauber gegeneinander abgrenzbare Phasen unterscheiden, nämlich 1. das kleinkindliche *„Harmoniegewissen"*, wo sich in anpassender Harmonie bzw. in ablehnendem Trotz eine erste einfache Entscheidungsalternative anbietet. Darauf folgt im Kindesalter ein *„Autoritätsgewissen"*, das zwar sachlich normativ sittliche Inhalte zu differenzieren vermag, ohne allerdings deren Begründung voll einzusehen; die jeweilige Gültigkeit der ethischen Forderung ergibt sich nicht aus Einsicht, sondern aus der Anerkennung der sie vertretenden Autorität (Eltern, Lehrer). Mit der beginnenden Pubertät wird diese Sicherung jedoch zunehmend fragwürdig, indem sich die Autorität als solche wie auch hinsichtlich der geforderten Inhalte begründend vor einem sich entfaltenden *persönlichen Gewissen* als geltend ausweisen muß.
Dabei läuft diese Entwicklung kaum je konfliktfrei ab und führt in ihrem Vollzug auch keineswegs aus innerer Notwendigkeit zu einer vollpersönlich zu eigener Verantwortung entfalteten Gewissensfähigkeit. Dennoch scheint es eine einseitige Verkürzung zu sein, wenn der Grad an Persönlichkeit nur an der rational reflektierbaren Rechtfertigungsfähigkeit eigenen Handelns bemessen wird. Vielmehr geht es um eine gesamtpersönliche, begrifflich oft kaum faßbare Eigenverantwortlichkeit, die auch noch in feinere Entwicklungsschritte unterteilt werden kann (so etwa bei L. Kohlberg), aber dem intellektuell kognitiven Moment doch die ausschlaggebende Rolle nicht so zumessen darf, daß letztlich nur noch ein geringer Anteil der Menschen als sittlich eigenständig gelten könnte.
Ziel jeder Gewissensbildung und damit auch jeder diese stützenden ethischen Reflexion ist aber gerade eine solche personale Eigenständigkeit, aus der heraus erst eigenverantwortete Entscheide überhaupt gefällt werden können.

4. Der personale Gewissensentscheid

Wie sehr hier die zentrale Bedeutung des Gewissensbegriffs liegt, zeigt schon die Tatsache, daß die mittelalterlichen Ethiker unter Gewissen allein die Entscheidungstat als solche verstanden wissen wollten. Mit diesem Akt trifft die menschliche Person in dem ihr zugemessenen freien Gestaltungsspielraum sowie unter Anerkennung von sittlichen Prinzipien und Zielsetzungen (besonders des aus religiöser Glaubensbindung erfaßten Gotteswillens bzw. christlich aus dem Impuls des evangelischen Liebesgebotes) und unter der möglichst umfassenden Erkenntnis der situativ konkreten Umstände die das Idealziel hier und jetzt bestmöglich verwirklichende Entscheidung, um sie dann in die konkrete Tathandlung umgesetzt auszuführen (bzw. sie verweigert sich in sündigem Trotz frei dieser eingesehenen sittlichen Konsequenz). Dabei ist diese Zusammenordnung von sittlicher Entscheidungsbereitschaft mit der Ausrichtung auf die gesetzten sittlichen Zielvorstellungen oder Ideale und dem bestmöglichen Erkennen der konkreten Umstände in ihrer tatsächlichen Gegebenheit wie im Ermessen ihrer künftigen Chancen und Gefahren eine komplexe Aufgabe. Zu ihr müssen eigene Lebenserfahrung wie auch die bewährten und zu sittlichen Normen verdichteten Erfahrungen früherer Generationen ebenso als Orientierungshilfen beigezogen werden wie die zur Abschätzung von faktischen Zuständen und Entwicklungen nützlichen, differenzierten Erkenntnisse der Humanwissenschaften wie schließlich die dem Menschen aus religiöser Bindung in Gebet und Meditation zuwachsende innere Einsicht in einen ihn hier und jetzt betreffenden Anspruch Gottes. Diese sittliche Fähigkeit der Koordination aller die personale Entscheidung bedingenden Elemente bestimmte in Anlehnung an die Antike die scholastische Moraltheologie als Tugend der *Klugheit,* die sie daher nicht nur als „Wagenlenker aller anderen Tugenden", sondern auch als eine ebenso erworbene (und daher aktiv zu pflegende) wie als von Gottes Geist eingegossene (also als Gnade empfangene) umschrieb.

Daß eine so verstandene Klugheit nicht nur die klassischen Ansätze zu einer Unterscheidung der Geister, sondern auch die modernen humanwissenschaftlichen Erkenntnisse, vorab diejenigen der Tiefenpsychologie, einschließt, versteht sich von selbst. Insofern schützen auch die Einsichten S. Freuds zum „Über-Ich" (als Instanz anerzogener Idealforderungen) oder die Archetypenlehre C. G. Jungs oder die Schicksalsanalyse von L. Szondi vor Selbsttäuschungen; denn nicht jede Gewissensregung ist auch „Stimme Gottes."

5. Überprüfung und Kontrolle

Nüchtern war man sich dabei bewußt, daß auch eine noch so gute Absicht, sich für das sittlich Gute zu entscheiden, noch nicht unbedingt auch das sittlich Richtige erkennen läßt und daß sich daher die Einsicht der Vernunft wie die religiöse Berufungsmotivation gegenseitig sowie am Rat guter Freunde und der normativen Erfahrungen anderer überprüfen lassen müssen. Aber auch solche kritischen Überprüfungen verhindern trotz bestem Willen, zumal die notwendige Güterabwägung und die daraus folgende konkrete Entscheidung oft unter erheblichem Zeitdruck gefällt werden muß, nicht unbedingt jeden Irrtum im konkreten Urteil; es gibt also das, was man traditionellerweise das *„schuldlos irrende Gewissen"* genannt hat.

Daß der so bestmöglich gefällte Entscheid, auch wenn er sich im nachhinein als völlig irrig erweisen sollte, sittlich nur als gut bezeichnet werden kann, versteht sich, allerdings nur dann, wenn wirklich aus „bestem Wissen und Gewissen" heraus und nicht unter unterschwelliger Bequemlichkeit oder fahrlässigem Nichtwissen irgendwie verkürzt geurteilt wurde. Das persönliche Gewissen ist und bleibt so in einer im Sinn des Zweiten Vatikanischen Konzils verstandenen *Gewissensfreiheit* wirklich die letzte Entscheidungsinstanz, die – sofern daraus nicht Dritten zu Unrecht ein Schaden erwächst – auch von der Gesellschaft wie der Kirche Achtung erheischt. Damit gehört die Gewissensfreiheit zwar zu den Menschenrechten; sie ist aber kein Freibrief für Willkür. Auch macht es einen Unterschied, ob sie in einer Gemeinschaft mit notwendiger Zugehörigkeit wie dem Staat oder in einer freiwilligen Überzeugungsgemeinschaft wie der Kirche wahrgenommen werden muß. In jedem Fall aber hat größtmögliche Toleranz unter Ausschluß von repressiven Maßnahmen als ethische Maxime zu gelten. Obwohl zur eigenen Klärung auf den Rat anderer angewiesen, ist es also doch das Gewissen allein, das die Verantwortung sowohl für ihre Bildung wie für ihr Urteil trägt. Als Schuld bzw. Sünde kann daher nur jener Entscheid bezeichnet werden, der bewußt und gewollt gegen die Gewissenseinsicht gesetzt wird, nicht aber das, was unter innerem oder äußerem Zwang oder aus mangelnder Erkenntnis falsch eingeschätzt wurde.

Insofern stellen dann auch jede Reduktion des Gewissens auf den bloßen Gehorsam gegenüber gesetzten Autoritäten oder die kasuistisch bis ins einzelne ausgefalteten normativen Vorschriften eine Verkürzung dar, die gerade auch der religiös motivierten Entscheidung den dynamisch auf die je bessere Verwirklichung des Liebesgebotes gerichteten Schwung nimmt. Das Gewissen wird so auf eine letztlich realitätsferne Grenzmoral beschränkt, welche, auch durch sog. Moralsysteme zum freieren Umgang mit Normen kaum gemildert, nur allzuleicht in falscher Sicherheit am Gesetzesbuchstaben kleben bleibt und so die Herausforderung der Zeichen der Zeit übersehen läßt.

Literatur:
K. Demmer, Die Lebensentscheidung (Paderborn 1964); *J. Fuchs* (Hrsg.), Das Gewissen (Düsseldorf 1979); *F. Furger,* Gewissen und Klugheit (Luzern 1965); *K. Golser,* Gewissen und objektive Sittenordnung (Wien 1975); *L. Kohlberg,* Zur kognitiven Entwicklung des Kindes (Frankfurt 1974); *D. Mieth,* Gewissen. in: Christlicher Glaube in moderner Gesellschaft, Bd. 12 (Freiburg i. Br. 1981) 137–184 (Lit.); *K. E. Nipkow,* Moralerziehung, Gütersloh 1981; *A. J. Nowak,* Gewissen und Gewissensbildung heute (Wien 1978); *N. Petrilowitsch,* Das Gewissen als Problem (Darmstadt 1966); *J. Piaget,* Das moralische Urteil beim Kind (Zürich 1954); *K. Rahner,* Das Dynamische in der Kirche (Freiburg i. Br. 1956); *D. Sölle,* Phantasie und Gehorsam (Stuttgart 1965); *G. Virt,* Epikie – verantwortlicher Umgang mit Normen (Mainz 1983).

Franz Furger

Glaubensvermittlung

↗ Basisgemeinden; Befreiungstheologie; Gemeinde; Gott; Gottesdienst; Jesus Christus; Kirche; Laien; Mission; Priestermangel; Religiöse Erziehung; Religionsunterricht; Seelsorge; Verkündigung

1. Glaubensvermittlung als Aufgabe

Den Glauben vermitteln heißt: ihn weitergeben, ihn „lehren", in ihn (und seine Praxis) einführen und innerlich und äußerlich die Zugehörigkeit zur Glaubensgemeinschaft realisieren. Die Forderung, den Glauben zu vermitteln, ist Bestandteil der Offenbarungszeugnisse selbst. Sie richtet sich an Erwachsene und über diese an deren Söhne und Töchter (vgl. Dtn 6,4–9; 29 und 30; Psalmen und Weisheitsliteratur). Im Neuen Testament begegnet Jesus als Lehrer, der Schüler hat (nur in der deutschen Übersetzungstradition steht das Wort „Jünger"). Die Kirche des Matthäus sieht sich verpflichtet, alle Menschen aller Völker „zu Schülern" Jesu zu machen, damit sie tun, was er „geboten" hat (28,19 f.). Den nachfolgenden Jahrhunderten stellt sich die Aufgabe der Glaubensvermittlung, je nachdem als Mission, Evangelisation oder Katechese, als Auftrag des Auferstandenen oder als selbstverständliche Pflicht des von Gott berufenen „Volkes".

2. „Inhalt" der Glaubensvermittlung

a) Glauben kann verstanden werden als ein „Inhalt" *(fides quae)*. Dabei geht es nicht zuerst um Aussagen oder Wahrheiten des Denkens, sondern um die Erkenntnis des Willens Gottes, der über Mose und die Propheten geoffenbart worden ist und der in Jesus greifbar und sichtbar geworden und zur Nachfolge angeboten worden ist, wobei durch ihn und Gottes Geist auch die Kraft geschenkt wurde, den Glaubensgehorsam zu leben.
Zentraler Inhalt der Glaubensvermittlung ist die „Frohe Botschaft" von der Erlösung aller Menschen, die Gott in Jesus Christus gewirkt hat und zu deren Annahme alle eingeladen sind. In der Botschaft Jesu (Mk, Mt, Lk) wird vom Reich Gottes gesprochen, das nahe ist bzw. schon da ist, das andererseits aber erst anbrechen wird, wenn der Vater es bestimmt hat. Paulus spricht von der Auferweckung des Gekreuzigten, an der wir durch die Taufe schon teilhaben, wenn auch die „Auferstehung der Toten" noch aussteht. Gegen Ende des Neuen Testaments (Joh) dominiert die Verheißung „ewigen Lebens".
Aufgrund von Kreuz und Auferstehung, die Botschaft und Wirken Jesu bestätigt haben, ist der glaubende und getaufte (= schon erlöste) Christ dem konkreten und radikalen Anspruch ausgesetzt, den Sinneswandel (metanoia) zu vollziehen und ein Leben „in der Spur Jesu" zu führen.
Nur in der Kirche und durch sie wird die *fides quae* lebendig gehalten. Dies ist zunächst und vor allem eine Sache gegenwärtiger Gnade (die Kirche als

„Grundsakrament") und lebendigen Zeugnisses von Heiligen, von Diensten (Ämtern) und von Charismen (besonderen Gaben, die jeder Christ einbringen soll, der sie empfangen hat). Als Lehrerin hat die Kirche auf die „Rangordnung der Wahrheiten" (Unitatis redintegratio 11) und auf den Vorrang des Wortes der Schrift vor ihren eigenen Dogmen und Normen zu achten.
b) Glaube ist auch ein neues Verhältnis des Menschen zu Gott *(fides qua)*. Abraham glaubte Gott, verließ seine Heimat und erlangte so Gerechtigkeit und Erfüllung dessen, was ihm verheißen war (Röm 4). Glaube ist unbedingtes Vertrauen, ist „Amen sagen" zu Gott. Dies ist ein Geschenk der Gnade und nicht durch Glaubensvermittlung „herzustellen". Weil Jesus den Weg des Kreuzes gegangen ist, nennt ihn Hebr 12,2 den „Urheber und Vollender des Glaubens". Weil Gott ihn auferweckt hat, ist Glauben sinnvoll und stiftet unser Heil. Im Glauben ist schon Wirklichkeit, worauf wir hoffen, und erweist sich als tatsächlich, was wir nicht sehen (Hebr 11,1). Insofern geht Glaubensvermittlung auf eine Zukunft, die schon gegenwärtig wirksam ist. Glaube ist *eine Art zu leben,* nämlich in Gott und vor Gott zu leben, als unserem Ursprung und unserer Zukunft, als unserem Geheimnis, das in uns gegenwärtig ist und als in allen Menschen und Dingen gegenwärtig erfahren werden soll. Daraus ergibt sich zugleich eine Nonkonformität mit „dieser Welt" der Ungerechtigkeit, der Aggression und der Selbstsucht (Röm 12,2), weil der Glaubende sich Gott zur Verfügung stellt und so den Mitmenschen, der Gesellschaft und der gesamten Schöpfung in einer Radikalität sich hingeben kann, die fern ist von Ideologien und in einem Maße frei, das „unsere Möglichkeiten aus uns selbst" übersteigt.
Glaube ist Gerechtsprechung und *zielt auf Gerechtigkeit*. Weil aber Gerechtigkeit und Liebe (in der Sprache der Bibel) das gleiche sind und sich im Vollzug als eines erweisen, ist Gott als die Liebe der Grund und der Inhalt des Glaubens zugleich. Das Wort „Inhalt" verliert hier seine eigentliche Bedeutung, denn Gott ist weder durch unser Erkennen zu umgreifen, noch durch unser Verhalten zu erreichen. Glaube wird zur Tat Gottes an uns und Glaubensvermittlung zu seinem Werk, bei dem er uns als Werkzeuge gebraucht.

3. Weisen der Vermittlung

Glaubensvermittlung bedient sich der „Lehre". Das Schwergewicht dieser Lehre (die es schon im Alten und Neuen Testament gibt) verschiebt sich in der lateinischen Kirche von der Kundgabe des Willens Gottes stärker in Richtung auf ein „Wissen" (das im Alten und Neuen Testament nur eine an Praxis gebundene Bedeutung hat). Erfahrung ist nicht denkbar ohne kognitive Strukturen, in die Gehörtes, Wahrgenommenes, Erlebtes integriert werden können. Auch Glaube, gerade auch mystische Erfahrung, setzt Erkennen voraus, damit dieses „überboten" werden kann. Allerdings muß im Glauben „Wissen" überboten werden, weil Geheimnisse nicht gewußt werden können und weil es nicht auf unser (Glaubens-Wissen), sondern auf unser Tun ankommt. Eine Glaubensvermittlung in Sätzen, die zu lernen sind, ist darum nicht mehr als die kognitive Basis für Glaubensmystik und Glaubensethik. Daß „zur Grundausstattung eines Christen ... die Kenntnis der elementaren Glaubensformen" gehört (G. Biemer), nämlich des *Symbolon,* des Vaterunsers, der „Gebote", der Sakramente, sollte beachtet werden. Religionsunterricht, Katechese und Predigt haben es nicht primär mit Problemerörterung und Identitätsfindung zu tun. Denn in diesem Fall mag zwar die Gesprächsbereitschaft groß sein und die Interaktion „adressatenorientiert" verlaufen, aber ein überdauerndes „Lernen" findet nicht statt, und der Weg zum Christsein wird nicht beschritten. Der Katechismus wird zur Zeit vom Lehramt als die entscheidende Hilfe dafür angesehen, daß wieder wirksame Glaubensvermittlung erfolgt. Bei aller Bedeutung des Glaubenswissens hat jedoch eine Glaubensvermittlung über Katechismen ihre Grenzen und Nachteile. Zum Glauben gelangt man nicht „durch umfassende und vollständige Belehrung", sondern über die Einladung (Joh 1,30) des „Komm und seht!" (E. Paul). Der eindeutige Begriff und der unmißverständliche Satz haben ihren Ursprung in der Philosophie und nicht im biblischen Glaubenszeugnis. Jesus „redete zu ihnen in Gleichnissen" (Mk 3,23), und auch die Glaubensvermittlung geschieht *in Bildern,* Metaphern und Symbolen. Daß Gott uns nahe ist und unser Denken ihn dennoch nicht erreicht, wird darin angemessen ausgedrückt. Glaubensvermittlung sollte nicht nur die Hilfe einer (begrenzt richtigen) *Glaubenslogik,* sondern noch mehr die einer *Glaubensästhetik* in Anspruch nehmen.

Wo nicht „gehört" und im Verschleiß des Medienkonsums nicht mehr „geschaut" wird, wo es die Regeneration des Schweigens nicht gibt, kann das Wort des Glaubens nicht gehört und das Symbol nicht geschaut werden, in welchen Gott sich und seine Erlösung kundgibt.

Die Notwendigkeit einer Glaubensvermittlung über „Symbole" wird neuerdings betont, aber das Wort „Symbol" wird verschwommen gebraucht. Den Symbolen der Sprache voraus liegt die Wahrnehmung symbolischer Bedeutung, z.B. wenn am Morgen die Finsternis dem Licht weicht, wenn Brot gegessen wird oder wenn Menschen sich umarmen. Wie sich Symbole in Kunstwerken ausdrücken lassen, können sie auch ihren Zugang zum Denken über Sprache finden, wenn diese bildhaft-konkret und von einem präzisen Anspruch ist, statt Abstraktes auszudrücken und allgemein-gültige Aufforderungen vorzutragen.

Auf diese Art ist biblische Sprache symbolisch, sei es, daß sie erzählt, daß sie bekennt, daß sie betet oder Gottes Gebot vorträgt. Stets geht es um ein unzergliedertes Ganzes, das den Hörer mit seiner „ganzen Kraft" beansprucht. Die Eigenart biblischer Glaubensaussagen begegnet im Kontrast von Kreuz und Auferstehung, den Grundsymbolen biblischen Glaubens. Wenn das Bekenntnis „Jesus ist (göttlicher) Herr" und der Glaube, „daß Gott ihn auferweckt hat", retten (Röm 10,9), so weist der Gebrauch des Namens „Jesus" auf Wirken und Tod eines Menschen hin, und wenn Paulus nichts anderes wissen und verkünden will als „Christus, und zwar den Gekreuzigten" (1 Kor 1,23; 2,2), so sagt eben der Titel des „Christus" aus, daß am Kreuz nicht nur ein menschliches Schicksal tragisch endete, sondern Gottes ganz andere Weisheit und Kraft offenbar wurden. Das ist der Kern des Glaubens, von dem alles andere, das geglaubt wird, abhängt. Glaubensvermittlung hat also dieses einfache und radikale Symbol der Gegenwart Gottes unter den Menschen zu enthüllen und nicht mit sekundären Formeln und Institutionalisierungen zu verstellen.

4. Orte der Vermittlung

Die Kirche als Institution lehrt den Glauben in *formellen katechetischen Veranstaltungen* (z. B. im Erstkommunionunterricht), sie läßt ihn im Religionsunterricht der Schule bezeugen und predigt ihn im Gottesdienst. Solche Lehre bedarf des „Kontextes". Erster und besonders wichtiger Kontext ist die *Liturgie*. Glaubensvermittlung geschieht in der Liturgie und durch die Symbole der Liturgie. In der Spendung der Sakramente ist Wirklichkeit, was die vollzogenen Symbole „bedeuten". Glaubensvermittlung ist zugleich Einführung in die Liturgie. Der Glaube ist Feier, die sich verlängert in den unaufhörlichen Lobpreis gläubigen Lebens.
Insofern ist auch die *Praxis der Liebe und des befreienden Handelns* notwendiger Kontext der Glaubensvermittlung. Ohne daß Christen gegen Ungerechtigkeit kämpfen (und einzelne in diesem Kampf getötet werden), bliebe das Theodizeeproblem ungelöst: Keiner müßte (oder könnte) an einen „gerechten Gott" glauben, gäbe es nicht das Zeugnis des Lebens aus Gottes Gerechtigkeit. Der Ort solchen Zeugnisses ist die Gemeinde oder die kleinere Gemeinschaft (Basisgemeinde, Pfarrei), zu der die größeren Einheiten (Bistum, Weltkirche) ein subsidiäres sowie ordnungs- und einheitstiftendes Verhältnis haben. Ordnung muß sein, und auf Ämter kann nicht verzichtet werden. Christliche Gemeinschaft wird aber nur gepflegt, wenn auch die Freiheit sich entfalten kann, zu der Christus jeden „Erlösten" befreit hat.
Glaubensvermittlung durch die *Familie* und in ihr wird, nachdem die Ineffizienz anderer Arten von Inkulturation, Katechese und Evangelisation deutlich geworden ist, geradezu propagiert. Intakte elterliche und geschwisterliche Liebe (auch die Tätigkeit von Erzieherinnen und Erziehern im Elementarbereich und in der Grundschule) legt die unverzichtbare Basis und wirkt als ein Sakrament des Kleinkindes. Mehr ist aber in der Regel nicht gegeben.
Glaubensvermittlung ist vom sozialen Kontext abhängig, in dem sie geleistet werden soll. Sie geht andere Wege mit anderen Erfolgsaussichten in unserer Industriegesellschaft, in einem kommunistischen Land wie Polen (in dem das Überleben des Volkes durch seinen Glauben verbürgt ist) oder bei den Campesinos Perus, für die das Evangelium den einzigen Weg aus Sinnlosigkeit und Verzweiflung in eine gerechtere Zukunft darstellt. Vielleicht ist es

die entscheidende Aufgabe der Christen in europäischen Industriegesellschaften, deren Jugend der Kirche verlorengeht und deren Weg in die „religiöse Subkultur" vorgezeichnet scheint, die (befreiende) Evangelisation der Dritten Welt zu unterstützen und diese vor Machtausübung und Gewaltanwendung zu schützen. Das Heil der Endzeit wirkt freilich Gott selbst, gerade weil wir versagen.

5. Konzepte

Joseph Gevaert nominiert drei notwendige Erfahrungsmodalitäten der Glaubensvermittlung: die „Transzendenzerfahrung in der Mitte existentieller Erfahrung"; die „Erfahrung der biblischen Zeugen", zu der Zugang zu vermitteln ist; schließlich als wichtigstes: die „Erfahrung mit dem gelebten Glauben".
Der im Glauben erkannte Kontrast von Tod und Auferstehung Jesu legt es nahe, sterben zu lehren (d.h. die Annahme des Todes in der Nachfolge Christi als den entscheidenden Inhalt der Praxis des Glaubens aufzuweisen) und so auf die Auferstehung zu hoffen. Weil Sterben täglich geschieht – auf vielfache Weise „sterben" die Zeugen des Glaubens und ihre „Schüler" im Vollzug des täglichen Lebens –, ist freilich auch Auferstehung schon tägliche Realität, der Wahrnehmung verborgen, aber dem Glauben erfahrbar.
Von großem Nutzen ist für unsere kognitiv systematisierte Glaubensvermittlung der Blick auf das „Glauben lernen in Israel" (N. Lohfink). Der Lernende lebt in einer Welt der Schrifttexte, die er selber lernt und rezitiert und die in der Versammlung laut werden. Dabei erfährt er, daß „Sein Volk" anders ist als die Staaten der Heiden und ihre Machtausübung. Auch das Gottesvolk der Christen muß lernen, anders zu sein als die Völker, den Gesetzen dieser Welt nicht „gefügig", sondern auf die Erfüllung dessen hoffend, was Gott verheißen hat. Das Glaubenlernen erreicht sein Ziel nicht, außer es wird erkannt, „daß es zum Glauben gehören kann, aus dem Land, in dem man bisher gelebt hat, auszuziehen und in ein anderes Land zu ziehen, das Gott bereitet hat".

Literatur:
G. Biemer, Was deinem Leben Tiefe gibt. Eine Schule des Glaubens (Freiburg i. Br. 1984); *J. Gevaert,* La dimensione esperienziale della catechesi (Turin 1984); *F. X. Kaufmann – G. Stachel,* Religiöse Sozialisation, in: Christlicher Glaube in moderner Gesellschaft, Bd. 25 (Freiburg i. Br. 1981) 117–164; *E. Paul u. a.,* Katechismus – Ja? Nein? Wie? (Zürich u. a. 1982); *G. Stachel,* Erfahrung interpretieren. Beiträge zu einer konkreten Religionspädagogik (Zürich u. a. 1982); *J. van der Ven,* kritische godsdienstdidactiek (Kampen 1982); Concilium 20 (1984) August: „Die Tradierung des Glaubens an die nächste Generation" (*O. Beozzo, G. Vogeleisen, C. Floristán, N. Mette u. a.*); Katechetische Blätter 108 (1983) 2: „Glauben lernen", 81–160 (dort: *N. Lohfink);* Theologische Quartalschrift 164

(1984) 4: „Neue Inhalte der Glaubensvermittlung?" (v. a. *W. Bartholomäus, W. Langer, J. Werbick).*

Günter Stachel

Gott

↗ Atheismus; Auschwitz; Bibel; Gebet; Gottesdienst; Jesus Christus; Mystik; Nichtchristliche Religionen; Offenbarung; Säkularität und Säkularismus; Verkündigung

1. Zur Methode

‚Gott kannst du nicht mit einem andern reden hören, sondern nur, wenn du der Angeredete bist!' Das ist eine grammatische Bemerkung" (L. Wittgenstein). Jedes Sprachspiel – soll es sachgemäß sein – hat seine eigene Tiefengrammatik. Zur Grammatik der „Rede von Gott" gehört wesentlich die persönliche Betroffenheit. Wer von Gott objektiv und neutral zu reden versucht, verfehlt von vornherein seinen Gegenstand. Diese Meinung Wittgensteins wird im 20. Jahrhundert von maßgebenden Theologen mitvertreten. So spricht Rudolf Bultmann von „existentialer Interpretation" und Hans Urs von Balthasar von „kniender Theologie". – Der christliche Theologe – will er nicht zum Religionswissenschaftler oder reinen Historiker werden – kann sich dieser „Grammatik" nicht entziehen.

2. „Gott" als Wort unserer Sprache

Das Wort „Gott" kommt nicht in der Computersprache unserer säkularen Welt vor, und in unserer Alltagssprache erscheint es gewöhnlich nur noch als Seufzer und (Fluch-)floskel. Ist aber das Wort „Gott" kein Wort unserer *profanen* Sprache mehr, so droht unsere *religiöse* Sprache zu einer unverständlichen und unassimilierbaren Fremdsprache zu werden. Das Erste Vatikanum 1870 dekretiert dogmatisch: „Gott, aller Dinge Grund und Ziel, kann mit dem natürlichen Licht der menschlichen Vernunft ... mit Sicherheit erkannt werden" (DS 3004). Damit will das Konzil das Wort „Gott" als Wort unserer vorgläubigen, profanen Sprache festhalten, weil es sonst um die *Verständlichkeit* und *Universalität* der christlichen Gott-Rede geschehen ist. Sicher ist so viel: Ohne ein gewisses Vorverständnis von Gott, das – unabhängig von der Offenbarung – mit unserem Welt- und Selbstverständnis gegeben sein muß, ist kein Verstehen der christlichen Gott-Rede möglich und somit der Glaube unverantwortbar (denn der Glaube versteht); ohne einen universal möglichen Anknüpfungspunkt – wie immer man ihn auch in concreto beschrei-

ben mag – bleibt die christliche Gottesbotschaft die Angelegenheit einer Sekte.
Das christliche Reden von Gott kann nur dann verbindlich und allgemein verständlich sein, „wenn das Wort ‚Gott' innerhalb der den Menschen angehenden Wirklichkeit seinen Anhalt an der *Erfahrung* hat" (G. Ebeling).

3. Gotteserfahrung heute

Wo sind heute jene letzten und doch überall im Alltag gegebenen Erfahrungen zu finden und zu benennen, die zeigen, daß der Mensch „mit den Sandkörnern des Strandes beschäftigt am Rand des unendlichen Meeres des Geheimnisses wohnt" (K. Rahner)? – Erfahrungen, die einen Hauch von Ewigkeit in sich bergen, finden sich z. B.

– *im unstillbaren Wunsch des Menschen nach Glück:* Der endliche und sterbliche Mensch erfährt sich in der Bewegung und Struktur seines Wunsches als Fremdling in seiner eigenen Geschichte. Der Mensch bleibt das Wesen des Wunsches (jenseits der notwendigen Bedürfnisse, die er sich selbst zu befriedigen vermag). Kaum hat er erreicht, was er für sein Glück hielt, ist er damit unzufrieden und bricht nach neuen Horizonten auf. Dabei macht er die schmerzliche Erfahrung, daß er sich auf Erden nie ganz zu verwirklichen vermag, denn „diese Welt ist eine Nummer zu klein geraten" (K. Tucholsky), um seinen unendlichen Wunschüberschuß zu stillen.

– *im Eingestehen der Schuld:* „Was erfährt einer, der am Morgen erwacht, sein Dasein überdenkt und dabei zugeben muß, daß am Rande seines Lebensweges lauter Ruinen stehen, Ruinen von Menschen, die sein Egoismus zerstört hat? ... Gerät er nicht an Abgründe, die allenfalls seine Verzweiflung oder eben seine Sehnsucht nach Vergebung ermißt? An wen richtet sich seine Klage, wenn sie sich über ein vage schweifendes Jammern erhebt? Wissen wir da nicht zu gut, daß sie sich an keinen richten kann, wenn sie nicht in Richtung dessen ruft, den wir ‚Gott' nennen?" (J. B. Metz). Daß diese „Transzendenz nach unten" zum Anfang einer Gotteserfahrung werden kann, setzt voraus, daß der Mensch *Subjekt* werden will, das heißt: vor seiner Verantwortung sich nicht wegschleicht und zu seiner Schuld steht – ohne zu verdrängen und sich krampfhaft zu entschuldigen.

– *in der Sehnsucht nach letzter Gerechtigkeit:* Trotz tagtäglicher Abstumpfung und Gewöhnung an das Schreckliche, trotz eigener Mitschuld und eigenem Versagen flammt im Menschen angesichts himmelschreienden Unrechts immer wieder seltsam spontan ein nicht zu beschwichtigender Protest auf, der nur die negative Seite jener Urüberzeugung ist: Die Gerechtigkeit muß siegen. Im Menschen wohnt eine nicht zum Verstummen zu bringende Sehnsucht danach, daß „der Mörder nicht über das unschuldige Opfer triumphieren möge" (M. Horkheimer).

– *im Innewerden des Geschenkcharakters der „Welt":* „Das Wunder ist, daß es die Welt gibt. Daß es das gibt, was es gibt" (L. Wittgenstein). Dieses Staunen

teilen heißt, daß die uns umgebende und uns begegnende Wirklichkeit plötzlich ihre vordergründige Selbstverständlichkeit verliert, heißt innewerden, daß nichts selbstverständlich ist, daß wir vor und inmitten aller Aktivität letztlich Beschenkte sind und bleiben.
Im Lichte solcher und ähnlicher menschlicher Grunderfahrungen erscheint „Gott" als das *Woraufhin* unseres nicht zu unterdrückenden Wunsches nach Glück, unserer heimlichen Hoffnung auf „Gnade", unserer unstillbaren Sehnsucht nach Gerechtigkeit – aber auch als *Urgrund* dessen, was ist, geschieht und uns begegnet. Damit erhält das Wort „Gott" einen ersten – wenn auch ganz und gar vorläufigen – Sinn in unserer profanen Sprache (der dann im Lichte der Offenbarung christologisch und trinitarisch eindeutig gemacht werden muß). Zweifelsohne muß die Philosophie diese Grunderfahrungen weiter aufhellen, um zu einem geklärteren „Gottesbegriff" vorzustoßen. Doch bleiben alle diese Versuche (inklusive des Versuchs, die metaphysischen Eigenschaften Gottes herauszuarbeiten) – christlich gesehen – nur ein *Vorverständnis* Gottes, das im Feuer der geschichtsmächtigen Freiheit des lebendigen Gottes der Bibel umgeschmolzen werden muß. Was der Mensch von sich aus von „Gott" zu erahnen und zu wissen vermag, bleibt ein *Vorverständnis;* denn für den Christen zeigt sich Gott als der, der er ist, nicht in unserem dunklen Ahnen und hellen Wissen, sondern in Gottes Selbstoffenbarung in den Propheten und in Jesus, dem Christus (vgl. Hebr 1,1–4).

4. Der Gott Jesu Christi

Jesus ist der Exeget des Vaters (vgl. Joh 1,18); er ist das uns zugewandte Antlitz Gottes (vgl. 2 Kor 4,6; Kol 1,15). „Wer mich gesehen hat, hat den Vater gesehen", sagt der johanneische Christus (Joh 14,9). Und was haben wir gesehen? Die Menschenfreundlichkeit Gottes (vgl. Tit 3,4).
In Jesus Christus ist Gott unter uns getreten, um uns zu verstehen zu geben, daß er ein Gott der Menschen ist: ein Gott, der Raum für uns schafft und Zeit für uns hat; ein Gott, der will, daß wir Leben haben und es in Fülle haben (vgl. Joh 10,10). Gott selbst hat sich in Jesus Christus an uns gebunden, sich von uns abhängig gemacht, weil er – unerklärlich für uns – will, daß zwischen ihm und uns Liebe sei. In dieser leidenschaftlichen Geschichte der Liebe zeigt sich Gott als die Macht und Ohnmacht der Liebe. Ohnmächtig wartet Gott bei denen, die sich verlieren und verloren haben, bis sie – weder gezwungen noch überlistet, sondern freiwillig – heimkommen. Dieses Warten ist Gottes Schmerz. Erst wenn wir „heimkehrten", wäre Gottes Freude ganz (vgl. Lk 15,7).
Wenn wir aber auf Gottes zuvorkommende Liebe antworten, das heißt uns auf das Gebot der Nächstenliebe einlassen (einander Freiheit einräumen, Gerechtigkeit gewähren, Frieden machen) und einander in Freundschaft und Partnerschaft zugetan sind, dann dürfen wir auf Gott zählen: Er selbst – die Macht der Liebe – wird unsere angefangene, aber immer zerbrechliche und

stets gefährdete Liebe (und Gerechtigkeit) zur Vollendung führen ... in seinem Reich. Gott ist der, dem allein wir Hoffnung schuldig sind, während wir einander die Liebe (und auch die Gerechtigkeit) schulden.

5. Das Bekenntnis zum dreieinigen Gott

Mit dem Bekenntnis zum dreieinigen Gott erscheint erst die Originalität des christlichen Gottes im Unterschied zum strengen Monotheismus des Alten Testaments und im Gegensatz zum hierarchischen „Stufendenken" der griechischen Metaphysik.
Im Alten Bund wird Gott im Zeichen der absoluten Einheit und Einzigkeit gesehen. Das Neue der christlichen Deutung bestand darin, diese Einheit in Gott nicht als Ununterschiedenheit, sondern als Einigung, als *Communio,* zu verstehen. Die Einzigkeit Gottes wird im Christentum nicht mehr als „ichhaft" („Ich bin Jahwe ...", Ex 20,2) verstanden, sondern als „wir-haft" geglaubt, als Mit-sein bekannt, als Selbstgabe des Vaters und des Sohnes aneinander, die als solche das Wir-Gottes, der Geist ist.
Die griechische Metaphysik hinwiederum hält fest: Ursprünglich und eigentlich, also göttlich, kann nur das Eine sein, das in sich ohne Unterschied und Teilung west; ihm gegenüber ist alles Mehrfache ein Abkünftiges, ein minderes Sein. Diesem hierarchischen *„Stufendenken"* steht der christliche Gedanke gegenüber, daß Gott, das Geheimnis der Welt, „Einer und viele" ist: Einer in drei aufeinanderbezogenen „gleichwertigen" Personen.
Dieses dreieinige Geheimnis kann letzlich nur als Liebe gedacht werden. Nicht aber etwa so: Der Vater ist der Liebende, der Sohn der Geliebte und die Liebe zueinander ist der Geist; denn dann würden die göttlichen „Personen" vorweg existieren und sich erst nachträglich gutheißen und rechtfertigen. Gott ist vielmehr *gleichursprünglich* Differenz und Communio. In einer ewigen Bejahung und Gutheißung leben die göttlichen „Personen" als Vater – Sohn – Geist. Sie leben nicht außerhalb diese Liebesbeziehungen, sondern sind im strengen Sinn mit diesen Liebesbeziehungen identisch. Folglich gilt auch dies: *Als Liebe* ist Gott gerecht und heilig, mächtig und zornig. Der Zorn ist der *Wirklichkeitswille* der Liebe (G. Bachl), der nicht will, daß der Geliebte sich kaputtmacht.

6. Folgen für die Praxis

Wenn Gott, das Geheimnis der Welt, liebender Dialog ist, dann sind wir Menschen auf der Erde nur dann Bild dieses Gottes, wenn wir Menschen des Dialogs werden. Und wenn die himmlischen Dialogpartner alle auf gleicher „Ebene" sind (der Vater ist Gott, der Sohn ist Gott, der Geist ist Gott), so sind wir nur dann Abbild dieses Gottes, wenn wir in eine „herrschaftsfreie Kommunikation" miteinander treten. Wenn Gott gleichursprünglich Differenz und Communio ist, so müssen wir unsere Differenzen positiv sehen und dem

Pluralismus Lebensrecht einräumen. Allerdings nicht dem Pluralismus der Ultraliberalen, der resigniert feststellt: Es gibt nun einmal Reiche und Arme, Herrscher und Beherrschte. In unserem Urbild – der Trinität – war ja der Subordinatianismus als (griechische) Häresie verurteilt worden. Wir sind nur dann Bild unseres christlichen Gottes, wenn wir resolut dafür kämpfen, daß die heute noch Ausgebeuteten (die Armen, Schwarzen, Frauen) *freie Subjekte* werden. Denn nur im Rahmen freier Subjekte darf und soll die Differenz bestehenbleiben.

Literatur:
H. Assmann – F. J. Hinkelammert – J. V. Pixley – P. Richard – J. Sobrino, Die Götzen der Unterdrückung und der befreiende Gott (Münster 1984); *Auf der Suche nach dem unfaßbaren Gott* (Quellenband 7 der enzyklopädischen Bibliothek „Christlicher Glaube in moderner Gesellschaft"). Erarbeitet von *R. Walter* und *A. Raffelt.* Mit einem Essay von H. Zahrnt (Freiburg i. Br. 1984); *P. L. Berger,* Auf den Spuren der Engel. Die moderne Gesellschaft und die Wiederentdeckung der Transzendenz (Frankfurt a. M. 1970); *J. Brantschen,* Warum läßt der gute Gott uns leiden? (Freiburg i. Br. ²1986); *Ch. Duquoc,* Dieu différent. Essai sur la Symbolique trinitaire (Paris 1977); *P. Gordan* (Hrsg.), Gott (Graz 1986); *G. Hasenhüttl,* Einführung in die Gottesfrage (Darmstadt 1980); *E. Jüngel,* Gott als Geheimnis der Welt. Zur Begründung der Theologie des Gekreuzigten im Streit zwischen Theismus und Atheismus (Tübingen 1977); *W. Kasper,* Der Gott Jesu Christi (Mainz 1982); *H. Küng,* Existiert Gott? Antwort auf die Gottesfrage der Neuzeit (München 1978); *J. Moltmann,* Trinität und Reich Gottes. Zur Gotteslehre (München 1980); *H. Vorgrimler,* Theologische Gotteslehre (Düsseldorf 1985).

Johannes Brantschen

Gottesdienst

↗ Buße und Bußpraxis; Diakonie; Gebet; Gemeinde; Gott; Glaubensvermittlung; Inkulturation; Jesus Christus; Kirche; Kirchlichkeit; Kunst und Kirche; Priestermangel; Sakrament; Seelsorge; Sonntag; Traditionalismus; Vatikanum II; Verkündigung

1. Die Situation

In den letzten Jahrzehnten ist in vielen christlichen Kirchen und kirchlichen Gemeinschaften über Fragen zum Sinn, zur Gestalt und zum Vollzug des Gottesdienstes angestrengt nachgedacht und heftig gestritten worden. Dabei sind tiefe theologische Einsichten (wieder-)gewonnen worden, die zu weitreichenden Reformen geführt haben. In vielen Gemeinden wurden diese Reformen dankbar angenommen, bei manchen Christen und in einzelnen Gruppen sind sie auf starken Widerstand gestoßen. Im gleichen Zeitraum sind die Zahlen in den „Kirchenbesuch-Statistiken" nachweislich gesunken, und die Frage wurde laut: Ist der heutige Mensch überhaupt noch liturgiefähig? Andere haben darauf mit der Frage geantwortet: Sind die Gottesdienste der Kirche so, daß der heutige Mensch in ihnen dem Gott Jesu Christi begegnen kann? In diesem Ringen kam das Wesen liturgischen Geschehens deutlicher in den Blick.

2. *Gottesdienst als Gottes Dienst am Menschen*

„Gottesdienst" ist Übersetzung des lateinischen Wortes „Liturgia", ein aus dem Griechischen übernommenes Fremdwort, mit dem der „Dienst am Volk, im Sinn einer öffentlichen Dienstleistung" (Adam – Berger) bezeichnet wurde. In diesem Sinn ist Gottesdienst im christlichen Verständnis immer zuerst Gottes Dienst an den Menschen und an der ganzen Schöpfung. Wer deshalb vom christlichen Gottesdienst sprechen will, muß zuerst vom Christus-Mysterium bzw. vom Pascha-Mysterium sprechen.
In Christus hat Gott sich in unüberbietbarer Weise den Menschen zugewendet und sich nicht nur als der Gott Jesu Christi, sondern auch als der Vater aller Menschen geoffenbart. In diesem Gottes-Dienst hat er die Welt mit sich versöhnt und einen neuen, unzerstörbaren Bund gestiftet.
In besonderer Dichte wird diese Zuwendung Gottes gegenwärtig, wirksam und erfahrbar für alle, die glauben, in der Feier zum Gedächtnis an Jesu Tod und Auferstehung, d.h. im „Abendmahl" bzw. in der „Meßfeier", aber auch in allen anderen sakramentalen Feiern, in denen unter wirkmächtigen Zeichenhandlungen immer nur das eine gefeiert wird: das Pascha-Mysterium. Alle diese „real-symbolischen Handlungen" (B. Welte) sind aber nur „die ausdrückliche Feier der göttlichen Tiefe unseres Alltags" (K. Rahner).
Die Aktion Gottes an uns – seine liebende Zuwendung im Alltag und im Gottesdienst – provoziert unsere Re-Aktion. Die An-Sprache Gottes verlangt die Antwort des angesprochenen Menschen. Das ist die andere, die kultische Seite des Phänomens: unser Dienst vor Gott. Eine angemessene Antwort kann der Mensch nur geben, wenn und soweit ihn der Geist Gottes dazu befähigt; d.h. wenn ihm die Gnade des Glaubens geschenkt wird und er dieses Geschenk annimmt. In diesem Glauben erst kann ihm der Gottesdienst Fest und Feier werden, „Zustimmung zur Welt" (J. Pieper), die möglich wird, nicht weil der Schmutz, die Sünde, Krankheit, Leid und Tod mit Feierlichkeiten oder „Brot und Spielen" zugedeckt und verdrängt werden, sondern weil in Jesu Tod und Auferweckung das alles schon wunderbar überwunden ist.
„Mysterium" – das griechische Wort, das unserem aus dem Lateinischen kommenden Sakramentsbegriff zugrunde liegt – heißt: Geheimnis, eine Wirklichkeit, die jede menschliche Vorstellung übersteigt, die geglaubt werden muß, solange sie nicht „geschaut" werden kann. Wer vom Christus-Mysterium bzw. vom Pascha-Mysterium spricht, bekennt: Auch mit Christus

und trotz der Ausgießung des Heiligen Geistes über alle Getauften bleibt Gott der Heilige. Deshalb ist christlicher Gottesdienst als Feier des Pascha-Mysteriums zuerst und zuletzt sprachlose Anbetung des Alleinheiligen, Lobpreis (Berakah) und Danksagung (Eucharistia) für das in Jesu Tod und Auferstehung geschenkte Leben.

3. Die zwei Grundformen des christlichen Gottesdienstes

Die beiden Dimensionen einer Theologie des Gottesdienstes – Gottes Abstieg zum Menschen und des Menschen Aufstieg zu Gott – spiegeln sich in den beiden Grundformen der Liturgie. Manche sprechen deshalb von einer „dialogischen Struktur" (E. J. Lengeling) des Gottesdienstes. Dabei muß allerdings bedacht werden, daß auch der Dialog mit Gott zum Mysterium gehört. Die Anrede Gottes ist immer eine vermittelte: vermittelt durch die Väter im Glauben, deren Glaubenszeugnis im Alten und Neuen Testament festgehalten ist, vermittelt durch das Zeugnis der Kirchenväter und der anerkannten Zeugen, wie es uns etwa in der Feier des Stundengebetes begegnet, vermittelt nicht zuletzt durch das Zeugnis der (beauftragten) Glaubenszeugen der Gegenwart.

a) *Wortgottesdienst:* Dieses Wort als Überlieferung (traditio) und lebendiges Zeugnis (martyrium) gehört wesentlich zum christlichen Gottesdienst. Auch in der Meßfeier ist der Wortgottesdienst integraler Bestandteil, und die Lesung der Heiligen Schrift samt ihrer Auslegung in der Homilie bzw. ihrer Meditation in schweigendem Bedenken sind unverzichtbare Elemente. Aber auch alle übrigen Sakramentsfeiern, selbst die Sakramentalien, sind zumindet mit einer Lesung aus der Bibel verbunden. Auf diese Ansprache Gottes im Wort kann dann die Antwort der zum Gottesdienst Versammelten folgen: in Psalmen, Hymnen, Liedern, Akklamationen und Wechselgesängen, aber auch in „heiligem Schweigen" und im Vollzug von Gesten in der Sprache des ganzen Körpers (Liturgiekonstitution, Sacrosanctum Concilium 30).

b) *Zeichengottesdienst:* Weil das Pascha-Mysterium mit Worten allein nicht zu vermitteln ist, lebt christlicher Gottesdienst auch durch Symbole, d.h. von „wirkmächtigen Zeichen". Symbole sind einerseits sinnenfällige und vom Verstand interpretierbare Zeichensysteme. Andererseits enthalten sie ein Mehr an Bedeutung, das sich in Worten nicht fassen läßt. Mit diesem Bedeutungsüberschuß sind sie Brücken über die unüberwindbare Kluft zwischen Gott und dem Menschen. In der Feier der Sakramente (und der Sakramentalien) verbinden sich Wortsymbole und Symbolhandlungen zu einer unlösbaren Einheit. Dem Glaubenden erschließt sich Gott in dieser Einheit jeweils so, wie er sich in Jesus Christus, zumal in Jesu Tod und Auferstehung, erschlossen hat.

Die sinnenfällige Seite der Symbole im Gottesdienst ist in den vergangenen Jahrhunderten – nicht nur in den Kirchen der Reformation – aus mangelnder Wertschätzung der Schöpfungs- und Inkarnationswirklichkeit und einer falschen Ehrfurcht vor der „Heiligkeit" dieser Zeichen verkümmert, allzu früh vergeistigt oder einfach verspielt worden. Nur wenn es uns gelingt, die sinnenhafte Seite dieser Symbole wiederzugewinnen, gibt es eine Chance, daß der Bedeutungsüberschuß dieser Symbole, ihre Sakramentalität, wieder als Glaubenswirklichkeit erkannt und erfahren werden.

4. Gottesdienst, Kirche und Welt

Die Bewegung Gottes im Gottesdienst geht auf die ganze Welt, auf Gottes Schöpfung und damit auf alle Menschen zu. Damit nach Christi Auferstehung und Himmelfahrt diese Bewegung nicht zum Stillstand kommt, sondern „hinaus in die ganze Welt" (Mk 16,15) geht, hat sich Gott ein neues Volk herausgerufen aus allen Völkern: die Kirche, jenen Teil der Menschheit, der zum Herrn gehört, weil er sich im Glauben und in der Taufe auf das Christus-Mysterium eingelassen hat. In jedem Gottesdienst begegnet Gott deshalb immer zuerst der Kirche. Deshalb ist christlicher Gottesdienst zuerst Versammlung der Christgläubigen. Träger jedes Gottesdienstes ist die Kirche, konkret: die am Ort versammelte Gottesdienstgemeinde. „Aktive Beteiligung der Gläubigen" ist deshalb auch nicht ein Mitbeteiligtsein an einer vom Klerus getragenen Liturgie, sondern Beteiligtsein am Heilswerk Gottes selber, wie es sich in der Feier des Pascha-Mysteriums heute wie in den ersten „Drei österlichen Tagen vom Leiden, vom Tod und von der Auferstehung des Herrn" vollzieht (vgl. Liturgiekonstitution, Sacrosanctum Concilium 6; 7; 14; 26). Deshalb kann es christlichen Gottesdienst auch nur als missionarischen Gottesdienst geben: Gottesdienst ist immer auch Befähigung und Stärkung der Christgläubigen zur Sendung in die Welt.

Weil christlicher Gottesdienst immer nur als Versammlung der Glaubenden denkbar ist und zugleich die „ausdrückliche Feier der göttlichen Tiefe des Alltags", lebt Gottesdienst nur dort, wo Gemeinde lebt, wo die Liebe gelebt wird unter den Glaubensbrüdern und -schwestern, an den Notleidenden, den Fremden und den Ausgebooteten. Wenn die christliche Liturgie den Glauben nicht nur erneuert, sondern auch voraussetzt, dann kann er dort nur leben, wo er auch außerhalb des Gottesdienstes verkündet, bezeugt und gelebt wird (vgl. Liturgiekonstitution, Art. 9).

5. Orte und Zeiten des christlichen Gottesdienstes

Jahwe, der Gott Israels, hat sich als der Gott erwiesen, der in der Geschichte seines Volkes mitgeht. In der Menschwerdung des göttlichen Logos hat sich der dreifaltige Gott endgültig auf Raum und Zeit der Menschenwelt eingelassen. Deshalb kann Liturgie an allen Orten und zu jeder Zeit gefeiert werden. Ursprünglich wurden die spezifisch christlichen Gottesdienste in den „Häusern" gefeiert, dort, wo die Gläubigen wohnten und arbeiteten (Apg 2,46). Solche Gottesdienstversammlungen im überschaubaren und vertrauten Lebensrahmen bleiben konstitutiv für den Gottesdienst der Kirche. Gerade in einer Gesellschaft, in der mehr und mehr Menschen an der Anonymität ihrer Umgebung leiden, können Gebetsversammlungen, Bibelkreise und Hausmessen zu einem Weg werden, den Gottesdienst einer Gemeinde und diese selber von innen her zu erneuern.

a) *Orte:* Das jeweilige Selbstverständnis der Kirche hat im Lauf ihrer 2000jährigen Geschichte unterschiedliche Stile bei der Gestaltung ihrer Versammlungsräume herausgebildet, die zugleich viel über das Gottesdienstverständnis und dessen Wandel aussagen. Viele dieser Räume zeichnen sich durch Schönheit aus, nicht wenige sind kulturelle Höchstleistungen unserer Vorfahren, zugleich aber auch eine Last der Geschichte, die es nur schwer zuläßt, den Gottesdienst nach dem beschriebenen theologischen Verständnis zu feiern. Beim Bau neuer Kirchenräume ist jedenfalls zu fordern, daß sie die Ver-Sammlung der Gemeinde ermöglichen, ebenso die „volle, bewußte und tätige Teilnahme aller Gläubigen", zugleich die Übernahme einzelner „Rollen" durch verschiedene Gottesdienstteilnehmer und eine Entfaltung und Strukturierung der einzelnen Elemente des „Kultdramas" (J. Pascher) auch im Raum.

b) *Zeiten:* Die gleiche Offenheit zur Begegnung mit Gott gilt auch für die Gottesdienst-Zeit. Hier hat sich jedoch sehr früh ein Urdatum herausgebildet: die Feier des Sonntags, des Herren- und Auferstehungstages. Von diesem Wochenpascha aus hat sich sehr bald das Jahrespascha und allmählich der ganze Kirchenjahreskreis entwickelt. An diesem doppelten Urdatum haben sich die Schwerpunkte der liturgischen und pastoralen Jahresplanung zu orientieren. So können die Gottesdienstzeiten wirksame Mittel der Verkündigung werden. Zeiteinteilung und Zeitempfinden des heutigen Menschen sind dabei zu berücksichtigen, was jedoch heißen kann, daß Gottesdienstzeiten gegen den Trend angesetzt werden, weil dadurch die Aufmerksamkeit für das Besondere des Ereignisses geweckt und der gängige Lebensrhythmus heilsam unterbrochen oder in Frage gestellt werden kann.

Wichtiger ist, daß im Gottesdienst die dreifache Dimension der menschlichen Zeit erlebbar wird: die Vergangenheit mit dem Urdatum Ostern, das in jeder Gedächtnisfeier zum „Heute Gottes" wird, worin die Hoffnung auf die Ankunft des Reiches Gottes in voller Pracht neue Nahrung findet.

6. Anstehende Aufgaben

Eine große Übersetzungsarbeit bleibt Aufgabe derer, die sich um die Vermittlung des liturgischen Geschehens bemühen. Inkulturation bleibt Ziel auch für Mitteleuropa. Weil dabei Wortsymbole zu übersetzen sind und Symbolhandlungen neu zu erschließen sind, ist diese Arbeit nur gemeinsam mit dem ganzen Volk Gottes zu leisten. Eine Vorreiterrolle könnten bei dieser Suche die Künste übernehmen, vorausgesetzt, wir befreien sie aus ihrer Magd- und Zubringerfunktion und verstehen die Liturgie als „offenes Kunstwerk"

(U. Eco), mit dem umzugehen große Sachkenntnis verlangt, aber auch Leidenschaft der Be-Geisterten und Empfindsamkeit der Verliebten. So könnte die Arbeit am Gottesdienst zur Chance für den „Glauben in der Krise" werden. Zur Überwindung der Krise dürfte es hilfreich sein, die „Vorläufigkeit" jedes kultischen Handelns (R. Schaeffler) zu erkennen und sich darauf zu besinnen, daß alle Worte, Symbole und Riten im Angesicht des Mysteriums Gottes nur „gefährliche Unentbehrlichkeiten" (W. Jetter) sind und bleiben müssen.

Literatur:
Die Liturgiekonstitution (Sacrosanctum Concilium), die Kirchenkonstitution (Lumen gentium) und die dogmatische Konstitution über die Göttliche Offenbarung (Dei Verbum) des Zweiten Vatikanischen Konzils. – *A. Adam,* Grundriß der Liturgie (Freiburg i. Br. 1985); *A. Adam – R. Berger,* Pastoralliturgisches Handlexikon (Freiburg i. Br. 1986); Anthropologie des Kults. Die Bedeutung des Kults für das Überleben des Menschen. Beiträge von Alois Hahn, Peter Hünermann, Heribert Mühlen, Richard Schaeffler, Hubertus Tellenbach (Freiburg 1977); *J. Gelineau,* Die Liturgie von Morgen (Regensburg 1979); *W. Jetter,* Symbol und Ritual. Anthropologische Elemente im Gottesdienst (Göttingen 1978); *W. Kasper,* Wort und Sakrament, in: Glaube und Geschichte (Mainz 1970) 285–310; *E. J. Lengeling,* Liturgie – Dialog zwischen Gott und Mensch. Hrsg. K. Richter (Freiburg i. Br. 1981); *S. Mowinckel,* Religion und Kultus (Göttingen 1953); *B. Welte,* Religionsphilosophie (Freiburg i. Br. 1978) 167–254.

Werner Hahne

Humangenetische Beratung

↗Bioethik; Familienplanung; Gentechnik; Pränatale Diagnostik; Recht und Ethik; Schwangerschaftsabbruch

1. Begriffsbestimmung

Die humangenetische Beratung ist Aufgabe des medizinisch-genetisch vorgebildeten Arztes (Zusatzbezeichnung „Medizinische Genetik" seit 1977). Er soll Ratsuchenden fachkompetente Informationen zu genetischen Fragen geben, diagnostische Maßnahmen zur Abklärung eines individuellen oder familiären Problems empfehlen und organisieren und die Untersuchungsergebnisse erläutern, damit die Betroffenen angemessene Entscheidungen für ihre Lebensplanung treffen können. Humangenetische Beratung ist die Auseinandersetzung mit biologischen und medizinischen Fakten, bei der wissenschaftliche Erkenntnis in menschliches, verantwortbares Verhalten umgesetzt werden soll. In diesem Sinne bedeutet sie Lebenshilfe für Menschen, die mit genetischen Krankheiten oder Merkmalen belastet sind oder glauben, belastet zu sein.

2. Beratungsziele

Die Ziele der humangenetischen Beratung leiten sich aus der Verantwortung für den Mitmenschen ab. Die wissenschaftlichen Erkenntnisse aus der humangenetischen und medizinischen Grundlagenforschung haben zunehmend praktische Bedeutung für den Menschen erlangt; so kennt man heute rd. 3600 Erbkrankheiten und -merkmale, die auf einer Veränderung eines Erbfaktors (= Gens) beruhen und den von Gregor Mendel beschriebenen Erbgängen (dominanter, rezessiver und geschlechtsgebundener Erbgang) folgen. Darüber hinaus werden andere Erkrankungen gemeinsam durch Erbfaktoren und äußere Einflüsse bedingt (multifaktorieller Erbgang). Die Diagnose eines rezessiven Erbleidens bei einem Kind bedeutet, daß beide Eltern dieses Kindes Überträger des krankmachenden Gens sein müssen und daß für jedes weitere Kind dieser Eltern ein Risiko von 25 % besteht, an der gleichen Krankheit wie das erste Kind zu leiden.
Fehlbildungen und schwere geistige Behinderungen können aufgrund einer Fehlverteilung oder Strukturveränderung von Chromosomen entstehen, für die es Wiederholungsrisiken in der gleichen Familie oder sogar bei entfernten Verwandten geben kann.
Zunächst stand bei der Beratung von Ratsuchenden die Information zum genetischen Geschehen bei der Entstehung von Erbkrankheiten im Vordergrund. Die Betroffenen sollten verstehen lernen, wie allgemein Erbleiden vererbt werden und wie im besonderen ihre eigene Krankheit entstanden ist. Die Konzepte für humangenetische Beratung erweiterten sich jedoch sehr bald mit zunehmender Erfahrung und im Zuge der allgemein eingetretenen Hinwendung des Arztes zum individuellen Patienten und seinen Bedürfnissen. Die patientenorientierte Beratung ist auf Hilfestellung für den Betroffenen bzw. für die Familie abgestimmt: Das Verständnis für die medizinisch-genetischen Fakten bleibt zwar die Basis, die Ratsuchenden sollen aber befähigt werden, die daraus für sie selbst oder für ihre Familie relevanten Konsequenzen selbständig oder verantwortlich abzuleiten. Sie sollen angemessene Verhaltensweisen unter mehreren Möglichkeiten wählen, um die für ihren Lebensweg richtigen und tragfähigen Entscheidungen treffen zu können und um die bestmögliche Einstellung zu dem Erbleiden, das den Ratsuchenden oder seine Familie belastet, zu finden (Frazer 1974). Hierbei ist das Konzept von der non-direktiven Haltung des Beraters durchdrungen: Der Berater soll seine eigene Haltung oder Meinung zum vorgebrachten Problem weitmöglichst zurückhalten in der Überzeugung, daß so die persönlichen Werte und die menschliche Würde des Ratsuchenden vorbehaltlos respektiert werden, auch wenn diese mit jenen des Beraters kollidieren sollten.

Humangenetische Beratung verfolgt aber auch *konzeptionelle Ziele,* die vorwiegend präventiven Charakter haben; sie gehören in den Bereich der Vorsorgemedizin und sind auf Aufklärung und Erziehung zum verantwortlichen Umgang mit Wissen und damit auch zur „verantwortlichen Elternschaft" ausgerichtet (Wendt 1979; Wendt – Theile 1974). Beratung ist dann als Hilfe bei der Familienplanung unter Einschluß aller Maßnahmen zu verstehen, die die Geburt von Kindern mit schweren Erbkrankheiten verhindern können. Die Berater bestimmen dann weitgehend die Richtung von Gesundheitserziehung und Aufklärung, sie können zu autoritären Ratgebern und direktiven Manipulatoren von individuellen Ratsuchenden/Familien/Gesellschaften werden. Heute ist der „eugenische" Ansatz einer gerichteten Verbesserung des Gen-Pools (Gesamtheit aller Gene) in einer Bevölkerung durch Verhinderung von erkranktem Nachwuchs weitgehend als gesellschaftliches Ziel verlassen. Die Einsicht, daß sich der Gen-Pool nicht zum Besseren ändern läßt, wenn die ohnehin fortpflanzungsunfähigen Schwerstkranken nicht geboren werden, sowie die Tatsache, daß jeder Gesunde einige krankmachende Gene besitzt, die nur in ungünstiger Kombination zu kranken Nachkommen führen könnten, haben eugenische Ideen zurückgedrängt, aber nicht gänzlich ausgelöscht (Vogel – Motulsky 1979).

Die patientenorientierte humangenetische Beratung mit Konzentration auf die Persönlichkeit und auf die individuellen Bedürfnisse des Ratsuchenden ist das wirksamste Mittel gegen die genetische Manipulation einer Bevölkerung. Allerdings löst diese Zielsetzung und Handhabung nicht alle Probleme einer Beeinflussung der individuellen Lebensplanung von Ratsuchenden durch die Berater; andererseits leistet die Ausrichtung auf die individuellen Ansprüche des einzelnen Ratsuchenden in einer pluralistischen Gesellschaft wie unserer einer immer gestaltloseren und damit konzeptärmeren Aufgabe der Beratung Vorschub. Die Balance zwischen dem Respekt vor der Autonomie (Selbstbestimmungsrecht) des Patienten und dem Eingebundensein in die gesellschaftliche Ordnung, insbesondere in die ärztliche Verpflichtung zu verantwortlichem Handeln, ist vordringliche Aufgabe von medizinisch-genetischen Beratern und deren Ausbildern. Die Berater sind also in keinem Fall aus einer Mitverantwortung für den Entscheidungsprozeß und das Ergebnis entlassen (Keßler 1984; Reif–Baitsch 1985; Schroeder-Kurth 1982). Darin unterscheidet sich humangenetische Beratung nicht von anderer ärztlicher Beratung. Allerdings geht es bei der humangenetischen Beratung um weitreichende Konsequenzen, weil nicht nur der einzelne erbkranke Mensch betroffen ist, sondern auch die Vorsorge und Fürsorge für die nachfolgenden Generationen in die Beratung mit eingeschlossen ist.

3. Inhalt und Ablauf der Beratung

Ratsuchende melden sich häufig auf Empfehlung ihres Haus- und Facharztes und, wie bei jedem Arztbesuch, *freiwillig* bei einem niedergelassenen Humangenetischen Berater oder bei einer Genetischen Beratungsstelle an, die an den Universitäten oder durch den öffentlichen Gesundheitsdienst eingerichtet worden sind. Diese Beratung ist als Leistung von den Krankenkassen anerkannt. Der Ratsuchende erfährt dabei bereits, welche Unterlagen und Informationen über sich oder Angehörige einzuholen und mitzubringen sind. Er sollte sich über Krankheiten und Todesursachen seiner nächsten Angehörigen bis zur Großelterngeneration erkundigen. Der Berater erwartet, daß Ratsuchende ihre Fragen, Probleme und auch Ängste offen darlegen, daß vorhandene Befunde eingesehen werden können, wozu u. U. behandelnde Ärzte von der Schweigepflicht gegenüber dem Berater entbunden werden müssen. Das ist deshalb unerläßlich, weil die *Diagnose* das *Kernstück* der genetischen Beratung ist, ohne die keine Voraussagen und keine Erklärungen möglich sind und deshalb auch keine vertretbaren Konsequenzen gezogen werden können.

Hierbei ist zu beachten, daß die *klinische Diagnose* nicht immer für die humangenetische Beratung ausreichend genau ist: Es gibt zahlreiche Erkrankungen, die sich im klinischen Bild ähnlich sind, jedoch unterschiedlichen Erbgängen folgen (McKusick 1983). Der Ratsuchende muß aber, um seine Entscheidungen treffen zu können, wissen, welchem Erbmuster die in Frage stehende Krankheit folgt und ob sich daraus eine Wahrscheinlichkeitsvoraussage für die Wiederholung ableiten läßt. Aus diesem Grund ist der Berater häufig Mittler für diagnostische Maßnahmen, mit deren Hilfe die *genetische Diagnose* gesichert werden kann. Dabei bedient er sich des gesamten diagnostischen Apparates, den ein Universitätsklinikum zur Verfügung hat; auch auswärtige und ausländische Laboratorien werden für Spezialuntersuchungen herangezogen, z. B. heute bei direkten Untersuchungen am genetischen Material mit sog. gentechnologischen Methoden, die nicht überall zur Verfügung stehen. Voraussetzung dafür ist immer, daß der Ratsuchende diese Untersuchung wünscht.

Dem Ratsuchenden ist damit nicht gedient, wenn ihm nur die aus einem Erbgang resultierenden Risikozahlen für die Wiederholung der Krankheit mitgeteilt werden. Es geht vielmehr darum, dem Ratsuchenden die Einschätzung eines solchen Risikos zu ermöglichen, und damit um die Konsequenzen, die für ihn und seine Familie daraus erwachsen. Der Berater muß die *seelischen Probleme* erkennen, die während der Verarbeitung des Mitgeteilten beim Ratsuchenden auftreten. Er muß sich vergewissern, daß Risiken, ganz gleich, wie groß oder wie gering sie sind, so eingeschätzt werden, daß sie keine falschen Hoffnungen oder übertriebenen Ängste setzen. Über Krankheitswert und Krankheitsgewicht in der Familie muß gesprochen werden, um diesem ermittelten Risiko die angemessene Bedeutung zu geben. Dann erst können sich

Überlegungen zu Maßnahmen anschließen, die dem Ratsuchenden, abhängig von den jeweiligen technischen Möglichkeiten, für die exakte Diagnosestellung geboten werden können. Wenn es sich um die Familienplanung handelt, muß auch über die vorgeburtliche Diagnostik gesprochen werden, wenn diese Möglichkeit besteht und indiziert ist. Bei einem Risiko für die Wiederholung einer Krankheit bei weiteren Kindern reichen die Alternativen von Verzicht auf Kinder durch Konzeptionsverhütung oder Sterilisation bis zum Akzeptieren des vorhandenen Risikos mit Hilfestellung und Begleitung während der nachfolgenden Schwangerschaften.

Die humangenetische Beratung wird durch einen ausführlichen zusammenfassenden Beratungsbrief an die Ratsuchenden und den überweisenden Arzt abgeschlossen. Darin werden nochmals die wichtigsten Inhalte des Gespräches in leicht verständlicher Form dargestellt. Der Ratsuchende wird sich danach besser an das Mitgeteilte erinnern können und kann sich stets auf diese schriftliche Äußerung beziehen. Alle Beratungsstellen bieten die Möglichkeit wiederholter Konsultationen an; langfristige Begleitung und Betreuung von schwer belasteten Familien durch geschultes Personal wäre wünschenswert, ist aber zur Zeit nicht möglich.

4. Gründe für die Beratung

Gründe, um sich genetisch beraten zu lassen, haben: Patienten, die eine nachgewiesene oder befürchtete Erbkrankheit haben; Gesunde, die sich durch eine Erbkrankheit in der Verwandtschaft verunsichert fühlen und ein Risiko für sich und ihre Kinder befürchten; Patienten mit Störungen der Geschlechtsentwicklung; verwandte Partner, die eine Familie planen; Eltern von Kindern mit angeborenen Fehlbildungen, geistiger Retardierung, nachgewiesener oder befürchteter Erbkrankheit; Eltern, die fürchten, ein erbkrankes Kind zu bekommen; Partner, bei denen es wiederholt zu Aborten gekommen ist; Eltern, die einen Einfluß durch schädigende Noxen vor oder während der Schwangerschaft befürchten; Eltern, die sich über die vorgeburtliche Diagnostik informieren oder sie in Anspruch nehmen möchten, z. B. bei dem altersbedingten Risiko für eine Chromosomenkrankheit.

Literatur:
F. C. Frazer, Genetic counseling, in: Am J Hum Genet 26 (1974) 636–659; *W. Fuhrmann – F. Vogel,* Genetische Familienberatung (Berlin 1982); *S. Keßler,* Psychologische Aspekte der genetischen Beratung (Stuttgart 1984); *V. A. McKusick,* Mendelian Inheritance in Man (Baltimore – London 1983); *M. Reif – H. Baitsch,* Psychological issues in genetic counseling, in: Hum Genet 70 (1985) 193–199; *J. Reiter – U. Theile,* Genetik und Moral (Mainz 1985); *T. M. Schroeder-Kurth,* Ethische Probleme bei der genetischen Beratung in der Schwangerschaft, in: Monatsschrift für Kinderheilkunde 30 (1982) 71–74; *F. Vogel – A. G. Motulsky,* Human genetics. Problems and approaches (Heidelberg 1979); *G. G. Wendt,* Grundsätze der genetischen Beratung in Marburg, in: Genetische Bera-

tung. Ein Modellversuch der Bundesregierung in Frankfurt und Marburg. Bundesministerium für Jugend, Familie und Gesundheit, Bad Godesberg (Bonn 1979); *G. G. Wendt – U. Theile,* Humangenetik und genetische Beratung (München 1974).

Traute Schroeder-Kurth

Inkulturation

↗ Befreiungstheologie; Glaubensvermittlung; Juden und Christen; Kultur und Kirche; Mission; Nichtchristliche Religionen; Pluralismus, kirchlicher; Vatikanum II; Verkündigung

1. Begriff und Problem

Inkulturation ist als *missionstheologischer Begriff* in der Zeit nach dem Zweiten Vatikanischen Konzil mehr und mehr an die Stelle von Begriffen wie Akkommodation, Adaptation, Anpassung, Akkulturation, Indigenisation u. ä. getreten. Dem zeitorientierten Begriff „Aggiornamento" fügt Inkulturation die Raumorientierung mit ihren Konsequenzen hinzu. Grundsätzlich betrifft der damit gemeinte Vorgang jeden Kulturraum der Welt, sowohl jene Räume, denen das Christentum auch heute noch als Fremdkörper („Fremdreligion", „Exportreligion") gegenübersteht, wie jene Räume, in denen das Christentum zwar seit langem zu einem kulturbestimmenden Faktor geworden ist, aufgrund der sozialen Wandlungsprozesse jedoch einer stets neuen Einwurzelung bedarf. Zu beachten ist auch, daß hier zwar das Verhältnis zum Christentum im Vordergrund steht, Inkulturation inzwischen aber zu einem kultursoziologischen Phänomen wird, das wechselseitig die verschiedensten Kulturen und Religionen betrifft. In mehrfacher Hinsicht bedarf es der Klärung:

a) Das mit dem Begriff Inkulturation gegebene *Problembewußtsein* gegenüber früheren Verhaltensweisen sowie gegenüber der in heutiger Zeit wachsenden Wirkkraft eines nationalen, kulturellen und religiösen Pluralismus in international-interkulturell- interreligiöser Begegnung ist noch nicht voll ausgebildet. Nicht selten wird Inkulturation in der Nachfolge des ursprünglich eher pragmatischen Verständnisses von Akkommodation gesehen, bei der es um Anpassungen an außereuropäische Kulturen und Übernahme von fremden Kulturelementen in der Übersetzung des Christlichen bzw. um die Ausbildung einer pädagogisch geeigneten Sprache und Weise des Christlichen im nichtchristlichen gesellschaftlich-geschichtlichen Kontext ging und dabei in unterschiedlicher Deutlichkeit Katechetik, Symbolik und Kult, Verkündigung und Theologie betroffen waren. Insofern als das Fremde im Hinblick auf das Christliche instrumentalisiert und nicht um seiner selbst willen gesucht wurde, fiel eine solche Haltung unter das Verdikt eines religiösen Kolonialismus und Imperialismus. Die Befürchtung, daß Inkulturation diese Einstellung fortschreibt, ist heute vor allem bei Autoren der Dritten Welt nachweisbar.

b) Nach „Evangelii nuntiandi" (Nr. 20) ist der *Bruch zwischen Evangelium und Kultur* das Drama unserer Zeitepoche: „Daher ist es nötig, alle Kräfte darauf zu verwenden, die menschliche Kultur, oder besser die Kulturen, zu evangelisieren." Die von Paul VI. angesprochene Spannung von Evangelium und Kulturen macht die doppelte Reflexion auf das Verständnis von Kultur sowie auf das Verhältnis von Evangelium und Kulturen erforderlich. Die Frage nach der Kultur ist zu stellen, weil sich heute die Frage nach einem gemeinsamen, dem Plural „Kulturen" zugrundeliegenden Kulturbegriff stellt, der selbst nicht noch einmal kulturbedingt ist. Die Frage nach Evangelium und Kulturen betrifft einmal die kulturbedingten Gestalten des Christentums selbst, sodann das Verhältnis von Evangelium und abendländisch-christlicher Kultur und die heute geforderte Entkoppelung von Evangelium und westlicher Kultur bzw. die Relativierung der im abendländischen Christentum erkennbaren Inkulturation im Hinblick auf die in anderen Kontinenten geforderten Inkulturationsprozesse.

c) Die mit Inkulturation geforderte Einstellung steht im Zusammenhang mit Stichworten wie *Dialog, Kooperation, Solidarität* u. ä. (vgl. Nostra aetate 2: „jene geistlichen und sittlichen Güter und auch die sozial-kulturellen Werte, die sich bei ihnen finden, anerkennen, wahren und fördern"). Sie muß einer doppelten Intention Rechnung tragen: Es gilt, das nichtchristliche Fremde in seiner Werthaftigkeit ernst zu nehmen bzw. alle Menschen in ihrer Subjekthaftigkeit zu fördern, und die geforderte Haltung darf die eigene Sendung (*Mission)* nicht desavouieren; sie muß vielmehr alle Menschen in ihren konkreten Lebenszusammenhängen bzw. ihren sozio-ökonomisch-politischen, anthropologisch-kulturellen, religiös-weltanschaulichen Kontexten zu erreichen suchen und so in der Vielzahl der Umstände die eine universale Heilssendung Christi verwirklichen. *Identität* und *Relevanz* des Christlichen sind in gleicher Weise angefordert.

2. Kultur und kulturelle Vermittlung

Der Begriff *„Kultur"* (vom lat. *colere* = bebauen, verehren, pflegen) gehört seiner Herkunft nach dem abendländischen Kulturraum an. Angesichts der Pluralität von Kulturen darf dieser Begriff jedoch nicht mehr zur Norm des Kulturverständnisses erhoben, sondern höchstens deskriptiv-heuristisch verwendet werden. Unter dieser Rücksicht kann mit „Gaudium et spes" (Art. 53) unter Kultur im allgemeinen das verstanden werden, „wodurch der Mensch seine vielfältigen geistigen und körperlichen Anlagen ausbildet und entfaltet; wodurch er sich die ganze Welt in Erkenntnis und Arbeit zu unterwerfen sucht; wodurch er das gesellschaftliche Leben in der Familie und in der ganzen bürgerlichen Gesellschaft im moralischen und institutionellen Fortschritt menschlicher gestaltet; wodurch er endlich seine großen geistigen Erfahrungen und Strebungen im Laufe der Zeit in seinen Werken vergegenständlicht, mitteilt und ihnen Dauer verleiht – zum Segen vieler, ja der ganzen Menschheit".

Der neuzeitliche anthropozentrische Kulturbegriff bringt a) die Bedeutsamkeit des menschlichen Tuns und der Arbeit, b) die gesellschaftliche und gesellschaftsformende Seite des Kulturschaffens bzw. die Institutionalisierung und Organisation der Kultur in Religion und Ethik, Recht und Staatswesen, Wissenschaft, Technik und Kunst, c) den historischen Wandel der Kultur und dessen Bezug zur Pluralität der geographischen Räume zur Sprache. Problematisch ist die Einordnung der Religion unter die Kulturfaktoren, weil sie das grundlegende Spannungsverhältnis von Kultur und Kult ausblendet. Es fällt jedenfalls in der abendländisch-neuzeitlichen Kulturauffassung auf, daß die Kultur im Gegenüber zur Natur, in gewissem Sinne im Gegensatz zur Zivilisation, kaum aber in ihrer Beziehung zum Kult formuliert wird.

Inzwischen führt die Begegnung mit Kulturen, deren religiöses Substrat nicht das Christentum, sondern andere Religionen sind, erneut zur Frage a) nach dem Verhältnis von Kultur und Religion im abendländischen, wesentlich unter dem Einfluß des Christentums entstandenen Kulturraum und b) nach der möglichen Inkulturation der christlichen Botschaft in anderen Kulturen. Zu beachten ist, daß das Christentum anderen Kulturen selbst in kultureller Vermittlung begegnet. Inkulturation kann christlich folglich nicht als Begegnung zwischen einem kulturlosen „reinen Christentum" und religionslosen „reinen Kulturen" verstanden werden, sondern setzt die Möglichkeit einer dialogisch-kritischen Kommunikation zwischen den verschiedenen Kulturen voraus. (Analog wäre Inkulturation auch von anderen Weltreligionen aus zu verstehen.)

3. Inkulturation in der christlichen Missionsgeschichte

Die Frage der Inkulturation begleitet die *christliche Missionsgeschichte* faktisch von Anfang an, auch wenn sie wohl zu keiner Zeit zuvor in der Weise theoretisiert worden ist wie heute. In diesem Sinne läßt sich aber in der Missionsgeschichte eine Mehrzahl von christlichen Verhaltensweisen im Hinblick auf die Kulturen erkennen.

a) Historisch hängt die Entstehung des Christentums als eigenständige universale Religion mit der bewußt vollzogenen *Herauslösung aus dem jüdischen Kulturverbund* zusammen (vgl. Apostelkonzil). Durch diese Loslösung wurden Freiräume für die Verkündigungs- und Kultsprache, die kirchlichen Organisationsformen, die Übernahme von Symbolen und fremdreligiösen wie nichtreligiösen Terminologien in der Formulierung der eigenen Lehre geschaffen. Die Teilhabe des Urchristentums am Schicksal der jüdischen Diaspora, d. h. an der Nichtgebundenheit an bestimmte Gestalten des mediterranen Kulturraumes und die Verfolgungen im Römischen Reich ergaben für die Frühzeit des Christentums eine Situation kultureller Unbehaustheit bzw. eines Lebens in der Fremde.

b) Diese Frühzeit wird abgelöst durch eine Phase, in der das Christentum – nach der konstantinischen Wende – selbst in die *Rolle eines Kulturproduzenten* hineinwächst. Sie wurde vorbereitet durch die Symbiose von theologischer Reflexion und griechischer Philosophie sowie deren Religionskritik und die Übernahme römischer Lebens- und Rechtsstrukturen. Hinzu kam, daß das Christentum in Zentraleuropa auf kulturell-literarisch nicht dem Reflexionsstand des Mittelmeerraums entsprechende Stammeskulturen traf, die es absorbierte bzw. überformte. Nicht ohne Grund wird die europäische Kultur heute als eine Verbindung von jüdisch-christlicher Religiosität und griechischer Rationalität beschrieben. In der Fortsetzung der europäischen Kulturproduktion beherrschte das Gesetz der Überformung bei gleichzeitiger Unterdrückung der vorhandenen Kulturen zu Beginn der Neuzeit auch die Eroberung Nord-, teilweise Mittel- und Südamerikas. Der europäische Kolonialismus scheiterte in Zentralasien, zumal in China und Japan, aber letztlich auch in Indien. Er war nur teilweise erfolgreich in Afrika, wo die küstenfernen Gebiete kaum von der Europäisierung erreicht wurden. In dieser Phase, die bis in die Gegenwart reicht, verlaufen die kulturelle und die religiös-christliche Entwicklung und Expansion in Gesellschaft, Staat(en) und Kirche, einander stützend, weitgehend parallel. Inkulturation bedeutet die Übertragung der abendländischen Kultur und Religion in Bereiche fremder Kulturen und Religionen unter deren gleichzeitiger Zerstörung und Unterdrückung. Auffallendstes Zeichen ist die Ersetzung der einheimischen Sprachen durch die Sprachen der Kolonialmächte.

c) Die dritte Phase ist gekennzeichnet durch die *Beendigung des europäischen Kolonialismus,* die Entstehung neuer Staaten in Afrika, Asien und Ozeanien, den Aufbruch eines neuen Nationalismus in diesen Ländern, eine Rückbesinnung auf die verlorene kulturelle Identität, damit verbunden teilweise auf die einheimischen Religionen. Diese exemplarisch in Afrika zu beobachtende Situation findet ihre starke Unterstützung durch jene asiatischen Staaten, die auch in der Zeit des europäischen Kulturimperialismus ihre eigene Identität kulturell und religiös bewahren konnten. Nicht zuletzt unter asiatischem Einfluß wird sich Europa heute seiner kulturellen Relativität bewußt. Das europäische Christentum wird konsequenterweise in den Relativierungsprozeß einbezogen und steht erneut vor der Aufgabe, sich als Weltreligion zu bewähren.

4. Inkulturation und Inkarnation

Die christliche Missionsgeschichte lehrt: *Theologisch* kann sich Inkulturation nur in Analogie zum christlichen Verständnis der *Inkarnation* vollziehen. Inkulturation darf sich *nicht doketistisch* damit begnügen, eine fremde Hülle über die europäische Gestalt des Christentums zu ziehen. Inkulturation darf heute – in Umkehrung früherer Verfahren – auch *nicht monophysitisch* zur Kulturromantik werden, in der das Fremde bis zur Selbstaufgabe christlicher Identität unkritisch gestützt wird. Im Sinne des *„unvermischt und ungetrennt"* von Chalkedon muß das Christliche in den Kulturen Heimat und Fremde zugleich bedeuten, so daß es weder mit einer Kultur identisch wird noch sich gleichsam ghettohaft neben den Kulturen der Welt verwirklicht. Inkulturation bedeutet, so verstanden, daß das Christliche nicht nur für den einzelnen Menschen Heil bedeutet, sondern auch für die menschlichen Lebenswelten als befreiender Sauerteig wirkt, der diese so zueinander öffnet, daß die Völker in den vielen Sprachen der Welt das Wirken des göttlichen Geistes vernehmen und es sich gegenseitig zu bezeugen vermögen.

Literatur:
R. *Friedli,* Fremdheit als Heimat. Auf der Suche nach einem Kriterium für den Dialog der Religionen (Freiburg in Üe. 1974); *H.-W. Gensichen,* Mission und Kultur (München 1985); *S. Di Giorgi,* La traduzione del messaggio nel dialogo tra le Fedi religiose dei Popoli: Aspetti di Teologia Fondamentale: Portare Cristo all'Uomo I (= Studia Urbaniana 22) (Rom 1985) 699–722; *K. Kertelge* (Hrsg.), Mission im Neuen Testament (= QD 93) (Freiburg i. Br. 1982); *B. J. F. Lonergan,* Theologie im Pluralismus heutiger Kulturen (= QD 67) (Freiburg i. Br. 1975); *H. B. Meyer,* Inkulturation der Liturgie, in: ZkTh 105 (1983) 1–31; *A. Pieris,* Der Ort der nichtchristlichen Religionen und Kulturen in der Entwicklung einer Theologie der Dritten Welt, in: ZMR 66 (1982) 241–270; *A. A. Roest-Crollius,* What is so New about Inculturation?, in: Gregorianum 59 (1978) 721–738; *ders.,* Inculturation and the Meaning of Culture, in: ebd. 61 (1980) 253–274; *H. Waldenfels,* Kontextuelle Fundamentaltheologie (Paderborn 1985).

Hans Waldenfels

Insemination

↗ Bioethik; Familienplanung; Fortpflanzungsmedizin; Lehramt; Recht und Ethik

1. Begriff

Insemination ist das künstliche, mechanische Einbringen von Samen in den weiblichen Genitaltrakt mit dem Ziel, eine Empfängnis in solchen Fällen zu ermöglichen, in denen sie auf natürlichem Weg nicht zustandekommt. Je nach Herkunft des Samens unterscheidet man zwischen *homologer* Insemination, d. h. der Insemination mit dem Samen des Ehemannes, und *heterologer* Insemination, d. h. der Insemination mit dem Samen eines Spenders. Zum Problemkreis der Insemination wird auch die In-vitro-Fertilisation oder extrakorporale Befruchtung gezählt. Dieses Verfahren bewirkt die Verschmelzung männlicher und weiblicher Eizellen außerhalb des menschlichen Körpers in einer Retorte, während der Arzt bei der Insemination im eigentlichen Sinne den Samen in den weiblichen Genitaltrakt appliziert.

2. Rechtliche Problematik

Während die homologe Insemination auf keine rechtlichen Bedenken stößt, wenn sie medizinisch indiziert ist, im Einverständnis der Ehegatten erfolgt und nach sorgfältiger Prüfung etwaiger Kontraindikationen von einem Arzt kunstgerecht durchgeführt wird, stellt sich bei der heterologen Insemination das Problem anders. Für sie gibt es zur Zeit keine spezielle gesetzliche Regelung. Der Beurteilungsmaßstab für die Zulässigkeit ist daher ihre Vereinbarkeit mit den „guten Sitten" im Sinne des § 226a StGB. Was mit den „guten Sitten" vereinbar ist, ist jedoch eine Wertungsfrage. Hinzu kommt die Zeitbedingtheit der sittlichen Anschauungen, die sich am Beispiel der heterologen Insemination gut illustrieren läßt: Noch vor rund 25 Jahren galt sie als „Naturwidrigkeit" überwiegend als sittenwidrig und mit der Menschenwürde unvereinbar. Nach einem Gesetzentwurf von 1962 sollte sie in der Bundesrepublik unter Strafe gestellt werden. Dann setzten sich immer mehr die Stimmen durch, die die heterologe Insemination von der staatlichen Reglementierung freihalten und der Privatsphäre zuordnen wollten. Der heutige Diskussionsstand läßt erkennen, daß die heterologe Insemination weder allgemein von der Bevölkerung noch von der Mehrheit der Ärzte oder Juristen sittlich mißbilligt wird. Vom rechtlichen Standpunkt aus wird man eine heterologe Insemination vertreten können, wenn folgende Voraussetzungen erfüllt sind: die Wahrung des Wohles und der Interessen des Kindes; die Gewährleistung einer kunstgerechten Durchführung durch einen Arzt; das Vorliegen einer medizinischen Indikation aufgrund der Zeugungsunfähigkeit des Mannes oder weil die Gefahr einer genetischen Schädigung der von ihm gezeugten Kinder besteht; die Inanspruchnahme nur eines Samenspenders für jede Insemination in der Gewißheit, daß ein früherer Versuch mit dem Sperma eines anderen Gebers nicht zur Empfängnis führte; die Aufklärung des Spenders darüber, daß das Kind seine Ehelichkeit anfechten und dann – unverzichtbar – die Vaterschaft des Samenspenders mit allen Rechtsfolgen feststellen lassen kann; die Zustimmung der Ehefrau des Spermaspenders; der Hinweis darauf, daß der Arzt nach erfolgreicher Ehelichkeitsanfechtung den Namen des Spenders nicht geheimhalten darf; die Unterrichtung der Ehegatten über diese Situation; die einwandfreie Dokumentation aller Vorgänge bei einem Rechtsanwalt oder Notar, der die Befugnis erhält, nach erfolgreicher Ehelichkeitsanfechtung den Namen des Spenders mitzuteilen.

3. Ethische Bewertung der homologen Insemination

Die standesethische (ärztliche) Vertretbarkeit der homologen Insemination wird heute weder im deutschen Raum noch im Ausland ernsthaft angezweifelt, sofern die unter 2. genannten Voraussetzungen erfüllt sind. Sie wird als ärztliche Hilfeleistung angesehen, die einem Ehepaar mit Kinderwunsch bei eingeschränkter männlicher Zeugungsfähigkeit nicht vorenthalten werden sollte, wenn Hoffnung besteht, auf diesem Weg ein eigenes Kind zu bekommen.
Die Stellungnahmen evangelischer Ethiker gehen weitgehend dahin, die homologe Insemination zu bejahen (vgl. Denkschrift zu Fragen der Sexualethik, 58).
Das Lehramt der katholischen Kirche hat gegen die künstliche Befruchtung seit ihren Anfängen generell negativ Stellung bezogen (vgl. Entscheidung des Heiligen Offiziums vom 26.3.1897; DS 3323). Pius XII. bekräftigt in verschiedenen Stellungnahmen diese ablehnende Haltung (1949: Utz-Groner (UG) 1036–1041; 1951: UG 1086f; 1956: UG 4725–4730; 1958: UG 5447 f.). Die verbindliche Zuordnung von liebender Vereinigung und Fortpflanzung wird von Paul VI. (Humanae vitae 12) und Johannes Paul II. bekräftigt (Familiaris consortio 29).
Die Argumentation des Lehramtes, wie sie vor allem von Pius XII. vorgetragen wurde, läßt sich folgendermaßen zusammenfassen: Grundsätzlich soll der Geschlechtsakt nicht von der Zeugung getrennt werden. Unbeschadet der guten Intention ist das eingesetzte Mittel in sich schlecht, weil die Spermagewinnung an Masturbation gebunden bleibt. Es lassen sich keine Situationen denken, die eine solcherart qualifizierte Moralität spezifisch verändern würden.
Die moraltheologische Reflexion hat aber – unbeschadet des gebührenden Respekts vor dem authentischen Lehramt und im Sinne eines offenen Dialogs – an den päpstlichen Dokumenten verschiedene Fragen und Differenzierungen angebracht. Strittig ist die von Pius XII. so absolut vorgetragene Ablehnung der homologen Insemination. Hier lassen sich folgende Fragen bzw. Argumente zusammenführen:
a) Der von Pius XII. gebrauchte *Naturbegriff* scheint anthropologisch nicht eindeutig bestimmt zu sein. – Ist er immer metaphysisch zu verstehen? Das Ungenügen einer Überwertigkeit des Metaphysischen ist inzwischen schärfer erkannt worden. Geschichtlichkeit und Erfahrung fließen gleichermaßen in das Verständnis des sittlichen Naturgesetzes ein. Vor diesem Hintergrund fragt man, ob die Erkundung des medizinisch Möglichen nicht eo ipso eine Erkundung des „natürlich" Möglichen darstellt. Und besteht dann das ethische (und auch juristische) Problem nicht nur in der rechten Weise der Realisierung der erkundeten Möglichkeit, z. B. im Mißbrauchsausschluß (V. Eid)?
b) Differenzierungen werden auch im Hinblick auf die *Struktur des ehelichen*

Aktes als untrennbarer Einheit von Liebesausdruck und Zeugung getroffen. Bei der künstlichen Insemination fallen zwar ehelicher Akt und Zeugung auseinander, aber dies gilt auch für den natürlichen ehelichen Vollzug; letzterer ist immer nur dispositiv für die Zeugung. Der Befruchtungsvorgang ist ein vom Geschlechtsakt getrenntes natürliches Geschehen („actus naturae" und nicht „actus humanus").

Die Argumentation des kirchlichen Lehramtes bezüglich der künstlichen Insemination ist auch im Zusammenhang mit den Stellungnahmen zur Empfängnisverhütung (Antikonzeption) zu sehen. Die Betonung der Einheit von liebender Hingabe und Fortpflanzung ist für beide Bereiche das lehramtliche Kernargument. Folgt man der neueren Argumentation von Johannes Paul II., so läßt sich zwischen den Stellungnahmen zur Antikonzeption und zu einer medizinisch-technisch geförderten Befruchtung und Schwangerschaft jedoch eine relevante Unterscheidung ausmachen. Der grundlegende Einwand des Papstes gegen die Konzeptionsverhinderung ist der, daß im Vollzug geschlechtlicher Liebe ein dieser Liebe widersprechender Vorbehalt (Ausschluß der Fruchtbarkeit) gemacht werde (Familiaris consortio 32). Darüber hinaus werde die Integrität des Vollzugs verletzt. Die beiden Einwände treffen jedoch nicht die Sterilitätsbehandlung. Denn hier wird ja gerade kein Vorbehalt gegen die Fruchtbarkeit gemacht. Eine Integritätsverletzung liegt dagegen bei jedem medizinischen Eingriff vor. Sie wird jedoch durch den therapeutischen Charakter aufgrund der Einwilligung gerechtfertigt, und um einen solchen handelt es sich ja auch bei der künstlichen Befruchtung. Selbst eine notwendige Spermiengewinnung muß diese Integrität nicht verletzen, insofern für die sittliche Qualität des Handelns die Gesamtintentionalität entscheidend ist; diese wird hierbei durch den partnerschaftlichen Willen zum Kind bestimmt.

c) Das Lehramt hat sich wiederholt für das fundamentale Recht auf Ehe und die Erreichung ihres Zweckes, des Fruchtbarwerdens in Kindern, ausgesprochen (UG 252). Nachdem das Konzil betont hat, daß Ehe und eheliche Liebe ihrem Wesen nach auf Zeugung und Erziehung der Kinder ausgerichtet sind (Gaudium et spes 50, wieder aufgenommen in Humanae vitae 9 und Familiaris consortio 14,1), spricht es von der Kinderzeugung als einem Menschenrecht (Gaudium et spes 87). Bedingung zur Nutzung dieses Rechts bleibt freilich nach kirchlicher Lehrtradition die unlösbare Verbindung von liebender Vereinigung und Fortpflanzung, die beide dem ehelichen Akt innewohnen (Pius XII.: UG 4723; Humanae vitae 12). Bei der künstlichen Befruchtung handelt es sich aber nicht um eine provozierte Trennung von liebender Vereinigung und Fortpflanzung, sondern im Gegenteil um den Versuch einer Wiederherstellung der durch die Krankheit aufgelösten *Verbindung beider Sinngehalte*. Selbst wenn unter dieser Rücksicht hinsichtlich der Erlaubtheit der Methode der künstlichen Befruchtung ein Zweifel fortbesteht, wird man also fragen müssen, ob nicht das Recht auf Zeugung höher zu stellen ist als der Zweifel hinsichtlich der Methode (Erzbischof J. Jullien, Rennes).

Vom ethischen Standpunkt aus scheint die homologe Insemination vertretbar zu sein. Die freie Zustimmung der beiden Ehepartner vorausgesetzt, kann sie als Konsequenz einer von Liebe bestimmten Ehepartnerschaft verstanden und existentiell vollzogen werden. Der durch die Krankheit verbaute Weg der natürlichen Zeugung eines Kindes wird durch ärztliches Tun geöffnet. – Kann dieser Weg – nach obiger Interpretation der lehramtlichen Aussagen – nicht auch für das katholische Lehramt ein gangbarer sein?

4. Ethische Beurteilung der heterologen Insemination

Die ärztliche Standesethik vertritt gegenüber der heterologen Insemination eine weithin gewährende Position. Der 73. Deutsche Ärztetag gab 1970 seine 1959 beschlossene ablehnende Haltung als „überholt" auf „zugunsten einer zeitgemäßen und freiheitlicheren Betrachtungsweise". Dennoch wird die Methode nicht empfohlen, weil sie mit zahlreichen Problemen und insbesondere mit ungeklärten Rechtsfragen belastet sei.
Evangelische Ethiker stehen der heterologen Insemination weitgehend ablehnend gegenüber (vgl. Denkschrift zu Fragen der Sexualethik 59). Für das kirchliche Lehramt – prononciert wiederum von Pius XII. vorgetragen – ist die heterologe künstliche Insemination in jeder Weise unsittlich, weil die Zeugung neuen Lebens nur Frucht der Ehe sein könne (UG 1037) und weil hierbei die Exklusivität der leiblichen Partnerbeziehung, die durch den Ehevertrag abgesichert ist und ein unverzichtbares Recht darstellt, durch das Eindringen eines Dritten verletzt werde (UG 1038).
Die von Pius XII. genannten Gründe bestimmen auch das moraltheologische Urteil. Darüber hinaus lassen sich weitere Argumente gegen die heterologe Insemination geltend machen:
– Die heterologe Befruchtung steht im Widerspruch zu unserem Menschenbild, nach dem es wesentlich zum Menschsein gehört, soziale Verantwortung zu tragen. Im Falle der heterologen Insemination übernimmt der genetische Vater jedoch von vornherein keine Verantwortung für das Kind. Er ist von seinem Samen radikal distanziert und verschwindet im Nebel der Anonymität. Die Kenntnis der eigenen Herkunft ist jedoch für die Identitätsfindung und damit für die Persönlichkeitsentwicklung des Kindes von erheblicher Bedeutung. Es wäre deshalb mit dem Recht des Kindes auf freie Entfaltung seiner Persönlichkeit und seiner Menschenwürde unvereinbar, wenn ihm die Möglichkeit der Kenntnis seiner Herkunft verweigert würde.
– Es ist fraglich, ob der Ehemann auf Dauer mit dem Problem fertig wird, daß ein anderer seiner Frau geben konnte, wozu er nicht imstande war. In Krisensituationen könnte es für ihn naheliegen, jede unerwünschte Entwicklung des Kindes auf dessen genetische Veranlagung zurückzuführen und sich so zumindest teilweise von einer Verantwortung für das Kind freizusprechen. Einem adoptierten Kind könnten beide Partner in gleicher Haltung gegenüberstehen, da es von keinem Teil der Adoptiveltern genetisch abstammt.

– Nicht selten wird die Mutter des Kindes von der Sehnsucht geleitet, den genetischen Vater ihres Kindes kennenzulernen (sog. phylogenetisches Heimweh).
– Was geschieht, wenn heterolog gezeugte Kinder den Wünschen der Eltern nicht entsprechen oder behindert geboren werden?
– Die Gefahr ist auch nicht ausgeschlossen, daß Kinder desselben (anonymen) Vaters in Unkenntnis ihrer Verwandtschaft miteinander die Ehe eingehen. Man versucht, diese Gefahr dadurch zu steuern, daß ein Spender insgesamt nur zehnmal zur Samenspende zugelassen wird.
– Es stellt sich auch das Problem der Auswahl des Spenders. Die Auswahl des Vaters eines noch zu zeugenden Kindes einem Dritten zu überlassen, stimmt mit unserer Werteordnung, insbesondere mit dem Schutz von Menschenwürde sowie von Ehe und Familie, nicht überein.
Die genannten Gründe, vor allem die Verletzung der Ausschließlichkeit ehelicher Beziehungen und die nicht gewahrten Interessen des Kindes, bestimmen das ethische Urteil über die heterologe Insemination negativ.

Literatur:
F. Böckle, Insemination – aus ethischer Sicht, in: Münchener medizinische Wochenschrift 125 (1983) 1090–1092; *V. Eid,* Zur Haltung der Katholischen Kirche zur homologen und donogenen Insemination, in: Gynäkologie 18 (1985) 220–223; *Evangelische Kirche in Deutschland,* Denkschrift zu Fragen der Sexualethik (Gütersloh 1971); *F. Furger,* Ethik der Lebensbereiche (Freiburg i. Br. 1984); *B. Häring,* Frei in Christus, Bd. 3 (Freiburg i. Br. 1981) 43–48; *H. Heiss,* Die künstliche Insemination der Frau (München – Berlin – Wien 1972); *G. Hirsch,* Künstliche Befruchtung und Embryotransfer. Rechtliche und rechtsethische Aspekte, in: Internist 26 (1986) 93–98; *Johannes Paul II.,* Dem Leben dienen. Apostolisches Schreiben über die Aufgaben der christlichen Familie in der Welt von heute (Familiaris consortio). Mit einem Kommentar von *F. Böckle* (Freiburg i.Br. 1982); *A. F. Utz – J. F. Groner,* Aufbau und Entfaltung des gesellschaftlichen Lebens. Soziale Summe Pius' XII., 3 Bde. (Freiburg i.Ue. 1954–1961).

Johannes Reiter

Jenseits

↗ Esoterik; Gott; Mystik; Mythos; Okkultismus; Östliche Religiosität; Säkularität und Säkularismus

1. Typen des Jenseits-Verständnisses

Mit dem mehr räumlichen als zeitlichen Sammelbegriff „Jenseits" werden Vorstellungen und Inhalte zusammengefaßt, mit denen christlicher Glaube und christliche Hoffnung die offene Dimension der Zukunft, der persönlichen und menschheitlichen Geschichtsvollendung inhaltlich füllen und bestimmen. Die Vorstellungen und Bilder entstammen sowohl der biblischen Verkündigung des Alten und Neuen Testaments, darin und darüber hinaus aber der weiteren religiösen Kultur des Morgen- und Abendlandes in einer nicht mehr scheidbaren Vermischung. Als Hauptinhalte und -vorstellungen sind zu nennen: Weiterleben nach dem Tod, Unsterblichkeit, Auferstehung, Gericht, Läuterung, Himmel, Hölle.

Die jüngere Geschichte des Glaubensverständnisses und der Theologie hat die Inhalte des „Jenseits" in drei sehr unterschiedlichen Konstellationen geordnet, deren Abfolge und Ablösung sowohl von innertheologischen Zentren wie von allgemeinen gesellschaftlichen Kraftfeldern bestimmt war.

a) Isoliertes Jenseits: Die einzelnen Inhalte waren in Theologie und Katechese mit geringer innerer Zuordnung gesammelt in einem Traktat über die „Letzten Dinge". Hier wurden nicht nur der Sammelbegriff, sondern auch die Inhalte selber dinglich und objektivierend aufgelistet, mit mehr oder weniger kritischer Deutung der räumlichen und zeitlichen Vorstellungen. Problematischer als die unkritische Übernahme mythologischer und grobmaterieller Bilder war aber die Isolierung von der zentralen Grundgewißheit des christlichen Glaubens und der Hoffnung. Ewiges Heil und Unheil standen wie gleichgewichtige Möglichkeiten nebeneinander ohne das „Übergewicht" des Heils, das die Waagschalen vom Heilswillen Gottes und vom erlösenden Tod Jesu her beeinflußte. Isoliert verblieben auch die dualistische Aufteilung des Menschen in Leib und Seele, seine individuelle und seine universale und soziale Einbindung, der Mensch als kosmosbezogene Natur und als davon abgehobene Person. Schwerwiegender war die Isolation dieser Jenseitsvorstellungen von der geschichtlichen und personalen Existenz des Menschen als Subjekt von Freiheit und Verantwortung, als Glaubender und Hoffender in der Gegenwart. Die vorherrschend räumliche Jenseitsvorstellung schien lange Zeit der innerweltlichen und diesseitigen Geschichte mehr äußerlich angestückt. Sie ging nicht als Frucht und Endgültigkeit aus ihr hervor, höchstens im Sinn eines rechtlichen Verhältnisses von Verdienst und Lohn bzw. Strafe. Allzulange auch war der einzige Bezug des Jenseits auf die innerweltliche Geschichte deren abwertende Relativierung und Vergleichgültigung. Der Tenor der Religionskritik spiegelte dieses Desinteresse im Vorwurf der „Jenseitsvertröstung" und der fehlenden geschichtlichen Solidarität des Christentums wider.

b) Integriertes Jenseits: Diese Isolationserscheinungen wurden fast gleichzeitig aufgearbeitet und behoben. Geschehene und noch ausstehende Erlösung zeigten sich jetzt in ihrer Einheit: die zukünftige Vollendung empfing ihre überwiegende Heilsbedeutung aus der bereits getroffenen eschatologischen Heilsentscheidung Gottes in Jesus Christus, dem bereits angebrochenen Reich Gottes und dem bereits verliehenen Heiligen Geist als Vorgabe des ewigen Lebens. Demgegenüber trat vorübergehend die bleibende Ausständigkeit des Heils in den Hintergrund. Auch die Aussagen über die Konstituierung des verherrlichten Menschen fanden sich zu einer neuen integrierenden Einheit zusammen: Die mehr philosophische Unsterblichkeit der Seele ordnete sich der Auferstehung des ganzen Menschen unter, die Gerichtsentscheidung verlagerte sich in den jetzigen Ruf zur Umkehr und in die jetzt getroffene Wahl zum Glauben und zur Nachfolge Jesu. Begleitet und umgeben war diese mehr innertheologische Integration des Jenseits in die Heilsgegenwart von einer Öffnung auf die säkularen Zukunftsvorstellungen und -utopien. Zwischen der materiellen Evolution des Kosmos und der erlösenden Umgestaltung des leibhaften Menschen sah Teilhard de Chardin eine (zu) harmonische Konvergenz. Die gnadenhafte Verheißung des Reiches Gottes schloß eine engagierte Verantwortung des Christen für eine gerechte Gesellschaft nicht mehr aus, sondern gerade ein. Diese innergeschichtliche Integrierung des Jenseits berührte oder überschritt gelegentlich die Grenze zur Reduzierung auf diesseitige Zukunft.

c) Überschreitendes Jenseits: Fast gleichzeitig zu dieser christlichen Synthese zwischen Diesseits und Jenseits und zu einer Annäherung, die nicht wenigen eine Absorbierung erschien, zerbrach in der zeitgenössischen Gesellschaft der Optimismus, der mit einer immer mehr zum Guten fortschreitenden Entwicklung rechnete. Die Erfahrung des persönlichen Todes und das Geschick des einzelnen Menschen erwiesen sich zudem durch globale und kollektive Utopien nicht beantwortet: Gibt es Zukunft für den *einzelnen* Menschen als Person?

Erneut stellt sich die Frage nach einer gnadenhaft geschenkten und unbedingt verbürgten Heilszukunft ohne den Mißbrauch der Vertröstung. Gleichzeitig erwachen nach dem „Winter" der Säkularisierung in der Gesellschaft, weit über den Resonanzraum christlicher Verkündigung, die verschiedenen und vermischten Quellen der religiösen Überlieferung mit ihren Jenseitsvorstellungen, Lebens- und Überlebenshoffnungen, mit Läuterungs- und Heilswegen über die Todesgrenze hinaus (Jenseitserfahrung im Sterben, parapsychologische Kommunikation zwischen Lebenden und Verstorbenen, Reinkarnationslehren der Esoterik usw.).

2. Vollendung von Mensch und Geschichte

Die traditionelle Eschatologie bewegte sich zum einen auf der Spur der gnadenhaften Gewährung ewigen Lebens durch Gott, zum anderen auf der Spur der philosophischen Lehre von der Unsterblichkeit der geistigen Seele des Menschen. Sie suchte zwar sowohl die Gnadenhaftigkeit der geschenkten Anschauung Gottes wie die Einheit des leibseelischen Menschen in der Auferstehung des Leibes aufrechtzuerhalten. Daß damit aber an die Stelle der Treue Gottes über die Todesgrenze hinaus konkurrierend der seinsimmanente Grund der substantiellen Unsterblichkeit der Seele trat, läßt sich nicht als philosophiefeindlicher Einwand protestantischer Theologie abweisen. Die Unsterblichkeitslehre verdeckt tatsächlich den Abgrund der geschöpflichen Nichtigkeit, über den der ganze Mensch, als Leib und als geistige Seele, gehalten ist. Es ist darum theologisch konsequenter, die kreatürliche Bodenlosigkeit des Menschen als Geschöpf offenzulegen, dafür aber das Leben diesseits und jenseits der Todesgrenze durch Gottes Treue sich zusprechen und je neu geben zu lassen (Mk 12,26 f.; Röm 4,17).

In dieser Treue ist sowohl die Auferweckung des gekreuzigten Jesus wie die Auferweckung eines jeden auf Gott vertrauenden Menschen umschlossen. Will man dennoch an der „Seele" und so an der Identität und Kontinuität des Menschen in seiner Person, als Adressat und Träger dieser Verheißung Gottes festhalten, wird man sie immer noch von dieser Verheißung her begründen müssen.

Zunächst stand im ausgehenden Alten und im Neuen Testament die *allgemeine* Auferweckung der Toten beim Anbruch des Reiches Gottes oder bei der offenbaren Wiederkunft Christi im Vordergrund. Die Parusieverzögerung und Desillusionierung der Naherwartung, der vorzeitige Tod von Glaubensgenossen und die Ungewißheit über die schon Verstorbenen führten zum Nebenstrang der biblischen Auferstehungserwartung in einer *individuellen* und schon jetzt vollendeten Gemeinschaft mit Gott bzw. Jesus Christus. Das Nebeneinander der Vorstellungen und der Geschichtsmodelle blieb lange nur ungenügend vermittelt: durch die Dehnung der Auferstehung in eine schon jetzt gewährte Seligkeit der geistigen Seele und eine noch ausstehende Auferweckung und Verherrlichung des Leibes oder durch die Annahme eines Zwischenzustandes.

Demgegenüber wird heute allgemein die je im individuellen Tod sich ereignende Auferweckung des ganzen, leibseelischen Menschen angenommen, gestützt auch auf die in der johanneischen Theologie ausgesagte Gegenwärtigkeit des Übergangs vom Tod zum ewigen Leben in der personalen Lebensgemeinschaft mit Christus. Sterben und Tod sind eine radikale Bedrohung des ganzen Menschen durch die Nichtigkeit des Geschöpfs, sie bedrohen den Leib und die Seele. Dieser ganzheitlichen radikalen Bedrohung tritt dann aber, schon *im* Tod, die ebenso radikale Lebensgabe Gottes gegenüber, die auch ihrerseits keine Halbierung oder Vorläufigkeit mehr kennt.

Die Bilder der allgemeinen Auferweckung am „Weltende" behalten aber eine Gültigkeit, die durch eine individuelle und personale Entmythologisierung nicht ohne Rest aufgelöst werden kann. Der einzelne Mensch steht im geschichtlichen Sozialgeflecht der Menschen vor, mit und nach ihm, aus dem er ohne Abstraktion nicht gelöst werden darf. So ist das Bild seiner eigenen Person und Geschichte nicht vollständig, solange es nicht in wechselseitiger empfangender und gebender Einwirkung mit der Vor-, Mit- und Nachgeschichte gesehen wird. Als so eingebundene individuelle und soziale Person wird er auch nur in der Verbundenheit mit der Menschheit und ihrer Geschichte offenbar und eindeutig. Das Problem des zeitlichen Abstandes besteht nur für das Diesseits der verschiedenen lebensgeschichtlichen Linien und ihrer zeitverschobenen Beendigung. Für die todesjenseitige Vermittlung zwischen dem Tod und der Auferweckung des einzelnen Menschen bzw. der Menschheit haben und brauchen wir keine weiteren theologischen Hilfskonstruktionen wie Zwischenzustand, unvollkommene Seligkeit des Geistes.

3. Läuterung („Fegfeuer")

Vorstellungen von einer jenseitigen Reinigung, oft mit grausamen Vorstellungen verbunden, haben in der christlichen Tradition einen großen Raum eingenommen. In einer ersten Phase der Selbstkritik war darum eine Vernachlässigung wohl unumgänglich: die Verrechtlichung von Sünde und Genugtuung, die äußerliche Verbindung von Sünde und Sündenstrafe, wie auch die zweifache Genugtuung für beides entsprachen einem ebenso rechtlich verstandenen Erlösungsgedanken, wobei der ganze Komplex für mißbräuchliche Formen der Frömmigkeit anfällig war.
Eine gereinigte Bedeutung kann und soll das *„Fegfeuer"* dadurch erlangen, daß Schuld und Umkehr aus ihrer rechtlichen Veräußerlichung in die menschliche Person und in die personale Reifungsaufgabe zurückgenommen werden. Der Mensch ist in seiner Leibhaftigkeit und lebensgeschichtlichen Zeitverflochtenheit kein punktuelles und zentrales Wesen (wie bei Gegenvorstellung des Engels). Er existiert in seiner freiheitlichen Mitte und zugleich in den peripheren Kräften seiner Gefühle und Strebungen, daher auch in der lebenslangen Aufgabe, am Material seiner Leiblichkeit und gedehnten Zeitlichkeit zu formen. Nicht so sehr *im* „Fegfeuer", sondern *am* „Fegfeuer" wird diese Existenzstruktur des Menschen sichtbar; sie ist aber nicht an diese Vorstellung und auch nicht an ihre Verjenseitigung gebunden. Vielmehr wird hier eine Dimension menschlicher Freiheit sichtbar, die sich auf alle Fälle stellt: Die Liebe zu Gott und zum Nächsten soll aus ganzem Herzen, ganzer Seele und aus allen Kräften zur Reife kommen bis in die vielen Stimmungen, Gefühle und Kräfte des Menschen hinein, in das ganze Netz seiner mitmenschlichen Beziehungen und Beziehungsgeschichten.

4. Gericht und Heilsverfehlung („Hölle")

Die Isolierung der möglichen schuldhaften Heilsverfehlung von der zentralen Aussage vom Heilswillen Gottes brachte es mit sich, daß der Gott der Erlösung und der Gott des Gerichts als zwei verschiedene Instanzen erschienen, wie man auch die erste Ankunft Christi als gnädige und die zweite als richtende Ankunft gegeneinanderstellte: die erste eher unverbindlich, die zweite dagegen gnadenlos. Die Entscheidung des Menschen bewegte sich im Raum eines indifferenten Gleichgewichts, aber auch einer inneren Indifferenz Gottes zum jeweiligen Ausgang. Zur theologischen Neukonstellierung dieser Jenseitsperspektive gehört zuerst die untrennbare Identität Gottes in Erlösung und Gericht: Er ist in einem der Gott, der den Sünder rechtfertigt, nicht in einer Bagatellisierung der Sünde, sondern im ernsten Gericht, das aber vergebendes Gericht ist; zugleich trägt dieser Gott das Antlitz des Vaters Jesu Christi. *Ihm* steht darum der Mensch, auch als Sünder, nicht auf einem neutralen Punkt gegenüber, sondern innerhalb der Erwählung Gottes, die zugleich dem Sohn und den Sündern gilt.

Dann ist auch die Freiheit des Menschen, mit ihrer unheimlichen Möglichkeit der Heilsannahme oder Heilsverweigerung schon immer umschlossen und gehalten von der Erwählung und Liebe Gottes, aber auch vom Gehorsam und der Liebe Jesu Christi. Die prophetisch-warnenden Aussagen der Schrift über die Hölle dürfen nicht beiseite geschoben werden. Sie halten die unergründliche Möglichkeit der sündigen Selbstverschließung gegenüber der Liebe Gottes vor Augen. Dennoch gehört es ebenso zu einem christlichen Ernst vor dem Jenseits, daß noch diese sich verfehlen könnende Freiheit gehalten ist von der noch größeren Gewißheit des Heilswillens Gottes und damit des ewigen Heiles der Menschen. Aber: auch diese letzte und äußerste Abgründigkeit des Jenseits muß in der größeren Konstellation gesehen werden, gemäß welcher die ewige Zukunft des Menschen sich in seiner jetzigen Lebens- und Glaubensgeschichte entscheidet: im Diesseits, im Leben *vor* dem Tod.

Literatur:
G. *Bachl,* Die Zukunft nach dem Tod (Freiburg i. Br. 1985); *W. Bühlmann,* Leben – Sterben – Leben. Fragen um Tod und Jenseits (Graz 1985); *J. Finkenzeller,* Was kommt nach dem Tod? Eine Orientierungshilfe für Unterricht, Verkündigung und Glaubensgespräch (München 1976); *G. Greshake – G. Lohfink,* Naherwartung – Auferstehung – Unsterblichkeit (Freiburg i. Br. ²1982); *O. Knoch,* Wirst du an den Toten Wunder tun? Sterben, Tod und ewiges Leben im Zeugnis der Bibel (Regensburg 1977); *H. Küng,* Ewiges Leben? (München 1982); *W. Maas,* Gott und die Hölle. Studien zum Descensus Christi (Einsiedeln 1979); *J. Moltmann,* Umkehr zur Zukunft (München 1970); *J. Ratzinger,* Eschatologie – Tod und ewiges Leben (Regensburg ⁵1978); *R. Schnackenburg* (Hrsg.), Zukunft. Zur Eschatologie bei Juden und Christen (Düsseldorf 1980); *Ch. Schütz,* Vollendung, in: J. Feiner – L. Vischer, (Hrsg.), Neues Glaubensbuch (Freiburg i. Br. ¹⁶1981)

526–544; *H. Vorgrimler,* Hoffnung auf Vollendung. Aufriß der Eschatologie (Freiburg i. Br. ²1984); *A. van de Walle,* Bis zum Anbruch der Morgenröte. Grundriß einer christlichen Eschatologie (Düsseldorf 1983).

Dietrich Wiederkehr

Jesus Christus

↗ Bibel; Gott; Kirche; Nichtchristliche Religionen; Offenbarung

1. Der Mensch Jesus – der Christus Gottes

Was uns heute wie selbstverständlich als Doppelname – Jesus Christus – begegnet, ist vom Ursprung her eine prädikative Aussage: Jesus ist der Christus. In diesem *Bekenntnis* brachten die Jünger Jesu, die erstmals wohl in Antiochia „Christen" genannt wurden (vgl. Apg 11,26), ihre *Glaubenserfahrung* zum Ausdruck: Dieser Mensch Jesus von Nazaret ist der Gesalbte des Herrn (hebr. meschiach, griech. Christos); in ihm hat sich Gott ein für allemal, endgültig, unwiderruflich als liebender Urgrund der Schöpfung erwiesen, als der, der alle Menschen retten und (im Heiligen Geist) in seine Gemeinschaft aufnehmen will. Beide Seiten dieser prädikativen Aussage, Subjekt und Prädikat (Titel), sind unverkürzt je für sich und in ihrer einmaligen „Ist"-Beziehung festzuhalten; so formulieren sie das „universale concretum", d.h. die für alle Menschen geltende (Heils-)Bedeutung eines konkreten Menschen(schicksals).

Kurz vor unserer Zeitrechnung geboren, tritt Jesus von Nazaret mit etwa 30 Jahren an die Öffentlichkeit, zunächst als Jünger des Täufers Johannes. Er trennt sich dann von seinem „Vorläufer" und dessen Predigt und Praxis der Bußtaufe zur Vorbereitung auf das kommende Gottesreich; nun verkündet er dieses als nahe herbeigekommene (vgl. Mk 1,14f.), ja als mit seinem Auftreten, in seiner Verkündigung und seinen im Geist gewirkten Machttaten unmittelbar in die Gegenwart hereinbrechende Herrschaft Gottes. Nicht die Menschen, sondern Gott, den Jesus in intim-vertrauter Weise „Abba – Vater" nennt, tut den ersten und entscheidenden Schritt: Er geht auf die Menschen zu, geht insbesondere den „verlorenen Schafen des Hauses Israel", den Sündern und den – religiös wie sozial – Zukurzgekommenen nach und ruft alle in seine Gemeinschaft. Was Jesus verkündet, realisiert er in seiner Tischgemeinschaft mit den „Zöllnern und Sündern" sowie in seinen „Wundern", die in Überbietung alttestamentlicher prophetischer Zeichenhandlungen als eschatologische Erfüllungszeichen gedeutet werden können. Der Einbruch der Gottesherrschaft bedeutet Entmachtung der widergöttlichen Mächte; das demonstrieren die „Dämonenaustreibungen" Jesu, die – zusammen mit Krankenheilungen – in einem Kernbestand zum historisch gesicherten Überlieferungsgut zu rechnen sind, sowie der Anspruch Jesu, Sünden zu vergeben, welcher seinerseits wiederum durch ganzmenschliche Heilung bewahrheitet wird (vgl. Mk 2, 1–12). Das Anheben der Herrschaft Gottes heißt für den „Laien" Jesus, daß der ursprüngliche Schöpferwille Gottes wieder zur Geltung gebracht wird, u. U. gegen Formulierungen des mosaischen Gesetzes und seine Auslegung durch die Priester und Schriftgelehrten (vgl. Mt 5, 21–47). In seinen Gleichnissen und Gleichnishandlungen zeigt Jesus auf, wer Gott für die Menschen ist und nach welchem „göttlichen Maßstab" menschliches Verhalten sich ausrichten soll (und kann und darf!): Vollkommen (barmherzig) sein wie der Vater im Himmel (Mt 5, 48 par). Das ist die neue Gerechtigkeit des Himmelreiches (Mt 5, 20)!

Die Frage „Wer ist dieser?" wurde schon zu Lebzeiten Jesu gestellt, wobei sich zeigte, daß keine vorgegebene Deutekategorie ausreichte, ihn zu „begreifen". Keinen der sog. christologischen Hoheitstitel (Sohn Gottes, Messias usw.) finden wir im Munde Jesu; vor allem entzog er sich dem Zugriff derer, die ihn zum politischen Messias (König) machen wollten. Durch seine – religiös-theologisch motivierte – Hinrichtung am Kreuz wurde der in seinem Auftreten implizierte Anspruch freilich fundamental in Frage gestellt. Seine Anhänger ergriffen fast alle die Flucht; selbst eine kritische Sichtung der neutestamentlichen Texte ergibt keinen Anhaltspunkt dafür, daß die Jünger aus eigenem Antrieb wieder zusammenfanden, um die „Sache Jesu" weiterzuführen. Die erneute Sammlung der Jüngergemeinde setzt eine neue Glaubenserfahrung voraus, die in den Erscheinungen als Selbstbekundungen des Auferstandenen begründet ist: Der vom Gesetz Verfluchte erweist sich als der von Gott Gerechtfertigte und Bestätigte, der von Menschen Getötete wird von Gott, seinem Vater, zum Leben erweckt, als „der Sohn" bekräftigt und zum Herrn der Gemeinde erhöht, der in seinem und des Vaters Heiligem Geist unter seinen Jüngern wirksam bleibt. So kann die Osterfahrung als die „Wiege der Christologie" (R. Schnackenburg) bezeichnet werden: Die Selbstbekundung des auferstandenen Herrn, die den Glauben der Jünger erneuert, findet ihre Antwort in christologischen Bekenntnisformeln (Jesus ist der Herr, der Sohn, der Christos), in welchen vorgegebene Deutekategorien aufgegriffen, aber zugleich vom Schicksal Jesu her interpretiert werden. *Jesus ist der Christus* erweist sich so als Kernaussage des christlichen Glaubens, der gegenüber alle späteren Bekenntnisformeln, dogmatischen Aussagen und Theologien nur Verdeutlichungen der Urerfahrung sein können. Nicht spekulatives, sondern in erster Linie soteriologisches Interesse bestimmte die Ausbildung der nachfolgenden Christologie(n), d. h., leitend war das Bemühen, die Heilsbedeutung, wie sie sich in dieser Ist-Aussage artikulierte, zu sichern. Dies mußte nach beiden Seiten hin erfolgen – im Hinblick auf ein unverkürztes Menschsein Jesu ebenso wie hinsichtlich der wesenhaften Gottverbundenheit des Christus. Nur wenn der Sohn den ganzen Menschen angenommen, ein konkretes Menschenschicksal durchlebt und durchlitten hat, wenn er „in allem uns gleich war außer der Sünde" (vgl. Hebr 4, 15, zitiert im Bekenntnis von Chalkedon aus dem Jahre 451, dem Abschluß der altkirchlichen christologischen Entwicklung), ist der *ganze Mensch* erlöst; und nur wenn im Sohn Gott selbst sich offenbarte und zu unserem Heil handelte, ist der Mensch wirklich *erlöst*.

2. Heutige Jesusbilder und ihre Grenzen

„Wer ist dieser?" bleibt die christologische Grundfrage, die gläubige Behauptung des universale concretum bleibt die Herausforderung für das menschliche Selbstverständnis. Was für alle Zeiten gilt, hat sich für den neuzeitlichen Menschen in spezifischer Weise zugespitzt, insofern „zufällige Geschichtswahrheiten" hinter dem Anspruch „ewiger Vernunftwahrheiten" zurücktreten mußten und sie dann nochmals unglaubwürdiger wurden, wenn ihnen „der Beweis des Geistes und der Kraft" fehlte. Die christologische Grundfrage entfaltet sich so auch in der Gegenwart in zwei Fragestellungen: in die nach dem „concretum" (Warum gerade er?) und die nach dem „universale", die nach dem allgemein-verbindlichen Vernünftigen fragen läßt, während in der ersten Fragerichtung das Bemühen dem ursprünglich Jesuanischen, eben dem „historischen Jesus, wie er wirklich war", in Absetzung von dem „dogmatischen Christus, den die Kirchen lehren, gilt.
So artikuliert sich auch gegenwärtig ein wachsendes Interesse an dem „anderen Jesus", der eben nicht der „dogmatisch verklärte Christus" ist. Ernster zu nehmen als die Versuche, Jesus zu einem Hippie oder zum „Jesus Christ Superstar" zu stilisieren, sind die Jesusbilder, die in der zeitgenössischen Kunst aufscheinen: Der andere Jesus ist hier der Bruder Jesus, der sich mit den Armen, den Unterdrückten, Verfolgten und Ausgebeuteten solidarisiert, der zum Widerstand gegen politische, wirtschaftliche und ideologische Machtkonstellationen inspiriert, der unter den Revolutionären unserer Tage zu finden ist, aber auch unter den Irren, den Narren, den Komödianten und Clowns. Kurz: Heute ist Jesus eher „ganz unten" zu finden; das ist der andere Jesus, der in der kirchlichen Verkündigung oft verdrängt wurde, dem Zeugnis des Neuen Testamentes vom gekreuzigten Christus aber ganz nahekommt.
Dem neuen Interesse an Jesus korrespondiert jedoch gegenwärtig immer noch eine mehr oder weniger deutliche Distanzierung von der (offiziellen, amtlichen) Kirche; nicht selten lautet die Parole: *„Jesus ja – Kirche nein!"*
Jedoch: Läßt sich die Bedeutung Jesu losgelöst vom Glauben seiner Jünger erfassen? Die Leben-Jesu-Forschung des 19. Jahrhunderts, die den geschichtlichen Jesus gegenüber dem dogmatischen Christus zur Geltung bringen wollte, scheiterte daran, daß die Jesusbilder der einzelnen Forscher die Exegese der neutestamentlichen Texte dirigierte. Zweierlei machte diese Verstrickung in den hermeneutischen Zirkel offenbar: a) Die uns zur Verfügung stehenden Quellen sind Verkündigungs- und Bekenntnistexte, die keinerlei (neuzeitliches) historisches Interesse verfolgen. Das schließt die Rückfrage nach dem irdischen/vorösterlichen Jesus nicht aus, zumal die literarische

Gattung der Evangelien ein soteriologisches (!) Interesse an der Identität des irdischen, gekreuzigten *und* auferstandenen Herrn hat. b) Was Jesus bedeutet, läßt sich nicht an „nackten Geschichtstatsachen" ablesen, zumal solche „facta bruta" uns immer nur als gedeutete begegnen. Der An-spruch Jesu und seine Be-deutung realisieren sich erst im Glauben, in der Re-aktion seiner Jünger. So partizipiert auch die Ant-wort der Erstzeugen an dem Charakter des universale concretum des Christusereignisses. Der soziologischen Kontinuität des Jüngerkreises über den „garstigen Graben" von Ostern hinaus entspricht eine sprachliche Kontinuität, eine Kontinuität der Glaubensantwort und des Zeugnisses.

Verkündet die Kirche den anderen Jesus, zeigt sie sich als die Kirche der Armen, könnte der angesprochene Zwiespalt vielleicht „hilfreich überwunden werden". Also verschöbe sich die Alternative hin zur Formulierung: *„Der menschliche Jesus: ja – der Gottessohn: nein"?*

Auch der kritische Historiker kann nicht bestreiten, daß sich Jesus in seiner Verkündigung und in seinem Handeln ganz von Gott, dem Abba-Vater, her versteht. Jesus verkündet nicht sich selbst, er propagiert nicht seine Sache, sondern die Sache Gottes, als deren Anwalt er sich versteht. Weil er sich selbst in der Liebe Gottes geborgen weiß, kann er die grenzenlose Liebe Gottes verkünden, den Menschen zeigen, wer Gott für sie ist und wer sie vor Gott sind und sein sollen. Ohne diesen ständigen Rückbezug verlöre „seine Sache" den Boden. Freilich gibt erst die Ostererfahrung die gläubige Gewißheit, daß Gott tatsächlich so zu unserem Heil handeln will, daß Jesus die wahre „Exegese Gottes" (vgl. Joh 1, 18) ist. In der Auferweckung des Gekreuzigten ist die Herrschaft Gottes definitiv angebrochen, so daß mit Recht in der nachösterlichen Verkündigung aus dem das Reich Gottes verkündigenden Jesus der verkündigte Christus wird, der das Reich Gottes in Person ist.

3. Erlösung als Befreiung

Erlösung darf dann mit Recht – von der Schrift her wie in heutigem Erfahrungskontext – *als Befreiung* verstanden werden: als Befreiung von der Macht der Sünde und der sündigen Strukturen wie als Ermöglichung wahrer *Freiheit*. Der Geist Jesu, der in unsere Herzen und unsere Gemeinschaft ausgegossen ist, läßt uns in der Nachfolge des Sohnes und Bruders Jesus als Brüder und Schwestern rufen „Abba-Vater" (Gal 4,6; Röm 8,15). Die Vollendung der Gemeinschaft in der Gemeinschaft des dreieinen Gottes steht dann noch aus, aber das „Reich der Himmel" ist keine bloß zukünftige und jenseitige Größe. Seit der Auferstehung Jesu gilt es, mitten in diesem (der Sünde und dem Tod verfallenen) Leben zum (wahren) Leben aufzustehen, schon *vor* dem Tod wahrhaft zu leben, weil schon dieses Leben ewiges Leben ist.

Die jesusgerechte Form des Christusbekenntnisses ist die *Nachfolge* Jesu Christi. Die Bereitschaft, im Geist Jesu bei denen „ganz unten" zu sein, stellt keine beliebige Konsequenz des Christusglaubens dar, sondern seine Artikulation und Realisierung, nicht ein „nachträgliches Almosen", sondern „der Preis unserer Orthodoxie" (Unsere Hoffnung III., S. 103; IV. 3, S. 110). Der Konzentration auf die Jesusnachfolge muß in unserer Zeit eine Konzentration (keine inhaltliche Reduktion) christologischer Aussagen entsprechen, wie sie etwa in der Kurzformel „Heil von Gott her in Jesus" (E. Schillebeeckx) angeboten wird: Heil in der vom Heiligen Geist geheilten und mit Leben erfüllten Gemeinschaft – durch Gottes zuvorkommende Liebe, die alle Selbstrechtfertigung erübrigt – endgültig und unwiderruflich angeboten in Jesus, der als Sohn das „letzte" (eschatologische) Wort des Vaters und als Menschbruder die definitive Antwort in Person ist. Noch kürzer: Jesus ist der Christus.

Literatur:
J. Blank – B. J. Hilberath – Th. Schneider, Jesus Christus/Christologie, in: Neues Handbuch theologischer Grundbegriffe, hrsg. von P. Eicher, Bd. 2 (München 1984) 226–256; *W. Kasper,* Jesus der Christus (Mainz 1974); *ders.* (Hrsg.), Christologische Schwerpunkte (Düsseldorf 1980); *H.Küng,* Christsein (München 1974); *K.-J. Kuschel,* Jesus in der deutschsprachigen Gegenwartsliteratur (Zürich 1978); *ders.* (Hrsg.), Der andere Jesus. Ein Lesebuch moderner literarischer Texte (Zürich 1983); *F. J. Schierse* (Hrsg.), Jesus von Nazareth (Mainz 1972); *ders.,* Christologie (Leitfaden Theologie 2) (Düsseldorf 1979); *E. Schillebeeckx,* Jesus. Die Geschichte von einem Lebenden (Freiburg i. Br. [7]1980); *ders.,* Christus und die Christen (Freiburg i. Br. 1977).

Bernd Jochen Hilberath

Juden und Christen

↗ Auschwitz; Bibel; Gott; Jesus Christus; Nichtchristliche Religionen; Offenbarung

1. Problemgeschichte

Seit dem 1./2. Jahrhundert n. Chr. waren die Beziehungen zwischen jüdischen und christlichen Gemeinschaften und Einzelnen extremen, den modernen Idealen der Gleichberechtigung, Toleranz und gesellschaftlicher Zusammenarbeit widerstreitenden, psychischen, religiösen und machtpolitischen Labilitäten unterworfen. Sie schwankten zwischen Furcht, Haß, mörderischen Intrigen, Verachtung, Unterdrückung, Kontaktlosigkeit, Verfolgung einerseits und Anbiederung, Missionierung und überschwenglicher Freundschaft andererseits. Wer heute als Christ oder Jude das Verhältnis zu seinem Gegenüber im Sinne einer möglichst unverkrampften und wirksamen Religiosität und Humanität klären und verbessern will, muß zunächst erkennen, daß er sich in einer unbereinigten und von ihm nicht ganz zu bereinigenden Situation befindet. Juden und Christen haben mit der Behauptung, jüdische und christliche Lehren seien prinzipiell unvereinbar, und aufgrund schlechter gegenseitiger Erfahrungen defensive und aggressive Gräben von solcher Breite und Tiefe gegeneinander ausgehoben, daß deren volle Zuschüttung vorläufig nicht in Aussicht steht. Das resignierende Registrieren oder gar Verschärfen der Differenzen hat sich jedoch spätestens im 20. Jahrhundert als moralisch verwerfliche Haltung erwiesen, da Millionen von Juden von Vertretern eines rassistisch-judenfeindlichen Systems umgebracht werden konnten, ohne daß sich ein breiter christlicher Widerstand dagegen erhoben hätte. Speziell die Christen sind daher sittlich verpflichtet, alles ihnen Mögliche zu tun, um das Verhältnis zu Juden und Judentum religiös und menschlich aufbauend zu verdeutlichen.

2. Judenfeindschaft

Unter Judenfeindschaft (Antijudaismus, Judenhaß, Antisemitismus) versteht man klischeehafte, pauschalisierende, auf Diffamierung und in der Tendenz bis auf den Untergang der Juden zielende geistig-religiöse und politisch-soziale Haltungen und Vorkehrungen. Dabei wird nicht oder nur in verfälschender Weise auf die historische Wahrheit und die gegenwärtige Situation der Juden Rücksicht genommen. Weil sich der Antisemitismus als Vorurteils-Ideologie der genauen historischen und situativen Wirklichkeit zu entziehen vermag, kann er sich ohne viel Mühe hinter religiösen, wirtschaftlichen, kulturellen, soziologischen und politischen Anliegen verstecken. Man sieht das z. B. am Slogan des 19./20. Jahrhunderts: „Die Juden sind unser Unglück!" Für die Manipulatoren des Antisemitismus war es leicht, diesen Slogan vor christlichem Auditorium christlich, vor ausgebeuteten Proletariern kapitalistisch und vor Kapitalisten revolutionär zu färben, um allen Adressaten ein ihnen entsprechendes jüdisches Feindbild vor Augen stellen zu können.
Der *traditionell-christliche Antijudaismus* wurde vom Antijudaismus der paganen Spätantike übernommen, der kurz vor dem Aufkommen des Christentums in Alexandrien virulent geworden war (Pogrom: 38 n. Chr.). Das erste und tragischste Verhängnis der jüdisch-christlichen Geschichte bestand darin, daß sich bereits die ersten christlichen Generationen damals gebräuchlicher heidnisch-judenfeindlicher Motive bedienten (erster Beleg 1 Thess 2,15b), um zum missionarischen Erfolg unter Nichtjuden zu kommen, und daß ihnen das Christentumswidrige ihrer Klischeeaussagen dabei nicht bewußt wurde.
Ab dem 2. Jahrhundert bis in die Neuzeit hinein zeigte sich der christliche Antijudaismus in ziemlich gleichbleibenden Formen: Die Juden sind böswillige Christus- und damit Gottesmörder. Sie sind als ein von Gott verworfenes Volk anzusehen, das ruhe- und glücklos durch die Zeiten und Völker wan-

dern muß. Sie sind für die Kirche gefährlich, weil sie die christlichen Gemeinschaften physisch (Brunnenvergifter) und geistig (Hostienschänder, Lästerer, unsittlicher Lebenswandel) unterminieren. Sie müssen daher in eine sie demütigende Lebensweise abgedrängt werden. Andererseits aber darf man sie nicht ausrotten, denn man braucht sie als blinde Zeugen der christlichen Wahrheit bis zum Ende der Zeiten (Augustinus von Hippo; Martin Luther: Man muß mit „scharfer Barmherzigkeit" gegen die Juden vorgehen).
In der *Neuzeit,* besonders seit der Aufklärung, bediente man sich zwar noch kirchlicher Motive, man gebrauchte den Antisemitismus aber vor allem zur Steuerung von Gruppenkämpfen und zur Festigung nationalistischer Ambitionen. Die Juden galten in beiden Fällen als zersetzende Elemente, von denen sich die Patrioten und Verteidiger kultureller und gesellschaftlicher Werte zu distanzieren hatten.
Der *nazistische Rassenantisemitismus* wurde im 19. Jahrhundert ideologisch vorbereitet. Er unterscheidet sich von allen früheren Antisemitismen – den kirchlichen und den paganen – dadurch, daß nun der Jude als zu vernichtender Untermensch („Insekt") dem germanischen Übermenschen entgegengestellt wurde. Der versuchten „Endlösung" (Auschwitz, Holocaust, Schoah) fielen gegen 6 Millionen Juden zum Opfer.
In nachchristlichen Subkulturen, in links- und rechtsextremistischen Zirkeln, in radikalen Bürgerrechtsbewegungen und in Machtzentren spielt der Antisemitismus nach wie vor eine nicht zu unterschätzende Rolle. So wurde am 10. November 1975 in der UNO die Resolution 3379 verabschiedet, in der Zionismus mit Rassismus gleichgesetzt wurde. Das internationale antisemitische Milieu darf aber nicht darüber hinwegtäuschen, daß apriorische Judenfeindschaft nach wie vor auch von kleinen Zellen (Religionsunterricht, Predigt, Kaderschulung usw.) herkommen kann. Wachsamkeit ist hier geboten.

3. *Christliche Theologie und Verkündigung im Gespräch*

Die innerchristliche und christlich-jüdische Gesprächslosigkeit und das traditionelle antijüdische christliche Überheblichkeitsdenken hatten den Widerstand gegen die „Endlösung" in der Hitlerzeit in allzu starkem Maße paralysiert. Die Gesinnung eines antisemitismusfreien und partnerschaftlichen Verhältnisses zum jüdischen Volk erwies sich damit nach 1945 als die schwerwiegendste ökumenische Frage (Karl Barth) und als Notwendigkeit, wenn man die schwer angeschlagene Glaubwürdigkeit der Kirche vor der Weltöffentlichkeit wiederherstellen wollte.
Verschiedene – im ganzen über 60 – offizielle Erklärungen der westlichen Kirchen, Teilkirchen und Kirchenzusammenschlüssen sind eindrückliche Zeugnisse des christlichen Willens zu neuem, judentumsverbundenem Denken und Handeln (Texte bei Croner, Hoch-Dupuy, Richter).
Am 28. Oktober 1965 verabschiedete das Zweite Vatikanische Konzil die Er-

klärung „Nostra aetate", die in Nr. 4 über die geforderte christliche Haltung gegenüber den Juden und dem Judentum handelt. Dieses Dokument übte in der Folgezeit einen starken Einfluß auf katholisches und evangelisches Denken aus. Der Vatikan gab seitdem zwei kommentierende Dokumente heraus: „Vatikanische Richtlinien und Hinweise für die Durchführung der Konzilserklärung ‚Nostra aetate 4' " (1975) und „Hinweise für eine richtige Darstellung von Juden und Judentum in der Predigt und in der Katechese der katholischen Kirche" (1985). Die folgenreichste und sich am weitesten in Richtung auf Glaubenssolidarität vorwagende Erklärung auf protestantischer Seite ist die „Handreichung 39 mit dem Synodalbeschluß 37 der Evangelischen Kirche im Rheinland" (1980), die von mehreren anderen Kirchen ganz oder teilweise übernommen und 1982 vom Ökumenischen Weltrat der Kirchen den Mitgliedskirchen vorgelegt wurde. Am 13. April 1986 besuchte Johannes Paul II. die Synagoge von Rom, legte dabei ein christliches Schuldbekenntnis ab, sprach von der „speziellen verwandtschaftlichen Beziehung" zwischen Judentum und Christentum und setzte so ein Zeichen der Versöhnung zwischen Kirche und Synagoge.

Diese Dokumente sind nicht die einzigen Zeichen der Umkehr der Kirchen. Es existieren heute in allen europäischen und amerikanischen Ländern, und auch in Israel, viele private und öffentlich-rechtliche Vereinigungen zum Durchdenken und zur Pflege des gemeinsamen jüdisch-christlichen Erbes: christlich-jüdische Arbeitsgemeinschaften, Gesprächskreise zwischen Christen und Juden, jüdisch-christliche Koordinierungsgemeinschaften usw. Die einflußreichsten internationalen Organisationen sind der „Internationale Rat der Juden und Christen" (International Council of Christians and Jews: ICCJ) und das „Internationale jüdische Komitee für interreligiöse Fragen" (International Jewish Committee on Interreligious Consultation: IJCIC). Die jüdische Teilnahme an diesen Organisationen geschieht primär, damit eine Verteidigung gegen den Antisemitismus organisiert werde. Im Verlaufe dieses christlich-jüdischen Zusammengehens stellte es sich aber heraus, daß auch die jüdische Seite in die innerchristlich-theologische Auseinandersetzung hineinsteigen mußte, ja daß sie zusammen mit ihren christlichen Dialogpartnern in eine stets differenzierter werdende Theologie hineingezwungen wurde.

Der Ausgangspunkt aller christlich-jüdischen Differenz ist die Stellung, die *Jesus Christus* nach christlichem Verständnis in der Offenbarungs- und Weltgeschichte innehat. Der Christ denkt Gott nicht mehr ohne Jesus Christus, in dem „die ganze Fülle der Gottheit leibhaftig wohnt" (Kol 2,9). Der Christ denkt sich auch das Heil Israels und der Weltvölker nicht ohne Jesus Christus, in dem dieses Heil enthalten ist und von dem aus es in die Vergangenheit, in die Gegenwart und in die Zukunft hineinwirkt. Mit diesem christlichen Gottes- und Menschenverständnis fühlt sich der Jude in seinem Gott- und Menschenverständnis zutiefst mißverstanden. Er redet hier aus seinem zentralen religiösen Bewußtsein heraus von Verdunkelung des Gottes-

verständnisses durch die Christen oder von einer Vermischung des israelitischen Glaubens mit unisraelitisch-heidnischen Zusätzen. Er glaubt, aus seiner Sinaibeauftragung heraus, hier ein unbedingtes Nein zum christlichen Glauben sagen zu müssen.
Neben dem jüdischen Widerspruch in der Gottes- und Christusfrage steht auch jener in der *Geschichtsfrage*. Das Judentum ist von seiner Tradition und Konstitution her der Überzeugung, daß das Gottesvolk eine national-religiöse Sozialeinheit mit verpflichtenden Normen (Halacha, Beschneidung, koscheres Essen, Heiratsverbot mit Nichtjuden usw.) ist. Die Christen verstehen sich demgegenüber als elektive Gesinnungsgemeinschaft aus allen Völkern, Sprachen und Gegenden. Dementsprechend stehen die Christen nicht unter Normen, mit partikulärem Hintergrund, sondern unter dem alle Völker betreffenden Gesetz Christi. Sie dürfen sich dabei aber nicht von ihrem israelitisch-jüdischen Wurzelboden trennen; andernfalls fallen sie juden- und menschenfeindlichen Ideologien zum Opfer (vgl. Mt 5,17.20; Gal 4.4–7).

4. Sinn der jüdischen und der christlichen Identität

Völker und Religionen werden die tragischen Wechselfälle, in die sie verwickelt sind, nicht überwinden können, wenn sie nicht den wahren Sinn ihrer Geschichte entdecken, der sie durch den Glauben an Gott dazu aufruft, sich in Eintracht und gegenseitiger Zusammenarbeit zusammenzutun, ohne sich gegenseitig zu vereinnahmen. Im jüdisch-christlichen Zusammenhang schließt dieses Ringen um die eigene Identität auch das Bewußtsein ein, daß man seinem Partner gegenüber schwer schuldig geworden ist und daher des verzeihenden Gottes bedarf. Nach Paulus hat Gott alle – Juden und Nichtjuden – „im Ungehorsam zusammengebunden, um sich aller zu erbarmen" (Röm 11.32). Zum Bewußtsein von Schuld und Erbarmungsbedürftigkeit muß sich noch abwägende Zurückhaltung gesellen. Radikalismus, gegenseitiges Denunzieren und Verklagen ist weder für Juden noch für Christen gut.

Literatur:
H. Croner (Hrsg.), Stepping Stones to Further Jewish-Christian Relations. An Unabridged Collection of Christian Documents (New York 1977); dies. (Hrsg.), More Stepping Stones to Jewish-Christian Relations. An Unabridged Collection of Christian Documents 1975–1983 (New York 1985); *H. Goldstein* (Hrsg.), Gottesverächter und Menschenfeinde? Juden zwischen Jesus und frühchristlicher Kirche (Düsseldorf 1979); *H. H. Henrix – W. Licharz*, Welches Judentum steht welchem Christentum gegenüber? (Frankfurt a. M. 1985); *M. Th. Hoch – B. Dupuy* (Hrsg.), Les Eglises devant le Judaïsm. Documents officiels 1948–1978 (Paris 1980); *N. R. M. de Lange – C. Thoma – G. Baumbach – Th. C. de Kruijf – W. P. Eckert – G. Müller – E. Weinzierl*, Antisemitismus, in: TRE 3 (Berlin 1978) 113–168; *J. Maier – J. J. Petuchowski – C. Thoma*, Judentum und Christentum, in: Christlicher Glaube in moderner Gesellschaft Bd. 26 (Freiburg i. Br. ²1981) 127–168; *H. Liebeschütz*, Synagoge und Ecclesia. Religionsgeschichtliche Stu-

dien über die Auseinandersetzung der Kirche mit dem Judentum im Hochmittelalter (Heidelberg 1983); *K. Richter* (Hrsg.), Die katholische Kirche und das Judentum. Dokumente von 1945–1982 (Freiburg i. Br. 1982); *C. Thoma*, Die theologischen Beziehungen zwischen Christentum und Judentum (Grundzüge 44) (Darmstadt 1982); *C. Thoma – M. Wyschogrod*, Das Reden vom einen Gott bei Juden und Christen (Judaica et Christiana 7) (Bern 1984); *P. Van Buren*, Discerning the Way. A Theology of Jewish-Christian Unity (New York 1980); *H. Wahle*, Christlich-jüdische Zusammenarbeit, in: TRE 8 (Berlin 1981) 64–68.

Clemens Thoma

Jugendreligionen

↗ Esoterik; Glaubensvermittlung; Kirche; Nichtchristliche Religionen; Okkultismus; Östliche Religiosität; Synkretismus

1. Phänomen und Herkunft

Mit „Jugendreligionen" oder ähnlichen Sammelbegriffen („Jugendsekten", „destruktive Kulte") werden straff organisierte religiöse Bewegungen bezeichnet, mit denen die Gesellschaft seit dem Ende der sechziger Jahre negative Erfahrungen gemacht hat. Die häufige Zusammenstellung „Jugendsekten und Psychokulte" signalisiert, daß sie religiöse und therapeutische Bedürfnisse ansprechen, einige von ihnen auch politische. Sie selbst bezeichnen sich gern als „neue religiöse Bewegungen". Von den meisten von diesen unterscheiden sie sich jedoch durch ihr Konfliktpotential, so daß man sie am besten „konfliktreiche religiöse Bewegungen" nennt. Sie operieren im Umfeld neuer, vor allem östlicher Religiosität, aus dem sie ihre meisten Anhänger gewinnen. Gemeinsame Merkmale sind: unkritische Verehrung des Gründers, exklusiver Heilsanspruch, autoritäre Führungsstruktur, häufig negative Stellung zur Gesellschaft und ihren Ordnungen, Macht- und Gewinnstreben, kulturelle Entfremdung und Ausbeutung ihrer Mitglieder sowie Anwendung bewußtseinsverändernder Praktiken. Darum der Vorwurf, sie praktizierten „Gehirnwäsche" mit dem Ziel der Persönlichkeitsveränderung („Psychomutation"). Die meisten Konflikte entstehen in Familien, weil viele Jugendreligionen familiäre Beziehungen zumindest belasten bzw. beschneiden und selbst häufig als neue „gerettete Familie" (Haack) fungieren. Der Begriff Jugendreligionen leistet Pauschalurteilen Vorschub und wird mit zunehmendem Alter der Bewegungen und ihrer Mitglieder unbrauchbar. Die genannten Merkmale treffen, zumal nach dem Tod einzelner Gründergestalten, nicht in ihrer Gesamtheit auf alle Jugendreligionen zu. Der pauschale Vorwurf, Religion diene bei ihnen ausschließlich als Deckmantel ganz anderer Ziele, ist im Blick auf die meisten unberechtigt. Sie müssen auch als *religiöse* Herausforderung verstanden werden. Wohl aber sind sie Beispiele dafür, daß Religion totalitäre und destruktive Züge entwickeln kann.

Ihrer *Herkunft* nach haben etliche einen christlichen („Familie der Liebe") bzw. christlich-synkretistischen Hintergrund (Vereinigungskirche), die meisten einen indischen (Ananda Marga, ISKCON, Divine Light Mission, TM, Bhagwan-Bewegung); die beiden letzteren sowie die Scientology-Kirche verbinden Elemente aus östlichen Religionen mit therapeutischen Ansätzen des Westens.

Die divergierenden Angaben über Mitgliederzahlen beruhen auf Informationen der Jugendreligionen und auf Schätzungen. Wahrscheinlich beträgt die Zahl der aktiven Mitglieder im deutschsprachigen Raum insgesamt nicht mehr als 10 000, diejenige der locker Zugehörigen zwischen 70 000 und 120 000.

2. Die wichtigsten Organisationen

a) Die *Familie der Liebe,* bis 1978 „Kinder Gottes", wurde von *David „Moses" Berg* 1968 unter kalifornischen Hippies als endzeitlich ausgerichtete Gruppe ins Leben gerufen. In den teilweise pornographischen MO-Briefen Bergs wird die christliche Liebesbotschaft im sexuellen Sinn pervertiert: Das „flirty fishing" der MO-Anhänger dient der Mitgliederwerbung und dem Gelderwerb.

b) Die *Vereinigungskirche* wurde 1954 von *Sun Myung Moon* mit dem Ziel der „Vereinigung des Weltchristentums" gegründet. Sie ist eine synkretistische Neureligion, geprägt vom koreanischen Christentum und den traditionellen Religionen Koreas sowie vom Antikommunismus des südlichen Landesteils. Durch die messianische Wirksamkeit Moons sollen die von Jesus verfehlte „Wiederherstellung" der gefallenen Schöpfung und das Reich Gottes auf Erden herbeigeführt werden. Sündenfall und Erlösung werden sexuell gedeutet. Das Leben der Moonies ist vom Vertrauen zu „Vater" Moon, vom Kampf gegen den Satan und von der Idee der „Wiedergutmachung" bestimmt. Die starke Wirtschaftskraft der Vereinigungskirche und ihrer zahlreichen Paraorganisationen (CARP, CAUSA usw.) kommt dem religiös legitimierten Kampf gegen den Kommunismus zugute. Durch die Ideologie des „Gottismus" sollen die Konfessionen und Religionen zu einer antikommunistischen Front zusammengeschweißt werden. In diesem Zusammenhang sind die zahlreichen Kongresse zur „Vereinigung" der Religionen und der der Wissenschaften zu sehen, durch die sich die Vereinigungskirche Respektabilität und Unterstützung rechtskonservativer, antikommunistischer Kreise verschaffen konnte, vor allem in den USA. Die Vereinigungskirche versteht sich gegenüber dem Christentum als Vollendung und abschließende Offenbarungsstufe. Als Lehrgrundlage gelten nicht die Bibel, sondern die „Göttlichen Prinzipien" und Moons Reden.

c) Der *Ananda Marga,* vom Inder *Prabhat Ranjan Sarkar* 1955 gegründet, ist ebenfalls eine religiös-politische Organisation. Sie verbindet Praktiken des tantrischen Yoga mit einer politischen Ideologie und Organisation (PROUT), die einen dritten Weg zwischen Kommunismus und Kapitalismus anbietet und die Weltherrschaft durch eine spirituelle Elite fordert. Der Ananda Marga war in Indien zeitweise verboten, Sarkar wegen Anstiftung zur Ermordung abtrünniger Anhänger angeklagt. Dagegen richteten sich terroristische Einzelaktionen und Selbstverbrennungen von Ananda-Marga-Anhängern.

d) Die *Internationale Gesellschaft für Krishna-Bewußtsein* (ISKCON), 1966 in New York von Swami Prabhupada (verstorben 1977) gegründet, eine kleine, ordensähnliche Gemeinschaft von Mönchen und Laienanhängern, ist eine westliche Missionsorganisation der Gaudiya Vaishnavas, d.h. bengalischer Krischna-Verehrer in der Tradition Chaitanyas. Die ekstatische Liebe (Bhakti) zu Krischna, besonders das gemeinschaftliche Rezitieren („Chanten") des Hare-Krischna-Hare-Rama-Mantras, gilt als Weg zur Entwicklung des Krischna-Bewußtseins und zur asketischen Abwendung vom „tierhaften" weltlichen Leben. Die Mission im Westen dient auch der weltweiten Verbreitung der Kastenordnung: Aus der „Schudra-Gesellschaft" des Westens soll eine auf spirituelle Qualifikation gegründete brahmanische Oberschicht herangebildet werden. Die ISKCON ist von allen hinduistisch beeinflußten Bewegungen im Westen am stärksten der indischen Kultur verbunden und genießt die Unterstützung hindunationalistischer Kreise. Dem Christentum wirft die ISKCON vor allem das fehlende „Chanten" des Gottesnamens und die nichtvegetarische Lebensweise vor.

e) Die *Divine Light Mission*, 1970 von dem jungen *Guru Maharaj Ji* in den Westen gebracht, gewann in der Zeit der Hippie-Kultur eine ansehnliche Anhängerschaft. Im Zentrum steht die göttliche Verehrung des Gurus als „Vollkommenen" Meisters des Zeitalters", eine vierfache Meditationstechnik und das gemeinsame Leben des Dienstes für ihn in Wohngemeinschaften. Die Stellung zum Christentum ist wie bei vielen anderen Gurubewegungen dadurch bestimmt, daß Christus als ein Meister der *Vergangenheit* anerkannt wird, der Christ jedoch die Initiation des gegenwärtigen Meisters benötige.

f) Die *Transzendentale Meditation* und ihre zahlreichen Organisationen haben ihr Zentrum in *Maharishi Mahesh Yogi* und der von ihm propagierten Meditationstechnik, einer einfachen, westlichen Bedürfnissen angepaßten Form des hinduistischen Mantra-Yogas. Sie soll gleichzeitig der Entspannung, der Stabilisierung der Gesellschaft und der Verwirklichung des 1975 ausgerufenen „Zeitalters der Erleuchtung" dienen. Die Transzendentale Meditation und ihre theoretische Grundlage, die „Wissenschaft der schöpferischen Intelligenz", werden in Einführungskursen gelehrt. Die Einführungszeremonie folgt hinduistischem Muster, die geheimgehaltenen Mantras entstammen überwiegend der tantrischen Tradition. Fortgeschrittenenkurse sollen paranormale Fähigkeiten (Sidhis), z.B. des „Fliegens", vermitteln. Die Stellung zum Christentum variiert von negativen Äußerungen Maharishis bis zu Versuchen, die Transzendentale-Meditations-Praxis als Vertiefung des christlichen Glaubens zu deuten.

g) Die *Bhagwan-Bewegung,* auch Neo-Sannyas-Bewegung, zeitweise „Religion des Rajneeshismus" genannt, verbindet Ideen und Praktiken der humanistischen Psychologie mit solchen der östlichen Religionen. Die Bewegung hat starke Wandlungen durchlaufen: von Freizügigkeit zur Abwertung des Sexuellen, von heftiger Ablehnung organisierter Religion zur, 1985 freilich rückgängig gemachten, Etablierung als „Rajneeshismus". Die Hingabe an Bhagwan beginnt mit der häufig sehr schnell vollzogenen Initiation und vertieft sich zur Übernahme einer synkretistischen Vorstellungswelt, die um *Rajneesh* als den erleuchteten Meister kreist. Die Kommunen und Wohngemeinschaften bieten vor allem Alleinstehenden eine Möglichkeit gemeinschaftlichen Lebens und Arbeitens. Der Lebensstil ist alternativ geprägt. Das Christentum wird als repressiv kritisiert, während Jesus im Sinne Rajneeshs umgedeutet wird.

h) Die *Scientology-Kirche,* 1955 von L. R. Hubbard gegründet, hat sich aus der „Dianetik" entwickelt, einer Psychotechnik, die mit Hilfe des „Auditing" und einer elektrischen Apparatur zu seelischer Gesundheit, beruflichem Erfolg und totaler Freiheit verhelfen soll. Die religiöse Substanz, aus östlichen Religionen (Reinkarnation) angereichert, ist dünn; kultische und rituelle Elemente sind marginal. Die Kursgebühren für höhere Einweihungsgrade können häufig nur durch hohe Verschuldung bezahlt werden. Die Organisation ist für die Art, wie sie äußere und innere Gegner bekämpft, berüchtigt und in zahlreiche Prozesse verwickelt worden.

3. Bewertung

Bei der Einschätzung der Jugendreligionen und dem Umgang mit ihnen müssen drei Faktoren berücksichtigt werden, nämlich a) die durch gesellschaftliche und kirchliche Defizite verursachte *Suche* nach neuen Formen der Religiosität und alternativer Lebensgestaltung, b) die *Heilsversprechungen* missionierender religiöser Traditionen und Neureligionen Asiens sowie diejenigen westlicher Psychoorganisationen und c) das Macht- und Gewinnstreben eines religiösen bzw. therapeutischen *Unternehmertums* US-amerikanischen Typs, das die diesbezüglichen Bedürfnisse ausbeutet. Die kirchliche Antwort auf diese Herausforderung darf keinen dieser Faktoren übersehen. Sie hat es mit suchenden Menschen, konkurrierenden Heilsansprüchen und häufig auch mit bedenkenlosen Organisationen zu tun. Die Auseinandersetzung mit den Jugendreligionen hat darum einen pastoralen, apologetischen und konfrontativen Aspekt.

a) Die Jugendreligionen hatten, wie die übrigen neuen religiösen Bewegungen, ihren stärksten Zulauf in den frühen siebziger Jahren im Gefolge der 68er Revolte und der Hippiekultur. Sie gehören in den größeren Zusammenhang der Reaktion auf gesellschaftliche Anonymität, auf mangelnde Gemeinschaftserfahrung und Vermittlung von Werten in der modernen Industriegesellschaft. Säkularisierung und Technisierung fördern entmodernisierende Tendenzen und Bewegungen (P. L. Berger) und eine „Verwilderung im religiösen Bereich" (G. Schmidtchen). Die Suche nach religiöser Erfahrung, Praxis und Gemeinschaft führt nicht nur in die freie religiöse Alternativszene, sondern auch, in versekteter Gestalt, in die Jugendreligionen. Für kirchliche Seelsorge und Gemeindearbeit ergeben sich daraus vielfältige Aufgaben, nicht zuletzt „Offenheit für die legitime Vielfalt kirchlichen Lebens" und für „Neuaufbrüche innerhalb der Gemeinden" (Die neue religiöse Welle).

b) Die Jugendreligionen signalisieren den Monopolverlust der Kirche im religiösen Bereich. Durch sie gewinnt die kreative Auseinandersetzung mit dem religiösen Pluralismus auf allen kirchlichen Ebenen eine besondere Dringlichkeit. Ihre synkretistische Vermengung christlicher Elemente mit solchen aus östlichen Religionen und aus der modernen Psychokultur machen die Fähigkeit zur Unterscheidung der Geister erforderlich. Bei der Frage der Doppelmitgliedschaft „muß der einzelne gesehen und seine Funktion in der neuen religiösen Bewegung und in der Kirche mitbedacht werden. Wer sich ganz in einer neuen religiösen Organisation engagiert, ist aus der Kirche ausgewandert" (Die neue religiöse Welle).

c) Fragwürdige Praktiken macht- und profitorientierter Organisationen und ihre Auswirkungen gehen nicht nur die um humane Werte besorgte Kirche an, sondern auch Elterninitiativen, die sich als Selbsthilfeorganisationen Betroffener „gegen religiösen Extremismus und seelische Abhängigkeit" in den Jugendreligionen wenden. Abzulehnen ist die sog. Deprogrammierung, die im Eintritt in eine Jugendreligion das Ergebnis von „zwangweiser Überredung" sieht und das falsche „Programm" mit vergleichbaren Mitteln „löschen" möchte. Die rechtlichen Probleme (Sammelpraktiken, Versicherungspflicht für Mitglieder, evtl. auch Verletzungen der Menschenwürde) müssen im Rahmen der grundgesetzlich garantierten Religionsfreiheit in einer Weise gelöst werden, die deren Mißbrauch nach Möglichkeit ausschließt.

Literatur:
J. *Gascard,* Neue Jugendreligionen. Zwischen Sehnsucht und Sucht (Freiburg i. Br. 1984); *F.-W. Haack,* Jugendreligionen. Ursachen – Trends – Reaktionen (München ²1980); *ders.,* Die Neuen Jugendreligionen (München ²²1983); R. *Hauth,* Jugendsekten und Psychogruppen von A bis Z (Gütersloh ²1984); *H. Marré – J. Stüting* (Hrsg.), Essener Gespräche zum Thema Staat und Kirche, Bd. 19 (Münster 1985) (Beiträge von R. Hummel und J. Müller-Vollbehr; Lit.); *S. Messner – W. K. Pfeifer – M. Weber* (Hrsg.), Beratung im Umfeld von Jugendreligionen (Göttingen 1984); *M. Mildenberger,* Die religiöse Revolte (Frankfurt a. M. 1979); Die neue religiöse Welle. Pastorale Hilfen zur Auseinandersetzung mit neuen religiösen Bewegungen außerhalb der Kirche (1985).

Reinhart Hummel

Katholizismus

↗ Kirche; Kirchlichkeit; Kultur und Kirche; Lehramt; Neue geistliche Bewegungen; Ökumene; Orden und Ordensreform; Orthodoxe Kirchen; Papsttum; Pluralismus, kirchlicher; Protestantismus; Vatikanum II; Wertewandel

1. Katholizismus und katholische Kirche

Vor der Frage, ob es einen Katholizismus, wie er noch zu Anfang des 20. Jahrhunderts bestand, heute noch gibt, ist zu klären, wie er sich zum Begriff „katholische Kirche" verhält. Wenn unter Katholizismus Erscheinungen verstanden werden, die zwar von der Kirche ausgehen, aber als regionale und zeitgeschichtliche nicht mit dem „bleibenden Wesen der Kirche" und dessen *eigener* „geschichtlicher Ausprägung" (K. Rahner) zu identifizieren sind, dann gab es zu allen Zeiten der Kirchengeschichte einen Katholizismus. Einigermaßen präzis faßbar wird der Begriff „Katholizismus" allerdings nur, wenn darunter eine mehr oder minder starke Sondergruppe der aus der Französischen Revolution hervorgehenden europäisch-bürgerlichen Gesellschaft verstanden wird.

Dieser Katholizismus – in den einzelnen Ländern soziokulturell und politisch sehr unterschiedlich gebildet, weshalb der Plural „Katholizismen" vorzuziehen ist – hatte seine Position innerhalb der allgemeinen Gesellschaft mit den Mitteln eben dieser aus der Revolution hervorgegangenen Gesellschaft (Verbände, Parteien, Presse) zu vertreten. Der im 19. Jahrhundert so entstandene Katholizismus wurde zwar zu einem wichtigen Träger der von der Kirche in die Welt ergehenden Weisungen, aber er ist in seinen Erscheinungsformen gerade nicht von der Kirche ausgegangen. Dies war sein innerer Widerspruch, der um so weniger verdeckt werden konnte, als die vom Katholizismus der nachrevolutionären Gesellschaft entnommenen Mittel wie alle „Mittel" den Geist ihrer Erfinder transportierten.

Da der Katholizismus sich angesichts seiner jeweils eigenen sozialen und politischen Spannungen nur im Zeichen der katholischen Kirche integrieren konnte, mußte sich dieser Widerspruch noch verstärken. Denn aus der Berufung eines Verbandes auf die Kirche ergab sich notwendig deren Entscheidungsbefugnis, die zumindest formal der gesellschaftlichen Struktur des Katholizismus nicht entsprach.

2. Der Katholizismus innerhalb der allgemeinen Gesellschaft

Dieser im 19. Jahrhundert entstandene Katholizismus ist vielfach kritisiert worden. Aber er kann heute noch Hinweise geben auf die Problematik des Verhältnisses von Kirche und Welt. Als „Getto-Katholizismus" hat er gewiß in all seinen Formen (in der Theologie, der Frömmigkeit, der Politik, der Kultur) die Auseinandersetzung mit der modernen Gesellschaft verhindert oder eng geführt. Doch stellte er noch einmal eine „christliche Welt" vor, in welcher der Glaube wie seit jeher eine Stütze hatte, eine Art profaner Bestätigung. Auch war der Katholizismus trotz all seiner Absonderung nicht sektiererisch; er verstand sich als der Erbe der abendländischen Tradition, und dies trotz aller Gegensätze innerhalb einer Gesellschaft, deren Dechristianisierung reversibel erschien. Wohl gehört der religiöse „Integralismus", die Theorie von der „unversehrt" (integer) zu erhaltenden „Ganzheitlichkeit" der „christlichen Welt", wesentlich zu dieser geschichtlichen Form des Katholizismus, nicht minder aber auch seine differenzierenden Gegner, obgleich diese als abweichlerische „Modernisten" verdächtigt wurden.

Die kontrovers ausgetragene Frage, wie sich der christliche Glaube zur modernen Welt verhalte, ist über den Katholizismus des 19. Jahrhunderts hinaus geblieben und damit auch die Frage, wie sich die Katholiken gesellschaftlich darstellen, wie sie – nun als Christen zusammen mit konfessionsverschiedenen Christen – eine nicht wie einst sozial gruppenartig engherzige, sondern menschenfreundliche Solidarität leben, die nicht an der Kirchentür aufhört, wie sie entgegen einem wahrscheinlich zunehmenden Minderheitsstatus auch dann nicht zur Sekte werden, wenn die soziokulturellen Verhältnisse, in denen der Katholizismus einst existierte, nicht mehr gegeben sind.

3. Problemfelder

Auch die einzelnen Sachbereiche, denen der Katholizismus konfrontiert war, haben sich zwar verändert, sind aber thematisch geblieben: Politik und Kirche, das Verhältnis zu den Wirtschaftssystemen, Kultur und Kirche.

a) Der politische Katholizismus: Sein intellektueller Begründer, der Abbé Lamennais (1782–1854), der seine „ultramontane" Opposition gegen den „praktischen Atheismus" der bourbonischen Restauration in eine „katholische Aktion" (von ihm stammt der Begriff) unter der Losung „Gott und die Freiheit" (Parole seiner Tageszeitung „L'Avenir") transformieren wollte, scheiterte am römischen Widerspruch (1834), der von der Intervention Metternichs mitbestimmt war. An der im Abendland ausgebildeten Korrespondenz zwischen dem geistlichen und dem weltlichen Bereich wollte die Kirche in ihrer Konkordatspolitik auch dann noch festhalten, als der Staat längst kein ihr wirklich korrespondierender Partner mehr war. Die kirchliche Politik „von oben" wertete den sich „unten" regenden politischen Katholizismus nur als Unterstützung.

Das Problem „unten" war, wie im politischen Katholizismus die widerstreitenden Anschauungen und Interessen *politisch* integriert werden konnten. Dies galt auch für den Katholizismus in den USA mit seinen sehr gegensätzlichen politischen Tendenzen und Konflikten, einer der Anlässe für Leo XIII., 1899 in einem Brief an den sich ausdrücklich zur amerikanischen Verfassung bekennenden Kardinal *James Gibbons* den „Amerikanismus" zu verurteilen.

Die „Katholische Bewegung" in Deutschland war in ihren Anfängen „von eigenständigen, von der Amtskirche unabhängigen Kräften" (Rudolf Lill) getragen. Auch noch der erste Katholikentag (Mainz) und die Versammlung der deutschen Bischöfe (Würzburg) im Jahre 1848 waren auf die erhoffte deutsche Nation bezogen gewesen. Die de facto katholische Zentrumspartei vermochte es, sich gegen die von Leo XIII. verfolgte Taktik bei der Abwicklung des Kulturkampfes in ihren rein politischen Entscheidungen zu behaupten. Aber sowohl aus den Bedingungen des Bismarckreiches wie auch aus den gegensätzlichen politischen Tendenzen innerhalb der Zentrumspartei ergab es sich, daß diese sich zunächst hauptsächlich in der Treue zum „Gefangenen im Vatikan" integrieren konnte.

Um die Jahrhundertwende erstarkte in der Zentrumspartei der süddeutsche, demokratisch orientierte Flügel gegenüber dem konservativ-aristokratischen, und diese Spannungen führten im Zusammenhang mit dem Integralismus unter Pius X. zum „Zentrumsstreit" (1906–1909), in dem es um den politischen Charakter der Partei und ihre politische Entscheidungsfreiheit ging. Die Zentrumspartei wurde dann in der Weimarer Republik zu einer der tragenden Kräfte, aber eine „tiefere Beziehung zum neuen Staatswesen hat der ‚politische Katholizismus' nie entwickelt" (H. Maier 1964), was gerade 1933 deutlich wurde.

b) *Der soziale Katholizismus:* Dieser sah sich im 19. Jahrhundert vor die Frage gestellt, ob er dem bürgerlichen Kapitalismus, der ohne Zweifel nicht seines Geistes Kind ist, ein eigenes Modell entgegenzustellen habe, oder ob er nach Kräften reformerische Momente einzubringen habe. Die Frage wurde pragmatisch entschieden, denn die Entwürfe der romantischen Soziallehre blieben Literatur (wenn auch eine sehr beachtliche). Weder das liberale Wirtschaftssystem noch der sozialistische Klassenkampf konnten dem im Katholizismus entwickelten Prinzip der „Solidarität" entsprechen.

Der kritische Punkt war die Bildung von Organisationen, die anders als die religiösen „Arbeitervereine" auch im Arbeitskampf auftreten. Die Interkonfessionalität der „Christlichen Gewerkschaften" war nur ein Teilproblem. Der wichtigste Einwand wurde mit der These erhoben, daß sie „dem wahren Geist des Evangeliums" widersprechen. Die im Zusammenhang mit der Enzyklika „Quadragesimo anno" (1931) entwickelte „berufsständische" Ordnung, die den gesellschaftlichen Antagonismus überwinden sollte, scheiterte an der Struktur der industriellen Gesellschaft, in der es keinen „Stand" im vorrevolutionären Sinn mehr gibt. Dagegen hat das Prinzip der „Subsidiarität" über die katholische Soziallehre hinaus Geltung gewonnen.

Die fundamentale Kontroverse im Katholizismus des 19. Jahrhunderts, ob ein eigenes Gesellschaftssystem anzustreben sei oder eine reformerische Korrektur des liberalen Wirtschaftssystems, ist zwar in ihren konkreten Vorstellungen nur noch historisch; aber sie kann grundsätzlich zum Nachdenken darüber anregen, wo die zweifellos höchst effiziente Marktwirtschaft auch trotz ihrer sozialen Komponenten in einem aus dem Prinzip der Konkurrenz heraus nicht aufzuhebenden Defizit gegenüber der sozialen Gerechtigkeit bleibt.

c) Kultureller Katholizismus: Ein kultureller Katholizismus, der sich gruppenhaft von der allgemeinen Kultur abhebt, war nur in Deutschland während des späteren 19. Jahrhunderts entstanden. Die deutsche Romantik war zwar durchaus keine katholische Erscheinung gewesen, aber eine Bewegung, in welcher Katholiken ihre literarische und künstlerische Kraft entfalten konnten. Daß dabei Konvertiten eine bedeutsame Rolle spielen, ist ein Merkmal des deutschen Katholizismus geblieben. Erst im Zusammenhang mit dem Kulturkampf wurde die gewiß bedeutsame Tatsache, daß die deutsche Klassik protestantischen Ursprungs ist, entschieden polemisch reflektiert und wurde ein kulturelles Getto gepflegt, dessen Gestaltungskraft weit hinter den guten religiösen Absichten zurückblieb. Im französischen und italienischen Katholizismus waren und blieben die katholischen Autoren und Künstler bei all ihrer Katholizität Angehörige ihrer nationalen Kultur. In Reaktion auf den besonders im deutschen Katholizismus wirksamen Integralismus entstand um die Jahrhundertwende der „Literaturstreit", hauptsächlich getragen vom „Hochland" Carl Muths, der gegen den auf die Romantik orientierten Wiener „Gralbund" für eine moderne katholische Literatur kämpfte. Läßt sich auch das, was von diesem Ansatz her entstand, heute fast nur noch historisch würdigen, so handelte es sich doch um einen Akt der Befreiung.

Daß es in der Gegenwart programmatisch „katholische" Autoren und Künstler kaum mehr gibt, kann der literarischen und künstlerischen Qualität der Hervorbringungen von Katholiken zugute kommen.

4. Nachwirkungen

Es ist nicht schwer zu belegen, daß der Katholizismus des 19. Jahrhunderts inzwischen der Geschichte angehört. Viel schwerer ist es, hinlänglich zu verdeutlichen, was diesem folgte, zumal wenn man die sich verstärkenden regionalen Unterschiede berücksichtigt. Die Situation der Kirche und die Aktionsformen der Katholiken innerhalb der Gesamtgesellschaft haben sich grundlegend geändert. Die Dechristianisierung hat sich verschärft. Die Losung „Heimholung der Welt" ist ins Zwielicht geraten. Der Verbandskatholizismus des 19. Jahrhunderts erscheint heute manchem nur noch als geschichtlich bedingte „Notlösung".

Doch gibt es auch Kontinuität. Aus dem 1868 gegründeten „Zentralkomitee der deutschen Katholikentage" entstand nach der Unterdrückung durch den Nationalsozialismus als „der vom Willen der Bischöfe getragene Zusammenschluß der Laienkräfte im deutschen Katholizismus" (B. Hanssler) das Zentralkomitee der deutschen Katholiken (gegründet 1952). Kam aber schon seit der Gründung des Zentralkomitees zum Ausdruck, daß die vom 19. Jahrhundert herkommenden Verbände und Vereine nicht mehr in gleicher Weise repräsentativ waren, so sind sie heute nach der Öffnung des Zentralkomitees für Vertreter der nach dem Zweiten Vatikanum neugegründeten Laien-(Diözesan-)Räte heute nur noch ein Element unter mehreren. Mehr und mehr wird angesichts der Diasporasituation des Christen in der Gesellschaft gefragt, wie diese ohne eine institutionelle „Abstützung" zu bestehen ist, welche der im 19. Jahrhundert entstandene Katholizismus noch zu Anfang des 20. Jahrhunderts über den eigentlich kirchlichen Bereich hinaus dargestellt hat. Bestärkt durch das Zweite Vatikanum und dessen Verständnis der Kirche als „Volk Gottes" entstand das Bestreben, die kirchliche Gemeinde zu einem alle Lebensbereiche erfassenden Integrationsort der Katholiken zu entwickeln, die alten Formationen des Katholizismus sozusagen „heimzuholen" und damit auch die alten Spannungen zwischen Katholizismus und Kirche zu überwinden. War nicht nach der „Öffnung" der Kirche *selbst* zur Welt hin der historische Katholizismus überholt? Damit stellt sich zugleich die Frage, ob die Gemeinde als ein derartiger Integrationsort nicht überfordert ist. Auch gibt es die Befürchtung, die „relative Eigenständigkeit" der von den Laien zu verantwortenden „Sachbereiche" könne auf diesem Weg veramtet werden.

Der geschichtliche Katholizismus hat bei all seiner Problematik eine beachtliche Weise dargestellt, das Verhältnis zwischen christlichem Glauben und nachrevolutionärer Welt zu gestalten. Er ist im Rückblick zu beschreiben. Was auf ihn folgte, steht im Horizont einer fundamental veränderten Weltlage, angesichts deren dieser „Katholizismus" nicht mit gleicher Deutlichkeit zu diagnostizieren ist.

Literatur:
C. *Bauer,* Deutscher Katholizismus (Frankfurt a. M. 1964); H. *Jedin (Hrsg.),* Handbuch der Kirchengeschichte, Bd. VI/1 (Freiburg i. Br. 1971), Bd. VI/2 (1973), Neudruck 1985; O. *Köhler,* Evangelisches Staatslexikon (Stuttgart ²1986) 1104–1117; W. *von Loewenich,* Der moderne Katholizismus (Witten 1955, ⁸1970); H. *Maier,* Revolution und Kirche (München ⁴1975); G. *Maron,* Die römisch-katholische Kirche von 1870–1970 (Göttingen 1972); R. *Morsey,* Zeitgeschichte in Lebensbildern. Aus dem Katholizismus des 19. und 20. Jahrhunderts, 4 Bde. (Mainz 1973–1980); K. *Rahner,* LThK² Bd. 6 (Freiburg i. Br. 1961) 88; A. *Rauscher* (Hrsg.), Der politische und soziale Katholizismus in Deutschland 1803–1963 (München 1981/82); G. *Schmidtchen,* Protestanten und Katholiken. Soziologische Analyse konfessioneller Kultur (Bern 1973); K. *Schmidthüs,* in: StL⁶, Bd. 4 (Freiburg i. Br. 1959) 939–943.

Oskar Köhler

Kirche

↗ Arbeitsrecht, kirchliches; Arbeitswelt und Kirche; Diakonie; Frau in der Kirche; Gemeinde; Glaubensvermittlung; Gottesdienst; Inkulturation; Jesus Christus; Katholizismus; Kirchensteuer; Kirchliche Hilfswerke; Kirchlichkeit; Kultur und Kirche; Kunst und Kirche; Laien; Lehramt; Mission; Neue Medien; Ökumene; Orthodoxe Kirchen; Papsttum; Pluralismus, kirchlicher; Politik und Kirche; Protestantismus; Sakramente; Vatikanum II; Verkündigung

1. Bedingung der Möglichkeit christlichen Glaubens

Es gibt verschiedene Zugänge, um zu begreifen und darzustellen, was Kirche ist. Die Aussage, die Kirche sei die Gemeinschaft der Glaubenden, deren Glauben und Leben an Jesus Christus orientiert ist, läßt erkennen, daß die Kirche es mit dem Glauben des einzelnen Christen zu tun hat. Die Kirche gehört zu den Bedingungen der Möglichkeit des christlichen Glaubens.
Man kann sich diesen Zusammenhang klarmachen am Dialog, der bei der Taufe, dem Initiationsakt des Christseins, begegnet. Der zu Taufende wird gefragt: „Was begehrst du von der Kirche?" Die Antwort heißt nicht, wie man erwarten sollte: die Taufe, sondern: den *Glauben*. Das bedeutet: Der Glaube als christlicher Glaube wird nicht geleistet, sondern begehrt, erbeten, empfangen, gewährt. Gewährt als Gabe Gottes durch die Kirche als einer Gemeinschaft, die von diesem Glauben lebt und durch ihn bestimmt ist, die ihn deshalb vermitteln kann.
Der Zusammenhang von Glaube des einzelnen und Gemeinschaft der Glaubenden (Kirche) wird verständlich durch die Struktur des christlichen Glaubens. Diese wird im Römerbrief (10, 13-15) so formuliert: „Wie sollen sie an den glauben, von dem sie nichts gehört haben? Wie sollen sie hören, wenn niemand verkündigt? Wie aber soll jemand verkündigen, wenn er nicht gesandt ist?"
Damit ist nicht eine Struktur aus alter Vorzeit gemeint, wo man weder lesen noch schreiben konnte und wo man auf andere durch Hören und Verkünden angewiesen war; damit ist auch nicht eine Struktur aus einer gesellschaftlich überholten oder zu überholenden Zeit gemeint, wo nur die Herrschenden redeten und reden durften, die Untergebenen aber zu hören, zu gehorchen und zu glauben hatten. Hier wird vielmehr eine für den christlichen Glauben konstitutive und deshalb bleibende Struktur genannt.
Zur *Priorität des Wortes* kommt der *Primat der Gemeinschaft*. Wenn der Glaube vom Hören, vom Verkünden und vom Gesendetsein kommt, dann wird der einzelne durch diesen Vorgang aus sich herausgeführt und in den Zusammenhang mit einer Gemeinschaft gebracht, er empfängt einen neuen Grund seiner Existenz.
Wer glaubt, kommt faktisch aus der Gemeinschaft des Glaubens und der Glaubenden und gehört ihr an. Wer zum Glauben gelangen will, muß sich ihr

anschließen (Apg 2,41). Das griechische und lateinische Wort ekklesia sagt genau dies aus: Kirche ist die Gemeinschaft derer, die durch das Wort gerufen und versammelt sind.

Diese Grundstruktur: der Primat des Gegebenen vor dem Aufgegebenen, der Primat des Empfangens vor dem Tun, kommt auch im *Sakrament* zum Ausdruck, der anderen Weise, wie die Kirche in ihrem Tun sich darstellt und äußert: in der Form der Sichtbarkeit. Im Sakrament sind Wort und Zeichen, Hören und Sehen verbunden. Das Wort deutet das Zeichen; zugleich ist das Wort innerhalb des sakramentalen Geschehens ein wirksames, ein Wirklichkeit setzendes Wort. Es ereignet sich jene Wirklichkeit, die im Zeichen angedeutet wird.

Die aus Wort und Sakrament konstituierte Gemeinschaft, Kirche genannt, ist dem einzelnen vorgegeben, sie ist zugleich der Raum, in dem er seinen eigenen Glauben realisiert, vollzieht, lebt, den er als die von ihm gelebte Wirklichkeit in die Gemeinschaft der Glaubenden und für sie einbringt.

2. Die Folgerungen

a) Die so bestimmte Kirche hat eine Struktur, die durch ihre Grundbestimmung von Wort und Sakrament gegeben ist. Damit wird *das kirchliche Amt* benannt, das in der Nachfolge des Auftrags der Apostel steht, die ihrerseits von Jesus berufen und von Christus dem Auferstandenen beauftragt wurden, zu verkünden, zu taufen und die Weisungen Jesu zu vermitteln (Mt 28,19). Diesen Diensten ist eine besondere Präsenz Christi zugesagt. Sie kommt in den Worten Jesu zum Ausdruck: „Wer euch hört, der hört mich" (Lk 10,16).

Die Nachfolge im Amt und Dienst der Apostel wird durch das *Amt der Bischöfe* wahrgenommen – darin besteht Übereinstimmung in den meisten christlichen Kirchen im Osten und Westen. Die Berufung in das Amt geschieht durch die Ordination in der Form von Gebet und Handauflegung. Dabei waltet der Grundsatz: Ordinierte ordinieren.

Auch Amt und Dienst des *Papstes,* der sich als Nachfolger im Petrusdienst versteht, ist grundsätzlich der episkopalen Struktur zuzuordnen. Der Papst ist nach katholischer Auffassung das Haupt des Kollegiums der Bischöfe, ohne den das Kollegium nicht vollständig wäre. Seine vorzügliche Aufgabe ist der Dienst am Glauben und an der Einheit der Kirche.

b) Zur Kirche als Gemeinschaft der Glaubenden und als Präsenz des Wortes Gottes in Jesus Christus gehört *die Geschichtlichkeit*. Das bedeutet nicht nur, daß die Kirche ein Ereignis innerhalb der Geschichte ist, sondern daß sie als bleibende Kirche in der Geschichte, in der Zeit, in der jeweiligen Gegenwart sich verwirklicht. Die Kirche ist auf dem Weg durch die Zeit pilgernde Kirche. Ihr Ziel ist das vollendete Erscheinen des Reiches Gottes. Sie übernimmt damit geschichtliches Schicksal, in dem die Kontinuität des Bleibenden mit der Notwendigkeit des Lebendigen und damit des Neuen gegeben ist. Ihr Grundgesetz ist deshalb *die Überlieferung,* die Tradition, der die *Nachfolge*

zugeordnet ist. Die Überlieferung selbst ist Überlieferung des – normativen – Ursprungs, den man als Christusgeschehen oder als apostolisches Zeugnis bestimmen kann, zu ständiger und lebendiger Gegenwart.
Der Prozeß der Überlieferung wird ausgelöst durch die jeweils geschichtliche Situation, durch die Forderung des Tages. Wenn in der Überlieferung das apostolische Zeugnis weitergetragen werden soll, dann ist dies kein mechanischer Verlauf; das Zeugnis ist auf lebendige Zeugen angewiesen. Damit ist die Kirche als Gemeinschaft der Glaubenden insgesamt und in ihrem ganzen Tun als *Martyria, Leiturgia* und *Diakonia* beansprucht.
c) Die Bestimmung der Kirche als Gemeinschaft der Glaubenden, deren Glauben an Jesus Christus orientiert ist, schließt die Tatsache und Notwendigkeit der *Inkulturation* ein, der Einwurzelung in die verschiedenen Kulturen der Menschen und Völker, die gläubig sind oder zum Glauben gelangen wollen. Die Verkündigung muß vermittelt werden innerhalb einer Sprache und eines Denk- und Verstehenshorizontes, der den konkreten Menschen jeweils zu eigen ist, sonst kann die Verkündigung nicht gehört werden, und die Botschaft gelangt nicht an ihren Adressaten.
Die Leiturgia, das gottesdienstliche Tun, muß sich in der Symbol- und Zeichensprache einer jeweiligen Kultur vermitteln. Sonst erscheinen die Kirche und ihr Tun als Fremdbestimmung, die der Gegensatz zur christlichen Freiheit ist.
Die Diakonia endlich muß auf die konkrete Situation eingehen, in der sich die Menschen befinden. Sie wird nie auf jene Dienste verzichten, die sich dem einzelnen in seiner Not zuwenden, aber sie wird gerade heute eine Bemühung um Reform solcher gesellschaftlicher und wirtschaftlicher Strukturen sein, die der Grund des individuellen Elends ist. So hat die Kirche eine gesellschaftskritische Funktion.

3. Die Kirchenlehre des Zweiten Vatikanums

Das Zweite Vatikanum war *das Konzil der Kirche über die Kirche.* Das sollte nicht bedeuten, daß die Kirche die Mitte des christlichen Glaubens ist, das Konzil wollte vielmehr bedenken, wie und in welcher Weise die Kirche im Dienst der Mitte des christlichen Glaubens steht.
Als erstes wird gesagt, daß die Kirche *ein Mysterium* sei. Damit ist nicht eine unzugängliche, unerklärbare, geheimnisvolle Verborgenheit gemeint, sondern die Tatsache, daß die Kirche in ihrem Sein und in ihrem Tun Sakrament, d. h. Zeichen und Werkzeug der Vereinigung der Menschheit mit Gott und der Menschheit untereinander, ist.
Die empirische Grundbestimmung von Kirche ist ihre Bezeichnung als *Volk Gottes.* Kirche ist Sache aller, die zu ihr gehören. Das schließt Berufung, Verantwortung und Mitwirkung aller ein. Der Ausdruck dafür ist die Bestimmung der Kirche als *communio,* als in Christus und im Heiligen Geist begründeter Gemeinschaft, als Gemeinschaft zwischen den Amtsträgern un-

tereinander, der Bischöfe in der Form des Bischofskollegiums, im Verhältnis von Papst und Bischöfen, in der Zuordnung von *Weltkirche und Ortskirche,* die nicht eine Filiale von Kirche ist, sondern Kirche als Ereignis darstellt und die eine große Eigenständigkeit im Sinn des Subsidiaritätsprinzips besitzen darf. Einheit der Kirche kann sich nur als *Einheit in Vielfalt* darstellen. Diese Betrachtung verbietet allen triumphalistischen Selbstruhm. Sie stellt die Kirche unter das Gesetz der Vorläufigkeit wie unter die Verpflichtung einer *ecclesia semper reformanda,* was sowohl ein Zeichen der Grenze wie der Größe der Kirche ist. Als Reformkonzil hat sich das Konzil verstanden. Die Kirche nimmt damit auch Abschied vom lange Zeit üblichen und geltenden Eurozentrismus.

Das Verhältnis der Kirche zur Welt wird im Zweiten Vatikanum anders bestimmt, als es zuvor meist üblich war. Welt bedeutet dem Konzil nicht den Inbegriff des Unglaubens, dem man nur in der Form der Abgrenzung und Verurteilung begegnen kann. Welt ist für das Konzil *die Welt als Schöpfung,* die Welt als Gabe und Aufgabe für den Menschen. Das Verhältnis der Kirche zur Welt wird in der Form der Zuwendung und der Kooperation beschrieben – die Kirche ist für die Welt da, ihre Existenz ist *Pro-Existenz*. In besonderer Weise macht sich die Kirche zum *Anwalt der Menschen,* der Menschenwürde und der Menschenrechte, die letztlich nur von Gott her zu begründen sind.

Die Kirchenlehre des II. Vatikanums war insofern *ökumenisch,* als sie sich wie das Konzil in seiner Gesamtheit das ökumenische Anliegen: die Betroffenheit über die Trennung der Christen und die Bemühung, sie zu überwinden, zu eigen machte. Dadurch hat die katholische Kirche die Ökumene in ihr Bewußtsein aufgenommen und sich zur eigenen Aufgabe gemacht. Als *Ziel der Einheit* und Einigung wird nicht wie früher die kollektive Konversion in die römisch-katholische Kirche genannt, sondern eine Kirche, in der durch die schöpferische Aufarbeitung der Geschichte und die Orientierung am biblischen Ursprung die bisher kirchentrennenden Differenzen zu *Unterschieden in einer versöhnten Verschiedenheit* werden. Kirchen sollen Kirchen bleiben und eine Kirche werden.

Dies ist um so eher möglich, als die römisch-katholische Kirche nicht eine *exklusive Identität* mit der Kirche Jesu Christi beansprucht, sondern die Treue zum Eigenen: „subsistit in" („ist verwirklicht in") mit der Offenheit und der Anerkennung der anderen Kirchen und kirchlichen Gemeinschaften und in der in ihnen lebendigen kirchlichen Realität verbindet.

Daß sich das Konzil zur anerkennenden Wertschätzung der *nichtchristlichen Religionen* und der in ihnen gelebten Fragen und Wahrheit, zu einer in der Heilsgeschichte und im Glauben gründenden Würdigung des *Judentums* sowie zur *Glaubens-, Gewissens-* und *Religionsfreiheit* als Forderung des Evangeliums und der Würde der Person bekannte, ist keineswegs nur die Verlängerung des Bisherigen, sondern ein neuer Schritt.

Literatur:
Dokumente des Zweiten Vatikanischen Konzils in: Das Zweite Vatikanische Konzil (LThK Ergänzungsbände I–III) 1166–1168; *G. Alberigo – Y. Congar – H. J. Pottmeyer,* Kirche im Wandel. Eine Bilanz nach dem Zweiten Vatikanum (Düsseldorf 1980); *J. Auer,* Die Kirche (Regensburg 1983); *G. Barauna,* De ecclesia Christi. Beiträge zur Konstitution über die Kirche des Zweiten Vatikanischen Konzils (Freiburg i. Br. 1966); *G. Barauna – V. Schurr,* Die Kirche in der Welt von heute (Salzburg 1967); *H. Fries,* Fundamentaltheologie (Graz – Wien – Köln ²1985); Handbuch der Fundamentaltheologie, hrsg. von W. Kern, H.-J. Pottmeyer, M. Seckler, Bd. 3: Traktat Kirche (Freiburg i. Br. 1986); *F. Holböck – Th. Sartory,* Mysterium Kirche in der Sicht der theologischen Disziplinen (Salzburg 1962); *F. X. Kaufmann,* Kirche begreifen. Analysen und Thesen zur gesellschaftlichen Verfassung des Christentums (Freiburg i. Br. 1979); *M. Kehl,* Kirche als Institution (Frankfurt ²1978); *H. Küng,* Die Kirche (Freiburg i. Br. 1967); *J. Moltmann,* Kirche in der Kraft des Geistes (München 1975).

Heinrich Fries

Kirchensteuer

↗ Diakonie, kirchliche; Kirche; Kirchliche Hilfswerke; Kirchlichkeit; Politik und Kirche

1. Die rechtliche Regelung

a) Das Kirchensteuersystem gehört zu den charakteristischen Elementen des Verhältnisses von Staat und Kirche in der Bundesrepublik Deutschland, in dem wechselseitige Freiheit und Unabhängigkeit verknüpft sind mit Zusammenarbeit und Förderung. Im Verhältnis zu Spenden, Kollekten, Sammlungen, Gebühren, Staatsleistungen und Subventionen sowie Einkünften aus Eigenvermögen bildet die Kirchensteuer im kirchlichen Finanzwesen die Haupteinnahmequelle; in den kirchlichen Haushalten macht sie zwischen ca. 75 und 90 % aus.
Das Grundgesetz gewährleistet den Religionsgemeinschaften, die Körperschaften des öffentlichen Rechts sind, das Recht, „auf Grund der bürgerlichen Steuerlisten nach Maßgabe der landesrechtlichen Bestimmungen Steuern zu erheben" (Art. 140 GG/Art. 137 Abs. 6 WRV). Diese verfassungsrechtliche Grundlage für die Erhebung einer echten Steuer, d.h. einer nicht von einer Gegenleistung abhängigen, notfalls im Wege des Verwaltungszwangs hoheitlich beizutreibenden öffentlichen Abgabe, findet ihre nähere Ausgestaltung in Verträgen mit den Kirchen und in (Landes-)Gesetzen sowie – in deren Rahmen – in kirchlichen Steuerordnungen und Hebesatzbeschlüssen.
Die Kirchensteuer ist eine gemeinsame Angelegenheit von Staat und Kirche.

Der Staat leiht der Kirche seinen Arm, aber nicht nach Art des mittelalterlichen „brachium saeculare" kraft kirchlichen Anspruchs, sondern aus eigenem Recht kraft seiner Souveränität und seiner Entscheidung für eine Förderung der Kirchen, wie sie in einem freiheitlichen Sozial- und Kulturstaat durchaus legitim ist.
Neben den Großkirchen machen die israelitische Religionsgemeinschaft und einige andere kleinere Religionsgemeinschaften von dem Besteuerungsrecht Gebrauch. Es handelt sich also weder rechtlich noch faktisch um ein Kirchenprivileg. Voraussetzung ist allerdings, daß die betreffende Glaubensgemeinschaft Körperschaftsstatus hat.
b) Die Kirchensteuer wird als Zuschlag zur (staatlichen) Einkommen- bzw. Lohnsteuer erhoben. Zulässig sind auch Zuschläge zur Vermögensteuer und zu den Grundsteuermeßbeträgen, ferner die Erhebung von Kirchgeld (in der Form einer Kopfsteuer); doch steht die Kircheneinkommen- (Lohn-)Steuer ganz im Vordergrund. Der Steuersatz wird mit Genehmigung des Staates von den steuerberechtigten Körperschaften festgelegt; er beträgt, nach Ländern verschieden, zwischen 7 und 10 %.
Gläubiger der Kirchensteuer sind im allgemeinen die Diözesen und die evangelischen Landeskirchen. Ortskirchensteuer gibt es nur noch in ganz begrenztem Umfang. Schuldner sind die Mitglieder. Dabei knüpft die staatliche Rechtsordnung für den Erwerb der Mitgliedschaft an das Kirchenrecht, d.h. an die Taufe, an.
Das vom Staat gewährleistete Grundrecht der (negativen) Religionsfreiheit macht die jederzeitige Beendigung der Kirchensteuerpflicht möglich. Sie erfolgt durch die Erklärung des Kirchenaustritts gegenüber der zuständigen staatlichen Stelle (Gericht, Standesamt). Der Kirchenaustritt hat nur „bürgerliche Wirkung", d.h. nur für den staatlichen Rechtsbereich. Das hat zur Folge, daß ein staatliches Organ nicht befugt ist, eine Kirchenaustrittserklärung anzunehmen, die mit Zusätzen versehen ist, die sich auf den innerkirchlichen Bereich beziehen, und hierüber eine Bescheinigung zu erteilen. Dafür ist vor allem die Pflicht des konfessionell neutralen Staates maßgebend, jeden Anschein einer Einmischung in innerkirchliche Angelegenheiten zu vermeiden. Es gibt mithin keinen sog. modifizierten Kirchenaustritt, also nicht einen Austritt bloß aus der Kirche als Körperschaft des öffentlichen Rechts oder als Kirchensteuerverband.
Die Kirchensteuer ist eine Mitgliedssteuer und als solche eine Form der Eigenfinanzierung. Das Bundesverfassungsgericht hat den Grundsatz herausgestellt, das Grundgesetz verbiete es dem Staat, einer Religionsgemeinschaft hoheitliche Befugnisse gegenüber Personen zu verleihen, die keiner bzw. einer anderen Religionsgemeinschaft angehören. Demgemäß ist die Besteuerung juristischer Personen unzulässig. In der sog. glaubensverschiedenen Ehe, d. h., wenn nur ein Ehegatte einer steuerberechtigten Religionsgemeinschaft angehört, wird die Kirchensteuer nur von diesem erhoben. Demgegenüber wurde für sog. konfessionsverschiedene Ehen, d.h., wenn die Ehegatten

verschiedenen steuerberechtigten Religionsgemeinschaften angehören, an der Geltung des traditionellen Halbteilungs- und Haftungsgrundsatzes festgehalten.
Die Verwaltung der Kirchensteuer steht prinzipiell den Kirchen zu. Auf katholischer Seite haben bei der Kircheneinkommensteuer alle Diözesen – mit Ausnahme der bayerischen – von der ihnen gesetzlich eingeräumten Möglichkeit Gebrauch gemacht, gegen Entgelt die staatlichen Finanzämter damit zu beauftragen.

c) In einigen Kantonen der *Schweiz* kennt man ein dem deutschen vergleichbares Kirchensteuersystem. Anders ist dagegen die Rechtslage in *Österreich*. Hier ist das Kirchenbeitragssystem verwirklicht, d.h., die Kirchen ziehen nach Maßgabe kirchlicher Beitragsordnungen durch kirchliche Stellen als privatrechtlich zu qualifizierende Beiträge ein, wobei der Staat den Kirchen insofern Hilfe gewährt, als ausstehende Beiträge vor dem Zivilgericht eingeklagt und durch den Gerichtsvollzieher eingetrieben werden können.

2. Kirchensteuersystem und Kirchenrecht

Das staatskirchenrechtlich geordnete deutsche Kirchensteuersystem findet im (katholischen) Kirchenrecht einerseits eine Stütze, andererseits tritt in dieser Perspektive sein spezifischer und singulärer Charakter deutlich hervor. Das kirchliche Abgabenrecht geht von zwei fundamentalen Prinzipien aus: Gemäß can. 222 § 1 CIC ist es die Grundpflicht aller Gläubigen, die Kirche materiell zu unterstützen, damit ihr dasjenige zur Verfügung steht, was für den Gottesdienst, die Werke des Apostolats und der Caritas sowie zum angemessenen Unterhalt ihrer Amtsträger und Bediensteten notwendig ist. Dieser Abgaben*pflicht* der Gläubigen korrespondiert das der Kirche als Gemeinschaft zustehende *Recht,* von ihren Mitgliedern dasjenige zu fordern, was zur Erfüllung der ihr eigentümlichen Zielsetzungen notwendig ist (can. 1260 CIC).
Auf diesem Fundament erscheint als gemeinrechtliche Grund- und Regelform der Abgabe, wohl als maßgebendes Leitbild überhaupt, die „erbetene Unterstützung" (subventio rogata, can. 1262 CIC). Sie ist zu charakterisieren als eine nach Normen der Bischofskonferenz näher bestimmte, in ihren Voraussetzungen tatbestandlich umschriebene regelmäßige Zuwendung, die mehr ist als bloße Spende aus Freigebigkeit, deren tatsächliche Leistung andererseits von der Freiwilligkeit des Verpflichteten abhängt und die nicht sanktionsbewehrt ist. Demgegenüber hat die Form der Steuer (tributum) Sonder- und Ausnahmecharakter. Der dafür maßgebenden Norm (can. 1263 CIC) ist auf deutsche Initiative hin eine Klausel mit einem Vorbehalt zugunsten des Partikularrechts eingefügt worden: „salvis legibus et consuetudinibus particularibus quae eidem (sc. Episcopo dioecesano) potiora iura tribuant". Nach dieser „clausula teutonica" ist die allgemeine Kirchensteuer partikularrechtlich auch als ordentliches Finanzierungsmittel zulässig; sie

kann vom Bischof nach Anhören des Diözesan-Vermögensverwaltungsrates und des Priesterrates eingeführt werden.

3. Gründe für das bestehende System

Das deutsche Kirchensteuersystem hat wesentlich dazu beigetragen, daß die Kirchen finanziell gut situiert sind. Sie sind im zwischenkirchlichen und internationalen Vergleich „reich". Aber „Reichtum" ist ein relativer Begriff und steht insbesondere in Beziehung zum Niveau des Lebensstandards überhaupt. Vor allem aber ist „Reichtum" als solcher keine Schande oder ein Makel, sofern darüber die fundamentale Verpflichtung gegenüber den Armen (als einzelne wie als Gruppe wie als Kirche) nicht vergessen wird und nicht in Saturiertheit umschlägt, sofern also die grundlegende Pflicht des brüderlichen Teilens verwirklicht wird. In dieser grundsätzlichen Perspektive findet das geltende System seine Rechtfertigung darin, daß die Mittel für *alle* Formen des konkreten Glaubenszeugnisses eingesetzt werden (Seelsorge, caritative Tätigkeit und Entwicklungsarbeit, Bildungsarbeit, Mission) und daß dabei besonders die Solidarität mit der Gesamtkirche und den anderen Ortskirchen, besonders den hilfsbedürftigen, zur Geltung kommt. Gerade das Vermögensrecht ist besonders eng mit konkreten historischen, sozio-kulturellen und ökonomischen Bedingungen verknüpft. Das spricht – auch im Sinne des Subsidiaritätsprinzips – dafür, das besondere Gepräge und Gewicht einer gewachsenen und anerkannten Ordnung zu respektieren, sofern sie nicht grundlegenden Prinzipien widerspricht und die Glaubwürdigkeit der Kirche beeinträchtigt. Unter den Gesichtspunkten vor allem der sozialen Gerechtigkeit, der Gleichheit, der Sparsamkeit, der Effektivität und nicht zuletzt der Unabhängigkeit von einzelnen und von Interessengruppen ist das geltende Kirchensteuersystem aber sehr viel besser als andere mögliche Finanzierungsformen, insbesondere das Spenden- und Kollektensystem.

4. Schwierigkeiten und Probleme

Eine prinzipiell bejahende Haltung macht nicht blind für Schwierigkeiten und Probleme, im Gegenteil:
a) Die aus dem Charakter der Zuschlag-Steuer folgende Verklammerung mit bedeutsamen staatlichen Maßstab-Steuern, mit denen nicht nur fiskalische Zwecke erreicht werden sollen, die vielmehr auch als Mittel für gesellschafts- und wirtschaftspolitische Maßnahmen eingesetzt werden, macht die Kirchensteuer bis zu einem gewissen Grad von der staatlichen Steuerpolitik und der wirtschaftlichen Konjunktur *abhängig* und unterwirft die kirchlichen Einnahmen unter Umständen nicht unbeträchtlichen Schwankungen. Das kann und muß in Kauf genommen werden, solange und soweit sich die Kirchen gegenüber der staatlichen Steuerpolitik als Instrument des gesellschaftspolitischen Ausgleichs jedenfalls grundsätzlich loyal verhalten können. Die

Kirchen werden insbesondere staatlichen Steuerentlastungsmaßnahmen nicht entgegentreten können, die den Familien zugute kommen und der Arbeitslosigkeit entgegenwirken sollen. Sie haben auch gegenüber der sich aus dem Progressionsmechanismus ergebenden Verzerrungen die Möglichkeit, die strenge rechtliche Abhängigkeit der Kirchensteuer als Zuschlagssteuer durch die Festsetzung von Mindest- und Höchstbeträgen („Kappung") zu modifizieren bzw. das Zuschlagssystem durch die Erhebung einer Mindestkirchensteuer oder von Kirchgeld zu ergänzen.

b) Der Kirchenaustritt hat zwar nur bürgerliche Wirkung und läßt die Zugehörigkeit zur Kirche im kirchenrechtlichen Sinne unberührt; die durch die Taufe begründete Gliedstellung geht mithin nicht verloren. Aber man kann die Ordnung des Staatskirchenrechts und diejenige des Kirchenrechts nicht auseinanderdividieren. Der Status einer steuerberechtigten Körperschaft des öffentlichen Rechts ist vielmehr die konkrete Existenzform der katholischen Kirche in Deutschland. Wer zu ihr gehören will, muß aus Solidarität die sich daraus ergebenden rechtlichen Konsequenzen auch hinsichtlich seiner Abgabenpflichtigkeit übernehmen. Dabei besteht durchaus die Möglichkeit, in Härtefällen durch Kappung, Stundung oder Erlaß aus Gründen der Billigkeit zu helfen. Dagegen müßte eine grundsätzliche „Kirchensteuerverweigerung" als Verfehlung gegen eine wichtige, theologisch legitimierte Gemeinschaftspflicht qualifiziert werden. Die Verhängung des Kirchenbanns und damit der Ausschluß von den Sakramenten setzt allerdings nach allgemeinen Grundsätzen konkrete Schuldhaftigkeit voraus. Hier ist die Fähigkeit zu sensibler und differenzierter Reaktion gefordert.

c) Wichtige Diskussionspunkte werden sodann mit den Stichworten „Transparenz des kirchlichen Finanzgebarens", „Glaubwürdigkeit der Ausgabenpolitik" und „Verstärkung von Mitwirkungsbefugnissen der Steuerzahler" bezeichnet. Schon in einer Erklärung der Deutschen Bischofskonferenz vom Dezember 1969 heißt es dazu: „Die Kirchensteuerzahler erhalten das Recht, bei der Kirchensteuerfestsetzung und -verwendung mitzuwirken. Die kirchlichen Haushaltspläne werden veröffentlicht und erläutert. Auch soll der für die Höhe der Kirchensteuer maßgebende Umfang der kirchlichen Aufgaben überdacht und eine weitschauende, auf mehrere Jahre sich erstreckende und Schwerpunktaufgaben kirchlichen Dienstes berücksichtigende Finanzplanung durchgeführt werden. Eine solche Planung muß die Funktion der Kirche in der heutigen gesellschaftlichen Wirklichkeit gebührend beachten. Darüber hinaus halten wir es für notwendig, im Hinblick auf die unterschiedliche Finanzkraft der Bistümer einen angemessenen Finanzausgleich durchzuführen."

Zu all diesen Punkten sind in den zurückliegenden Jahren zahlreiche Verbesserungen erzielt worden. Ein merkliches Defizit besteht noch darin, daß für die Ebene der Deutschen Bischofskonferenz kein Organ eingerichtet ist, in dem die Kirchensteuerzahler selbst hinreichend repräsentiert sind.

Mit all dem werden letztlich Fragen des Kirchenverfassungsrechts berührt, für die im Interesse einer Integration von kirchenrechtlichen und staatskirchenrechtlichen Strukturen sowie einer angemessenen Verstärkung der Laien-Teilhabe konstruktive Lösungen gesucht werden müssen. Reine Demokratisierungsforderungen oder das Postulat der „Offenen Gemeinde" können weder Ziel noch Weg im Sinne des authentischen Zeugnisses der Kirche und der ihr aufgetragenen rechtlichen Ordnung in tragfähiger Weise bestimmen.

Literatur:
Aufgaben der Kirche in Staat und Gesellschaft. Ein Arbeitspapier der Sachkommission V, in: Gemeinsame Synode der Bistümer in der Bundesrepublik Deutschland. Offizielle Gesamtausgabe, Bd. 2 (Freiburg ³1981) 206–213; *A. Frhr. v. Campenhausen,* Staatskirchenrecht (München ²1983), bes. 159–185; *L. Carlen* (Hrsg.), Austritt aus der Kirche/Sortir de l'Eglise (Freiburg i. Üe. 1982); *K. Dummler,* Was des Kaisers ist. Auswirkungen der Steuerreform für die Kirchen, in: Evangelische Kommentare 19 (1986) 22–25; *H. Engelhardt,* Die Kirchensteuer in der Bundesrepublik Deutschland (Bad Homburg v. d. H. – Berlin – Zürich 1968); *H. Flatten,* Fort mit der Kirchensteuer? (Köln 1964); Herder-Korrespondenz 39 (1985) 301 f. (zu einem Memorandum des Bensberger Kreises über Fragen der Kirchenfinanzierung); *A. Hollerbach,* Kirchensteuer und Kirchenbeitrag, in: Handbuch des katholischen Kirchenrechts, hrsg. von J. Listl, H. Müller, H. Schmitz (Regensburg 1983) 889–900; *J. Isensee,* Die Finanzquellen der Kirchen im deutschen Staatskirchenrecht, in: Juristische Schulung 1980, 94–100; *H. Marré,* Die Kirchenfinanzierung in Kirche und Staat der Gegenwart. Die Kirchensteuer im internationalen Umfeld kirchlicher Abgabensysteme und im heutigen Sozial- und Kulturstaat Bundesrepublik Deutschland (Essen 1982).

Alexander Hollerbach

Kirchliche Hilfswerke

↗ Befreiungstheologie; Diakonie, kirchliche; Kirche; Menschenrechte; Mission; Nord-Süd-Konflikt

1. Definition und Motiv

Unter „Kirchlichen Hilfswerken" versteht man Werke, Aktionen, Organisationen und Institutionen der Kirchen, die sich den weltkirchlichen Aufgaben der missionarischen Verkündigung, der ganzheitlichen Entfaltung des Menschen und seiner Befreiung aus Not, Ungerechtigkeit und Unterentwicklung widmen. In der Bundesrepublik Deutschland sind es auf katholischer Seite besonders „Adveniat", Deutscher Caritasverband, Kindermissionswerk, „Misereor" und „Missio", auf evangelischer Seite das Diakonische Werk mit „Brot für die Welt", der Ausschuß „Kirchliche Mittel für den Entwicklungsdienst" (KED) und die „Arbeitsgemeinschaft Kirchlicher Entwicklungsdienst" (AGKED). Hinzu kommen die Zentralstellen für Entwicklungshilfe beider Kirchen. Ähnliche Werke gibt es in nahezu allen europäischen Ländern, so in Österreich die Koordinierungsstelle für Internationale Entwicklungshilfe der Österreichischen Bischofskonferenz, die Österreichische Caritaszentrale, das Päpstliche Werk der Glaubensverbreitung und den Europäischen Hilfsfonds der Österreichischen und Deutschen Bischofskonferenzen, das Diakonische Werk für Österreich, „Brot für Hungernde" und die Evangelische Arbeitsgemeinschaft für Weltmission. In der Schweiz sind es das Fastenopfer der Schweizer Katholiken, die Schweizerische Caritas und die Päpstlichen Missionswerke Missio neben dem Hilfswerk der Evangelischen Kirche in der Schweiz (HEKS) und der Koordination Evangelischer Kirchen und Missionen (KEM) sowie dem Werk Brot für Brüder.

Das Motiv ihres Handelns ist für alle Werke die im Evangelium gebotene aktive Bruderliebe, die der Gottesliebe entspringt und ohne die der Mensch das Heil nicht erreichen kann.

Die Tätigkeiten der Hilfswerke erreichen nahezu alle Länder.

2. Hilfswerke für pastorale Hilfen

a) *Missio – Internationales Katholisches Missionswerk* (Missio Aachen und Missio München) ist hervorgegangen einerseits aus dem „Franziskus-Xaverius-Verein zur Unterstützung der katholischen Missionen", 1832 in Aachen von dem Arzt Heinrich Hahn gegründet, andererseits aus dem 1838 von König Ludwig I. von Bayern gegründeten „Ludwig-Missionsverein". Vorbild für beide war der 1822 in Lyon (Frankreich) entstandene „Allgemeine Verein zur Verbreitung des Glaubens". 1922 wurden beide deutschen Vereine als nationale Zweige den Päpstlichen Missionswerken in Rom zugeordnet. Seit 1972 führen sie bei rechtlicher Selbständigkeit jedes Werkes gemeinsam den Namen „Missio".

„Missio" will das missionarische Bewußtsein in Familien und Gemeinden wecken und fördern und die Pastoralarbeit der Ortskirchen in Afrika, Asien und Ozeanien schwerpunktmäßig durch Ausbildungs- und Unterhaltshilfen für einheimische Ordensleute, Katechisten und Priester unterstützen. Jährlich werden etwa 5600 Hilfsgesuche bearbeitet. Die Finanzierung erfolgt aus Mitgliedsbeiträgen (über 1 Million Mitglieder), Spenden und kirchlichen Haushaltsmitteln des Verbandes der Diözesen. Von 1964–1984 setzte „Missio" 2006,2 Millionen DM für Pastoralhilfen ein.

b) *Päpstliches Missionswerk der Kinder in Deutschland* (PMK), zurückgehend auf eine französische Gründung (1843 von Karl Eugen de Forbin-Janson, Bischof von Nancy, als „Werk der hl. Kindheit"), ist ein Missionswerk, getragen von Kindern und bestimmt für Kinder.

Die Hilfe des Päpstlichen Missionswerkes für Kinder in Deutschland ist pastoraler, aber auch sozialer Art. Es werden u. a. die Beschaffung von katechetischen Arbeitshilfen, der Bau und die Einrichtung von Kindertagesstätten,

Schulen und Behindertenheimen und Hilfen für hungernde Kinder gefördert. Von 1978–1985 wurden mehr als 3000 Kinderprojekte in Afrika, Asien, Ozeanien und Lateinamerika mit 150,2 Millionen DM unterstützt. Die Mittel stammen aus Mitgliedsbeiträgen (1 Million Mitglieder), dem Kinderopfer am Weltmissionstag, dem Ertrag aus dem „Dreikönigssingen" (Sternsinger-Aktion) und aus anderen Aktionen und Spenden.

c) *Bischöfliche Aktion Adveniat:* 1961 beschloß die Deutsche Bischofskonferenz, am Ersten Weihnachtstag des gleichen Jahres „eine besondere Kollekte für die seelsorglichen Bedürfnisse in Lateinamerika" unter dem Namen „Adveniat" abzuhalten. Seitdem wird sie alljährlich wiederholt. Lateinamerika galt zu dieser Zeit nicht mehr als Missionskontinent und erhielt deshalb trotz großer pastoraler Nöte fast keine Hilfen von den Päpstlichen Missionswerken. „Adveniat" ist „keine Institution und keine Organisation", sondern eine von einer Bischöflichen Kommission geleitete „Aktion". Von 1961–1985 hat das Werk 82 000 Projekte mit 1,7 Milliarden DM unterstützt, zunächst besonders den Bau von Kapellen, Priesterseminaren und katechetischen Zentren, seit den siebziger Jahren vor allem Projekte der Aus- und Weiterbildung von kirchlichen Mitarbeitern, der Pfarrseelsorge und Unterhaltshilfen. Für die Ortskirchen Lateinamerikas ist „Adveniat" das wichtigste pastorale Hilfswerk.

3. Werke für Entwicklungshilfe

a) *Bischöfliches Hilfswerk Misereor e. V.*, Aktion gegen Hunger und Krankheit in der Welt: 1958 beschloß die Deutsche Bischofskonferenz, in der Fastenzeit 1959 eine Aktion gegen Hunger und Krankheit in der Welt unter dem Namen „Misereor" durchzuführen. Der Erfolg ermutigte zur Fortsetzung. Seit 1967 ist „Misereor" mit seiner Fastenkollekte eine dauerhafte Einrichtung.

Das Ziel ist, durch die Förderung von Entwicklungsmaßnahmen einen Beitrag zur Überwindung von Hunger und Not in der Welt zu leisten, die Gewissen der deutschen Katholiken für das Unrecht in der Güterverteilung zwischen Arm und Reich zu schärfen und schließlich „den Reichen und Regierenden ... vom Evangelium her ins Gewissen zu reden". „Misereor", geleitet von einer Bischöflichen Kommission, ist zur größten kirchlichen Fachstelle für Entwicklungshilfe geworden, zugleich eine „religiöse Erneuerungs- und Bußbewegung".

Ähnlich wie „Misereor" arbeitet das 1959 gegründete evangelische Hilfswerk „Brot für die Welt".

Die Finanzierung der „Misereor"-Hilfen erfolgt aus Kollekten und Spenden, seit 1970 auch aus Haushaltsmitteln des Verbandes der Diözesen Deutschlands. Seit 1962 stellt die Bundesregierung den Kirchen staatliche Mittel zur Finanzierung kirchlicher Entwicklungsvorhaben zur Verfügung. Sie erkennt damit an, daß die Kirchen durch ihre Mitglieder und ihr Leben mit den Armen einen einzigartigen Ansatz für Hilfen an der Basis bieten. Auf katholischer wie evangelischer Seite wurde als verantwortlicher Partner der Bundesregierung für diese Mittel je eine „Zentralstelle für Entwicklungshilfe e. V." gegründet. Während die evangelische Kirche eine eigene Geschäftsstelle schuf, beauftragte die katholische Zentralstelle die „Misereor"-Geschäftsstelle mit der Projektbearbeitung für die staatlichen Mittel. Seit 1959 und der Gründung der Zentralstelle 1962 bis zu Beginn 1986 wurden 44 700 Projekte mit über 4,1 Milliarden DM über „Misereor" gefördert. Die Schwerpunkte liegen im Bereich der Aus- und Fortbildung, im Agrarsektor, im Gesundheitswesen und beim Aufbau von Selbsthilfebewegungen.

b) *Arbeitsgemeinschaft für Entwicklungshilfe* (AGEH): Um beruflich qualifizierte Laien-Fachkräfte für zeitlich begrenzte Dienste, mindestens drei Jahre, in Projekten der Entwicklungshilfe vorzubereiten und zu vermitteln, wurde 1959 die AGEH gegründet. Träger sind heute 20 katholische Organisationen, Aktionen und Institutionen. Seit 1959 bis Anfang 1986 hat die AGEH fast 3500 Fachkräfte in Projekte der Hilfswerke und anderer Stellen vermittelt. – Auch die evangelische Kirche schuf sich 1960 mit der Arbeitsgemeinschaft „Dienste in Übersee (DÜ)" einen entsprechenden Personaldienst. Für kurzfristige Personaleinsätze bei Katastrophen steht der Malteser-Hilfsdienst, ein Fachverband der Caritas, mit seinen Fachkräften zur Verfügung.

4. Hilfswerk für Not- und Katastrophenhilfe

Deutscher Caritasverband (DCV): Der DCV, 1897 von Prälat Lorenz Werthmann gegründet, ist die von den deutschen Bischöfen anerkannte institutionelle Zusammenfassung und Vertretung der katholischen Caritas in Deutschland. Er wendet sich grundsätzlich jedem Notleidenden zu, im Inland wie im Ausland. 1967 beauftragte die Deutsche Bischofskonferenz den DCV mit der Federführung in der Not- und Katastrophenhilfe der deutschen Katholiken. Auf evangelischer Seite wird diese Aufgabe vom Diakonischen Werk wahrgenommen. Der DCV fördert auch Maßnahmen zum Aufbau und zur Verbesserung von Sozialstrukturen in Entwicklungsländern. Die Finanzierung erfolgt aus Spenden und projektbezogenen Zuschüssen aus kirchlichen und staatlichen Haushaltsmitteln sowie von der Europäischen Kommission. Von 1964–1985 wurden 563,3 Millionen DM eingesetzt.

5. Arbeitsgrundsätze der kirchlichen Hilfswerke

Gemeinsam mit ihren Partnern in den Ländern der Not haben die Hilfswerke Arbeitsgrundsätze erarbeitet. Die wichtigsten sind: Die Hilfe soll allen Menschen in geistig-seelischer oder leiblicher Not in den sogenannten Entwicklungsländern ohne Diskriminierung offenstehen, sofern sie sich nicht selbst daraus befreien können. Initiative und Durchführung liegen stets bei den verantwortlichen Partnern und Betroffenen am Ort der Not. Meistens sind es die

Ortskirchen, jedoch werden von fast allen Hilfswerken auch andere Partner akzeptiert. Die Hilfe gilt dem ganzen Menschen mit seinem persönlichen, sozialen und geistig-spirituellen Bezugsrahmen. Sie wird von Person zu Person, von Partner zu Partner im Geist brüderlicher Solidarität als subsidiäre Ergänzung zu den Eigenleistungen der Betroffenen gegeben. Sie soll „Hilfe zur Selbsthilfe" sein und darf keine neue Abhängigkeit schaffen. Auch als Überlebenshilfe bei Katastrophen soll sie auf dauerhafte Lösungen hin ausgerichtet sein.

6. Zusammenarbeit zwischen den Werken

Die Komplexität der Hilfsmaßnahmen, die Spezialisierung und Vielzahl der Hilfswerke machen eine Koordinierung und oft auch Zusammenarbeit notwendig. Obwohl die Werke jeweils Schwerpunkte in ihrer Arbeit beachten, gibt es Überschneidungen. Die Hilfswerke lehnen eine Aufspaltung des Menschen gemäß einer Leib- und einer Seelsorge ab, auch wenn sie aus historischen und praktischen Gründen untereinander eine Arbeitsteilung vornehmen, die allerdings nicht immer von jedem Partner gleich verstanden wird. Derselbe Partner ist häufig sowohl für pastorale als auch sozioökonomische und Überlebenshilfen in Personalunion verantwortlich. Zu den wichtigsten gemeinsamen Plattformen innerhalb der katholischen Kirche in der Bundesrepublik zählen die Zentralstelle der Bischofskommission für weltkirchliche Aufgaben und ein Katastrophenrat. Im internationalen Bereich koordiniert die Propaganda Fide in Rom die Missionsarbeit und -hilfe, darunter auch die von „Missio". „Misereor" arbeitet eng mit CIDSE (Coopération Internationale pour le Développement et la Solidarité) in Brüssel zusammen, einer Arbeitsgemeinschaft nationaler Fastenaktionen und anderer (z. Z. 14 Mitglieder, darunter auch das Fastenopfer der Schweizer Katholiken und die Österreichische Koordinierungsstelle für Internationale Entwicklungshilfe, und als permanente Beobachter „Adveniat" und Caritas Internationalis). Die Caritas koordiniert ihre Hilfen u. a. über Caritas Internationalis, einer Konföderation von z. Z. 121 nationalen Caritasverbänden. Seit 1971 dient der Päpstliche Rat „Cor Unum" im Vatikan als zentralkirchliche Stelle für alle Fragen „der Förderung der menschlichen Gesellschaft und der Entwicklung im Einklang mit den unveräußerlichen Prinzipien des Evangeliums". Er führt Vertreter der Ortskirchen mit Vertretern der Hilfswerke und einiger Kurienstellen zusammen. Über die inter- und übernationalen Koordinationsstellen bestehen auch Arbeitskontakte zu Weltkirchenrat, UNO-Organisationen, Liga und Komitee des Roten Kreuzes und anderen. Hervorzuheben ist die gute ökumenische Zusammenarbeit.

Alle kirchlichen Hilfswerke richten ihre Aktivitäten in Missions- und Entwicklungsländer und in unsere eigene Bevölkerung. Sie wollen das religiöse Grundmotiv bei den Gläubigen vertiefen und den Vorgang eines beiderseitigen Gebens und Nehmens soweit möglich erfahrbar machen. Im Dienst wechselseitiger Kommunikation vermitteln sie Einblicke in große Notlagen in der Welt, ihre Ursachen, Möglichkeiten der Hilfe und führen hin zu notwendigen Schlußfolgerungen eines jeden Betroffenen.

7. Einige Problemfelder

Durch ihre Tätigkeit nehmen alle kirchlichen Hilfswerke auch an den Sorgen und Schwierigkeiten ihrer Partner teil. So geriet „Adveniat", mehr noch der ihm nahestehende Studienkreis „Kirche und Befreiung", Ende 1977 vorübergehend in den Streit um die Orthodoxie der Befreiungstheologie. Die Gefahren, die mit unsachgemäßer Nahrungsmittelhilfe verbunden sein können, sind den Hilfswerken wohlbekannt. Die Diskussion um Erfolg oder Mißerfolg der Entwicklungshilfe, die zunehmend auch Umweltgesichtspunkte mit einbezieht, geht nicht an den Hilfswerken vorüber, obwohl diese einen anerkannt guten Rang einnehmen, weil sie sich auf ein weltweites Netz kirchlicher Partner stützen können, die ihre Hilfen unmittelbar bei den Notleidenden ansetzen und deren Eigenanstrengungen unterstützen. Wenn die Hilfswerke pflichtgemäß „den Reichen und Regierenden ... ins Gewissen reden", etwa in Fragen der Menschenrechte und der sozialen Gerechtigkeit, kann das zu einem Interessenkonflikt mit ebendiesen Mächtigen führen. Dies geschah z. B. 1983, als „Misereor" Südafrika als Informationsschwerpunkt für die damalige Fastenaktion wählte. In einigen Ländern, nicht nur kommunistisch regierten, in denen die Ortskirchen nur eingeengt oder überhaupt nicht soziale Hilfen geben dürfen, können die Möglichkeiten der kirchlichen Hilfswerke nicht voll ausgenutzt werden. Die in vielen Ländern wachsende Hoffnung auf Hilfe als Ausdruck echter Solidarität und Partnerschaft in der Pastoral, Entwicklungs- und Katastrophenhilfe, nicht zuletzt auf Unterstützung dort, wo Menschenrechte mißachtet werden, weist den kirchlichen Hilfswerken ein sehr hohes Maß an Verantwortung zu.

Literatur:
Alle kirchlichen Hilfswerke stellen Jahresberichte, Informations- und Arbeitsmaterial auf Anfrage zur Verfügung. Darüber hinaus seien genannt: Der Beitrag der katholischen Kirche in der Bundesrepublik Deutschland für Entwicklung und Frieden, eingeleitet von *Paul Becher,* in: Gemeinsame Synode der Bistümer in der Bundesrepublik Deutschland, Offizielle Gesamtausgabe I (Freiburg i. Br. ²1976); Missionarischer Dienst an der Welt, eingeleitet von *Ludwig Wiedenmann,* in: ebd.; Statuten der Päpstlichen Missionswerke, herausgegeben vom Sekretariat der Deutschen Bischofskonferenz (Bonn 1980); *K. Simons,* Der lange Weg nach Ua Puo. Unterwegs zur Weltkirche – 150 Jahre Missio (Stuttgart 1983); *W. Jansen,* Das Päpstliche Missionswerk der Kinder in Deutschland (Mönchengladbach 1970); 20 Jahre Bischöfliche Aktion Adveniat, hrsg. von Adveniat-Geschäftsstelle (Essen 1982); Die Bischöfliche Aktion Adveniat. Ein Portrait, hrsg. von Adveniat-Geschäftsstelle (Essen ²1984); Entwicklung als internationale soziale Frage, hrsg. von *H.-G. Binder* und *P. Bocklet* (Frankfurt a. M. 1980); Misereor – Zeichen der

Hoffnung (München 1976); *L. Ungar* (Hrsg.), Die Hungrigen speisen, die Traurigen trösten (Wien 1978); 1897–1972: 75 Jahre Deutscher Caritasverband, hrsg. vom Deutschen Caritasverband (Freiburg i. Br. 1972); Jahrbuch des Deutschen Caritasverbandes (Freiburg i. Br. 1907/8 ff.).

Georg Specht

Kirchlichkeit

↗ Basisgemeinden; Befreiungstheologie; Frau in der Kirche; Gemeinde; Glaubensvermittlung; Katholizismus; Kirche; Kultur und Kirche; Pluralismus, kirchlicher; Protestantismus; Sakramente; Säkularität und Säkularismus; Wertewandel

1. Personale und institutionelle Dimension

Kirchlichkeit kann (wissenssoziologisch) aus dem Blickwinkel der Person begriffen werden als jene Beziehung, welche eine Person zu dieser religiösen Institution unterhält. Sie kann aber ebenso aus der Perspektive der religiösen Institution umrissen werden als Erfüllung jener Erwartungen, welche die Institution an eine Person (an ein Mitglied) hat. Insofern Person und Gesellschaft / religiöse Institution zwar miteinander zu tun haben, aber nicht deckungsgleich sind, ist davon auszugehen, daß die von der religiösen Institution erwartete und die von der Person praktizierte Kirchlichkeit nicht von vornherein deckungsgleich sein müssen.

Das Beziehungsgefüge zwischen Person und der religiösen Institution „Kirche" wird dadurch noch facettenreicher, daß sowohl die Kirche wie auch die Person überaus komplexe Wirklichkeiten sind. Bei der Kirche lassen sich, wie bei jeder religiösen Institution, die „Bereiche" Lehre (Bibel, Konzilien, Lehramt, Verkündigung, Katechese usw.), Normen (Lebensregeln für persönliche und soziale Bereiche), religiöse Praxis (Gebet, Liturgie, Sakramente) sowie organisatorische Anteile (wie Rollenmuster, Finanzen, Verwaltung, Machtverteilung usw.) unterscheiden. Kirchlichkeit kann dann bei den einen stärker vom sozialen Engagement, bei anderen wiederum mehr von der Liturgie her geprägt werden. Bei den einen spielen Personen eine wichtige positive oder negative Rolle (ein Pastor, der Papst). Andere wiederum sind vor allem an die Lehre gebunden und durch persönliche Widerfahrnisse nicht zu erschüttern. Zudem ist anzunehmen, daß die Kirchlichkeit einer Person keineswegs allein von einer einzigen dieser Dimensionen einer religiösen Institution geprägt wird, sondern daß die Menschen auf sehr verschiedene Weise in der Kirche leben.

Das Handeln einer Person ist von sehr vielfältigen Motiven getragen. Jeder sucht nach Ansehen, nach sozialer Mächtigkeit, nach Verwurzelung seines Lebens in verläßlicher Gemeinschaft. Wir haben Angst vor dem Verlust unseres Ansehens, davor, „exkommuniziert" und damit ausgesetzt zu werden. Wir suchen nach einer Sinndeutung des Ganzen, nach der Integration unseres endlichen Lebens in einen unendlichen Nomos. Wir begehren gegen das Leiden der Endlichkeit auf. Vielfältige Motive spielen nachweislich zusammen, wenn eine Person eine Beziehung zur Kirche unterhält. Dabei steht fest, daß die religiöse Grundmotivation im Sinn der archaischen Leutereligion, welche vor allem mit der Stabilisierung des Lebens in einer heilen, bergenden, stabilen und dauerhaften „Welt Gottes" zu tun hat, eines der nachweislichen Hauptmotive für Kirchlichkeit ist.

2. Gesellschaftsabhängigkeit von Kirchlichkeit

Kirchlichkeit ist stets auch gesellschaftlich bedingt. Es lassen sich, je nach historischem Gesellschaftstyp dominante, d.h. vorhersehbare Typen unterscheiden:

a) Gesellschaften, die der Grundtendenz nach „geschlossen" sind, räumen der religiösen Institution der christlichen Kirche entweder einen zentralen oder keinen Platz ein. Kirche wird dann gesellschaftlich entweder privilegiert oder diskriminiert. Letzteres war der Fall in den heidnischen Gesellschaften, welche (aus durchaus religiösen Gründen) die christliche Kirche verfolgt haben: In ähnlicher Weise verfahren in der Gegenwart die *gegenchristlichen Gesellschaften,* welche ein „atheistisch-sozialistisches Lebenswissen" monopolisieren. Umgekehrt haben die „christentümlichen" Gesellschaften des Mittelalters den christlichen Kirchen einen zentralen Platz bei der Konstruktion und Legitimation von Lebenswirklichkeit zugewiesen. Kirchen waren da zuständig sowohl für die Weltdeutung wie auch für die alltägliche Lebenskultur, also den Umgang mit Sexualität, Macht und Besitz.

In gegenchristlichen Gesellschaften ist der dominante Typ von Kirchlichkeit jener der „Nichtbeziehung". Wer kirchlich ist, ist es „dennoch": als sozialer Abweichler unter erheblichem Einsatz von persönlichen Energien und unter gleichzeitiger Abstützung durch emotional dichte religiöse Gruppen (Gemeinden). Dies ist die pastoralsoziologische Grundlage für die Begriffe Entscheidungs- und Freiwilligenkirche.

In christentümlichen Gesellschaften ist die Lage der Kirchlichkeit umgekehrt. Sie wird in ihnen zugewiesen, gesellschaftlich kontrolliert. Zumal in den nachreformatorischen Gesellschaften war dies der Fall. Wer Bürger sein will, kann dies nur, wenn er auch zugleich Christ (in der jeweiligen konfessionellen Variante) ist. Für diese gesellschaftliche Situierung der Kirche ist im übrigen der Begriff der Volks- und Staatskirche angemessen. *Volkskirche* meint: Wer zum Volk gehören will, muß auch zur Kirche gehören. Wer begriffsgenau spricht, wird daher für unsere gegenwärtigen Gesellschaften nicht mehr von einer Volkskirche reden. Dabei wird nicht geleugnet, daß volkskirchliche Muster noch stark nachwirken. *Staatskirche* besagt darüber hinaus, daß der Staat als politische Institution der christentümlichen Gesellschaft der Kirche einen privilegierten gesellschaftlichen Standort garantiert, aber auch in die innerkirchlichen Verhältnisse hineinregiert. Es ist im übrigen bemerkenswert, daß die osteuropäischen Gesellschaften, wo immer sie staatskirchliche Verhältnisse vorfanden, diese beibehalten haben, weil sie ihnen die Kontrolle der Kirche bis in die Sakristeien hinein erlauben.

b) Die modernen Industriegesellschaften des Westens sind zumeist nicht geschlossene, sondern *offene Gesellschaften*. Kennzeichnend für sie ist eine Art weltanschaulicher Markt. Dies hat notwendigerweise zur Folge, daß Kirchlichkeit jetzt nicht mehr zugewiesen, aber auch nicht unterdrückt werden kann. Religionsfreiheit ist zumindest staatlich verbrieft. Kirchlichkeit hängt in dieser gesellschaftlichen Lage nunmehr von der Aktivität der Kirche(n) sowie von der *Entscheidung der Person* ab. Die Entscheidung der Person wird dabei allerdings lebensgeschichtlich und damit familiär mitdefiniert. Der gesellschaftlich begünstigte dominante Typ von Kirchlichkeit ist hier jener des „Auswahlchristen". Diese Kirchlichkeit ist weniger an den Erwartungen einer Kirche, sondern mehr an den unterschiedlich entwickelten religiösen Bedürfnissen der Person orientiert. Sie ist im Vergleich zur zugewiesenen und sozial garantierten Kirchlichkeit der christentümlichen Gesellschaften labil, „konversionsanfällig", kennt Annäherung und Entfernung. Gute und schlechte Einzelerfahrungen mit der Kirche tragen zu solchen Veränderungen nachhaltig bei. Der *Kirchenaustritt* ist ein sozial wahrnehmbares Phänomen solcher Veränderungen der Kirchlichkeit bei einzelnen Personen, wobei davon auszugehen ist, daß auch nach einem Kirchenaustritt Kirchlichkeit faktisch vorhanden sein kann, wie auch umgekehrt manche Kirchenzugehörigkeit faktisch ohne praktizierte Kirchlichkeit aufrechterhalten wird.

c) Das Zustandekommen der konkreten Kirchlichkeit in unseren modernen westlichen Gesellschaften wird durch den Typ konsumorientierter „materieller Kultur" verkompliziert. Die sozial verbrieften Freiheitsgrade des Bürgers (z. B. seine Kirche zu „wählen") sind nämlich keineswegs auch immer faktische Freiheitsgrade. Nachweislich wird das gesellschaftliche Leben und Zusammenleben in den Industrie-, Überfluß- und Konsumgesellschaften von der Produktion und Konsumtion von Lebensgütern bestimmt. Die Aufmerksamkeit ist auf das Leisten gerichtet, um sich viel leisten zu können. Alles, was der ungehemmten Produktion und dem Konsum von Gütern des primären und des gehobenen Bedarfs im Wege steht, wird an den Rand gedrängt. Wenn Religion noch vorkommt, dann oft nur als Vertröstung der gestreßten und belasteten Psyche. Zumeist ist Religion im wachen Bewußtsein kaum noch anwesend.

d) Eine eigentümliche Gestalt besitzt Kirchlichkeit im *Kontext sozialer Unterdrückung,* wie wir sie in den ehemaligen Kolonialländern („Dritte Welt") antreffen. Viele Kirchen in diesen Gesellschaften haben sich, in Erinnerung an biblische Gründungstraditionen, dazu entschieden, sich eindeutig auf die Seite dieser unterdrückten Massen zu stellen. Sie sind bestrebt, diese zu Subjekten der eigenen umfassenden Befreiung zu machen, wobei die religiösen

Motivationen sowohl zur Deutung der Unterdrückungs- und Leidenserfahrungen wie zur Mobilisierung befreiender Kräfte und Möglichkeiten im Volk dienen. Die Kirchlichkeit zumal der vielen unterdrückten Menschen in solchen Gesellschaften ist nicht nur von überlieferten religiösen Sehnsüchten geprägt. Da die Kirche in diesen Ländern oftmals die einzige gesellschaftliche Kraft ist, auf welche die Unterdrückten sich verlassen können und die zu ihren Gunsten gesellschaftlich tätig ist (oft unter erheblichen Nachteilen für die Kirche selbst), ist die Bindung der Leute an Religion in der Regel stark, auch weil religiöse und soziale Heilserwartungen zusammenwirken. Zunehmend viele konkretisieren ihre Kirchlichkeit durch die Zugehörigkeit zu einer überschaubaren und sozial virulenten christlichen Gemeinschaft.

Zu beachten ist auch: Viele unserer Gesellschaften sind von einer dramatischen Ungleichzeitigkeit geprägt. Jeder von uns muß stets mehrere Lebensbereiche durchwandern. Die unterschiedlichen sozialen „Schichten" (nach Bildung, Einkommen, Beruf, Rasse, Geschlecht, Alter) nehmen soziokulturell jeweils eine unterschiedliche Entwicklung. So kommt es, daß es in den Kirchen gegenwärtig Personen mit sehr unterschiedlicher Kirchlichkeit gibt, ja daß die Kirchlichkeit einer einzigen Person in unterschiedlichen sozialen Situationen sich anders darstellen und auch lebensgeschichtlich wiederholt verändern kann.

3. Möglichkeiten der Kirche

Bisher haben wir hier Kirchlichkeit lediglich als ein Moment der Beziehung von Menschen zur viel weitreichenderen Wirklichkeiten der Kirche im umfassenden gläubig-theologischen Sinn gekennzeichnet. Kirche erschöpft sich theologisch aber nicht in dem, was die Religionssoziologie als religiöse Institution bezeichnet. Vielmehr ist Kirche dort, wo Menschen gläubig einwurzeln in den auferstandenen Herrn der Kirche, Jesus von Nazaret, einen von uns, in dem Gott selbst sich eingemischt hat in die menschliche Lebens- und Todesgeschichte, um sie endgültig zu dem von ihm angestrebten Ziel zu wenden, nämlich die liebende Selbstmitteilung an jene Schöpfung, die ihren Sinn letztlich in der Heimkehr in Gott findet. Kirche kann damit dort vermutet werden, wo der Herrschaftsbereich Gottes gegeben ist. Die so verstandene „Kirche" ist nicht unbedingt deckungsgleich mit der sozial sichtbaren Kirche. Daraus folgt, daß es Menschen geben kann, die zur „allumfassenden Kirche" gehören, ohne zur sichtbaren Kirche zu zählen. Sie gehören „dem Herzen nach" zur Kirche, aber nicht „dem Leibe nach" (Augustinus). Diese Art der Kirchlichkeit stellt – anders, als manche Kritiker der Lehre Karl Rahners vom anonymen Christen behaupten – keine unerlaubte Vereinnahmung Unkirchlicher in die Kirche dar. Vielmehr ist es Ausdruck der Zuversicht von Glaubenden, daß Gott mit seiner Heilsabsicht auf vielfältigen Wegen zum Ziel kommt. Umgekehrt kann es Personen geben, die zwar „dem Leibe nach" zur Kirche gehören, faktisch aber dem Reich Gottes (noch) fern sind. Der wahre Sinn der Kirchlichkeit geht in dieser noch heillosen Situation nicht in Erfüllung. Für die Praxis der Kirche und ihre wissenschaftliche Reflexion ist die Frage wichtig, auf welche Kirchlichkeit der Christen die Kirche hinarbeiten soll. Darin ist die Frage enthalten, welche Sozialgestalt die Kirche selbst haben soll. Denn die jeweilige Sozialform der Kirche wird nachhaltig von der Kirchlichkeit der Bevölkerung mitdefiniert. So ist zweifelsfrei ein enormer Unterschied zwischen einer Volks- und einer Minderheitskirche, zwischen einer Großkirche also und einer Diasporakirche. Die Handlungsmöglichkeiten und Handlungsweisen einer Kirche werden davon nachhaltig bestimmt. Praktisch-theologisch ist die Frage so zu stellen: Welche Sozialform von Kirche braucht es heute, damit Gottes Heilshandeln sichtbar und wirksam (also ekklesial) vorangebracht werden kann? Theologisch ist die Antwort davon abhängig, wie viele Menschen Gott (nicht nur allgemein zum Heil, sondern) dazu beruft, seine Kirche heute zu bilden. Es bleibt Gottes Gnade überlassen, den Zeitpunkt der Erkenntnis und Annahme einer solchen „geistlichen Berufung" zur Kirche zu bestimmen. Daraus folgt, daß es aus glaubensbiographischen Gründen einen Kairos, eine Zeit der Gnade, gibt, der nicht in der Verfügung der Kirche liegt. Somit scheidet jede Nötigung bei der Entwicklung der Kirchlichkeit aus. Was der Kirche in ihrer Praxis einzig möglich und ihr daher auch aufgetragen ist: Sie hat mit den Menschen so zusammen zu sein, daß sie hingeraten vor das Geheimnis, welches ihr Leben immer schon ist, nämlich Gottes (Liebes-)Geschichte mit ihnen. Daraus folgt, daß wir zwar mit möglichst vielen Menschen mystagogische Arbeit (K. Rahner) zu leisten haben. Daß dabei aber offenbleiben muß, welche Kirchlichkeit in solchen pastoralen Prozessen wächst und ob die dabei entstehende Sozialform der Kirche jene einer Volkskirche oder – was weltweit offenkundig das schon längst gegebene ist – einer Minderheitskirche sein wird.

Literatur:
P. L. *Berger,* Der Zwang zur Häresie. Religion in der pluralistischen Gesellschaft (Frankfurt a. M. 1980); J. *Hanselmann – H. Hild – E. Lohse* (Hrsg.), Was wird aus der Kirche? Ergebnisse der 2. EKD-Umfrage über Kirchenmitgliedschaft (Gütersloh 1984); H. *Hild* (Hrsg.), Wie stabil ist die Kirche? Bestand und Erneuerung. Ergebnisse einer Umfrage (Gelnhausen 1974); A. *Kuphal,* Abschied von der Kirche. Traditionsabbruch in der Volkskirche (Gelnhausen 1979); T. *Luckmann,* Religion in moderner Gesellschaft, in: Religion im Umbruch. Soziologische Beiträge zur Situation von Religion und Kirche in der gegenwärtigen Gesellschaft, hrsg. von J. Wößner (Stuttgart 1972) 3–15; J. *Matthes* (Hrsg.), Erneuerung der Kirche. Stabilität als Chance? Folgerungen aus einer Umfrage (Gelnhausen 1975); N. *Mette,* Kirchlich distanzierte Christlichkeit. Eine Herausforderung für die praktische Kirchentheorie (München 1982); ders., „Volkskirche" – Zeichen von Zerfall oder Aufbruch?, in: Volkskirche – Gemeindekirche – Parakirche = Theologische Berichte X (Zürich – Einsiedeln – Köln 1981) 11–45; Religion ohne Kirche? hrsg. vom ZK der deutschen Katholiken (Mainz 1977); G. *Schmidtchen,*

Zwischen Kirche und Gesellschaft (Freiburg i. Br. 1973); *P. M. Zulehner,* Religion nach Wahl. Grundlegung einer Auswahlchristenpastoral (Wien 1974); *ders.,* Leutereligion (Wien 1982).

Paul M. Zulehner

Konsumgesellschaft

↗ Askese; Umweltethik; Wertewandel; Wirtschaftssysteme

1. Differenzierte Wirklichkeit

Das Stichwort „Konsumgesellschaft" ist zu einem Reizwort geworden. Für die einen ist sie ein ständiger Anreiz nach gesteigerter Leistung, um am reichen Angebot dieser Gesellschaft voll teilzunehmen. Für die anderen wird sie zum Inbegriff und zur Hauptursache des gesellschaftlichen Verfalls und zur Suche nach einer neuen Lebensqualität und einer alternativen Kultur.
Es muß zugegeben werden, daß der Traum von einer für alle gesicherten Konsumgesellschaft die große Hoffnung am Beginn der industriellen Revolution war. Bernard Mandeville verspottete in seiner „Fabel von den Bienen" schon 1723 die angeblich so glückliche und genügsame vorindustrielle Gesellschaft: Mit Tugend bloß kommt man nicht weit. Wer wünscht, daß eine goldne Zeit zurückkehrt, sollte nicht vergessen: man mußte damals Eicheln essen.
Karl Marx spricht ebenfalls davon, daß dann, wenn die Gesellschaft „die allgemeine Produktion vermittelt", es möglich sein wird, heute dies, morgen jenes zu tun, morgens zu jagen, nachmittags zu fischen, abends Viehzucht zu treiben, auch das Essen zu kritisieren, ohne je Jäger, Fischer oder Hirt oder Kritiker zu werden, sondern wie ich gerade Lust habe.
Die konkrete Wirklichkeit der Konsumgesellschaft ist freilich komplexer und problemreicher, als frühere Ideologen sie wahrhaben wollten. Sie kann in ihrer Differenziertheit vor allem in kein Schwarz-Weiß-Schema gepreßt werden.
Es besteht kein Zweifel darüber, daß es der Menschheit mit Hilfe der industriellen Produktion zum erstenmal in ihrer Geschichte gelungen ist, den erweiterten Konsum nicht nur einer privilegierten Minderheit, sondern einer breiten Masse zugänglich zu machen. Der Massenwohlstand gehört zu den großen Errungenschaften der Industriegesellschaft. Das vor allem dann, wenn man zur unmittelbaren Kaufkraft noch die sozialen Rechte und Sicherheiten hinzuzählt, die dem Bürger gewährleistet sind.
Diese Konsumgesellschaft ist freilich weder in den Industrieländern und noch viel weniger in den Entwicklungsländern eine umfassende Wirklichkeit. Man spricht in den entwickelten Ländern immer offener von den Formen der neuen Armut und von der Gefahr einer „Zweidrittel-Gesellschaft", d. h. einer Gesellschaft, in der ein Drittel der Menschen nur sehr begrenzt an den wirt-

schaftlichen, sozialen und kulturellen Errungenschaften teilnehmen kann. Dabei ist diese Gruppe keineswegs mehr als eine kompakte soziale Klasse anzusehen, sondern als ein mobiles soziales Gebilde, das verschiedene Randschichten enthält.

Noch problematischer wird der Begriff Konsumgesellschaft, wenn er auf die Entwicklungsländer angewendet wird. Dieser Hinweis erscheint aus einem zweifachen Grund als notwendig. War im Jahr 1970 der Anteil der Entwicklungsländer an der Weltbevölkerung ca. 70%, so wird er nach den Aussagen der Bevölkerungsexperten im Jahr 2000 auf über 80% anwachsen. Der überwiegende Teil der Menschheit wird also in Entwicklungsländern leben. Diese Feststellung allein genügt nicht. Diese Bevölkerungsverteilung wird zunehmend die Situation der Industrieländer und damit der Konsumgesellschaften beeinflussen, und zwar politisch wie wirtschaftlich.

2. Psychologische Aspekte

Die empirische Sozialforschung beschäftigt sich zunehmend mit den Auswirkungen der Konsumgesellschaft. Hier sind die Aussagen und Interpretationen geteilt. Die einen sprechen von der Macht der „geheimen Verführer", die den Konsumenten nicht nur ihre Produkte, sondern auch ihre Denk- und Verhaltensweisen aufzwingen. Andere sprechen von der wachsenden Souveränität des Konsumenten, der den Überredungsmechanismen der Konsumgesellschaft immer kritischer gegenübertritt und eine alternative Lebensweise sucht.

Zweifellos wird sich für beide Positionen das nötige Beweismaterial finden lassen. Aber beide Positionen kommen letztlich darin überein, daß die Konsumgesellschaft einen entscheidenden psychischen Einfluß auf den Durchschnittsmenschen ausübt, dem man sich entweder unterordnet oder bewußt widersteht. Dieser Einfluß äußert sich keineswegs bloß im äußeren Verhalten, sondern wirkt in die seelische Struktur der Menschen hinein. Erscheinungen, wie Süchtigkeit, Steigerungsbedarf und Überdruß, sind keineswegs mehr Seltenheitsfälle der Konsumgesellschaft. Sie finden sich in den verschiedenen Lebensaltern und führen im Fall der Drogen bis zur Selbstzerstörung der Persönlichkeit.

Ein sozialpsychologischer Gesichtspunkt soll nicht unerwähnt bleiben. Soziologische Untersuchungen haben aufzuzeigen versucht, daß in einer Gesellschaft, die nicht mehr die ständischen Privilegien kennt, sondern unter dem Gesetz der Massendemokratie angetreten ist, die bewußte Suche nach einem gesellschaftlichen Standort und der gesellschaftlichen Anerkennung eine große Rolle spielt. Natürlich gibt es dafür verschiedene Kriterien und Zugänge. Einer geht über den „demonstrativen Konsum", d. h. die Möglichkeit, durch ein auffallendes Konsumverhalten sich einen gesellschaftlichen Standort zu sichern.

3. Ökonomisch-soziologische Aspekte

Die Konsumgesellschaft und der sie letztlich kennzeichnende Massenkonsum erhalten eine besondere Legitimation durch ihre Beziehung zum wirtschaftlichen Prozeß. Aussagen, wie „Mut zum Konsum", „Ankurbelung des Inlandverbrauchs", „Steigerung der Nachfrage", deuten darauf hin, daß diese Faktoren als eine wesentliche Voraussetzung für die Auslastung der Produktionskapazität, für das Wirtschaftswachstum und die Sicherung der Vollbeschäftigung angesehen werden. Eine wirtschaftliche Rezession wird nicht selten auch auf ein Fehlverhalten der Konsumenten zurückgeführt. Erhält dieser Zusammenhang bereits in der bisherigen Gestaltung des wirtschaftlichen Prozesses seine Bedeutung, so wird er mit der Einführung der neuen Technologien von besonderer Aktualität. Die wissenschaftlich-technologischen Innovationen mit den daraus folgenden Rationalisierungssprüngen werden die Märkte nicht nur mit einer größeren Gütermenge auffüllen, sondern ganz neue Produkte auf den Markt bringen, für die erst der Bedarf geweckt werden muß. Auf alle Fälle wird es, wirtschaftlich gesehen, darauf ankommen, daß diese Güter und Dienstleistungen ihre Abnehmer finden. Selbstverständlich wird die neue Technologie auch eine Reihe anderer Auswirkungen haben, aber sie wird ebenfalls zu tiefgreifenden Veränderungen alles dessen führen, was man mit dem Stichwort Konsumgesellschaft bezeichnet.

Aber auch hier darf eine kritische Stimme nicht unerwähnt bleiben. Es war nicht erst der „Club of Rome", der auf die Grenzen des Wachstums hingewiesen hat. Die Begrenztheit der Natur und ihrer Ressourcen, die Schädigung des Lebens und der Lebenswelt gehören heute zu den großen Herausforderungen der Menschheit. Das betrifft keineswegs bloß die sehr greifbaren Wirklichkeiten wie Umweltverschmutzung, sondern auch den „sozialen Mangel", d. h. das Auseinanderklaffen von gesteigertem individuellem Konsum und den zum Teil unterentwickelten und sogar konsumfeindlichen sozialen Kontext. Es wird zwar manchmal behauptet, daß es sich hier nur um Übergangsschwierigkeiten handle, die in Zukunft bewältigt werden können. Viele aber teilen diesen Optimismus nicht, weil er auf zu vielen Unbekannten aufbaut und vor allem weil sie gegen die technische Steuerung des Lebens grundsätzliche Bedenken haben.

4. Kulturelle Aspekte

Der Begriff Konsumgesellschaft ist in Gefahr, einseitig wirtschaftlich und soziologisch betrachtet zu werden. Das ist verständlich, erschöpft aber nicht die ganze Wirklichkeit. Die moderne Industriegesellschaft enthält auch eine kulturelle Dimension, wie unscharf und vieldeutig diese Aussage auch sein mag. Die Konsumgesellschaft bietet nicht nur eine Fülle materieller Güter, sondern hat auch den Zugang zu einer Unmenge kultureller Güter erschlossen.

Ganz abgesehen von der allgemeinen Schulbildung, eröffnet sie den Menschen durch die modernen Massenmedien die Möglichkeit zur ständigen Weiterbildung. Die wachsende Freizeit wird diese Möglichkeiten noch wesentlich vermehren, und die Öffnung zu den Kulturschätzen der Welt wird diese geistigen Erfahrungen noch bereichern. Diese Begegnungen können durchaus imstande sein, den angeblichen Sog der materiellen Interessiertheit zu differenzieren und gegenläufige Prozesse im Einzelmenschen, aber auch in der Gesamtgesellschaft auszulösen.

Daß auch hier kritische Stimmen sich melden, darf nicht verwundern. Geistig-kulturelle Begegnung setzt im Menschen psychische Dispositionen und aktive Beteiligung voraus. Fallen diese, auf weite Sicht gesehen, aus, besteht die Gefahr des passiven Konsums und des Absinkens des geistig-kulturellen Anspruches. Dazu kommt die Möglichkeit der bewußten Manipulation und der Herrschaft der Monopole über die öffentliche Meinung. Daß dies in der modernen Konsumgesellschaft nicht eine bloße Möglichkeit, sondern alltägliche Wirklichkeit ist, wird sich unschwer empirisch belegen lassen.

5. Sittlich-religiöse Aspekte

Daß die Konsumgesellschaft eine Reihe sittlich-religiöser Aspekte aufweist, läßt sich von vornherein vermuten. Es sei nur auf einige wenige hingewiesen. Einer betrifft zweifellos das persönliche sittliche Verhalten. Die Anfechtungen und Herausforderungen einer durch Wohlstand und Überfluß gekennzeichneten Gesellschaft sind im Durchschnittsfall wahrscheinlich größer und intensiver als die einer Gesellschaft der „zukommenden Nahrung".

Dazu kommt, daß in einer Konsumgesellschaft das, was man als „soziale Bestätigung" bezeichnet, in anderer Richtung wirksam wird als in der vorindustriellen bäuerlich-handwerklichen Gesellschaft. Dort war ein bestimmtes sittliches Verhalten durch gesellschaftliche Normen, Brauchtum und Kontrollen vorgezeichnet und erhielt dadurch eine soziale Bestätigung. In einer offenen Konsumgesellschaft fällt diese Bestätigung weithin aus. Daher ist der einzelne viel stärker in seinem persönlichen sittlichen Verhalten herausgefordert und muß unter Umständen mit einer negativen sozialen Bestätigung rechnen.

Ein weiterer Aspekt betrifft das sittliche Sozialverhalten. Eine Gesellschaft, die in Freiheit und nicht unter staatlicher Bevormundung leben will, kommt um ein bestimmtes Maß an gesellschaftlicher Moral und zwischenmenschlicher Solidarität nicht herum. Es wäre einseitig und entspräche nicht dem empirischen Befund, wenn behauptet würde, daß die moderne Konsumgesellschaft nicht mehr über solche Werte verfügt. Aber es wäre ebenso einseitig, wollte man übersehen, daß die Konsumgesellschaft ein massiver „Moralverzehrer" ist. Diese Werte lassen sich nicht obrigkeitlich verordnen. Sie müssen immer neu aus den verantwortlichen gesellschaftlichen Kräften regeneriert werden.

Ein letzter Aspekt betrifft das religiöse Verhalten. Im Alten Testament steht ein eindrucksvolles Wort: „Herr, gib mir nicht zu wenig, daß ich deiner nicht fluche, aber gib mir auch nicht zu viel, daß ich deiner nicht vergesse." Die Auseinandersetzung mit dem „Materialismus" in seinen verschiedensten theoretischen und praktischen Formen gehört zu den markantesten Bemühungen aller Religionen, insbesondere aber des Christentums. Zahlreiche Untersuchungen über die Säkularisierung beschäftigten sich immer wieder mit der Frage der Beziehung zwischen Kirche und Konsumgesellschaft. Das Zweite Vatikanum hat sich eingehend mit dieser Frage beschäftigt und zwei Aufgaben formuliert: Die eine betrifft die Notwendigkeit einer theologischen Interpretation der neuen irdischen Wirklichkeiten mit ihrer Dichte und ihrer relativen Eigengesetzlichkeit. Die andere besteht in der Formung von mündigen Christen, die sowohl in ihrem persönlichen Verhalten als auch im gesellschaftlichen Handeln den Herausforderungen der modernen Konsumgesellschaft gewachsen sind. Beide Aufgaben sind gleich wichtig und gleich dringlich.

Literatur:
Handbuch der Pastoraltheologie, Bd. II/2 (Freiburg i. Br. 1966); *F. Hirsch,* Social limits to growth (London 1977); *P. Meyer-Dohm,* Sozialökonomische Aspekte der Konsumfreiheit (Freiburg i. Br. 1965); *H. Pestalozzi,* Nach uns die Zukunft (Köln 1981); *K. Rahner,* Zur Theologie der Entsagung, in: Schriften zur Theologie III (Einsiedeln ⁶1964); *D. Riesman,* Die einsame Masse (Hamburg 1958); *A. Schaff,* That are we heading for? (Wien 1985); *A. Toffler,* Previews and Premises (New York 1983); *Th. Veblen,* Theorie der feinen Leute (Köln o.J.).

Johannes Schasching

Kultur und Kirche

↗ Agnostizismus; Arbeitswelt und Kirche; Inkulturation; Katholizismus; Kirche; Kunst und Kirche; Laien; Literatur und Religion; Neue Medien

1. Kulturbegriff

Dem alten, mit den Begriffen „Geist", „Kunst", „Bildung" fest verkoppelten Kulturbegriff tritt in unserem Jahrhundert ein ‚erweiterter' entgegen, der das „von Menschen zu bestimmten Zeiten in abgegrenzten Regionen in Auseinandersetzung mit der Umwelt Hervorgebrachte, also Sprache, Religion, Ethik, Institutionen, Verhalten, Recht, Technik, Wissenschaften, Lebensformen", einbezieht und als Varianten allgemeinen Menschseins in das Superfach Anthropologie einbringt. Dieser aus der Ethnologie stammende Kulturbegriff ist heute auch deshalb so verbreitet und beliebt, weil er nicht ‚elitär' ist und heutige Kulturformen (Subkulturen, Pop, Trivialliteratur,

Stadtviertelkultur, Kinderkreativität, Hobbies) unter seinem breiten Dach unterbringt.
In der Pastoralkonstitution über die Kirche in der Welt von heute hat das Zweite Vatikanische Konzil ebenfalls einen anthropologisch weiten Kulturbegriff: „Unter Kultur im allgemeinen versteht man alles, wodurch der Mensch seine vielfältigen geistigen und körperlichen Anlagen ausbildet und entfaltet; wodurch er sich die ganze Welt in Erkenntnis und Arbeit zu unterwerfen sucht; wodurch er das gesellschaftliche Leben in der Familie und in der ganzen bürgerlichen Gesellschaft im moralischen und institutionellen Fortschritt menschlicher gestaltet; wodurch er endlich seine großen geistigen Erfahrungen und Strebungen im Laufe der Zeit in seinen Werken vergegenständlicht, mitteilt und ihnen Dauer verleiht – zum Segen vieler, ja der ganzen Menschheit." Neben der gesellschaftlichen Seite wird hier auch die geschichtliche betont und ein Akzent auf das geschichtliche Erbe gelegt. Und es kann keine Frage sein, daß die Kirche selber gut daran tut, ihre überwältigenden kulturellen Leistungen im überkommenen Sinn von großer Schöpfung oder bleibender Erfahrung nach vorne zu rücken. Sie kann nie ohne ihre Geschichte gesehen werden, und in den erhaltenen großen Werken der Künste ist dieses kulturelle Erbe ja gegenwärtig. Die Ausstrahlung, die davon ausgeht, hat immer in einem ganz besonderen Sinne das Anziehende gerade des Katholizismus ausgemacht, und es ist deshalb naheliegend, daß die folgende Darstellung des Verhältnisses von Kirche und Kultur den historischen Aspekt in den Vordergrund rückt.

2. Christentum und „Welt"

„Kultur" wird im Evangelium nicht zur Sprache gebracht. Sie ist als Begriff auch der hellenistisch-römischen und erst recht der jüdischen Umwelt nicht geläufig. Der Sache nach fällt sie unter das, was als „Welt" dem Reich Gottes entgegengestellt wird. Keine „Kulturträger" treten in den Evangelien auf, die jüdische, den Hellenismus abwehrende Zivilisation hat da wenig zu bieten, der Tempel ist kein Kunstdenkmal. „Salomo in all seiner Pracht" ist Inbegriff des weltlichen Luxus, den das Gottesgeschöpf Lilie auf dem Felde überbietet.
So auch die frühen Jahrhunderte des Christentums. Die spätantike Kultur ringsum gilt als Ablenkung oder Blendwerk. Erst ganz allmählich wagen sich Bildzeichen vor, erst nur bekennend gemeint, und erst mit dem Sieg vollzieht sich, jüdische Überlieferungen sprengend und alle Bildverbote außer Kraft setzend, die Symbiose, die Verchristlichung der antiken Kultur und die Einfügung antiker Lebens- und Bildungselemente in das Christentum.
Um den Schwierigkeitsgrad und die Tragweite dieser Verschmelzung zu würdigen, muß man sich erinnern, daß den Gebildeten der Spätantike die uns vertrauten Sätze der Botschaft Jesu in ihrer Direktheit rauh in den Ohren klangen, als Fischeridiom, also als Unterklassensprache. Die Herausbildung

eines neuen Figurenkanons, einer neuen Erzählwelt (Mythologie) folgte antiken Vorbildern, löste sie ab oder wurde ihnen übergestülpt. Manches ließ sich leicht verknüpfen, wie das Gleichnis vom guten Hirten (das eben darum so eingängig war). Anderes, wie der gekreuzigte Erlöser, der „den Heiden eine Torheit" war, verstieß gegen die überlieferte Bilderwelt und mußte sich den Eintritt erst erzwingen.
Das Christentum trat zunächst rigoristisch auf, Tempel wurden zerstört, Bildsäulen umgestürzt, die Machtlosigkeit der alten Götter war zu demonstrieren. Dann bildete sich im kulturellen Bereich ein System der Koexistenz heraus, dessen ‚heidnische' Komponente das Bildungssystem der ‚sieben freien Künste' war. Mit seiner Hilfe drangen die Götter wieder ein und erwarben wenigstens poetisch-künstlerische Existenz. Antike Autoren wurden von christlichen Mönchen abgeschrieben, vervielfältigt und an die kommenden Generationen weitergereicht.

3. Identifikation von Kirche und Kultur

Es bildete sich seit dem 4. Jahrhundert in Kirchenbau, Ausstattung, Gerätschaften, Gewändern, in liturgischem Gesang und zugehöriger Instrumentalmusik, in Predigt und Dichtung, in Theologie und Philosophie ein neuer Kulturkosmos, der auf seine Weise so dominierte, wie wir es, zu anderen Kulturwelten, der islamischen oder hinduistischen, hinüberblickend, als plausibel akzeptieren: Religion als *die* kulturelle Prägekraft. Weltliche Kultur existiert viele Jahrhunderte hindurch, bis etwa ins 12. Jahrhundert, nur als Subkultur, nicht anerkannt, nicht der Überlieferung für wert befunden und für uns deshalb nur in Spurenelementen greifbar.
Entscheidend war die Zusammenbindung geistlicher und weltlicher Macht. Zwar bildete sich keine Theokratie aus, und weltliche Macht rang erbittert mit geistlicher Macht um Vorrang und Kompetenzen, aber die christliche Religion, das katholische Bekenntnis war der vorgegebene Raum, in dem diese Streitigkeiten ausgetragen wurden. Es war eine keineswegs logische, aber diesem Sachverhalt Rechnung tragende Entwicklung, daß dort, wo die Oberhoheit des Papsttums abgeschüttelt wurde, die weltlichen Herrscher diese Oberhoheit übernahmen, sowohl in den protestantischen Ländern wie in der Orthodoxie.
Es trifft diesen Sachverhalt, wenn von einer Einheit europäischer oder abendländischer Kultur gesprochen wird – wobei „abendländisch" sich sowohl vom oströmischen Reich wie von der östlichen Kirche (oder den östlichen Kirchen) absetzt. Dieser Kultur gehören unbezweifelbar die bedeutendsten Schöpfungen Europas an. Man kann dieser Überlieferung als Aufgeklärter absagen, aber es gibt für den Europäer und die europäisch geprägte Zivilisation des Westens keine andere kulturelle Identifikationsmöglichkeit, es sei denn eben die der westlichen Liberalität, die unter dem Kennwort „Pluralismus" synkretistisch das jeweils Passende zusammenstellt.

Man würde diesen Kulturkosmos falsch deuten, wenn man seine christliche Prägung zu individuell verstünde, so als ob die in seinem Bereich geschaffene Kultur jeweils durch Frömmigkeit oder Bekenntnis des Künstlers bestimmt und inspiriert gewesen sei. Größte Weltlichkeit konnte unterm schützenden Dach der Christenheit ihren Platz finden, bekanntlich sogar am Hof der Päpste. Erst der Vergleich mit dem heutigen Islam macht deutlich, was Prägung auch dann bedeutet, wenn das Verhältnis zur Religion nur oberflächlich ist, ein Sich-Fügen in Bräuche oder eine alte Anhänglichkeit.

4. Kirche und säkularisierte Welt

Unsere Zeit, die „Neuzeit", hat zuerst eine langsame Loslösung von der Kirche (und danach – von den Kirchen) vollzogen, dann sich in radikalem Bruch von ihr abgewandt. Die Aufklärung empfahl Religion für das Volk; wer an Kunst und Wissenschaft keinen Anteil habe, befand und befahl das berühmte Schillersche Distichon, „der habe Religion". Das 19. Jahrhundert wollte auch davon nichts mehr wissen, auch die Massen waren der Aufklärung und einer neuen Erlösung fähig. Die Kirche zog sich den Ruf der Kulturfeindlichkeit zu, der Kampf gegen die katholische Kirche konnte sich selbst als „Kulturkampf", nämlich als Kampf für die Kultur gegen Obskurantismus und vaterlandslose Papisten, ausgeben.

Daß sich die Kirche den kulturellen wie den sozialen Primat abringen ließ, hat zu ihrer schlimmsten Schwächung geführt: zum Verlust der beiden neuen Schichten der Arbeiter und der Intellektuellen, der zahlreichsten Klasse und der tonangebenden Kaste. Vieles im 19. Jahrhundert Entstandene trägt das Zeichen dieser Schwäche: der Kirchenbau, der sich matt an alte Vorbilder anlehnte, die nazarenische Malerei, die – selbst ehrenwert – zu den süßlichen Devotionalien der industriellen Ära überleitete, zuletzt die sogenannte Beuroner Schule, die streng und schlicht sein wollte, aber nur steif und langweilig ausfiel.

Auf der anderen Seite zeigen Gegenstöße, wie schnell Boden gewonnen werden kann, sobald eine überlegene geistige Konzeption das konventionelle Kirchenwesen wieder durchdringt. Hier sind zwei Bewegungen zu nennen, die in ihrer produktiven Kraft und ihrem Ideenreichtum keineswegs schon ausgeschöpft sind: die Romantik, vor allem in ihrer ersten, großartigsten Entfaltung um 1800, und die religiöse Erneuerungsbewegung, die schon vor dem Ersten Weltkrieg anhob, in den zwanziger Jahren erstarkte und noch die Zeit nach dem Zweiten Weltkrieg mitbestimmte. In beiden Fällen handelte es sich nicht etwa um Aufstände des Irrationalismus gegen Aufklärung und positive Wissenschaft, sondern um das Vorwärtsdrängen jenes Geistes, den die Kirche als den Heiligen Geist versteht und von dem sie ihr Leben erhoffen darf.

5. Die Kirche und die Kultur heute

Es besteht häufig die Neigung, das Verhältnis von Kirche und Kultur vor allem *innerhalb* des kirchlichen Raumes zu definieren. Da tritt die Kirche als Auftraggeberin auf wie in den großen alten Zeiten: in Kirchenbau und Kirchenausstattung, in Bibelübersetzung oder Liturgiereform, in der Neuschöpfung von Meßgewändern und Kelchen, in der festlichen Gestaltung von Kirchentagen. Sie führt ihr Eigenleben, durchaus stattlich, dazu reicht die Zahl der Gläubigen, der Kirchgänger und Kirchenzeitungleser aus. Es wäre übertrieben, von Gettoisierung der Kirche zu sprechen, solange dieser kirchliche Raum so geräumig und lebensfreundlich ist, auch so ansehnlich und sich in vielerlei heilsamen Aktivitäten entfaltend wie heute.

Trotzdem ist der Rückzug der Kirche aus der Öffentlichkeit erstaunlich, und am meisten auffallend in dem Bereich, der alles das umfaßt, was nicht im strikten Sinn Berufsleben, Wirtschaft, Technik heißt, weitgehend zum Beispiel die Freizeitaktivitäten.

Es liegt schlechterdings außerhalb des Bereichs des Vorstellbaren, daß die Kirche hier ihre frühere Leitfunktion zurückgewinnt. Wohl aber ist es ihr – niemals zugunsten einer ihr verbleibenden Gemeinde verzichtbarer – Auftrag, in diese Kultur hinein als Sauerteig, als Ferment, zu wirken. Ihr Anteil an der Kultur – auch ihr historisch verbürgter – darf sich nicht auf periphere Berührungen beschränken. Auch reicht es unter gar keinen Umständen aus, wenn die Kirche zu den herrschenden Trends ihr Wörtlein sagt oder wenn sie sich aufdiktieren läßt, wo ihr Engagement zu liegen habe. Sie ist nicht von dieser Welt, und sie muß *ihr* Licht in die Finsternis leuchten lassen. Dem Erhellungsanspruch der Aufklärung („les lumières") muß sie ihren Erleuchtungsauftrag entgegensetzen.

Kultur ist in diesem Sinne durchaus umfassend, im heutigen anthropologischen Sinne, zu verstehen. Es ergibt sich daraus, daß das Subjekt „Kirche" nicht zu eng und einseitig als geistlich verstanden werden darf. Nirgendwo tritt die Bedeutung der Laien, des Volkes oder wie immer man die Breite der Katholizität benennen mag, so wie hier in Erscheinung. Hier ist ein dauernder Säkularisierungsprozeß im Gang, dem gebildete und produktiv im Kulturbereich tätige Christen nicht nur widerstehen, den sie vielmehr in ihrem Sinne umkehren müssen. Die Antwort darauf, wie man das macht, ist von bedeutenden Persönlichkeiten gegeben worden, die einfach anfingen, wie Karl Muth, der 1903 das „Hochland" gründete, oder wie Romano Guardini, der 1918 mit der Schrift „Vom Geist der Liturgie" die liturgische Bewegung ins Leben rief, oder wie Teilhard de Chardin, der 1955 mit seinem Hauptwerk „Der Mensch im Kosmos" eine neue Synthese von Geist- und Naturwissenschaft wagte.

Die Kirche als Institution kann solcher Kulturarbeit die Wege ebnen, kann das Zukunftsträchtige vom nur Zeitgemäßen trennen und ihm – im wörtlichen Sinne – ihren Segen geben.

Literatur:
Pastoralkonstitution über die Kirche in der Welt von heute, in: Lexikon für Theologie und Kirche. Das Zweite Vatikanische Konzil, Bd. III (Freiburg i. Br. 1968); *H. Brockmöller,* Industriekultur und Religion (Frankfurt a. M. 1964); *Th. Haekker,* Christentum und Kultur (München 1927); *N. Elias,* Der Prozeß der Zivilisation, 2 Bde. (Basel 1937); *Ch. Dawson,* Religion und Kultur (Düsseldorf 1951); *A. Paus* (Hrsg.), Kultur als christlicher Auftrag heute (Kevelaer – Wien – Köln 1981); *H. Rahner,* Der spielende Mensch (Einsiedeln 1952); *F. Schupp,* Glaube – Kultur – Symbol (Düsseldorf 1974); *P. Tillich,* Die religiöse Substanz der Kultur, in: Ges. Werke IX (Stuttgart 1967).

Werner Ross

Kunst und Kirche

↗ Kultur und Kirche; Literatur und Religion; Säkularität und Säkularismus

1. Die Situation

Die Katastrophe des Zweiten Weltkriegs machte weithin den Versuch einer stärkeren Synthese zwischen den jeweiligen Traditionen und einer technologisch orientierten Gegenwart nötig. Nach dem Zusammenbruch des Nationalsozialismus 1945 hat auch die Kirche in Deutschland in kaum vorstellbaren Kraftanstrengungen versucht, z. B. durch die modernen Kirchenbauten den Zwiespalt zwischen ihren überkommenen Formvorstellungen und der Kunst der Gegenwart zu überbrücken. Trotz beachtlicher architektonischer Leistungen werden Zweifel am Wert des Erreichten laut, und niemand wird heute noch mit dem Zweiten Vatikanischen Konzil die Kirche als „Freundin der schönen Künste" bezeichnen, zumal wenn man in den Bereich der Kunst Literatur, Theater, Film, Malerei etc. mit einschließt. Nicht nur, weil für diesen Bereich von der kirchlichen Bürokratie im Sinne von Auftrag und Förderung zuwenig getan wird oder weil hier ein Gebrauchs- und Zweckdenken minderer künstlerischer Bedeutung vorherrschen würde, sondern auch, weil der Begriff einer „schönen Kunst" schon damals problematisch war. Die Unsicherheit in der Bewertung künstlerischen Schaffens hat nicht nur die Kirche befallen, sondern prägt als Krise des ästhetischen Bewußtseins die gesamte moderne Gesellschaft. Das problematisch gewordene Verhältnis von Kirche und Kunst weist als Symptom auf tiefere Erschütterungen hin. Grundlegende Meinungsverschiedenheiten beziehen sich nicht nur auf den Kunstbegriff, der seinen allgemein verbindlichen Charakter verloren hat und ins Personale und Private relativiert wurde. Sie betreffen die Wahrheitsfrage, die unterschiedlichen Auffassungen des Bibelbildes und der Exegese und die Unsicherheit des Kirchenbegriffes. Kirche ist von alters her nicht nur „kunstpolitisch" tätige „Behörde", sondern – wie sich Wolfram von den Steinen ausdrückte – „Herzschlag des Kosmos".

2. Perspektiven der Krise

a) *Spaltung des ästhetischen Bewußtseins:* Im kirchlichen Bewußtsein werden bereits durch den Sprachgebrauch unterschiedlicher Begriffe Risse deutlich, die sich an zwei verschiedenen Begriffen von Kunst in der Kirche aufzeigen lassen, die die offiziellen kirchlichen Äußerungen prägen. Ein Teil geht von der Voraussetzung aus, daß Kunst gleich Symbolik ist und daß das religiöse Kunstwerk nach Form und Inhalt eine verbindliche Repräsentation des Glaubens sein solle. Damit wäre Kunst Gestalt gewordene Dogmatik oder eben, wie sie es nach der alten Tradition war, Symbolik. Davon geht auch das Zweite Vatikanische Konzil aus, wenn es von „sakraler Kunst" spricht und ein „Schiedsrichteramt" über die Werke der Künstler in Anspruch nimmt (Konstitution über die heilige Liturgie, 7. Kapitel).

Andere kirchliche Äußerungen sehen die Kunst nicht mehr als Form der Wahrheitsaussage an, sondern erkennen in ihr eine Äußerung des Gemüts und fassen sie als emotionale Hilfe für das religiöse Leben auf. Damit wird die Kunst zum „autonomen" Bereich neben der „Wissenschaft" und „Moral". In dieser Weise hat auch die Münchner Rede von Johannes Paul II. die Kunst als „autonom" bezeichnet. In anderen Verlautbarungen wird die Kunst der „Pastoral" zugeordnet. Im neuen Kirchenrecht finden wir keine Vorschriften für die künstlerischen Arbeiten im Raum der Kirche mehr. Den Pfarrklerus und die entscheidungsberechtigten Gremien in den Gemeinden, aber auch die Künstler stellt diese Situation vor große Probleme.

b) *Zwei verschiedene Konzeptionen des Kirchenbaus:* Die hier beschriebene Spaltung des ästhetischen Bewußtseins läßt sich wiederum exemplarisch am Kirchenbau aufzeigen. Im Kirchenbau definiert die Kirche sich selbst, monumentalisiert ihr Wesen und macht es anschaubar. Die Kirchenbaubewegung gehört zu den bemerkenswertesten Vorgängen auf dem Gebiet der Kunst unserer Zeit, trotzdem bleiben Fragen um das Wesen dieser einst „Sakralarchitektur" genannten Bauwerke. Die Problematik wird dort am stärksten wahrnehmbar, wo man, etwa bei der Restauration alter Kirchen der Romanik, Gotik oder auch des Barock, die Bestrebungen der modernen Liturgie mit den alten religiösen Formen zusammentrafen. Hier zeigt es sich, daß die Kirche ein zweifaches Konzept von sich selbst zum Austrag bringen mußte. Moderne Entwürfe versuchen den Forderungen der Pastoral zu entsprechen: die Gemeinde selbst oder die Gemeinschaft der Gläubigen wird also zum Prinzip des Bauens. Das andere Konzept einer Tradition der Sakramentalarchitektur ist die Kirche, deren Bau aus einer Vorhalle, einem Langhaus, einem Querhaus und einem Chor besteht. Die innere Einheit von Bibel und Symbolik, von Bau und Bild zeigt eine alte religiöse Struktur, die in ihrer Grundgestalt mit dem Tempel in Jerusalem verwandt ist. Unter scheinbar praktisch-pastoralen Vorzeichen wurden im Zuge von Restaurationen häufig die alten „Sakralelemente", deren angeblich mythologischer Hintergrund nicht mehr zumutbar schien, aus dem Kirchenbau eliminiert und die neuen Kirchen zu Gesellschaftsbauten, zu bloßen Versammlungsräumen umfunktioniert.

3. Die Ästhetisierung von Religion und Kunst

In der innerkirchlichen Diskussion um die Kunst und im Kunstschaffen selbst ist eine Ästhetisierung des Bewußtseins festzustellen, die tiefgreifende Folgen hat. Zu ihrer Vorgeschichte gehört die Restauration, also jene kirchliche Bewegung, die sich bemühte, der Säkularisierung Widerstand zu leisten. Unter dem Eindruck einer gewaltigen Tradition auf dem Gebiet der Kunst erhob man gegen Aufklärung und Revolution den gotischen Stil zur Norm. Später propagierte die „Liturgische Bewegung" das „Sakrale" und das „Kultbild", definierte es aber ebenfalls zu einem Teil als „Stil". Ob romanisch-historisierend oder kubistisch-akademisch, die Art dieser entwurzelten Artefakte konnte auf Dauer nicht verborgen bleiben. Und fast dieselben, die jahrelang das „Sakrale" durchsetzten, begannen mit einemmal die „Entsakrilisierung" zu propagieren, die ebenso wie zuvor der forcierte Einsatz für das Sakrale oft der Rationalität und Logik entbehrten. Wo jedoch aus dem biblischen Motiv ein Artefakt gemacht wird, wo übersehen wird, daß es sich auch beim Kunstwerk um Gestaltung „lebendigen Glaubens, menschlichen Hoffens und Bangens" (Dagobert Frey) handelt, droht mit der Ästhetisierung und der Entleerung des Wortes von der Kunst eine größere Gefahr, die nicht nur im Raum der Kirche, sondern auch darüber hinaus anzutreffen ist: Die Entleerung dieses Wortes von der Kunst droht, alle Möglichkeiten durch einen „erweiterten Kunstwerkbegriff", durch „Anti-Kunst", durch Relativierung und Wechsel der Unterstellungen bei gleicher Nomenklatur die Normen und selbst die Rationalität des Denkens zu unterlaufen.
Walter Benjamin hat den Prozeß von der Ästhetisierung zur Politisierung und Entideologisierung des Bildes zutreffend beschrieben: Das Kunstwerk, ursprünglich durch Kultwert und Aura bestimmt, erhielt im Zeitalter der technischen Reproduzierbarkeit ein neues, wesentlich gesellschaftliches Bezugssystem und kultivierte den „Ausstellungswert", das heißt, es orientierte sich am Kollektiv. Damit wird der Markt entscheidend, und der „Waren-Charakter" prägt das Kunstwerk.
In verhängnisvoller Parallelität zu diesen Feststellungen verläuft in der Tat die kunstgeschichtliche Entwicklung. Das Kunstwerk, das seinen Mutterboden im Kult verloren hat, schlägt Anker in der Künstlerpersönlichkeit und in der Gesellschaft. Die starke Individualisierung oder Personalisierung bringt in einem Pluralismus die Überfülle an Privatmythologien hervor, die nicht mehr zur Kenntnis genommen werden können und die Sprache verwirren. Das Kunstwerk verliert seinen Eigenwert als Wahrheitsaussage und wird verfügbar.

4. Die Welt als Bild und Norm

Wenn Technik und Wirtschaft, die Walter Benjamin in ihrer Übermacht früh charakterisiert hat, Spitze und Prinzip der Wertskala einer Gesellschaft werden, kommt es zur Entwertung und Politisierung der eigentlich anthropologischen Bezirke, nämlich der Kunst und Religion. Kunst verliert ihren Kultwert und ihre Aura und wird so zu einer Funktion der Politik und Wirtschaft. Diese veränderte Einstellung zur Welt oder die andere Sicht des Vorhandenen erschüttert die Beziehungen des Menschen zu dieser Welt bis in die Fundamente hinein. Wird die Welt oder die Schöpfung zu einem bloßen Objekt der Ausnutzung und verliert sie ihren Mitteilungscharakter als grundlegenden Wert, dann werden alle Werte labil. Diese Sicht kennzeichnet auch die Münchner Rede Johannes Pauls II. zur Kunst. Er spricht nicht nur von der „Autonomie" des Künstlers und stellt damit dessen Eigenverantwortung und das Vertrauen auf seine eigenen schöpferischen Kräfte heraus, sondern diese „Autonomie" ist der Ausdruck dessen, daß „die Welt Gottes eigene, in die Freiheit entlassene Schöpfung ist, den Menschen zu Kultur und Verantwortung übergeben und anvertraut". Johannes Paul II. fügt hinzu: „Nach christlicher Auffassung ist der Mensch Bild und Gleichnis Gottes." Damit wird die uralte Prägung der Schöpfung und des Menschen durch Gott und das Wort Gottes, den Logos anerkannt und als Prinzip auch des künstlerischen Schaffens bestätigt.

Von den alten Theologen wurde der Kosmos philosophisch und theologisch als eine Mitteilung aufgefaßt. Von jeher qualifiziert sich eine Wissenschaft über Gott, die ihr Verwiesensein auf die Schöpfung ignoriert, als eine „Theologie ohne Welt". Ähnliches gilt für die Kunst. Ihre Bildvorstellungen wären reine Projektionen, und damit wären Personengesellschaften die letzten Maßstäbe für Religion und Kunst. Dem widerspricht nicht nur die Ansicht der Bibel, daß die „Himmel die Ehre Gottes erzählen" (Ps 18,1). Auch neuere Philosophie kommt zu der Ansicht, „daß ein Normbewußtsein, das nicht mit einer Weltinterpretation verfugt ist, hilflos und ohne eigentliche Überzeugungskraft ist" (Dieter Henrich). Eine Großzahl der modernen und gegenwärtigen Kunst kultiviert diese Beziehung des Menschen zum Kosmos in besonderer Weise, um so der lebensbedrohenden Spaltung von Welt und Mensch, der der Zwiespalt von Trieb und Geist korrespondiert, entgegenzuwirken. Als zentrales Thema der modernen Kunst kann das erkenntnistheoretische Problem gelten: Wie sehe ich und wie nehme ich wahr? Dieser Grundfrage korrespondiert eine in der christlichen Tradition aufbewahrte Vorstellungswelt der Bibel, die die Urbilder menschlichen Daseins prägt, welche Archetypen jeder Gesellschaft sind. Die christliche Bildvorstellung gehört also nicht einem vergangenen Bewußtseinszustand an, der überholt wäre; eine solche Einstellung würde die geschichtliche Existenz des Menschen selbst in Frage stellen. Notwendig ist also für eine produktive Neubestimmung des Verhältnisses von Kunst und Kirche, sich dem Prozeß des

Vergessens entgegenzusetzen und die biblischen Urbilder nicht gegen private Einfälle einzutauschen. Große Künstler wie Marc Chagall schärfen dabei den Blick für die bleibende Gültigkeit dieser Menschheitsüberlieferung, für die Vorstellungwelt der uralten, von den Großkulturen und der Bibel in vergleichbarer Weise geformten Bildsprache, die die Grundlage jeder Verständigung bleibt. Sie schafft über jeden Konfessionalismus hinaus die geistige Architektur des Anthropologischen und der Ökumene, in der der Mensch beheimatet ist und in der sich seine Heilsgeschichte vollzieht.

Literatur:
R. Beck – R. Volp – G. Schmirber (Hrg.), Die Kunst und die Kirche. Der Streit um die Bilder heute (München 1984); Bilder sind nicht verboten. Eine Ausstellung zur Vertiefung des Dialogs zwischen Christen und Juden anläßlich des 87. Katholikentags. Katalog von Jürgen Harten (Düsseldorf 1982); *A. Halder – W. Welsch,* Kunst und Religion, in: Christlicher Glaube in moderner Gesellschaft, Bd. 2 (Freiburg i. Br. 1981); *A. Henze,* Das christliche Thema in der modernen Malerei (Heidelberg 1965); *H. Maier* (Hrsg.), Kirche, Wirklichkeit und Kunst (Mainz 1980); *P. Régamey,* Kirche und Kunst im 20. Jahrhundert (Graz 1954); *G. Rombold,* Kirchen für die Zukunft bauen. Beiträge zum neuen Kirchenverständnis (Wien – Freiburg – Basel 1969); *G. Rombold – H. Schwebel,* Christus in der Kunst des 20. Jahrhunderts (Freiburg i. Br. 1985); *H. Schade,* Anthropologische Strukturen traditioneller Kunst, in: Stimmen der Zeit 192 (1974) 544–554; ders., Gestaltloses Christentum? Perspektiven zum Thema Kirche und Kunst (Aschaffenburg 1971); *W. Schmied* (Hrsg.), Zeichen des Glaubens – Kunst der Avantgarde. Religiöse Tendenzen in der Kunst des 20. Jahrhunderts. Ausstellungskatalog (Stuttgart 1980); *P.-K. Schuster* (Hrsg.), „München leuchtete". Karl Caspar und die Erneuerung christlicher Kunst in München um 1900. Ausstellungskatalog (München 1984).

Herbert Schade

Laie

↗ Arbeitsrecht, kirchliches; Basisgemeinden; Frau in der Kirche; Gemeinde; Glaubensvermittlung; Katholizismus; Kirche; Kultur und Kirche; Politik und Kirche; Priestermangel; Säkularität und Säkularismus; Seelsorge; Vatikanum II; Verkündigung

1. Die kirchliche Rolle der Laien im Wandel

Der gesellschaftliche Wandel und die damit verbundenen kirchlichen Prozesse haben die Rolle der Laien in der hierarchisch verfaßten katholischen Kirche verändert und das starre Ordnungsschema Klerus–Laien relativiert. Dieser Prozeß zeichnete sich schon im vergangenen Jahrhundert ab, als die Kirche unter dem Druck des wissenschaftlichen Fortschritts und der bürgerlichen Emanzipation und der zeitweilig recht bedrohlichen Umklammerung durch den Staat versuchte, mit Konkordaten und durch die Aktivierung der Laien gesellschaftlichen Einfluß und kirchliche Freiheit zu sichern. Es bildete sich ein von Laien getragener politischer, sozialer und kultureller Verbandskatholizismus heraus, der sich zu einer wirksamen Subkultur und zum geschlossenen Milieu- bzw. Blockkatholizismus entwickelte. Damit war aber die innerkirchliche Spannung zwischen Klerus und Laien nicht beigelegt, denn letztere blieben unter der Führung des Klerus weiterhin der in Staat und Gesellschaft verlängerte Arm der Hierarchie und der rege Träger vielfacher Apostolatsaufgaben.

Nach den Erschütterungen der beiden Weltkriege und infolge der Wandlungsprozesse in der Welt mit den damit einhergehenden Traditionsbrüchen änderten sich auch die Lage der Kirche und der von den Laien getragene Verbandskatholizismus. Die Kirche ist heute nicht mehr mit ihrem gesellschaftlichen Umfeld deckungsgleich; sie findet sich inmitten einer säkularisierten Gesellschaft sozusagen in einer Diasporasituation vor. Das hat Auswirkungen auf die Rolle und das Selbstverständnis des Laien, zumal auch innerkirchliche Erfahrungen und Tendenzen nicht übersehen werden können, die die einstige scharfe Trennung zwischen Klerus und Laien zu verändern geeignet sind.

2. Die theologische Frage nach dem Laien als Frage nach der Kirche

Die Kirchengeschichte zeigt, daß die Rolle des Laien und ihre theologischen Interpretationen die jeweilige Praxis und das Verständnis von Kirche widerspiegeln. Die urchristlichen Gemeinden kannten keinen Dualismus von „Priester" und „Volk". Die Kirche verstand sich im Widerspruch zur Welt, aus der sie ausgewählt und berufen war, als Volk Gottes das Zeugnis vom wiederkehrenden Herrn abzulegen. Das Bewußtsein der Gemeinsamkeit und der Zugehörigkeit zum Volk (laos) Gottes war vor aller Differenzierung der Kirchenordnungen und der Dienstämter vorherrschend. Erst als das Christentum zur privilegierten Staatsreligion im Römischen Reich wurde, verlagerte sich der Gegensatz zur Welt gleichsam in die Kirche selber: Auf der politisch-öffentlichen, kulturellen und spirituellen sowie auf der sozialen und institutionellen Ebene bildeten sich zwei Klassen von Kirchenmitgliedschaft aus. Der Laie wurde nicht mehr von seiner Zugehörigkeit zum Volk Gottes her verstanden, sondern negativ von seiner Abgrenzung vom Kleriker. So unterscheidet dann das Decretum Gratiani (1142) am Ende dieser Entwicklung die erste Klasse der zwei Stände in der Kirche, die Priester und Mönche, von der zweiten Klasse, den Laien.

Von der Erbschaft dieser Vergangenheit ist die Kirche institutionell und bewußtseinsmäßig geprägt. Allerdings ist diese ständische Kirchenordnung infolge der neuen Aufgaben von Frauen und Männern in der Kirche und auf dem Hintergrund des allgemeinen gesellschaftlichen Wandels angefochten und „konkurrenziert". Die Frage nach dem Laien ist zu einem Spannungsfaktor in der Kirche geworden. Diese Spannung markierte schon das Zweite Vatikanische Konzil. Das Konzil verbürgt vielfach die fundamentale Gemeinsamkeit, Einheit und Gleichheit aller Christen aufgrund von Taufe und Firmung. Für eine theologische Rechenschaft über den Laien ist das Bild von der Kirche als Volk Gottes (Lumen gentium, Kap. 2) von entscheidender Aussagekraft, sichert es doch vor aller charismatischen und kirchlichen Unterscheidung die geschwisterliche Gleichwertigkeit aller Kirchenglieder auf der fundamentalen pneumatischen Ebene.

„Volk Gottes" betont die unübertragbare Subjekthaftigkeit aller, die auf den Namen Jesu Christi getauft und gefirmt sind. Bezeichnungen, wie „Christ" oder „gläubiger Mensch", sind in diesem Sinn gefülltere Ausdrücke für das, was das historisch belastete Wort „Laie" nur abgegriffen hergibt. Durch diese ekklesiologische Verankerung hat der Laie wieder eine positive theologische Ortsbestimmung gefunden. Christen erfüllen nach Aussage des Konzils das Zeugnis und die Sendung der Kirche (Evangelisation) dadurch, daß sie die Lebensabsicht Gottes für die Menschen durch eine kritisch-prophetische Präsenz in den zwischenmenschlichen und gesellschaftlichen Bereichen und Herausforderungen geltend zu machen versuchen (Apostolicam actuositatem 5–8). Nach den Worten des Konzils haben sie nicht irgendwie Anteil an dieser Sendung, sondern sind vielmehr „berufen, als lebendige Glieder (der Kirche) alle ihre Kräfte ... zum Wachstum und zur ständigen Heiligung der Kirche beizutragen" (Lumen gentium 33), denn „alles, was über das Volk Gottes gesagt wurde, richtete sich in gleicher Weise an Laien, Ordensleute und Kleriker" (ebd. 30).

Das Konzil war kein Endpunkt, sondern Durchbruch und Etappenziel. Es ist auch nicht zu übersehen, daß das Zweite Vatikanum selber wichtige Probleme im Zusammenhang mit dem Laien offenließ, so vor allem, wenn es den „Laien" von seinem Bezug zur Welt bzw. von seinem „Weltcharakter" her definierte (Lumen gentium, Art. 31; Apost. actuositatem, Art. 2, 5). Zwar äußert auch das Konzil, daß der „Dienst am Heil" und „Dienst am Aufbau der gesamten zeitlichen Ordnung" (Apostolicam actuositatem 5) miteinander verbundene Dimensionen sind. Aber in der nachkonziliaren Diskussion (z. B. in den Richtlinien für die Gemeinde- und Pastoralreferenten in der Bundesrepublik Deutschland) und in jüngsten Tendenzen in der Gesamtkirche sind Anzeichen festzustellen, den Heilsdienst dem Klerus und den Weltdienst den Laien zuzuordnen und damit letztlich eine klerikale Innenseite von einer laikalen Außenseite der Kirche zu unterscheiden. Dies würde in letzter Konsequenz wieder zu einer defensiven Abgrenzung der Kirche von der Welt führen, wobei sich die Kirche auf eine sakrale Sonderwelt (statt auf sakramentale Zeichenhaftigkeit) festlegen ließe. Demgegenüber sind die einschlägigen Aussagen des Zweiten Vatikanums von (heuristischer) Bedeutung. Die Selbstbezeichnung der Kirche als „Sakrament für die Vereinigung mit Gott und für die Einheit der ganzen Menschheit" (Lumen gentium 1) widerspricht entschieden solchen Trends und einseitigen Vereinnahmungen des Konzils, wonach den Laien nicht auch alles angeht, was in der Kirche und für die Kirche von Belang ist.

3. Bereiche und Strukturen der Laien-Mitverantwortung

Dem Laien sind aufgrund seiner christlichen Existenz keine Aufgabenfelder und Bereiche der kirchlichen Praxis prinzipiell verschlossen. Er ist vielmehr mit seinen persönlichen Fähigkeiten und Begabungen (Charismen) und als Glied des Volkes Gottes berufen, die wesentlichen Vollzüge der Kirche als der an Jesus Christus glaubenden Gemeinschaft und der von Christus und seinen Verheißungen in Wort und Tat zeugnisgebenden Gemeinde mitzutragen und mitzugestalten. Damit ist keiner gleichmacherischen Einebnung aller Charismen und Dienste in der Kirche das Wort gesprochen. Es geht vielmehr um eine in allen ihren Gliedern lebendige Kirche.

Die aktive und mitgestaltende Teilnahme bezieht sich grundsätzlich auf alle Bereiche und die wesentlichen Vollzüge (Grundfunktionen) der Kirche und des gemeindlichen Lebens. Dabei ist erstens an die Evangelisation im glaubenerweckenden und -vertiefenden Sinn zu erinnern. Das Zeugnis von der Lebensabsicht Gottes für alle Menschen lebt davon, daß es gehört und vernommen werden kann. Was dieser Absicht dient, ist auch Laien-Sorge: Religionsunterricht und Katechese, Bibelrunden und Glaubensgespräche, theologische Erwachsenenbildung, Medien- und Öffentlichkeitsarbeit. Zweitens ist der gottesdienstliche und liturgisch-sakramentale Bereich zu nennen: Gemeinde- und Gruppengottesdienste, Sakramentenkatechese mit Eltern bei Erstkommunion, Erstbeichte und Firmung. Drittens bezieht sich die Mitverantwortung aller Glieder der Kirche auf Diakonie und Caritas im individuellen und sozialen sowie politischen Bereich. Stichwortartig sei erinnert an soziale Dienste, Nachbarschaftshilfe, Quartierprojekte, Beratung und „Trösten", Aufgreifen von gesellschaftlichen Problemen. Viertens geht auch die Laien alles an, was dem Gemeindeaufbau dient. Die Charismen werden geradezu verstanden als persönliche Gaben und Fähigkeiten des einzelnen Christen zur Mitgestaltung und zum Aufbau von Kirche bzw. der Pfarrei/Gemeinde.

Auf der Basis des theologischen Verständnisses und der faktischen Bedeutung des Laien sind die Fragen nach der institutionellen Gestalt der Mitverantwortung (Kirchenordnung) und des kirchlichen Amtes zu stellen. Die grundlegende Gleichheit auf der fundamentalen pneumatischen Ebene des Christseins bedeutet nicht, daß die Kirche eine amorphe Masse wäre, und ist auch kein Freibrief für eigenmächtige Willkür. Das Bild vom Volk Gottes wird durch das vom Leib Christi ergänzt: Die gemeinsame Berufung und Sendung der Christen gliedert sich auf der praktischen und dienstlichen Handlungsebene unterschiedlich und variationsreich auf – je nach Charisma und je nach den Bedürfnissen und Möglichkeiten der Kirche am Ort (Pfarrei/Gemeinde). Während die Räte – seit dem Zweiten Vatikanum – eher lokale Strukturen darstellen, sind die Verbände nach funktionalen Gesichtspunkten und Sachbereichen gegliedert und konkretisieren schwerpunktmäßig die Solidarität der Christen bzw. der Kirche mit der Welt. Die charismatische Vielfalt erweist sich als Ausdruck und Konsequenz christlicher Lebendigkeit; in deren Dienst stehen die Dienstämter der Kirche. Die fundamentale pneumatische Dimension des Christseins und die charismatisch-funktionale Ebene kirchlicher Praxis sind wie zwei spannungsreiche Pole der einen unzertrennbaren Wirklichkeit. Weder eine monokratische (monarchische) noch eine demokratische Kirchenstruktur vermögen diese Spannung wirklich auszubalancieren. Viel angemessener wäre deshalb eine synodale Kirchenordnung, in der sich die fundamentale Einheit und charismatische Vielfalt sowie die aktive Mitverantwortung der Christen mit den differenzierten Diensten verschränken und sich gegenseitig fordern. Synodale Strukturen stellen eine doppelte Repräsentanz dar: jene von „oben" (Einheit) und jene von „unten" (Vielfalt). Die Mitverantwortung der Kirchenmitglieder und die differenzierten Dienste (Kompetenzen) wären in einem solchen Modell gegenseitig gebunden und aufeinander bezogen. Auf der charismatisch-funktionalen Ebene der Kirche sind Dienstämter keine rein organisatorische Notwendigkeit einer sich ausbreitenden Bewegung, sondern sie sind in Pflicht genommen, dem Grunddienst der Kirche bzw. der zeugniswilligen Gemeinde zu Diensten zu sein, um das in Jesus Christus angebrochene Heil zu vergegenwärtigen.

4. Welt- und Lebenszeugnis der Laien

Ein Christ, der sich aktiv ins Spiel bringt, macht die Erfahrung, daß er sich dadurch dem Spiel vieler Kräfte und Einflüsse aussetzt und damit dem Spannungsfeld zwischen dem Evangelium und den Handlungsbedingungen der heutigen Zeit. Christlicher Existenzvollzug kann bedroht sein von Spaltungen zwischen religiöser Sendung und sozialem Handlungsdruck, zwischen Heilsdienst und Weltdienst, zwischen Rückzug auf kirchliche Binnenräume („Klerikalismus" von Laien) und Auszug in gesellschaftliche Mehrheitsverhältnisse usw. Die wachsende Mitarbeit von Laien (z. B. in den Räten) entbehrt nicht gewisser Tendenzen zu einer binnenkirchlichen Einseitigkeit. Christliche Praxis muß sich demgegenüber in missionarischer Offenheit (Evangelisation) auf die Welt hin verstehen und darf sich darin im Dienst an den Menschen im guten Sinn des Wortes „verbrauchen".
Aber solche missionarische bzw. kritisch-prophetische Offenheit kann sich auf die Dauer nicht auf mitmenschliche und gesellschaftspolitische Aktivitäten beschränken und die Impulse des Evangeliums nur implizit und in allgemeiner Form gelten lassen. Christlicher Existenzvollzug bedarf der ausdrücklichen (expliziten) Pflege und der stets neu Ausdruck suchenden und zum Ausdruck kommenden kritisch-ermutigenden Inspiration durch das Evange-

lium von Jesus Christus. Von daher ist der Christ auf die Kirche als lebendige und in der Welt solidarisch handelnde Glaubens-Gemeinschaft – um seiner Christlichkeit willen – verwiesen. Seine von Jesus her geschenkte Lebenshoffnung braucht die immer wieder neu bewußt werdende Verankerung im Lebensalltag durch den Rückbezug zu den Quellen: Gottesdienst, Meditation, Gebet usw. Rückbezug wird dann nicht zum Rückzug, wenn sich der Christ von den Dienstanweisungen Gottes in der Welt erreichen läßt, denn dort wird die Tagesordnung auch für die Kirche buchstabiert. Die Sorge der Laien darf somit nicht um ihre Kirche kreisen, sondern um eine Kirche, die sich für die Menschen verbraucht und um die Welt Sorgen macht.

Literatur:
Y. *Congar,* Der Laie (Stuttgart 1964); L. *Karrer,* Laien/Klerus, in: P. Eicher (Hrsg.), Neues Handbuch theologischer Grundbegriffe II (München 1984) 363–374; K. *Kertelge,* Gemeinde und Amt im Neuen Testament (München 1972); F. *Klostermann,* Gemeinde – Kirche der Zukunft, 2 Bde. (Freiburg i. Br. 1974); K. *Rahner,* Bemerkungen über das Charismatische in der Kirche, in: Schriften zur Theologie, Bd. IX (Einsiedeln 1970) 415–431; *ders.,* Weihe im Leben und in der Reflexion der Kirche, in: Schriften zur Theologie, Bd. XIV (Einsiedeln 1980) 113–131; A. *Rajšp,* „Priester" und „Laien". Ein neues Verständnis (Düsseldorf 1982); H. J. *Venetz,* So fing es mit der Kirche an (Einsiedeln 1982).

Leo Karrer

Lehramt

↗ Gewissen; Glaubensvermittlung; Kirche; Kirchlichkeit; Lehrbeanstandungsverfahren; Ökumene; Papsttum; Tradition; Vatikanum II; Verkündigung

1. *Offenbarung Gottes und Lehre der Kirche*

Weil das Christentum in der Selbstoffenbarung Gottes gründet, gibt es in ihm durch Autorität verbürgte Lehre. Gott hat „das *erste* Wort". Er richtet sein Wort an alle Menschen. Es muß sie im wesentlichen unverfälscht und unverkürzt erreichen können – bis ans Ende der Zeit. Nur wenn Gott selbst dafür einsteht, wenn er selber den Prozeß der Bewahrung und Verbreitung der Offenbarung durch seine Vorsehung lenkt, behält er auch „das *letzte* Wort". Damit ist gegeben, daß der Ort der christlichen Wahrheit die Gemeinschaft derer ist, die an Gott, an den Gott Jesu Christi, glauben.
Die Glaubensgemeinschaft besitzt durch den ihr verheißenen und gesandten Geist, der sie in alle Wahrheit einführt (Joh 16, 13), das „Charisma [die Geistgabe] der Unfehlbarkeit" (II. Vat. Konzil, Lumen gentium 25). Auch das Erste Vatikanum (NR 454, DS 3074) schreibt 1870 dem Papst „jene Unfehlbarkeit" zu, „mit der der Erlöser seine *Kirche* bei endgültigen Entscheidun-

gen in Glauben und Sittenlehre ausgestattet haben wollte". Wenn Gott sich den Menschen offenbart, d. h. zu ihrem Heil mitteilt, dann muß er dafür Sorge tragen, daß die Kirche die ganze Dauer ihrer Geschichte hindurch Gottes Offenbarung in ihrer reinen und vollen Wahrheit uns Menschen verkünden kann.

Die Lehre der Kirche ist also nicht eine nachträgliche Reflexionsleistung, eine Lebensäußerung neben anderen, die eben auch dazugehört und zur Kenntnis zu nehmen ist. Vielmehr wird die Kirche konstituiert dadurch, daß sich in Jesus von Nazaret die endgültige Mitteilung Gottes an uns Menschen ereignete, die sich gewiß nicht nur in einigen theoretischen Lehrsätzen niedergeschlagen hat. Sie ist die neue Frohe Botschaft von Gott, dem Schöpfer des Himmels und der Erde, der den Menschen befreit von den Mächten des Bösen und ihn zu einer „neuen Schöpfung" (2 Kor 5,17) macht. Das ist Grundlage, Inhalt und Ziel des christlichen Glaubens und Lebens.

2. Träger und Norm des Lehramts

Jesus „rief die zu sich, die er selber erwählt hatte ... und er setzte zwölf ein, die er bei sich haben und die er dann aussenden wollte, damit sie predigten" (Mk 3,13-14). Ihre Predigt wird mit denselben Worten zusammengefaßt wie seine eigene: „Das Himmelreich ist nahe!" (vgl. Mt 10,7 mit 4,17). Die Zwölfzahl blickt zurück auf die zwölf Stämme Israels und voraus auf das neue Gottesvolk, das die Zwölf als Apostel, d. h. als bevollmächtigte Boten Jesu, sammeln werden. Sie sind die Zeugen für das, was Jesus sagte und tat, dafür, daß er am Kreuz starb und von Gott auferweckt wurde aus dem Tode. Davon lebt ihre Lehre. Aus dem Osterglauben erwächst ihre Sendung, „alle Völker zu lehren, ... bis zum Ende der Welt" (Mt 28,18-20). Sie können diesen Auftrag nicht nach Belieben verändern oder verschweigen. Auch nicht um den Preis des eigenen Lebens.

Weil es um die Botschaft Gottes ging, die nicht verfälscht werden darf, verurteilte Paulus Irrlehrer, die den Christen die Last des alten Gesetzes auferlegen wollten, mit großer Schärfe (vgl. Gal 1,8). Als eine ähnliche Frage auf dem sogenannten ersten Apostelkonzil ums Jahr 50 in Jerusalem verhandelt wurde, da fanden „die Apostel und die Ältesten zusammen mit der ganzen Gemeinde" sehr zuversichtliche Worte: „*Der Heilige Geist und wir* haben beschlossen ..." (Apg 15,22.28). In der weiteren Entwicklung des Lehramtes erscheint bei Ignatius von Antiochien ums Jahr 110 ganz deutlich der Bischof als der authentische Lehrer der jeweiligen Gemeinde. Und die einzelnen Ortsgemeinden sind im Verlauf der ersten zwei Jahrhunderte sehr bemüht um die Einheit des Glaubens, indem sie sich aneinander und vor allem an der Kirche von Rom, wie es ausdrücklich Irenäus von Lyon um 180 verlangt, orientieren.

Daraus ergibt sich: Die Kirche, die „Fundament der Wahrheit" ist (1 Tim 3,15) und „im Glauben nicht irren kann" (Lumen gentium 12), bedarf in einer Gemeinschaft von Menschen, die anfällig sind für Irrtum, bestimmter, mit Autorität begabter Lehr-Organe, die „Säulen" der Wahrheit sind (vgl. Gal 2,9 mit 1 Tim 3,15). Wie damals in den Aposteln die Sendung Jesu über seinen Tod hinaus konkrete Gegenwart wurde und offizielle Gestalt annahm, so heute und jederzeit in den Bischöfen. Die Wahrheit der Kirche ist nicht ein statischer Besitz, im Ruhe-Stand, sondern ein ständiger dynamischer Prozeß. Das besagt dann auch, daß es innerhalb der *einen* Gemeinde bis zu einem gewissen Grad ein Gegenüber des Amtsträgers zu den anderen Gliedern der Gemeinde gibt.

Darin, daß es in der Kirche das Lehr*amt* gibt, wirkt sich aus, daß Autorität ‚von oben' ihre Lehre trägt, nicht Erfindung oder Beschluß, mehrheitliche oder einstimmige Übereinkunft ‚von unten'. Das Amt ist Dienst an der Gemeinschaft kraft göttlicher Stiftung.

Paulus schreibt an eine Großstadtgemeinde (2 Kor 1,24; 13,5), er sei nicht Herr über ihren Glauben, sondern Diener ihrer Freude; im Glauben habe sie ihren eigenen festen Stand. Gut 1900 Jahre später heißt es im Zweiten Vatikanum (Dei Verbum, Art. 10): „Das Lehramt ist nicht über dem Wort Gottes, sondern *dient* ihm, indem es nichts lehrt, als was überliefert ist": insoweit es das Wort Gottes *hört,* bewahrt und auslegt. Die Träger des Lehramtes müssen also zuerst selber hören, dann erst haben sie etwas zu sagen, im Dienst und zum Nutzen ihrer Hörer. Und wir dürfen und müssen unsere eigenen Erfahrungen damit machen ... „Auch den Nachfolgern des Petrus ist der Heilige Geist *nicht* dazu verheißen, daß sie durch seine Offenbarung eine neue Lehre ans Licht bringen", sondern als Beistand beim treuen Bewahren und Auslegen (I. Vatikanum: NR 451, DS 3070)! Denn – so das Trienter Konzil 1546 (NR 87, DS 1501) – *das in der Kirche bewahrte reine Evangelium ist die Quelle aller Heilswahrheit.* Das Wort Gottes, das uns übermittelt wird durch die Tradition und das festgehalten ist durch die Heilige Schrift, ist wie die Quelle so auch die höchste, nicht überholbare und auch tatsächlich nie eingeholte oder ausgeschöpfte Norm allen Lehrens in der Kirche.

3. Vorgangsweisen und Verbindlichkeit des Lehramts

Das *ordentliche* Lehramt kommt den Bischöfen je für ihr Bistum zu; auch die Pfarrer, und wer sonst mit der Verkündigung beauftragt ist, haben daran ihren begrenzten Anteil. Der Papst besitzt es als Bischof von Rom, Primas von Italien usw. für die betreffenden Regionen, die sich bis zur Kirche insgesamt ausweiten. Die Lehre, die von den Bischöfen des Erdkreises in Übereinstimmung miteinander und mit dem Papst verkündet wird, ist als Ausdruck des Glaubensbewußtseins der Gesamtkirche *unfehlbar* wahr.

Ein *außerordentliches* Lehramt üben aus, wenn sie 1. einen für die ganze Kirche geltenden Beschluß fassen, der 2. den Glauben betrifft oder ihn auf das christliche Leben anwendet:
– das *Bischofskollegium,* das sich zu einem *allgemeinen Konzil* versammelt in

wesentlicher Vollständigkeit und bei moralischer Einstimmigkeit (das II. Vatikanum verlangte nur eine Zweidrittelmehrheit, die jedoch stets bei weitem überschritten wurde) und
– der *Papst*, der „*ex cathedra*" lehrt, d. h. so, daß zu den zwei genannten Bedingungen 3. die ausdrückliche Berufung auf seine höchste Lehrautorität hinzukommt.
Unfehlbarkeit beanspruchen die Lehrentscheidungen allgemeiner Konzilien dann, wenn sie in feierlicher Form erfolgen. Das traf zu vor allem für die von den ökumenischen Konzilien des 3. bis 6. Jahrhunderts verkündeten Dogmen, für das Konzil von Trient (1546–1563) und die vom Ersten Vatikanum 1870 getroffenen Definitionen über die höchste Amtsgewalt des Papstes und die Unfehlbarkeit seiner Ex-cathedra-Entscheide. Als unfehlbar gelten die Definitionen von zwei Marien-Dogmen durch die Päpste Pius IX. 1854 und Pius XII. 1950.
Die Unfehlbarkeit des Papstes – *nicht* die Unfehlbarkeit der Kirche als ganzer oder von ökumenischen Konzilien! – ist eine römisch-katholische Grenzaussage, die den anderen Christen große Schwierigkeiten bereitet; und nicht nur ihnen. Immerhin hat der Widerstand einer Minderheit auf dem Konzil 1870 erreicht, daß die Definition durch die oben aufgeführten Bedingungen eingegrenzt wurde. Daß es jedoch im Notfall einen Menschen in der Kirche gibt, der – mit „Furcht und Zittern", wie Paulus (Phil 2,12 u. ö.) – ein Wort letzter, endgültiger Verantwortung sprechen kann, das wird schon sein Gutes haben. Die Dogmen der frühen Kirche dienten der Entwirrung und Überwindung großer Lehr- und Glaubenskonflikte und damit der Einheit der Glaubensgemeinschaft. Auch ist die Hoffnung nicht unbegründet, daß päpstliche Lehrentscheide „ex cathedra" eine überaus seltene Ausnahme bleiben; noch mehr, als sie es bislang schon waren.
Das allermeiste, was die Päpste zu sagen haben, sagen sie, vor allem in Enzykliken, aufgrund ihres „ordentlichen", *nicht*-unfehlbaren Lehramtes (man nennt es etwas mißverständlich „[nur-]authentisches Lehramt"). Es verlangt eine innere Zustimmung, die jedoch nicht unwiderruflichen Charakter hat. Sie wäre dann nicht (mehr) möglich, wenn sich jemand überzeugender Gegengründe gegen eine Aussage gewiß ist.

4. Diskussionsaspekte

a) Muß nicht das *Wahrheitsgewissen des einzelnen,* aufgrund der menschlichen Personwürde und des christlichen ‚Freimuts' (der Parrhesia des Neuen Testaments, z. B. Phil 1,20), protestieren gegen ein die Glaubenswahrheit verwaltendes Amt? Ist die Wahrheit nicht allein und ganz Sache der aus eigener Einsicht erwachsenden Überzeugung? – Gegenfrage: Vertrauen wir nicht in fundamentalen existentiellen Belangen dem Zeugnis anderer Menschen? Gibt es nicht „kollektive Wahrheitsfindung" (K. Rahner), weil die Vernunft vieler mehr sieht als der Verstand eines einzigen? Müssen wir nicht immer

auch bewahrt werden vor dem Eigen-Sinn von Privatideologien? Besitzt die Wirklichkeit nicht viele Aspekte und Perspektiven, woraus die Pluralität von Wahrheitsaussagen folgt und auch die Notwendigkeit amtlicher Sprachregelung?
b) Muß das Lehramt nicht die Selbstentfremdung der *Heteronomie* mit sich bringen? – Die *Autonomie* des einzelnen Christenmenschen ist ohnehin in allen Lebensbereichen ziemlich relativ. Und gerade die Bindung an Gott und seine Offenbarung (Theonomie) macht nicht unfrei, sondern frei. Auch muß der kirchliche Amtsträger, je höher er steht, um so mehr Diener der anderen sein: das allein entspricht der Einstellung Jesu.
c) Wenn aber jemand davon überzeugt ist, einer Aussage des Lehramts nicht zustimmen zu können? – Manche Konfliktpunkte lassen sich vorläufig oder auf unbestimmte Zeit einklammern: bei weiterbestehendem *pauschalem Einverständnis* mit allem, was Gott geoffenbart hat und was die katholische Kirche zu glauben vorlegt.
d) Das wird erleichtert durch die Beachtung der *„Hierarchie der Wahrheiten"* (Vatikanum II), also des verschiedenen Gewichtes von Glaubensaussagen. Drum kein Sich-Fixieren auf Grenzfragen, deren Beantwortung nicht entscheidend ist für christliches Sein oder Nichtsein!
e) Die *Spannung* zwischen ‚Vorreitern' der Wahrheitssuche und dem für die überlieferten Auffassungen einstehenden Haupttrupp der Glaubenden ist notwendig; und sie ist heilsam, wenn man einander zu ertragen bereit ist. Dies gilt auch für das Verhältnis zwischen Lehramt und Theologen.
f) Zuletzt, als „ultima ratio", kann auch ein *„Aufstand des Gewissens"* ein zwar für den einzelnen und die Glaubensgemeinschaft schmerzliches, aber unverzichtbares Moment im Prozeß der christlichen Wahrheitserkenntnis sein.
g) Wie der einzelne Christ, so kommt auch die Gesamtkirche mit dem Grundlegend-Wichtigen christlichen Glaubens nie an ein Ende. Die *Geschichte des Glaubens,* seiner zu jeder Zeit notwendigen Auslegung und Vermittlung, ist die innerste Triebkraft der Geschichte des Christentums. Und darin spielt das Lehramt seine (unvermeidlicherweise oft undankbare) Rolle.

Literatur:
Kirchenkonstitution des Zweiten Vatikanischen Konzils „Lumen gentium" von 1965; Offenbarungskonstitution des Zweiten Vatikanischen Konzils „Dei Verbum" von 1965; Schreiben der deutschen Bischöfe an alle, die von der Kirche mit der Glaubensverkündigung beauftragt sind (22. 9. 1967), bes. Nr. 13–21; Internationale Theologenkommission, Thesen über das Verhältnis von kirchlichem Lehramt und Theologen zueinander, in: Theologie und Philosophie 52 (1977) 57–66. – *A. Dulles,* Lehramt und Unfehlbarkeit, in: Handbuch der Fundamentaltheologie, Bd. IV (Freiburg i. Br. 1987); *W. Kern* (Hrsg.), Die Theologie und das Lehramt (QD 91) (Freiburg i. Br. 1982); *W. Kern – F.-J. Niemann,* Theologische Erkenntnislehre (Düsseldorf 1981) 150–185; *B. Schüller,* Bemerkungen zur authentischen

Verkündigung des kirchlichen Lehramtes, in: Theologie und Philosophie 42
(1967) 534-551.

Walter Kern

Lehrbeanstandungsverfahren

↗ Kirche; Lehramt; Papsttum; Pluralismus, kirchlicher

1. Die Notwendigkeit von Lehrverfahren

Die Bewahrung, Erforschung und Verkündigung des von Christus der Kirche anvertrauten Glaubensgutes (vgl. CIC can. 747 § 1) bedeuten für sie zugleich Verpflichtung und Berechtigung. Denn die geschichtliche Erfahrung lehrt, daß Erforschen und Verkündigen der Glaubenswahrheiten, weil eben Menschen anvertraut, auch in Gefährdung durch Irrtum und Fehlinterpretation geraten können. Verantwortung des kirchlichen Lehramtes und Verantwortung des theologischen Forschens stehen zwar in einer fruchtbaren Spannung zueinander, jedoch muß das kirchliche Lehramt in der Sorge um die Bewahrung der Glaubenswahrheiten diese vor Verfälschungen und Abstrichen schützen. Daher muß es dem Lehramt zukommen, irrige Lehrmeinungen zurückzuweisen. Andererseits hat der theologische Forscher das Recht, falls ihm Veränderung, Fehlinterpretation, Verfälschung der Lehre vorgeworfen werden, sich zu verteidigen und sich entweder von diesem Verdacht zu reinigen oder aber auch seinen Irrtum zu erkennen und zu korrigieren. Hier geht es um das subjektive Recht des theologischen Forschers oder Lehrers – ein Recht, das von der kirchlichen Rechtsordnung, da sie auf Gerechtigkeit basiert, zu schützen ist. Hierin liegt die Begründung für Lehrverfahren, wie sie spätestens von Benedikt XIV. verbindlich eingeführt und in Anknüpfung an diese Tradition verfahrensrechtlich ausgestaltet wurden.

2. Geschichtliche Entwicklungen

Auf dem Zweiten Vatikanischen Konzil hatte Joseph Kardinal Frings, Erzbischof von Köln († 1978), anläßlich der Diskussion über das Schema des Bischofsdekretes, näherhin des Abschnittes, der sich mit dem Verhältnis der Ortsbischöfe zum Apostolischen Stuhl beschäftigt, eine Reform der Verfahren bei den Römischen Kongregationen, im besonderen beim Heiligen Offizium, gefordert. Niemand dürfe bei der Glaubensbehörde angeklagt oder gerichtet werden, bevor nicht ihm und seinem Oberhirten die Gründe zur Veranlassung des Verfahrens bekanntgemacht sowie die Möglichkeit eingeräumt würde, seinen Irrtum zu erkennen und veröffentlichte Schriften entsprechend zu korrigieren.

Am 7. 12. 1965 erließ Paul VI. das Motuproprio „Integrae servandae", mit dem im Vorgriff auf eine allgemeine Kurienreform, die durch die Apostolische Konstitution „Regimini Ecclesiae Universae" vom 15. 8. 1967 erfolgte, das Heilige Offizium reorganisiert wurde.
Mit Verweis auf Nr. 12 von „Integrae servandae" – korrekterweise hätte sich der Verweis auf Art. 40 der Apostolischen Konstitution „Regimini Ecclesiae Universae" beziehen müssen – erließ die inzwischen in „Kongregation für die Glaubenslehre" umbenannte römische Behörde (früher: Heiliges Offizium) am 15. 1. 1971 mit Rechtskraft vom gleichen Tage die (Neue) „Verfahrensordnung zur Prüfung von Lehrfragen" (AAS 63, 1971, 234–236). Ein solches Verfahren war letztmalig durch Benedikt XIV. mit der Apostolischen Konstitution „Sollicita ac Provida" vom 9. 7. 1753 erlassen worden. Die seinerzeit zweifellos vorbildlichen Grundsätze dieser Verfahrensordnung waren offensichtlich in Vergessenheit geraten, so daß sich diese Neuordnung als notwendig erwies. Es steht zu erwarten, daß die derzeit geltende Verfahrensordnung, nachdem mancherlei kritische Anmerkungen getroffen wurden, eine Überarbeitung erfährt.
Die Deutsche Bischofskonferenz erließ am 21. 9. 1972 ein „Lehrbeanstandungsverfahren bei der Deutschen Bischofskonferenz"; eine Novellierung erfolgte auf der Frühjahrsvollversammlung 1981. Die Bischöfe der Niederländischen Kirchenprovinz haben sich ebenfalls dem Problem zugewandt und am 18. 8. 1975 ein entsprechendes, wenn auch von dem der Deutschen Bischofskonferenz sehr unterschiedliches Verfahren veröffentlicht. Die Österreichische Bischofskonferenz hat auf ihrer Herbsttagung 1976 einige Grundsätze zu dieser Problematik herausgestellt. Das „Abkommen über die Theologische Fakultät Freiburg/Schweiz" – unterzeichnet am 8. 7. 1985 – enthält in den Art. 3–8 Rechtsregeln über den Entzug der Lehrerlaubnis an dieser Fakultät; dieser Entzug setzt ein im Abkommen festgelegtes Verfahren voraus.

3. Die verschiedenen Verfahrensordnungen

Die am 15. 1. 1971 von der *Kongregation für die Glaubenslehre* veröffentlichte *Verfahrensordnung zur Prüfung von Lehrfragen* – „Agendi ratio in doctrinarum examine" – stellt ein rechtlich geordnetes Verwaltungsverfahren dar. Es handelt sich also um kein Gerichtsverfahren, obschon auch ein solches Verfahren möglich gewesen wäre. Es kennt zwei Verfahrensweisen, über deren Wahl der sogenannte Kongreß (eine Versammlung von Kardinalpräfekt und leitenden Beamten der Kongregation) entscheidet. Das *außerordentliche Verfahren* ist ein Kurzverfahren, das auf den Weg zu bringen ist, wenn bereits Schaden eingetreten ist oder unmittelbar droht. Der Ordinarius eines Autors, dessen Lehrmeinung beanstandet wird, soll unmittelbar benachrichtigt und veranlaßt werden, diesen Autor auf die beanstandete Lehrmeinung aufmerksam zu machen und ihn zu einer Korrektur zu veranlassen. Auf den Bericht des Ordinarius hin ist in der Versammlung der Kardinäle weiter zu verhandeln. Für das *ordentliche Verfahren* werden zwei Sachverständige und ein „Relator pro auctore" bestellt, zu dessen Aufgaben es gehört, die Interessen des Autors zu vertreten. Er hat allerdings keine anwaltliche Funktion im eigentlichen Sinn; dem Autor bleibt er in der Regel unbekannt. Die Sachverständigen haben die Lehrmeinung des Autors zu überprüfen und Abweichungen von der Glaubenslehre der Kirche festzustellen. Die Gutachten gehen den sogenannten Konsultoren, einem Kreis von theologischen Beratern der Kongregation, zu, die ihrerseits ein Votum für die ordentliche Versammlung der Kongregation vorbereiten. Werden Abweichungen von der Lehre festgestellt, so wird der Ordinarius des Autors und dieser selbst davon unterrichtet. Dem Autor soll Gelegenheit geboten werden, in einem Gespräch oder auch schriftlich sich zu den Vorwürfen zu äußern. Die endgültige Entscheidung fällt die ordentliche Versammlung, die dem Papst ihren Entscheid zur Approbation vorlegt.

In dem *Lehrbeanstandungsverfahren bei der Deutschen Bischofskonferenz* soll festgestellt werden, ob Lehren eines katholischen Autors der kirchlichen Glaubenslehre widerstreiten oder sie verfälschen, darüber hinaus sollen dem mit der Sache befaßten Ordinarius eines Autors Entscheidungshilfen angeboten werden (vgl. § 1 dieses Verfahrens). Die Eigenverantwortlichkeit eines Ordinarius wird damit unterstrichen; sie ist mit der Durchführung des Verfahrens nicht aufgehoben. Die Deutsche Bischofskonferenz hat an der Durchführung eine Reihe von Organen beteiligt: die Kommission für Fragen der Glaubens- und Sittenlehre der Deutschen Bischofskonferenz, kurz „*Glaubenskommission*" genannt, die für ständig bestellt ist. Wird die Durchführung eines Verfahrens beantragt, prüft diese zunächst die Zulässigkeit des Antrages und entscheidet auf Eröffnung oder Abweisung des Verfahrens; sodann eine *Theologenkommission,* die jeweils, wenn ein Verfahren anhängig gemacht wird, zu bestellen ist. Ihre Aufgabe besteht in der Prüfung der beanstandeten Lehrmeinung und in der Feststellung, ob in der Tat diese Lehrmeinung im Widerspruch zur Glaubenslehre der Kirche steht oder sie verfälscht; schließlich die *Bischofskommission,* die aus fünf Bischöfen besteht und auf fünf Jahre jeweils bestellt ist. Sie besteht demnach unabhängig davon, ob ein Verfahren anhängig ist. Ihre Aufgabe ist es, nach Bewertung der Gutachten der Theologenkommission und einem Gespräch mit Ordinarius und Autor die Entscheidung in der Sache und Vorschläge von Maßnahmen, die der Ordinarius treffen kann, zu machen. Außerdem sind am Verfahren der *Anwalt des Autors,* der vom Autor selbst benannt oder, falls er darauf verzichtet, von der Glaubenskommission bestellt wird, und ein *theologischer Berater des Ordinarius* beteiligt. Dem Autor steht nach einer Entscheidung des Ordinarius der Weg der Beschwerde bei der römischen Kongregation für die Glaubenslehre offen. Mit dem Verfahren sind sowohl die subjektiven Rechte eines Autors gesichert, aber auch die Entscheidungsverantwortung und -freiheit eines Ordinarius hinreichend gewährleistet.

Das von der *Niederländischen Kirchenprovinz* verabschiedete *Lehrverfahren* wird beim einzelnen Ortsbischof durchgeführt. Die Bischofskonferenz selbst ist nicht unmittelbar beteiligt. Dem Autor muß hinreichend Gelegenheit gegeben werden, seine Lehrmeinung zu verdeutlichen und klarzulegen sowie sich von einem gegen seine Auffassung aufgekommenen Verdacht zu reinigen.

Die *Österreichische Bischofskonferenz* verzichtete auf die Erarbeitung eines eigenen Lehrverfahrens, hat jedoch bestimmte Grundsätze zur Bereinigung aufkommender Schwierigkeiten gebilligt.

Das im Abkommen der *Theologischen Fakultät Freiburg/Schweiz* festgelegte *Verfahren für den Entzug der Lehrerlaubnis* sieht vor, daß vor einem Entzug durch den dazu berechtigten Großkanzler (Ordensmeister des Predigerordens) die Schweizer Bischofskonferenz und der Betroffene selbst gehört werden müssen.

Die sehr unterschiedlichen Verfahren sind darum bemüht, sowohl ein Urteil über beanstandete Lehrmeinungen zu gewinnen, andererseits, wenn auch in sehr unterschiedlicher Weise, die subjektiven Rechte eines Autors zu schützen.

4. Lehrbeanstandungsverfahren in der Evangelischen Kirche

Das Problem der Lehrbeanstandungsverfahren kennen auch die Ordnungen der Evangelischen Kirche, so z. B. die „Lehrordnung der VELKD" von 1956, die Württembergische Lehrzuchtordnung von 1951/1956 (Texte bei Härle/ Leipold).

Diese Verfahren sind aus dem Bemühen um eine theologisch begründete Reform des alten Disziplinarrechtes erwachsen, das auf die Bestrafung eines in Widerspruch zur Lehre geratenen Amtsträgers abzielte. Bahnbrechend leitete der protestantische Kirchenrechtslehrer W. Kahl († 1932) die Reform ein. Er verlangte in einer 1897 gehaltenen Festrede die Trennung des Lehrverfahrens von einem Disziplinarverfahren. In Konsequenz der Forderung Kahls setzte sich die Überzeugung durch, daß ein als Folge einer in seinem Gewissen begründeten Glaubenseinstellung im Widerspruch zum Bekenntnis der Kirche lehrender Geistlicher aus dem Amt entfernt werden müsse. Die Entfernung vom Amt dürfe jedoch nicht als Disziplinarstrafe verstanden werden. Es werden in der Evangelischen Kirche „Feststellungsverfahren" eingerichtet, die in ihrem Grundansatz den in der katholischen Kirche entwickelten „Lehrprüfungsverfahren" und „Lehrbeanstandungsverfahren" ähnlich sind. Es geht um die Feststellung, daß die Lehre eines Amtsträgers der Glaubensaussage und dem Bekenntnis der Kirche widerspricht. Die bisher für den Bereich der Evangelischen Kirche bekanntgewordenen Verfahren sind immer gegenüber kirchlichen Amtsträgern durchgeführt worden, jedoch nicht allgemein gegenüber theologischen Lehrmeinungen, wie dies für die katholischen Verfahrensordnungen maßgeblich ist.

In der Organisation dieser „Feststellungsverfahren" wurde die Trennung vom Disziplinarrecht auch dadurch verdeutlicht, daß neben den Vertretern des Oberkirchenrates auch Professoren der evangelischen Theologie am Verfahren beteiligt werden (vgl. § 29 des sog. „Irrlehregesetzes" der Altpreußischen Union von 1909/1910).

Literatur:
L. J. O'Donovan S. J., Cooperation between Theologians and the Ecclesiastical Magisterium (Washington 1982); *W. Härle – H. Leipold* (Hrsg.), Lehrfreiheit und Lehrbeanstandung, 2 Bde. (Gütersloh 1985); *H. Heinemann*, Einleitung und Kommentar zu: Kongregation für die Glaubenslehre, Neue Verfahrensordnung zur Prüfung von Lehrfragen. Deutsche Bischofskonferenz, Lehrbeanstandungsverfahren bei der Deutschen Bischofskonferenz (NKD Bd. 37) (Trier 1974); *ders.*, Lehrbeanstandung in der katholischen Kirche (Trier 1981); *ders.*, Schutz der Glaubens- und Sittenlehre; in: HdbkathKR (Regensburg 1983) 567–578; *D. Keller*, Verantwortung der Kirche für rechte Verkündigung (Düsseldorf 1972); *J. Kard. Ratzinger*, Gesicht und Aufgabe einer Glaubensbehörde, Gespräch über die römische Glaubenskongregation, in: Herder-Korrespondenz 38 (1984) 360–368; *A. Stein*, Probleme evangelischer Lehrbeanstandung (Bonn 1972).

Heribert Heinemann

Literatur und Religion

↗ Kultur und Kirche; Kunst und Kirche; Säkularität und Säkularismen

1. Die Situation nach der „christlichen Literatur"

Daß Literatur und Religion, spätestens seit die Identität von Christentum und bürgerlicher Kultur zerbrochen ist, in einem Verhältnis konstanter, bisweilen feindseliger Spannung stehen, ist ein Gemeinplatz. Wann immer dieser Ablösungs- und Entfremdungsprozeß hin auf eine „Autonomie" des literarischen Kunstwerks, verbunden mit einem tiefgreifenden Prozeß sprachlicher Säkularisierung begonnen haben mag: im 20. Jahrhundert haben wir von den Langzeitwirkungen dieses Prozesses auszugehen, und alle noch so gut gemeinten Restaurierungsversuche haben daran nichts geändert. Versuche, die Einheit von Literatur und Religion wiederherzustellen, wurden freilich schon im 19. Jahrhundert unternommen. Aber der literaturgeschichtlich erste Ruf nach einer jetzt so genannten *„christlichen Literatur"*, der in der romantischen Bewegung (erstmals beim späten Schlegel) aufkommt (Eichendorff, Brentano, Droste-Hülshoff), ist als Rückruf selber noch einmal Symptom der Entfremdung von Kultur und Religion. Die universale Säkularisierung aber zurückzudrängen und christliche Religion als verbindliches und verbindendes Band der Einheit wiederherzustellen, gelingt der romantischen

Bewegung ebensowenig wie der zweiten programmatischen Welle „christlicher Literatur" in der ersten Hälfte des 20. Jahrhunderts. „Christliche Literatur" blieb die Sache einzelner, wenn auch bedeutender Schriftsteller: Bloy, Péguy, Bernanos und Claudel in Frankreich; Greene und Waugh in England; Eliot und Faulkner in USA; Silone und Papini in Italien; Langgässer, Le Fort und Schneider in Deutschland. Der Russe Dostojewski hatte gezeigt, daß eine Synthese von Christlichkeit und großer literarischer Form noch möglich war; der Prager Jude Kafka hatte vorgelebt, daß eine Gläubigkeit, sei sie auch noch so gebrochen, zur Quelle und zum Thema großer literarischer Produktivität – wenn auch noch so chiffriert – werden kann. Und gerade die Problematisierung des Glaubens, die Erfahrung von Gebrochenheit und Abgründigkeit gläubiger Existenz, die in den Werken der großen Vertreter „christlicher Literatur" zum Ausdruck kam, hob diese Autoren heraus aus der Masse ihrer kirchlichen Rezipienten, die sie oft nur selbstbestätigend vereinnahmten. Kein Wunder deshalb, daß aufgrund dieser fatalen Rezeptionsgeschichte die folgende Generation von Schriftstellern, selbst wenn sie sich anfangs noch persönlich als Christen verstanden, keinen Wert mehr auf das Etikett „christliche Literatur" legten.

Umgekehrt: auch der Versuch, die Entfremdung von Literatur und Religion von seiten der Ästhetik aufzuheben, die *Kunst* gleichsam als neue Religion zu propagieren, blieb die zwiespältige Sache einzelner. Auch das Mythische, Mystische, Visionäre und Ekstatische vieler Texte des literarischen *Expressionismus* ist – spätestens seit der „Machtergreifung" des Faschismus – ein gescheiterter Versuch, Literatur als Ersatz für Religion zu etablieren.

2. Folgen der Dichotomie von Religion und Kultur

Im 20. Jahrhundert haben wir es also mit den unbewältigten Spätfolgen der kulturellen Dichotomie von Religion (Christentum) und Kultur (Literatur) zu tun. *Abwehrreaktionen* bestehen auf beiden Seiten. Die *literarisch-ästhetische Religionskritik* hat der Arzt und Lyriker G. *Benn* bis heute gültig auf den Begriff gebracht: „Gott ist ein schlechtes Stilprinzip." Genereller formuliert: Religiöse Überzeugung und ästhetisches Gewissen sind unvereinbar. Religion ist Raum der Literatur heute nur noch bei Strafe der Mediokrität, ästhetische Spitzenleistung nur unter Ausklammerung religiöser Überzeugung zu haben. Gewiß: Religiöse Traditionen sind zwar als Motive, Figuren, Symbole und Themen auch im Werk des Pfarrersohnes Benn in Fülle vorhanden (die Säkularisierung erweist sich gerade bei ihm als produktive „sprachbildende Kraft"), aber stets von der eigenen philosophisch-ästhetischen Position her gebrochen, bestritten, konterkariert. *Religion in affirmativem Sinn bleibt der Kunst etwas Fremdes.*

Umgekehrt gibt es die lange Tradition *religiös-theologischer Kunstkritik,* die – von Platon herkommend – schon bei den Kirchenvätern (Augustin, Hieronymus) grundgelegt ist. Eine Kritik, die im Prozeß der Geschichte zu Topoi geronnen ist: Dichtung ist im Gegensatz zur christlichen Offenbarung nichts als zweifelhafte menschliche Erfindung; die Dichter lügen. Die Darstellung von Gott und Mensch ist in der Dichtung ethisch verwerflich; sie verdirbt die Jugend, weil sie – am Sinnlichen orientiert – niedrige Begierden weckt und nährt. In der Tat ist Literatur bis ins 20. Jahrhundert hinein oft als frevelhafte Einmischung in die religiöse Sphäre, gar als Blasphemie angesehen worden, gegen die sich die institutionalisierte Religion zur Wehr setzen muß: Christliche Theologen haben literarische Texte nicht selten als „fromme Unverschämtheit" (K. Barth gegen Rilke) bezeichnet, als „ein Panorama des Bösen" (W. Grenzmann über die Literatur des 20. Jahrhunderts). Die theologische Kritik an der Ästhetik hatte aber bereits bei Kierkegaard einen Höhepunkt gefunden, der zugleich die bleibende Zwiespältigkeit theologischer Ästhetikkritik offenbarte. Denn der Vorwurf Kierkegaards an die christliche Kunst (unverbindliches Spiel ohne existentiellen Ernst, Ästhetentum ohne Ethos, Poesie ohne Wahrheitsanspruch) wird selber noch einmal auf artistisch hochreflektierte und sprachlich-rhetorisch glänzende Weise vorgetragen. Aber die Kritik bleibt: *Dem Christen in der Nachfolge des Gekreuzigten bleibt die Kunst etwas Fremdes.*

3. Ebenen und Grade literarischer Rezeptionen des Religiösen

Den scharfen, bisweilen feindseligen Abgrenzungsversuchen stehen im 20. Jahrhundert Bemühungen um *Konvergenzen* gegenüber, und zwar ebenfalls von beiden Seiten. Grundlegend für die *protestantische Theologie* sind dabei die Arbeiten von *P. Tillich* über eine „Theologie der Kultur", vor allem seine Analysen expressionistischer Kunst als Durchbruch „durch die in sich ruhende Form des Daseins. Nicht eine jenseitige Welt wird dargestellt, wie in der Kunst der Alten, sondern ein inneres Hinausgehen der Dinge über sich selbst ins Jenseitige." In dieser Weise der Wirklichkeitsdeutung und der Kritik an einem flächenhaften, eindimensionalen Realismus finden sich nach Tillich Religion und Kunst verbunden. Das theologische Denken Tillichs ist nicht auf Abgrenzung, sondern auf „Korrelation" theologisch-religiöser und nicht-theologischer (künstlerisch-literarischer) Wirklichkeitsdeutung aus. *Katholischerseits* ist für die Verhältnisbestimmung von Literatur und Religion das Werk *R. Guardinis* grundlegend geworden, auch wenn sein Kunstverständnis und seine literarischen Interpretationen heute nicht mehr unkritisch übernommen werden können: Für ihn ist das „Wesen des Kunstwerks" Formgebung, Deutung des Ganzen der Wirklichkeit und Verheißung; es hat von daher (also nicht erst vom Inhalt her) „religiösen Charakter". Dieser liegt „in der Struktur des Kunstwerks als solcher", in seinem „Hinweis auf die Zukunft": „auf jene schlechthinnige ‚Zukunft', die nicht mehr von der Welt begründet werden kann. Jedes echte Kunstwerk ist seinem Wesen nach ‚eschatologisch' und bezieht die Welt über sich hinaus auf ein Kommendes." Umgekehrt haben viele bedeutende *Schriftsteller im 20. Jahrhundert*, insbesondere auch der Literatur nach 1945, religiöse Themen, Motive, Stoffe und Figuren oder religiös relevante Probleme für ihr Werk fruchtbar gemacht. Um der Seuche der Vereinnahmung zu wehren, sie mit Hilfe einer (gewiß nicht unproblematischen) Typologie der Versuch gewagt, die verschiedenen Ebenen und Grade der literarischen Rezeption des Religiösen zu unterscheiden.

a) Vom ausschließlich religiösen Standpunkt aus gesehen, sind die meisten literarischen Produkte unserer Zeit *nicht religiöse Literatur,* d. h. literarische Texte, die weder vom Autor noch von Form und Inhalt her auf religiöse Traditionen direkt oder indirekt Bezug nehmen. Soziale, politische, geschichtliche, ästhetische, zwischenmenschliche, psychologische Probleme stehen im Vordergrund. Auch Autoren mit selbsteingestandener religiöser Bindung wie R. Schneider oder J. Bobrowski haben zahlreiche Texte ohne religiöse Aussage geschrieben.

b) Es gibt ein großes Spektrum *religiöser Literatur,* d. h. literarische Texte mit einer bewußt gewollten religiösen Aussage. Der Autor ist hier in der Regel selber religiös geprägt oder beeinflußt und gestaltet die religiöse Aussage in einer künstlerischen Form, die vom Leser als solche auch identifiziert werden soll. Es besteht in der Regel Einheit von Autor, Werk und Rezipient. Alle Produkte der „christlichen Literatur" gehören hierher, in deren Tradition auch heute Autoren stehen, die als Christen schreiben, aber auch literarische Texte aus jüdischer Gläubigkeit (J. Roth, M. Brod). Andererseits gehören in diesen Zusammenhang auch Texte, die eine religiöse Aussage enthalten, ohne daß der Autor selber explizit religiös identifizierbar wäre (H. Hesse, F. Werfel).

c) Die Grenzen zur *religionsoffenen Literatur* werden jetzt fließend, d. h. zu literarischen Texten, die eine engagierte Auseinandersetzung mit religiösen Figuren, Stoffen, Motiven und Themen erkennen lassen, ohne eine religiöse Aussage zu bezwecken oder zu verunmöglichen. Der Autor läßt hier keine religiöse Identifikation oder Präferenz erkennen; er benutzt zitathaft Elemente der religiösen Tradition, um den Leser mit anthropologischen Grundproblemen zu konfrontieren. Dabei kann es zu Inkongruenzen zwischen Autor und Werk kommen. Das Beispiel Kafka zeigt, daß ein Autor oft „religiöser" ist, als er im literarischen Werk zeigen kann. Umgekehrt kann ein Autor sich hinter der „Religiosität" seines Textes verstecken und durch die literarische Distanz – gleichsam rollenspielartig – die Tragfähigkeit religiösen Redens „ausprobieren" (M. Walser: „Ich verwende das Wort ‚Gott' ganz gerne, um zu sehen, wie andere darauf reagieren"). Die Interpretation des Religiösen im Medium der Literatur muß also in jedem Fall die durch die literarische Form geschaffene *Distanz zur Sache* berücksichtigen, will sie nicht den Autor religiös vereinnahmen oder das Werk irreligiös mißverstehen.

Nicht um religiöse Aussagen geht es solchen Werken in der Regel, sondern um politische, gesellschaftskritische, psychologische Problematisierung. *Religiöse Formen* wie etwa Psalmen (B. Brecht, P. Huchel), ein „Requiem" (M. Frisch) oder ein „Oratorium" (P. Weiss), dienen heutigen Literaten nicht der Vermittlung religiöser Gehalte, sondern sind Mittel des Kontrastes geworden, der Antithese, der Spiegelung einer zerbrochenen Welt. Die *Jesus-Figur* ist zwar in vielen Texten heutiger Autoren präsent, direkt (G. Herburger) oder häufiger indirekt in Spiegelfiguren (W. Jens, L. Rinser), verkleidet (W. Borchert, H. Kipphardt) oder in symbolischer Assoziation (N. Sachs). Dieser Jesus aber ist nicht der Christus des Dogmas oder des Glaubensbekenntnisses, sondern die archetypische Deutungsfigur für menschliche Grundkonflikte (Freiheit und Vergewaltigung, Botschaft und Passion, Macht und Ohnmacht, Liebe und Kreuz). Aufzeichnungs- und Notizenbände (etwa von W. Schnurre oder B. Strauß) enthalten eine Fülle von Reflexionen über Religiöses; die Collagetechnik aber zeigt die *Simultaneität verschiedener Deutungsmuster der Wirklichkeit,* von denen die Religion ein Teil ist. Die breite Rezeption des *Mythologischen* im Raum der Gegenwartsliteratur (Heiner Müller, Peter Hacks, Karl Mickel, Christa Wolff, W. Jens, M. Frisch, B. Strauß) macht solche Texte nicht zur „religiösen Literatur" oder zu Beispielen „verborgener" oder „verdrängter" Religiosität, läßt aber eine religionsoffene Interpretation als zulässig erscheinen.

d) Zu unterscheiden davon ist eine *religionskritische oder gegenreligiöse Literatur,* d.h. literarische Texte, deren *Grundaussage* explizit religionskritisch oder von einer gegenreligiösen, d.h. alternativen philosophischen Grundposition bestimmt ist. Brechts Gedichtsammlung „Hauspostille" (1926) etwa arbeitet durch und durch religionskritisch mit Hilfe von Parodien, Travestien und Anti-Texten zu religiös vertrauten Formen (Psalmen, Hymnen, Choräle. Sequenzen). Gedichte Benns enthalten neben der religionskritischen Komponente Elemente einer nichtreligiösen Lebensdeutung und Grundhaltung („Quartär"). W. Borcherts Heimkehrerstück „Draußen vor der Tür" ist eine einzige Abrechnung mit dem tauben, blinden, gefühllosen, ehemals „lieben" Gott. Max Frischs „Triptychon", ein Stück über Vergänglichkeit, Altern, Tod und Leben nach dem Tod, ist eine radikale Verneinung des religiösen Glaubens an die Erfülltheit des postmortalen Lebens.

4. Religiöse Relevanz von Literatur

Diese Unterscheidung von Weise und Grad der Rezeption des Religiösen in der modernen Literatur dient der Abwehr der Vereinnahmung. Nicht alle Literatur ist „religiös", „indirekt religiös", „verborgen religiös"! *Aber alle Literatur ist religiös relevant.* Das heißt: Wenn Literatur verdichtete Wirklichkeitsdeutung ist, dann ist jede Weise der Wirklichkeitsdeutung für die religiöse Deutung der Wirklichkeit von Bedeutung – ob Religion „vorkommt" oder nicht, bejaht oder bestritten wurde. Der Ausdruck „religiös relevant" ist dabei als *Rezeptionskategorie* zu verstehen. Ohne dem literarischen Zeugnis eine direkte oder indirekte religiöse Aussage unterschieben zu müssen, kann jeder Text für den religiösen oder theologischen Leser Bedeutung gewinnen: als Antithese, Kontrast, Alternative, Vertiefung oder Illustration seiner eigenen religiösen Position. Der theologische Rezipient mag in der Literatur eine *prophetisch-provokative Kraft* erkennen und sich dabei auf Kafka berufen („Der Dichter hat eine prophetische Aufgabe"); er mag den *„homo religiosus"* in der Literatur auf der Linie H. E. Nossacks ausmachen („was wir in der heutigen Literatur sehen, kann als ein Versuch betrachtet werden, den ‚homo religiosus' über ein Zeitalter abstrakter Rationalisierung hinüber zu retten"); er mag die Literatur als *„Zeichen der Zeit"* deuten, als Seismographen für die offenen oder geheimen geistigen Erschütterungen der Zeit mit dem Ziel „echter Zeitgenossenschaft" (H. E. Bahr); ja er mag die Ablehnung einer vorschnellen religiösen Identität selber nochmals religiös motivieren im Sinne Peter Handkes („Sich nicht um den Anschluß an eine Religion zu bemühen, sondern sich in seiner Unerlöstheit geduldig und sachlich zu beschreiben, ist schon Religion"): Stets bleiben solche Kategorien für den Umgang mit Literatur subjektive Rezeptionskategorien aus spezifisch religiösem Interesse und dürfen dem literarischen Text nicht schon als Absicht unterschoben werden.

Zugegeben: Religion und Literatur sind letztlich unvereinbare Weisen der Wirklichkeitswahrnehmung und -deutung. Für den religiös Denkenden wird der literarische Text immer die „vor-letzte" Wirklichkeit sein, unabgeschlossen, offen, bestenfalls mit Verweischarakter auf eine letzte/erste Wirklichkeit, die er Gott nennt. Der literarische Text wird für ihn immer Weg sein – nie Ziel, Anstoß – nie Abschluß. Für den Schriftsteller aber muß der Text als abgeschlossen gelten, als Ziel, als ästhetisches Ganzes, das eigenen Gesetzen gehorcht und in sich ruht. Und dennoch bleiben Literatur und Religion aufeinander verwiesen, ja, haben in der Erfahrung von Endlichkeit, Gebrochenheit, Unerfülltheit menschlicher Existenz oft eine gemeinsame Entstehungsquelle. Literatur und Religion sind freilich auch „verbunden in gemeinsamer Absage an banalisierende, versöhnende, harmonisierende, verschleiernde, idyllisierende Weltauslegung: beide mit den ihnen eigenen Mitteln erhellend, wie jene Theologie aussehen könnte, die das Absolute welthaft vermittelt" (W. Jens).

Literatur:
Textsammlungen und Nachschlagewerke: G. *Kranz,* Lexikon der christlichen Weltliteratur (Freiburg i. Br. 1978); *P. K. Kurz* (Hrsg.), Psalmen vom Expressionismus bis zur Gegenwart (Freiburg i. Br. 1978); ders. (Hrsg.), Wem gehört die Erde? Neue religiöse Gedichte (mit einer Beilage: Gedichte lesen – Gedichte verstehen) (Mainz 1984); *K.-J. Kuschel* (Hrsg.), Der andere Jesus. Ein Lesebuch moderner literarischer Texte (Zürich – Gütersloh ²1984); ders. (Hrsg.), Wie im Himmel, so auf Erden. Geschichten von Gott (Gütersloh 1985).
Schlüsselpublikationen: H.-E. Bahr, Theologische Untersuchung der Kunst. Poiesis (München – Hamburg 1965); *R. Guardini,* Über das Wesen des Kunstwerks (Stuttgart – Tübingen 1948); *W. Jens – H. Küng,* Dichtung und Religion (München 1985); *W. Jens – H. Küng – K.-J. Kuschel* (Hrsg.), Theologie und Literatur. Zum Stand des Dialogs (München 1986); *H. Koopmann – W. Woesler* (Hrsg.), Li-

teratur und Religion (Freiburg i. Br. 1984); *K. Kurz,* Über moderne Literatur, Bd. 1-7 (Frankfurt a. M. 1967-1980); *ders.,* Zwischen Widerstand und Wohlstand. Zur Literatur der frühen 80er Jahre (Frankfurt a. M. 1986); *K.-J. Kuschel,* Jesus in der deutschsprachigen Gegenwartsliteratur (Zürich – Gütersloh 1978); *ders.,* Stellvertreter Christi? Der Papst in der zeitgenössischen Literatur (Zürich – Gütersloh 1980); *ders.,* Weil wir uns auf dieser Erde nicht ganz zuhause fühlen. 12 Schriftsteller über Religion und Literatur (München – Zürich 1985); *D. Mieth,* Dichtung, Glaube und Moral. Studien zur Begründung einer narrativen Ethik (Mainz 1976); *A. Schöne,* Säkularisation als sprachbildende Kraft. Studien zur Dichtung deutscher Pfarrersöhne (Göttingen ²1968); *P. Tillich,* Die religiöse Lage der Gegenwart (1926), in: ders., Die religiöse Deutung der Gegenwart. Schriften zur Zeitkritik Gesammelte Werke, Bd. 10, R. Albrecht (Stuttgart 1968) 9–93).

Karl-Josef Kuschel

Marxismus

↗ Arbeitswelt und Kirche; Atheismus; Befreiungstheologie; Konsumgesellschaft; Nord-Süd-Konflikt; Religionsfreiheit; Wirtschaftsethik

1. Marxismus als gesellschaftliche Heilslehre

„Marxismus" im weiteren Sinn ist die Bezeichnung für zahlreiche philosophisch-sozio-ökonomische Systeme, die sich auf Marx berufen, im engeren Sinn die Lehre von *Karl Marx* (1818–1883).
Diesem ging es zunächst um das Praktischwerden der Philosophie, deren Aufgabe es ist, die Wirklichkeit zu verändern. In der Dialektik von Theorie und Wirklichkeit vollzieht sich im gegenseitigen Aufheben einerseits die Verwirklichung der Philosophie, indem sie als Theorie aufgehoben und zur Wirklichkeit wird, andererseits wird in diesem Prozeß auch die Wirklichkeit aufgehoben in jene Theorie, die sich verwirklichend die Wirklichkeit aufhebt, um eine neue hervorzubringen. Deshalb versuchte Marx in der „Deutschen Ideologie" sich auch vom „anschauenden Materialismus" Feuerbachs radikal abzusetzen. Bald entdeckte er jedoch, daß diese neue Wirklichkeit als Frucht der „ganzen Bewegung der *Geschichte*" nur von einer Kraft herbeigeführt werden kann, die selbst Resultat dieser Geschichte ist. Philosophie verwirklicht sich in der „revolutionären Praxis" des Proletariats, indem diese Praxis die Philosophie als theoretische Kritik aufhebt.
Im „Kommunistischen Manifest" kommt die Dialektik des Klassengegensatzes als Prinzip der gesellschaftlichen Entwicklung deutlich zum Ausdruck: Der Gegensatz zwischen den Produktivkräften und Produktionsverhältnissen erweist sich als die immanente bewegende Kraft der Geschichte. Es ist die These der von Marx vertretenen materialistischen Geschichtsauffassung, daß mit der Änderung der Produktionskräfte und Produktionsverhältnisse auch

die „Vorstellungen, Anschauungen und Begriffe, mit einem Wort" auch das Bewußtsein der Menschen „sich ändert". Für Marx galt alles Geistige als Reflex der ökonomischen Verhältnisse. Dadurch werden Recht, Kunst, Wissenschaft, Philosophie und Religion als Spiegelbild der jeweiligen Produktionsverhältnisse, als *Überbau* über der sozialen und ökonomischen *Basis* verstanden. Somit bestimmt das gesellschaftliche Sein das Bewußtsein. Zwischen Basis und Überbau – Marx spricht eher von Theorie und Praxis – besteht dabei keine strikte Entsprechung; auch der Überbau wirkt auf die Basis ein; in „letzter Instanz" aber determiniert den Überbau die Basis. Klassengegensätze in den Produktionsverhältnissen wirken sich auch auf den Überbau aus: Gesellschaftliche Bewußtseinsformen, die ihr Bestimmtsein durch die Basis nicht wahrhaben wollen oder können (vor allem Religion), sind für Marx und Engels „falsches Bewußtsein", also Ideologie.
Marx selbst verstand seine eigene Theorie als „wahres Wissen", d. h. als Gegensatz von Ideologie, als Philosophie der *letzten* Klasse, des revolutionären Proletariats, das die *klassenlose* Gesellschaft herbeiführen soll. Als letzte Lehre ist sie die absolut wahre Lehre und vermag alle früheren Lehren als Ideologie zu entlarven. Jede nicht-marxistische Philosophie usw. ist demnach Ideologie und falsches Bewußtsein. Marx wollte die „wirklichen" Triebkräfte der Geschichte angeben, die notwendig zur kommunistischen Revolution führen: Es sind das die „materiellen Produktivkräfte" und *nicht* Einsicht oder „Verwirklichung des guten Willens", da die materielle Basis etwas Überindividuelles ist.
Marx definiert den Menschen durch die Arbeit. „Der wirkliche Ausgangspunkt", der den Menschen vom Tier unterscheidet, ist die Produktion: In dem gesellschaftlichen Produktionsprozeß produziert der Mensch und *wird* produziert. Dabei wäre es unsinnig, den Menschen als Individuum zu betrachten: Das Individuum genügt sich nicht selbst; auf seinem „sinnlichen" Grundbedürfnis nach „Essen und Trinken, Wohnung und Kleidung" beruht das Bedürfnis nach dem anderen Menschen. Der Mensch ist vom Grund her gesellschaftliches Wesen und Gattungswesen. Sein Wesen ist „das Ensemble der gesellschaftlichen Verhältnisse". Das Individuum wird jedoch nicht in die Totalität der Gesellschaft aufgelöst. Das Ensemble bedeutet die Internalisierung des gesellschaftlichen Seins. Infolge der Arbeitsteilung kommt es zum *Privateigentum* an *Produktionsmitteln* und zur *Waren*produktion. Die wesensgemäße Einheit von Arbeit und gesellschaftlichem Lebensvollzug wird zerrissen und der Mensch sich selbst *entfremdet:* es ist ihm nicht möglich, sich als wahrer Mensch zu verwirklichen. Im Moment, da das Produkt Ware wird, gerät der Arbeitende unter die Herrschaft der Ware, die zwischenmenschlichen Beziehungen erscheinen als Beziehungen zwischen Sachen. Die Gesellschaft ist gespalten in *Klassen:* „Die besitzende Klasse und die Klasse des Proletariats stellen dieselbe menschliche Selbstentfremdung dar."

2. Marx und die Religion

Die Ausbeutung in der Klassengesellschaft veranlaßt den Menschen, seine wahre Wirklichkeit in ein phantastisches Jenseits zu projizieren, weil in der Entfremdung im Diesseits nur der armselige Schein dieser Wirklichkeit vorhanden ist. *Religion* erscheint so als „die *phantastische* Verwirklichung des menschlichen Wesens, weil das *menschliche Wesen* keine wahre Wirklichkeit besitzt". Religion ist kein Betrug, sondern Symptom des Elends der proletarischen Massen, „der Seufzer der bedrängten Kreatur". Sie perpetuiert damit zugleich das Elend, ist so der „Geist der geistlosen Zustände" und „das Opium des Volks". Religion besitzt demnach nie einen objektiv gültigen Gehalt, mit der Aufhebung ihrer gesellschaftlichen Ursachen wird sie von selbst absterben. Da Religion für Marx als Inbegriff von Entfremdung eine noch größere Abhängigkeit bedeutet als der Kapitalismus, wird die Nichtexistenz Gottes postuliert. Der postulatorische Atheismus ergibt sich aus der Grundannahme einer Konkurrenzsituation von Gott und Mensch. Der Sinn des menschlichen Daseins ist der Sinn der menschlichen Gattung, nicht der des Individuums. An die Stelle des göttlichen Absoluten tritt der materiell-ökonomische Prozeß des Gattungswesens.

Wie in keiner anderen Gesellschaft wird der Mensch im Kapitalismus ausgebeutet, entfremdet und zur Ware gemacht. Verelendung und Entfremdung werden einen solchen Grad erreichen, daß sie als „unerträglich" empfunden werden. Mit der Weiterentwicklung der Produktivkräfte entsteht eine „revolutionäre Masse", die die Klassenstrukturen sprengt, sobald das Proletariat „die Majorität aller Gesellschaftsglieder" bildet. Marx hat angenommen, der typische Verlauf einer proletarischen *Revolution* werde gewaltsam sein. Doch finden sich bei ihm auch Ausführungen, in denen Revolutionen als Auflösung des Widerspruchs zwischen Produktivkräften und Produktionsverhältnissen erscheinen, die nicht notwendigerweise gewaltsam sein müssen. Der negative, in immer größere Erniedrigung führende vorrevolutionäre Geschichtsprozeß ist die *Naturgeschichte* des Menschen: eine unvermeidliche Entwicklung der Fähigkeiten der Gattung Mensch auf Kosten von Menschenklassen. Die wahre Geschichte beginnt erst mit der Weltrevolution: Die bisher im Privateigentum vergegenständlichten Produktivkräfte (Wesenskräfte) werden als gesellschaftliche Kräfte von den Individuen „allseitig" angeeignet.

3. Marxismus als Philosophie der letzten Klasse

In dieser „wirklichen Gemeinschaft", im *Kommunismus,* erlangen „die Individuen in und durch ihre Assoziation zugleich ihre Freiheit". Die Herrschaft von Menschen über Menschen hört nach der Sprengung der „kapitalistischen Hülle" mit der „Expropriation" der „Expropriateure" auf. Der gesellschaftliche Verkehr wird nicht mehr durch staatliche Institutionen vermittelt; auch

die Gesellschaft darf nicht an die Stelle des Staates treten. „Das Reich der Freiheit" beginnt allerdings erst dann, wenn das durch Not bestimmte Arbeiten aufhört. Im Kommunismus fallen klassenlose Gleichheit, die Freiheit der menschlichen Gattung und die Beseitigung der Entfremdung zusammen. Der Annahme von Gottesglaube und Schöpfung ist der Boden völlig entzogen: Der Mensch erfährt jetzt sich selbst als Schöpfer.
Die Stärken der Marxschen Theorie liegen in der Analyse der kapitalistischen Produktionsweise. Seine Erwartung, aus den Widersprüchen der bürgerlichen Gesellschaft werde sich eine kommunistische Gesellschaft entwickeln, hat sich bis jetzt auch in Ländern des real existierenden Sozialismus nicht erfüllt. Auch die Argumente seiner Religionskritik treffen nicht zu. Zum einen hat die Religion einfach durch ihr Fortbestehen in diesen Ländern erwiesen, daß sie nicht bloß Funktion einer bestimmten Gesellschaftsordnung ist, zum anderen entstehen auf sozialistischem Boden neue Formen der Religion. Damit stellt sich die kritische Frage an die materialistische Geschichtsauffassung: Ist das philosophische, religiöse, künstlerische usw. Interesse nicht ebenso ursprünglich, aber nicht *nur* von der Praxis abhängig, und für den Menschen konstitutiv wie das ökonomische? Ferner: Woher weiß man eigentlich, daß die klassenlose Gesellschaft die letzte Epoche der Geschichte bilden werde? Hört mit ihr die geschichtliche Entwicklung auf? Und wäre sie dann, wenn Marxens Theorie für die Zukunft richtig und normativ wäre, nicht eben deshalb für die Vergangenheit zweifelhaft?

4. Nachmarxscher Marxismus

Friedrich Engels verbindet die Marxsche Geschichtstheorie mit einer dialektisch-materialistischen Ontologie, die jedoch eine Degradierung der Dialektik der Geschichte zu einer Disziplin neben der Disziplin der Dialektik der Natur und Logik mit sich bringt. *Jürgen Habermas* wirft außerdem Engels eine „Pseudodialektik des Umschlags von Quantität in Qualität" vor. Auch *Georg Lukács* geht mit der „Dialektik der Natur" hart ins Gericht: Ihre Betrachtung der Natur bleibe bloß „anschauend", damit höre sie auf, eine revolutionäre Methode zu sein.
Der Marxismus-Leninismus ist ein auf dem Denken von Marx, Engels und *W. I. Uljanov (Lenin)* aufbauendes System. Bereits zu Lenins Lebzeiten (1870–1924) wurde in der Sowjetunion die Marx-Engelssche Lehre im „historischen" und „dialektischen Materialismus" systematisiert. Da die auf sich gestellte Arbeiterklasse kein politisches Klassenbewußtsein im Sinne des Sozialismus entwickeln könne, ist es nach Lenin Aufgabe der streng organisierten Partei, eine „Avantgarde des Proletariats" zu bilden. Infolge der ungleichen Entwicklung der imperialistischen (kapitalistischen) Länder ist, anders als Marx dachte, die Revolution nicht in den hochkapitalistischen Ländern zu erwarten, sondern „an der Peripherie des Weltkapitalismus". *Georg Lukács* (1885–1971) faßte die kommunistische Partei als geschichtliche

Gestalt und Trägerin des proletarischen Klassenbewußtseins auf. Da diese Theorie mit der leninistischen Parteitheorie nicht zu vereinbaren war, mußte er öfters Selbstkritik üben.

Der *Neomarxismus* ist eine vom Marxismus stark geprägte sozialphilosophische Schule von zeitweise beträchtlicher Ausstrahlungskraft in Verbindung mit der sog. „kritischen Theorie" der „Frankfurter Schule". Die Neomarxisten dieser Richtung (Max Horkheimer, Theodor W. Adorno, Herbert Marcuse, Jürgen Habermas usw.) lehnen das marxistisch-leninistische System ab. Ihre Auffassungen bilden eine Verbindung Marxscher Gedanken (wobei vor allem die „Jugendschriften" herangezogen werden) mit neueren philosophischen (anarchistischen und existentialistischen) und psychoanalytischen Theorien.

5. Kirche und Marxismus

Die Kirche hat in ihrer Begegnung mit dem Marxismus vor allem die Gabe der Unterscheidung vonnöten. Die *Bewegung* ist nicht gleichzusetzen mit dem ursprünglichen System. Ferner muß die Kirche den für die Christen absolut unannehmbaren weltanschaulichen Marxismus und die Analyse ökonomischer und sozialer Prozesse auseinanderhalten: Die geschichtliche Urheberschaft gewisser Thesen und Analysen von Marx bedeutet nicht immer den weltanschaulichen Marxismus. Marx hat eine Reihe fundamentaler Fakten des neu aufgekommenen Industrialismus in einer politisch wirksamen Weise formuliert. Aufgabe der Kirche ist nicht, diese Erkenntnis als „marxistisch" zu disqualifizieren, sondern sie aus ihrer weltanschaulichen Verquickung herauszulösen. Auch die kirchliche Soziallehre kennt einen vom Gerechtigkeitswillen getragenen Klassenkampf. Nach Marx ist der Klassengegensatz absolut und unaufhebbar; darum muß die unterdrückte Klasse Gewalt anwenden. Nach kirchlicher Lehre ist der Gegensatz relativ und überwindbar; darum darf und muß um eine *klassenfreie* Gesellschaft gekämpft werden, ohne daß es dazu nötig wäre, eine der beiden Klassen zu liquidieren". Statt einer pauschalen Verwerfung des Marxismus sollte sich die Kirche um eine Diskussion auf hohem wissenschaftlichem Niveau und um einen praktischen *Dialog* mit den Marxisten bemühen, soweit dies unter den jeweiligen politischen Bedingungen überhaupt möglich ist.

Literatur:
P. Ehlen, Marxismus als Weltanschauung (München 1982); *W. Euchner,* Karl Marx (München 1982); *J. Habermas,* Theorie und Praxis (Frankfurt a. M. 1980); *L. Kolakowski,* Die Hauptströmungen des Marxismus (München 1981); *W. I. Lenin,* Socinenija (Werke) (Moskau ^{4}1941–1953); *G. Lukács,* Geschichte und Klassenbewußtsein (Berlin 1923); *K. Marx – F. Engels,* Werke (Berlin 1956 ff.); *O. v. Nell-Breuning,* Christentum und Marxismus. Beiträge zur Klärung (Düsseldorf 1986).

Tamás Nyíri

Medienpädagogik

↗ Familie; Konsumgesellschaft; Neue Medien

1. Begriff und Problemstellung

Medienpädagogik in einem engeren Sinne meint Erziehung im Umgang mit den Medien, wobei zumeist an Film, Fernsehen und die sogenannten Neuen Medien (Video, Computeranwendungen) gedacht wird, während der Umgang mit den mittlerweile als traditionell geltenden Medien, vorab mit dem Buch, als selbstverständlich und unproblematisch gilt. Demgegenüber ist zu bedenken, daß durch die Entwicklungen der neuesten Zeit nicht bloß neue Medien entstanden sind, sondern sich überhaupt das Repertoire der menschlichen Kommunikation erweitert und das Verhältnis der einzelnen Formen zueinander verändert hat. Zentrales Thema einer modernen Medienpädagogik in einem weiten Sinne des Wortes, wofür auch der Begriff der Medien*bildung* angemessener wäre, besteht darin, Antworten auf die Frage zu finden und zu begründen, welches der Anteil der verschiedenen Medien an der Gestaltung unserer Lebenswelten ist, sein kann und soll, und wie der einzelne in die Lage versetzt wird, für sich selbst und für andere darüber im Alltag verantwortlich zu entscheiden.

Dadurch werden letztlich Themen der individuellen und sozialen Ethik angesprochen: Die Ordnung, die wir durch die Massenkommunikation schaffen, beeinflußt in erheblichem Maße die Ordnung des menschlichen Zusammenlebens; sie zeigt zudem, wie die Ergebnisse der Medienforschung dokumentieren, Auswirkungen auf die Art und Weise, wie die Menschen im persönlichen Verkehr miteinander umgehen.

2. Das Medium als Kommunikationsvorgang und Kommunikationsinstrument

Mit Vorteil wenden wir uns unter diesen Umständen zunächst der Frage zu, was wir unter Kommunikation verstehen wollen, wie sie sich im Laufe der menschlichen Geschichte entwickelt hat, worin die Eigenheiten der verschiedenen Medien bestehen und was wir über ihre „Wirkungen" wissen. Medien sind nicht nur als Technologien zu sehen, deren Entwicklung gewissermaßen naturwüchsig verläuft und an die es sich schlicht anzupassen gilt, Medienpädagogik bezweckt nicht bloß schlicht die Anweisung im gekonnten Mediengebrauch.

a) Für das Verständnis von Kommunikation ist im Blick auf Medienbildung der von Watzlawick/Beavin/Jackson formulierte Satz wichtig: „Man kann nicht *nicht* kommunizieren." Er bezieht sich vorab auf Situationen, in denen sich Menschen unmittelbar gegenüberstehen, miteinander reden und eben auch durch ihre Gesten und überhaupt ihr Tun sich einander mitteilen: Ein

Verhalten wird auch dann von dem einen als Mitteilung aufgefaßt, wenn sich der andere dessen nicht bewußt wird. Wer bewußt kommunizieren will, muß somit selbst etwas tun. Ein anderer Mensch muß zudem seinerseits dieses Tun wahrnehmen und in sein Verhalten integrieren. Das Bindeglied ist dabei die *Information*. Sie repräsentiert im Wort, im Bild, in der Geste, sogar im Geruch Bedeutungen, auf die sich das Verhalten bezieht. Dabei ist für die menschliche Entwicklung Eindeutigkeit ebenso wie Vieldeutigkeit wichtig; die eine fördert die Integration, die andere die Innovation. Die Art und Weise, wie Menschen miteinander kommunizieren, worüber sie dies tun, und die sich daraus ergebenden Kontinuitäten des Handelns und des Tuns begründen letztlich die Identität einer einzelnen Person, Gruppe, Gemeinschaft und Gesellschaft. Dabei sind Unterschiede der Befähigung und der Chancen von Belang, gewisse Bedeutungen mittels Macht bzw. Herrschaft durchzusetzen. Dauerhaft gestörte Kommunikation führt beim Individuum wie bei Kollektiven zur Schwächung der Identität.
b) Medium meint mehr als nur das Gerät, nämlich einen sozialen Kontext, der durch die Art der Organisation und der Nutzung von Kommunikationstechnologien geschaffen wird. Ein und dieselbe Technik, z. B. Video, kann in unterschiedlichen Medien (Fernsehen, Kino, „Überwachung") genutzt werden. Die Einsicht, daß Medien *Technologien im sozialen Kontext* sind, ist für die theoretische Grundlegung von Medienpädagogik darum wichtig, denn es ergibt sich daraus, daß Medien immer „wirken", also soziale Folgen zeigen. Die Frage ist, worin diese bestehen und wie sie zu beurteilen sind.
c) Medien können beim Benutzer, der hier vorab interessiert, auf zweierlei Weise wirken: durch den unmittelbaren *Umgang,* den sie erfordern, und durch die übermittelten *Inhalte*. Das letztere scheint plausibler. Allerdings können wir von Wirkungen eigentlich erst dann sprechen, wenn die Menschen das Gelesene, Gehörte oder Gesehene *in Handlungen umsetzen* oder sich zumindest in ihren Handlungen davon beeinflussen lassen. Wenn wir noch genauer sein wollen, müssen wir verlangen, daß diese Wirkungen auf die besondere, eben die *medienspezifische* Auswahl und Darbietung einer Information zurückgeführt werden. Dabei können die Informationen als Wissen oder als Einstellung zunächst gespeichert und erst später dann handlungsrelevant werden. Häufig werden Informationen auf eine Weise präsentiert, daß die Inhalte von vornherein darauf angelegt sind, das gewöhnliche Handeln nicht zu beeinflussen, das Gezeigte also offensichtlich nicht ernst gemeint ist.
Diese Art Wirkung, die nicht etwa nur beim Fernsehen zu beobachten ist, und neben der Unterhaltung selbst bei Nachrichten eintreten kann, hängt eng mit der *„Domestizierung"* der Medien zusammen und damit, daß Mediennutzung zu einem – sich selbst genügenden – Handeln eigener Art geworden ist, heute mehr denn je. So kann es zu einer Gewöhnung kommen, die im Medienverhalten besteht. Dadurch wird unter Umständen auf andere Tätigkeiten verzichtet, beispielsweise auf gesellige Kontakte. – Analoge Überlegungen

lassen sich hinsichtlich der Auswirkungen auf die Prozesse der Produktion und Verbreitung anstellen: Die Arbeitsteilung ist beispielsweise beim Fernsehen wesentlich höher als beim Buch, wodurch der unmittelbare Einfluß des Autors auf das Produkt in der Regel wesentlich vermindert wird.

3. Medienpädagogische Felder und Verantwortlichkeiten

Medienpädagogik erfordert die Beschäftigung mit Modellen menschlicher Kommunikation, welche allen ihren Formen Rechnung zu tragen vermögen, insbesondere den Gemeinsamkeiten und Unterschieden zwischen persönlicher und medialer Kommunikation. Ebenso ist es wichtig, die Ergebnisse systematischer Untersuchungen über Medienwirkungen zur Kenntnis zu nehmen.

Beim heutigen Stand unserer Erkenntnisse läßt sich sagen, daß durch alle Medien bei allen Menschen, vorab jedoch bei Kindern, erhebliche Wirkungen auf das Lernen von Verhalten sowie – besonders wichtig – auf die Eigensteuerung des Lernverhaltens ausgehen. Dabei zeichnet sich etwa das Lesen gegenüber dem Fernsehen dadurch aus, daß der einzelne das zeitliche Ausmaß seiner Beschäftigung mit einzelnen Inhalten im wesentlichen selbständiger bestimmen kann. Fernsehen wiederum wirkt nicht, wie der erste Anschein vermuten läßt, dominant wegen des Bildes, sondern durch die Verknüpfung von Bild und Ton bzw. Wort. Bei computergesteuerten Medien kommt eine zusätzliche Wirkung durch die Programme, d.h. die ihnen zugrundeliegenden Wissens- und Denkformen, zustande.

Allgemeine Einsichten dieser Art ebenso wie etwa die – heute weitgehend unbestrittene – Erkenntnis, daß häufige und intensive Gewaltdarstellungen im allgemeinen Tendenzen zu aggressivem Verhalten fördern (keinesfalls jedoch schwächen), müssen für die praktische medienpädagogische Arbeit ergänzt werden durch die Beobachtung, wie das einzelne Kind oder der einzelne Erwachsene (z.B. ältere Menschen) in ihrem Alltag mit den Medien umgehen. Darum ist es relativ schwierig, konkrete Anleitungen zu geben. Immerhin lassen sich einige allgemeine Thesen für eine zeitgemäße Medienpädagogik formulieren:

a) Im Hinblick auf den einzelnen Menschen, vor allem den heranwachsenden, besteht *Medienpädagogik als Medienbildung* darin, einen Umgang mit Medien zu erwerben, der der Entwicklung der eigenen Persönlichkeit förderlich ist. Das erfordert in jedem Fall eine Freiheit im Umgang mit den Medien auf einem Spektrum, das von Zurückhaltung, sogar zeitweiligem Verzicht bis zur Beteiligung an der Produktion alle Formen einschließt. Bei Kindern stellt sich die alte Frage des Maßes vorab im Umgang mit neuen Medien wiederum neu. Hinsichtlich älterer Menschen ist daran zu erinnern, daß Mündigkeit kein *Zustand* ist, sondern eine *Fähigkeit,* die sich in der aktiven Auseinandersetzung mit Umwelt immer wieder neu bewähren muß.

b) *Medienpädagogische Bemühungen für Familien* orientieren sich mit Gewinn nach der Einsicht einer zeitgemäßen Elternbildung. Hier kann man sehen, daß viele Eltern bereit sind, ihre Verantwortung aktiv wahrzunehmen. Sie brauchen nicht in erster Linie Belehrung, sondern Anerkennung, Erfahrungsaustausch und die Diskussion von Handlungsvarianten. Im allgemeinen gilt als sicher, daß das Medienverhalten der Eltern dasjenige der Kinder wesentlich beeinflußt. Unter diesen Umständen kann es z. B. nützlich sein, wie immer geraten wird, wenn Eltern einzelne Fernsehsendungen mit ihren Kindern ansehen und besprechen. Viel wichtiger ist jedoch der Stellenwert, der den einzelnen Medien im gesamten Familienalltag eingeräumt wird, und – mit zunehmendem Alter der Kinder – das gemeinsame Nachdenken darüber.

c) *Medienpädagogik in der Schule* hat sich selbstverständlich dem allgemeinen Bildungsauftrag der Schule unterzuordnen. Konkret bedeutet dies wohl nicht mehr und nicht weniger, als die praktische Integration der Medien in den Unterricht zum Prüfstein zu machen und zu klären, inwiefern welche Bildungsinhalte und Kenntnisse durch welche Medien sinnvoll vermittelt werden können, ferner welchen Nutzen die Kinder aus der eigenen Produktion von Mediendarbietungen zu ziehen vermögen. Aus der oben begründeten Umschreibung des Begriffes des Mediums folgt, daß die Vermittlung von Kenntnissen bloß über die Bedienung der Geräte dem Bildungsauftrag der Schule nicht genügt.

d) *Medienpädagogik in der Öffentlichkeit* hat zum Ziel, der Bevölkerung allgemein ebenso wie spezifischen Gruppen (z. B. ethnischen Minderheiten, älteren Menschen) Informationen und Kenntnisse zu vermitteln, die einen autonomen Umgang mit Medien erleichtern bzw. fördern. Wichtig sind dabei sachliche Beratung über technische und finanzielle Aspekte ebenso wie Berichte über Erkenntnisse zur Wirkungsforschung, vorab solche, die sich auf längerfristige Auswirkungen beziehen. – Derartige „Öffentlichkeitsarbeit" ist dann besonders erfolgversprechend, wenn sie Gelegenheit zum Erfahrungsaustausch bietet (z. B. in Form von Kursen der Erwachsenenbildung).

Die praktische Relevanz dieser Themen läßt sich leicht schon aus den Daten über das Ausmaß der alltäglichen Mediennutzung ablesen (wobei bezeichnenderweise Daten dieser Art in der Regel durch das gedruckte Wort übermittelt werden). Im Mittel der Jahre 1981/82 erreichte die durchschnittliche Nutzung in der Bundesrepublik folgende Tageswerte (in Minuten pro Tag): für die Bevölkerung ab 14 Jahren: Fernsehen: Montag bis Freitag 120, Samstag 169, Sonntag 158; Rundfunk: Montag bis Freitag 160, Samstag 157, Sonntag 115; Tageszeitung: Montag bis Sonntag 33; Zeitschrift: Montag bis Sonntag 24; Video: Montag bis Freitag 34, Samstag 38, Sonntag 44; zum Vergleich die Fernsehtageswerte für Kinder zwischen 8 und 13 Jahren (über den Gebrauch von Rundfunk und Printmedien liegen für dieses Alter keine Angaben vor): Montag bis Freitag 78, Samstag 143, Sonntag 93.

4. Aktualität und Dringlichkeit

Medienpädagogik gewinnt an Aktualität und Dringlichkeit in Anbetracht der Einführung neuer Medien. Auch hier ist prinzipiell die Berücksichtigung von Ergebnissen der Forschung integraler Bestandteil verantwortungsbewußter Einführungsstrategien. Wo eine Übertragung vorhandener Einsichten nicht möglich ist, weil die technologischen Voraussetzungen grundlegend anders sind (Zweiweg-Kommunikation, Heim-Computer), sind diejenigen, die sich für Medienpädagogik einsetzen, gut beraten, darauf zu drängen, daß systematische, unbeeinflußte Untersuchungen über die Akzeptanz und die Nutzung der neuen Kommunikationsformen durchgeführt werden.

Letztlich bedarf die Medienpädagogik einer *medienethischen* Fundierung. Für sie lautet die Kernfrage, wie wir unsere Lebensformen und unsere Art der Kommunikation gegenüber künftigen Generationen aus humanen und religiösen Werten begründen können.

Dabei ist zu bedenken, ob und welche Grenzen für das Ausmaß, die Dichte und die Inhalte der Medienkommunikation bestehen, wie das Verhältnis zwischen Medienfreiheit und dem Recht der Persönlichkeitsentfaltung zu bestimmen ist. Ebenfalls miteinzubeziehen sind die Anliegen des Jugendschutzes. Unschwer läßt sich voraussehen, daß nach einer Phase überwiegend euphorischer Akzeptanz neuer Technologien vermehrte Besinnung gefordert sein wird. Spätestens zu diesem Zeitpunkt wird die eigentliche Tragweite theoretischer und praktischer Medienbildung sichtbar werden.

Literatur:
I. de Haen (Hrsg.), Medienpädagogik und Kommunikationsstruktur (Frankfurt a. M. 1984); *F. Kübler u. a.*, Medienwirkung und Medienverantwortung. Überlegungen und Dokumente zum Lebach-Urteil des Bundesverfassungsgerichts (Baden-Baden 1975); *K. Lüscher – M. Wehrspaun*, Medienökologie. Der Anteil der Medien an unserer Gestaltung der Lebenswelten, in: Zeitschrift für Sozialisationsforschung und Erziehungssoziologie (1985) Heft 5, 187–204; *G. Maletzke*, Bausteine zur Kommunikationswissenschaft 1949–1984 (Berlin 1984); *R. A. M. Mayer*, Medienumwelt im Wandel (München 1984); *W. Ong*, Interfaces of the Word (Ithaca 1967); *H. Ringeling – M. Svilar* (Hrsg.), Die Welt der Medien (Bern 1984); *P. Watzlawick – J. Beavin – D. D. Jackson*, Menschliche Kommunikation. Formen, Störungen, Paradoxien (Bern – Stuttgart – Wien 1969).

Kurt Lüscher

Meditation

↗ Esoterik; Gebet; Gott; Jesus Christus; Mystik; Neue geistliche Bewegungen; Östliche Religiosität

1. Zeithintergrund

Inmitten der Hektik des heutigen Alltagsleben kommen Menschen heute vielfach wenig zu sich selbst, verlieren sich in vielen Formen einer neuen Selbstentfremdung. Von diesem Strudel wird ein Stück weit auch das Christentum mitgerissen, weshalb es vielen nichtssagend wie schales Salz erscheint, was für manche wiederum Anlaß ist, in einem lautlosen Auszug die Kirchen zu verlassen. Zugleich jedoch brechen Gegenbewegungen auf. Unter diesen spielt die Meditation eine wichtige Rolle. Anstöße aus dem Fernen Osten tragen zum Wiedererwecken des christlichen Meditierens bei, das weithin von einem beengenden Rationalismus erstickt worden war. Allerdings verfallen so auch manche ohne jede kritische Distanz dem östlichen Erbe. Da sie meinen, der Westen kenne nicht die echte Meditation, die dem Osten vorbehalten sei, gleiten auch sie aus dem Christentum heraus.

2. Methoden und Ziele

Vom Lateinischen her stecken in dem Wort „Meditation" zwei Bedeutungen: einüben und besinnen. Näherhin geht es um das Einüben der Besinnung, durch die der Mensch zu sich selbst kommt oder sich selbst findet, die ihn von der Oberfläche in die Tiefe führt. Damit ist die Rückkehr aus der Zerstreuung, die unsere Kräfte am Nichtigen vertut, in die Sammlung gegeben, die unsere Kräfte auf das Bedeutsame und Wesentliche richtet. Das geschieht nicht als begriffliches Nachdenken über, sondern als ganzmenschliches Erfahren der letzten Gründe unseres Daseins. So wird in uns die Mitte mächtig, von der her wir alles andere zu meistern vermögen. Wenn wir unser Leben uns als ein Rad vorstellen, das um eine Achse kreist, so werden wir meist von dem rasenden Wirbel an der Peripherie mitgerissen, während die Meditation unseren Standort mehr und mehr zur Achse hin verlagert. Aus ihr wächst die Tiefenwandlung, durch die wir erst in den Reichtum und die Fülle, die uns beschieden sind, hineingelangen und die wahre Lebensfreude gewinnen.
Näherhin ist zwischen der profanen und der religiösen Ausprägung der Meditation zu unterscheiden. Jene verbleibt in der Selbstfindung, während diese zum Finden des Absoluten oder, christlich gesprochen, zur Gottfindung voranschreitet. Im profanen Bereich entfaltet sich das Angebot der Meditation für Manager und die therapeutische Meditation, von der allerdings C. G. Jung sagt, sie vermöge allein durch eine Rückkehr zum Religiösen wahrhaft zu heilen. Tiefer geschaut, vollendet sich die *Selbst*findung erst in der *Gott*findung. – Wie von hier aus ohne weiteres klar wird, ist die profane

Meditation nicht Gebet; in dem Maße hingegen, wie die Meditation in die Gottfindung hineinreift, wird sie zur Begegnung mit Gott. Da diese aber nicht als kühl distanziertes Wissen, sondern als liebende Hingabe geschieht, entfaltet sie sich in Anbetung, Lobpreis und Dank und ist damit Gebet.
Die Befähigung zum Meditieren gehört zum Wesen des Menschen oder kommt allen als Naturanlage zu. Daher entfaltet es sich in vielen als spontanes Geschehen, das in dafür günstigen Augenblicken aufblitzt und bei manchen ihr ganzes Leben durchzieht. Seinen vollen Tiefgang aber erreicht es erst durch sorgfältiges Bemühen, dem vielfältige Methoden eine wirksame Hilfe bieten. In diesem Rahmen wird, wie schon gesagt, gegenwärtig der Westen von den reich entwickelten Anweisungen des Fernen Ostens befruchtet. Von ihnen können wir vieles lernen, vorausgesetzt freilich, daß wir sie von ihrem weltanschaulichen, hinduistischen oder buddhistischen Hintergrund abzuheben, worum sich erfahrene christliche Meditationsfachleute auch nachdrücklich bemühen.
Diese Auseinandersetzung mit östlichen Traditionen hat den christlichen Westen zum neuen Entdecken und Erwerben seines eigenen meditativen Erbes hingeführt. Es durchzieht in breitem Strom das abendländische Geistesleben. Angefangen bei den Mönchen der ägyptischen Wüste, erlebt es eine hohe Blüte in der Mystik des Mittelalters (Meister Eckehart) und der Neuzeit (Teresa von Ávila und Johannes vom Kreuz). Aus derselben Überlieferung lebt Ignatius von Loyola, bei dem der Unterschied von mystischer Kontemplation und eingeübter Meditation besonders deutlich hervortritt. Während erstere eine Gnadengabe Gottes ist, über die der Mensch nicht verfügen kann, ist letztere seinem sorgfältigen Einüben zugänglich. Dafür wurden reiche Methoden ausgebildet, denen Ignatius in seinen „Exerzitien" ihre reife Gestalt gegeben hat. Nach einer rationalistischen Erschlaffung kehren sie heute zu ihrer vollen Kraft zurück. Einsatzfreudig und großmütig vollzogen, bringt das ernsthafte Anwenden solcher Methoden auch heute noch eine Tiefenwandlung zustande. Für Ignatius kommt alles auf das „innere Fühlen und Verkosten" an, aus dem die vorbehaltlose Hingabe erwächst, durch die der Mensch aus sich herausgeht und so gerade sich selbst gewinnt.
Die methodischen Winke nehmen den ganzen Menschen in das Meditationsgeschehen hinein, indem sie sein Verstehen und sein Wollen in sein fühlendes Erfahren einbetten und so durch die Gemütskräfte auch den Seelengrund in Bewegung bringen. In dieselbe Richtung zielt das Bildhafte, das bei Ignatius in keiner Meditation fehlt. Selbstverständlich ist auch der Leib mit einbezogen, was sich in den entsprechenden Körperhaltungen, in der Wahl der Nahrung und im Ausnutzen von Licht und Dunkel auswirkt. Dazu kommt das Achten auf den Atem, das für die östliche Meditation entscheidend ist und bei Ignatius im Gebet nach dem Rhythmus des Atems hervortritt. Keine Methode erzeugt die Meditation sozusagen mechanisch; jede gewährt lediglich günstige Vorbedingungen dafür, daß sich diese aus der Tiefe ereignen kann.

Namentlich handelt es sich nicht um Selbsterlösung, obwohl der Osten nicht ganz davon frei ist.

3. Meditation und Mysterium

Aber auch im Osten überschreitet der Mensch bei der Selbstfindung sich selbst, indem er sich im bestimmungslosen Nichts oder im Absoluten als dem großen Es einwurzelt. Die Einigung mit diesem mündet oft in ein pantheisierendes Verschmelzen oder Auflösen ein.

Quelle des Meditierens ist die religiöse Erfahrung, die im christlichen Meditieren durch Gottes Offenbarung und Gnade geläutert und ergänzt wird. Danach spricht sich Gott dem Menschen in einer Botschaft zu, die in Christus, seinem menschgewordenen Sohn, als dem Zeugen ohnegleichen ihre Fülle erreicht. Indem so Gott sein Wort an uns richtet, tritt er uns als Person oder als das göttliche Du entgegen, wodurch die Meditation als Begegnung oder als personaler Dialog geschieht. Zugleich wird sie von der Gnade der Erlösung durchdrungen, was dem Überwinden der oben angedeuteten Unzulänglichkeiten des nicht-christlichen Meditierens gleichkommt, obwohl auch dieses verborgenerweise an der Erlösung teilnimmt. Damit ist die Gefahr der Selbsterlösung gebannt und stellt sich unser methodisches Ringen als Ergreifen der Gnade Christi dar.

Von Christus her gesehen, entfaltet sich das christliche Meditieren in einer dreifachen Einigung: Einigung mit sich selbst durch Einigung mit Gott und diese wiederum durch Einigung mit Christus. Er ist „der Weg", weil in ihm, dem menschgewordenen Sohn, auf höchste Weise der Mensch mit Gott eins ist; deshalb können wir einzig durch ihn zum ewigen Vater kommen (Joh 14,6) oder ist er der „Mittler", auch für das Meditieren. Tiefer geschaut, lebt Christus durch die Sakramente, vor allem durch die Taufe und die Eucharistie, in uns. Diese Einigung gleicht dem Samenkorn, das die Meditation so zum Keimen und Reifen bringt, daß es unser ganzes Wesen, unser gesamtes Tun und Lassen durchdringt. Indem aber Christus in uns wächst und alles abnimmt (Joh 3,30), was ihm widerstreitet, werden wir ihm gleichgestaltet und damit zum ewigen Vater hingebildet. Weil daran der Heilige Geist, der Dritte in der göttlichen Drei-Einigkeit, als der Christusbildner beteiligt ist, geschieht das Meditieren als Werk des Gottesgeistes in uns. Davon sind die „Exerzitien" des hl. Ignatius geprägt, insofern sie volle drei Wochen bei Christus verweilen.

Hier meldet sich gegen das christliche Meditieren der Einwand, es sei gegenständlich, während allein der Osten zum ungegenständlichen oder eigentlichen Meditieren gelange. Gewiß gehörte Christus auf Erden in die gegenständliche oder raum-zeitliche Welt hinein. Doch betraf das nur seine Menschheit, in der seine Gottheit als übergegenständliches Geheimnis verborgen war. Allein wer dazu vordrang, begegnete schon damals Christus wahrhaft. Mit seiner Auferstehung hingegen wurde seine Menschheit ganz von der Herrlichkeit seiner Gottheit durchstrahlt und damit über die raumzeitlich gegenständliche Welt erhoben. Heute lebt einzig der auferstandene Herr, in dem sein Leiden und sein Erdenleben aufbewahrt sind. Demnach umfaßt die meditative Einigung den Auferstandenen, weshalb die Christusmeditation im übergegenständlichen Bereich verbleibt und immer tiefer in diesen hineingeleitet. Sie hat einen Gehalt, aber keinen Gegenstand, was man oft nicht unterscheidet.

4. Bild- und Wortmeditation

Diese Unterscheidung ist auch für die mannigfachen Weisen des Meditierens bedeutsam. So macht die Naturmeditation die anschaulichen Gestalten der Dinge und der Menschen transparent, indem sie deren übergegenständliche Tiefe zum Aufleuchten bringt. – Ebenso wird der Mensch durch die Bildmeditation für die übergegenständliche Tiefe durchlässig, die in den Bildern durchscheint, besonders wenn diese aus Meditation hervorgegangen sind wie die Miniaturen des Mittelalters, die Ikonen der Ostkirche und die Werke von Fra Angelico oder Chagall. Ähnliches gilt für die Wortmeditation, durch die der Mensch Worte der Heiligen Schrift oder sonstige gehaltvolle Worte so in seiner eigenen Tiefe bewegt, daß sich deren übergegenständliche Tiefe öffnet.

Das kann gelingen durch langsames Sprechen nach dem Rhythmus des Atems, durch Wiederholen oder verweilendes Eindringen. Beispiele dafür sind das kleine Jesus-Gebet der Ostkirche, das indische Mantra und der japanische Koan. Letzterer treibt durch seine paradoxe, scheinbar widersinnige Struktur den Meditierenden von der gegenständlichen Oberfläche in die übergegenständliche Tiefe.

Eigens hervorzuheben ist die Meditation der Begegnung mit Christus an Hand der Evangelien, die in den gegenständlich berichteten Ereignissen das übergegenständliche Geheimnis des auferstandenen Herrn aufspürt und zu der Tiefeneinigung mit ihm gelangt, wie sie im Gleichnis vom Weinstock und den Reben uns nahekommt. – Nachdem sich der Mensch in den eben angedeuteten Meditationsweisen gründlich geübt hat, wird sich ihm das übergegenständliche Geheimnis auch ohne Vermittlung, also auch ohne Bilder und Worte, ohne Gestalten und Begegnungen, mitteilen. Wenn das geschieht, spricht man oft von ungegenständlicher Meditation, wobei jedoch zwei Mißverständnisse zu vermeiden sind. Erstens ist auch diese Meditation nicht ohne Gehalt, und zweitens ist sie nicht der einzige Weg, auf dem eigentliches Meditieren erreicht wird. Außerdem ist darauf zu achten, daß der personale Dialog nicht im unpersonalen Verschmelzen untergeht. Solches Meditieren übt der japanische Zen-Buddhismus; ihm nähern sich die Anweisungen eines unbekannten Autors aus dem England des Mittelalters, von dem „Die Wolke des Nichtwissens" stammt.

Literatur:
K. Dürckheim, Meditieren – wozu und wie? (Freiburg i. Br. ⁸1985); *H. Dumoulin, Östliche Meditation und christliche Mystik (Freiburg i. Br. 1966); H. Enomiya-Lassalle,* Zen-Weg zur Erleuchtung (Wien ⁴1973); Ignatius von Loyola, Geistliche Übungen. Übertragung und Erklärung von A. Haas. Mit einem Vorwort von K. Rahner (Freiburg i. Br. ⁵1981); *J. Lotz,* Kurze Anleitung zum Meditieren (Frankfurt a. M. 1973); *J. Sudbrack,* Herausgefordert zur Meditation (Freiburg i. Br. 1977); *K. Thomas,* Meditation in Forschung und Erfahrung (Stuttgart 1973); *K. Tilmann,* Die Führung der Meditation, 2 Bde. (Einsiedeln 1971/78); *H. Waldenfels,* Meditation – Ost und West (Zürich – Einsiedeln – Köln 1975).

Johannes B. Lotz

Menschenrechte

↗ Befreiungstheologie; Politik und Kirche; Recht und Ethik; Religionsfreiheit; Vatikanum II

1. Begriff und Geschichte

Die Berufung auf Menschenrechte, d. h. auf Rechte, die dem Menschen als solchem (und nicht bloß als Bürger eines Staates, der sie ihm durch seine Rechtsordnung verleiht) zukommen und universalen Charakter haben, geschieht heute weltweit. Dies scheint einerseits eine Übereinstimmung darüber anzuzeigen, daß es solche Rechte gebe; andererseits droht dieses Gemeinsame im Streit der Weltmächte und Ideologien aufgelöst zu werden. Geschichtlich ist die Idee von den Menschenrechten Ergebnis der Aufklärung des 17. und 18. Jahrhunderts, auch wenn manche Inhalte schon früher (z. B. im Stoizismus) angesprochen waren. Jedenfalls entstand diese Idee nicht unter Einfluß spezifisch christlichen Gedankenguts, sondern beruhte auf der dem kritischen, rationalen Verstandesdenken verpflichteten Freiheitsphilosophie und der politischen bürgerlichen Auffassung des Liberalismus, die zu einem neuen, säkularisierten Verständnis von Staat und Recht führten. Oft war das Menschenrechtsdenken gegen die christlich-kirchliche Praxis und Tradition gerichtet, wie umgekehrt (und wohl als Konsequenz) eingeräumt werden muß, daß christliches Denken (und vor allem die Kirche) sich lange Zeit mit der Anerkennung von Menschenrechten schwer tat. Erst in den letzten Jahrzehnten ist hier eine deutliche Wende zu bemerken (vgl. das Arbeitspapier der päpstlichen Kommission Iustitia et Pax „Die Kirche und die Menschenrechte", 1976), obwohl anzumerken wäre, daß die Frage der „Menschenrechte in der Kirche" noch immer umstritten ist (vgl. Neumann).
Motiv für diese veränderte Stellung der Kirche und des Christentums überhaupt ist die Erkenntnis, daß die Geschichte der Menschenrechte immer

auch die ihrer einseitigen Mißverständnisse und ideologischen Fehldeutungen war, daß also diese Idee durchaus mit dem christlichen Glauben vereinbar ist; ja noch mehr: daß sie sogar von einem tieferen Selbstverständnis des Glaubens her postuliert werden muß. Freilich darf dies nicht dazu führen, nun die Menschenrechte als spezifisch christliches Gedankengut aufzufassen und zu behaupten; sondern die Bedeutung des Menschenrechtsdenkens liegt für die heutige Situation der Menschheitsgeschichte gerade darin, eine gemeinsame normative Grundlage für das Zusammenleben aller Menschen in Frieden und Gerechtigkeit unabhängig von einer (möglichen) religiösen bzw. weltanschaulichen Begründung in Sicht zu bringen. Menschenrechtsdenken ist primär philosophische Reflexion auf das Wesen (die Natur, die Bestimmung) des Menschen und des von ihm her und auf ihn hin gedachten Rechtes (und Staates).

2. Autonomie als Grund der Menschenrechte

Die Anerkennung des geschichtlichen Werdens der Idee der Menschenrechte erst in der Aufklärung verhindert nicht die philosophische Frage nach ihrem Wahrheitsgehalt. Denn die einzelnen Menschenrechte, die nicht nur Theorie blieben, sondern auch rechtlich positiviert wurden (1776 Bill of Rights Virginia; 1789, 1793, 1795 Französische Erklärung der Menschen- und Bürgerrechte; 1948 Allgemeine Erklärung der Menschenrechte der UNO; 1950 Europäische Konvention zum Schutz der Menschenrechte; 1961 Europäische Sozialcharta; 1966 Internationale Konvention über wirtschaftliche, soziale und kulturelle Rechte bzw. über politische und Bürgerrechte der UNO), entstanden nicht (nur) als rechtspolitische (d.h. in der Zukunft rechtlich zu verwirklichende) Forderungen, sondern beriefen sich auf ein immer schon vorgegebenes, mit dem Menschen selbst verbundenes Recht. Die Menschenrechte stellen deshalb einerseits geschichtliche Ausformulierungen dieses Rechtes dar, wobei in der Regel existentielle Unrechtserfahrungen (der Verletzung dieses Rechts durch Willkür und Gewalt) den Auslöser bildeten. Sie sind andererseits an ein bestimmtes (Selbst)Verständnis des Menschen rückgebunden, das in diesen geschichtlichen Erfahrungen zum Bewußtsein und zur Erkenntnis kam und das dieser geschichtlichen Entwicklung selbst zugrunde liegt und Geschichte überhaupt erst begreifbar macht. Deshalb muß Menschenrechtsdenken immer offenbleiben für (neue) geschichtliche Erfahrungen, darf sich nicht einsargen lassen in die Formulierung bestimmter Kataloge (obwohl auch diese zur rechtlichen Klarstellung und politischen Bindung erforderlich sind), muß aber dabei stets rückgebunden bleiben an das Wesen des Menschen, das als der Grund und als das Maß eines jeden Menschenrechts unaufgebbar und unverzichtbar erkannt ist.

Dieser Grund der Menschenrechte, der ihre Idee als wahr (und richtig) begründet, ist die unantastbare und unaufgebbare Würde des Menschen, die ihm deshalb notwendig zuzuerkennen ist, weil er das Wesen der freiheitlichen Selbstbestimmung ist, d. h. in der Geschichte sich in dieser Bestimmung erkannt hat. Es geht dabei nicht um Ergebnisse der empirischen Wissenschaften oder einer theoretischen Anthropologie, sondern um die praktische Selbst-Erkenntnis (und damit Selbst-Bestimmung), in der der Mensch sein unbedingtes Verpflichtetsein im Gewissen erfährt und zum Ausdruck bringt, etwa (wie bei und seit I. Kant) im Begriff der „Autonomie", also der „Selbst-Gesetzgebung". Dieses glückliche (weil angemessene) Wort macht deutlich, daß die hinter dem Menschenrechtsdenken stehende Freiheitsauffassung nicht die willkürliche, schrankenlose, letztlich beliebige Freiheit des Auch-immer-anders-Könnens meinen kann und will, sondern die Freiheit durch vernünftige, allgemeine (und für die Sozialität verallgemeinerbare), verantwortliche Selbstbestimmung im Gewissen anspricht.

Dieser Begriff der Autonomie setzt bestimmte geschichtliche Erfahrungen (als Selbsterfahrungen) des Menschen und deren reflexive Verarbeitung voraus: das Bewußtsein der Wandelbarkeit des menschlichen Daseins und aller seiner Ordnungen; den Willen des Menschen zur rationalen Durchdringung aller Lebensbereiche und zur Herrschaft über sie; den Willen zur unbedingten Freiheit mit seinem allseitigen Drang auf Selbstbestimmung; den Willen des Menschen zur politischen Gleichheit, eingeschlossen die Gleichheit aller derjenigen Bedingungen, die für sein Dasein in der Welt entscheidend sind; schließlich den Willen, daß jeder Mensch Glied einer freien Gemeinschaft werden soll.

Diese verantwortliche Freiheit (Autonomie) ist der Grund der Würde des Menschen, einer Würde, die jedem Menschen in gleicher Weise und unabhängig von seiner individuellen Würdigkeit oder seinem Stand zuzuerkennen ist. Sie wird auch vom Christentum, aber auch z. B. vom Islam und vom Sozialismus zuerkannt, was freilich nicht ausschließt, daß diese Würde dabei in einem höheren (oder tieferen) Sinn gefaßt und ausgelegt wird: der Mensch als Ebenbild (oder Kind) Gottes, als verantwortlicher Stellvertreter Gottes oder als verantwortliches Gesellschaftswesen. Ein Widerspruch – wie er etwa früher von christlicher Auffassung zwischen „Autonomie" und „Theonomie" behauptet worden ist und heute noch im Islam vertreten wird (und dort das Menschenrechtsdenken vor unaufhebbare Schwierigkeiten stellt) – ergibt sich daher nicht, da diese genannten Bestimmungen ohne die Anerkennung der verantwortlichen Freiheit (Autonomie) selbst nicht gedacht werden können, sondern diese immer schon in sich aufgenommen haben.

3. Menschenrechte und Politik

Die Menschenrechte sprechen den Bereich des Politischen (des Staates und seiner Rechtsordnung) an. Sie fordern politische Anerkennung durch das positive Recht, genauer: sie bringen die Dimension einer menschengerechten Politik (eines menschengerechten Staates und Rechtes) in Sicht. Damit begründen sie Kriterien, denen ein Staat und sein Recht entsprechen müssen, um wahrer (wirklicher, wesentlicher, gerechter) Staat (bzw. sein Recht) sein zu können. Zugleich erfährt das Menschenrechtsdenken durch diese Ausrichtung auf das Politische seine Begrenzung, freilich gewinnt es dadurch auch seine politische Schlagkraft; es darf deshalb nicht verwechselt werden z. B. mit dem Ethos des Mitleids oder der Ehrfurcht vor allem Leben, noch weniger mit der christlichen Liebesforderung oder etwa der buddhistischen Leidens- und Erlösungslehre, in denen Sinntiefen menschlicher Selbstbestimmung erreicht werden, die das Menschenrechtsdenken nie zu erreichen vermag.

In dieser Ausrichtung auf den Bereich des Politischen, konkret: auf die Vermittlung durch das staatliche Recht (durch den Rechtsstaat) liegt das eigentlich Neue des Menschenrechtsdenkens, in dem es sich z. B. von der traditionellen Naturrechtslehre unterscheidet, aber auch über die bloß ethische Forderung nach Gewährung von Toleranz hinausgeht. Allen Menschenrechten gemeinsam ist somit die Forderung der positivrechtlichen Sicherung und Verwirklichung.

4. Typologie der Menschenrechte

Damit kann als das fundamentale Menschenrecht die Grundforderung des Menschen, im Recht zu leben (H. Arendt), also sein Anspruch auf rechtlich gesichertes Dasein im Staat, angesprochen werden. Denn ohne dieses grundlegende Recht ist es dem Menschen nicht möglich, auch nur irgendeines seiner übrigen Menschenrechte in der heutigen Welt zu realisieren.

Diese übrigen Menschenrechte werden in der Regel in den bereits genannten Katalogen, der jeweiligen geschichtlichen Situation ihrer Positivierung entsprechend, festgeschrieben und dann oft von der juristischen Methode als Ansprüche (oder subjektive Rechte) – vergleichbar den verfassungsrechtlichen Grundrechten – beschrieben, was freilich nur allzuhäufig ihren substantiellen Gehalt (eben als eines vom Wesen des Menschen her begründeten Rechtes) verdunkeln kann. Es gibt auch Versuche einer Systematisierung und Ordnung: etwa in liberale (paradigmatisch: Recht auf Eigentum) und soziale (paradigmatisch: Recht auf Arbeit) Menschenrechte; oder persönliche Freiheitsrechte (Freiheitsansprüche gegen den Staat), staatsbürgerliche Rechte (auf Mitwirkung im Staat) und soziale Rechte (Teilhabeansprüche an den Staat). Wichtiger freilich ist es, den wesentlichen, einheitlichen Gehalt eines jeden Menschenrechts und damit den Bezug auf die rechtliche Sicherung und Ermöglichung freiheitlicher Selbstverwirklichung des Menschen im Auge zu behalten. Gegen welche Strukturen oder Aktionen die Autonomie des Menschen geschützt werden muß, bleibt stets erneut die Frage derer, die diese Verletzungen als Unrecht erfahren und begreifen. Trotzdem lassen sich mit J. Schwartländer zwei Grundtypen von Menschenrechten herausarbeiten und in ihrem einheitlichen Bezug auf die Autonomie unterscheiden. Die eine Gruppe umfaßt die oft „staatsbürgerlich" genannten Rechte, die zugleich die grundlegenden Prinzipien von Politik überhaupt sind. Sie lassen sich als Trias von Freiheit, Gleichheit und Selbständigkeit (Teilhabe, Mitbestimmung) darstellen und machen deutlich, daß für das Menschenrechtsdenken der Staat nur der freiheitliche, demokratische, soziale Rechtsstaat sein kann. Davon zu unterscheiden sind die „sittlich-institutionellen" Menschenrechte, die sich auf diejenigen Lebensverhältnisse beziehen, die nach heutigem Bewußtsein für ein humanes Dasein im ganzen wesentlich sind und – obwohl sie selbst nicht politischer Natur sind – doch in ihren äußeren Bedingungen der rechtlichen Sicherung bedürfen. Bereiche dieser Art, die durch menschenrechtliche Forderungen gekennzeichnet werden, sind: die personalen Lebensgemeinschaften, zu denen Ehe, Familie und noch andere Gemeinschaftsformen gehören, in denen sich menschliches Leben einerseits in seiner humanbiologischen, d. i. geschichtlich-naturalen Bedingtheit, andererseits auch auf personale Existenz hin unmittelbar vollzieht (wozu auch etwa das Recht auf menschenwürdiges Sterben gehört); die sich gesellschaftlich vollziehende „sittliche" Kultur (von humaner Solidarität über volkstümliches Eigenleben in Brauchtum, Sitte, Sprache bis zu Wissenschaft und Kunst); der Bereich des Glaubens und der Weltanschauung. Alle diese Rechte sind nicht bloße „Privatrechte". In diesen Menschenrechten (z. B. auf Glaubensfreiheit, Ehe und Familie, auf Bildung, eigene Muttersprache, Volkstum, auf Arbeit, auf Gewerkschaften) geht es vielmehr um Gemeinschaftsrechte, und zwar um Rechte auf die Selbstverwirklichung des Menschen in solchen Gemeinschaften, in denen sich Grundverhältnisse des menschlichen Lebens überhaupt verwirklichen.

Freilich macht diese philosophische Betrachtung der Idee der Menschenrechte, die immer schon über die einzelnen geschichtlichen Kataloge hinausgegangen (und durch sie durchgegangen) ist, die Schwierigkeit deutlich, vor die das Menschenrechtsdenken stellt und stellen muß als das vielleicht trotz aller Unterschiede noch mögliche einheitliche Weltethos einer Menschheit, die sich einig weiß in der Aufgabe, diese Welt zu ordnen und in Selbstverantwortung freiheitlich zu einer gerechten Friedensordnung zu gestalten. Für den Christen stellt allerdings diese Weltsicht nicht das letzte Wort dar. Denn er ist überzeugt, daß diese zugrundeliegende Freiheit immer auch Wagnis bedeutet und daß über das Gelingen dieses Wagnisses letztlich nicht der Mensch entscheidet, sondern Gott, der der wahre Grund und das Ziel menschlicher Freiheit ist. Jedes Menschenrechtsdenken – gerade von der autonom verstandenen Freiheit aus – muß offen sein und bleiben für Sinnfragen und -antworten, die allein durch den Glauben möglich sind.

Literatur:
W. *Heidelmeyer* (Hrsg.), Die Menschenrechte. Erklärungen, Verfassungsartikel, Internationale Abkommen (Paderborn 1977); M. *Honecker,* Das Recht des Menschen (Gütersloh 1978); W. *Huber* – H. E. *Tödt,* Menschenrechte (Stuttgart 1977); H. *Klenner,* Marxismus und Menschenrechte (Berlin 1982); J. *Neumann,*

Menschenrechte auch in der Kirche? (Zürich – Einsiedeln – Köln 1976); *H. Ryffel* – *J. Schwartländer* (Hrsg.), Das Recht des Menschen auf Arbeit (Kehl 1983); *J. Schwartländer* (Hrsg.), Menschenrechte – Aspekte ihrer Begründung und Verwirklichung (Tübingen 1978); *ders.* (Hrsg.), Modernes Freiheitsethos und christlicher Glaube (München – Mainz 1981); *ders.* (Hrsg.), Menschenrechte als Fundament und kritischer Maßstab der modernen Demokratie (Kehl 1981).

Wolfgang Schild

Mission

↗ Inkulturation; Muslime unter Christen; Nichtchristliche Religionen; Vatikanum II; Verkündigung

1. Rückblick in die Missionsgeschichte

In der Zeit der Kirchenväter und des Mittelalters sprach man von Glaubensverbreitung, Verkündigung des Evangeliums, Weltapostolat. Erst als die Jesuiten in die Neue Welt hinauszogen, kam der Begriff Mission auf und bezeichnete fortan a) den Akt der Aussendung von Missionaren zu den „Völkern", zu den „Heiden", zu den Christus Fernen, b) die entsprechende Tätigkeit an jenen Menschen, c) bestimmte Gebiete, die den verschiedenen Missionsinstituten anvertraut waren. Unter Missionieren verstanden die einen, das Evangelium unter Nichtchristen zu verkünden (Münsteraner-Schule), die anderen die Einpflanzung der wahren Kirche sowohl unter den Nichtchristen wie unter den Nichtkatholiken (die Löwener- und die Römer-Schule). Im Konzilsdekret „Ad gentes" findet sich ein Kompromiß; beide Elemente werden als wesentlich betont.

In den ersten christlichen Jahrhunderten haben neben Bischöfen und Mönchen auch Soldaten und Händler, Fürsten und Könige den Glauben verbreitet. Nachdem sich das „christliche Abendland" gebildet hatte, war die Evangelisierung für längere Zeit blockiert, denn Europa war im Osten und Süden umgeben vom Sperrgürtel des Islams. Nur die Franziskaner und Dominikaner machten zaghafte Versuche, nicht, wie in den Kreuzzügen, *gegen*, sondern *unter* die Sarazenen zu gehen. Mit der Entdeckung der Neuen Welt zeigte sich eine neue Chance und Herausforderung zur Verbreitung des Glaubens. Nun gingen die alten Orden und die neue Gesellschaft Jesu in jene Länder hinaus. Es entwickelte sich später das „jus commissionis", eine Art Treuhandsystem, indem bestimmte Missionsinstitute „ihre Missionen" hatten, für die sie voll und ganz verantwortlich waren, um hier, im kirchlichen Niemandsland, Kirche aufzubauen. Dieses System wirkte ohne Zweifel gut. Aber es führte dazu, daß die Aufgabe der Evangelisierung von der Kirche entfremdet und eine Sache nur der Missionsinstitute wurde. Der durchschnittliche Bischof und Pfarrer fühlte sich nicht dafür verantwortlich. Sie

betrachteten die Tätigkeit der Missionsinstitute, die Geld und Berufe suchten, oft sogar als eine Art Konkurrenz.
Die Reformatoren dachten, obwohl in ihrer Zeit die Neue Welt aufging, nicht an die Missionierung. Das hatte nicht zuletzt damit zu tun, daß die neu erschlossenen Länder zunächst von den drei katholischen Mächten Portugal, Spanien, Frankreich kolonisiert wurden. Erst im 18. Jahrhundert begannen Missionsgesellschaften, unabhängig von den Landeskirchen, Missionare auszusenden. Es kam dann sowohl auf dem Missionsfeld wie auf dem Gebiet der Missionswissenschaft (J. Schmidlin gegen G. Warneck) zu unerfreulichen Polemiken. Die Landeskirchen distanzierten sich noch lange von den Missionsgesellschaften. Nach dem Zweiten Weltkrieg entstanden stärker mit den Kirchen verbundene Missionswerke. 1961 ist dann der Internationale Missionsrat mit dem Ökumenischen Rat der Kirchen verschmolzen worden. Seither ist auch im Protestantismus die Einsicht gewachsen, daß Mission letztlich nicht ohne Kirche und Kirche nicht ohne Mission bestehen kann.

2. Mission in veränderter Gestalt

Nicht zuletzt durch das Zweite Vatikanische Konzil und seither ist Mission in vieler Hinsicht anders geworden:
– Von den subdelegierten Missionen zur Mission der ganzen Kirche: Das Konzil hat nicht bloß ein Missionsdekret promulgiert, von dem man sagen könnte, es gelte nur für die Missionare, sondern der Gedanke der „von Natur aus missionarischen Kirche" ist auch in der Kirchenkonstitution „Lumen gentium" verankert (Art. 16–17). In den ehemaligen Missionsländern hat sich die hierarchische Struktur Bischof – Missionar – Katechet verändert, indem nun mehr und mehr die lebendigen Gemeinden selbst an der Verbreitung des Glaubens mitwirken.
– Von den Kolonien zu den selbständigen Staaten: Von Beginn an verlief die missionarische Tätigkeit vorwiegend im Rahmen der verschiedenen Kolonialsysteme. Seit dem Zweiten Weltkrieg sind nun fast alle Kolonien zu selbständigen Staaten geworden. Das führt auch die jungen Kirchen zu größerer Eigenständigkeit und zu vermehrter Mitverantwortung am Aufbau der jungen Nationen.
– Von den Missionen zu den jungen Kirchen: Nachdem das Zweite Vatikanum die Kirche nicht mehr bloß als „die eine, heilige, katholische und apostolische", sondern als Gemeinschaft vieler Ortskirchen gesehen hat, entstand daraus ein mächtiger Impuls, um die bisherigen Missionen, Kirchen zweiter Kategorie, zu vollwertigen Kirchen zu machen. Durch eine römische Instruktion von 1969 wurde das „jus commissionis" aufgehoben. Die „Missionen der Missionsinstitute" wurden selbstverantwortliche Kirchen. Während vorher die Welt, kirchlich gesehen, zweigeteilt war: hier die Kirche – dort die Missionen, gibt es jetzt Kirche in allen sechs Kontinenten.
Diese jungen Kirchen haben insofern auch an Bedeutung gewonnen, als sich

inzwischen das Schwergewicht der Christenheit von der westlichen in die südliche Welt verlagert hat. Zu Beginn des Jahrhunderts lebten 85% der Christen und 77% der Katholiken in der westlichen Welt (Europa und Nordamerika). Aufgrund der gegenwärtigen Entwicklung kann man voraussehen, daß zu Ende des Jahrhunderts 70% der Katholiken und 60% aller Christen in der südlichen Welt beheimatet sein werden, in Lateinamerika, Afrika, Asien/Ozeanien. Die Ostkirche, die Westkirche und die nun neu erstehende Südkirche bilden zusammen die erstmals aktuell gewordene Weltkirche.

– Von Objekten zu Subjekten der missionarischen Tätigkeit: Bisher wurden die anderen Kontinente von Europa missioniert. Inzwischen haben die jungen Kirchen, da sie ja zur „von Natur aus missionarischen Kirche" gehören, ihre missionarische Verantwortung wahrgenommen und senden nun selbst Missionare aus. Schon in zehn Jahren wird es wahrscheinlich mehr nichtwestliche als westliche Missionare geben (Degrijse). Trotz der missionarischen Ermüdungserscheinungen in Europa ist die missionarische Tätigkeit der Gesamtkirche vervielfacht worden.

– Von der römischen Uniformität zur legitimen Pluriformität: In den Dokumenten des Konzils wird Pluriformität schüchtern erlaubt, zehn Jahre später im Apostolischen Schreiben „Evangelii nuntiandi" mutig gefordert. Die Umsetzung in die Tat stößt aber immer noch auf Widerstand. Es ist vorauszusehen, daß die Kirche in absehbarer Zeit nicht bloß geographisch, sondern auch kulturell „katholisch", allumfassend sein wird und es viele Theologien, viele Liturgien, viele Kirchendisziplinen geben wird bei aller übergeordneten Einheit.

– Vom Monolog zum Dialog: Früher sprachen wir von „Heiden, Götzendienern, Ungläubigen". Durch die neue Theologie der nichtchristlichen Religionen haben wir gelernt, diese Religionen als Partner zu betrachten und auch mit den „Gläubigen anderer Religionen" (Paul VI.) Ökumene zu pflegen. Vielleicht und wahrscheinlich werden nie alle Menschen in der Kirche sein, aber alle sind schon im Reich, in der Huld und Liebe Gottes.

– Von der Missionswissenschaft zur vergleichenden Theologie: 1893 wurde in Edinburgh der erste protestantische, 1910 in Müster i. W. der erste katholische Lehrstuhl für Missionswissenschaft errichtet. Seither hat man in vielen Weisen aufgezeigt, wie die Missionstätigkeit geschichtlich geschah und normativ zu geschehen habe. Inzwischen ist aus dem dozierenden Einbahn-System ein Austausch-System geworden.

– Alle Kirchen sind heute bedürftig, zu empfangen und in der Lage zu geben. Dieser Austausch geschieht auf der Ebene des Geldes und des Personals, der Theologie und der pastoralen Erfahrungen, vor allem durch Austausch von glaubwürdigen Lebensmodellen, von „Heiligen".

– Von den ausländischen Missionen zur Inlandmission: Es gibt heute nicht nur Kirche in sechs Kontinenten, sondern auch Mission in sechs Kontinenten. Überall steht die Kirche in missionarischer Situation, nicht zuletzt in Europa. Jeder Christ muß zum Missionar werden, nicht im Sinn der Überredung, sondern des Lebenszeugnisses.

3. Theologischer Hintergrund der Mission

Alles missionarische Handeln ist begründet in der vorgegebenen Heilstatsache der Missionen Gottes. Als „das wahre Licht, das jeden Menschen erleuchtet, in die Welt kam", als „das Wort Fleisch geworden ist und unter uns gewohnt hat" (Joh 1,9.14), geschah die Mission des Sohnes durch den Vater. Jesus wurde in die „gefallene" Menschheit hineingeschickt. In seinem Leben, Sterben und Auferstehen ist er zum Sakrament der neuen Gottesbegegnung geworden. Um dieses Werk zu vollenden, „hat Christus vom Vater her den Heiligen Geist gesandt, der sein Heilswerk von innen her wirken und die Kirche zu ihrer eigenen Ausbreitung bewegen soll" (Ad gentes 4). Das sind die zwei Missionen Gottes.

Von Jesus, dem ersten Evangelisator, führt eine direkte Linie zur Kirche als Evangelisatorin (Evangelii nuntiandi 6–16). Die Kirche versteht sich als „von Gott zur Völkerwelt gesandt", als „das allumfassende Sakrament des Heiles", als „ihrem Wesen nach missionarisch (d.h. als Gesandtin unterwegs), da sie selbst ihren Ursprung aus der Sendung des Sohnes und der Sendung des Heiligen Geistes herleite" (Ad gentes 1–2). Ihre Existenz ist die fortdauernde, allen Menschen geltende Heilserklärung des dreifaltigen Gottes. Die Verheißung der Unvergänglichkeit (Mt 16,18) ist ihr nicht bloß um ihrer selbst willen gegeben, sondern um der Menschheit willen, die die Kirche braucht, nachdem Gott sie in Gnaden angenommen hat. Die Kirche steht also am Endpunkt einer vertikalen Bewegung, von Gott zu den Menschen, und am Ausgangspunkt einer horizontalen Entwicklung, die mit der gleichen drängenden Liebe, die zu ihrer eigenen Existenz führte, nun immer weitere Kreise mit ihrer Botschaft erfüllen und bis an die „Grenzen der Erde" reichen soll. Kirche bedeutet in ihrer griechisch-lateinischen Bezeichnung „ecclesia" (von ek-kaleo) die Schar der Herausgerufenen, der Auserwählten. Sie sind aber nur berufen, um gesandt zu werden. Im Alten und Neuen Testament erfolgt jegliche Berufung immer zu einer Sendung. Die Kirche ist also gesandt, um der Welt die frohe Botschaft zu verkünden, um zu „evangelisieren". In dieser Schau hat Mission nichts zu tun mit Europäisierung fremder Kulturen. Sie erweist sich als der Grundsinn des ganzen Weltgeschehens, als geheimnsivoller Vorübergang des Herrn, als sichtbar-verhülltes Angebot des Heiles.

4. Zukunft der Mission

In ihrer erneuerten Form wird Mission auch ins dritte Jahrtausend hinein weitergehen. Es bleibt immder die Aufgabe:
– die Welt zu evangelisieren, d.h. die frohe Botschaft von der allumfassenden Liebe Gottes auf alle Weisen zu verkünden;

– die Welt zu transformieren, d.h. mit allen Menschen guten Willens Hand anzulegen, um eine gerechtere, menschenwürdigere Welt aufzubauen;
– die Welt zu christianisieren: Wenn wir die ersten zwei Aufgaben gut erfüllen, wird es immer Menschen geben, ob viele oder wenige liegt in der Hand Gottes, die uns beobachten und bewundern, vielleicht Katechumenen werden, vielleicht durch die Taufe zu Christen werden, um auch ihrerseits an dieser bleibenden Mission der Kirche Anteil zu nehmen. Die Kirche hat für immer Zeichen des Heils für alle und Ferment der Einheit für alle zu bleiben.

Literatur:
Zweites Vatikanisches Konzil, Dekret über die Missionstätigkeit der Kirche („Ad gentes"). – *L. Bertsch – F. Schlösser* (Hrsg.), Evangelisation in der Dritten Welt. Anstöße für Europa. (Freiburg i.Br. 1961); *W. Bühlmann,* Weltkirche. Neue Dimensionen – Modell für das Jahr 2001 (Graz 1984); *ders.,* Missionsprozeß in Addis Abeba. Ein Bericht von morgen aus den Archiven von heute (Frankfurt a.M. 1977); *C. Collet,* Das Missionsverständnis der Kirche in der gegenwärtigen Diskussion (Mainz 1984); *O. Degrijse,* Der missionarische Aufbruch der jungen Kirchen (Aachen 1984); Herausgefordert durch die Armen. Dokumente der Ökumenischen Vereinigung von Dritte-Welt-Theologen 1976–1983 (Freiburg i.Br. 1983); *K.S. Latourette,* A History of the Expansion of Christianity, 7 Bde. (New York 1937–1945); *K. Müller,* Missionstheologie (Berlin 1985); *J. Schütte* (Hrsg.), Mission nach dem Konzil (Mainz 1967); *H. Waldenfels* (Hrsg.), „Denn ich bin bei euch." Perspektiven im christlichen Missionsbewußtsein heute (Zürich 1978).

Walbert Bühlmann

Muslime unter Christen

↗ Fundamentalismus; Mission; Nichtchristliche Religionen; Religionsfreiheit; Säkularität und Säkularismus

1. Folgen der Wanderungsbewegung

Schätzungsweise achthundert Millionen Menschen bekennen sich heute zum Islam. Bis in unsere Tage bewohnten sie fast ausschließlich ihre angestammten Kulturländer. Politische Entwicklungen in der islamischen Welt und die wirtschaftliche Notwendigkeit der Anwerbung ausländischer Arbeitskräfte in Westeuropa förderten die Wanderungsbewegung muslimischer Wissenschaftler, Kaufleute, Arbeiter und Flüchtlinge nach Europa, Amerika und Australien. Allein in den Mitgliedstaaten der Europäischen Gemeinschaft schätzt man ihre Zahl auf etwa 6,5 Millionen. Die Präsenz einer islamischen Minderheit in einer nichtislamischen Gesellschaft mit christlicher Prägung ist nicht nur eine Herausforderung für Christen, sondern auch für das islamische Selbstverständnis.

2. Die Diasporasituation im islamischen Recht

Nach der zentralen Lehraussage des Islam von tawḥîd, der Einheit Gottes, und daraus folgend des religiösen und staatlichen Rechts (sharî'a) und Rechtsvertreters (Khalîfa) ist auch die Identität von religiöser und staatlicher Autorität gefordert, von Religion und Politik. Die islamische Gemeinschaft (umma) als Glaubensgemeinschaft und Staatsgebilde weiß sich als die „beste Gemeinschaft, die unter den Menschen entstanden ist" (Koran 3,110). Das ewige Gesetz für diese Gemeinschaft, die göttliche Rechtleitung, manifestierte sich im islamischen Recht, der sharî'a.

Damit ist indirekt auch ausgesagt, daß sich ein rechtgläubiger Muslim nur im „Haus des Islam" aufhalten kann, denn nur dort kann er allen seinen islamischen (religiösen und politischen!) Pflichten nachkommen, und die islamische Gesellschaft kann ihre Mitverantwortung tragen.

Erst einmal in ihrer Geschichte standen die Muslime vor einer Diasporasituation: nach der Rekonquista in Spanien. Ein Lösungsvorschlag der Juristen (fuqahâ) in rechtlicher und theologischer Hinsicht erübrigte sich damals, weil Spanien Bekehrungswillige auswies.

Heute aber sind viele immigrierte Muslime dabei, sich in Westeuropa zu etablieren, auch wenn sie ihre Unsicherheit im Mythos der Rückkehr verbergen. Eine Rückkehr, die geplant ist, sobald die gesteckten Ziele erreicht sind; Ziele, die sich mit dem wachsenden Lebensstandard von selbst der neuen Umgebung anpassen und immer höher geschraubt werden.

3. Die Problemstellung in der Diaspora

a) Organisation: Obwohl die traditionelle islamische Lehrmeinung nur den Koran und die Sunna des Propheten als „Rechtleitung" anerkennt, stellt sich doch das Fehlen einer entsprechend bevollmächtigten Autorität, die kraft ihres Amtes das Glaubensleben regelt, als erstes Problem der Diaspora-Muslime dar.

In den traditionellen islamischen Ländern ist die politische Institution, sogar in der laizistischen Türkei das Amt für Religiöse Angelegenheiten, für die Verwaltung der religiösen Belange zuständig und macht diesen Mangel (aus wohlgemerkt christlich-abendländischer Sicht beurteilten Mangel) nicht erlebbar. In Europa dagegen erwarten die Vertreter der Staaten nach dem Vorbild der christlichen Kirchen einen autorisierten Gesprächspartner. Ein solcher aber hat sich unter den islamischen Gemeinden in Europa noch nicht herausgebildet.

Die Gemeinden sind eben nicht kontinuierlich gewachsen, sondern bestehen aus multinationalen, islamisch heterogenen Migranten. Die Diaspora spie-

gelt das Bild des pluralistischen Weltislam wider. Selbstverständlich soll es –
und in den Aussagen der Muslime ist es auch so – nur einen Islam geben (Koran 3,79), aber im Lauf der Geschichte erfuhr die umma Aufspaltungen in
theologische Schulen ('Ashariten, Mu'taziliten), politische Systeme (Sunna,
Schia, Charidschia, Zaidiya), Rechtsschulen (Hanafiten, Ashariten, Malekiten, Hanbaliten) und in die Kulturen des arabischen, persischen, turkmenischen, indo-asiatischen und afrikanischen Sprachraums.

b) Mitgliederzahlen: Der Aufbau der organisierten Gemeinschaft setzt die
Kenntnis der Mitgliederzahlen voraus. Mit Ausnahme der Schweiz werden
die Muslime aber in allen europäischen Ländern nicht nach ihrer religiösen
Zugehörigkeit, sondern nur nach ihrer Staatsangehörigkeit von den staatlichen statistischen Ämtern erfaßt.

Die genaue Mitgliederzahl der islamischen Religionsgemeinschaft ist nicht
nur nicht genau zu benennen, sondern darüber hinaus instabil. Dies und das
Fehlen einer zentralen Leitung führten zur Gründung einer Vielzahl islamischer Organisationen, Vereine und Bewegungen. Auch die Aktivitäten internationaler islamischer Organisationen (Weltmuslimliga in Paris, Islamischer
Weltkongreß, Islamic Council of Europe) oder der Regierungen der Herkunftsländer (Türkei für Deutschland, Belgien und die Niederlande, Algerien für Frankreich, Marokko für Frankreich, Belgien und die Niederlande)
haben es bisher nicht geschafft, eine einheitliche islamische Organisation in
der Europäischen Gemeinschaft aufzubauen. Sie wirkten mit ihren eigenen
Interessenkonflikten eher behindernd. Großbritannien fällt ohnehin aus der
Reihe, weil die meisten Muslime aus den ehemaligen Kolonien stammen und
bereits als britische Staatsbürger keinen Einflüssen unterschiedlicher Länderregierungen unterworfen sind. Aber auch dort gibt es keine Organisation, die
von sich behaupten könnte, die Mehrheit der Muslime zu vertreten. Auch die
europäischen Einwandererländer können kaum behilflich sein, denn dort,
wo bereits eine Rechtsform für religiöse Gemeinschaften existiert, wie z. B. in
der Bundesrepublik der Status der Körperschaft des öffentlichen Rechts,
kann sie noch kaum auf die Muslime übertragen werden, weil sie eine Organisation mit nachweisbaren Mitgliederzahlen und die Gewähr der Dauer voraussetzt.

Bisher haben nur Belgien und Österreich der islamischen Gemeinde in ihren
Ländern einen den Kirchen vergleichbaren Rechtsstatus zugestanden. Die
Erfahrungen dort zeigen, daß auch eine gemeinsame Rechtsform keine Einigung bringt, so daß sich die islamischen Verbände in der Bundesrepublik
wohl vorläufig noch mit dem Status eines eingetragenen Vereins mit gemeinnützigem Charakter begnügen müssen.

c) Die Glaubensweitergabe: Die schwierigste Aufgabe, der sich die Muslime
in der säkularisierten und pluralistischen Gesellschaft mit christlicher Prägung in Westeuropa zu stellen haben, ist momentan die Weitergabe des Glaubensgutes an die nachfolgende Generation. Nach islamischer Theologie wird
jeder Mensch als Muslim geboren, aber erst die Erziehung seiner Eltern

macht ihn zum Mitglied ihrer Glaubensgemeinschaft. Da in den islamischen Ländern jeder Bereich des öffentlichen und privaten Lebens von der sharī'a geregelt wird, reift der junge Mensch ganz selbstverständlich im Glauben seiner Eltern, Familie und Gesellschaft heran. Die ersten soziologischen Untersuchungen unter den muslimischen Immigranten zeigen auch bereits, daß die in Westeuropa geborenen Muslime, die zweite und dritte Generation, dem islamischen Weg bei weitem nicht die Bedeutung beimessen wie noch ihre Eltern.

Bis zum Beginn der achtziger Jahre glaubten die Eltern und Organisatoren der Moscheevereine, daß die familiäre Erziehung und der Koranunterricht, wie man ihn in der Heimat kannte, für die religiöse Bildung der Kinder zwischen sechs und fünfzehn Jahren völlig ausreiche. Daß das ein Trugschluß war, hat sich mittlerweile erwiesen. Das Interesse der Kinder läßt nach, weil die Imame oder Hocas, die den Unterricht gestalten, den didaktischen und pädagogischen Ansprüchen, die die Kinder von der deutschen Schule her an sie stellen, nicht gewachsen sind. Auch die Autorität der Eltern ist oft nicht mehr stark genug, den Besuch des Koranunterrichts gegen die Interessen der Kinder und deren deutschen Freundeskreis durchzusetzen.

Ihre Hoffnung setzen die islamischen Verbände nun auf den islamischen Religionsunterricht, der ihrer Meinung nach neben katholischem und evangelischem Religionsunterricht zum Pflichtfach erklärt werden soll. Auf staatlicher Seite besteht Bereitschaft dazu. Die Schwierigkeiten stellen sich mit der Frage nach den theologischen und rechtlichen Repräsentanten des wie auch immer verstandenen orthodoxen Islam, mit der Frage nach der Unterrichtssprache und den Lehrenden. Diese Probleme verdeutlichen wiederum den Zuschnitt der bundesdeutschen Gesetzgebung auf die christlichen Kirchen. Ist doch auch der Religionsunterricht in seiner jetzigen Form nur in Verbindung mit den institutionalisierten Kirchen denkbar, die für die Inhalte und die Ausbildung der Pädagogen dem Staat als autorisierte Gesprächspartner Mitverantwortung garantieren. Deshalb plädiert auch ein Teil der Verantwortlichen dafür, über die Konsulate der Heimatländer Curricula und Lehrpersonal für islamischen Religionsunterricht in der jeweiligen Muttersprache der Schüler anzufordern. Dagegen wehren sich aber jene islamischen Verbände, die mit dem reglementierten Islam ihrer Heimatregierungen nicht übereinstimmen können. Ungeklärt bleibt außerdem das Problem der Schulaufsicht. Ein anderer Einwand gegen dieses Konzept ist die zunehmende Verschlechterung der muttersprachlichen Kenntnisse in der zweiten und dritten Generation. Deshalb plädieren andere für die jeweilige Sprache des Gastlandes als Unterrichtssprache. Damit würde auch die tatsächliche Lebenssituation des Kindes in der europäischen Umwelt ernst genommen und könnte als Hilfestellung für die Ausbildung einer religiösen Identität trotz nichtislamischer Gesellschaft dienen.

Die größte Schwierigkeit liegt aber darin, daß die Muslime sich darauf einstellen müssen, daß selbst bei der bestmöglichen Erziehung der Islam ihrer

Kinder in Europa eine andere Gestalt annehmen mußt als der Islam der Eltern aus den Heimatländern.

d) Ehe und Familie: Kein Bereich des islamischen Rechts ist so differenziert ausformuliert wie das Familienrecht. Es nimmt die Rollenverteilung von Mann und Frau vor und bestimmt die Zuordnung von Kindern und Erziehungsberechtigten, die Scheidung und das Erbrecht. Die Beharrlichkeit, mit der das islamische Familienrecht beibehalten wurde, trug mit Sicherheit für die Ausbreitung des Islam bei. Hat doch nach der sharî'a der u. U. nichtislamische männliche Ehepartner zum Islam zu konvertieren und nehmen doch die Kinder automatisch die Religion des Vaters an. In Europa dagegen steht das islamische Familienrecht vor den Schranken der jeweiligen Ländergesetze und sieht sich somit in seiner Funktion eingeschränkt. Das jahrhundertalte, erprobte Rollenverständnis bringt vor allem Frauen und Kinder in Identitäts- und Autoritätskonflikte. Eine Umgestaltung des Familienlebens, um nicht zu sagen: Anpassung an das europäische Verhaltensmuster, wird sich nicht aufhalten lassen. Wie durchlässig das Netz der islamischen Bestimmungen bereits geworden ist, zeigt die steigende Zahl muslimischer Mädchen, die sich mit einem Europäer verheiraten (Bundesrepublik Deutschland 1965: 55; 1983: 2094), wobei die Familie nicht immer auf der Konversion des Christen besteht.

e) Mission (da'wa): Der islamischen Gemeinschaft (umma) ist allerdings die Intention der Missionierung oder der „Aufruf zum Islam" nicht abzusprechen. Trotz des negativen Bildes vom Islam, das die europäische Berichterstattung von Geschehnissen in der islamischen Welt zeichnet, von der Vorstellung vom „Hinterhof-Islam" und der auch auf den Islam übertragenen Türkenfeindlichkeit, erleben es die Muslime, daß Europäer/Christen übertreten. Bei den Konvertiten kann man zwei Gruppen unterscheiden: Die Männer, die sich wegen der Heirat mit einer Muslimin zu diesem Schritt gezwungen sehen, die Frauen, die aus demselben Grund diesen Schritt allerdings freiwillig oder unter dem Druck der Familie im Laufe der Ehe machen. Die zweite Gruppe ist persönlich, zumeist nach einem langen Prozeß religiöser Sinnsuche, von der Richtigkeit der islamischen Wahrheit überzeugt. Es fällt auf, daß sich die meisten von ihnen für einen traditionellen Flügel innerhalb der islamischen Bewegungen entscheiden. Nicht von der Hand zu weisen ist die Anziehungskraft des mystischen Islam (Sufismus), den die islamischen Bruderschaften (Sg. tarîqa) verbreiten.

Umgekehrt stellt die Apostasie zum Atheismus oder Christentum nicht nur das Selbstbewußtsein in Frage, sondern fordert nach dem klassischen islamischen Recht den Tod des Abtrünnigen. Nur wo durch die Emigration die sozialen Kontrollinstanzen nicht mehr funktionieren, kommt es zu Austritten, die die europäischen Länder mit ihrer gesetzlich verankerten Religionsfreiheit schützen.

Alle anderen Vorschriften der sharî'a (z. B.: Fünf Säulen, Speisegebote und Bestattungsriten) bilden in den westeuropäischen Gesellschaften kaum noch

Probleme, da das islamische Gesetz selbst sehr viele Ausnahmen mit einplant. Und mit „persönlicher Anstrengung" (iğtihâd) kann jeder Muslim, wenn er es wirklich will, sein privates religiöses Leben nach den Vorschriften gestalten.

Literatur:
S. Balic, Was begründet die Identität eines Muslims in der westlichen Welt?, in: Islam und der Westen 2 (1982) Heft 1, 2; *F. M. Bhatti,* Muslims in the West. A Research Report, in: Journal of the Institute of Muslim Minority Affairs, King Abdulaziz University 3 (1981) 202–204; *A. v. Denffer,* Briefe an meine Brüder. Auf dem Weg zur Muslim-Gemeinschaft (Aachen 1982); *J. Hatschek,* Der Musta'min (Leipzig 1920); *J. Jomier,* Les septième Congrès des Ulémas (1972), in: MIDEO 1980, Nr. 14, 128–133; *A. Th. Khoury,* Islamische Minderheiten in der Diaspora (Mainz – München 1985).

Hans Vöcking

Mystik

↗ Esoterik; Gebet; Gott; Meditation; Offenbarung; Östliche Religiosität; Spiritualität

1. Mystik als Grenzbegriff und Existential

Nachdem lange Zeit unter „Mystik" etwas Dunkles, Esoterisches verstanden wurde, gewinnen Wort und Sache seit mehr als zehn Jahren (in den USA schon länger) immer höhere Wertschätzung. Not tut aber eine Unterscheidung, die dem Positiven der Neuentdeckung von Mystik gerecht wird.
Als Adjektiv bekam Mystik erst mit dem frühchristlichen Gebrauch Bedeutung (*L. Bouyer,* den Irrtum einer historischen Abhängigkeit von den Mysterienreligionen widerlegend). Es meinte zuerst den tieferen (Glaubens)Sinn der Bibel, dann die verborgene Wirklichkeit des Sakramentalen und zuletzt den subjektiven Widerspiegel des göttlichen „Mysteriums" *(Ps.-Dionysius).* Als Substantiv (also losgelöst von seinem Bezug: mystisch als Mystik von ...) kommt es erst im 17. Jahrhundert in Gebrauch. Mit der modernen *Philosophie* (transzendentale „Erfahrung") und *Psychologie* (Entdeckung des Unterbewußten) und in der Begegnung mit den *fernöstlichen Erfahrungsreligionen* wurde Mystik unbedacht mit ähnlichen Erfahren wie *Samadhi (Yoga)* oder *Satori (Zen)* identifiziert. Das führte eine Zeitlang in „wissenschaftlichen" Kreisen zur Deutung der „Mystik" als psychische Krankheit, während heute die gleiche „Mystik" oft von den gleichen Kreisen als gemeinsame Überreligion aller großen religiösen Menschen deklariert wird.
Der Germanist und marxistische Literat *J. Seyppel* hat schon früh „Mystik" als Grenzbegriff und Existential gekennzeichnet; die von *Steven T. Katz* her-

ausgegebenen Sammelwerke über „Mystik und philosophische Analyse" (1978) und „Mystik und religiöse Traditionen" (1983) bestätigen es aus religionswissenschaftlicher Sicht: Das mit „Mystik" Umfaßte ist zu differenziert, um losgelöst von der jeweiligen Tradition verstanden zu werden; je tiefer einer in das Gemeinte eindringt, um so eindeutiger wird und muß auch er seine persönliche Weltanschauung einbringen – ob sie nun christlich, buddhistisch, liberal, wissenschaftsgläubig, freudianisch, positivistisch oder anders ist. Nur auf der Basis der *reflektierten eigenen weltanschaulichen Vorgabe* (die auch der sich objektiv dünkende Wissenschaftler und der sich über den Fronten glaubende „Meister" mitbringen) kann das Religions- und Weltanschauungsgespräch fruchtbar werden. Dieser „existentiellen" Haltung entspricht auf der Objektseite der Erfahrung das *Urgeheimnis (Mysterium) Gottes,* das ohne existentielles Bejahen weder mit Verstandeslogik noch mit Erfahrung allein berührt werden kann.

2. *Mystik als Erfahrungswissen von Gott*

Auf dem (mit der letzten Bestimmung schon betretenen) christlichen Boden läßt sich wohl keine bessere Umschreibung für Mystik finden als „Erfahrungswissen von Gott" (Cognitio experimentalis de Deo; *Thomas v. Aquin).* Mit *Erfahrungswissen* wird der ganzheitliche Vollzug benannt. *Von Gott* drückt aus, daß das Leben einen über die Tatsächlichkeit des Daseins ragenden Sinn hat. Trotz der schon darin enthaltenen Glaubensvorgabe ist diese Bestimmung nach beiden Seiten offen: Erfahrung hat darin die *Spannweite* von „normaler", gelebter Zuversicht zum Sinn des Lebens bis zu außergewöhnlichen Erlebnissen, kann punktuell als ein Ereignis oder strukturell einen Zustand bedeuten. Lebenssinn könnte sowohl weltimmanente Erfüllung wie diesseits-verachtende Hoffnung besagen.

Auf dem Boden des Christentums wird der „Lebenssinn" eindeutig vom Gott der Offenbarung bestimmt. Das in letzter Zeit immer stärker hervortretende *trinitarische* Verständnis der „christlichen Mystik" macht ihre Weite sichtbar. Der Bezug zum Ursprung, zum „Vater", bringt die monotheistische Wahrheit ein, die im trinitarischen Denken und Erfahren nicht abgelehnt, sondern vertieft wird: Transzendenz, bleibender Ursprung und sammelndes Ziel. Der Bezug zum personalen, geschichtlichen Gegenüber, zu Jesus Christus bestätigt die Gültigkeit der personalen, dialogischen Erfahrung in unüberbietbarer Weise und verbietet jede Welt-, Materie- und Geschichtsverachtung. Der Bezug zur Weltimmanenz Gottes, zum Geist, der in uns und in den Dingen der Welt lebt und wirkt, bringt den Wahrheitsgehalt monistischer, pantheistischer Mystik zur Vollendung. Daß aber Gottes Fülle nur in „Drei-Einigkeit" voll erfahren werden kann, verdeutlicht den – Logik und „Empirie" übersteigenden – Geheimnischarakter Gottes und hat den ontologischen Grund in Gott selbst.

Für die konkrete christliche Mystik öffnet sich damit die Möglichkeit (und auch Wirklichkeit) vielfältiger *Akzentuierungen:* Ursprung, Einheit, Gegenüber, Geheimnis, Liebe usw.; aber alles ist nur Akzentuierung innerhalb – nicht Überschreitung – des bleibenden „drei-einigen" Geheimnisses. Und alles gründet auf der in Jesus Christus sichtbar gewordenen Liebe Gottes zu den Menschen.

Als Wichtigstes ergibt sich daraus, daß die Grundhaltung des *Glaubens* auch in Momenten mystischer Gewißheit niemals überschritten (höchstens vergessen) wird, daß der Glaube sogar als Höhepunkt der Mystik *(Johannes vom Kreuz)* zu gelten hat. Natürlich ist mit diesem „Glauben" kein voluntaristisches Für-wahr-Halten gemeint, sondern die Hingabe des Vertrauens, die in ihrem höchsten Vollzug personales ganzheitliches Tun ist. *Mystische Dunkelheit,* Nachterfahrung (als „Erfahrung" des Überschritts über jede „Erfahrung") spielen deshalb eine wichtige Rolle für jede Gottesmystik.

Damit verbunden ist die gelebte Erfahrung, daß die endgültige *Kriteriologie* für wahre Mystik (nicht deren unreflex erlebte Augenblicksgewißheit) nicht in Erfahrung für sich allein liegen kann (da diese vom „Glauben" überstiegen wird; das Insistieren auf un-hinterfragter Erfahrung ist notwendigerweise verschlossen und undialogisch). In der christlichen Kirche entwickelte sich die sogenannte „Unterscheidung der Geister", für die nicht zuletzt die Einbindung in die aktuelle und geschichtliche Gemeinschaft (Kirche und Überlieferung) wichtig ist *(Ignatius v. Loyola).*

Hier liegt auch ein Grund dafür, daß die Mystiker in ihrer Erfahrung in *kein systematisches Schema* einzuordnen sind. Man wird kaum einen größeren Unterschied als den zwischen *Franz von Assisi* und *Meister Eckhart* denken können: der eine auf die geschichtliche Konkretheit von Kreuz und Krippe hinschauend, der andere in der Universalität plotinischer Philosophie sich ausdrückend. Und doch sind beide Mystiker in vollem Sinn. Die Mißachtung dieser phänomenologischen Grundtatsache führt in die Irre.

Daher hat auch die *Sprache der Mystik* eine auffallende, meist von poetischer Kraft getragene Individualität. Der Mystiker, der seine Erfahrung zu „worten" (eine Prägung Meister Eckharts) vermag, spricht nämlich in der ganzheitlichen Individualität seines Seins. Daher werden die Intensiverfahrungen des Lebens zu den hervorstechenden Paradigmen der mystischen Sprache: Liebeserleben, Selbstgewißheit, kosmische Erfahrung. Doch jedesmal gilt es, die hochpoetische oder auch hochphilosophische Sprache zu hinterfragen auf das, was sie ausdrücken will. Das hegelianische Wort „vermittelte Unmittelbarkeit" gibt die Problematik wieder, daß die „unmittelbare" Erfahrung sich immer schon im konkreten Menschen „vermittelt" hat.

3. Selbst-, Welt- und Gottes-Mystik

Daher auch sind die drei Grundtypen der mystischen Erfahrung nicht ohne weiteres gleichzusetzen mit einer ontologischen Wahrheit. Mit Recht kann man das *In-sich-Ruhen einer „Selbst"erfahrung,* die oft mit Methoden in der

Art von Zen oder Yoga erreicht wird und bei der alles Objekthafte wegfällt, als Mystik bezeichnen. Aber damit ist die Frage noch nicht beantwortet, ob dies eine monistisch-pantheistische oder dialogische Erfahrung ist; der islamische *Sufi-Mystiker Al-Halladsch* ist das überzeugende Beispiel einer pantheistisch klingenden, aber theistisch seienden Erfahrung. Auch *das Erleben kosmischer Einheit,* die manch einem unvermittelt geschenkt wird (vgl. die nordamerikanischen *Tanszendentalisten),* kann innerlich offen zu dem „Geheimnis, das wir Gott nennen" (K. Rahner), sein. Die spirituelle Entwicklung des Jesuiten *Teilhard de Chardin* zeigt, wie sich eine solche Mystik als durch und durch christlich-theistisch enthüllt. Aber gerade deshalb ist es für die Unterscheidung wichtig, die Züge der wahren *Gottesmystik* herauszustellen. *C. Albrecht* hat sie in seinen von Eigenerfahrung getragenen Schriften als „Ankommen eines Umfassenden" beschrieben.
Immer wieder ist man versucht, die möglichen *Begleiterscheinungen* für das eigentliche mystische Geschehen zu halten. Es wird z. B. glaubhaft berichtet, daß Menschen von ihrer „mystischen" Erfahrung so hingerissen wurden, daß sie schwebten *(Joseph v. Cupertino);* auch Visionen (ob man sie eher psychologisch oder eher ontologisch erklärt) oder Stigmata usw. dürfen bei aller Hochschätzung, die man haben mag, nicht für Mystik im eigentlichen Sinn gehalten werden. Diese ist nämlich so personal, daß selbst schon Umschreibungen wie „Fülle", „Weite" usw. nur den Vorraum, nicht die Mitte wiedergeben. Unter *Paramystik* lassen sich (ohne daß man dies klar von „Begleiterscheinungen" trennen muß) Phänomene zusammenfassen, die ins Gebiet der Parapsychologie fallen (Telekinese, Vorherwissen, Gedankenlesen usw.). Verständlich ist, daß die Intensivität des ganzheitlichen Erlebens manchen Mystiker für solche Phänomene bereitete *(Johannes Don Bosco).* Doch die Kirche hat immer deutlich unterschieden zwischen dem Zentrum der mystischen Erfahrungen und deren psychosomatischen Auswirkungen im Erfahrenden. Der heute grassierende *Mystizismus* beruht zu nicht geringem Teil auf der Verwechslung der genannten Phänomene mit echter Mystik. Er trägt aber darüber hinaus in sich die Gefahr, Bewußtseins- und auch Seinsschichten zu öffnen, die ins Gebiet des *Dämonischen* reichen – was auch immer darunter verstanden wird.

4. Christliche und nichtchristliche Mystik

Falsch wäre es wohl, den Reichtum der Fragen durch Systematisierung zu vereinheitlichen. Doch ein Blick in die intensive Mystikdiskussion der zwanziger Jahre kann Schneisen legen in den Problembereich.
Hinter der Diskussion, ob zwischen mystischer und Glaubenserfahrung ein quantitativer *(Garrigou-Lagrange)* oder ein qualitativer *(Poulain)* Unterschied bestehe, liegt die andere Frage, ob man Mystik eher vom Kern der Begegnung mit Gott oder von Bewußtseinszuständen her beurteilt.
Damit zusammen hängen Fragen wie: Ist jeder Christ (und Mensch) zur My-

stik berufen? Besteht sie in einem besonderen Charisma von Gott? Wie verhält sie sich zur „Heiligkeit" eines Menschen? usw.
Die heute wohl wichtigste Frage aber lautet: In welchem Verhältnis stehen *christliche und nichtchristliche Mystik* zueinander. Man wird keinen ernst zu nehmenden christlichen Theologen mehr finden, der nicht anerkennt, daß außerhalb des Christentums echte Gotteserfahrung und Mystik blühen. Die Unterscheidung von Selbst-, Welt- und Gottesmystik kann manche Schwierigkeit auflösen. Aber auch wahre Gottesmystik kann sich im Bewußtsein des Erfahrenden monistisch-pantheistisch (oder anders) niederschlagen; während umgekehrt eine dialogische Sprache nicht Bürge für eine dialogische Gotteserfahrung sein muß. Da Mystik in ihrer Spitze immer etwas Vollpersönliches ist, wird man keine letztgültige Kriteriologie erstellen können. Doch die klassische *Lehre der Unterscheidung der Geister* (Logik der existentialen Gotteserkenntnis: K. Rahner) gibt Hilfen zur Urteilsfindung und zur Abweisung primitiver Irrtümer. Zwei scheinen in der gegenwärtigen Gefahr gnostischer Verfälschung besonders aktuell zu sein: Mystik ist stets Gnade, Geschenk und methodisch nicht zu erzwingen (der letzte Grund ist ihr dialogischer Zug, d. h. hier: die *Freiheit* des anderen); Mystik vertieft das Geheimnis des letzten Sinnes, den wir Gott nennen („enthüllte Mystik" ist eine Contradictio).

Literatur:
Maßgeblich ist das seit 1932 erscheinende „Dictionnaire de Spiritualité, ascétique et mystique. Doctrine et Histoire" (Paris); 1985: Faszikel „Prêtres". – *H. Urs v. Balthasar* (Hrsg.), Grundfragen der Mystik (Einsiedeln 1974); *F.-D. Maaß,* Mystik im Gespräch. Materialien zur Mystikdiskussion in der katholischen und evangelischen Theologie Deutschlands nach dem Ersten Weltkrieg (Würzburg 1972); *K. Rahner,* Visionen und Prophezeiungen (Freiburg i. Br. ³1960); *G. Ruhbach – J. Sudbrack* (Hrsg.), Große Mystiker. Leben und Wirken (München 1984); *J. Sudbrack* (Hrsg.), Das Mysterium und die Mystik (Würzburg 1975); *J. Weismayer,* Leben in Fülle. Zur Geschichte und Theologie christlicher Spiritualität (Innsbruck 1983); *R. C. Zaehner,* Mystik, Harmonie und Dissonanz. Die östlichen und westlichen Religionen (Olten 1980).

Josef Sudbrack

Mythos

↗ Atheismus; Bibel; Esoterik; Gott; Jenseits; Jesus Christus; Kultur und Kirche; Okkultismus; Östliche Religiosität; Säkularität und Säkularismus

1. Das neue Bedürfnis nach Mythos

Innerhalb der westlichen Kultur ist seit einiger Zeit ein höchst bemerkenswerter Vorgang zu beobachten. Die alten Traditionen der Kelten, der Indianer, die man längst zum toten Material der Geschichte gezählt hat, werden mit neuem Interesse hervorgeholt. Die Welt der Märchen wird wieder begangen, Schamanen haben im Fernsehen Gelegenheit, ihr geheimes Wissen und Können zu schildern, der schon länger fließende Strom aus dem Reservoir Asien schwillt an. Die Literatur zeigt offen ihren Drang zum Mythos, Psychologie und Philosophie bemühen sich um Erschließung, Aktualisierung und auch Rehabilitierung der alten Motive. Die Publikationen, die dem unmittelbaren Gebrauch dienen, sind voll von Aufbereitungen mythischer Stoffe. – Es ist schwer zu beurteilen, ob es sich dabei um eine wirksame, das Bewußtsein tief erfassende Veränderung handelt oder um flüchtige Trends, die bald von anderen abgelöst werden. Der Blickwinkel des Beobachters ist schmal und das Auge noch zu nahe am Gegenstand. Trotz dieser Einschränkung verdient das Phänomen Beachtung, weil darin auf jeden Fall ein waches Interesse am Werk ist.
Es ist nicht möglich, von einer geschehenen Wiederkehr des Mythos zu sprechen, aber die Sehnsüchte lassen sich beschreiben, die danach verlangen: Die Kälte der rationalen Organisation unserer Lebenswelt, die gegensätzliche Vielfalt der Optionen begünstigen die Suche nach dem einen, warmen heimatlichen Sein. Die Ambivalenz des Bewußtseins, in dem Vernunft und Freiheit in scharfer Differenzierung hervortreten; die sich steigernde Dramatik der Geschichte im Wechsel von Triumph und Schrecken wird auch beantwortet mit Enttäuschung und Müdigkeit am Weg des Menschen, an der Entdeckung des Geistes, am Gewinn der Freiheit. Damit verbindet sich der Wunsch nach einer Daseinsform, in der alle Faktoren und Mächte in ewiges Gleichgewicht gebunden bleiben. Die Entseelung der Natur, die Entheiligung des Kosmos durch wissenschaftliche Analyse und technischen Zugriff provozieren neuerlich das Postulat, wenigstens Frieden zu machen mit der Natur, oder gar das große Gefühl, sie sei das heile, gütige All, in dem sich der Mensch unbedingt geborgen wissen darf. In zunehmendem Maß holen sich die Menschen der modernen Gesellschaft die Evidenzen der Schönheit, die das Leben braucht, aus der Zone des Mythischen, das sowohl die Harmonie wie den totalen Ausdruck besser zu garantieren scheint als alle Errungenschaften neuzeitlicher Ästhetik.

2. Polemik gegen die biblische Religion

Schließlich geht es um ein anderes, ursprünglicheres Verhältnis zum Heiligen. Unüberhörbar ist ein reich variierter polemischer Ton gegen die biblische Religion des Christentums, für das neben den gleichgültigen und feindlichen Formen des Atheismus eine neue Gegnerschaft wächst: die Mythologen. Wie vage und schwer definierbar ihre Vorschläge für eine neue Vorstellung vom göttlichen Sein auch lauten mögen, sie sind vor allem gegen den Gott des Alten und Neuen Testamentes gerichtet, gegen das scharfe Licht, das von ihm her auf die Welt und den Menschen fällt, wie es im Hebräerbrief beschrieben wird: „Denn lebendig ist das Wort Gottes, kraftvoll und schärfer als jedes zweischneidige Schwert; es dringt durch bis zur Scheidung von Seele und Geist, von Gelenk und Mark; es richtet über die Regungen und Gedanken des Herzens" (4,12). Wird nicht behauptet, dieses schroffe Gegenüber, dieser keine Verborgenheit zulassende Blick, dieses unausweichliche Andringen des einen und einzigen Gottes sei unerträglich, habe den Menschen arm und zunichte und selbst für alle anderen Wesen zu einem untragbaren Despoten gemacht, sei also die Ursache für alles Unheil, unter dem die Menschen der modernen Zeit zu leiden haben?

3. Begriffliche und inhaltliche Unterscheidungen

Für die Einordnung dieses Befundes ist an einige begriffliche Unterscheidungen zu erinnern. Der Mythos (Wort, Erzählung, Sprache, Botschaft) bezeichnet einen bestimmten Inhalt, die Konstitution der Welt nach ihrer menschlichen und göttlichen Seite. Mythos heißt auch der sprachliche Ausdruck dafür in den unübersehbaren Varianten, die überliefert sind. Dem Inhalt nach kann der Begriff erstens so weit gefaßt werden, daß alle Aussagen über Grund und Zusammenhang der Welt jenseits ihrer sichtbaren Erstreckung gemeint sind. Dann gilt der ganze Komplex der Religionen als Mythos. Zweitens wird der Begriff in engerer Bedeutung gebraucht, um die religiöse Vor- und Umwelt der Bibel zu beschreiben, in ihrem Unterschied zum biblischen Glauben. Die Merkmale des Mythos:
a) Das göttliche Sein erscheint in einer Mehrzahl von Gestalten, Göttern und Göttinnen, die zwar durch Macht und Unsterblichkeit von den Menschen geschieden, aber mit diesen umfaßt sind vom größeren Ganzen des Kosmos und des Schicksals, das auch sie zwingt. Der Gott der Bibel ist in absoluter Freiheit von allen Wesen und Dingen, die seine Geschöpfe sind, geschieden. Der Grund des Ganzen ist einer und einzig und personal.
b) Die nacheinander kommenden Augenblicke der Zeit werden aufgehoben in die ewige Wiederkehr. Nach der Bibel erscheint und wirkt der heilige Gott in der Zeit und macht sie zur Geschichte.
c) Der kosmische Raum ist das Haus für Götter und Menschen und das Gesetz der Notwendigkeit. Der biblische Glaube bezieht das All auf den Schöp-

fer. Der Mensch darin ist unmittelbar zu Gott, Kreatur und Bild Gottes, hat seine Identität nur in der Gemeinschaft mit Gott.
d) Denken und Tun des Menschen sind der Erhaltung und Regeneration der kosmischen Lebensmacht verpflichtet. Der biblische Mensch ist dagegen mit seinem Gewissen an den heiligen Willen Gottes gebunden, der ihm die Bewährung an der Natur und in der Geschichte abverlangt.
e) Der Mythos ist die anonyme Stiftung eines Verstehens, in dem sich der Mensch vorläufig beruhigen kann. In der Bibel spricht Gott das unverkennbare, einmalige und unverrückbare Wort, dem der Mensch in der endgültigen Entschiedenheit des Glaubens entspricht. – Der Mythos setzt gegenüber dem frühen Animismus schon eine gewisse Entwicklung und Differenzierung der Kultur voraus. Es ist nicht möglich, alle außerbiblischen Religionen als mythische Systeme zu definieren, weil sie wenigstens teilweise dem Kriterium der biblischen gerecht werden (Islam, Hinduismus, Buddhismus). Die biblische Offenbarung und der Mythos beziehen sich auf den Menschen in Raum und Zeit, auf die Erde, den Kosmos, die Welt, in je anderer Interpretation und Praxis. Der Streit geht um die bessere Erfassung der Wirklichkeit, um die Wahrheit des Lebens. Es liegt am Wesen der Sprache, daß ihre mythische und ihre religiöse Bedeutung nicht durch quantitative Sonderung auszumachen ist, sondern sich nur in der Erschließung der je eigentümlichen Sinnfigur ergibt. Mythische Muster können ohne weiteres dem biblischen Wort dienen, wobei Überschneidungen, Unschärfen und Überfremdungen nicht ausgeschlossen sind.

4. Wahrheit des Christentums und Mythos

Wer nach den Gründen für den neuen Trend zum Mythos sucht, hat zunächst mit der Verwunderung über dieses Phänomen zu tun. Nach tausendjähriger Herrschaft schien der Sieg über die mythische Welt längst entschieden. Vielleicht gab es noch da und dort ohnmächtige Erinnerungen an das Vergangene. In solchen Urteilen rechnet man damit, daß die mythische Welterfassung durch die Bibel definitiv erledigt sei. Dagegen zeigt nicht erst die Gegenwart, sondern die ganze Geschichte des Christentums, daß es sich in einem ständigen Prozeß der Mythosüberwindung befindet und keineswegs von der Garantie begleitet wird, daß es sich dabei mit seiner Wahrheit in alles erfassender Weise durchsetzt. Das Christentum kann einerseits hinter sich selbst zurückbleiben, weil es nicht gelingt, seine Botschaft in ihrem ureigenen Potential an Weltverstehen ausreichend zu erschließen. So entstehen oft durch synkretistische Mischung, äußerliche Anpassung und die Substanz berührende Kompromisse Formen zwiespältiger Überzeugungskraft. Man denke an den Kult der Heiligen als Ersatz des Glaubens, an den Gott der lebendigen Beziehung im Vater, Sohn und Geist; an die Fortsetzung der alten Tabu-Moral in vielen Imperativen der christlichen Ethik; an die mythische Sorge um den Bestand der Lebensmacht des Alls und ihre machtvollere Realisierung im modernen Gedanken des Fortschritts, für dessen Begründung auch die Autorität der Bibel herangezogen wurde; überhaupt an die Tatsache, daß es in der Geschichte immer schwieriger war, die Wahrheit des Mythos in der Wahrheit des Evangeliums zu integrieren, als mit ihr durch simple Eliminierung fertig zu werden oder sie als Kriterium des Christlichen hinzunehmen. Andererseits gilt heute, was immer gegolten hat: Es gibt zu allen Zeiten die Möglichkeit, das Christentum in seiner klarsten Gestalt abzulehnen und nicht nur aus Mißverständnis daran vorbeizuleben. Die Option für neues Heidentum kann der Spontaneität der Menschen entspringen, die sich gerade an der unverfälschten Absicht des Christentums stark macht. Es ist daher eine zu bequeme Vereinfachung, Entwicklungen dieser Art allein dem Versagen der Christen zuzuschreiben.

5. Christliche Gegenposition

Sowohl der antiken Form des Mythos wie allen neuzeitlichen Erinnerungen und Wiederholungen oder auch Neuschöpfungen gegenüber muß das Christentum bei seiner kritischen Verneinung bleiben. Wenn es sich selbst recht versteht, muß es die Rückkehr in den Mythos als Rückfall beurteilen und als Möglichkeit der eigenen Erneuerung oder Beglaubigung verneinen. Für die Theologie wird der Disput mit dem neuen Anspruch deshalb dringlich, weil in der Meinung der Gläubigen die Grundsätzlichkeit der Differenz nur verschwommen bewußt ist und durch massiv missionierende Literatur bestritten wird. Die Position, von der aus argumentiert werden muß, kann in folgender Weise umschrieben werden:
1) Der Appell, die Menschheit müsse zur alten, ungebrochenen Ganzheit zurückfinden, ist zu befragen, zuerst im Blick auf die Konstitution des Menschen. Die Forderung zielt gegen die Vernunft und die ihr entspringenden Fähigkeiten. Der biblisch orientierte Glaube versteht sich jedoch als Kraft, die das Denken freisetzt und in offener Unruhe hält, aber auch als grundsätzlichen Protest gegen die Reduktion der Vernunft auf die rationale Technik der Machtgewinnung. Ganz, wahr, gerecht, gut, heilig wird der Mensch nur im Gang durch die Feuer und Abenteuer des Geistes, nicht in der Dämmerung gedankenloser Ursprünglichkeit, die ihn heute leicht zum Opfer oder Komplizen der faktisch agierenden Wissensmächte werden läßt.
b) Das Ganze soll sein der Kosmos, die Natur, die Mutter Erde, das All der Kräfte. Die Sprache schwankt zwischen der Idyllisierung, als sei die Natur konfliktloser Friede und unfehlbares Heiltum, und der Zumutung, die Kälte, die Funktionalisierung und den Terror ihrer Wirkung nach als gegeben hinzunehmen oder gar als Vorbild für menschliches Verhalten gelten zu lassen. Der Mensch hat mehr Zukunft im Glauben der Bibel, die ihn als Geschöpf mit Geschöpfen sieht, die alle auf das Leben Gottes bezogen sind. Er ist mit allen Wesen und Dingen und gehört zum Ganzen der Kreatur, er ist aber

nicht ein Teilchen, sondern durch seine Gottfähigkeit allen voraus, der Funke Hoffnung und das Element Verantwortung in der Schöpfung.
c) Die Totalität der notwendig wirkenden Mächte, in alter Sprache das Schicksal, nimmt die Stelle dessen ein, was den Menschen unbedingt angeht (P. Tillich). Der biblische Glaube dagegen übersieht nicht die tiefe Bedingtheit des menschlichen Lebens, sieht dieses aber nach Herkunft, Gegenwart und Zukunft im Grunde der unbedingten Freiheit Gottes ruhen. Der Wille dieses Gottes, Gemeinschaft zwischen sich und den Kreaturen entstehen zu lassen, die Liebe also, ist das Grundgesetz der dramatisch verfaßten Schöpfung.
d) Wenn es dem Mythos um das wahre und gute Leben geht, um Sinn, Heimat, Geborgenheit, auch um die Wunder der Natur und deren Bewahrung, dann trennt ihn das nicht vom biblischen Glauben. In diesem scheint allerdings die bessere Gewähr und Aussicht gegeben, daß das Anliegen wahr ist und verwirklicht werden kann. Der Glaube ist trotz aller bunten Vielfalt des Mythos die komplexere Form des Wissens um die letzten Dinge, der überlegen weite Horizont, in dem auch die mythischen Symbole erst in ihrer wahren Tragweite erscheinen und verstanden werden können. Die wiederholten Versuche, den Mythos zu erneuern, sind kritische Signale an das Christentum, seine eigene Wahrheit einzuholen und überzeugender zu leben.

Literatur:
R. *Bultmann,* Jesus Christus und die Mythologie. Das Neue Testament im Licht der Bibelkritik (Heidelberg 1964); E. *Cassirer,* Philosophie der symbolischen Formen, Bd. II: Das mythische Denken (Darmstadt ⁵1969); M. *Eliade,* Geschichte der religiösen Ideen, Bde. I–III/1 (Freiburg i. Br. 1978–1983); *ders.,* Geschichte der religiösen Ideen, Quellentexte (Freiburg i. Br. 1981); H. *Fries,* Mythos und Offenbarung, in: J. Feiner u. a. (Hrsg.), Fragen der Theologie heute (Einsiedeln 1960) 11–43; K. *Hübner,* Die Wahrheit des Mythos (München 1985); O. *Loretz,* Schöpfung und Mythos (Stuttgart 1968); W. *Pannenberg,* Christentum und Mythos (Gütersloh 1972); H. *Rahner,* Griechische Mythen in christlicher Deutung (Zürich 1966); F. *Schupp,* Mythos und Religion (Düsseldorf 1976).

Gottfried Bachl

Neue geistliche Bewegungen

↗ Gemeinde; Kirche; Pluralismus, kirchlicher; Spiritualität

1. Das Phänomen im Überblick

Die neuen geistlichen Bewegungen sind Gruppierungen, in denen sich mehrheitlich Laien, aber auch Kleriker und Ordensleute, um ein intensives religiöses Leben in Gemeinschaft bzw. um eine Glaubenserneuerung in der Kirche bemühen. Sie sind zumeist überörtlich organisiert und weisen eine regional unterschiedliche Verbreitung auf. Das Verhältnis dieser Gruppen zur Kirche gestaltet sich auf der Basis verschiedener und z. T. innerhalb der jeweiligen Bewegung noch einmal abgestufter kirchlicher Rechtsformen, in manchen Fällen befindet sich die Regelung dieser Beziehungen noch im Fluß.

Die Bezeichnung *Bewegungen* weist darauf hin, daß sich diese Gruppen schon in ihren Strukturen von herkömmlichen kirchlichen Gemeinschaftsformen nicht unbeträchtlich unterscheiden. Zumeist verfügen sie nur über ein Minimum an Strukturen. Ihre innere Stabilität gewinnen diese Gruppen oftmals dadurch, daß sie unterschiedliche Verbindlichkeitsgrade bei Mitgliedschaft und Zugehörigkeit kennen: Einer relativ kleinen Kerngruppe steht nicht selten eine größere Zahl von Personen gegenüber, die mit den Zielen der Bewegung sympathisieren. In manchen Fällen ist die Bezeichnung „Bewegung" nur ungenau: Einige Gruppen verstehen sich nicht als eigenständige Bewegung mit einer unverwechselbaren Spiritualität, sondern eher als Impulsgeber im Dienst an der Erneuerung der Gesamtkirche. Oder es handelt sich im Kern eher um Gemeinschaften, in deren Umfeld sich dann bewegungsähnliche Gruppen bilden.

Das Attribut *geistlich* zielt auf das zentrale Anliegen der neuartigen Bewegungen: Dem als weithin verflacht empfundenen religiösen Leben in der Kirche setzt man Bemühungen um eine religiöse Vertiefung und ein sich erneuerndes kirchliches Christentum entgegen. Der Glaube soll nicht nur abstrakt bejaht, sondern konkret erfahren und gelebt werden. Während man die traditionelle Glaubensverkündigung als zu verstandesbetont erfährt, wird dem religiösen Erleben eine große Bedeutung gegeben. Angesichts des vielfach anonymen Lebens in den Pfarrgemeinden und der verbreiteten Individualisierung des Glaubenslebens betont man den Gemeinschaftscharakter geistlicher Erfahrungen.

Neu sind diese geistlichen Bewegungen insofern, als sie vielfach in den Jahren nach dem Zweiten Weltkrieg bzw. in der Zeit während des Zweiten Vatikanischen Konzils entstanden sind. Z. T. handelt es sich auch um Umstrukturierungen bereits länger bestehender Gruppierungen oder um ältere Bewegungen, die von dem allgemeinen Bedeutungszuwachs geistlicher Bewegungen in den letzten fünfzehn Jahren ihrerseits profitierten.

2. Kurzporträts einiger bekannter Bewegungen

Die *Charismatische Erneuerung* ist Teil einer neopfingstlerischen Erneuerungsbewegung, die seit Anfang der siebziger Jahre – aus den USA kommend, wo sie um 1967 entstanden war – in Europa Fuß faßte. Sie vereinigt zweierlei in sich: Impulse einer freikirchlich-pfingstlerischen Religiosität und Elemente kirchlicher Evangelisierung. Ihr zentrales Anliegen ist das Bemühen, den einzelnen Glaubenden zu einer Erneuerung des in ihm durch

Kindertaufe, Firmung und religiöse Erziehung grundgelegten Glaubens zu führen. Ein wesentliches Strukturelement der Charismatischen Erneuerung sind Gebetsgruppen, in denen Christen auf der Basis des allgemeinen Priestertums der Glaubenden gegenseitig vom Glauben Zeugnis ablegen. Charakteristisch für neopfingstlerische Gebetsgruppen ist die Betonung des Lobpreises als zentraler Gebetsform, das Sprachengebet und die Prophezeiung sowie das Gebet um Heilung. Im deutschsprachigen Raum wird mit der Bezeichnung Charismatische *Gemeinde*-Erneuerung darauf hingewiesen, daß man nicht eine „neue charismatische Kirche (Geistkirche)", sondern eine „charismatische erneuerte Kirche" (Heribert Mühlen) anstrebt.

Die *Fokolar-Bewegung* (der Name leitet sich von ital. „focolare", deutsch: Herd, offene Feuerstelle ab) wurde 1944 von Chiara Lubich in Trient gegründet. Den inneren Kern des „Opus Mariae" – so der offizielle Name der Fokolar-Bewegung – bilden kleine Gemeinschaften, Fokolare genannt, in denen Frauen und Männer nach den evangelischen Räten leben. Wichtigstes Anliegen der Fokolare-Spiritualität ist die Verwirklichung der Einheit (nach Joh 17,21) unter Menschen verschiedener Schichten, Generationen, Nationalitäten, Religionen, Kirchen und Kulturen. Die sogenannten „Freiwilligen" sind Laien, die nicht Mitglied eines Fokolars sind, sondern sich als Christen in der Welt, in Familie und Beruf, verstehen. Die Jugendlichen der Fokolar-Bewegung sind in der Gen-Bewegung zusammengefaßt (Gen heißt: Neue Generation). Weitere „Zweige" der Fokolar-Bewegung sind die Gruppen der „Neuen Familien", der „Neuen Gesellschaft". In verschiedenen Teilen der Erde bestehen Modellsiedlungen, die von der Fokolar-Bewegung getragen werden. Das Leben der Bewegung konzentriert sich vor allem auf regelmäßige Begegnungen, darunter auch die regionalen Sommertreffen („Mariapoli").

Cursillo (zu deutsch: „kleiner Kurs", vollständige Bezeichnung „Cursillo de Cristianidad") ist sowohl die Bezeichnung für einen dreitägigen Intensiv-Glaubenskurs als auch für eine geistliche Erneuerungsbewegung. Ende der vierziger Jahre entstand diese Form der Erwachsenenkatechese auf Mallorca und hat weltweite Verbreitung gefunden. In der Bundesrepublik finden Cursillos seit 1961 statt. Ziel der Kurse ist es, in das „Erlebnis des Wesentlichen im Christentum" einzuführen.

Die *neokatechumenale Bewegung* stammt gleichfalls aus Spanien. Mitte der sechziger Jahre entstanden erste Gruppen in dem Madrider Barackenviertel „Palomeras Altas". Im Mittelpunkt steht auch hier der Versuch, über eine Tauferneuerung sich auf das eigene Christsein zu besinnen. Im Gegensatz zu anderen Bewegungen ist das Neokatechumenat auf die Pfarrei als Bezugsgröße ausgerichtet. Über einen systematisch aufgebauten katechumenalen Weg wird die Bildung kleiner Gemeinschaften in den Pfarreien angestrebt. Durch eine „missionarische Seelsorge" (Kiko Arguëllo) sollen gerade auch die sogenannten Fernstehenden erreicht werden.

Die italienische Bewegung „*Comunione e Liberazione*" geht auf die 1954 von

Luigi Guissani in Mailand gegründete studentische Jugend-Vereinigung „Gioventù Studentesca" zurück. Ende der sechziger Jahre nahm die Organisation, die eine relativ große Ähnlichkeit mit traditionellen kirchlichen Verbänden aufweist, ihre heutige Form an. Auch über Italien hinaus sind Aktionsgruppen dieser Bewegung inzwischen in zahlreichen Ländern vertreten. Sie setzt sich für eine Erneuerung der Gesellschaft aus christlicher Verantwortung ein. Die Auffassung der „Ciellini" – so die italienische Bezeichnung für Vertreter dieser Bewegung – von christlicher Gemeinschaft schließt ein bestimmtes gesellschaftlich-politisches Weltbild mit ein. Der politische Arm von „Comunione e Liberazione", das „Movimento Populare", wirkt über die „Democrazia Cristiana" in die italienische Politik hinein. Das Engagement der Bewegung im gesellschaftlich-kulturellen Raum hat aus dieser Bewegung eine Kraft werden lassen, die weit über den kirchlich-religiösen Bereich hinausreicht.

3. Typologie der Bewegungen

Die neuen geistlichen Bewegungen lassen sich im wesentlichen in zwei Gruppen einteilen: Die einen verstehen sich als eigenständige und dauerhafte Gemeinschaften in der Kirche, richten sich z.T. an einem Leben nach den evangelischen Räten aus, haben Säkularinstitute gebildet oder Gemeinschaften, die Säkularinstituten ähneln (Fokolar-Bewegungen, Schönstatt-Bewegung, Opus Dei u.a.), stehen darüber hinaus nicht selten in enger Verbindung zu Ordensgemeinschaften (Gemeinschaften Christlichen Lebens [GCL, die früheren Marianischen Kongregationen], Franziskanische Gemeinschaft, Gemeinschaft Charles de Foucauld u.a.); die anderen verstehen sich als Elemente der Erneuerung im Dienst an der Kirche und sind stärker auf das gemeindlich organisierte Christentum ausgerichtet (Charismatische Erneuerung, Cursillo, Neokatechumenale Bewegung, Bewegung für eine bessere Welt, Action 365, Legion Mariens). Entweder verstehen sich die neuen geistlichen Bewegungen als ökumenisch (z.B. Aktion 365), oder sie sind ökumenisch ausgerichtet, aber unterscheiden zwischen einem katholischen und einem protestantischen Zweig (z.B. Charismatische Erneuerungsbewegung), z.T. halten sie sich ökumensich offen, auch wenn sie auf der Basis einer bestimmten konfessionell geprägten Spiritualität entstanden sind (z.B. Fokolar-Bewegung), oder sie vertreten eine klar katholisch-konfessionell ausgerichtete Spiritualität (z.B. Schönstatt-Bewegung, Opus Dei, Comunione e Liberazione). Eine Reihe von Bewegungen haben eine marianisch geprägte Spiritualität (Fokolar-Bewegung, Schönstatt-Bewegung, Legion Mariens, Gemeinschaft Christlichen Lebens). Die Spiritualität von Comunione e Liberazione und Opus Dei ist ausgerichtet auf die Bewährung des Christen in dieser Welt im Sinne eines alle Lebensbereiche ganzheitlich prägenden Weltbildes. Eine ausgesprochene Standesspiritualität vertreten die Equipes Notre-Dame, eine Bewegung bestehend aus Kleingruppen von Ehepaaren. Zum weiteren Umfeld der neuen geistlichen Bewegungen gehören die Integrierte Gemeinde, die sich als Erneuerungsbewegung der Ortskirche, zu der sie gehört, versteht, sowie die ökumenische Brüdergemeinschaft von Taizé, die über das Leben der ordensähnlichen Gemeinschaft und die Treffen in Taizé und anderswo in die Kirchen hinwirken will, ohne sich damit aber als Bewegung zu konstituieren.

4. Zum kirchlich-religiösen Hintergrund

Zum Entstehungshintergrund der neuen geistlichen Bewegungen gehört die gewandelte Situation kirchlich-religiösen Lebens in der modernen pluralistischen Gesellschaft. Traditionelle Instanzen religiöser Sozialisation: Familie, Pfarrei, Schule, Verbände, haben an prägendem Einfluß verloren. Die neuen Bewegungen stoßen z. T. in die dadurch frei gewordenen Räume vor. Je stärker das Christentum in eine Minderheitensituation gerät, desto größer wird der Bedarf nach Sammlungsbewegungen, die Christen eine Heimstatt für Austausch, gottesdienstliche Feier, sozial-gesellschaftliche Aktion geben und sie den gemeinschaftlichen Charakter religiöser Erfahrung erleben lassen. Je mehr das auf Resten volkskirchlicher Strukturen gründende kirchliche Leben an Ausdruckskraft einbüßt, desto deutlicher artikuliert sich der Wunsch nach Realisierung eines volleren christlichen Lebens. Die flächendeckende pastorale Versorgung soll nicht mehr oberste Priorität haben. Statt dessen entstehen Oasen eines gemeinschaftlich gelebten Christentums inmitten einer sich verschärfenden Diaspora-Existenz der Christen. Je stärker der Glaube in der säkularisierten Gesellschaft den Zusammenhang mit anderen Teilbereichen des Lebens verliert, desto größer wird die Suche nach einem Glauben, der das ganze Leben zu durchdringen vermag. Die neuen geistlichen Bewegungen sind Orte, an denen diese Anliegen ihren besonderen Niederschlag finden. Sosehr die Vielzahl der geistlichen Aufbrüche für die Kirche einen Reichtum darstellt, sie bringt zugleich auch eigene Probleme mit sich. Überall, wo versucht wird, erneuernd in das kirchliche Leben einzugreifen, besteht die latente Gefahr, die eigenen Erneuerungsbemühungen als den Weg schlechthin zu verstehen anstatt als einen Weg unter mehreren. Die geistlichen Bewegungen wuchsen auch als Gegenbewegung gegen ein betont gesellschaftlich ausgerichtetes Christentum; umgekehrt kann dies jedoch leicht zu einer nachhaltigen Vernachlässigung dessen führen, was man die „horizontale Dimension" des Glaubens nennt. So berechtigt einerseits das Bemühen ist, den Glauben ganzheitlicher in das Leben einzubinden, so darf dies doch auch nicht zu einem Neo-Integralismus führen, der einem legitimen Pluralismus in der Kirche entgegensteht.

Literatur:
P. *Meinhold,* Außenseiter in den Kirchen (Freiburg i. Br. 1977); *J. Sauer* (Hrsg.), Lebenswege des Glaubens (Freiburg i. Br. 1978); *W. Schäffer,* Erneuerter Glaube – verwirklichtes Menschsein (Zürich – Einsiedeln – Köln 1983).

Zu einzelnen Bewegungen: J. G. Cascales, „Die gerade Straße". Der Cursillo in seinem Wesen (Wien 1974); A. Diana (Hrsg.), Die Bewegung der Fokolare (München 1975); F. A. Sullivan, Die charismatische Erneuerung (Graz 1984).

Klaus Nientiedt

Neue Medien

↗ Datenschutz; Glaubensvermittlung; Kirche; Kultur und Kirche; Medienpädagogik; Verkündigung

1. Die neue Situation

Seit einiger Zeit stehen neue technische Kommunikationsmöglichkeiten, die man unter dem etwas mißverständlichen Begriff *„neue Medien"* erfaßt, zur Nutzung bereit, bzw. es ist abzusehen, daß dies in naher Zukunft der Fall sein wird. Es handelt sich dabei weniger um *„neue"* Medien als vielmehr darum, daß die *elektronische Speicherungs- und die Leitungskapazität* im Rahmen dieser technischen Entwicklung in einem kaum vorstellbaren Maß ausgeweitet werden kann. Mehr Fernseh- und Hörfunkprogramme, mehr Texte und persönliche Mitteilungen werden schnell, billig und unkompliziert auf elektronischem Weg übermittelt werden können. Die andere Frage ist, welche Instrumente der Kommunikation sich auf Dauer in der Nutzung durchsetzen werden. Das ist zum jetzigen Zeitpunkt noch nicht endgültig auszumachen. Bei diesem Entwicklungsprozeß eröffnen sich immer wieder neue Möglichkeiten der Anwendung. Eine Entscheidung zum jetzigen Zeitpunkt, welche Formen man kirchlicherseits nutzen will, kann daher nur eine vorläufige sein. In diesem Zusammenhang muß sicherlich erneut die historische Entscheidung unserer Vorfahren zur „industriellen Gesellschaft" bzw. zur sog. „informierten Gesellschaft" reflektiert werden, da diese technischen Entwicklungen auch den Charakter von sachbedingten Zwangsläufigkeiten haben. Gerade die Technik ist es, die immer wieder neue Tatbestände hervorbringt, denen neuer Fortschritt immanent ist. In dieser Entwicklung ist eben das Bessere jederzeit auch der Feind des Guten. Das Problem der technischen und wirtschaftlichen Sachzwänge und der damit konfrontierten menschlichen Freiheit stellt sich sehr hart und direkt. Es ist zu bedauern, daß weder die Philosophie noch die Theologie Fragen dieser Art bisher in ausreichendem Maße aufgegriffen haben, obwohl es sich um Existenzfragen unserer Gesellschaft und der Menschheit handelt.

2. Hilfe zu ökonomischer Kommunikationsbewältigung

Die Erweiterung der *elektronischen Speicherkapazitäten* ist die *eine* Voraussetzung für neue Formen der Nutzung für Kommunikationszwecke. Um einen Begriff von der Speicherkapazität eines Mikroprozessors – so werden die Speicherelemente genannt – zu erhalten: Auf der Fläche eines sogenannten „Chip", eines Quadrates von einem halben Zentimeter Seitenlänge, lassen sich viele tausend Schaltfunktionen speichern. Mit Hilfe solcher Speicherkapazitäten lassen sich die technischen Voraussetzungen dafür schaffen, Daten und Informationen in Text, Bild oder Ton, Schaltimpulse jeglicher Art auf kleinstem Raum und deshalb in nahezu beliebiger Menge nicht nur zu speichern, sondern auch aufgrund der bereits erwähnten Steigerung der Leitungskapazität in kürzester Zeit zu verteilen und zu vermitteln. Daß dies für Unterhaltung, Wirtschaft, Wissenschaft und Verwaltung tiefgreifende Folgen hat, liegt auf der Hand. Zwei Drittel des Informationsbestandes unserer Gesellschaft wurden bisher auf dem Träger Papier gespeichert und übermittelt (Buch, Zeitung, Zeitschrift, Brief, Akten usw.). Nur ein Drittel des Informationsbestandes wurde elektronisch gespeichert und übermittelt (Hörfunk, Fernsehen, Telefon, Tonband usw.). Dieses Verhältnis wird sich aufgrund der technischen Entwicklung in der Zukunft umkehren. Es sprechen gewichtige Gründe dafür, diese technische Entwicklung und deren Nutzung zu forcieren. Es können dadurch Rohstoffressourcen (Holz, Kupfer) gespart werden; es wird Energie gespart; die zunehmende Quantität an Informationen läßt sich leichter bewältigen, und nicht zuletzt können weite Informationsbereiche vielen Menschen zugänglich gemacht werden, an denen sie bisher nicht partizipieren konnten („Demokratisierung der Information"). Natürlich wird diese leichte Zugangsmöglichkeit des einzelnen zu Wissens- und Informationsbeständen ihn nicht auf jedem beliebigen Gebiet zum Experten machen können. Auch hier sind Grenzen schon durch die Fähigkeit des einzelnen gesetzt, sich diese Wissensbestände anzueignen und sie zu verarbeiten. Aber man kann doch insgesamt von einer Weiterentwicklung der Demokratisierung des Wissens sprechen. Auch Ländergrenzen spielen dabei keine Rolle mehr. Die Dialogfähigkeit dieser Systeme erhöht die Nutzungsmöglichkeit vor allem im wirtschaftlichen, aber auch im wissenschaftlichen Bereich. Durch den freien, raschen, billigeren und mühelosen Zugang zu vielfältigen Quellen von Information, Bildung und Unterhaltung eröffnen sich Möglichkeiten einer sinnvollen, das persönliche und das soziale Leben fördernden und bereichernden Nutzung dieser Angebote. Neben diesen Auswirkungen auf dem Kommunikationssektor sind vor allem die Auswirkungen auf das Berufs- und Arbeitsleben von tiefgreifender Bedeutung: Ganze Berufszweige werden durch fortschreitende Automatisierung und Computerisierung verschwinden. Die Arbeitsqualität wird durch Mechanisierung und Elektronisierung verändert. Der persönliche Bezug zur Leistung und deren Ergebnis nimmt andere Formen an. So wie „Arbeit" über Jahrhunderte hinweg nahezu ausschließlich mit physischer Kraftanstrengung verbunden war und allmählich mit Hilfe einer immer weiter verfeinerten Mechanik und der neueren Elektronik immer mehr physisch entlastet wurde, so wird eine weitere, viel raschere Veränderung der Arbeitsqualität durch die neuen Technologien bewirkt werden.

3. Chancen und Grenzen der neuen Informationsvermittlung

Die *zweite* Komponente, die in diesem Entwicklungsprozeß neuer Kommunikationsformen, der sog. neuen Medien, eine Rolle spielt, ist die *Ausweitung der elektronischen Leitungskapazität.* Elektronische Impulse können drahtlos oder auch längs und mittels eines Leiters weitergegeben werden. Dieser Leiter war bisher, wie bei Telefon- und Telexleitungen, Kupferdraht. Die Leitungskapazität beim Kupferkabel hängt vom Querschnitt ab. Armdicke Koaxialkabel können mehr Telefongespräche gleichzeitig weiterleiten als etwa nur fingerdicke Kabel. Aus technischen und wirtschaftlichen Gründen hat man nach einem Leitungsmaterial gesucht, das weniger korrosionsanfällig ist als Kupfer, mehr Leistung bringt, ressourcensparend ist – die Weltkupfervorräte sind begrenzt – und personal- und kostensparend bei der Verlegung und Wartung des Leitungsnetzes ist. Dieses Material hat man in der Glasfaser gefunden. Durch diese Fasern, die dünner als ein Menschenhaar sind, werden die elektronischen Impulse in Form von gebündelten Lichtstrahlen geleitet. Die Umsetzung dieser Impulse in einen Ton aus dem Lautsprecher oder in ein Bild auf dem Fernsehschirm kann ebenfalls bewerkstelligt werden. Das Glasfasernetz kann Telefongespräche, Fernsehprogramme, Hörfunk-, Telex- und Computerimpulse in großer Anzahl gleichzeitig und nebeneinander transportieren. Endziel dieser Entwicklung ist ein sog. integriertes Breitbandnetz, auf das die ganze elektronische Kommunikation gelegt werden kann. Das Glasfasernetz läßt eine sowohl quantitativ gesteigerte wie auch eine qualitativ erweiterte Nutzung gegenüber dem Kupferkoaxialkabel zu.

Es bleibt, auch für die kirchliche Nutzung, zu prüfen, welche positive Chancen für den Menschen sich bei dieser technischen Entwicklung ergeben. Im Bereich der elektronischen Textinformationssysteme – vorläufig können hier „Bildschirmtext" (BTX) und „Videotext" genutzt werden – müssen beim Auf- und Ausbau eines kirchlichen Informationsangebotes vor allem Informationen bevorzugt werden, die eilig benötigt werden und auf deren Zugriff der einzelne ein gewisses Anrecht hat. Das sind alle Notdienste, auch die des seelsorglichen Bereiches. Weiter bestehen nachweislich Informationsdefizite über Angebote der Wohlfahrtspflege und der caritativen Dienste bei denen, die sie brauchen. Auch religiöses Grundwissen, auf das man in konkreten Lebenssituationen zurückgreifen kann und will, muß im kirchlichen Informationsangebot seinen Platz haben. Grenzen der Informationsvermittlung sind bei diesen elektronischen Textinformationssystemen durch die dabei notwendige Textverknappung gegeben. Auch im Büro- und Verwaltungsbereich zeichnen sich die Verwendungsmöglichkeiten solch elektronischer Informationssysteme immer deutlicher ab. Durch die Verkabelung und die Vereinfachung der elektronischen Aufnahmegeräte kommt Bewegung in einen zweiten Kommunikationsbereich. So können in eng begrenzten Nahräumen Fernsehen, Hörfunk und elektronische Textmedien zur medialen Erschließung des Nahraums genutzt werden. Dies darf nicht dazu führen, daß das Gespräch zwischen den Menschen gefährdet wird. Aber es bietet sich die Möglichkeit, durch diese Instrumente der Kommunikation Nachbarschaftsbeziehungen, Vereinsleben, Aktivitäten und Initiativen, etwa der Pfarrgemeinden, anzuregen und zu intensivieren. Hier wird allerdings ein langer Zeitraum der Einübung der einzelnen Gruppen vonnöten sein.

Ein *dritter* Bereich betrifft die durch Satelliten ermöglichte Ausstrahlung von großräumig empfangbaren internationalen Programmen. Die dafür benötigten Programme müssen hergestellt werden. Förderung eines kreativen journalistischen Nachwuchses und gezielte Programmentwicklung sind kirchliche Zielsetzungen, die dieser Herausforderung gerecht werden wollen. Die Kirche akzeptiert nicht unkritisch und unbesehen alles, was im Rahmen der Entwicklung der elektronischen Medien möglich ist. Aber natürlich will sie, wie es in einer Erklärung der Deutschen Bischofskonferenz von 1981 heißt, „auch die positiven Chancen, die sich bei dieser technischen Entwicklung ergeben, pastoral nutzen".

Wenn man von der etwas negativeren Beurteilung der technischen Entwicklung und der positiveren Einschätzung der bestehenden Rundfunkordnung auf evangelischer Seite absieht, sind die medienpolitischen Vorstellungen und Entscheidungen im Hinblick auf die Entwicklung im Medienbereich bei beiden Kirchen weitgehend gleich. An folgenden Prinzipien orientieren sich diese Entscheidungen:

Wichtigster Grundsatz ist, daß die Medienentwicklung dem Menschen dienen muß. Auf die Kommunikationsgerechtigkeit innerhalb dieser Entwicklung ist zu achten und die neuen Kommunikationsmöglichkeiten sind nicht nur dem einzelnen, sondern ebenso dem Leben der Gesellschaft verpflichtet. Diese Grundprinzipien konkretisieren sich als Folgerungen in der momentanen Medienentwicklung dahingehend, daß nicht nur politisch und wirtschaftlich mächtige, sondern alle gesellschaftlich relevanten Gruppen Zugang und die Möglichkeit und Nutzung dieser neuen Medien haben müssen. Dabei sehen sich die Kirchen auch als Anwalt und Sprachrohr für Minderheiten, denen sonst der Zugang zu diesen Medien nur allzuleicht versperrt werden könnte. Bei neuen Programmen muß ein ausreichender Jugend- und Familienschutz gewährleistet sein. Er muß durch eine gesellschaftliche Kontrolle und Aufsicht sichergestellt werden. Die Kirchen beanspruchen nicht nur aufgrund ihrer besonderen Stellung in unserem Staat und in unserer Gesellschaft, die ihnen in unserer Verfassung zugesichert ist, sondern auch aufgrund ihres Selbstverständnisses die Möglichkeit, in den „neuen Medien" die kirchliche Lehre, Stellungnahmen zu Fragen der Weltanschauung und der sittlichen und gesellschaftlichen Grundwerte, mit anderen Worten die Darstellung ihrer Position und Standpunkte, vermitteln zu können.

Literatur:
Die neuen Medien und die Kirchen in der Bundesrepublik Deutschland und in Frankreich (Kehl a. Rh. 1983); Materialien zur Medienpolitik – Die neuen Medien. Informationen, Fragen und Anregungen im Blick auf den Menschen und die Gesellschaft (Bonn 1982); Materialien zur Medienpolitik. Medienpolitische Grundpositionen, hrsg. von der Zentralstelle Medien der Deutschen Bischofskonferenz (Bonn 1985); Telekommunikation für den Menschen (Berlin–Heidelberg–New York 1980); *K. Haefner,* Der große Bruder. Chancen und Gefahren für eine informierte Gesellschaft (Düsseldorf–Wien 1980); *D. Ratzke,* Handbuch der Neuen Medien in: Information und Kommunikation, Fernsehen und Hörfunk. Presse und Audiovision heute und morgen (Stuttgart 1982).

Wilhelm Schätzler

Nichtchristliche Religionen

↗ Atheismus; Auschwitz; Gott; Inkulturation; Juden und Christen; Mission; Muslime unter Christen; Mystik; Östliche Religiosität; Religionsfreiheit; Synkretismus; Vatikanum II

1. Nichtchristliche Religionen als Thema des Christentums

Der Begriff „Nichtchristliche Religionen" besagt, daß das Phänomen des religiösen Pluralismus aus dem Blickwinkel des Christseins und in Unterscheidung vom Christlichen gesehen wird. Der Begriff impliziert ferner, daß das Christentum selbst Religion ist oder doch zumindest in einen sinnvollen, wesentlichen Bezug zu anderen Religionen gebracht wird. Dieselben Fragen, die sich dem Christentum stellen, stellen sich analog selbstverständlich auch – perspektivisch verschoben – für jede Religion im Hinblick auf alle anderen Religionen. „Nichtchristliche Religionen" bedeutet daher weiter, daß sich nicht nur das Christentum in Beziehung setzt zu den anderen Religionen, sondern daß diese ihrerseits in Beziehung zum Christentum treten, sei es in der Weise polemischer Ablehnung, sei es in der Weise selektiver Zustimmung, sei es in der Haltung der Toleranz, des Dialogs, der praktisch-pragmatischen Kooperation oder gar der spirituellen Begegnung bzw. des spirituellen Austauschs.

Für das Christentum selbst stellen sich angesichts der verbreiteten Erfahrung des religiösen Pluralismus vordringlich drei Aufgaben: Es muß a) zur Artikulierung eines christlichen Selbstverständnisses im Hinblick auf die nichtchristlichen Religionen gelangen, b) dem fremdreligiösen Anspruch auf Sinn- und Heilsvermittlung begegnen und c) dem heutigen Miteinander von Menschen unterschiedlicher Weltanschauungen und Religionen entsprechende Formen des Umgangs, der Kommunikation, des Dialogs und der Kooperation unter gleichzeitiger Achtung des Wahrheitsanspruchs – sowohl des Anspruchs, den die Wahrheit selbst an sich trägt, wie auch des Anspruchs, den Menschen auf Wahrheit haben –, entwickeln. Die damit gestellten Aufgaben gehen einmal die Theologie an, die sich ihnen in jüngerer Zeit in Ansätzen zu einer *Theologie der Religionen* stellt. Eine solche ist freilich nicht zu leisten ohne ausreichende Beachtung des Selbstverständnisses der fremden Religionsgemeinschaften und der religionswissenschaftlichen Forschungsergebnisse. Insofern aber als der religiöse Pluralismus sich lebensnah in der konkreten Begegnung von Mitgliedern verschiedener Religionszugehörigkeiten vermittelt, ist innerhalb der Theologie der Religionen auf die Spannung zwischen der Theologie der Religionen im allgemeinen und im besonderen (Theologie des Judentums, des Islam, des Hinduismus usw.) zu achten. Die genannten Aufgaben haben aber über die theoretische Beschäftigung hinaus auch eine eminent praktische Bedeutung für das alltägliche Leben der Gläubigen, die in Beruf und Freizeit immer häufiger den Anforderungen des praktischen interreligiösen Umgangs ausgesetzt sind.

Ein *Paradigma* für die zu entwickelnde Haltung gegenüber den nichtchristlichen Religionen kann die Geschichte des Verhältnisses von *Judentum und Christentum* sein. Historisch steht dem Christentum das Judentum schon deshalb am nächsten, weil der Gründer des Christentums in jeder, auch in religiöser Hinsicht Jude war. In seinem Ursprung ist daher das Verhältnis von Judentum und Christentum vom Prozeß der Loslösung des Christentums vom Judentum gekennzeichnet. Dieser wiederum hat in seinen extremen Weisen der Verwirklichung zu jenem furchtbaren antijüdischen Verhalten geführt, das in den Vernichtungskammern von Auschwitz nur ihr heutiges Symbol gefunden hat. An den Erfahrungen mit den Juden zerbrechen darum auch christliche Fremdeinordnungen mit Hilfe von Begriffen, wie „Nicht-Christen", „Noch-nicht-Christen", „anonyme Christen" u. ä. Das Paradigma „Judentum – Christentum" lehrt folglich, daß die Nicht-Christen bzw. „Heiden" heute als Muslime, Hindus, Buddhisten u. ä. ernst genommen werden wollen und als solche „Mitgestalter" unseres christlichen Denkens, Sprechens und Handelns werden.

2. Der notwendige Prozeß des gegenseitigen Sichkennenlernens

Soll sich die Negativerfahrung des jüdisch-christlichen Verhältnisses nicht länger in einer Geschichte „der Ermordeten und Gefesselten und der in Knechtschaft Geführten, die dies um der Verschiedenheit ihrer Religionen willen erdulden" (Nikolaus von Kues, De pace fidei III), fortsetzen, dann muß sich die „Einstellung der Kirche zu den nichtchristlichen Religionen" im Sinne der Erklärung „Nostra aetate" des Zweiten Vatikanischen Konzils entwickeln: Die Gläubigen müssen „mit Klugheit und Liebe, durch Gespräch und Zusammenarbeit mit den Bekennern anderer Religionen sowie durch ihr Zeugnis des christlichen Glaubens und Lebens jene geistlichen und sittlichen

Güter und auch die sozial-kulturellen Werte, die sich bei ihnen finden, anerkennen, wahren und fördern" (Art. 2).
Voraussetzung einer rechten Einstellung ist die *Kenntnis der nichtchristlichen Religionen*, zumindest jener, mit deren Anhängern Christen einen besonders engen Kontakt pflegen. In Europa ist heute quantitativ der Islam die stärkste nichtchristliche Religion. Doch wächst atmosphärisch auch der Breiteneinfluß der asiatischen Religiosität, des Hinduismus (über Yoga, alternative Lebenspraktiken und zahlreiche, oft nur schwer einzuordnende neohinduistische Gruppen) und des Buddhismus (über Zen und zenorientierte Meditationszentren, aber auch zahlreiche tibetische Zentren). Kenntnisse der nichtchristlichen Religionen werden entweder durch Angehörige oder durch Nichtangehörige der betreffenden Religion vermittelt. Ein erster, für die theologische Reflexion notwendiger, weil wissenschaftlich überprüfbarer Schritt zur Kenntnisnahme von nichtchristlichen Religionen ist die Beschäftigung mit den Ergebnissen der empirischen Religionsforschung, ein zweiter, freilich nicht in jeder Hinsicht zuverlässiger, weil oft unkritisch und in Sympathie oder Antipathie vollzogener Schritt ist die Kenntnisnahme aus unmittelbarem Umgang mit Andersgläubigen.

a) Bei der Aneignung *religionswissenschaftlicher* Informationen ist freilich stets auf das Vorverständnis von Religion bei den einzelnen Wissenschaftlern zu achten, zumal das Forschungs*interesse* von erheblicher Bedeutung ist. Nicht wenige Forscher vertreten in Anlehnung an das neuzeitliche Wissenschaftsverständnis einen methodischen Atheismus auch gegenüber den religiösen Phänomenen. Bei aller kritischen Beachtung der Vorverständnisse sind aber sowohl das religionswissenschaftlich vermittelte Wissen in Religionsphänomenologie und Geschichte der Religionen als auch die Kenntnis wissenschaftlicher Vergleichsmethoden unverzichtbar.

b) Die Kenntnis der nichtchristlichen Religionen wird sodann vermittelt, wo Vertreter verschiedener Religionen einander unmittelbar begegnen, vielleicht gar miteinander leben und sich über ihren je eigenen religiösen Weg und Anspruch austauschen. In diesem Zusammenhang ist die bei uns wachsende Zahl von Publikationen zu beachten, die von Anhängern der einzelnen Religionen verfaßt bzw. sogar von religiösen Instanzen autorisiert sind. Hier darf über der Faszination des Neuen die Gefahr einer eher unkritisch-naiven Haltung in der Begegnung mit dem Fremden nicht übersehen werden. Häufig wird das Fremde in Unkenntnis seiner wirklichen Bedeutung (bei mangelnder Kenntnis der fremden Sprachen, Denk- und Verhaltensmuster, der Symbolik u. a.) vordergründig in den eigenen Verstehenshorizont eingeordnet (traditionelle Beispiele: Buddhismus ohne Gottesglaube = Atheismus, „Alles ist Leiden" = Pessimismus), Ähnlichkeit wird in Gleichheit umgemünzt („Alle Religionen sind gleich"), oder das andersartige Fremde wird als neues Ideal der eigenen erlebten Religionswirklichkeit gegenübergestellt, obwohl stets Ideal mit Ideal, Praxis mit Praxis zu vergleichen sind.

Auf den mühsamen Prozeß des *gegenseitigen* Kennenlernens wird schon deshalb nachdrücklich hingewiesen, weil das Ernstnehmen dieser Aufgabe allein es verhindern kann, daß auch in Zukunft die christliche Glaubensverkündigung und Theologie gleichsam an den nichtchristlichen Religionen vorbei über sie verfügen und urteilen.

3. Dialog mit gemeinsamer Blickrichtung

„Der Dialog der Weltreligionen ist ein Prozeß, auf den man sich nur einlassen kann, wenn man sich in Offenheit verwundbar macht und aus ihm verändert hervorgeht. Man verliert seine *Identität* nicht, sondern gewinnt im Gegenüber zum Partner ein neues *Profil*" (J. Moltmann, Kirche in der Kraft des Geistes 181). Das gilt auch für das Christentum. Angesichts der Religionen muß es zu einer profilierten Selbsteinschätzung gelangen. Mit dieser verbindet sich die Frage nach der Einschätzung der anderen Religionen – eine Frage, die nur *mit* den anderen zu lösen ist bzw. so, daß der Respekt vor der fremden Subjekthaftigkeit zum Tragen kommt. Mit den sogenannten Weltreligionen verbindet das Christentum der Anspruch, Wegweisung für alle Menschen zu ihrem bzw. zum Menschheitsziel zu bringen. Der Dialog der Religionen endet folglich nicht im Blick aufeinander, sondern in der gemeinsamen Blickwendung zur Welt und ihren Notrufen.

a) Zur *Selbsteinschätzung des Christentums* angesichts der Religionen gehört einmal der Versuch, das Christentum selbst aus dem Geflecht der Religionen auszuklammern („Ende/Gericht der Religionen", „religionsloses Christentum"). Der Versuch muß als gescheitert angesehen werden, weil das europäische Alltags- und Gesellschaftsbewußtsein das Christentum nicht aus der Rolle der Religion entläßt, sondern es kritisch dort festschreibt. Auch der weltweite Religionsvergleich kommt zu keinem anderen Ergebnis. Problematisch erscheint heute sodann die im Anschluß an die zunächst abendländische, heute aber internationale Geschichtszäsur in einen vor- und nachchristlichen Teil erfolgte Einschätzung der vorchristlichen Geschichte der Religionen als adventhafte Geschichte – eine Sicht, die Karl Rahner dadurch fortgeschrieben hat, daß er die *Adventhaftigkeit* der Religionen bis zu einer existentiellen Herausforderung des Einzelmenschen durch das Christentum fortbestehen ließ. Die Selbstbewertung des Christentums konzentriert sich heute einmal auf die Einschätzung der *Heilsmittlerschaft* Jesu, sodann auf die in der Predigt Jesu selbst grundgelegte radikale *Theozentrik* der Heilsmitteilung. Diskutiert wird theologisch, ob Jesu Heilsmittlerschaft für das Heil aller Menschen als konstitutiv und normativ oder zwar als normativ, nicht aber als konstitutiv oder weder als konstitutiv noch als normativ anzusehen ist; im letzten Fall wäre das Christentum eine Religion unter anderen mit einem gegebenenfalls relativen Anspruch für seine Anhänger. An dieser Stelle geht die Heilsfrage in die *Wahrheitsfrage* über, die nicht aus falscher Toleranz und Irenik übersprungen werden darf.

b) Die grundlegende Botschaft von Gottes Herrschaft und Heil, wie sie das

Christentum in der Nachfolge Jesu Christi zu verkünden und verwirklichen bemüht ist, bleibt in ihren Konsequenzen für die Menschheit und die Welt aber dann eine *Anfrage an alle anderen Religionen.* Diese Anfrage konkurriert heute mit Gegenanfragen von seiten der Religionen. Diese „Kon-kurrenz" der Religionen ist aber nicht mit einem Streit der Religionen zu verwechseln. Denn es geht nicht mehr um theoretische Rechthaberei, in der die Kritik des Christentums an den nichtchristlichen Religionen deren Kritik am Christentum begegnet, sondern um „Kon-kurrenz" als Wettlauf zu jenem umfassenden Ziel, das nicht Menschen sich setzen, sondern das den Menschen – christlich: von Gott – gesetzt ist. Auf dem Weg dorthin haben alle Religionen Antwort auf die ungelösten Menschheitsfragen zu geben. Ob es angesichts der Leiden der Menschheit eine „heilsamere" und damit gültigere Antwort als die Gestalt des in Jesus von Nazaret menschgewordenen und leidenden Gottes gibt, kann der Christ getrost dem Ende des Wettlaufes überlassen.

Literatur:
H. Bürkle, Einführung in die Theologie der Religionen (Darmstadt 1977; Lit.); *M. Eliade,* Geschichte der religiösen Ideen, Bd. I ff. (Freiburg i. Br. 1978 ff.); *R. Friedli,* Fremdheit als Heimat (Freiburg i. Üe. 1974); *H. Küng u. a.,* Christentum und Weltreligionen (München 1984); *H.-J. Loth u. a.* (Hrsg.), Christentum im Spiegel der Weltreligionen (Stuttgart 1978); *W. Strolz–H. Waldenfels* (Hrsg.), Christliche Grundlagen des Dialogs mit den Weltreligionen (Freiburg i. Br. 1983); *W. Strolz,* Heilswege der Weltreligionen Bd. I u. II (Freiburg i. Br. 1984/85; Lit.); *J. Waardenburg,* Religionen und Religion (Berlin 1986); *H. Waldenfels,* Religionen als Antworten auf die menschliche Sinnfrage (München 1980); *ders.,* Der Gekreuzigte und die Weltreligionen (Zürich 1983); *ders.,* Kontextuelle Fundamentaltheologie (Paderborn 1985; Lit.); *B. Welte,* Christentum und Religionen der Welt, in: Christlicher Glaube in moderner Gesellschaft, Bd. 26 (Freiburg i. Br. 1980), 39–126.

Hans Waldenfels

Nichteheliche Lebensgemeinschaften

↗ Bindungsverhalten; Ehe; Familie; Recht und Liebe; Sexualität; Tradition; Wertewandel

1. Begriffliche Unterscheidungen

Als „nichteheliche Lebensgemeinschaften" bezeichnet man das Zusammenleben zweier Menschen im gleichen Haushalt, wobei deren Gemeinsamkeit sexuelle Beziehungen einschließt. In der Bundesrepublik Deutschland lebten 1982 zwischen 1 und 2,5 Millionen Menschen zusammen in einem gemeinsamen Haushalt, ohne miteinander verheiratet zu sein. Die Zahl unverheiratet zusammenlebender Paare ohne Kinder, die bis zu 24 Jahre alt sind, hat sich von 1972–1982 fast verzehnfacht. „Probeehen" dagegen sind jene nichtehelichen Lebensgemeinschaften, die von zwei Menschen unterschiedlichen Geschlechts mit dem Ziel geschaffen werden, im Zusammenleben zu testen, ob beide miteinander zu einem späteren Zeitpunkt eine Ehe eingehen können und wollen. Bis zu Dreiviertel der nichtehelichen Lebensgemeinschaften können als Vorstufe zur Ehe interpretiert werden. Sie stellen vielleicht sogar eine Art neuer Form des „Verlöbnisses" dar. Paare mit fester Heiratsabsicht sind meist jünger als 30 Jahre. Sie sind überwiegend ledig und haben keine Kinder.

2. Einstellung zur Ehe und Partnerschaftsvorstellungen

Eine vom Bundesminister für Jugend, Familie und Gesundheit unter dem Titel „Nichteheliche Lebensgemeinschaften in der Bundesrepublik Deutschland" herausgegebene Untersuchung (1985) stellte fest:
a) Eine grundsätzliche Abwendung von Ehe und Familie gibt es nicht: Noch niemals zuvor in der deutschen Geschichte waren so viele Menschen verheiratet wie heute. Auch Paare in nichtehelichen Lebensgemeinschaften lehnen die Ehe nicht grundsätzlich ab. Nur 8 Prozent der Befragten in einer Repräsentativerhebung über nichteheliche Lebensgemeinschaften sagen, daß sie die Ehe grundsätzlich ablehnen. Über die Hälfte der Paare, die zu heiraten beabsichtigen, geben als wichtigsten Grund den Wunsch nach einem Kind und einem „richtigen Familienleben" an. Wichtig ist auch die Stärkung des Zusammengehörigkeitsgefühls. Eine Ehe ohne Kinder hat bei den unverheiratet zusammenlebenden Paaren dagegen weitgehend ihre Plausibilität eingebüßt.
b) Von Werteverfall, Bindungslosigkeit oder Verantwortungslosigkeit bei den unverheiratet zusammenlebenden Paaren kann nicht gesprochen werden: Bei den Antworten auf die Frage nach den Werten der Partnerschaft wurden drei Bereiche an vorderster Stelle genannt: die Gemeinschaft in der Beziehung, die gegenseitige Treue und die offene Auseinandersetzung bei

Konflikten. Hierbei gibt es keine Unterschiede zwischen unverheirateten Paaren und Ehepaaren. Als Vorteil des Unverheiratet-Zusammenlebens wird häufig genannt, daß jederzeit die Möglichkeit besteht, sich trennen zu können, als Nachteil der Ehe wird genannt, daß mit hohen Scheidungskosten bzw. Unterhaltszahlungen (im Fall der Trennung) zu rechnen ist. Ein großer Teil der nichtehelichen Lebensgemeinschaften besteht schon seit längerer Zeit, gerade das Zusammengehörigkeitsgefühl wird von den unverheiratet zusammenlebenden Paaren als konstitutiv für ihre Beziehung angesehen. Lediglich 3 Prozent der Befragten äußerten, daß der Partner bei Schwierigkeiten allein zurechtkommen müsse oder aber daß man selbst dann ohne die Hilfe und Unterstützung des Partners auskommen müsse.

c) Bei unverheiratet Zusammenlebenden und bei jüngeren Ehepaaren können neue Partnerschaftsideale festgestellt werden: Der Kern des Idealbildes einer partnerschaftlichen Beziehung besteht in der Gemeinsamkeit von Entscheidungen und einer gleichen Aufgabenverteilung in Ehe und Familie. Zwar werden diese Vorstellungen von unverheiratet zusammenlebenden Paaren etwas öfter genannt als von verheirateten Paaren, sie sind jedoch keineswegs auf die unverheiratet Zusammenlebenden beschränkt, sondern gelten auch bei jüngeren Ehepaaren. Gleichzeitig mit einer stärkeren Beteiligung der Männer an den Haushaltsaufgaben zeigt sich eine Hinwendung besonders der jüngeren Frauen zum Beruf.

d) Die nichteheliche Lebensgemeinschaft wird lediglich bei der vergleichsweise kleinen Gruppe der unverheiratet Zusammenlebenden ohne Heiratsabsicht (28 Prozent) als Versuch einer persönlichen Alternative zur Ehe angesehen, obwohl sich auch von diesen Paaren nur ca. ein Viertel grundsätzlich gegen die Ehe ausspricht.

3. Änderungen auf der Wertebene

Nichteheliche Lebensgemeinschaften treffen auf eine breite gesellschaftliche Toleranz: Dies stimmt überein mit einer in anderem Zusammenhang durchgeführten Repräsentativerhebung des Emnid-Instituts, die bei 70 Prozent der Bevölkerung bereits im Jahr 1981 eine Zustimmung zum unverheirateten Zusammenleben von Paaren als Vorstufe zur Ehe ergab. Damit hat sich in der Bevölkerung eine Einstellung verbreitet, die dem einzelnen mehr Spielraum für sein Handeln eröffnet.

Auffällige Veränderungen im Bindungsverhalten vollziehen sich nicht losgelöst von sozialen und ökonomischen Wandlungen in den Lebensbedingungen, wobei der Wandel der Frauenrolle und der Umbruch in der Sexualmoral für diesen Zusammenhang von ausschlaggebender Bedeutung sind. Ehe- und Familiengründung erweisen sich heute kaum noch als eine ökonomisch und gesellschaftlich erzwungene Notwendigkeit. Langfristig institutionalisierte Bindungen sind in der Regel nicht mehr erforderlich, um als einzelner überleben zu können. Äußere Bindungszwänge, wie wirtschaftliche Sicherung und

materielles Überleben, wirtschaftliche Versorgung der Frau, Erhalt und Weitergabe des Familienbesitzes, treten als Ehemotiv zurück. Viele der lebensnotwendigen Dienste wurden auf gesellschaftliche Organisationen, wie Produktionsstätten, Handel und Gewerbe, Kindergärten, Schulen, Krankenhäuser und Versicherungsanstalten, verlagert.
Mit den wirtschaftlichen, technischen und sozialen Neuerungen gehen Änderungen auf der Wertebene einher: An die Stelle primär materieller Bindungsnotwendigkeit sind personenbezogene psychosoziale Bindungsbedürfnisse getreten. Als entscheidende Veränderung aber ist die seit der Aufklärung geforderte, im geschichtlichen Prozeß nur bedingt eingelöste Berücksichtigung der individuellen Bedürfnisse und Rechte zu sehen. Junge Menschen machen geltend – und verweisen dabei auf das seit der Aufklärung geltende Menschenbild –, daß Ansprüche der Gemeinschaft und Ansprüche des Individuums prinzipiell gleichberechtigt sind.
Diese Stärkung der Individualität hat aber zur Folge, daß Menschen beanspruchen, Belange ihres privaten Lebens eigenverantwortlich und frei von institutionellen Eingriffen und gesellschaftlichen Normierungen zu regeln. Privater und öffentlicher Lebensbereich werden stärker voneinander unabhängig als aufeinander bezogen erfahren. Von daher fällt es jungen Menschen manchmal schwer, sich vorzustellen, in welcher Hinsicht privates Zusammenleben von zwei Menschen eine weitere Öffentlichkeit berührt. Diese Einstellung wird häufig noch durch das Fehlen verbindlicher Werte und Normorientierungen verstärkt. Bindungen haben es zutiefst mit Sinndeutungen menschlicher Existenz zu tun. Wie kann diese Aufgabe aber gelingen, wenn überindividuelle Sinnbezüge nicht oder nur diffus gegeben sind, wenn weder religiöse Überzeugungen, persönlicher Glaube noch säkulare Sinnbezüge Orientierungshilfen bieten?
Eigenverantwortlichkeit ist Chance und Risiko zugleich. Ohne orientierende Ansprüche verliert Freiheit ihren Sinn, liegt es nahe, stark fordernde oder subjektiv überfordernde Verpflichtungen zu meiden, unwiderrufbare und unkündbare persönliche Bindungen zu umgehen. In dem Maße, wie Menschen einseitig auf sich selbst und ihr persönliches Gewissen verwiesen sind, ist einerseits die Möglichkeit zu eigenverantwortlichem Handeln gegeben, andererseits stellt die Wahrnehmung dieser Chance hohe Anforderungen an die Persönlichkeit des einzelnen, wenn ihm abverlangt wird, Bedürfnisse von zwei und mehr Menschen zu berücksichtigen und die Balance zwischen individuellen und gemeinschaftsbezogenen Interessen zu finden.

4. Institutionalität und Subjektivität

Freie Lebensgemeinschaften haben trotz des hohen Anspruchs an die Qualität ihrer Beziehungen bisher nicht erweisen können, daß nichtinstitutionalisierte Beziehungen tragfähiger sind als Ehen. Sie haben wichtige Impulse für die Gestaltung partnerschaftlicher Beziehungen eingebracht, aber die ent-

scheidende Frage nach Liebe und Treue in unterschiedlichen Lebensformen läßt sich nicht dahingehend beantworten, daß Liebesfähigkeit und personale Treue durch Ehe behindert und durch freie Lebensgemeinschaften erhöht werden. Vielmehr wird personale Treue von diesen dadurch relativiert, daß lebenslange Bindung nicht mehr als *Anspruch,* sondern nur als *Möglichkeit* vertreten wird.
Sozialanthropologisch zeigt sich, daß der Mensch angewiesen ist auf *Institutionen,* die menschliche Subjektivität zu korrigieren vermögen. Institutionen wie die Ehe regeln die „Verkehrsverhältnisse" der Menschen miteinander, also die Art, wie sie sich gegenseitig betrachten und behandeln sollen (z. B. als Gatte, Schwiegertochter, Schwiegervater usw.). Es wäre schädlich, auf Institutionen überhaupt verzichten zu wollen. Man wird aber fragen dürfen, wieviel Freiheitsraum Institutionen schaffen oder übriglassen. Nicht eine Institution *als solche* ist gut, sondern jede Institution, die einerseits das soziale Überleben der Menschen ermöglicht, andererseits ihre Freiheit nicht auslöscht.

Literatur:
M. Arndt u. a., Heiraten oder nicht? (Gütersloh 1978); *A. Gehlen,* Anthropologische Forschung (Reinbek 1981); *G. Landwehr* (Hrsg.): Die nichteheliche Lebensgemeinschaft (Göttingen 1978); *N. Luhmann,* Liebe als Passion (Frankfurt a. M. 1982); Nichteheliche Lebensgemeinschaften in der Bundesrepublik Deutschland, Band 170 der Schriftenreihe des Bundesministeriums für Jugend, Familie und Gesundheit (Stuttgart–Berlin–Köln–Mainz 1985); *H. Ostermeyer* (Hrsg.): Ehe – Isolation zu zweit (Frankfurt a. M. 1979); *S. Rupp u. a.,* Eheschließung und Familienbildung heute (Wiesbaden 1980); *R. Süssmuth,* Wandlungen im Bindungsverhalten, in: Herder-Korrespondenz 35 (1981) 195–199, 246–252; *J. Willi,* Die Zweierbeziehung (Reinbek 1975).

Rita Süssmuth

Nord-Süd-Konflikt

↗ Befreiungstheologie; Bevölkerungswachstum; Diakonie, kirchliche; Kirchliche Hilfswerke; Marxismus; Wirtschaftssysteme

1. Weltweite Armut und Ungerechtigkeit

Die gegenwärtige Lage der meisten Entwicklungsländer gibt wenig Anlaß zu Optimismus. Etwa eine Milliarde Menschen leben in absoluter Armut und können ihre Grundbedürfnisse nicht befriedigen. Etwa 450 Millionen Menschen sind ernsthaft unterernährt. Täglich sterben 40 000 Kinder an Hunger und anderen Mangelerscheinungen. Zahllose Menschen leiden unter sozialer, rassischer und politischer Unterdrückung.
Gleichzeitig nimmt das weltweite Gefälle zwischen reichen und armen Ländern ständig zu. Der Anteil der ärmsten Entwicklungsländer am Welt-Bruttosozialprodukt fiel in den Jahren 1955–1980 von 8,1% auf 4,8%, während ihr Anteil an der Weltbevölkerung im gleichen Zeitraum von 44,7% auf 47,1% stieg. Die westlichen Industrieländer dagegen verfügten 1980 bei einem Anteil von 15,4% an der Weltbevölkerung über 64,8% des Welt-Bruttosozialprodukts. Das Ausmaß dieses Gefälles übertrifft bei weitem die Einkommensungleichheiten in den Entwicklungsländern selbst, die als skandalös gelten und nicht selten als Vorwand gegen mehr Entwicklungshilfe dienen.
Diese und ähnliche Tatsachen wirken nach mehr als drei Jahrzehnten Entwicklungspolitik mehr als ernüchternd. Die Ursachen sind zweifellos vielfältig und komplex. Nicht bestreiten läßt sich, daß dieser Zustand kein naturgegebenes Schicksal ist, denn die Menschen könnten eine gerechtere Welt schaffen. Strukturen und Institutionen, die in persönlichem und nationalem Egoismus wurzeln, stehen einem solchen Wandel jedoch im Weg.

2. Entwicklung der Nord-Süd-Beziehungen

Die Dritte Welt trägt noch immer schwer an den strukturellen Folgen ihres kolonialen Erbes. Dies gilt besonders für die internationale Arbeitsteilung, zu der die Entwicklungsländer auch heute noch vor allem Rohstoffe und billige Arbeitskraft beitragen. Gleichzeitig wurde eine nach dem Vorbild der Industrieländer konzipierte und von ihnen unterstützte Entwicklungspolitik eingeleitet, die vorrangig Wirtschaftswachstum, Industrialisierung und Modernisierung anstrebte. Der enttäuschende Verlauf der I. Entwicklungsdekade (1960–1970) erwies die Untauglichkeit dieser Strategie und führte zu einer mehr arbeits-, armuts- und verteilungsorientierten Entwicklungspolitik. Ein weiterer Wendepunkt war die Ölkrise im Herbst 1973, die den bisher eher latenten Nord-Süd-Konflikt offen ausbrechen ließ. Aus einer gestärkten Position forderten die Entwicklungsländer „Handel statt Hilfe" und eine neue Weltwirtschaftsordnung: stabilere und gerechtere Rohstoffpreise, leichteren

Zugang zu den Märkten der Industrieländer, mehr Mitspracherechte in den internationalen Organisationen und großzügigere Entwicklungshilfe. Dennoch war auch die II. Entwicklungsdekade (1970–1980) eher ein Jahrzehnt der Resolutionen als der Reformen, da die Industrieländer allen Forderungen erfolgreich Widerstand leisteten, ohne selbst konstruktive Vorschläge zu unterbreiten. Die Chance einer möglichst pragmatischen Weltwirtschaftsreform war damit vertan.

Die weltweite Wirtschaftsrezession anfangs der achtziger Jahre traf die meisten Entwicklungsländer viel härter als die Industrieländer. Hungerkatastrophen in weiten Teilen Afrikas, sinkende Realeinkommen in Lateinamerika und extreme Schuldenlasten selbst der Schwellen- und einst so mächtigen Ölländer waren die Folge. Immer mehr Entwicklungsländer wurden durch internationale Auflagen zu einer rigorosen Sparpolitik gezwungen, die gesamtwirtschaftlich zwar vertretbar ist, aber einmal mehr die ärmsten Bevölkerungsgruppen am härtesten trifft. Ein Ende dieser Krise ist noch nicht abzusehen. Der eher optimistische Weltbankbericht erwartete 1985 im günstigen Fall eine fünfjährige Übergangszeit, im ungünstigen Fall eine fünfzehnjährige Durststrecke für die meisten Länder der Dritten Welt.

3. Abhängigkeit der Dritten Welt

Die Gründe für diese Entwicklung sind zahlreich und vielfältig. Für die Vernachlässigung der ländlichen Entwicklung, für unterlassene Reformen zur Umverteilung oder für teure Prestigeprojekte sind zweifellos in erster Linie die Entwicklungsländer selbst, genauer ihre „Staatsklassen", verantwortlich. Hinzu kommen äußere Faktoren und Entwicklungen, auf die sie wenig oder keinen Einfluß haben. So sind etwa die Weltmarktpreise für viele Rohstoffe und Agrarprodukte in den letzten Jahren teils dramatisch gesunken. Die Agrarpolitik der Europäischen Gemeinschaft hat maßgeblich dazu beigetragen. Gleichzeitig errichten die Industrieländer immer mehr Handelsschranken gegen den Import billiger Fertigwaren aus den Entwicklungsländern, um eigene gefährdete Wirtschaftszweige zu schützen. Ihre Entwicklungshilfe setzen sie dagegen zunehmend zur Förderung ihrer Exportwirtschaft ein. Schließlich hat die vor allem aufgrund hoher Rüstungsausgaben defizitäre Haushaltspolitik der USA den Zinssatz für die Leitwährung des Dollars in die Höhe getrieben. Dies haben die Entwicklungsländer mit zusätzlichen Zinsschulden in Milliardenhöhe und massivem Kapitalabfluß zu bezahlen. Sehr nachteilig wirken sich aber auch politische Entwicklungen aus. So hat etwa der Ost-West-Konflikt mit seinen Stellvertreterkriegen in der Dritten Welt nicht nur zu wachsenden Rüstungsausgaben und -exporten geführt, die zu Lasten der Entwicklungsausgaben gehen, sondern auch eine zunehmende Ideologisierung der Nord-Süd-Beziehungen ausgelöst, was größere Fortschritte und gemeinsame Vereinbarungen im Interesse einer multilateralen Entwicklungspolitik blockiert.

Hauptmerkmal und -problem der Nord-Süd-Beziehungen ist die strukturelle Abhängigkeit der Dritten Welt von den Industrieländern, was eine Folge vor allem der sehr ungleichen wirtschaftlichen Machtverteilung ist. Ihre schwache Welthandelsposition und damit gegebene chronische Zahlungsbilanzdefizite machen die Entwicklungsländer verwundbar und zwingen sie, zu ausländischer „Hilfe" Zuflucht zu nehmen. Andernfalls müßten sie auf lebensnotwendige (Nahrungsmittel, Erdöl) oder entwicklungsbedingte Importe (Rohstoffe, Maschinen, Ersatzteile) verzichten.

Viele Entwicklungsländer bemühen sich daher um ausländische Investitionen und bieten entsprechende Anreize. Das Ergebnis ist leider nicht selten eine wirtschaftliche Fehlentwicklung. Anstatt in arbeitsintensive Produktionszweige für den Massenkonsum zu investieren und angepaßte Technologien zu fördern, entstehen teure Großprojekte auf höchstem technischem Stand, welche die traditionelle Wirtschaft bedrohen und die Abhängigkeit eher verstärken. Nutznießer sind die einheimischen „Staatsklassen" (Korruption, hochbezahlte Jobs, Luxuskonsum) und die meist transnationalen Unternehmen, die beträchtliche Gewinne erzielen und neue Märkte erschließen, wovon indirekt wieder die Industrieländer profitieren. Sichtbarer Ausdruck dieser Interessenlage ist eine kommerzielle Werbung, die gezielt die Konsummuster der Industrieländer überträgt und damit weithin künstliche Bedürfnisse weckt.

Eine andere Form ausländischer „Hilfe" sind private und öffentliche Kredite. Sie entlasten die Entwicklungsländer nur vorübergehend, da selbst bei sehr günstigen Bedingungen nach einigen Jahren Zins- und Tilgungszahlungen fällig werden. Langfristig führt das meist zu noch schwereren Schuldenlasten. Ende 1985 waren die Entwicklungsländer mit etwa 1000 Milliarden Dollar verschuldet, mit dem Ergebnis, daß seit 1984 per Saldo mehr Geld aus den Entwicklungsländern in die Industrieländer fließt als umgekehrt. Außerdem sind diese Kredite häufig an Importe aus den Geberländern und an politische Auflagen gebunden. Die Abhängigkeit der Entwicklungsländer von den Industrieländern wird dadurch noch vergrößert.

Strukturelle Abhängigkeit kennzeichnet aber auch die *sozialen und kulturellen Nord-Süd-Beziehungen*. Der einseitige Transfer von Werten, Verhaltensmustern und institutionellen Modellen aus den Industrieländern führt in den Entwicklungsländern, wo die Probleme meist ganz anders gelagert sind, zu manchen schwerwiegenden Fehlentwicklungen. So sind etwa die schlechten Gesundheitsverhältnisse in der Dritten Welt vor allem eine Folge der Armut. Es braucht daher eine primär präventive Gesundheitspolitik, die für bessere Ernährung, sauberes Trinkwasser und hygienische Wohnverhältnisse sorgt, sowie einfachste medizinische Versorgung zu möglichst niedrigen Kosten. Das teure westliche Gesundheitssystem bietet dafür kein geeignetes Modell.

4. Perspektiven der Nord-Süd-Zusammenarbeit

Ziel jeder Entwicklungspolitik muß es sein, das Leid der Menschen in seinen vielfältigen Formen möglichst zu überwinden. Die Verantwortung dafür tragen zweifellos vor allem die Entwicklungsländer selbst. Sie müssen der Entwicklung der eigenen Kräfte, der Nutzung der eigenen Ressourcen und der Befriedigung der Grundbedürfnisse absoluten Vorrang einräumen. Art und Ausmaß der weltwirtschaftlichen Integration sind diesen Zielen unterzuordnen. Die vielfältigen Abhängigkeiten der Dritten Welt haben das Problem der „Unterentwicklung" freilich zur „internationalen sozialen Frage" werden lassen. Für eine damit notwendige internationale Entwicklungspolitik tragen die Industrieländer aufgrund ihrer beherrschenden weltpolitischen und -wirtschaftlichen Rolle besondere Verantwortung. Nur wenn sie den Interessen der „armen Welt" in ihrer Politik erheblich mehr Gewicht einräumen, besteht Hoffnung auf mehr internationale Gerechtigkeit. Eine solche Politik stößt freilich auf große Hindernisse, da sie für die Industrieländer selbst Probleme schafft, die langfristige interne Strukturreformen und letztlich einen tiefen Bewußtseinswandel erfordern. So können z. B. nur grundlegende Reformen des Arbeitsmarkts verhindern, daß der Abbau des Protektionismus die Arbeitslosigkeit in den Industrieländern verschärft.

Die Entwicklungshilfe der Industrieländer kann eine internationale Entwicklungspolitik nie ersetzen, sondern nur sinnvoll ergänzen. Sie wird in ihr Gegenteil pervertiert und verliert jede Glaubwürdigkeit, wenn sie zur Lösung jener Probleme beitragen soll, welche durch eine egoistische Außen- und Wirtschaftspolitik der Industrieländer wesentlich mitverursacht sind. Ebensowenig darf sie als Alibi dienen, weltwirtschaftliche Reformen zu blockieren. Trotz dieser und anderer berechtigter Kritik ist gegen den heute verbreiteten Entwicklungspessimismus festzustellen, daß Entwicklungshilfe einen wichtigen Beitrag zu mehr internationaler Gerechtigkeit leisten kann, wenn sie als „Hilfe zur Selbsthilfe" die Eigenanstrengungen der Entwicklungsländer und ihrer Menschen subsidiär unterstützt und so eine armutsorientierte „Entwicklung von unten" fördert. Ein möglichst ideologiefreier „Politikdialog" zwischen Geber- und Empfängerländern, der mit dem Angebot großzügiger Hilfe verbunden ist, kann dazu sicher beitragen. Noch wichtiger freilich ist der interkulturelle Dialog und Austausch, denn ohne ein tiefes Verständnis für die Kulturen der Dritten Welt und die Lebensbedingungen ihrer Menschen muß jede Entwicklungshilfe scheitern. Gerade darum genießen die „Nichtregierungsorganisationen", die mehr direkten Kontakt zu den betroffenen Menschen haben, wachsendes Ansehen.

5. Weltweite christliche Solidarität

Den Christen kommt in dieser Situation eine besondere Verantwortung zu. Sie erwächst aus dem ureigenen Auftrag der Kirchen, die Botschaft des Evangeliums weltweit zu verkünden und sie glaubwürdig zu leben. Angesichts der Elendssituation von Millionen von Menschen verlangt dies die Bereitschaft zu weltweiter Solidarität. Da sich das Schwergewicht des Christentums immer mehr in die Dritte Welt verlagert, wo heute bereits fast 60% aller Christen leben, sind besonders sie berufen, die Rolle von „Anwälten der Armen" wahrzunehmen. Wenn die Christen und die Kirchen in den reichen Ländern diesem hohen Anspruch gerecht werden wollen, ist es nicht genug, die wertvolle Arbeit ihrer Hilfswerke fortzusetzen, sondern sie müssen auch den Mut haben, durch Bewußtseinsbildung und politisches Engagement zum notwendigen Wandel in den Industrieländern selbst beizutragen.

Literatur:
Texte zur katholischen Soziallehre, hrsg. von der KAB Deutschland (Köln ⁵1982), bes. 435-470 (Populorum progressio) und 525-547 (De justitia in mundo). - Zeitschrift „Entwicklung und Zusammenarbeit", Hrsg. DSE (Bonn). - *H. Elsenhans,* Nord-Süd-Beziehungen (Stuttgart 1984); *D. Nohlen* (Hrsg.), Lexikon Dritte Welt (Reinbek 1984); *D. Nohlen-F. Nuscheler* (Hrsg.), Handbuch der Dritten Welt, 8 Bde. (Hamburg ²1982-1983), bes. Bd. 1: Unterentwicklung und Entwicklung; *F. Nuscheler,* Lern- und Arbeitsbuch Entwicklungspolitik (Bonn 1985); *W. Ochel,* Die Entwicklungsländer in der Weltwirtschaft (Köln 1982); *P. J. Opitz* (Hrsg.), Die Dritte Welt in der Krise. Grundprobleme der Entwicklungsländer (München 1984); *R. H. Strahm,* Warum sie so arm sind (Wuppertal 1985); *H. Zwiefelhofer,* Neue Weltwirtschaftsordnung und katholische Soziallehre (München-Mainz 1980).

Johannes Müller

Offenbarung

↗ Bibel; Gott; Jesus Christus; Juden und Christen; Kirche; Nichtchristliche Religionen

1. Offenbarung und Vernunft

Während die heutige Umgangssprache das Wort „Offenbarung" höchstens im Sinn einer plötzlichen, unerwarteten Einsicht gebraucht und die heutige Philosophie (mit wenigen Ausnahmen) von Offenbarung überhaupt nicht spricht, ist der Offenbarungsbegriff ein Schlüsselbegriff christlicher Theologie. Dieser Tatbestand hängt eng mit der *neuzeitlichen Geistes- und Theologiegeschichte* zusammen. In bewußter Reaktion auf die Autonomie der

neuzeitlichen *Wissenschaft* und den Angriff der *Aufklärung* hatte sich die Theologie seit dem 18. Jahrhundert (im weiteren Sinn freilich auch schon vorher) immer bestimmter als „Glaubenswissenschaft" bzw. „Offenbarungswissenschaft" definiert.
Wenn in Reaktion auf die doppelte Kritik von *Rationalismus und Empirismus* die Theologie ihre Berechtigung durch Benennung der eigenen *Letztbegründungsinstanz „Offenbarung" bzw. „Glaube"* (neben den sonst allein gültigen: „Vernunft" und „Erfahrung") zu legitimieren versuchte, so verstand sie dabei unter „Offenbarung" geschichtliche Ereignisse, in denen das Wirken göttlicher Freiheit erfahrbar ist. Als freie und daher kontingente Handlungen können diese nur in Freiheit (Glaube) angenommen, nicht aber a priori gewußt werden (Unterschied zur Religionsphilosophie). Als Tat göttlicher Freiheit müssen sie aber zugleich von allem menschlichen Verhalten, das sich empirisch untersuchen läßt, unterschieden werden (Unterschied zur Religionswissenschaft). Mit dieser Selbstbegründung versuchte die Theologie an ihrer „Vernünftigkeit" festzuhalten, ohne die Besonderheit ihrer Voraussetzungen, Gegenstände und Ziele aufzugeben. Für die Traditionen des Rationalismus und Empirismus dagegen, die bis heute das Wissenschafts- und Vernunftverständnis beherrschen, ist ein solcher Offenbarungsbegriff mit seinem absoluten Wahrheitsanspruch immer noch ein selbstverständlicher Gegenbegriff zu „Vernunft": für die einen (wie z. B. Th. W. Adorno) deswegen, weil er in direktem Widerspruch zur Würde und Freiheit des Menschen stehe, weshalb er notwendig zu Irrationalismus und Autoritarismus führe, für andere (wie z. B. H. Albert) deswegen, weil er die Endlichkeit und Fehlbarkeit des Menschen überspringe und deshalb notwendig in Dogmatismus und Totalitarismus ende.
Diese Problemlage ist inzwischen von beiden Seiten her in Bewegung geraten. Auf *theologischer Seite* wurde immer unübersehbarer, daß die Selbstabgrenzung der Theologie, des Glaubens und der Religion mit Hilfe des Offenbarungsbegriffes (und verbunden mit der Unterscheidung von natürlicher und übernatürlicher Ordnung) zwar die eigene Besonderheit sowie die Freiheit Gottes und des Menschen zu verdeutlichen und zu bewahren vermochte, zugleich aber zu einer verheerenden Selbstisolierung und Entweltlichung des Glaubens geführt hat. Das Bestreben der gegenwärtigen Theologie zielt daher generell darauf ab, die theologischen Bestimmungen auch als anthropologische auszulegen: Die Offenbarung Gottes ist nicht Äußerung eines unbegreiflichen Gottes, die nur im Akt blinder Unterwerfung angenommen werden kann, sondern die Antwort auf die Frage, die der Mensch selbst ist, daher sein Heil und seine Erfüllung. Was Offenbarung Gottes heißt, ist daher auch am wahrhaften Menschsein des Menschen abzulesen und auszuweisen.
Auf *philosophischer Seite* wächst (bes. auf dem Hintergrund der ökologischen Krise) die korrespondierende Einsicht, daß der neuzeitliche Begriff einer selbstherrlichen autonomen Vernunft (in Verbund mit den weiteren Voraussetzungen neuzeitlicher Wissenschaftstradition) zwar durchaus ein technisch

verwertbares, kontrolliertes Wissen zu begründen und abzugrenzen vermag. Zugleich aber zu einer verheerenden Selbstisolierung und Wirklichkeitsblindheit der modernen Vernunft geführt hat. Die autonome Vernunft droht nicht nur ihre vielfache geschichtliche und gesellschaftliche Bedingtheit und Funktion zu übersehen, sondern kann auch die Wahrheit der Wirklichkeit nur noch in einem dogmatistisch verengten Ausschnitt zur Kenntnis nehmen, wenn sie nicht überhaupt gleich den Skeptizismus als Ausweg wählt.
Wo daher die Frage nach der *Wahrheitsfähigkeit der Vernunft* in ihrer Radikalität wiederaufgenommen wird, zeigt sich sofort, daß eine Vernunft, die ihre Erfahrungs- und Handlungsfähigkeit wiedergewonnen hat, auch einem Offenbarungsbegriff nicht mehr von vornherein ablehnend gegenüberstehen muß. Dort zeigt sich auch, daß die Probleme des Glaubensaktes grundsätzliche Probleme des menschlichen Denkens überhaupt enthüllen. Die philosophische Vernunft könnte von den jahrhundertelangen Selbsterfahrungen und Selbstreflexionen des gläubigen Denkens durchaus lernen, wenn sie sich auf die Suche nach einer Logik der Erfahrung, einer Ethik der Hoffnung und einer Ontologie der Repräsentation macht. Die neuzeitliche Entgegensetzung von Offenbarung und Vernunft wird außerdem noch dadurch relativiert und entschärft, daß sie heute im Begriff steht, von einer radikaleren Fragestellung überlagert zu werden.

2. Kosmos und Geschichte

In der Theologie wird das *Christentum* üblicherweise als *geschichtliche Offenbarungsreligion* charakterisiert, wobei darin meist ein selbstverständliches Überlegenheitsgefühl mitschwingt. In der Tat offenbart sich der Gott des jüdischen und christlichen Glaubens in erster Linie auf dem Feld der Geschichte: angefangen von der Berufung Abrahams, über die Erwählung Israels, seine Rettung, Führung und Bewahrung, bis zur Selbstoffenbarung Gottes in Jesus Christus. Weil Gott sich hier als geschichtlicher Heilsgott erweist, der frei erwählt, verheißt, Neues schafft, der sich in einem freien Verhältnis der Treue seinem Volk verbindet, deshalb wird hier nicht nur die Geschichte zum primären Ort und Medium göttlicher Offenbarung, sondern werden hier überhaupt erst Geschichtlichkeit und Geschichtszusammenhang entdeckt. Denn erst im Angesicht des einen Gottes, der sich in seiner Freiheit und Treue einem konkreten Menschen oder Volk zuwendet, erhalten Ereignisse eine einmalige und unwiderrufliche Bedeutung, kann sich die Vorstellung eines (universalen) geschichtlichen Zusammenhanges entwickeln, wird menschliches Handeln vor eine unbedingte Entscheidung gestellt. Weil in solcher geschichtlicher Gottesoffenbarung auch das menschliche Selbstverständnis weiterentwickelt worden ist und eine bis dahin unbekannte Würde und Tiefe (Personalität, Subjektivität, Individualität) erreicht hat und weil die Hoffnung jetzt ein klares Ziel erhalten hat (Vollendungshoffnung), wird der alttestamentliche Übergang von der Naturreligion zur geschichtlichen

Religion mit Recht als Schritt aus dem Reich der Notwendigkeit in das Reich der Freiheit und als Befreiung aus der quälenden Gleichförmigkeit endloser naturaler Kreisläufe, d. h. als irreversible Fortschrittsbewegung, gewertet. Umgekehrt wird von seiten der *kosmischen Religionen* in diesem Übergang meist die Wurzel allen Übels gesehen: Nicht ohne Grund unterschieden sich die monotheistischen geschichtlichen Offenbarungsreligionen gerade durch ihren Ausschließlichkeitsanspruch, ihren Fanatismus und Dogmatismus von der Toleranz und Friedfertigkeit der kosmischen Religionen, die das Göttliche in und hinter dem Kosmos verehren und in allen religiösen Erleuchtungen und Erfahrungen nur verschiedene Manifestationen für das gleiche unaussprechliche Geheimnis des Heiligen verstehen. Nicht umsonst zeichne sich die abendländische Entwicklung durch eine gefährliche Zerstörung der Natur und eine nicht minder gefährliche innere Verwüstung der menschlichen Psyche aus. Wenn auch innerhalb der geschichtlichen Offenbarungsreligionen selbst schon der Erwählungs- und Vermittlungsgedanke von Selbstgerechtigkeit und Fanatismus gereinigt worden ist – im gekreuzigten Gottessohn sind schließlich göttliche Wahrheitsvermittlung und erlösende Lebenshingabe ganz zusammengefallen –, so wird das Schicksal des Christentums im *interkulturellen und interreligiösen Dialog* doch wesentlich davon abhängen, wie weit es ihm gelingt, seinen eigenen integrativen Ursprung von neuem zu aktualisieren. Denn die eigentliche Leistung des Glaubens Israels ist die Anrufung seines Gottes als eines geschichtlichen Heilsgottes und allmächtigen Schöpfergottes in einem, d. h. gerade die Verbindung von Naturreligion und Geschichtsreligion. Der interreligiöse Dialog wird daher erst weitergeführt und bestanden werden können, wenn die unterschwellige deistische Versuchung der neuzeitlichen Theologie, die zur Isolierung und Verabsolutierung der geschichtlichen Offenbarung geführt hat, überwunden und auf neuer Ebene das integrative Offenbarungsverständnis wiedergewonnen ist, das sich sowohl im trinitarischen Glaubensbekenntnis (Einheit von Schöpfung, Erlösung, Vollendung) wie auch in der mittelalterlichen Vorstellung von den drei Büchern Gottes (Natur, Geschichte, Ewigkeit) noch ungebrochen manifestiert.

3. Offenbarung und Überlieferung

Mit Gottesbild und Selbstverständnis ändert sich auch die Vorstellung vom *Offenbarungsvorgang:* Je stärker sich einerseits der Monotheismus durchgesetzt hat und sich andererseits Glaube und Vernunft ausdifferenziert haben, um so deutlicher wird aus der Erfahrungskategorie „Offenbarung" eine Reflexionskategorie, d. h., um so stärker wird die Vielzahl der konkreten Offenbarungsphänomene (Theophanien, Orakel, Träume, Visionen usw.) reduziert, vereinheitlicht und theoretisiert, bis schließlich Offenbarung fast nur noch die von der Vernunft unterschiedene letzte Herkunft des Glaubens meint. Mit Hilfe eines solchen Offenbarungsbegriffes läßt sich dann der christliche Glaube nach außen hin einheitlich abgrenzen und legitimieren und nach innen hin einheitlich auslegen. Am Abschluß dieser Entwicklung steht das Zweite Vatikanum, das zugleich die seit dem Mittelalter herrschende intellektualistische Engführung (Offenbarung als Mitteilung von Wahrheiten) überwindet: „Offenbarung" ist hier das eine Heilsgeschehen der Selbstmitteilung Gottes, das in der Schöpfung beginnt, das nach dem Fall in der Geschichte Israels neu einsetzt, in Person, Leben, Tod, Auferweckung und Geistsendung Jesu Christi seinen Höhepunkt findet und das im Heiligen Geist in die erlösende Gemeinschaft mit Gott hineinführt.

Wenn aber Offenbarung solcherart als Anrede Gottes, Dialog und Begegnung Gottes mit den Menschen, als Eröffnung der Wahrheit und Befähigung zum Leben verstanden wird, als Handeln Gottes, das der menschlichen Antwort als Möglichkeitsbedingung vorausliegt und vorausgehen muß, dann erweitert sich damit automatisch auch der *Überlieferungsbegriff.* Denn dann gibt es keine Offenbarung Gottes, die nicht zugleich auch menschliche Glaubensüberlieferung wäre. Weil sich die Grundstruktur dieses Offenbarungsvorganges in der Grundstruktur des Glaubensbekenntnisses niedergeschlagen hat, lautet die Grundregel der *theologischen Hermeneutik:* Die Überlieferungsgeschichte des Glaubens ist erstens christologisch auszulegen, d.h. zu verstehen als fortschreitender Lernprozeß nach dem Maßstab der differenzierten Einheit von Altem Testament und Neuem Testament und der differenzierten Einheit des Christusbekenntnisses (gestorben – auferweckt – wiederkommend). Dieser Lernprozeß ist aber zweitens schöpfungstheologisch und eschatologisch auszulegen, d.h. zu verstehen nicht als Ablösung von den kosmischen Ursprüngen, sondern als deren rechte Erneuerung und Erfüllung, nicht als bereits erreichte Vollendung, sondern als deren vorläufige Antizipation.

Literatur:
P. Eicher, Offenbarung. Prinzip neuzeitlicher Theologie (München 1977); *W. Kern–H. J. Pottmeyer–M. Seckler* (Hrsg.), Handbuch der Fundamentaltheologie, Bd. 2: Traktat Offenbarung (Freiburg i. Br. 1985); *P. Ricœur, u. a.,* La Révélation (Brüssel 1977); *R. Schaeffler,* Fähigkeit zur Erfahrung. Zur transzendentalen Hermeneutik des Sprechens von Gott (Freiburg 1982); *M. Seckler,* Aufklärung und Offenbarung, in: Christlicher Glaube in moderner Gesellschaft, Bd. 21 (Freiburg i. Br. 1980) 5–78; *S. Wiedenhofer,* Offenbarung, in: Neues Handbuch theologischer Grundbegriffe, hrsg. von P. Eicher, Bd. 3 (München 1985) 270–287.

Siegfried Wiedenhofer

Okkultismus

↗ Agnostizismus; Anthropologie; Esoterik; Jenseits; Mystik; Synkretismus

1. Geschichte

Unter „Okkultismus" (lateinisch occultus = verborgen, geheim) werden alle Erscheinungen, Lehren und Praktiken zusammengefaßt, die sich auf verborgene (okkulte) Kräfte in Welt, Mensch und Außerweltlichem beziehen und die der normalen, auf der Sinneswahrnehmung beruhenden Erfahrung unzugänglich sind.
In der Antike bezeichnet das Wort „okkult" die Geheimnisse, die in den Mysterien überliefert wurden. Mit „De occulta philosophia" (1533) des Agrippa von Nettersheim wurde „okkult" zum Kennwort für Geheimwissenschaften. Heute hat das Wort „Okkultismus" sowohl die antike Bedeutung von Geheimlehre als auch von Geheimwissenschaft. In dieser umfassenden Bedeutung wurde der Begriff „Okkultismus" erstmals wohl von A.-L. Constant (Schriftstellername: Eliphas Levi), dem Begründer der okkulten Modeströmung im Frankreich des 19. Jahrhunderts, verwendet. Diesem Verständnis des Okkultismus liegt die Ansicht zugrunde, daß alle Erscheinungen in der Welt eine Ganzheit bilden und in notwendigen, zielgerichteten Beziehungen zueinander stehen, die weder zeitlich noch räumlich sind.
Neben dieser Hinterfragung der modernen Wissenschaft und ihrer Methoden bediente man sich im 19. Jahrhundert des Okkulten bis hin zum schwarzmagischen Satanismus, um sich gegen das bürgerliche Establishment und die religiösen und kulturellen Werte des Abendlandes aufzulehnen. Man suchte daher nach präjüdisch-christlichen und präklassischen okkulten Spuren, d.h. nach ägyptischen, chinesischen oder indischen „Weisheitslehren". Diese Reaktion erfährt heute bis hin zum Satanskult eine spiegelbildliche Neuauflage.
Neben diesem sog. esoterischen Okkultismus entstand Mitte des 19. Jahrhunderts im Anschluß an den tierischen Magnetismus ein *empirischer Okkultismus,* der durch die 1848 von Amerika aus einsetzende Epidemie des Tischchenrückens und durch das Aufblühen des Spiritismus einen besonderen Auftrieb erfuhr. Dieser empirische Okkultismus befaßte sich zunächst vornehmlich mit der Untersuchung unerklärlicher Phänomene in Abhängigkeit von Medien. Durch die Gründung der *Society for Psychical Research* (London 1882) wurde diesem empirischen Bemühen ein wissenschaftlicher Rahmen mit dem Ziel gegeben, „das große Material umstrittener Phänomene zu untersuchen, die mit den Begriffen ‚mesmeristisch', ‚psychisch' oder ‚spiritistisch' bezeichnet werden". Hierbei ließ die Erforschung des sog. „psychischen Automatismus" (unbewußte Handlung) immer mehr erkennen, daß viele dieser Phänomene auf unbewußt wirkende Fähigkeit der betreffenden Personen zurückgehen. Dies führte zu einer heute noch andauernden Kontroverse zwischen denen, die Ereignisse in Zusammenhang mit Medien vor

allem „Jenseitigen" zuschreiben *(Spiritisten),* und jenen, die der Ansicht sind, daß alles durch die psychischen Fähigkeiten des Menschen zu erklären sei *(Animisten).* Die psychologische Ausrichtung (Animismus) führte 1889 *Max Dessoir* zur Formulierung des Wortes *„Parapsychologie"* als Bezeichnung der Wissenschaft, die sich mit den Erscheinungen befaßt, die aus dem normalen Verlauf des Seelenlebens heraustreten. Diese Betonung des Psychischen führte nach 1920 zu einer Trennung des Begriffes „Okkultismus" vom Begriff „Spiritismus", indem man die okkulten Phänomene insgesamt rein innerpsychischen Kräften zuschrieb und jenseitige Einflüsse als unwissenschaftlich erachtete.

Das seit 1960 zunehmende Interesse für das Irrationale konzentriert sich jedoch vor allem auf die von der Wissenschaft ausgeklammerten Bereiche des Okkultismus. So geben heute die unübersehbare Literatur, die von besonnenen Anleitungen zur Meditation bis zum Umgang mit Transplanetariern reicht, sowie das rasche Anwachsen okkulter Praktiken und magischer Zentren als Ausdruck eines wachsenden Gefühls der Unsicherheit und der Hoffnung auf geheimnisvolle, der technischen Zivilisation überlegene Mächte und Wirklichkeiten dem ganzen Gebiet des Okkulten einen Stellenwert, der weltweit alle Schichten der Bevölkerung berührt.

2. Paraphysik und Parabiologie

Das vielschichtige Interesse am Paranormalen konfrontierte die Wissenschaft mit der Notwendigkeit einer Begriffsbestimmung, die alle Bereiche des „Okkulten" zu umfassen vermag und Erfahrung, Spontanereignisse, wissenschaftliches Bemühen sowie Anschauungs- und Erklärungsmodelle mit einbezieht. So wurde der Begriff „Paranormologie" geprägt, was nichts anderes besagt, als „Wissenschaft von den paranormalen Phänomenen". Er ist frei von jeder Ausgangshypothese und daher geeignet, nicht nur den Gesamtbereich des Okkultismus im weitesten Sinne, einschließlich der wissenschaftlichen Bemühungen der Parapsychologie, abzudecken, sondern diesen auch in die wissenschaftliche Betrachtung einzubeziehen.

Da im Bereich des Paranormalen die Frage der Verursachung zunächst offenbleibt, kann eine Gliederung der einzelnen Phänomäne nur nach phänomenologischen Gesichtspunkten erfolgen. Dabei darf jedoch nicht übersehen werden, daß es zur Eigenart des Paranormalen gehört, über ein Sachgebiet hinauszuragen und zuweilen sogar alle genannten Sachgebiete zu involvieren.

Zur *Paraphysik* gehören alle jene spontanen und nicht spontanen Phänomene mit physikalischem Aspekt, deren Ursachen noch völlig unbekannt sind. Im einzelnen werden folgende Phänomene und Sachgebiete genannt: Alchemie, Amulett, Astrologie, Dematerialisation, direktes Schreiben und Malen, Efluviographie, Elmsfeuer, eingebrannte Hände, Metallbiegen, physikalische Ra-

diästhesie, Pyramidenenergie, Rematerialisation, Spuk, Telekinese, Tischrükken, Tonbandstimmen, magnetisiertes Wasser usw.
Was die Echtheit dieser Phänomene betrifft, so ist eine allgemeine Aussage zur Zeit nicht möglich, so daß jedes einzelne Phänomen jeweils gesondert geprüft werden muß. Bezüglich der möglichen Ursachen können einzelne Phänomene wie das Elmsfeuer rein physikalisch erklärt werden, während z. B. der Einfluß der Sterne mit einer rein physikalischen Erklärung nicht erschöpft wird, weil biologische, psychische und geistige Aspekte zu berücksichtigen sind.
In diesem Zusammenhang wird immer wieder von einer Feinstofflichkeit gesprochen, von einem hypothetischen Stoff von geringerer Materialität als der menschliche Organismus, aus dem sich der „Äther", ein Geistig-Stoffliches höherer Ordnung, von anderer Materialität als das Physikalische, gebildet habe. Es wird heute oft mit „Bioplasma" und Fluid in Verbindung gebracht.
Da sich derartige Auffassungen meßtechnisch jedoch nicht erhärten lassen, kommt die Forschung auf dem Gebiet der Parapyhsik über eine reine Phänomenbeschreibung noch kaum hinaus.
Unter *Parabiologie* versteht man alle jene spontanen und nicht spontanen Phänomene, die einen biologischen Aspekt aufweisen, von den bekannten Ursachen aber völlig abweichen. Hierzu gehören vor allem *paranormale Heilung, Stigmatisation* und *Nahrungslosigkeit*.
In den Bereich der *paranormalen Heilung* fallen u. a. Ferndiagnose, Fotodiagnose, Auradiagnose, Fernstimulation der Muskelreaktion, Irisdiagnostik, Akupunktur, psychische Chirurgie, Handauflegen, Spontanheilungen und Wunderheilung. An der Tatsächlichkeit unerklärlicher Heilerfolge kann kein Zweifel sein, doch sind derartige Phänomene so komplex, daß allgemeine Aussagen nur dahingehend möglich sind, daß es letztlich immer die Natur ist, die Heilung bringt, wenngleich die Mobilisierung und Koordinierung der natürlichen Heilkräfte des Organismus von psychischen, geistigen oder, wie bei der Wunderheilung, von transzendenten Einflüssen abhängen mögen.
Auch *Stigmatisation* und *Nahrungslosigkeit* sind als Phänomen natürlicher Art, obwohl mit Suggestion und Wille die Vielschichtigkeit dieser Phänomene keineswegs erschöpft wird. Deshalb kann ein transzendenter Einfluß nicht grundsätzlich ausgeschlossen werden.
In das Gebiet der Parabiologie fallen aber auch Biorhythmus, biologische Uhr, Chiropraktik, Dermooptik (Hautsehen), Exobiologie, Feuerlaufen, Logurgie, Pendel, Psychotronik, Sensitivität, Theopathie, Transfiguration, Unverweslichkeit, Wünschelrute usw. Insgesamt kann gesagt werden, daß das gesamte Gebiet der Parabiologie noch völlig unerforscht ist und daher alle möglichen Deutungen und Anwendungen zuläßt.

3. Parapsychologie und -pneumatologie

Die *Parapsychologie* beschäftigt sich mit Erkenntnismöglichkeiten und Erfahrungen, die außerhalb der fünf Sinne liegen, nämlich mit Telepathie, Hellsehen, Präkognition (Vorschau) und Psychokinese (Bewegung von Gegenständen durch Konzentration bzw. psychischen Einfluß). Als Träger dieser Kommunikation nimmt man etwas Nicht-Physisches an, auch *Psi* genannt, das zwar Teil des genetischen Systems des menschlichen Organismus sei, jedoch durch keinerlei physikalische Schranken beeinträchtigt werde. Es handle sich um eine Fähigkeit, die nicht erlernt, jedoch entfaltet werden könne. Man spricht hier ganz allgemein von *Außersinnlicher Wahrnehmung* (ASW) und *Psychokinese* (PK). Damit soll zum Ausdruck gebracht werden, daß Telepathie als eine nicht durch die uns bekannten Sinne vermittelte Erfahrung eines fremdseelischen Vorganges (Gefühle, Antrieb, Gedanken usw.), also als kommunikativer, außersinnlicher Wahrnehmungsakt, zu verstehen ist.

Die Experimente zum Beweis von Telepathie und Hellsehen oder ganz allgemein der Außersinnlichen Wahrnehmung sind so zahlreich und zum Teil so signifikant, daß sie den Schluß zulassen: Unter gewissen Umständen ereignet sich unter Menschen bzw. zwischen einem Menschen und Gegenständen sowie Sachverhalten eine Kommunikation, die mit den bekannten Sinneswahrnehmungen nicht erklärbar ist. Auch bezüglich *Präkognition* und *Psychokinese* liegen Untersuchungen vor, die ihre Möglichkeit unter Beweis stellen. Zudem stellte sich bei all diesen Untersuchungen die Erkenntnis heraus, daß eine emotionale Beziehung zur Bezugsperson, zu dem Bezugsgegenstand oder dem Ereignis eine fördernde Wirkung hat. Von den zahlreichen weiteren parapsychischen Erscheinungsformen seien hier noch folgende genannt, die jedoch noch kaum untersucht sind: Abzapfen, Antipathie, Autohypnose, Autosuggestion, Ekstase, Farbenhören, Fernhypnose, Glossolalie, Kardiognosie, Medialität, mentale Imprägnation, außerkörperliche Erfahrung, mentale Radiästhesie, Sympathie, Wahrtraum und Zweites Gesicht.

Zur *Parapneumatologie* gehören alle jene paranormalen Phänomene, die sich nicht auf psychische, biologische oder physikalische Faktoren reduzieren lassen, sondern geistige Qualitäten aufweisen: die Phänomene der Mystik, die Frage des Fortlebens, der Eingebung und Erleuchtung, der Heiligkeit, der Gottesschau, der Inspiration und Intuition, der Prophetie, der Jenseitskontakte, der Offenbarung, der Theophanie, der Unsterblichkeit, der Wiedergeburt usw. In der Forschung auf diesem Gebiet wurde der größte Einsatz der Frage des Fortlebens gewidmet: Untersuchungen medialer Durchgaben, klinisch toter Zustände, der Sterbebettvisionen und spontaner Erlebnisse. Die vorliegenden Daten gestatten heute die Aussage, daß mehr für als gegen ein Fortleben spricht. In diesem Zusammenhang ist auch die Feststellung namhafter Psychobiologen und Hirnphysiologen zu nennen, daß wir zur Klärung des menschlichen Selbstbewußtseins und der Reflexion ein geistiges Prinzip im Menschen annehmen müssen. Nur wenn es ein geistiges Prinzip im Menschen gibt, eine Geist-Seele, die beim Tod des Körpers nicht zugrunde geht, können wir von einem kontinuierlichen Bewußtsein und damit von einem Fortleben nach dem Tode sprechen. Insgesamt ist jedoch die Forschung auf diesem Gebiet aufgrund der Schwierigkeit experimenteller Kontrollen völlig vernachlässigt, so daß jeder Vortäuschung von Eingebungen und Offenbarungen Tür und Tor offenstehen. In den Bereich der Parapneumatologie gehört daher auch das weite Gebiet der sog. Geheimlehren und der Magie. Eine Analyse dieser Lehren und Denkformen hat gezeigt, daß ihre Grundaussagen bezüglich der überprüfbaren Wirklichkeit keine Kenntnisse enthalten, die völlig neue Aspekte von Welt und Mensch aufzeigen würden. Vielfach handelt es sich um allgemeine Versprechungen, Anleitungen und Aussagen, die jeder Sachlichkeit entbehren.

Literatur:
E. Bauer–W. v. Lucadou (Hrsg.), Psi – was verbirgt sich dahinter. Wissenschaftliche Untersuchungen (Freiburg i. Br. 1984); *H. Bender,* Umgang mit dem Okkulten (Freiburg i. Br. 1984); *H. Biedermann,* Handbuch der magischen Künste (Graz ³1986); *W. Bonin,* Lexikon der Parapsychologie (Bern–München 1976); *G. Frei,* Probleme der Parapsychologie (Innsbruck 1985); *K. R. H. Frick,* Satan und die Satanisten, 3 Bde. (Graz 1982–1986); *F. Moser,* Das große Buch des Okkultismus (Olten–Freiburg i. Br. 1974); *A. Resch* (Hrsg.), Fortleben nach dem Tode (Innsbruck ³1986); ders., Parapsychologie – Psychotronik und Paranormologie, in: Grenzgebiete der Wissenschaft 4 (1974) 238–260.

Andreas Resch

Ökumene

↗ Bibel; Diakonie; Juden und Christen; Katholizismus; Kirche; Kirchlichkeit; Nichtchristliche Religionen; Orthodoxe Kirchen; Papsttum; Pluralismus, kirchlicher; Protestantismus; Vatikanum II

1. Begriff

„Ökumene" dient als Sammel- und Leitbegriff für die vielfältigen und vielgestaltigen Bemühungen der christlichen Kirchen und Konfessionen um eine sichtbare Einheit der Christen. Darüber hinaus wird der Begriff heute vielfach auch auf das christlich-jüdische Verhältnis und auf die Beziehungen zwischen dem Christentum und den anderen Weltreligionen angewandt („christlich-jüdische Ökumene", „Ökumene der Weltreligionen"). Diese Ausweitung des Begriffs ist allerdings nicht unproblematisch. Schließlich ist der innerchristliche Einigungsprozeß unseres Jahrhunderts (die „ökumenische

Bewegung") nicht ein bloßer Teilbereich der übergreifenden Aufgabe, das Gespräch zwischen den Religionen und die Zusammenarbeit aller Menschen guten Willens zu fördern, sondern hat spezifische Voraussetzungen und auch ein spezifisches Ziel: Es geht darum, auf der Grundlage des gemeinsamen christlichen Glaubens und der damit schon gegebenen Einheit die trennenden Faktoren zwischen den verschiedenen Kirchen und Konfessionen so aufzuarbeiten, daß sichtbare Einheit in Glauben, Zeugnis und Dienst an der Welt möglich wird. Auf diesem schwierigen und spannungsreichen Weg ist die Christenheit in den letzten Jahrzehnten in vieler Hinsicht vorangekommen, auch wenn die einzelnen Kirchen in unterschiedlicher Weise und Intensität am ökumenischen Prozeß beteiligt sind und die entscheidenden Schritte weithin noch bevorstehen.

2. Geschichtliche Stationen

Die Wurzeln der modernen ökumenischen Bewegung reichen ins 19. Jahrhundert zurück. Das wachsende Bewußtsein für die Notwendigkeit, vor allem angesichts der großen missionarischen und sozialen Herausforderungen die gespaltene Christenheit näher zusammenzuführen, fand dann seinen organisatorisch-institutionellen Ausdruck im „Internationalen Missionsrat" (1921 gegründet; ihm war die erste Weltmissionskonferenz 1910 in Edinburgh vorausgegangen) und in der „Bewegung für Praktisches Christentum" (1925 fand in Stockholm die erste Weltkonferenz für Praktisches Christentum statt). Zum dritten Grundpfeiler der ökumenischen Bewegung wurde die von den nordamerikanischen Anglikanern initiierte „Bewegung für Glauben und Kirchenverfassung" (erste Weltkonferenz 1927 in Lausanne). Sie nahm sich ausdrücklich der zwischen den christlichen Kirchen strittigen theologischen Fragen an, wobei von Anfang an die Fragen nach dem Wesen der Kirche, nach dem Amt und den Sakramenten im Vordergrund standen. 1948 kam es zur *Gründung des Ökumenischen Rates der Kirchen,* in dem die Bewegungen für Glauben und Kirchenverfassung und für Praktisches Christentum aufgingen und dem sich 1961 auch der Internationale Missionsrat anschloß.
Der Ökumenische Rat der Kirchen mit seinen inzwischen 310 Mitgliedskirchen (alle Traditionen von den Orthodoxen über Anglikaner und Lutheraner bis zu Baptisten, Pfingstkirchen und „unabhängigen" afrikanischen Kirchen sind vertreten) ist noch immer der wichtigste institutionelle Kristallisationspunkt der Ökumene, soweit sie die nichtkatholischen Kirchen und kirchlichen Gemeinschaften betrifft. Er versteht sich, wie es in einem Text der letzten Vollversammlung in Vancouver (1983) heißt, als „ein Forum für intensive Begegnung und intensiven Austausch christlicher Erfahrung, theologischer Überzeugung und geistlicher Einsichten". Seine Arbeit war und ist durch das teilweise konfliktträchtige Neben- und Ineinander verschiedener Grundanliegen bestimmt: Bemühen um sichtbare Einheit der Kirche, Einsatz für Frieden und Gerechtigkeit, Evangelisierung und Mission, Erneuerung

der Kirche. Gerade weil ihm so viele und nach Herkunft und Struktur so unterschiedliche Kirchen angehören, ist er in mancher Hinsicht ein Spiegelbild der Spannungen, mit denen die Weltchristenheit heute zu kämpfen hat. Den wichtigsten Einschnitt in der Geschichte der ökumenischen Bewegung seit der Gründung des Ökumenischen Rates der Kirchen 1948 bildete zweifellos die *Öffnung der katholischen Kirche zur Ökumene* durch das Zweite Vatikanische Konzil. Diese Öffnung und die Verpflichtung der katholischen Kirche auf das Ziel der sichtbaren Einheit der getrennten Kirchen wurden seither in offiziellen Äußerungen immer wieder bekräftigt, u. a. im Schlußbericht der Sondervollversammlung der Bischofssynode von Ende 1985. Das vom Konzil im Ökumenismusdekret in seinen verschiedenen Dimensionen (eigene Erneuerung, innere Bekehrung, Gebet für die Einheit, theologischer Dialog, praktische Zusammenarbeit) umrissene ökumenische Engagement der katholischen Kirche hat sich inzwischen in vielfältiger Zusammenarbeit mit anderen Kirchen (und auch mit dem Ökumenischen Rat der Kirchen) konkretisiert. Besonderes Gewicht galt dabei auf katholischer Seite von Anfang dem *bilateralen theologischen Dialog* über die jeweils kirchentrennenden Lehraussagen. Derzeit steht die katholische Kirche auf weltkirchlicher Ebene in offiziellen theologischen Dialogen mit der Orthodoxie, der Anglikanischen Gemeinschaft, dem Lutherischen und dem Reformierten Weltbund, dem Methodistischen Weltrat, dem Baptistischen Weltbund, den Pfingstlern und den „Disciples of Christ".

3. Die ökumenische Bewegung heute

Heute sind zwar nicht alle, aber doch die allermeisten christlichen Kirchen und Gemeinschaften in der Welt in irgendeiner Form an der ökumenischen Bewegung beteiligt, sei es durch Mitarbeit in nationalen Kirchenräten, durch theologische Gespräche oder praktische Kooperation mit anderen Kirchen, durch Zugehörigkeit zu einem der teils schon im letzten Jahrhundert entstandenen konfessionellen Weltbünde. In vielen Kirchen gibt es Gruppen, Gemeinden und Bewegungen, die sich besonders intensiv um Begegnung und Zusammenarbeit mit Christen anderer Kirchen und Konfessionen bemühen. Vielfach sind nicht zuletzt auf diesem Weg traditionelle Animositäten, Vorurteile und psychologische Barrieren zwischen getrennten Christen und ihren Kirchen abgebaut oder zumindest abgemildert worden. Allerdings stellt sich die ökumenische Situation in den einzelnen Ländern, Regionen und Erdteilen recht unterschiedlich dar, nicht zuletzt auch aufgrund der kulturellen, sozialen und politischen Bedingungen, unter denen die Kirchen jeweils leben. In der Bundesrepublik Deutschland besteht zwischen den beiden großen Kirchen ein dichtes und vielfältiges Netz von Kontakten auf allen Ebenen und in allen Bereichen des kirchlichen Lebens. Das gleiche läßt sich über die evangelisch-katholische Zusammenarbeit in der Schweiz und in Österreich sagen. In bezug auf das Ziel sichtbarer Einheit und verbindlicherer Gemeinschaft zwischen den Kirchen sind in der bisherigen Entwicklung der ökumenischen Bewegung Teilergebnisse erreicht worden. So vereinbarten die reformatorischen Kirchen in Europa in der „Leuenberger Konkordie" von 1973 Kirchengemeinschaft als Kanzel- und Abendmahlsgemeinschaft. In verschiedenen Ländern haben sich Kirchen der gleichen konfessionellen Tradition oder Kirchen unterschiedlicher Herkunft zu neuen vereinigten Kirchen zusammengeschlossen; teilweise sind darüber hinaus Unionsverhandlungen im Gang. Die Unionen bzw. Unionsverhandlungen betreffen allerdings nur reformatorische Kirchen und z.T. Anglikaner.

Nach wie vor strittig zwischen den Kirchen (und vielfach auch in ihnen) ist die Frage, welche Elemente für die sichtbare Einheit der Kirche konstitutiv sind bzw. welche Form die angezielte Einheit haben soll. Dieses Problem ist seit den Anfängen der ökumenischen Bewegung virulent, hat aber angesichts der inzwischen erreichten Annäherungen eine neue Dringlichkeit bekommen. Es geht dabei vor allem darum, was Einheit im Glauben näherhin bedeutet, wo sie sich festmachen und ablesen läßt und wie sie sich zur legitimen Pluralität von Ausdrucksformen des Glaubens verhält. Zur Debatte steht auch die Ausgestaltung des kirchlichen Amtes, nicht zuletzt die Frage nach dem Bischofsamt und der bischöflichen Sukzession. Die bisherigen Reaktionen der Kirchen auf die Konvergenzerklärungen zu Taufe, Eucharistie und Amt der Kommission für Glauben und Kirchenverfassung („Lima-Erklärungen") haben gezeigt, daß in der Amtsfrage immer noch die größten Divergenzen bestehen, während sich die Kirchen und Konfessionen über Taufe und Eucharistie in hohem Maß verständigen können.

4. Zukunftsperspektiven

Der weitere Fortgang der ökumenischen Bewegung läßt sich nur schwer voraussagen. Sicher ist allerdings, daß er für jede der beteiligten Kirchen beträchtliche Herausforderungen mit sich bringt. So stellt sich für die katholische Kirche unausweichlich die Frage nach ihrem Lehramts-, Dogmen- und Primatsverständnis. Ohne weitere Klärungen in diesen Punkten dürfte weder im katholisch-orthodoxen noch im katholisch-lutherischen und -anglikanischen Dialog das angestrebte Ziel der vollen Einheit zu erreichen sein. Darauf haben nicht zuletzt die Thesen von Karl Rahner und Heinrich Fries zur Einigung der Kirchen aufmerksam gemacht. In den reformatorischen Kirchen geht es demgegenüber vor allem darum, wie sie sich selber als Kirche im Verhältnis zur Schrift und zur Tradition verstehen und welche Konsequenzen sich daraus für ihr Verhältnis untereinander und zum katholischen Partner im ökumenischen Gespräch ergeben.

Zwei Faktoren dürfen beim Ausblick auf den zukünftigen Weg der Ökumene nicht außer acht bleiben: Zum einen zeigt sich, daß mit den Fortschritten ökumenischer Zusammenarbeit und Verständigung in vielen Kirchen neue (bzw. alte) Widerstände und Vorbehalte entstehen, die nicht zuletzt mit der

Sorge um Spezifika der eigenen Tradition bzw. der eigenen theologischen und geschichtlichen Identität zu tun haben, die man im ökumenischen Prozeß zu sehr an den Rand gedrängt sieht (etwa die reformatorische Rechtfertigungslehre als „Artikel, mit dem die Kirche steht und fällt"). Als Reaktion auf ökumenische Konvergenzen kommt es teilweise zu neuen konfessionalistischen Verengungen und Einseitigkeiten. Gleichzeitig zeigt sich vielfach, daß ökumenische Annäherungen, Vereinbarungen und Gesprächsergebnisse von zahlreichen Kirchenmitgliedern nur sehr langsam oder gar nicht nachvollzogen werden.

Zum zweiten sollte man nicht vergessen, daß Ökumene nie im luftleeren Raum stattfindet, sondern auch weiterhin in die konkreten Lebensvollzüge der einzelnen Kirchen und damit auch in ihr kulturelles, soziales und politisches Umfeld eingebettet ist. Nicht umsonst hat man immer wieder auf das Gewicht der „nichttheologischen Faktoren" für Möglichkeiten und Schwierigkeiten des Bemühens um die Einheit der Christen hingewiesen. Solche Faktoren können Kirchen näher zusammenführen (etwa unter dem Druck gemeinsamer gesellschaftlicher und politischer Herausforderungen), sie können aber auch für Spannungen zwischen ihnen sorgen. Es wird sich auch erst zeigen müssen, welche Auswirkungen die Inkulturationsbemühungen der Kirchen in der Dritten Welt auf Art und Schwerpunkte ihres ökumenischen Engagements haben werden.

So offen sich also die Zukunft der Ökumene in vieler Hinsicht darstellt: Die ökumenische Bewegung hat Entwicklungen in der weltweiten Christenheit bewirkt, die nicht mehr einfach rückgängig gemacht oder vergessen werden können. Das gilt für die im theologischen Gespräch durch die Rückbesinnung auf Schrift und Tradition und die Suche nach neuen Verstehensmöglichkeiten erreichten Konvergenzen und die damit gegebenen Anfragen an die jeweilige kirchlich-konfessionelle Identität. Das gilt ebenso für Erfahrungen, die Christen verschiedener Kirchen im gemeinsamen Gebet und Gottesdienst wie in der praktischen Zusammenarbeit im Dienst an der Welt gemacht haben. Die Kirchen haben sich in vieler Hinsicht gegenseitig geöffnet und voneinander gelernt. Das Bewußtsein der weltweiten Verbundenheit der Christen und ihrer Kirchen ist gewachsen. Daß noch bestehende Trennungen zwischen den Kirchen auf dieser Grundlage in Zukunft überwunden werden, ist keine leere Hoffnung.

Literatur:
Dokumente wachsender Übereinstimmung. Sämtliche Berichte und Konsenstexte interkonfessioneller Gespräche auf Weltebene (Paderborn–Frankfurt a. M. 1983); Handbuch der Ökumenik, Bd. I–III (Paderborn 1985/86); Ökumene-Lexikon (Frankfurt a. M. 1983); *J. Feiner–L. Vischer* (Hrsg.), Neues Glaubensbuch. Der gemeinsame christliche Glaube (Freiburg i. Br.–Zürich [16]1981); *H. E. Fey,* Geschichte der ökumenischen Bewegung 1948–1968 (Göttingen 1974); *H. Fries– K. Rahner,* Einigung der Kirchen – reale Möglichkeit (Freiburg–Basel–Wien

⁵1983; erw. Auflage 1985); *P. Neuner,* Kleines Handbuch der Ökumene (Düsseldorf 1984); *R. Rouse–St. Ch. Neill,* Geschichte der Ökumenischen Bewegung 1517–1948, Bd. I–II (Göttingen 1957/58); *H. Schütte,* Ziel: Kirchengemeinschaft (Paderborn 1985).

Ulrich Ruh

Orden und Ordensreform

↗ Kirche; Säkularinstitute; Vatikanum II

1. Die aktuelle Situation

Orden bzw. Mönchtum, wie es in früheren Jahrhunderten hieß, hat es in der Kirche seit ihrer Frühzeit, und zwar in der West- wie in der Ostkirche gegeben. Und trotz der ordensfeindlich reformatorischen Tradition ist die Ordensidee auch in den Kirchen der Reformation nicht völlig untergegangen und gewinnt gegenwärtig, wie u. a. die Gemeinschaft von Taizé zeigt, neue Ausstrahlung. Ausprägung, Lebensformen und besondere Ziele haben sich geändert und werden sich ändern. Wir wissen aus in der Schrift begründeter theologischer Einsicht, daß es in der Kirche Jesu Christi immer Ordensleben in dieser oder jener Gestalt geben wird und geben muß. Daran waren in der Zeit nach dem Zweiten Vatikanum Zweifel entstanden. Damals hat es in das katholische Ordenswesen den größten Einbruch seit der Zeit der Aufklärung und Französischen Revolution (um 1800) gegeben. So entstand die Frage, ob die Zeit der Orden in der Kirche vorüber sei oder ob sie um eine neue Gestalt ringen? Um dieser Frage nachzugehen, müssen wir zunächst in die Entstehungsgeschichte und den Werdegang der Orden blicken.

2. Ursprung und geschichtliche Entfaltung

Die Ursprünge von Ordensleben und Orden liegen in der Botschaft vom hereinbrechenden Gottesreich. Dieses Reich wurde nach der Einsetzung des auferstandenen Herrn in seine Herrschaft über die Welt in überschaubarer Zeit erwartet. Das Neue der Erlösungsbotschaft und die Verheißung einer neuen Welt drängten die Gläubigen, sich schon jetzt radikal auf diese kommende Welt einzulassen und um ihretwillen in den Charismen der Ehelosigkeit, Armut usw. grundlegenden Gütern der diesseitigen Lebensverwirklichung zu entsagen. Von dieser Haltung beseelt, sonderten sich im 3. und 4. Jahrhundert zunächst einzelne, dann Gruppen ab. Man nannte sie Mönche (von „monachus", „allein" oder „dem Einen hingegeben Lebender"). Sie lebten in der Einsamkeit (Wüste) oder als Zönobiten in Klöstern und strebten nach vollkommener Einung mit Gott.

Mit dem Ende der Christenverfolgungen und mit der Konstantinischen Wende (dem Beginn der „Kirche der Vielen") kam hinzu, daß Christen die „Notwendigkeit" spürten, eine neue Form der Nachfolge Christi (sequela Christi) zu finden: Vereinigung mit dem Leiden und Auferstehen (Paschamysterium) Jesu als dem Beginn des neuen Lebens und der neuen Welt. Ordensleben, gesehen und gelebt als „neues Martyrium" und als „Zeichen des Widerspruches" gegenüber der „Welt" (auch in der Kirche).
Was im frühen Christentum begonnen hat, hörte in der Kirche nicht mehr auf. Doch erkannte man stärker, daß das kontemplative Leben aus der ihm eigenen Dynamik heraus sich dem Heil aller widmen kann und muß, daß der Christ nicht nur um seines eigenen Heiles willen nach der Erfahrung der göttlichen Welt streben dürfe, sondern den Mitmenschen (auch den noch nicht Glaubenden und den Irrgläubigen) den Weg dahin führen müsse. So entstand die Missionstätigkeit der Mönche und später das Apostolat der mittelalterlichen Bettelorden bis zu den vielen Gemeinschaften von Frauen und von Männern der Neuzeit, die sich den unterschiedlichen Aufgaben seelsorglicher, erzieherischer und karitativer Art widmeten.
Kern der religiösen Überzeugung aber blieb bis in die neueste Zeit die vom frühen Christentum tradierte Überzeugung, daß man „diese Welt" in spürbarer Weise „verlassen" müsse, um schon hier auf Erden der ewigen göttlichen Güter in besonderer und möglichst vollkommener Weise teilhaftig zu werden. So kann man es ebenso bei Augustinus wie im Mittelalter bei Thomas v. Aquin nachlesen: Im tiefsten öffnet nicht das noch so selbstlose und entsagungsreiche apostolische und karitative *Tun* den Zugang zur göttlichen Welt, sondern die *Kontemplation,* als Ausdruck und Erfahrung des neuen *Seins* in Christus. Erst spät, vor allem durch Ignatius von Loyola im 16. Jahrhundert, setzte sich in der Spiritualität des Ordenslebens immer mehr die Erkenntnis durch, daß auch die apostolische Tätigkeit eine ihr eigene kontemplative Dimension hat, „in actione contemplativus". Doch bedurfte es des Zweiten Vatikanums, um diese Sicht ausdrücklich in die offizielle Lehre der Kirche aufzunehmen.

3. Neuorientierung durch das Zweite Vatikanum

Das Zweite Vatikanische Konzil hat an der traditionellen Begründung des Ordenslebens, die in ihrem Kern auf die einzigartige Situation der apostolischen und frühchristlichen Zeit zurückgeht und ihr entsprach, eine Reihe wichtiger Änderungen angebracht. Sie haben das theologische Verständnis und den Stellenwert der Orden in der Kirche nicht unwesentlich verändert.
a) Zunächst einmal hat das Konzil vom *Mysterium der Kirche* her neu herausgehoben, daß alle Glieder der Kirche aufgrund der Taufe und der durch sie geschenkten „Gnade der Kindschaft" vor Gott „eine wahre Gleichheit in der allen gemeinsamen Würde" haben, so daß sie untereinander Brüder und Schwestern sind. Alle Christen sind zur Heiligkeit, zur Vollkommenheit des

Evangeliums berufen und befähigt (vgl. Lumen gentium 32). Darum ist die Ordensberufung, unbeschadet ihres hohen gnadenhaften Wertes (als besonderes Charisma), keine Überhöhung der Taufgnade. Gleichzeitig macht das Konzil allerdings auch deutlich, daß das Ordensleben eine Lebensweise sei, in der sich die Kraft und Dynamik der Taufgnade voller entfalten und fruchtbarer verwirklichen lassen (vgl. Lumen gentium 44; Perfectae caritatis 5).
b) Eine zweite Aussage des Konzils ist für den Wandel des theologischen Verständnisses des Ordenslebens, insbesondere seiner Spiritualität, von großer Bedeutung. Es handelt sich um die Aussagen über die Weltaufgabe der Kirche, wie sie in der Pastoralkonstitution „Gaudium et spes" neu und tiefer gesehen wird. Auch sie gelten für alle Christen jedes Standes. Was die Orden betrifft, besagt dies nicht ohne weiteres eine Geringerbewertung der überkommenen apostolischen Arbeiten und ein Sichhinwenden zum sozialen Einsatz, zur Mithilfe bei der Durchsetzung politischer Anliegen. Wesentlicher ist, daß seit dem Konzil nicht mehr die (oft auch kirchenamtlich ausgedrückte und auferlegte) Auffassung gilt, daß die Abgeschiedenheit von der Welt („Klostermauer") und die reine Beschaulichkeit die für das Ordensleben wesentlichen Elemente sind (vor allem wenn sie als individueller Vollkommenheitsweg verstanden werden). Im Licht der neuerkannten Einheit von Gottes- und Nächstenliebe müssen Kontemplation und Apostolat, Gebet und Tätigkeit ineinander verschränkt sein.
Dies gilt für die apostolischen Orden. Aber auch die kontemplativen Orden müssen ihren besonderen Auftrag in der Kirche sichtbar machen, d.h. die Botschaft des Evangeliums, wie sie sie vernommen haben und verwirklichen wollen, den Menschen nahebringen, auch unmittelbar, und so „das Volk Gottes in geheimnisvoller apostolischer Fruchtbarkeit wachsen lassen" (Perfectae caritatis, Art. 7; CIC can. 674). Ihre Sendung und ihr Beitrag für das Leben der Kirche und für die Menschen müssen offenkundiger werden. Die hier angesprochene Veränderung des Ordenslebens ist in vollem Gang.
c) In der Praxis waren es aber in erster Linie nicht die hier genannten theologischen Überlegungen, von denen die durch das Konzil angestoßenen Wandlungen im Verständnis des Ordenslebens ausgegangen sind. Im Bewußtsein sowohl der Ordensleute selbst als auch der Umwelt kam der Anstoß vielmehr von dem, was Papst Johannes XXIII. das *„Aggiornamento",* die Forderung nach dem „Heutigwerden" der Kirche auf allen Gebieten genannt hat und durch das Konzil erreichen wollte. Schon sein Vorgänger, Pius XII., hatte vor allem die Orden zu gleichem gemahnt. Schon seit langem stand ihre „wirksame Erneuerung und echte Anpassung" (Perfectae caritatis 4) im Sinne eines „Heutigwerdens" an. Nirgendwo war das Festhalten am Überlieferten so stark zu beobachten wie im kirchlichen Ordensleben, gerade auch in den Gemeinschaften des 19. Jahrhunderts. Nirgendwo im Raum der Kirche war die Kluft zwischen den normalen Lebensgewohnheiten der Menschen in der heutigen Welt und dem Festhalten an „ehrwürdigen Traditionen" bis in Details hinein so ausgeprägt wie in den Orden, oft vor allem in den Frauenge-

meinschaften. Wenn man schon urteilt, daß die Reform des Konzils auf vielen Gebieten des kirchlichen Lebens zu spät gekommen sei, so gilt das vom Ordensleben in besonderer Weise.
So kam es nach dem Konzil nicht selten zu überzogenen Reaktionen *in* den Orden selbst, vor allem bei der jüngeren Generation. Man stieß sich an der zu weit gehenden Ver-Regelung des Alltags, an der Einengung von Initiativen, an der oft rigorosen Gehorsamspraxis und anderem mehr. Zu der ordensinternen Unruhe kamen die Auswirkungen gesamtkirchlicher Erscheinungen auf die Orden. Bei der praktischen Durchführung der gebotenen Reform wurde weithin übersehen, daß das vom Konzil empfohlene „Aggiornamento" für das Ordensleben eine doppelte Stoßkraft und Richtung haben muß: die „Rückkehr zu den Quellen jedes christlichen Lebens und zum Geist des Ursprungs", zum Gründungscharisma der Gemeinschaft (darin drückt sich die Überzeugung aus, daß es sich hier um ein Geschenk des Geistes handelt, der heute und immer Schöpfer des Lebens ist und war), und die „echte Anpassung an die veränderte Situation" von Welt und Mensch heute (vgl. Perfectae caritatis 2–4).
Dies alles hat das Ordensleben bei vielen wenig anziehend gemacht. Der Nachwuchs bleibt vor allem in Ländern Europas vielfach aus. Man muß sich aber über die komplexe Natur dieses Phänomens im klaren bleiben: Auch die Gemeinschaften, die mit größerer Offenheit sich dem (oft nicht voll verstandenen) „Aggiornamento" zugewandt haben, konnten den zahlenmäßigen Rückgang der Berufungen nicht verhindern. Wichtiger ist es, zu sehen, daß gesellschaftliche Umwälzungen, z. B. der tiefgreifende Wandel der Rolle der Frau in der Gesellschaft mit seinen noch nicht aufgearbeiteten Auswirkungen auf die Kirche, einen oft starken Einfluß ausüben.

4. *Zukunftsperspektiven*

Wichtig scheint es zu sein, daß die Orden in der je unterschiedlichen Weise, die ihren Zielen und Strukturen entspricht, in stärkere Lebensverbindung mit den Menschen der Kirche und dadurch mit der sichtbaren Kirche kommen, deren Geheimnis sie doch zeichenhaft darstellen, auch, wenn nötig, als „Zeichen des Widerspruchs". Für die apostolischen Orden könnte das bedeuten, daß sie (auch um des Nachwuchses willen) Gruppen von Jugendlichen um sich sammeln, die hier Räume finden, in denen sie menschlich und gesellschaftlich leben können, Sinnerfahrung machen und das lernen, was Christsein konkret heißt. Die Orden der Zukunft müssen Kristallisierungspunkte des Lebens aus dem Evangelium sein.
Um ein solches Programm in unserer aufgewühlten Zeit verwirklichen zu können, muß die spirituelle und humane Ausbildung der jungen Leute in den Orden viel grundlegender sein als bisher. Dafür reicht die Zeit des Noviziates nicht aus, zumal die geistliche Bildung und Praxis allein nicht mehr genügt. Wichtiger als die theoretische Schulung ist aber die Praxis christlichen Le-

bens. Die jungen Ordensleute sind zu größerer Selbständigkeit zu führen, ihnen ist zur Reifung ein größerer Spielraum der Entscheidung zu gewähren und dementsprechend die Gehorsamspraxis zu gestalten, die Einordnung und Zusammenarbeit sind einzuüben. Selbständigkeit und Gemeinschaftssinn müssen zu einer Ganzheit gebracht werden. Die in evangelischer Menschlichkeit gelebte Gemeinschaft von Schwestern und von Brüdern wird für die Menschen das überzeugende Kriterium und der Zugang zur Sinnhaftigkeit des Ordenslebens sein.

Ohne eine tiefe, von den Gründern inspirierte, stets auf ihre Echtheit und Tragfähigkeit zu überprüfende Spiritualität ist das nicht zu leisten. Auch hier ist die lebendige und gemeinschaftliche Praxis entscheidend. So muß es z. B. in einer Gemeinschaft regelmäßig und aus besonderem Anlaß Veranstaltungen geben, die nicht nur für den einzelnen, sondern für die Gemeinschaft als Gruppe in Austausch und gemeinsamem Gebet, in Schuldbekenntnis und Versöhnung der Erneuerung dienen. Dabei wird es in einer mehr und mehr säkularisierten Welt für die Ordensleute fundamental darauf ankommen, daß sie den „Sinn für Gott", den Vater, wie ihn die Frohbotschaft Jesu Christi verkündet, selbst leben und ihn im Mitmenschen wecken und entwickeln können.

Literatur:
U. von Balthasar, Die großen Ordensregeln (Einsiedeln ³1974); *A. Böckmann,* Prüfstein Armut. Die Herausforderung des Ordenslebens heute (Freiburg i. Br. ²1982); *G. Braulik* (Hrsg.), Herausforderung der Mönche (Freiburg i. Br. 1979); *K. S. Frank,* Grundzüge der Geschichte des christlichen Mönchtums (Darmstadt ³1979); *R. Hostie,* Vie et mort des ordres religieux (Paris 1972); *J. B. Metz,* Zeit der Orden? Zur Mystik und Politik der Nachfolge (Freiburg i. Br. ⁵1982); *F. Wulf u. a.* (Hrsg.), Nachfolge als Zeichen. Kommentarbeiträge zum Beschluß der Gemeinsamen Synode der Bistümer in der Bundesrepublik Deutschland über die Orden und andere geistliche Gemeinschaften (Würzburg 1978); *F. Wulf* (Hrsg.), Mitten unter den Menschen (Düsseldorf 1979).

Johannes G. Gerhartz

Orthodoxe Kirchen

↗ Gottesdienst; Kirche; Lehramt; Ökumene; Sakramente; Vatikanum II; Wiederverheiratete Geschiedene

1. Zum Namen

Als orthodoxe Kirchen bezeichnen wir in der Regel die christlichen Kirchen der byzantinischen Tradition. Ihre geistliche Mitte war und ist Konstantinopel, die einstige Kaiserstadt am Bosporus, das heutige Istanbul, dessen türkischer Name noch die alte rhomäische Geschichte bezeugt, weil gebildet aus εἰς τὴν πόλιν – „in der Stadt" schlechthin des Rhomäerreiches.
„Orthodox" nennen sich diese Kirchen selbst, was wir mit „rechtgläubig" übersetzen. „Rechter Glaube" meint mehr als Festhalten an bestimmten Dogmen, meint ein ganzes Leben vor Gott und mit Gott im rechten Lobpreis seiner Macht und Größe, seiner Menschenfreundlichkeit und Liebe in Gottesdienst und gläubiger Gemeinschaft unter den Menschen; also ein ὀρθῶς δοξάζειν. Um dem Selbstverständnis dieser Kirchen und ihrer Gläubigen gerecht zu werden und den Anspruch ihres Zeugnisses gelten lassen zu können, ist es notwendig, diesen weiten und umfassenden Sinn von „orthodox" im Auge zu behalten. Denn daraus lebt und wirkt das Sendungsbewußtsein der Orthodoxie, nicht zuletzt auf dem Feld christlicher Ökumene in unseren Tagen.
Gerade auf diesem Gebiet war sie sich ihrer Verantwortung von Anfang an bewußt. Dafür steht die Enzyklika des Ökumenischen Patriarchats von 1920, dafür die aktive Mitarbeit in der ökumenischen Bewegung, wobei sie stets die Frage nach der *Wahrheit* als der Voraussetzung der Einheit einbrachte und eine Einengung auf die praktische Zusammenarbeit unter den Kirchen und Denominationen verhinderte – ohne Zweifel ein echtes Verdienst ihrer Vertreter (vgl. dazu Unitatis redintegratio 14 ff.).

2. Selbstverständnis

In ihrer Liturgie beten die orthodoxen Christen „um die Wohlfahrt der *Kirchen* Gottes", wissen also um eine Vielzahl von Kirchen – und wissen sich dennoch als „die eine, heilige, katholische und apostolische Kirche", als die eine wahre Kirche Jesu Christi, geeint durch den einen unversehrten und unverkürzten Glauben, unter der einen vom Herrn bestellten hierarchischen Leitung und in dem einen geistgewirkten mystischen (sakramentalen) Leben. Wie aber das Evangelium das Geheimnis Gottes in der Dreiheit der „konkreten" Personen verkündet und erst von den Personen hinführt zur Einheit des göttlichen Wesens, das nicht neben oder über den Personen, sondern allein *in* ihnen subsistiert, so haben die Apostel aus Jesu Sendung „konkrete" Ortskirchen gegründet, in denen sich die Wirklichkeit der ganzen Kirche je am Ort

darstellt und fruchtbar erweist, vor allem im Mysterium der heiligen Eucharistie, in der der ganze Christus anwesend ist und die Einheit der Kirche begründet und wirkt.
Es ist eine doppelte *Paradosis,* auf der die Kirche steht, aus der und in der sie lebt. Zuerst die Paradosis des *wahren Glaubens,* niedergelegt im Wort Gottes, verkündet durch die Apostel, überliefert durch die Väter, entfaltet durch die ökumenischen Synoden, weitergereicht durch das Lehramt der Kirche und bewahrt durch das Pleroma des Volkes Gottes unter dem Beistand des Heiligen Geistes, den der Herr seiner Kirche vom Vater verheißen und gesandt hat. Als „ökumenisch" im strengen Sinn gelten für die Orthodoxie nur die ersten sieben, vom Nizänum I (325) bis zum Nizänum II (787), wobei das sog. Quinisextum (die Penthekte), das Trullanum II (691), als Ergänzung zu den beiden vorausgegangenen Synoden gerechnet wird. Damit eine Synode ökumenischen Charakter erhält und in ihren Glaubensentscheidungen verpflichtet, bedarf sie der Annahme (Rezeption) durch das ganze Kirchenvolk „vom Patriarchen bis zum letzten Hirten" (A. St. Chomjakov). Genau auf das Fehlen dieses Kriteriums verweist die Orthodoxie, wenn sie das Unionskonzil von Ferrara-Florenz (1438/39) ablehnt, trotz der Unterschrift aller Bischöfe bis auf den einen Markos Eugenikos.
Der zweite Strom der Paradosis ist die *Nachfolge der Vorsteher* der Kirchen im *apostolischen Amt* (Apostolische Sukzession). Sie setzt ebenso die ununterbrochene Herkunft von den Aposteln voraus wie die Einheit des Bischofs mit seinen Mitbischöfen im gleichen Amt der Kirche. Diese Einheit dokumentiert sich wesentlich in der bischöflich-synodalen Verfassung. Ihre konkrete Entfaltung – von der Metropolie zum Patriarchat und zur Autokephalie – geschah freilich unter dem nicht zu übersehenden und unumwunden zugegebenen Einfluß politischer Verhältnisse und Entwicklungen (vgl. vor allem Kan. 17 von Chalkedon). Das „petrinische Prinzip" eines obersten personalen Primats in der Nachfolge Petri glaubt die Orthodoxie ablehnen zu müssen, soweit dieser als umfassende Jurisdiktion über Hirten und Herde des ganzen Volkes Gottes verstanden wird, da die Kirche als „Leib Christi" nur ein Haupt, das unsichtbare, Christus, den Herrn, haben könne.
Der dritte Pfeiler der Einheit ist das *gemeinsame geistliche Leben* aus den *Mysterien des Heils,* den Sakramenten. Entscheidende Bedeutung kommt den drei Initiationsmysterien zu: Taufe, Myronsalbung (Firmung), Eucharistie. Sie sind das Tor in die Kirche und also die Tür zum neuen Leben, Eingang und Weg zur Theosis, in der sich jedes christliche Leben erst vollendet. Darum empfängt sie bereits der Säugling gemeinsam im Augenblick der Taufe. Wahre Sakramente sind weiter Buße (Metanoia) und Krankensalbung (Euchelaion), Priesterweihe und Ehe, diese entsprechend ihrem Ritus „Krönung" genannt, wobei der Liturge als Spender gilt. Im strengen Sinn ist diese Siebenzahl nicht abgeschlossen, da keine synodale Entscheidung darüber vorliegt. – Mitte des geistlichen Lebens aber ist die Eucharistie, die den Ehrennamen „Göttliche Liturgie" trägt und in der Überlieferung dem hl. Johan-

nes Chrysostomos († 407) – sicher in der heutigen Form zu Unrecht – und dem hl. Basileios dem Großen († 379) – mit mehr Recht – zugeschrieben wird. Für den Gottesdienst ist wesentlich auch das Stundengebet der Kirche, im vollen Umfang freilich nur in den Klöstern zu verrichten. Verständlicherweise hat sich ein religiöses Brauchtum mit und neben der offiziellen Liturgie entwickelt, worin sich jeweils Volk und Land widerspiegeln, etwa in der Wasserweihe an Epiphanie (Theophanie), in Ikonenprozessionen und Wallfahrtsorten. Im letzten rankt sich, wie das ordentliche Christen*leben* um die *Eucharistie,* so das Christen*jahr* um das Osterfest, das „Fest der Feste". Wie aber die Eucharistie Vorgeschmack und Vorwegnahme der endgültigen Vollendung des Menschen und der Schöpfung ist, so ist noch die Ikone Verheißung und schon Vorahnung der künftigen Verklärung, weshalb sie in Liturgie und Frömmigkeit eine so große Rolle spielt.

3. Geschichte und Gegenwart

Bis in unsere Tage bezeichneten sich die orthodoxen Kirchen gewöhnlich mit der Beifügung „des Ostens". Diese Einschränkung ist – geographisch – heute überholt. Dennoch behält der Hinweis seine Berechtigung: Heimat dieser Kirchentümer ist der „christliche Osten", näherhin das byzantinische Reich, darin religiös und kulturell, zeit- und teilweise auch politisch einbezogen jene Völker, die von Byzanz das Christentum empfingen: Bulgaren, Serben, Ostslaven, Rumänen. Bei aller nationalen Verschiedenheit sind sie zusammen mit den Erben des alten Byzanz, den Griechen, verbunden durch eine gemeinsame geistlich-theologische wie geistig-kulturelle Spiritualität, die noch in der modernen orthodoxen Diaspora rund um die Welt lebendig ist und selbst Menschen des Westens in ihren Bann zieht.

Die Entfaltung des Christentums im Osten hat sich von Anfang an sehr an die Ordnung der staatlichen Verwaltung angelehnt. So entstand zunächst die Metropolitanverfassung um die jeweilige Provinzhauptstadt (vgl. Kan. 9 von Antiocheia; Apost. Kanon 34). Schon zu Beginn des 4. Jahrhunderts hatten sich größere Einheiten herausgebildet um die Zentren der politischen Diözesen Ägypten (Alexandreia) und Oriens (Antiocheia; Kan. 6 Nikaia 325). Der Erhebung Byzantions unter dem Namen Konstantinopel zur kaiserlichen Residenz folgte seine Auszeichnung als „zweites Rom" auch im kirchlichen Bereich (Kan. 3 Konstantinopel 381). Kanon 28 des Konzils von Chalkedon (451) schließlich räumte dem Bischof der Kaiserstadt die „gleichen Rechte" nach dem älteren Rom wie diesem ein. Seitdem bestehen die sog. alten Patriarchate in dieser Ordnung: Konstantinopel, Alexandreia, Antiocheia, wozu als viertes auf dem gleichen Konzil von Chalkedon Jerusalem sich gesellte. Daneben nahm Zypern – Kanon 8 von Ephesos (431) – eine Sonderstellung ein, die es sich bis heute bewahrte.

Bis an die Schwelle der Neuzeit galt die eben aufgezeigte Ordnung grundlegend. Der Aufbruch in die Gegenwart geschah mit dem Jahr 1448, als sich die russische Kirche selbst einen Metropoliten gab und damit aus dem Verband des konstantinopolitanischen Patriarchats löste. 1589 erfolgte die Anerkennung der russischen Metropolie als Patriarchat, zunächst durch Jeremias II., dann durch alle vier Patriarchen. Die weitere Neugestaltung ergab sich wie naturgemäß aus den Freiheitskämpfen der Balkanvölker gegenüber dem Osmanischen Reich und der Errichtung neuer Nationalstaaten im 19. Jahrhundert. So entstanden die neuen autokephalen Kirchen der Serben (1831 bzw. 1878; Patriarchat 1920/22); der Rumänen (1859 bzw. 1885; Patriarchat 1925); der Griechen (1833 bzw. 1850); der Bulgaren (1870 bzw. nach dem bulgarischen Schisma 1945; Patriarchat 1953/61). In unserem Jahrhundert folgten die Kirchen von Albanien (1937, heute staatlicherseits unterdrückt), von Polen (1924 bzw. 1948) und der ČSSR 1951. 1970 verlieh die russische Kirche ihrer Metropolie in den USA die Autokephalie. 1967 erklärte sich die makedonische Metropolie im jugoslawischen Bundesstaat Mazedonien für autokephal, ohne bisher die Anerkennung durch eine andere Kirche zu erlangen. „Autokephal" meint hier, daß eine Kirche ihren Ersthierarchen selbst aus ihrer Mitte wählt und durch ihre Hierarchen weiht. Besondere Erwähnung verdient die Kirche von Georgien mit ihrer reichen Geschichte: Selbständig sicher seit dem 8. Jahrhundert, wurde sie nach der Annexion Georgiens 1811 in die russische Kirche eingegliedert; 1917, nach dem Untergang des Zarenreiches, erklärte sie sich von neuem selbständig unter ihrem Katholikos-Patriarchen. Um das Bild abzurunden, seien auch die „autonomen", d. i. noch in einer gewissen Verbindung mit ihrer Mutterkirche stehenden, halbautokephalen Kirchen von Finnland (Konstantinopel) und Japan (Moskau) genannt. Ein eigenes Problem bildet die orthodoxe Diaspora, um dessen Lösung sich die kommende panorthodoxe „Heilige und Große Synode" mühen will. Diese sieht sich freilich auch weiteren Aufgaben gegenüber, etwa der Erneuerung des sakramentalen Lebens in den Gemeinden, der Anpassung der Fastenvorschriften an die Erfordernisse des heutigen Wirtschafts- und Gesellschaftslebens, der Regelung der Mischehe u. a. Die entsprechenden Lösungen zu finden kann nicht zuletzt dadurch erschwert werden, daß die orthodoxen Kirchen alle den Beschlüssen zustimmen müssen, doch dabei unter sehr verschiedenen politischen wie gesellschaftlichen Systemen leben und ihre Sendung erfüllen.

4. Die altorientalische (vorchalkedonische) Orthodoxie

Das Prädikat der „Rechtgläubigkeit" beanspruchen selbstverständlich alle christlichen Kirchen, wie immer sie es dann füllen. In ihrer Selbstbezeichnung aufgenommen haben es jene Kirchen, die das Konzil von Chalkedon (451) ablehnen. Das sind die koptische (ägyptische) Kirche und mit ihr die äthiopische, die offiziell erst 1959 aus dem Verband der ersteren entlassen wurde und einen Patriarchen erhielt; die (west-)syrische Kirche von Antiocheia mit ihrem südindischen Zweig (seit 1665) und die armenisch-apostolische (gregorianische) Kirche (seit 506: Synode von Dvin). Lange Zeit gingen diese Kirchen unter dem Namen der „Monophysiten" und galten darum als häretisch – zu Unrecht, da sie unter einer anderen Terminologie den gleichen Glauben wie die Anhänger von Chalkedon vertraten. Charakteristisch für diese Kirchen ist das Nationalprinzip, die Einheit von Volk und Kirche, während in der östlichen Orthodoxie der byzantinischen Tradition Territorial- und Nationalprinzip noch immer konkurrieren.

Ein Geschenk des Gottesgeistes ist es, daß die Jahrhunderte währende Entfremdung zwischen den Kirchen des Ostens untereinander und zwischen jenen des Ostens und des Westens sich zu lösen begonnen hat, um einer aufrichtigen Begegnung und einem vertrauensvollen Dialog, ja einem ehrlichen Miteinander im christlichen Zeugnis Raum zu geben.

5. „Unierte Kirchen"

Ein besonderes Problem in den Augen der Orthodoxie bilden die katholischen Ostkirchen, d. h. jene Kirchengemeinschaften, die den (Jurisdiktions-)-Primat des Papstes anerkennen und sich in einer Union – daher Unierte, im Osten Uniaten genannt – der Kirche Roms angeschlossen haben, jedoch unter Wahrung ihrer Verfassung und ihrer liturgisch-sakramentalen Überlieferung (vgl. Dekret über die katholischen Ostkirchen des Zweiten Vatikanums). Sie betrachten sich selbst als eine Brücke zur Einheit zwischen Ost und West, die Orthodoxen sehen in ihnen den ärgsten Anstoß und ein Hindernis der Einheit. Die Geschichte der einzelnen Unionen – z. B. der Ukrainer 1596, der Rumänen 1700, der Melkiten 18. Jahrhundert – ist gewiß nicht in jedem Fall einfach und eindeutig. Personen und Vorgänge sind nicht immer frei von Schatten. Unrecht aber wäre es, an der aufrichtigen Gesinnung der unierten Christen heute zu zweifeln und von ihnen gar die Aufgabe ihrer Tradition und ihres ganzen Kircheseins zu fordern. Mehr oder weniger erzwungene organisatorische „Reorthodoxierung", wie in der UdSSR und in Rumänien nach dem letzten Krieg, ist kaum ein echter Weg zur Heilung der bestehenden Situation. Es wird sicher auch eine Aufgabe des Dialogs zwischen der orthodoxen und der katholischen Kirche sein, einen gemeinsamen Weg für sie in der Einheit zu suchen.

Literatur:
H. M. Biedermann, Die modernen Autokephalien, in: Kanon IV, Jahrbuch der Gesellschaft für das Recht der Ostkirchen, Teil 1 (Wien 1980) 68–91; *P. Bratsiotis* (Hrsg.), Die orthodoxe Kirche in griechischer Sicht (Stuttgart ²1970); *P. Evdokimov,* L'Orthodoxie (Neuchâtel 1965, Paris ²1979); Handbuch der Ostkirchenkunde, hrsg. von E. v. Ivánka, J. Tyciak, P. Wiertz (Düsseldorf 1971), Neuausgabe hrsg. von W. Nyssen, H.-J. Schulz, P. Wiertz, 1. Bd. (Düsseldorf 1984); *F. Heiler,* Die Ostkirchen (München–Basel 1971); *N. Nissiotis,* Die Theologie der Ostkirche im ökumenischen Dialog. Kirche und Welt in orthodoxer Sicht (Stuttgart 1968);

D. Staniloae, Orthodoxe Dogmatik, 1. Bd. (= Ökumen. Theologie 12) (Zürich-Einsiedeln 1985) (rumän. 3 Bde, Bukarest 1978); *P. N. Trembelas,* Dogmatique de l'Eglise orthodoxe catholique, 3 Bde. (Chevetogne 1966-68) (griech. Athen 1959-61); *W. de Vries,* Entstehung und Entwicklung der autonomen Ostkirchen im ersten Jahrtausend, in: Kanon IV, Jahrbuch der Gesellschaft für das Recht der Ostkirchen, Teil 1 (Wien 1980) 45-67; *ders.,* Der christliche Osten in Geschichte und Gegenwart (= Das östliche Christentum N. F. 12) (Würzburg 1951).

H. M. Biedermann

Östliche Religiosität

↗ Anthroposophie; Esoterik; Jugendreligionen; Meditation; Nichtchristliche Religionen; Okkultismus; Spiritualität; Synkretismus

1. Begriff

Mit diesem Wort werden Elemente (Konzeptionen und Praktiken) aus süd- und ostasiatischen Religionen bezeichnet, die seit der 2. Hälfte des 19. Jh. zunehmend den Westen beeinflussen. Sie entstammen dem Hinduismus, Buddhismus, aus dem chinesischen Bereich vor allem dem Taoismus, sowie dem islamischen Sufismus. Der Begriff östliche Religiosität leistet einer Einebnung der beträchtlichen Unterschiede zwischen diesen religiösen Traditionen und einer schematischen Gegenüberstellung von „Ost und West" Vorschub: Östliche Spiritualität, Ganzheitsschau und Toleranz gegen westlichen Materialismus, Rationalismus und Dogmatismus usw. Diese Gegenüberstellung ist seit Svami Vivekananda Bestandteil der Selbstdarstellung östlicher Religionen.
Deren Einfluß im Westen ist das Ergebnis der Wechselwirkung zwischen dem seit dem 19. Jh. erwachten Sendungsbewußtsein östlicher Religionen und dem Krisenbewußtsein des Westens unter den Bedingungen einer weltweiten Kommunikation. Er signalisiert das Umkippen der interreligiösen Dynamik, die bis ins 19. Jh. dem Christentum und seiner Missionstätigkeit in Asien zugute kam. Die westliche Rezeption hat den ursprünglichen Sinn und die Funktion östlicher Konzeptionen und Praktiken freilich verändert oder gar pervertiert, so daß deren Authentizität im westlichen Kontext in Frage gestellt ist (H. Cox).
Im Westen werden Formen östlicher Religiosität meistens eklektisch und individuell übernommen. Meditationspraktiken aus östlichen Religionen (Yoga, Zen, T'ai Chi Ch'uan) werden dabei häufig ihrem ursprünglichen religiösen Kontext entnommen und in den Dienst säkularer Bedürfnisse (Entspannung, Gesundheit) oder christlicher Glaubensvertiefung gestellt. Vorstellungen von Karma und Reinkarnation verlieren ihren ursprünglichen Sinn und werden in das optimistische Evolutionsdenken des Westens einge-

fügt. Östliche Religiosität tritt im Westen aber auch in Form organisierter Missionstätigkeit asiatischer Religionen („Gegenmission") auf, vor allem in hinduistischen Gurubewegungen sowie zenbuddhistischen, lamaistischen und islamisch-sufitischen Gruppen und Zentren. Die buddhistischen Gemeinden und Gruppen sind in der „Buddhistischen Religionsgemeinschaft in Deutschland" zusammengeschlossen.

2. *Geschichte*

Östliche Religiosität hat sich im Westen in *drei Phasen* ausgebreitet. Die erste, seit dem Ende des 18. Jh., beschränkte sich auf literarische Einflüsse, nachdem die ersten westlichen Übersetzungen indischer religiöser Literatur erschienen waren. (A. Schopenhauer, F. und A. W. Schlegel – der letztere wurde 1818 der erste deutsche Professor für Indologie –, R. W. Emerson.) Der literarische Einfluß setzte sich bei Autoren wie C. G. Jung und H. Hesse fort. Ins 19. Jh. fällt noch die Gründung der Theosophischen Gesellschaft, die ein wichtiger Mittler zwischen östlicher Religiosität und westlichem Okkultismus geworden ist. Die zweite Phase, die organisierte Ausbreitung östlicher Religionen auf westlichen Boden, wurde 1893 auf dem von christlichen Liberalen organisierten Weltparlament der Religionen in Chicago eingeläutet. Anwesende Vertreter sendungsbewußter hinduistischer und buddhistischer Traditionen, als prominentester unter ihnen Svami Vivekananda, der Gründer der Ramakrishna-Mission, predigten in unitarischen Kirchen und gründeten erste Organisationen im Westen. Östliche Religiosität wurde eine der Gebildetenreligionen des Westens. In Deutschland entstanden um den 1. Weltkrieg die ersten buddhistischen Gemeinden und Zentren.

Die dritte Phase begann in den späten 60er Jahren, als östliche Religiosität in der Alternativkultur (Hippieszene!) Fuß faßte. Die „neue Religiosität" mit ihrer Betonung der meditativen Praxis war stark „östlich" geprägt. Der Prozeß der Verwestlichung der östlichen Religiosität setzte sich in dieser Phase fort, vor allem im amerikanischen Beat-Zen (A. Watts, J. Kerouac) und in der Verschmelzung östlicher Meditation mit westlicher Therapie, wie sie im kalifornischen Esalen-Zentrum entwickelt und in der Transpersonalen Psychologie formuliert wurde. Östliche Religiosität und die esoterischen Traditionen des Westens beeinflussen einander zunehmend. Die Verbindung von östlicher Religiosität, westlicher Esoterik und Psychologie charakterisiert auch die New-Age-Bewegung in ihrer literarischen Selbstdarstellung (F. Capra) und praktischen Wirksamkeit. Das Einströmen in den Westen ist also ein langfristiger Prozeß, nicht nur ein modischer Trend.

3. Inhalte

Auch in ihrer verwestlichten Gestalt bringt die östliche Religiosität zentrale Themen asiatischer Religionen zur Geltung.

a) Religion wird als ein persönlich zu gehender *Weg* bzw. *Pfad* betrachtet. Im Zentrum steht die Orthopraxie, nicht die Orthodoxie. Durch verschiedene Formen der *Meditation* werden Erfahrungen vermittelt und neue Bewußtseinszustände erschlossen, die im Sinne östlicher Religionen als Erleuchtung (Bodhi, Samadhi, Satori) gedeutet werden. Weniger anspruchsvolle Ziele sind die Überwindung von Gier und Haß oder auch nur ein innerer Schutzraum gegenüber moderner Hektik und Fremdbestimmung. Insofern kommt die östliche Religiosität den westlichen Bedürfnissen nach Erfahrung, nach einem persönlichen und praktikablen Zugang zum religiösen Bereich sowie nach Selbstbestimmung und Autonomie entgegen.

b) Am Anfang des „Weges" kann die Initiation durch einen *Meister* (Guru, Roshi, Lama) stehen. Die östliche Religiosität hat eine „initiatische" (Graf Dürckheim) Struktur. Die Rolle des Meisters liegt nicht nur darin, daß er, häufig durch Mitteilung eines Mantra, initiiert und Anleitung gibt. Als Fortgeschrittener oder bereits ans Ziel Gelangter repräsentiert er auch das, was aus dem Jünger werden kann. Die autoritäre Struktur des Meister-Jünger-Verhältnisses und vieler Gurubewegungen hat in der egalitär eingestellten westlichen Gesellschaft die stärkste Kritik hervorgerufen. Zugleich ist jedoch das Verlangen junger Menschen nach religiöser Führung und Autorität deutlich geworden.

c) Die Suche nach dem wahren *Selbst* (Atman, Purusha) erfordert den Abbau falscher Identifizierungen mit der eigenen empirischen Person, ihrem Fühlen, Denken usw. Der meditative Weg nach innen führt zur Realisierung des göttlichen Personkerns oder – im Mahayana-Buddhismus – der Buddha-Natur. Östliche Religiosität ist darum mystisch geprägt und nicht auf die Vorstellung eines persönlichen Gottes angewiesen, auch wenn diese in vielen östlichen Traditionen nicht fehlt. Das mystische Element kommt der westlichen Tendenz zum religiösen Individualismus entgegen. Freilich werden östliche Meditationswege häufig zum Mittel psychologisch verstandener Selbsterfahrung und Therapie umfunktioniert, verstärken narzißtische bzw. den Einzelnen von seiner Umwelt isolierende Tendenzen und verfehlen dann echte religiöse Erfahrung. Auch ein dominierendes Interesse an der Entwicklung paranormaler Kräfte und der eigenen Meisterschaft gefährden die religiöse Zielsetzung. Die Faszination dieser Thematik im Westen hängt mit der Suche des modernen Menschen nach dem „nackten Ich jenseits der Institutionen und Rollen" (P. L. Berger) zusammen.

d) In der östlichen Religiosität spiegelt sich die Hochschätzung der *mönchischen Entsagung* in den Religionen des Ostens wider, freilich auch die Tatsache, daß sie die materielle Welt nicht als gute Schöpfung Gottes betrachten. Die Mönchsgelübde einer hinduistischen oder buddhistischen Tradition werden im Westen nur selten abgelegt. Auch sonst ist der Einfluß westlicher Permissivität spürbar. Das Interesse an tantrischen Traditionen, die Ablehnung gesellschaftlicher Normen proklamieren und die Sexualität in den Erlösungsprozeß einbeziehen, ist im Westen unverhältnismäßig hoch. Die mönchische Freiheit von weltlichen Bindungen ist jedoch ein weithin anerkanntes Ideal der östlichen Religiosität.

e) Konditionierungen und Grenzen der eigenen Person werden im Sinne der Lehre von *Karma und Reinkarnation* gedeutet, die häufig mit Meditationswegen verbunden ist. Das Durchschauen und Aufarbeiten karmischer Bedingtheiten spielt bei der Erklärung und Bewältigung des eigenen Lebensschicksals eine zentrale Rolle. Diese konkurriert mit der christlichen Vorstellung von der göttlichen Vorsehung und Führung und ersetzt sie nicht selten durch die Idee, daß der Mensch immer nur mit den Folgen seines eigenen Tuns konfrontiert ist. In modernen, westlich beeinflußten Vorstellungen wird die Reinkarnation optimistisch als Chance zur individuellen Selbstvervollkommnung und Teilnahme an der Evolution der Menschheit und des Kosmos verstanden, die Meditation wiederum als Förderung der Evolution.

f) Die wesenhafte *Einheit aller Dinge,* auch die der Religionen sowie diejenige von Religion und Wissenschaft sind ein wichtiges Thema östlicher Religiosität. Diese „ganzheitliche" Sicht der Wirklichkeit, besonders kosmologische Vorstellungen über Komplementarität und Wechselwirkung zwischen dem weiblichen und männlichen Prinzip (taoistisch: Yin und Yang) haben das Interesse holistisch orientierter Naturwissenschaftler gefunden (F. Capra: Das Tao der Physik). Östliche Meditation zielt häufig auf die intuitive Realisierung der Einheit in oder hinter allen Dingen und auf Verschmelzungserfahrungen, die die Trennung zwischen Subjekt und Objekt aufheben. Die monistische Tendenz östlicher Religiosität gestaltet deren Verhältnis zum christlichen Gottesglauben schwierig. Das Bekenntnis zur Einheit aller Religionen ist der Toleranz, aber auch der inklusivistischen Vereinnahmung und assimilierenden Umdeutung des Christentums förderlich.

4. Die Kirche angesichts der östlichen Religiosität

Das Problem besteht darin, daß sich die Kirche zu einer Zeit, als sie sich zunehmend auf den Prozeß der Säkularisierung eingelassen hatte, mit einem Aufbrechen von Religiosität und Spiritualität konfrontiert sah, die freilich aus fremden religiösen Traditionen gespeist waren. Religiosität und Säkularität sind offenbar komplementäre Phänomene. Die moderne Gesellschaft bringt die Sehnsucht nach Ganzheit, mystischer Vereinigung mit einer tieferen Wirklichkeit und nach Gemeinschaft selbst hervor (P. L. Berger). Dieses Feld darf die Kirche nicht anderen überlassen. Sie muß zeitgemäße Formen christlicher Meditation, Kontemplation und Gemeinschaftsbildung aus ihrem eigenen Erbe erschließen. Sie kann freilich nicht alle angesprochenen

Bedürfnisse, z. B. das nach magischer Macht und Weltbeherrschung, selbst befriedigen wollen, sondern muß kritisch mit ihnen umgehen.

Die hier praktizierte östliche Religiosität ist trotz vieler Anpassungen und Entstellungen durch westliche Bedürfnisse eine Weise, wie religiöse Traditionen des Ostens dem Christentum begegnen. Das erfordert eine kreative Auseinandersetzung, d. h. einerseits die Bereitschaft, von dem zu lernen, was an anderen Religionen „wahr und heilig" ist (Vaticanum II), andererseits die Fähigkeit, „die Geister zu unterscheiden" und Abgrenzungen vorzunehmen. Östliche Religiosität kann im Westen kulturell und/oder religiös entfremdend wirken. Die Gründe dafür, daß sich bei der Übernahme östlicher Vorstellungen und Meditationswege oft deren ursprüngliche hinduistische bzw. buddhistische Dynamik durchsetzt, liegen nicht nur in dieser selbst, sondern auch in mangelnder christlicher Erfahrung und Unterscheidungsfähigkeit. Die östliche Religiosität stellt für die Kirche also eine vielfältige Herausforderung dar.

Literatur:
H. Cox, Licht aus Asien, Stuttgart – Berlin 1978; *J. A. Cuttat,* Asiatische Gottheit – Christlicher Gott, Einsiedeln 1967; *B. Griffiths,* Die Hochzeit von Ost und West, Salzburg 1983; *R. Hummel,* Indische Mission und neue Frömmigkeit im Westen, Stuttgart 1980; *F. Melzer,* Indien greift nach uns, Stuttgart 1962; *M. Mildenberger,* Die religiöse Revolte, Frankfurt 1979; *L. Schreiner/M. Mildenberger* (Hrsg.), Christus und die Gurus, Stuttgart 1980; *D. T. Suzuki,* Der westliche Weg und der östliche Weg, Frankfurt 1974; *H. Waldenfels,* Meditation – Ost und West, Einsiedeln 1975; *R. C. Zaehner,* Mystik – Harmonie und Dissonanz, Olten – Freiburg/ Br. 1980.

Reinhart Hummel

Papsttum

↗ Kirche; Lehramt; Ökumene; Politik und Kirche; Vatikanum II

1. Die Vielgestaltigkeit des Papstamtes

Im Papsttum vereinigen sich verschiedene Ämter. Offiziell führt der Papst die Titel Bischof von Rom, Stellvertreter Jesu Christi, Nachfolger des Apostelfürsten, Oberster Bischof der Gesamtkirche, Erzbischof und Metropolit der Römischen Kirchenprovinz, Primas von Italien, Patriarch des Abendlandes, Souverän des Staates der Vatikanstadt. Diese Ämter haben im Laufe der Geschichte der Kirche sehr verschiedene Gewichtung erfahren. Historischer Ausgangspunkt ist das Amt des Bischofs von Rom. Nach katholischer Lehre verbindet sich damit das Amt als Papst der universalen Kirche, während sich

die anderen Aufgaben (Primas von Italien, Patriarch des Abendlandes usw.) eher zufällig an dieses Amt angegliedert haben.
Daneben führt der Papst auch den Titel Souverän des Staates der Vatikanstadt. Er drückt seine Rechtsstellung als Staatsoberhaupt aus und stellt einen Rest seiner früheren Funktion als Oberhaupt des Kirchenstaates dar. Durch die Lateranverträge (1929) wurde völkerrechtlich seine Stellung als Staatsoberhaupt formell anerkannt. Auf diesem Weg ist dem päpstlichen Amt erhebliches Gewicht zugewachsen, gerade weil es sich nicht mehr wie in früheren Jahrhunderten auf weltliche Macht stützen kann und selbst wenn es heute kaum noch als Schiedsrichter in internationalen Angelegenheiten aufzutreten vermag.
Im religiösen Bereich verbinden sich im Papsttum die Funktionen des Bischofs von Rom und des obersten Hirten der Gesamtkirche. Durch die geschichtliche Entwicklung ist die universalkirchliche Aufgabe mehr und mehr in den Vordergrund getreten. Die Wahl des Nicht-Italieners Wojtyla (Papst Johannes Paul II.) sowie dessen zahlreiche Pastoralreisen haben in unserer Zeit diese Tendenz in erheblichem Maße verstärkt.
Durch diese Wirksamkeit des Papstes hat die katholische Kirche weltweit eine erhebliche Präsenz im öffentlichen Interesse gewonnen. Im Gespräch zwischen den Kirchen wird die Frage nach dem Papsttum dagegen zumeist als belastend empfunden. Während in vielen anderen Fragen, die zwischen den Kirchen kontrovers waren, weitgehende Konvergenzen formuliert werden konnten, dient die Frage nach dem Papsttum nach wie vor der Abgrenzung zwischen den Kirchen und der Aufrichtung der jeweiligen konfessionellen Identität.

2. Biblische Begründung und geschichtliche Fortführung

Es ist heute nicht mehr umstritten, daß der historische Petrus eine Sprecherfunktion ausgeübt hat. Er ist der einzige aus dem Apostelkreis, der in einer gewissen Individualität greifbar wird. In den Apostellisten wird er stets als der erste, verschiedentlich auch ausdrücklich „erster" genannt. Zufolge der Apostelgeschichte ergreift er nach Pfingsten in entscheidender Weise das Wort, er stellt durch die Taufe des Kornelius die Weichen für die Aufnahme von Heiden in die Kirche. In der Gemeinde von Jerusalem ist er jedenfalls anfangs die zentrale Gestalt. An Petrus macht das Neue Testament exemplarisch den Jünger und Apostel in seiner Aufgabe, seinem Bekenntnis, aber auch in seinem Scheitern deutlich. Insofern nimmt er als Person, als Typus, anfanghaft auch schon als Träger des sich entwickelnden kirchlichen Amtes eine Sonderstellung ein. Dies wird unterstrichen durch die Änderung seines Namens von „Simon" in „Kephas" und die Übersetzung dieses Namens in „Petrus" (= Felsen, Stein). Die wichtigste Primatstelle im Neuen Testament ist Mt 16,17-19: „Du bist Petrus, und auf diesen Felsen werde ich meine Kirche bauen... Ich werde dir die Schlüssel des Himmelreichs geben."

Nach wie vor kontrovers ist das Problem der Nachfolge des Petrus. Wenn man in Mt 16,18 eine Grundsteinlegung für den Bau der Kirche sieht, schließt dieses Bild eine Wiederholung aus. Ein Grundstein wird nur einmal gelegt. Katholischerseits erkennt man hier zumeist eine Fundamentfunktion. Und ein Fundament muß bleiben. Weil die Person des Petrus vergeht, begründet diese Stelle eine Nachfolge. Es geht nicht um eine individuelle Auszeichnung, sondern um eine Dauerfunktion, ein Amt, das auf Nachfolger übergehen muß.

Die römischen Bischöfe haben ihre Vollmacht zunächst nicht mit Mt 16,18 legitimiert. Auch die Autorität der Hauptstadt des Römischen Reiches stand zunächst nicht im Zentrum. Sie hatten nicht als Bischöfe der Hauptstadt automatisch eine Vorherrschaft inne. Vielmehr wurde diese Sonderstellung begründet mit der Tatsache, daß die Apostel Petrus (und Paulus) in Rom gepredigt, das Martyrium erlitten und ihre Gräber gefunden hatten. Die Legitimierung einer Vorrangstellung durch Mt 16,18 und damit die Begründung des Primats durch die Einsetzung durch Jesus selbst setzten sich nur langsam durch. Erste Hinweise finden wir im 3. Jahrhundert, doch noch im 4. Jahrhundert, als das Christentum Staatsreligion geworden war, wurde diese Begründung keineswegs allgemein akzeptiert. Voll durchgesetzt hat sie sich auch in Rom bei Papst Leo I. (440–461). Bei ihm verband sich der päpstliche Anspruch mit einer überragenden Persönlichkeit.

In der folgenden Geschichte der Kirche nahm faktisch die Bedeutung der römischen Bischöfe mehr und mehr zu, wobei herausragende Amtsinhaber wie Papst Gregor I. (590–604) und die Organisation der Kirche im Sinne der Cluniazenser Reform unter Papst Gregor VII. (1073–1085) entscheidende Weichenstellungen bedeuteten. In der großen Kirchenspaltung (1054) und in der Reformation im 16. Jahrhundert spielte die Anerkennung des Papstes eine entscheidende Rolle. In der mittelalterlichen Kirche wurde die Rechtsstellung des Papstes in den Auseinandersetzungen um den Konziliarismus, in der Neuzeit vornehmlich in den Kontroversen um den Gallikanismus erörtert. Im Laufe des 19. Jahrhunderts setzte sich in der katholischen Kirche ein zunehmender Papalismus durch. Dieser war Teil der Antwort auf die Herausforderungen durch die neuzeitlichen Reformbewegungen. Höhepunkt dieser Entwicklung war das Erste Vatikanische Konzil (1869/70).

3. Die Papstdogmen des Ersten Vatikanums

a) *Der Universalprimat:* Das Konzil geht davon aus, daß der historische Jesus Petrus den Primat verlieh, der auf die römischen Bischöfe als die Nachfolger des hl. Petrus überging. Der Papst ist darum „Haupt der gesamten Kirche und Vater und Lehrer aller Christen". Er hat „die volle Gewalt, die ganze Kirche zu weiden, zu regieren und zu verwalten". Er „besitzt den Vorrang der ordentlichen Gewalt über alle anderen Kirchen". Darum ist es unmöglich, gegen Entscheide des Papstes an eine andere Instanz, etwa das Konzil, zu ap-

pellieren. Das Konzil steht nicht über dem Papst. Dessen Rechtsvollmacht erstreckt sich nicht allein auf Fragen des Glaubens und der Sitten, sondern auf alles, was zur Leitung und Regierung der Kirche notwendig ist.
Die Formulierungen hinsichtlich des Primats sind äußerst weitgehend. Zwar hat man die Vorstellung zurückgewiesen, die römische Kirche sei damit zu einer absoluten Monarchie geworden „mehr als jede Staatsform in der Welt", dennoch hat diese Konzeption faktisch durchaus weitergewirkt.

b) *Die Unfehlbarkeit:* Im Gegensatz zur Primatsdefinition ist die Unfehlbarkeit eng umschrieben. Es wurde nicht, wie von manchen Kreisen im Ersten Vatikanum gewünscht, einfachhin die Unfehlbarkeit des Papstes dogmatisiert. Der Text lautet: „Wenn der römische Bischof in höchster Lehrgewalt (ex cathedra) spricht, das heißt, wenn er seines Amts als Hirt und Lehrer aller Christen waltend in höchster, apostolischer Amtsgewalt endgültig entscheidet, eine Lehre über Glauben oder Sitten sei von der ganzen Kirche festzuhalten, so besitzt er aufgrund des göttlichen Beistandes, der ihm im heiligen Petrus verheißen ist, jene Unfehlbarkeit, mit der der göttliche Erlöser seine Kirche bei endgültigen Entscheidungen in Glaubens- und Sittenlehren ausgerüstet haben wollte. Diese endgültigen Entscheidungen des römischen Bischofs sind daher aus sich und nicht aufgrund der Zustimmung der Kirche unabänderlich."
In dieser Definition ist festzuhalten: Unfehlbarkeit kann sich allein auf Fragen von Glauben und Sitten beziehen. Alle anderen Bereiche sind davon grundsätzlich ausgeschlossen. Unfehlbar sind allein Äußerungen, die völlig zweifelsfrei dartun, daß sie letztverbindlich sein wollen, nicht aber päpstliche Enzykliken oder gar Erlasse der Kurienämter. Unfehlbarkeit meint nicht Inspiration oder den Empfang neuer Offenbarungen, sondern Treue in der Bewahrung der ein für allemal geoffenbarten Wahrheit. Sie besagt ferner nicht, eine bestimmte Lehre sei in bestmöglicher, unüberbietbarer Weise formuliert. Auch unfehlbare Äußerungen sind geschichtlich bedingt, begrenzt und interpretationsbedürftig.
Träger der Unfehlbarkeit ist nach dieser Definition zunächst die Kirche als Ganzes. Sie kann in ihrem Glauben nicht letztlich in die Irre gehen. Der Papst ist unter bestimmten Voraussetzungen unfehlbar, wenn er den Glauben der Kirche zum Ausdruck bringt. Der abschließende Satz der Definition, demzufolge Lehrentscheidungen des Papstes „aus sich und nicht aufgrund der Zustimmung der Kirche unabänderlich" sind, richtet sich ausschließlich gegen den sog. Gallikanismus, der die Gültigkeit päpstlicher Entscheidungen von der nachträglichen Ratifizierung durch die Bischöfe abhängig machen wollte. Nur diese ist abgelehnt. Wohl aber ist vorausgesetzt, daß sich der Papst des Glaubens und der Zustimmung der Kirche versichert.

4. Die Aussagen des Zweiten Vatikanums

Das Zweite Vatikanum hat sich bemüht, an entscheidenden Stellen bis in den Wortlaut hinein die Texte des Ersten Vatikanums (und des Tridentinums) zu übernehmen. Insofern finden sich die zentralen Aussagen zum Papsttum auch im Zweiten Vatikanum, verschiedentlich haben sie sogar eine weitere Zuspitzung gefunden, vor allem in der sog. „nota praevia" zur Kirchenkonstitution. Andererseits wurde die Isolierung des Papsttums überwunden, dieses in den Rahmen der Kirche als Ganzem, d. h. des Volkes Gottes und des Bischofskollegiums, eingebettet. Daß das Zweite Vatikanum überhaupt abgehalten wurde, nachdem das Erste Vatikanum (scheinbar) alle Macht auf den Papst konzentriert hatte, und daß auf diesem Konzil um die Wahrheit gerungen wurde, zeigt, daß das Papsttum nicht im Sinne einer einseitig papalistischen Interpretation im Anschluß an das Erste Vatikanum verstanden werden darf. So wurde auch die Unfehlbarkeit nicht nur dem Papst, sondern auch der Gesamtheit aller Gläubigen und dem Kollegium der Bischöfe in Gemeinschaft mit dem Papst zugesprochen (Lumen gentium 12; 25).

Die nachkonziliare Theologie und die Bemühungen um synodale Strukturen in der Kirche versuchen, diesen Ansätzen des Zweiten Vatikanums gerecht zu werden.

5. Das Papsttum in der ökumenischen Diskussion

Bis in die jüngste Vergangenheit war das Nein gegenüber dem Papsttum für die nichtkatholischen Kirchen selbstverständlich. Inzwischen hat sich hier eine Auflockerung ergeben, weil auch die nichtrömische Christenheit einem Amt universalkirchlicher Einheit, wie man den Primat derzeit innerkatholisch versteht, positiver gegenübersteht. Vor allem im Gespräch mit der anglikanischen Gemeinschaft sind hier weitreichende Übereinstimmungen erzielt worden. Inwieweit derartige Überlegungen sich durchsetzen werden, entscheidet sich nicht zuletzt daran, wie dieses Amt sich konkret und in der Praxis darstellt: ob es vorwiegend mit Kategorien von Recht und Vollmacht auftritt oder als Dienst an der Einheit glaubhaft zu werden vermag. Nach der Definition des Ersten Vatikanums ist es Aufgabe dieses Amtes, als Hirt und Lehrer *aller* Christen zu fungieren. Es ist also für alle Christen und nicht nur für eine Konfession da. An diesem Anspruch muß sich die Amtsführung immer wieder messen lassen.

Literatur:
Arbeitsgemeinschaft ökumenischer Universitätsinstitute, Papsttum als ökumenische Frage (München – Mainz 1979); *V. v. Aristi, u. a.,* Das Papsttum. Dienst oder Hindernis für die Ökumene? (Regensburg 1985); *R. E. Brown u. a.* (Hrsg.), Der Petrus der Bibel. Eine ökumenische Untersuchung (Stuttgart 1976); *H. Fries,* Fundamentaltheologie (Graz – Wien – Köln 1985); *M. Hardt,* Papsttum und Ökumene. Ansätze eines Neuverständnisses für einen Papstprimat in der protestanti-

schen Theologie des 20. Jahrhunderts (Paderborn u.a. 1981); *H. Küng*, Unfehlbar? (Zürich – Einsiedeln – Köln ³1971); *K. Lehmann* (Hrsg.), Das Petrusamt. Geschichtliche Stationen seines Verständnisses und gegenwärtige Positionen (München – Zürich 1982); *H. J. Pottmeyer*, Unfehlbarkeit und Souveränität. Die päpstliche Unfehlbarkeit im System der ultramontanen Ekklesiologie des 19. Jahrhunderts (Mainz 1975); *K. Rahner*, Zum Problem Unfehlbarkeit. Antworten auf die Anfrage von Hans Küng (Freiburg – Basel – Wien ²1972); *G. Schwaiger*, Päpstlicher Primat und Autorität der Allgemeinen Konzilien im Spiegel der Geschichte (München – Paderborn – Wien 1977).

Peter Neuner

Pazifismus

↗ Bergpredigt und Politik; Friedensethik; Gewalt; Gewissen; Politik und Kirche; Wertewandel

1. Entstehung des modernen Pazifismus

Gemeinsames Kennzeichen aller Spielarten des Pazifismus ist es, daß der zwischenstaatliche Friede als besonders hohes Gut betrachtet und infolgedessen verlangt wird, internationale Konflikte sollten nur mit gewaltlosen Mitteln ausgetragen werden.

Erst 1901 durch den Franzosen Émile Arnaud geprägt, diente der Begriff zunächst als Bezeichnung für die zeitgenössischen *Friedensorganisationen und deren Bestrebungen*. Im 19. Jahrhundert waren zahlreiche Friedensgesellschaften entstanden (z. B. „American Peace Society", New York 1828; „Peace Society", London 1816; „Deutsche Friedensgesellschaft", Berlin 1892), in die vor allem bürgerlich-liberale, aber auch – besonders im angelsächsischen Raum – religiöse Motive oder Freihandelsinteressen Eingang fanden. Die aufklärerische Idee eines „Ewigen Friedens" hatte ihre gesellschaftliche Verankerung in einer Friedensbewegung gefunden. Diese war überzeugt, daß der Krieg durch konsequentes Bemühen der Menschen abgeschafft werden könne. Konkret setzte der Pazifismus den nationalistischen und imperialistischen Tendenzen jener Zeit ein vorrangiges Interesse am Völkerfrieden entgegen. Als Forum dienten ihm z. B. die internationalen „Friedenskongresse" (seit 1843); seit 1889 wurden fast jährlich ein „Weltfriedenskongreß" und eine „Interparlamentarische Konferenz" abgehalten. Dabei kam allerdings eine Zusammenarbeit zwischen pazifistischem und sozialistischem Internationalismus nicht zustande.

Als *Mittel zum Völkerfrieden* propagierte der Pazifismus vor allem die Gründung eines Staatenbundes, die Bildung von Schiedsgerichten und die militärische Abrüstung – ohne dabei unbedingt einen einseitigen Rüstungsabbau zu fordern oder das Recht auf nationale Verteidigung zu bestreiten. In

Deutschland, wo Bertha von Suttners Antikriegs-Roman „Die Waffen nieder!" (1889) dem Pazifismus eine große Publizität verschaffte, zeigte sich die Bewegung anfangs im Gewand eines eher unpolitischen Verständigungsoptimismus. Erst seit der Jahrhundertwende erlebte sie einen Politisierungsprozeß (Hermann Fried, Ludwig Quidde). Bis zu seiner Zerschlagung durch den Nationalsozialismus standen sich dann im (entschieden für die Demokratie streitenden!) deutschen Pazifismus der Weimarer Zeit immer deutlicher zwei Lager gegenüber. Der *gemäßigte Pazifismus* konzentrierte sein Interesse auf die Umgestaltung des Völkerbundes, der zwar eine pazifistische Hauptforderung ihrer Verwirklichung nähergebracht hatte, aufs Ganze gesehen aber von den Pazifisten als unzureichend abgelehnt wurde. Demgegenüber stand für den *radikalen Pazifismus* die Gewaltproblematik im Vordergrund: Pazifismus wurde mehr und mehr zu einer (oft auch sozialistisch inspirierten) prinzipiellen Kriegsgegnerschaft, der durch Taten der Verweigerung (Kriegsdienst-, Arbeitsverweigerung, Generalstreik) Ausdruck verliehen werden sollte. Zur Begründung hieß es u.a., daß ein „gerechter Krieg" inzwischen unmöglich geworden sei und – ganz generell – der „Heiligkeit des Lebens" durch Gewaltverzicht Rechnung getragen werden müsse. Gewaltlosigkeit wurde hier zum allgemeinen sozialethischen Postulat.

2. *Nuklearpazifismus und radikaler Pazifismus*

Der Blick auf die Geschichte erschließt gleichzeitig ein Verständnis des *gegenwärtigen Pazifismus,* für den die Auseinandersetzung mit dem Militärischen deutlich im Vordergrund steht. Dabei ist zunächst einmal an den *Nuklearpazifismus* zu denken, der sich seit dem Ende des Zweiten Weltkriegs herausgebildet hat. Seine zentrale These ist, daß jeder militärische Einsatz von Kernwaffen sittlich verboten sei. Zur Begründung wird häufig angeführt, eine atomare Auseinandersetzung werde mit Notwendigkeit in ein allgemeines Inferno eskalieren und könne deshalb auf keinen Fall gerechtfertigt werden. In der Sprache der Ethik ausgedrückt, lautet das Argument, ein Atomkrieg werde zwangsläufig gegen die Grundsätze des Schutzes der Zivilbevölkerung und/oder der Verhältnismäßigkeit des Schadens verstoßen und sei deshalb zu verwerfen. Bisweilen geht der Nuklearpazifismus noch einen Schritt weiter und weist auch den politischen Gebrauch von Kernwaffen im Rahmen der nuklearen Abschreckung als falsch zurück. Um so nachdrücklicher lebt dann natürlich die traditionelle Forderung nach Abrüstung auf. Eine zusätzliche Stütze erhält sie durch die alte pazifistische Überzeugung, daß bereits die Existenz militärischer Rüstungen eine erhebliche Gefährdung des Friedens darstelle.

Anders als der Nuklearpazifismus spricht der auch heute noch anzutreffende *radikale Pazifismus* jeder Rüstung und militärischen Gewaltanwendung (und folgerichtig auch dem Wehrdienst) ihre Berechtigung ab (falls er nicht doch zugunsten irgendeiner „gerechten Sache", etwa eines Befreiungskampfes, eine Ausnahme zu machen bereit ist). In Treue zur eigenen Tradition (schon in der Zwischenkriegszeit ließ sich der deutsche Pazifismus von Gandhi inspirieren!) bemüht sich der radikale Pazifismus oft um Konzeptionen gewaltloser Konfliktlösung und stellt dadurch unter Beweis, daß er an nationaler Verteidigung keineswegs uninteressiert ist. Dabei ist bisweilen von „sozialer Verteidigung" die Rede; sie zielt auf die Verteidigung primär nicht des Staatsterritoriums, sondern der freiheitlichen, kulturellen und ökonomischen Gegebenheiten ab.

Bei der Begründung des radikalen Pazifismus vermischen sich die Überzeugung, daß militärische Gewaltanwendung immer kontraproduktiv sei, und der Wunsch, das heute in vielfacher Hinsicht als bedroht empfundene Leben wirksam zu schützen. So kann es nicht verwundern, daß zwischen dem Pazifismus und Dritte-Welt- oder Ökologiegruppen oft eine intensive Verbindung besteht.

3. Pazifismus und Christentum

Was das *Christentum* anbelangt, so läßt gerade das Eintreten für das (menschliche) Leben eine Affinität zwischen christlicher Lebensführung und Pazifismus vermuten. Im Neuen Testament bringen nicht zuletzt die Weisungen zu Gewaltverzicht (z. B. Mt 5,38-42 par., Mt 26,50-53 par.) und Feindesliebe (z. B. Mt 5,43-47 par.) eine Ethik der (theologisch begründeten) Lebensbejahung zur Sprache, die sowohl den einzelnen als auch das staatliche Leben betrifft. Tatsächlich gibt es im Christentum eine respektable – teils biblisch, teils dogmatisch argumentierende – Tradition, dieser Ethik durch einen radikalen Pazifismus zu entsprechen. Dafür liefert schon die junge Kirche gewisse Belege (Tertullian, Origenes). Vor allem aber sind einige religiöse Bewegungen (z. B. die Waldenser oder das Täufertum) sowie bestimmte Freikirchen (die sog. „historischen Friedenskirchen") wie die (aus dem Täufertum hervorgegangenen) Mennoniten, die „Kirche der Brüder" („Church of the Brethren"/„Dunker") und die Quäker ein deutlicher Beweis. Bekanntlich gründete der Quäker William Penn im Jahr 1681 Pennsylvanien als einen Staat, in dem es kein Militär gab; etwa 70 Jahre lang konnte sich dieses „heilige Experiment" behaupten, dann verlor es im Parlament die Mehrheit.

Für die *Gegenwart* ist festzustellen, daß die Bestrebungen des *gemäßigten Pazifismus* seit Leo XIII. die klare Unterstützung der Päpste erhalten haben. Zu Beginn des Jahrhunderts griff Benedikt XV. zentrale pazifistische Anliegen wie die Stärkung der Völkerrechts, die allgemeine Abrüstung, die Einsetzung von Schiedsgerichten und die Gründung eines Völkerbundes auf (vgl. etwa seine „Mahnung an die Oberhäupter der kriegführenden Völker" vom 1. 8. 1917). Verwandte Forderungen sind seither von den Päpsten, aber auch vom Zweiten Vatikanum (vgl. Gaudium et spes, Art. 77 ff.) immer wieder erhoben worden. Auch bildete sich nach dem Ersten Weltkrieg in vielen Ländern eine katholische Friedensbewegung. Für Deutschland ist dabei an den „Friedensbund Deutscher Katholiken" und gegenwärtig an die deutsche Sektion von

„Pax Christi" zu denken. Ähnliche Entwicklungen finden sich auch in den protestantischen Kirchen. Frühe überkonfessionelle Zusammenschlüsse waren der „Weltbund für Freundschaftsarbeit der Kirchen" (1914) und der „Versöhnungsbund" („Fellowship of Reconciliation", 1914).
Was den *Nuklearpazifismus* anbelangt, so hat sich in den amtlichen katholischen Stellungnahmen (Päpste, Konzil, Bischofskonferenzen) – anders als im Ökumenischen Rat der Kirchen (vgl. „Erklärung zu Frieden und Gerechtigkeit", Vancouver 1983), aber wohl auch der Evangelischen Kirche in Deutschland (vgl. Denkschrift „Frieden wahren, fördern und erneuern", 1981) – die ausdrückliche Verwerfung jedes militärischen Gebrauchs von Kernwaffen nicht eindeutig durchgesetzt, obschon natürlich viele Katholiken und kirchliche Gruppierungen für sie eintreten. Das Urteil über den politischen Gebrauch von Atomwaffen ist allgemein sehr uneinheitlich.
Der *radikale Pazifismus* wird heutzutage im Christentum im allgemeinen als u. U. *auch* berechtigte – oder zumindest schützenswerte – Option anerkannt. Es gibt die These, die Bereithaltung von (Kern-)Waffen und der Waffenverzicht ständen in einem Verhältnis der Komplementarität (vgl. die sog. „Heidelberger Thesen"). Man kann dies so verstehen, daß der radikalpazifistische Gewaltverzicht als Antizipation einer vom Menschen anzustrebenden und von Gott für die Zukunft verbürgten Form sozialen Lebens eine bleibend notwendige, eschatologische Infragestellung allen Rückgriffs auf Gewalt ist – mag dieser auch im Einzelfall ethisch berechtigt sein.

4. Wie weit trägt der Pazifismus?

Die *Kritiker des Pazifismus* stoßen sich vor allem an dessen Stellung zur Militärgewalt. Nach ihrer Auffassung eignet sich beispielsweise die Abrüstung keineswegs in dem Umfang als Sicherheitsstrategie, in dem der Pazifismus für sie votiert. Außerdem übersieht er nach ihrer Auffassung die sozialethisch positiven Folgen der Androhung (oder gar Anwendung) militärischer Gewalt – insbesondere deren Beitrag zur Freiheitssicherung. Der Pazifismus wolle den Frieden um jeden Preis, er proklamiere eine Ethik des bloßen Überlebens.
Dieser Kritik kann der Pazifismus zumindest teilweise dadurch begegnen, daß er an seinem traditionellen Werben für *politische* Wege der internationalen Konfliktregelung (z. B. Rechtsabkommen, Entspannungspolitik, Unterstützung der internationalen Gremien) genauso wie an seiner Entschiedenheit für Menschenrechte, Freiheitlichkeit und Demokratie festhält und die in der Vergangenheit gerade von christlich gesinnten Pazifisten oft unter Beweis gestellte Bereitschaft zu konkreten Hilfeleistungen nicht vergißt.
Gegen den radikalen Pazifismus wird natürlich häufig eingewandt, er stehe dort, wo er ein sozialethisches Gesamtkonzept sein wolle, im Widerspruch zur Wahrnehmung politischer Verantwortung, die eben ohne Zwangsgewalt nicht auskomme. Dieser Einwand kann sich auf die Beobachtung stützen,

daß bisher praktisch nur solche Kreise die radikale Gewaltlosigkeit als allgemeine Verhaltensweise befürworteten, die weiter keine Verantwortung für das Gemeinwesen hatten (und sie oft genug prinzipiell ablehnten). Es wird den Pazifismus vor einer Überforderung seiner selbst bewahren, wenn er nicht mehr und nicht weniger sein will als die kritisch auf alle gegenwärtige Gewalt bezogene Repräsentation einer gewaltfreien (und nach christlichem Glauben von Gott in Christus zugesagten) Zukunft. Auf jeden Fall sollte er niemals die Hoffnung nähren, mit seiner Hilfe könne innergeschichtlich ein „Ewiger Friede" geschaffen werden.

Literatur:
P. Brock, Pacifism in the United States (Princeton 1968); *ders.,* Twentieth-Century Pacifism (New York 1970); *B. Höfling,* Katholische Friedensbewegung zwischen zwei Weltkriegen. Der „Friedensbund Deutscher Katholiken" 1917–1933 (Waldkirch 1979); *K. Holl,* Pazifismus, in: O. Brunner u. a. (Hrsg.), Geschichtliche Grundbegriffe, Bd. 4 (Stuttgart 1978) 767–787; *H. Mader* (Hrsg.), Quellen zum Friedensverständnis der katholischen Kirche seit Pius IX. (Wien 1985); *F. K. Scheer,* Die Deutsche Friedensgesellschaft (1892–1933). Organisation, Ideologie, politische Ziele (Frankfurt a. M. 1981).

Hans Langendörfer

Pluralismus, kirchlicher

↗ Katholizismus; Kirche; Kirchlichkeit; Lehramt; Neue geistliche Bewegungen; Ökumene; Politik und Kirche; Protestantismus; Vatikanum II; Wertewandel

1. Konzept und Struktur

Seit das Zweite Vatikanische Konzil durch die Anerkennung der Gewissensfreiheit und die sog. Autonomie der gesellschaftlich ausdifferenzierten Sachbereiche wesentliche Prämissen des säkularen Pluralismus anerkannt hat, ist auch die Frage nach einem innerkirchlichen Pluralismus fragbar geworden. Die Forderung danach richtet sich dabei mehr oder weniger explizit gegen das monokratische, einseitig hierarchische, zentralistische Kirchenverständnis. Umgekehrt wird von den Vertretern eben dieses Kirchenverständnisses dem kirchlichen Pluralismus eine Relativierung und damit Außerkraftsetzung aller kirchlichen Wahrheitsansprüche unterstellt und der Pluralismus als eine die Einheit der Kirche in Frage stellende Tendenz bekämpft.
Bei genauerem Zusehen ist der Sprachgebrauch von Pluralismus sehr vielfältig, und daraus ergeben sich auch unterschiedliche Auffassungen dessen, was unter kirchlichem Pluralismus verstanden werden kann.
Die *Philosophie* bezeichnet als pluralistisch Denksysteme, die die Welt auf der Basis einer Vielzahl koexistierender Prinzipien zu erklären versuchen und

demzufolge die Zurückführung der Welterklärung auf ein (Monismus) oder zwei (Dualismus) Letztprinzipien ablehnen. Analogerweise kann von einem Wertpluralismus dort gesprochen werden, wo die Auffassung vertreten wird, daß sich soziale Werte nicht in eine hierarchische Ordnung bringen ließen, sondern mehr oder weniger gleichberechtigt und gegebenenfalls konkurrierend gelten.

Soziale Grundlage des heute überwiegend akzeptierten Wertpluralismus ist die Ausdifferenzierung und institutionelle Verselbständigung bestimmter gesellschaftlicher Funktionsbereiche (Marktwirtschaft, Staat, Wissenschaft, Kunst, Kirche, Familie, Bildungs- und Gesundheitswesen). In jedem dieser institutionellen Bereiche dominieren unterschiedliche Wertorientierungen und gelten zum Teil andersartige Normen und insbesondere Normbegründungen. Hierdurch geraten moralische Ansprüche, die mit dem Anspruch auf Allgemeingültigkeit vorgetragen werden, unter einen kaum einlösbaren Begründungszwang, was in den Dokumenten des Zweiten Vatikanischen Konzils zu einer Abkehr von naturrechtlichen Argumentationen und zu einer differenzierten, die Autonomie der Sachbereiche und die Unterschiedlichkeit der in ihnen herrschenden Verhältnisse respektierenden Formulierung des kirchlichen und christlichen Weltauftrags geführt hat. Dennoch bleibt eine Spannung bestehen zwischen den Erfahrungen einer letztlich unentscheidbaren *Normenpluralität* und gelegentlichen Normenkonkurrenz im gesellschaftlichen Bereich und einem religiösen Wahrheitsanspruch, der sich um seiner eigenen Glaubwürdigkeit willen einer solchen Relativierung widersetzen muß.

Maßgeblich für die gegenwärtig vorherrschende Auffassung von Pluralismus ist die *politikwissenschaftliche* Diskussion geworden: Der Gegenbegriff zu Pluralismus heißt hier Totalitarismus, und hierunter werden von einer einzigen Partei beherrschte politische Systeme verstanden, die einen totalen Deutungs- und Herrschaftsanspruch im Hinblick auf alle gesellschaftlichen Lebensbereiche durchzusetzen suchen. Pluralismus erweist sich hier als eine spezifische Ausformulierung der Demokratietheorie: Sie setzt voraus, daß das Gemeinwohl nicht etwas den politischen Willensbildungsprozessen Vorausliegendes ist, sondern nur in der Konkurrenz möglichst aller Interessen im politischen Prozeß selbst annäherungsweise realisiert werden kann.

Als politische Theorie setzt die Pluralismustheorie primär auf *Organisation und Verfahren:* Durch die Prinzipien der Gewaltenteilung einerseits und das Prinzip organisierter, z. B. vereinsmäßiger oder verbandlicher, aber auch parteipolitischer Artikulation von Interessen andererseits sollen Diskussions- und Überzeugungsprozesse in Gang kommen, die im Rahmen der verfassungsmäßig geregelten legislativen, exekutiven und judikativen Verfahren im Endergebnis zu besseren Lösungen führen als z. B. aristokratische oder monokratische Entscheidungsregeln. Die pluralistische Demokratie erscheint insoweit als eine besonders freiheitliche Verfassungsform: Sie ermöglicht die Koexistenz einer unübersehbaren Vielfalt unterschiedlicher Interessen und schafft doch einen Rahmen des Interessenausgleichs. Sie beruht gleichzeitig auf der Prämisse, daß es keine gesellschaftliche Instanz geben könne, die aufgrund eines „höheren Wissens" bessere Lösungen zu ersinnen vermöge, als sie aus den mehrstufigen Such-, Lern- und Prüfprozessen beschränkt erkenntnisfähiger Menschen hervorgehen können. Diese Konzeption politischer Willensbildungsprozesse erweist sich als besonders plausibel unter den Bedingungen einer fortgesetzten gesellschaftlichen Komplexitätssteigerung, wie sie für moderne Gesellschaften charakteristisch ist.

Trotz der Betonung von Organisation und Verfahren versteht sich der politische Pluralismus nicht als ethisch neutral. Er beruht vielmehr auf der Überzeugung „gleiche Rechte und Freiheiten für jedermann", dem Prinzip der Toleranz und den Grundsätzen von Rechtsstaatlichkeit und Demokratie. Ohne daß dies immer ausgesprochen wird, besteht ein innerer Zusammenhang zum philosphischen oder Werte-Pluralismus. *Der politische Pluralismus macht die Einigung auf bestimmte Werte außerhalb derjenigen, die seine eigenen Grundlagen bilden, entbehrlich.* Die ihm zugrunde liegenden Entscheidungen beinhalten eine Anerkennung gleicher Menschenwürde und der Freiheit zu unterschiedlichen Überzeugungen für jedermann.

2. *Politischer Pluralismus und kirchlicher Pluralismus*

Die Grundgedanken des politischen Pluralismus sind zunächst im Vorfeld der amerikanischen Verfassung entwickelt worden. Sie haben ihre religionsgeschichtlichen Wurzeln im Calvinismus, seinem Grundsatz der aktiven Teilnahme aller Gemeindeglieder an den Angelegenheiten der Kirche und dem damit verwandten der Volkssouveränität. Während das Luthertum die weltliche Ordnung der Kirchenangelegenheiten den Landesfürsten überließ, entwickelte sich das katholische Kirchentum im Zeitalter des Absolutismus und erst recht nach der Amputation seiner weltlichen Macht durch Napoleon als ein staatsanaloges, absolutistisches und seit dem 19. Jahrhundert immer stärker hierarchisch-zentralistisch organisiertes Gebilde. Der alte Gedanke der Weihehierarchie (Hierarchia ordinis) wurde nunmehr mit demjenigen einer Organisationshierarchie verquickt und durch die feierliche Erklärung des päpstlichen Jurisdiktionsprimats (1870) überhöht.

Im Vergleich zu den politischen Totalitarismen des 20. Jahrhunderts konnte allerdings der umfassende kirchliche Anspruch auf Weltinterpretation und Handlungsanleitung auf physischen Zwang verzichten. Einerseits stand er ihm in weiten Teilen der Welt gar nicht mehr zur Verfügung, andererseits gab es auch kaum ein Widerstreben der Gläubigen. Es gelang dem Papsttum, sich als von den Katholiken zwanglos anerkannte transnationale Autorität zu etablieren.

Die Entwicklung im 20. Jahrhundert und insbesondere seit dem Zweiten Vatikanischen Konzil hat zu einer weiteren Vergeistigung der kirchlichen Autorität beigetragen. Nur eine religiös-moralische und d. h. gleichzeitig auf Überzeugung beruhende Autorität hat unter den gegenwärtigen gesellschaftlichen Bedingungen noch die Chance, außerhalb des Kreises der engsten Kirchenangehörigen ernst genommen zu werden. Akzeptiert man diese Diagnose, so wird gleichzeitig deutlich, daß das *politische* Pluralismusmodell der Ordnung kirchlicher Angelegenheiten *kaum angemessen* ist. Einerseits erscheint zwar die Kritik an den autokratischen Formen kirchlicher Organisationsführung und an den Zentralisierungstendenzen auf allen Organisationsebenen (Weltkirche, Bischofskonferenzen, Diözesen) durchaus bedenkenswert und wenigstens teilweise berechtigt. Andererseits ist den damit verbundenen Beeinträchtigungen einer Glaubwürdigkeit und geistlichen Wirksamkeit der Kirche gerade nicht durch ein dem politischen Bereich entlehntes Organisationsmodell beizukommen. Zumindest was die zentralen Elemente eines katholisch-christlichen Selbstverständnisses angeht, trifft zunächst die weltanschauliche Prämisse des Pluralismusmodells – das Fehlen eines vorgegebenen Wahrheitsanspruchs – nicht zu. Sodann erscheint die katholische Kirche von ihrem sakramentalen Selbstverständnis her hierarchisch geordnet und kann dieses zentrale Element ihrer Identität nicht zur Disposition stellen. Endlich ist zu berücksichtigen, daß sowohl der theologische Auftrag als auch die gesellschaftlichen Erwartungen an die Kirche nicht darauf gerichtet sind, kollektiv verpflichtende Entscheidungen herzustellen und diese mit Macht durchzusetzen, also politische Funktionen wahrzunehmen. Sieht man von den dienst- und arbeitsrechtlichen Problemen des hauptamtlichen Kirchenpersonals ab, die vor allem ein Problem der „reichen", organisatorisch am Modell des öffentlichen Dienstes orientierten Kirche in der Bundesrepublik Deutschland sind, so gibt es kaum Bereiche, wo die materielle und physische Existenz noch von kirchlichen Entscheidungen abhängig wäre. Die wesentlichen Begründungen für das Modell des politischen Pluralismus treffen also für kirchliche Handlungszusammenhänge nicht zu.

Dennoch gibt es gute Gründe für eine Kritik am vorherrschenden zentralistisch-hierarchischen Leitungsmodell der Kirche. Die zentrale Forderung sollte sich hier jedoch weniger auf eine Pluralisierung der Entscheidungsstrukturen als auf eine *Dezentralisierung der Entscheidungskompetenzen* richten. Der Jurisdiktionsprimat des Papstes ist grundsätzlich durchaus vereinbar mit einer Stärkung z. B. des Bischofsamtes, mit einer erhöhten Autonomie für die Orden, mit der stärkeren Einräumung von Partizipationsrechten bei der Wahl von Bischöfen und Pfarrern usw. Der den meisten kirchlichen Problemen angemessene Weg der Lösung von Koordinationsproblemen scheint eher in einer Senkung des Koordinationsniveaus und des damit einhergehenden Entscheidungsbedarfs und in einer Rückverlagerung der Problembearbeitung auf die ortsnäheren Ebenen zu liegen.

3. Der eine Glaube und die vielen Erfahrungshorizonte

Seit eh und je hat es auch innerhalb der katholischen Kirche eine außerordentliche Vielfalt der Frömmigkeitsstile, der Organisationsformen des kirchlichen Lebens und vermutlich auch der Akzentuierungen von Glaubensinhalten und moralischen Normen gegeben. Dies läßt sich allein schon aufgrund der geringen überregionalen Kommunikationsdichte erwarten, die das Leben in Europa bis an die Schwelle der Neuzeit charakterisierte. Die starke Kommunikationsverdichtung, die sich insbesondere mit dem Ausbau des Verkehrs und des Kommunikationswesens ergeben hat, läßt nun allerdings derartige Unterschiede deutlicher ins Bewußtsein treten als früher. Das stellt eine Herausforderung für das hierarchische Selbstverständnis der Kirche dar, dem durch die neuen Kommunikationsmittel ja auch eine erhöhte Zugriffs- und Steuerungsmöglichkeit zugewachsen scheint.

Deshalb ist hier in der Tat ein *Umdenken notwendig,* das die erhöhten Steuerungsmöglichkeiten als Illusion durchschaut. Es könnte von dem Grundgedanken ausgehen, daß die Weitergabe des Glaubens und der daraus folgenden ethischen Ansprüche auf Überzeugungs- und Erklärungsprozessen, letztlich aber auf der freiwilligen Übernahme und Annahme von zumindest tragenden Elementen des christlichen Glaubens beruht. Dies setzt Formen religiöser Kommunikation voraus, die zeitgenössischen Menschen attraktiv genug erscheinen. Spezifische Erfahrungen der Mitmenschlichkeit, die Entwicklung von Sympathie, kurzum eine gewisse Synthese von glaubensmäßigen Inhalten und sozialen Erfahrungen. Plausibel erscheinen jedoch christliche Inhalte vor allem dann, wenn sie sich sinnhaft mit Inhalten des außerkirchlichen Erfahrungshorizonts verbinden lassen, z. B. mit Problemen von Frieden und Gerechtigkeit, Fragen der persönlichen Lebensgestaltung usw. *Der eine christliche Glaube muß sich also mit einer Vielzahl sozialer Situationen und Erfahrungshorizonte verbinden lassen, wenn er geschichtlich wirksam und vor allem tradierbar bleiben will.* Dabei werden notwendigerweise stets nur Ausschnitte des Depositum fidei thematisiert und in der Regel auch relevant. Was heute gelegentlich als „Auswahlchristentum" apostrophiert wird, hat in der Vielschichtigkeit und Komplexität der sozialen Verhältnisse sowie ihrer sinnhaft nicht mehr voll integrierbaren Struktur seinen eigentlichen Grund.

Kirchliches Handeln muß also heute weit bewußter als früher auf die Ermöglichung solcher Vielfalt gerichtet sein. Angesichts der gestiegenen Kommunikationsdichte wird man dabei innerkirchlich ein höheres Maß an Toleranz und Geduld für unterschiedliche Akzentsetzungen und Ausrichtungen, aber auch die Auseinandersetzung zwischen ihnen zu fördern haben. Nimmt man diese keineswegs neue Einsicht zum Ausgangspunkt von Überlegungen zur Kirchenstruktur und -organisation, so wird deutlich, daß im Hinblick auf unterschiedliche soziale Situationen auch unterschiedliche Gemeindeformen, Frömmigkeitsstile, theologische Denkweisen usw. sich als plausibel und

„Sympathie erzeugend" erweisen können, was eine erhöhte Autonomie der personnahen Organisationsformen voraussetzt. Die daraus resultierende Vielfalt macht den „Dienst an der Einheit" der kirchlichen Amtsträger zweifellos schwieriger. Er läßt sich erleichtern durch Konzentration der Einheitsforderungen auf theologisch zentrale Punkte und die Förderung „offener" Kommunikationsformen.

Literatur:
P. Berger, Der Zwang zur Häresie (Frankfurt a. M. 1980); *E.-W. Böckenförde,* Staat – Gesellschaft – Kirche, in: Christlicher Glaube in moderner Gesellschaft, Bd. 15 (Freiburg i. Br. 1982) 6–120; *F. Hegner,* Planung – Verwaltung – Selbstbestimmung, in: Christlicher Glaube in moderner Gesellschaft, Bd. 11 (Freiburg i. Br. 1981) 80–128; *F. X. Kaufmann,* Kirche begreifen (Freiburg i. Br. 1979); *H. Kremendahl,* Pluralismustheorie in Deutschland (Leverkusen 1977); *P. Massing,* Interesse und Konsensus (Opladen 1979); *J. B. Metz,* Für eine kulturell polyzentrische Weltkirche, in: Merkur Nr. 422 (Dez. 1983) 902–910; *H. Oberreuter* (Hrsg.), Pluralismus – Grundlegung und Diskussion (München 1979).

Franz-Xaver Kaufmann

Politik und Kirche

↗ Friedensethik; Katholizismus; Kirche; Kirchensteuer; Menschenrechte; Nord-Süd-Konflikt; Pluralismus, kirchlicher; Protestantismus; Religionsfreiheit; Vatikanum II

1. Problemstellung

Politik kommt etymologisch-geschichtlich von „Polis", also vom griechischen Gemeinde- bzw. Stadtstaat, und meinte das auf die dortige staatliche Ordnung (Politeia) bezogene Tun. Diese Ursprungsbedeutung als Staatshandeln oder auf den Staat bezogenes Handeln ist dem heutigen Politikbegriff geblieben. Zugleich hat er eine wesentliche Bedeutungserweiterung erfahren. Arnold Bergsträßer bezeichnet Politik als den „Inbegriff der Kunst, die Führung menschlicher Gruppen zu ordnen und zu vollziehen". Für Max Weber umfaßt Politik „jede Art selbständig leitender Tätigkeit". Politik reicht, so gesehen, von der Devisenpolitik der Banken bis zur Schulpolitik einer Stadt- oder Dorfgemeinde. Wie weit oder eng die Gruppen und die auf sie bezogene Führungskunst auch gefaßt wird, Politik ist jedenfalls immer Führung auf der Grundlage von Vollmacht bzw. Machtbesitz. Für die Kirche, die als öffentlicher Faktor stets sowohl Subjekt wie Objekt von Politik sein kann, ergibt sich daraus ein dreifaches Beziehungsgeflecht von Politik: 1. im Verhältnis zu sich selbst, 2. im Verhältnis zu den gesellschaftlichen Gruppierungen und Mächten, 3. im Verhältnis zum Staat.

2. Politik als binnenkirchliche Dimension

Führungskunst als kirchliche Binnenpolitik gehört zur Kirche wie Gesellschafts-Politik (als Führung und Beeinflussung gesellschaftlicher Kräfte und Gruppen) zum Staat. Sie war in der Geschichte der Kirche faktisch immer ein wichtiger Bestandteil kirchlichen Handelns. Und zwar nicht nur in einem abgeleiteten Sinne als binnenkirchliche Politik einzelner Gruppen, sondern als Handeln der kirchlichen Führung (Lehrpolitik, Pastoralpolitik, Personalpolitik). Dieses politische Element erwies sich als nicht weniger geschichtsmächtig als die Entfaltung des Glaubensgutes, und diese selbst blieb ihrerseits immer auch mit Politik verknüpft. So wichtig z. B. theologische Gründe nicht nur für den päpstlichen Primat als Dogma, sondern auch für dessen konkrete geschichtliche Ausformung waren – das Papsttum, wie es sich in der allgemeinen und der Kirchengeschichte durchgesetzt hat und heute der Kirche vorsteht, ist ebensosehr das Ergebnis politischer Prozesse wie theologischer Reflexion.

Geschichtlich gesehen, hat Politik als binnenkirchliche Dimension in dem Maße sogar noch an Bedeutung gewonnen, in dem Kirche sich von den Umklammerungen durch die weltliche Macht gelöst hat, die Kirchenautonomie sich durchsetzte, die Kirche sich (auch politisch, nicht nur theologisch!) als eine „aus Staatsbürgern gebildete Gesellschaft eigenen und genau umschriebenes Rechts" (H. Rahner) sich zu behaupten gelernt hat und je mehr kirchliches Leben sich regional und inhaltlich ausdifferenziert.

Daß das Politische als binnenkirchliche Dimension trotz seiner größer werdenden faktischen Bedeutung kaum reflektiert wird, hat mit dem Selbstverständnis der Kirche zu tun, auch wenn es sich nicht zwingend daraus ergibt. Im Grunde geht es dabei um eine der Kirche konstitutiv innewohnende und nie wirklich ausgetragene Spannung: Es gelingt der Kirche nur schwer, ihre christologische Herkunft, ihren Stiftungscharakter mit ihrem Gesellschaftscharakter als einer Gemeinschaft von Menschen im eigenen Bewußtsein und im konkreten Handeln zu einem theologisch wie gesellschaftspraktisch gleich plausiblen Ausgleich zu bringen.

3. Kirchliches Handeln als politisches Handeln im Rahmen der Gesellschaft

Im Falle des Verhältnisses zur Gesellschaft und des Verhältnisses zum Staat handelt es sich um eine wechselseitige Beziehung: Man kann sowohl von staatlicher Kirchenpolitik wie von kirchlicher Politik gegenüber dem Staat sprechen, soweit Kirche nicht nur ihren Ort innerhalb des staatlichen Gemeinwesens bestimmt, sondern direkt oder wenigstens indirekt auf staatliches Handeln, auf die Gesetzgebung (durch eigene spezialisierte Einrichtungen über Parteien, über Gruppen von Abgeordneten oder über die öffentliche Meinung) Einfluß nimmt. Im zweiten Fall läßt sich ebenfalls von einem Wechselverhältnis sprechen, wenn es sich um gesellschaftliche Mächte und

Verbände von einiger Bedeutung handelt: Parteien, Gewerkschaften, in vielen Ländern auch Militärs machen Politik gegenüber den Kirchen oder mit ihnen, wenn sie öffentlichen Einfluß durchsetzen wollen, der der Kirche (den Kirchen) zuwiderläuft (z. B. Fristenregelung im Falle des § 218 StGB), oder wenn sie – wie die Gewerkschaft im Falle der betrieblichen Mitbestimmung – die Unterstützung der Kirchen oder kirchlicher Sozialethiker suchen. Umgekehrt kann man z. B. von einer Gewerkschaftspolitik der Kirchen sprechen, wenn diese sich mit den Gewerkschaften über gemeinsame Interessen gegenüber Dritten (Arbeitgebern, Gesetzgebern) austauschen oder eigene Positionen gegen die Gewerkschaften durchzusetzen suchen. Das politische Gewicht solcher Vorgänge hängt freilich nicht nur von gegenseitiger Einschätzung der Kontrahenten resp. Partner ab, sondern vom Maß der Aufmerksamkeit, das die Kirche den gesellschaftlichen Gruppen zuwendet bzw. das die Kirche bei ihnen findet. Die teils als geschichtliches Erbe nachwirkende, teils vom Selbstverständnis vor allem der katholischen Kirche herrührende Konzentration der Aufmerksamkeit auf den Staat, seine Verfassungsorgane und die die staatliche Politik tragenden Parteien ist immer noch Ausdruck einer Mindergewichtung der im vorstaatlichen Raum aktiven gesellschaftlichen Kräfte und damit einer fast chronischen Unterschätzung der in der Gesellschaft wirksamen Einflüsse und der dort sich abspielenden Veränderungen.

Einer damit verbundenen Fehleinschätzung von Gesellschaft und Staat kann nur durch *Herausbildung einer kirchlichen Gesellschaftspolitik* entgegengewirkt werden, die rechtzeitig und gezielt Veränderungen im gesellschaftlichen Raum wahrnimmt, ihr Handeln und Verhalten gezielt darauf einstellt und die weitgehende Abhängigkeit von politischen Entscheidungsprozessen in Parlamenten und Parteien von den faktischen Überzeugungen und Interessenlagen in den formellen wie informellen gesellschaftlichen Gruppierungen ernst nimmt.

4. Das politische Beziehungsgeflecht Staat–Kirche

Wenig *grundlegend* neue Entwicklungen zeichnen sich gegenwärtig im klassischen Beziehungsgeflecht von Kirche und Politik, im Verhältnis von Kirche und Staat und – vorwiegend den deutschen Sprachraum betreffend – im staatskirchenrechtlichen Bereich ab. Dies gilt jedenfalls, soweit es die Existenzsicherung der Kirchen und der Handlungsfreiheit innerhalb der politischen Gemeinschaft betrifft.

So differenziert die Lage als Ensemble politischer Lebensbedingungen der Kirche in den verschiedenen Staaten und politischen Systemen der Welt – nicht zuletzt in Ländern der Dritten Welt – zu sehen ist und so unterschiedlich die Kirchen als politischer Faktor einzuschätzen sind, an den grundlegenden Bedingungen im Verhältnis Kirche–Staat hat sich in den letzten Jahrzehnten wenig geändert. Die drei unterschiedlichen Beziehungsformen

(System der „strikten Trennung" bei grundsätzlich positiver öffentlicher Akzeptanz von Religion; System der „gemäßigten Trennung" bei weitgehender staatskirchenrechtlich geregelter Kooperation; System „theoretischer Trennung" bei faktischer Unterdrückung oder wenigstens weitgehender Einschränkung kirchlicher Handlungsfreiheit, wie es für kommunistische Staaten, zum Teil auch für Dritte-Welt-Länder mit Ein-Parteien-Herrschaft zutrifft) haben sich trotz zahlreicher werdender Varianten in den letzten 40 Jahren bei fortschreitendem Abbau letzter Reste von Staatskirchentum durchgehalten.

Speziell die katholische Kirche hat freilich ihrerseits das Verhältnis zur politischen Gemeinschaft insofern auf eine neue Grundlage gestellt, als sie im Zweiten Vatikanum nicht nur auf jede Privilegierung durch die staatliche Autorität, sondern auch „auf die Ausübung legitim erworbener Rechte verzichtet, wenn feststeht, daß durch dessen Inanspruchnahme die Lauterkeit ihres Zeugnisses in Frage gestellt wird" (Gaudium et spes 76), und ihren Anspruch auf die staatlich unbehinderte Erfüllung ihres Auftrags beschränkt. Dies hat die politische Glaubwürdigkeit der Kirche gerade dort gestärkt, wo sie „als Zeichen und Schutz der menschlichen Person" (ebd.) staatlich-politisches Handeln mit ethischer Begründung in Frage stellt (z. B. durch das Anmahnen von Menschenrechten).

Wo politische Systeme dem Christentum das Existenzrecht streitig machen, hat dieser Wandel allerdings trotzdem kaum zu Lockerungen von Unterdrückungszuständen geführt. Das Pochen allein auf Kirchenfreiheit schützt die Kirche nur bedingt in Ländern, wo ihr Einfluß als gesellschaftlich-politische Konkurrenz zur staatlichen Führung (in vielen noch in der Phase des Staatwerdens befindlichen afrikanischen Ländern) empfunden wird oder die Kirche (oder Teile von ihr) in Konflikt gerät mit nationalen politischen Ideologien (z. B. der Ideologie der nationalen Sicherheit in manchen vom Militär geführten Staaten Lateinamerikas). In der westlichen Welt hat sich allerdings parallel zum kirchlichen Privilegienverzicht das Prinzip von der „freien Kirche im freien Staat" noch stärker als bereits vorgezeichnet durchgesetzt: Zum einen hat wenigstens die katholische Kirche den ohnehin obsolet gewordenen Status als Staatsreligion fast überall und endgültig verloren. Zum anderen gibt es in Ländern mit strikter Trennung graduelle Annäherungen an das System gemäßigter Trennung (Frankreich, USA), ohne daß von einem System*wandel* gesprochen werden könnte. Wo es in den letzten Jahren zu neuen Konkordatsabschlüssen gekommen ist (z. B. mit Spanien und Italien), mußte die Kirche als Tribut an den freiheitlich-liberalen Verfassungsstaat Positionen räumen. Allerdings hat sich zugleich eine noch striktere und vollständigere Anerkennung der Kirchenautonomie in der Regelung der eigenen Belange – in der Bundesrepublik bestätigt durch einschlägige Verfassungsgerichtsurteile – durchgesetzt.

5. Neue Entwicklungen und Problemstellungen

Die eigentlich neuen Entwicklungen im Verhältnis Politik-Kirche spielen sich gegenwärtig im staatlichen Vorfeld ab. Von ihnen gehen in Form neuer Zielkonflikte beträchtliche Rückwirkungen auf die Kirchen, erst in zweiter Linie auf die politische Gemeinschaft aus.

a) Das Bekenntnis der Kirche, an kein politisches System gebunden zu sein (Gaudium et spes 76), und die Bejahung eines politischen Pluralismus unter Christen, der es zur Selbstverständlichkeit macht, daß Christen in politischen Fragen „bei gleicher Gewissenhaftigkeit in der gleichen Frage zu einem anderen Urteil kommen können" (Gaudium et spes 43), begünstigen nicht nur eine Entflechtung von Kirche und (Partei-)Politik. Es schließt in der Konsequenz auch einen Rückzug von Christen als Christen aus dem politischen Leben ein. Es zeigt sich darin eine im Bekenntnis zur „Autonomie der irdischen Wirklichkeiten" selbst angelegte gegenläufige Entwicklung zur schärferen Wahrnehmung des Politischen durch die Kirche im Rahmen oder als Teil ihres Heilsauftrags. Die konkrete Folge ist einerseits ein Unsichtbarwerden christlicher Laien im politischen Leben, auf der anderen Seite eine stärkere Hinwendung zu politisches oder staatliches Handeln berührenden Fragen in kirchenamtlichen Verlautbarungen. Es fehlen zwei „Zwischenstücke": die Christen, die sich nach dem Schwächerwerden der traditionellen parteipolitischen Bindungen (Kirche-„C"-Parteien) quer durch die Parteien, vor allem in wichtigen ethischen Fragen, politisch artikulieren, und – speziell in der katholischen Kirche – eine Sachverstand und formale Autorität verbindende Form politischer Stellungnahmen, wie sie sich die Evangelische Kirche in Deutschland in ihren Kammern und durch ihre Denkschriften geschaffen hat.

b) Es gibt wieder ein ausgeprägteres Interesse nicht des Staates, aber von Regierungen und auch von starken gesellschaftlichen Gruppen an der Kirche als gesellschaftlichem und politischem Faktor. Es ist ein sehr spezifisches Interesse: Die Kirchen sollen allgemein, vor allem aber dort Sinn- und Wertvermittler sein, wo demokratische Regierungen in Legitimierungsnöte (z. B. bei bestimmten einschränkenden sozialpolitischen Maßnahmen) geraten. Gesellschaftliche Gruppen und politische Bewegungen suchen das politische Gewicht der Kirchen jeweils zur Durchsetzung ihrer Anliegen zu mobilisieren. In beiden Fällen wächst die Gefahr der Vereinnahmung: im ersten Fall der Kirche als einer Art „Vermittlungsagentur für Wertfragen" (H. Maier) für staatlich-gesellschaftliche Zwecke, im zweiten Fall der Kirche als moralischer Autorität für spezielle wirtschaftliche Interessen (z. B. Kernenergie) oder ideologische Positionen. Dieses Problemfeld erfordert zunehmend mehr Aufmerksamkeit.

c) Eine qualitative Veränderung im gesamten Beziehungsgeflecht von Politik und Kirche bringen die großen und *in ihrer Zuspitzung* relativ neuen ethischen Themen, die sich auf Fragen der Zukunftssicherung der Menschheit beziehen: die Friedensfrage, die Umweltfragen, die bioethischen Fragen, die soziale Frage als Forderung nach weltweiter sozialer Gerechtigkeit. Durch den hohen moralischen Rang dieser Fragen sind Christen politisch besonders herausgefordert. Damit wächst zugleich die Neigung, im Namen einer höheren, unmittelbar aus der Offenbarung, aus dem Geist der Bergpredigt oder aus dem christlichen Tötungsverbot abgeleiteten Moralität politisches Handeln als Dienst am staatlichen Gemeinwesen zu überhöhen bzw. einem bestimmten staatlichen Handeln die sittliche Berechtigung aus dem sicheren Besitz der eigenen (Gesinnungs-)Wahrheit heraus abzusprechen. Damit ist zum einen die Frage gestellt, bis zu welchem Grade jemand seine persönliche politische Meinung vertritt oder im Namen der Kirche spricht (besonders wenn er Amtsträger ist) oder diese dafür in Anspruch nimmt. Zum anderen ist von neuem der Frage nachzugehen, wie sich angesichts der besonderen ethischen Qualität der genannten politisch zu lösenden Herausforderungen Politik als rationaler Prozeß sich bewähren und wie Kirche als aus dem Glauben legitimierte moralische Autorität dazu beitragen kann.

Literatur:
Das Leben in der politischen Gemeinschaft: Pastoralkonstitution über die Kirche in der Welt von heute „Gaudium et spes", Teil II, Kap. IV (Nr. 73–75), in: Lexikon für Theologie und Kirche. Das Zweite Vatikanische Konzil, Bd. III (Freiburg i. Br. 1968); Aufgaben der Kirche in Staat und Gesellschaft. Mit einer Einleitung von *P. Becher,* in: Gemeinsame Synode der Bistümer in der Bundesrepublik Deutschland. Offizielle Gesamtausgabe, Bd. II (Freiburg i. Br. ³1981) 185–214; *Deutsche Bischofskonferenz,* Die Kirche in der pluralistischen Gesellschaft und im demokratischen Staat (Trier 1972) – *E. W. Böckenförde,* Kirchlicher Auftrag und politische Entscheidung (Freiburg i. Br. 1973); *ders.,* Staat – Kirche – Gesellschaft, in: Christlicher Glaube in moderner Gesellschaft, Bd. 15 (Freiburg i. Br. 1982) 5–120; *J.-Y. Calvez,* La politique et Dieu (Paris 1985); *K. Forster,* Kirche und Politik. Zur Frage der Äquidistanz zwischen Kirchen und Parteien, in: ders., Glaube und Kirche im Dialog mit der Welt von heute, Bd. 2 (Würzburg 1982) 395–412); *P. Leisching,* Kirche und Staat in den Rechtsordnungen Europas. Ein Überblick (Freiburg i. Br. 1973); *H. Maier,* Kirche und Gesellschaft (München 1972); *L. Révész,* Staat und Kirche im realen Sozialismus: Recht und Wirklichkeit (München 1986); *D. Seeber,* Die Pflicht zum Vorbild oder Von der politischen Glaubwürdigkeit der Kirche, in: R. Hörl (Hrsg.), Die Politik und das Heil. Über die öffentliche Verantwortung der Christen (Mainz 1968) 48–52.

David Seeber

Pränatale Diagnostik

↗ Bioethik; Gentechnik; Humangenetische Beratung; Recht und Ethik; Schwangerschaftsabbruch

1. Definition

Mit pränataler Diagnostik bezeichnet man Untersuchungen während der Schwangerschaft mit dem Ziel der Orientierung über Einnistung des Eis, Lage der Placenta und Fruchtwassermenge, über Entwicklung, Größenverhältnisse und Bewegungen des Kindes und über Strukturen der inneren Organe sowie solche Untersuchungen, die ein überdurchschnittliches Risiko für eine bestimmte Krankheit bei einem Kind abklären sollen.

2. Umfang der pränatalen Diagnostik

Die normale, in der Bundesrepublik Deutschland jeder Schwangeren angebotene Vorsorgeuntersuchung zur Überprüfung der Entwicklung des Kindes dient Mutter und Kind sowie dem entbindenden Arzt durch Information über Lebensfähigkeit des Kindes und Art des zu erwartenden Geburtsverlaufes.
Da bei etwa 1,7 Prozent aller Schwangerschaften (DFG-Bericht 1977) schwere pränatale Fehlentwicklungen des Kindes vorkommen, können während der gesamten Schwangerschaft durch die Vorsorgeuntersuchung Auffälligkeiten beim Kind entdeckt werden, die man dann gezielt näher abklären kann. Hierbei kann es sich um sehr grobe Fehlentwicklungen handeln, die im Ultraschall gut erkennbar sind, wie eine Hemmungsmißbildung des Großhirnschädels (Anencephalus), oder um weniger gut sichtbare Anomalien der inneren Organe, wie bei einem Herzfehler. Je größer das Kind ist, je besser das Ultraschallgerät ist, je intensiver der Arzt nach Fehlbildungen fahndet, um so größer ist die Wahrscheinlichkeit, vorhandene Abweichungen von der Norm zu entdecken. Bei einem verdächtigen Befund überweist der betreuende Frauenarzt seine Patientin an ein Zentrum für Ultraschalldiagnostik, wo nach den Regeln der ärztlichen Kunst versucht wird, das spezifische Problem abzuklären und der Schwangeren und dem Kind auf bestmögliche Weise zu helfen (Harrison – Golbus – Filly 1984).
Anders verläuft die pränatale Diagnose, die als *Maßnahme der humangenetischen Beratung* empfohlen und von der Schwangeren gewünscht wird. Wenn sich bei der humangenetischen Beratung aufgrund der vorliegenden genetischen Situation ein überdurchschnittliches Risiko des Kindes, an einer bestimmten Krankheit zu leiden, ergibt, wird im Beratungsgespräch mit den Eltern/der Schwangeren erörtert, ob und wie dieses Risiko vor der Geburt abgeklärt werden kann. Immer geht es dabei um ein definiertes Risiko und nicht mehr um das allgemeine, unbestimmte Basisrisiko, das für jede

Schwangerschaft gilt. Diagnostische Maßnahmen können dabei schon im ersten oder zweiten Drittel (Trimenon) der Schwangerschaft angewandt werden. Es gibt aber durchaus zahlreiche Erkrankungen des heranwachsenden Ungeborenen, die sich erst in späteren Schwangerschaftsabschnitten erkennen lassen.

3. Pränatale Diagnostik im engeren Sinn

Pränatale Diagnostik im engeren und meist gebräuchlichen Sinne ist die Diagnosestellung vor der 22. Schwangerschaftswoche mit dem Ziel, den Eltern/ der Schwangeren eine Entscheidung über Fortführung oder Abbrechen der Schwangerschaft bei gesichertem Nachweis einer schweren kindlichen Erkrankung zu ermöglichen (vgl. § 218a StGB mit der gesetzlich festgelegten Grenze der 22. Schwangerschaftswoche nach Konzeption für einen straffreien Schwangerschaftsabbruch). Dabei richten sich die *Techniken* zur Diagnosesicherung nach der Art des Erkrankungsrisikos; sie reichen von nicht-invasiven Methoden, wie Ultraschalluntersuchungen, über invasive Methoden mit relativ geringem Eingriffsrisiko, wie z. B. bei der Fruchtwasserentnahme in der 17. Schwangerschaftswoche, bis hin zu aggressiven Methoden mit hohem Risiko für die Schwangerschaft, wie bei der Fetoskopie, bei der ein optisches Instrument in die Gebärmutter eingeführt wird, um Teile des Ungeborenen betrachten zu können. Die Wahl der Entnahmemethode richtet sich nach den Erfordernissen, die die Diagnostik im jeweiligen individuellen Fall verlangt. Die mit dieser Methode verbundenen Risiken für Mutter und/oder Kind (Abort, kindliche Verletzungen, mütterliche Gesundheitsschädigung) müssen nach den allgemein gültigen Grundsätzen ärztlichen Handelns in einem für Arzt und Schwangere akzeptablen Verhältnis zueinander stehen. So müssen diese Eingriffsrisiken z. B. bei jeder neu eingeführten Methode zur Entnahme von kindlichem Gewebe, z. B. Hautbiopsien während einer Fetoskopie oder bei der neu eingeführten Chorionbiopsie (Zottengewebe, Umkleidung der Eihülle), vor einer breiten Anwendung sorgfältig untersucht werden.

Besonders bei der z. Z. laufenden Erprobung der Chorionbiopsie spielen ärztliche und psychologische Faktoren bei der Risikoabwägung eine große Rolle, weil es hierbei um eine Vorverlegung von Gewebeentnahme in die 9. bis 11. Schwangerschaftswoche geht, die für die Schwangere den Vorteil einer frühen Diagnosesicherung bringt. Das führt einerseits zu einer frühen, engen Bindung der Mutter zum Kind, wenn die befürchtete Diagnose ausgeschlossen wird. Andererseits kann bis zur 12. Schwangerschaftswoche ein indizierter Schwangerschaftsabbruch ohne die großen physischen und psychischen Belastungen durchgeführt werden, die Mutter und Arzt in der 22. Schwangerschaftswoche schwer belasten; auch ist die Komplikationsrate in der 12. Schwangerschaftswoche wesentlich geringer als bei einem späteren Schwangerschaftsabbruch, der einer eingeleiteten Geburt gleicht. Die Vorteile für Mutter und Arzt dürfen nicht darüber hinwegtäuschen, daß bei der Chorionbiopsie für das Kind das gleiche geschieht wie bei den anderen Methoden: Es wird untersucht und je nach Befund entweder akzeptiert oder getötet. Das Abwägen von psychologischen, mütterlichen und ärztlichen Vorteilen gegenüber dem höheren Risiko für den Verlust des Kindes durch Abort (nach Chorionbiopsie besteht hierfür wahrscheinlich ein vier- bis fünfmal so hohes Risiko, verglichen mit der Fruchtwasserentnahme) bleibt problematisch, weil 1. Kriterien aus unterschiedlichen Bewertungsbereichen benutzt werden und 2. die Argumente der Schwangeren in einer Gesellschaft schwerer wiegen, die der Mutter durch Gesetz weitgehende Entscheidungsfreiheit über Fortgang oder Abbruch einer Schwangerschaft zugesteht. Je höher der Wert eines ungeborenen Kindes eingeschätzt wird, um so eher wird in einer Gesellschaft/unter Ärzten eine für das Kind gefahrvolle pränatale Diagnose-Methode vermieden werden. Umgekehrt wird ein Abort durch einen diagnostischen Eingriff um so leichter hingenommen, je geringer Schwangere und Ärzte die pränatale Existenz eines Menschenkindes, besonders in der Frühschwangerschaft, achten.

Auch die eigentliche Untersuchung des Gewebes/Fruchtwassers wird sich nach der Fragestellung richten. Hierbei werden genau wie bei der Diagnosesicherung für die humangenetische Beratung alle zur Verfügung stehenden Methoden eingesetzt, die im individuellen Fall möglich und indiziert sind. Das können Chromosomenanalysen an Chorionzotten- oder Fruchtwasserzellen (häufigste Fragestellung) zum Ausschluß einer Chromosomenkrankheit sein, Enzymbestimmungen zum Ausschluß einer schweren Stoffwechselerkrankung, Eiweißbestimmungen im Fruchtwasser zum Ausschluß eines „offenen Rückens" (Spina bifida), Ultrastrukturuntersuchungen einer Hautbiopsie zum Ausschluß einer schweren Hauterkrankung, Blutuntersuchungen zum Ausschluß bestimmter Bluterkrankungen oder gentechnologische Untersuchungen an der Erbsubstanz zum Ausschluß von anders nicht diagnostizierbaren Erbkrankheiten.

4. Indikationen

Die Indikationsliste für pränatale Diagnostik umfaßt fünf Kategorien für überdurchschnittliche Erkrankungsrisiken des Kindes: a) Wiederholungsrisiken für eine in der Familie bereits bekannte Krankheit mit sogenanntem Mendelschen Erbgang, wie z. B. Stoffwechselerkrankungen; b) Wiederholungsrisiken für eine in der Familie bereits bekannte, geschlechtsgebundene Krankheit ohne die Möglichkeit der spezifischen Diagnose, daher nur Geschlechtsbestimmung des erwarteten Kindes durch Chromosomenanalyse; c) Wiederholungs- oder Ersterkrankungsrisiken für „offenen Rücken" oder Gehirnmißbildungen; d) Wiederholungsrisiken für Chromosomenkrankheiten; e) Ersterkrankungsrisiken für Chromosomenkrankheiten infolge höheren Alters der Mutter, weniger des Vaters.

Wiederholungsrisiken setzen voraus, daß bereits eine Erkrankung in der Familie vorgekommen ist und daß aufgrund des Erbmusters dieser spezifischen Erkrankung die Wiederholung derselben Krankheit eine bestimmte Wahrscheinlichkeit (bis 25%, selten bis 50%) hat. Ersterkrankungsrisiken bedeuten, daß noch kein Kind des Paares erkrankt ist, daß aber aufgrund der wissenschaftlichen Erfahrungswerte, wie z. B. beim Altersrisiko der Mutter, eine über dem Durchschnitt liegende Gefahr für eine Erkrankung des Fetus besteht.

Während bei den beschriebenen Wiederholungsrisiken immer einzelne Familien mit sehr unterschiedlichen, seltenen Erbkrankheiten betroffen sind, handelt es sich bei der sog. Altersindikation der Frau um eine große Risikogruppe von Schwangeren, die sich lediglich durch ein Alter von z. B. über 35 Jahren von den übrigen Schwangeren unterscheidet. Grund zur Besorgnis ist das langsam mit dem Lebensalter der Mutter ansteigende Risiko für ein Kind, an einer geistigen Behinderung und körperlichen Fehlentwicklung infolge einer Chromosomenfehlverteilung zu leiden (z. B. Down Syndrom, Trisomie 21, Mongolismus). Da der Anstieg dieses altersbedingten Risikos kontinuierlich erfolgt und auch im jüngeren Gebäralter ein Basisrisiko für dieselben Chromosomenkrankheiten vorhanden ist, wird jede Begrenzung für pränatale Diagnostik auf eine besondere Risikogruppe durch Festsetzung einer Altersgrenze Konflikte nach sich ziehen.

Jede pränatale Untersuchung führt bei Bestätigung der befürchteten Diagnose die Schwangere und ihren Partner zusammen mit den beratenden/behandelnden Ärzten in den Entscheidungskonflikt über Austragen eines kranken Kindes oder Wahl des Schwangerschaftsabbruches. Nach der gesetzlichen Regelung muß die kindliche Gesundheitsschädigung „nicht behebbar und so schwerwiegend sein, daß von der Schwangeren die Fortsetzung der Schwangerschaft nicht verlangt werden kann". Das Dilemma besteht in der Güterabwägung, für die es kaum objektivierbare Kriterien gibt.

5. Gefahren des Mißbrauchs

Gefahren des Mißbrauchs von pränataler Diagnostik leiten sich aus dem gegenwärtigen Umgang mit beginnendem menschlichem Leben und aus der Verfügbarkeit von technischen Mitteln ab. Die Interpretation von pränataler Diagnostik als „Hilfe für Familien, die das erkannte Krankheitsrisiko für ihre Kinder nicht eingehen wollen" (Wendt 1985), zeigt, wie unbeachtet die pränatale Existenz des Kindes dabei bleibt. Hier wird Krankheitsrisiko unreflektiert gleichgesetzt mit Geburt, obwohl dieses Risiko im Augenblick der Verschmelzung von Ei und Samenzelle entschieden wird. Ohne Zweifel leben wir in einer Zeit der zunehmend unreflektierten Nutzung von Technik in der Hoffnung auf ein problemärmeres Leben. Beispiele für Mißbrauch von technischen Möglichkeiten sind Wahl des kindlichen Geschlechtes nach Chorionbiopsie durch Schwangerschaftsabbruch aus „sozialer Indikation" bei unerwünschtem Geschlecht oder die Ausweitung von pränatalen Untersuchungen auf Krankheiten des Kindes, die nicht als schwerwiegend bezeichnet werden können oder behandelbar sind. Einer Geschlechtswahl durch Eltern ist die Gesellschaft für Anthropologie und Humangenetik mit der Empfehlung an ihre Mitglieder entgegengetreten, das Geschlecht des Kindes erst nach Ablauf der 14. Schwangerschaftswoche bekannt zu machen (Baitsch 1986). Ansprüche, die aus dem Selbstbestimmungsrecht von Eltern/ Schwangerer und der Forderung nach Nutzung aller medizinisch-technischen Möglichkeiten resultieren, verlangen von Ärzten ein hohes Maß an Verantwortung.

Literatur:
H. Baitsch – M. Reif, Psychological issues in genetic counselling, in: Hum Genet 70 (1985) 193–199; Bericht der Deutschen Forschungsgemeinschaft: „Schwangerschaftsverlauf und Kindesentwicklung" (Boppard 1977); Empfehlung der Ethikkommission der Gesellschaft für Anthropologie und Humangenetik. Sonderbeilage Ärzteblatt Baden-Württemberg 1/86; *M. R. Harrisson – M. S. Golbus – R. A. Filly,* The unborn patient. Prenatal Diagnosis and Treatment (1984); *J. Reiter – U. Theile* (Hrsg.), Genetik und Moral. Beiträge zu einer Ethik des Ungeborenen (Mainz 1985); *T. M. Schroeder-Kurth,* Die Bedeutung von Methoden, Risikoabwägung und Indikationsstellung für die pränatale Diagnostik, in: J. Reiter – U. Theile (Hrsg.), Genetik und Moral (Mainz 1985), *dies.,* Indikationen zur pränatalen Diagnostik, in: Zeitschrift für Evangelische Ethik 29 (1985) Heft 1, 30–49; *G. G. Wendt* (Hrsg.), Was man über genetische Beratung und pränatale Diagnostik wissen sollte (Marburg 1985).

Traute M. Schroeder-Kurth

Priestermangel

↗ Basisgemeinden; Frau in der Kirche; Gemeinde; Kirche; Laien; Seelsorge; Zölibat

1. Ein relativer Begriff

Die Kirchengeschichte zeigt, in welch hohem Maß das Verhältnis zwischen der Priesterzahl und der Zahl der Gläubigen von sich verändernden Umständen beeinflußt wird. Bis zum Ende des Ancien régime waren die meisten Gemeinden klein: Auf dem Land kam ein Priester auf 200 bis 500 Gläubige, während in den Städten, wo die Pfarreien zwischen 150 und 3000 Gläubigen umfaßten, wesentlich mehr Gläubige auf einen Priester kamen. Auf dem Land gab es vom 9. bis zum 14. Jahrhundert noch viele sehr ausgedehnte Pfarreien, in denen keinesfalls regelmäßig Sonntagsmessen gehalten wurden. Viele Priester waren wenig gebildet und mußten dazu ermahnt werden, mindestens zweimal monatlich eine Messe zu lesen. Andererseits gab es in den Städten viele „Altaristen", die nur Messen lasen, ohne sich um die Seelsorge zu kümmern. Am Vorabend der Reformation gab es im Erzbistum Utrecht, das damals fast die ganzen heutigen Niederlande umfaßte, bei 600 000 Einwohnern etwa 10 000 Priester, von denen allerdings nur ein Zehntel in der Seelsorge tätig war.

Am Ende des Ancien régime kam in Spanien noch ein Priester auf 141 Katholiken (1760); ein Jahrhundert später betrug das Verhältnis 1 zu 401 (1867) und 1958 1 zu 1264. Verstädterung und Industrialisierung sorgten rasch für eine Verschlechterung. Zwischen 1802 und 1931 stieg die Zahl der Einwohner pro Priester in Paris von 1680 auf 5204. 1983 gab es in Frankreich 21 915 Pfarreien ohne residierenden Priester. Vielfach handelt es sich dabei allerdings um kaum noch bewohnte Dörfer. Noch 1970 zählte man in Frankreich 30 000 Pfarreien mit weniger als 1000 und 808 mit weniger als 50 Einwohnern.

Die Entwicklung der Priesterzahlen wird von vielen Faktoren beeinflußt. So zeigt Fernand Boulard für das Frankreich des 19. Jahrhunderts, daß dort in landwirtschaftlichen Krisenjahren die Zahl der Priesterberufungen zunahm, während es in guten Erntejahren zu einer Abnahme kam. Bestimmte Regionen der Weltkirche leiden seit Jahrhunderten unter chronischem Priestermangel, z. B. große Teile der Anden, wo die Indios sich nicht einer Zölibatsverpflichtung unterwerfen wollen, die für sie nicht mit dem Erwachsensein vereinbar ist. Hier und anderswo ist man strukturell von ausländischen Priestern abhängig, vor allem von Ordenspriestern. So waren in Lateinamerika noch 1965 36 Prozent der Priester Ausländer (79 Prozent davon Ordenspriester).

2. Entwicklungen seit dem Zweiten Weltkrieg

Die Gesamtzahl der Priester (Diözesan- und Ordenspriester) ging ständig zurück: von 433 089 (1973) auf 406 376 (1983). Dieser Rückgang war außer in Asien in allen Erdteilen festzustellen. In Afrika ging die Priesterzahl bis 1978 zurück und erlebte danach eine leichte, inzwischen stabilisierte Zunahme. Während im gesamtkirchlichen Durchschnitt 1973 ein Priester auf 1568 Katholiken kam, war das Verhältnis 1983 bereits 1 zu 2032. Die Zahl der Priesterweihen von Diözesanpriestern sank bis 1978 (in der Bundesrepublik Deutschland von 504 (1962) auf 163 (1978). Danach zeigte sich überall ein steigender Trend, außer in Nordamerika, in mehreren europäischen Ländern und Ozeanien. (In der Bundesrepublik Deutschland stieg die Zahl der Neupriester bis 1984 wieder auf 238.) Auf 100 000 Katholiken entfielen 1977 8,25 Priesteramtskandidaten (Diözesan- und Ordensklerus), 1983 waren es 9,33. Vielfach nimmt zwar die Katholikenzahl zu, wird aber das Zahlenverhältnis Priester–Gläubige ungünstiger, so etwa in Nordamerika, Asien und Afrika. In besonderem Maß gilt das für Mittelamerika (auf dem Festland 1978 1:6153 und 1:7542 1983; auf den Antillen 1978 1:6862 und 1983 1:7580) und

für Südamerika zu (1978 1:5914 und 1983 1:6805). Für Nordamerika sehen die Prognosen besonders ungünstig aus: Im Jahr 2000 werden die Diözensanpriester in den USA im Schnitt nicht nur viel älter sein als jetzt, sondern es wird auch nur noch halb so viele Diözesanpriester geben wie 1925 (damals 35 000 Diözesanpriester, 2000 werden es für viermal soviel Katholiken etwa 17 000 sein).
Bei der Abnahme der Priesterzahl kumulieren einige Faktoren. Während früher 60 bis 90 Prozent der Priesteramtskandidaten aus den „Kleinen Seminaren" hervorgingen, haben vor allem in Westeuropa die meisten dieser Seminare inzwischen ihre Tore geschlossen, weil das Interesse zurückging und das Bildungsangebot im Sekundarbereich erheblich ausgeweitet wurde. Zwischen 1964 und 1983 schieden nach einer Minimalberechnung von MOMM (Liverpool) 40 000 bis 50 000 Priester aus dem Amt. Corpus (Amerikanische Vereinigung der verheirateten und aus dem Amt geschiedenen Priester) schätzt sogar 100 000 Amtsniederlegungen, also 20 Prozent der in den vergangenen 35 Jahren geweihten Priester. Seit 1972 geht die Zahl der Austritte zurück, u. a. weil vor allem seit den unter Johannes Paul II. erlassenen Bestimmungen die Laisierung strenger gehandhabt wird. Weitere Faktoren für den Rückgang der Priesterzahl sind die gesunkene durchschnittliche Kinderzahl pro Familie, die Abnahme der Kirchenbindung, der Widerstand gegen zu einengende Autoritätsstrukturen, die Schwierigkeit, sich für eine lebenslange Bindung zu entscheiden, die Krise des Gottesglaubens (in Europa).
Durch die Abnahme ist der pastorale Druck auf die Priester größer geworden. In den meisten westlichen Ländern liegt das Durchschnittsalter der Priester zwischen 55 und 65. Im nächsten Jahrzehnt wird die Zahl der Sterbefälle im Klerus aufgrund der ungünstigen Altersstruktur schnell steigen. Im gesamtkirchlichen Durchschnitt kamen 1973 auf 100 Diözesanpriester 1,63 Weihen, 1,83 Todesfälle und 0,69 Austritte (also im ganzen ein Rückgang von 0,89); 1983 betrugen die entsprechenden Zahlen 1,69 Weihen, 1,87 Todesfälle und 0,24 Austritte (eine Abnahme von 0,42). Daß auch die Zahl der nichtgeweihten männlichen Ordensleute in allen Erdteilen zurückgeht (1978 waren es 74 792 und 1983 67 081) und auch die Zahl der Ordensschwestern weiterhin abnimmt (1978: 984 782, 1983: 935 221; die Abnahme betrifft vor allem den Westen, aber auch Lateinamerika), bringt eine zusätzliche Verminderung des pastoral aktiven Personals mit sich. Darüber hinaus ist in einigen westlichen Ländern eine Tendenz zur früheren Pensionierung des Klerus festzustellen. Zwar greift man fast überall verstärkt auf Ordenspriester zurück, um die Lücken zu füllen. Doch auch dieses Reservoir ist durch die Abnahme und Überalterung der Ordensleute im gesamten Westen bald ausgeschöpft.

3. Priesterlose Gemeinden

Die oben beschriebenen Entwicklungen führten zur Zunahme der priesterlosen Gemeinden. Nach dem „Annuarium Statisticum Ecclesiae" von 1985 hatten 1983 von insgesamt 368 348 „pastoralen Zentren" nur 157 451 einen residierenden Priester, was einer Quote von weniger als 43 Prozent entspricht (pastorale Zentren sind Pfarreien, Missionsstationen, Gemeinschaften von Gläubigen). Das macht sich vor allem in der Dritten Welt bemerkbar: So hatten in Afrika 90 Prozent der pastoralen Zentren keinen residierenden Priester, in Mittelamerika (Festland) 51,5 Prozent, auf den Antillen 70,7 Prozent, in Südamerika 69 Prozent und in Asien 76,7 Prozent. Europa zählt 44 248 priesterlose Pfarreien, die meisten davon (in absteigender Reihenfolge) in Deutschland, Frankreich, Italien, Jugoslawien, Portugal und Spanien. Fast alle diese Pfarreien sind einem anderen Priester zur Betreuung zugewiesen; 95 einer Ordensschwester, 52 Laien und 36 Ständigen Diakonen. Unter den genannten „pastoralen Zentren" sind keine kleine Gemeinschaften von Gläubigen zu verstehen, die eigentlich keinen Priester brauchen. Vielmehr beträgt die Zahl der Katholiken pro Pastoralzentrum im gesamtkirchlichen Durchschnitt 2214 Katholiken (Afrika 919, Südamerika 4868, mittelamerikanisches Festland sogar 9022). Das Fehlen von Priestern für die kleinen Pfarreien führt vielerorts zur Zunahme der Sekten.

Auch die schnelle Zunahme der priesterlosen Pfarreien in Europa muß Sorgen bereiten. Nach der neuesten Untersuchung über die Situation in Frankreich (von 1977), die längst nicht vollständig war, gab es in 1100 Pfarreien priesterlose Sonntagsgottesdienste (ADAP). Die Zahl dieser Pfarreien hat sich inzwischen deutlich vermehrt. In der großen Diözese Lyon gab es 1973 für 1,4 Millionen Katholiken (in 439 Pfarreien) 880 Diözesanpriester; im Jahr 2000 werden es vermutlich nur noch 350 sein. In den Niederlanden sinkt die Zahl der Priester jedes Jahr um 150, so daß voraussichtlich 1990 noch 1300 Priester für 1800 Pfarreien zur Verfügung stehen werden. Die gleiche Entwicklung zeichnet sich in Belgien ab, wo die Zahl der Weihen von Diözesanpriestern zwischen 1967 und 1984 um 69 Prozent abnahm, in der Bundesrepublik Deutschland und in Österreich. Dort kommt in manchen Diözesen ein Priester auf zwei oder drei Pfarreien (z. B. Eisenstadt 174 Priester für 273 Pfarreien; in Wien-Süd wird nach 1990 auf vier Pfarreien ein Priester kommen). Anderswo hat man zu wenig Priester, um übergroße Pfarreien aufteilen zu können. So wurden zwar im Bistum Rom zwischen 1974 und 1984 50 neue Pfarreien errichtet, aber 60 Pfarreien haben mehr als 20 000 Einwohner und 99 zwischen 10 000 und 20 000 (Leo XII. hatte Anfang des 19. Jahrhunderts als Maximum für eine römische Pfarrei 4000 Einwohner festgelegt, für die vier Priester zuständig sein sollten).

Auch andere Folgeerscheinungen des Priestermangels verdienen Beachtung. Immer weniger kirchliche Verbände, Bewegungen und Vereine verfügen über Priester als geistliche Berater. In der Jugendarbeit verschwinden die Priester als Identifikationspersonen. Auch das Reservoir an qualifizierten Priestern nimmt ab: Es wird immer schwieriger, Priester für das Weiterstudium und für die theologische Lehre freizustellen.

4. Auf der Suche nach Lösungen

Überall wird in verschiedenen Richtungen nach Lösungen gesucht. Es werden mehr und mehr Diakone und Laientheologen eingesetzt. Die Zahl der Laienkatecheten, vor allem der Frauen, steigt rasch (in Frankreich sind es mehr als 200 000).
Gleichzeitig nimmt aber die Gefahr zu, daß Priester wieder zu Sakramentenausteilern werden. Verschiedentlich fürchtet man, die Anstellung von Laien als Gemeindeleiter werde zu einem Identitätsverlust der Priester führen (vgl. die Beschlüsse der Niederländischen Sondersynode von 1980 und die Richtlinien der Deutschen Bischofskonferenz „Zur Ordnung der pastoralen Dienste" von 1977). Man ist davon überzeugt, daß Priester nur durch Priester ersetzt werden können. Theologen (E. Schillebeeckx, H. Küng, A. Dulles, L. Boff, Y. Congar), Bischöfe (die Kardinäle Hume, Lorscheider, Darmojuwono), Synoden und Pastoralräte (Bundesrepublik Deutschland, Österreich, Schweiz, Niederlande, Belgien, USA) plädieren dafür, neue Zugangswege zum Amt zu eröffnen, einschließlich der Weihe von „viri probati". Auch innerhalb der katholischen Kirche wird vielfach die Frage nach der Weihe der Frau gestellt.
Abgesehen von Großbritannien, kennen die protestantischen Kirchen in Europa und vor allem in Nordamerika keinen Mangel an Amtsträgern. Der Priestermangel in der katholischen Kirche wird im ökumenischen Gespräch zu wenig berücksichtigt.
Die Frage ist eng verbunden mit dem kulturellen Kontext, in dem das Priesteramt ausgeübt werden muß. Die geschlossene „Christenheit" gibt es nicht mehr. Oft sind die bekennenden Gläubigen zur Minderheit geworden. Diese Minderheit braucht mehr qualifizierte Begleitung als früher. Auch das Verlangen nach wirklicher Gemeinschaftsbildung wird größer (überall verlangen Basisgemeinden nach „Vorstehern"). Das bedeutet, daß für die pastorale Versorgung de facto mehr – wenn auch nicht unbedingt hauptamtliche – Vorsteher gebraucht werden als früher. Inzwischen braucht man in Europa Menschen für die „neue Evangelisierung". Diese verlangt kreative Inkulturation. Dazu scheint ein neuer Priestertyp unentbehrlich.

Literatur:
Annuarium Statisticum Ecclesiae (Romae 1969–1985); *M. Brulin,* Assemblées dominicales en l'absence de prêtres: situation en France et en jeux pastoraux, in: La Maison-Dieu (2/1976) Heft 130, 80–113; *J. Kerkhofs,* Paroisses sans prêtre en Europe occidentale, in: Pro Mundi Vita-dossiers, Europa, Nr. 6 (1979); *F. Klostermann,* Gemeinde ohne Priester. Ist der Zölibat die Ursache? (Mainz 1981);

A. Läpple, Priesterlose Gemeinde, Modell der Zukunft? (Trier 1980); *E. Schillebeeckx,* Christliche Identität und kirchliches Amt (Düsseldorf 1985); *P. M. Zulehner,* Priestermangel praktisch (München 1983); Das Recht der Gemeinde auf einen Priester in: Concilium (1980) Heft 3.

Jan Kerkhofs

Protestantismus

↗ Bibel; Katholizismus; Kirche; Kultur und Kirche; Ökumene

1. Begriff

In seinem Ursprung war „Protestantismus" als Kampfbegriff mit deutlich antirömischem Affekt entstanden. Auf dem Reichstag in Speyer 1529 hatten sich die evangelischen Stände zu einer „Protestation" gegen die Mehrheit entschieden: „In Sachen Gottes Ehre und der Seele Seligkeit anbelangend, müsse ein jeglicher für sich selber vor Gott stehen und Rechenschaft geben." Damit war der Ton angeschlagen, der auch in der weiteren Geschichte das protestantische Element prägte. Protestantismus wurde dann der Sammelbegriff für alle Kirchen und Strömungen, die sich auf die Reformation bezogen. Während im kirchlichen Sprachgebrauch zur Eigenbestimmung mit Vorliebe die Vokabel „evangelisch" verwendet wird, gilt Protestantismus eher als Definition der geschichtlichen Gestalt, die sich aus den reformatorischen Impulsen ableitet. Vor allem nach dem 18. Jahrhundert wurde Protestantismus als ein besonderes Element geistesgeschichtlicher und politischer Prägung verstanden, das sich von traditionellem Kirchentum mitunter distanzierte und die antirömische Tradition weiterpflegte (Beispiel: Max Weber und Ernst Troeltsch). – Auf diesen Hintergrund entwickelte sich jener „protestantische Typ", dem Reinhold von Thadden-Trieglaff, der erste Präsident des Deutschen Evangelischen Kirchentags, eine vierfache Potenz zuschrieb: „den Geist der Initiative, die dynamische Kraft schöpferischer Ideen, die Fähigkeit zu aktuellen Entscheidungen, der Mut der sittlichen Verantwortung". Der Religionsphilosoph Paul Tillich faßte dies in der gewichtigen These zusammen: „Fast alle Schöpfungen der autonomen Kultur zeigen Spuren des protestantischen Geistes." Tillich hat allerdings die düstere Prophezeiung ausgesprochen, das protestantische Zeitalter sei an seinem Ende angelangt, und nach dem Zweiten Weltkrieg schien sich dies zu bestätigen.

2. Gestalt

Im Unterschied zur Geschlossenheit der katholischen Kirche ist der Protestantismus durch eine verwirrende Vielfalt von unterschiedlichen Kirchen und Denominationen gekennzeichnet. Im Vordergrund stehen die beiden protestantischen Konfessionen, die von der Schweizer Tradition geprägten Reformierten und die Lutheraner; aber daneben existierten ein Fülle von Freikirchen, wofür Amerika mit seinen über hundert verschiedenen Denominationen ein bezeichnendes Beispiel ist. Daß es dazu kommen konnte, liegt vor allem daran, daß der Protestantismus prinzipiell auf die verbindliche Autorität eines Lehramts verzichtet. Statt dessen kennt er als einzige Autorität die Heilige Schrift, wie sie jeweils von den Gläubigen ausgelegt wird; daraus resultiert das „allgemeine Priestertum aller Gläubigen". Bestimmend dafür war der historische Auftritt Luthers auf dem Reichstag zu Worms 1521, wo er vor der versammelten Macht des christlichen Abendlandes seine Schriften widerrufen sollte. Er lehnte dies ab, wenn er „nicht durch Zeugnisse der Schrift und klare Vernunftgründe überzeugt werde"; ich bin „überwunden in meinem Gewissen und gefangen in dem Worte Gottes".
Diese strenge Gewissenskultur führte auch zu einer Subjektivierung der Frömmigkeit, zumal die Reformation die Vermittlung des Heils von Institutionen der Kirchen unabhängig machte und jedem einzelnen Glaubenden die unmittelbare Verbindung zu Gott zusprach. Der Christ wurde zwar auf die Gemeinschaft der Glaubenden verwiesen, aber die Kirche als Institution blieb in ihrer Gestalt von zweitrangiger Bedeutung. Darum konnte Luther auch die Fürsten als „Notbischöfe" einsetzen, was dann zur Entwicklung der unterschiedlichen Landeskirchen führte. Erst nach dem Zweiten Weltkrieg kam es zu einem Zusammenschluß, der „Evangelischen Kirche in Deutschlad" (EKD), die sich zu einem „Bund von Kirchen" formierte, also von eigenständigen und durchaus unterschiedlichen Kirchenkörpern. Kennzeichnend ist auch die demokratische Struktur dieses Kirchenwesens: Die Entscheidung über Kirchengesetze obliegt allein den Synoden, die vom Kirchenvolk gewählt werden; auch Kirchenleitungen und Bischöfe unterliegen solchen Beschlüssen. Dies hat zur Folge, daß die kirchliche Einheit mitunter zwar heftigen Spannungen ausgesetzt ist, daß sie aber jeweils durch die Bemühungen um Konsens zu bewähren ist.
Auf der Weltebene stellt sich der Protestantismus in durchaus unterschiedlichen Gestalten dar. In Skandinavien ist das Luthertum noch als Staatskirche organisiert, in romanischen Ländern dagegen (vor allem auch in Lateinamerika) existiert es in verhältnismäßig kleinen Minderheitskirchen, die teils auf deutsche Ursprünge oder auf amerikanische Mission zurückgehen. In der Dritten Welt spiegelt sich vielfach das unterschiedliche Ergebnis der europäischen Missionsarbeit wider; daneben aber entwickelten sich zunehmend eigenständige „junge Kirchen". Eine besondere Situation liegt in Südafrika vor, wo die protestantischen Kirchen zwar eine führende Rolle spielen, aber

im Blick auf die Apartheidpolitik kontroverse Positionen einnehmen und dadurch in ihrem Einfluß geschwächt sind.

3. Zwiespältiges Erbe

Die geschichtlichen Ausprägungen des Protestantismus sind durch zwei Traditionsstränge charakterisiert, die sich beide auf die Reformation berufen können, aber zu durchaus unterschiedlichen Folgerungen führten. Den einen beherrscht der Begriff der Freiheit, den anderen der Begriff der Ordnung. Die erste Tendenz bezieht sich auf die von Luther proklamierte „Freiheit eines Christenmenschen" und das von ihm so unerbittlich proklamierte Prinzip des souveränen Gewissens, das allein an die Schrift gebunden ist. Aus dieser Tradition entwickelte sich eine Grundhaltung, die vor allem emanzipatorischen und progressiv orientierten Bewegungen einen entscheidenden Auftrieb gab. Sie schlug sich – später in Verbindung mit der Aufklärung – in einer dynamischen Entwicklung der Wissenschaft nieder, und sie brachte in die deutsche Geistesgeschichte eine große Zahl bedeutender und markanter Gestalten ein, die eine führende Rolle übernahmen. Auch das deutsche Bildungsbürgertum war davon erheblich geprägt, und in weithin säkularisierter Form wirkt dieses Erbe bis heute weiter. – Der zweite Traditionsstrang, der sich im wesentlichen auf den späteren Luther bezieht, orientiert sich vornehmlich an dem Prinzip der Ordnung, das sich durch die enge Verbindung von Kirche und Staat ergab und das sich durch die „Zwei-Reiche-Lehre" begründet sah. Diese Tendenz repräsentiert eine vornehmlich konservative Haltung, die sich für das Bestehende einsetzte und sich für die Einhaltung der obrigkeitlichen Ordnung engagierte. Sie ist einige Jahrhunderte lang – jedenfalls unter lutherischem Vorzeichen – vorherrschend geblieben.

Diese konservative Tendenz war schon dadurch vorgegeben, daß sich die Landeskirchentümer eng mit dem jeweils herrschenden System verflochten haben. Die Kirche war dem Staat untergeordnet und hatte vornehmlich die Aufgabe, als staatstragendes Element die Bürger zum Gehorsam zu verpflichten. Darum war der Protestantismus über Jahrhunderte hinweg nicht in der Lage, ein eigenes politisches Profil oder Programm zu entwickeln. Die lutherische „Zwei-Reiche-Lehre" wurde so verstanden, daß sich die protestantische Frömmigkeit auf den Privatraum konzentrierte, während es den öffentlichen Bereich seiner Eigengesetzlichkeit überließ.

Durch die Novemberrevolution von 1918 erfuhr dann der konservative Protestantismus eine schwere Erschütterung. Nach der von der Weimarer Republik vollzogenen Trennung von „Thron und Altar" stand der deutsche Protestantismus nicht mehr einer von Gott gesetzten Obrigkeit gegenüber, sondern einem Regime, das vom Volk gewählt war. Es fiel ihm schwer, die Organe der Republik nunmehr als Obrigkeit anzuerkennen, und darum zog sich ein maßgeblicher Teil in das Ressentiment und in deutschnationale Parteinahme zurück. Er war damit nicht unwesentlich an der Unterminierung der Weimarer Republik beteiligt und wurde schließlich auch besonders anfällig für die Aufbruchsstimmung des Dritten Reiches.

4. Wende im Kirchenkampf

Während der deutsche Protestantismus zunächst in seiner überwiegenden Mehrheit der neuen Situation im Dritten Reich seine Zustimmung gab, erfuhr er schließlich – jedenfalls im kirchlichen Milieu – eine zunehmende Ernüchterung. Er fand sich nun einer Obrigkeit gegenüber, die er schwerlich mehr als gottgewollt verstehen konnte, sondern die sich zunehmend als antichristliche Macht darstellte. Zum erstenmal sah sich dadurch der Protestantismus, wenn er seiner Sache treu bleiben wollte, dazu veranlaßt, seine Eigenständigkeit gegenüber dem Staat wahrzunehmen und dann gar offenen Widerstand gegen die Obrigkeit zu leisten. Dadurch erst sah sich die evangelische Kirche veranlaßt, ihre eigene politische Position zu bestimmen und auch zu proklamieren. Das Ergebnis war die „Barmer Theologische Erklärung" von 1934, die zur Abgrenzung gegenüber den Eingriffen des NS-Staats und seiner Ideologie diente und um die sich die „Bekennende Kirche" kristallisierte. Dieses Dokument wirkt bis heute weiter. Es bedeutet die Ablösung vom bisherigen obrigkeitlichen Staatsdenken, das den deutschen Protestantismus beherrscht hatte.

Das Kriegsende 1945 schuf wieder eine völlig neue Situation: die eben noch verfolgten und diskriminierten Kirchen galten nun als maßgebliche Stützen der neu zu schaffenden Ordnung. Der deutsche Protestantismus geriet dadurch in eine mißliche Lage. Einerseits kam er allein schon aufgrund seiner angeschlagenen Vergangenheit und wegen des Verlusts der Ostgebiete deutlich ins Hintertreffen gegenüber dem damals politisch stärker gewordenen Katholizismus, und andererseits geriet er mit seinem neugewonnenen, am Widerstand orientierten Staatsverhältnis in Konflikte zu dem von der Ära Adenauer bestimmten Staatswesen. Die evangelische Kirche arrangierte sich zwar (im Gefolge des katholischen Partners) rasch mit der neuen Situation, indem sie sich der Restauration ihrer früheren Privilegien und Positionen hingab, aber der deutsche Protestantismus war lange Zeit durch ein gebrochenes Verhältnis zu dem neuen demokratischen Staatswesen belastet. Während er einerseits die rechtlichen und materiellen Vorteile des Staates in Anspruch nahm, verlegte sich der aus der Bekennenden Kirche tradierte Widerstandswille vor allem auf politische Probleme (wie die Wiederaufrüstung und die Wiedervereinigungspolitik). Diese Tendenz findet ihre Fortsetzung bis hin zur Friedensbewegung, an der sich gerade protestantische Aktionsgruppen maßgeblich beteiligten. Erst 1985 wurde durch eine Denkschrift der EKD ein klares Bekenntnis zur repräsentativen Demokratie formuliert.

5. Gegenwärtige Problematik

Der Protestantismus ringt um seine Identität (sein Selbstverständnis): Auf der einen Seite beruft er sich auf die Tradition der Volkskirche, die allen Strömungen und Meinungsprofilen ihrer Mitglieder und damit der Gesellschaft gerecht werden will, wobei allerdings der gesellschaftliche Säkularisierungsprozeß zu erheblichen Einbußen führte. Auf der anderen Seite regen sich starke Kräfte, die wieder eine radikale Nachfolge Jesu fordern und die sich dabei nach dem reformatorischen Prinzip unmittelbar auf das Evangelium beziehen. Das sind sowohl pietistische, evangelikale Kreise als auch – anders orientiert – Bewegungen, die auf gesellschaftspolitisches Engagement drängen. Besonders akut wurden diese Spannungen unter dem Einfluß der Friedensbewegung, soweit sie ihre politischen Forderungen unmittelbar aus der Bergpredigt abzuleiten suchte. – Dabei gewinnen die beiden Grundtypen der Reformation wieder eine erneute Schärfe: Die reformierte Konzeption geht unter dem Begriff der „Königsherrschaft Christi" von der Vorstellung aus, in der Geschichte der Welt müsse zunehmend das Reich Gottes verwirklicht werden, und darum seien auch alle politischen und gesellschaftlichen Bereiche unmittelbar nach den Weisungen Jesu zu gestalten. Die lutherische Konzeption dagegen legt ihrem Weltbild die „Zwei-Reiche-Lehre" zugrunde, spricht dem weltlichen Bereich die Mandate der Vernunft und der Sachgemäßheit zu und unterscheidet damit die Bereiche des Glaubens und der Macht; deshalb billigt sie in politischen Fragen der Ermessensentscheidungen eine entscheidende Rolle zu. Damit wird wieder ein Problem akut, das den Protestantismus in seiner ganzen Geschichte verfolgt hat: Da die Heilige Schrift (und nicht etwa die Tradition oder ein Lehramt) die einzig verbindliche Norm ist, bietet diese auch die Freiheit, jede Meinung durch biblische Belege zu begründen und zu rechtfertigen. Diese Freiheit, die den Protestantismus auszeichnet, hat ihm allerdings auch immer wieder seine Dynamik und seine Mobilität verliehen. Er ist dadurch eher in der Lage, auf die jeweiligen Herausforderungen der Zeit zu antworten und sich auch einem ständigen Prozeß der Reformation, der Erneuerung, zu öffnen. Dies wird auch besonders deutlich im ökumenischen Gespräch, im Zugang auf andere christliche Konfessionen und in der Bereitschaft, jene Grenzen zu überwinden, unter denen die Christenheit seit vielen Jahrhunderten leidet. Die Aktivitäten der im Weltrat der Kirchen zusammengeschlossenen ökumenischen Bewegung geben dafür eindrucksvolle Belege.

Literatur:
W. Dantine, Über den protestantischen Menschen (Hamburg 1959); *R. Prenter,* Der Protestantismus in unserer Zeit (Stuttgart 1959); *G. Schmidtchen,* Protestanten und Katholiken (München – Bern 1973); *H. Schütte,* Protestantismus (Essen-Werden 1957); *E. Stammler,* Protestanten ohne Kirche (Hamburg 1967); *ders.,* (Hrsg.), Der protestantische Imperativ (Hamburg 1966); *E. Troeltsch,* Die Bedeu-

tung des Protestantismus für die Entstehung der modernen Welt (München 1906); *H. H. Walz,* Das protestantische Wagnis (Stuttgart 1958).

Eberhard Stammler

Psychohygiene und Religion

↗ Buße und Bußpraxis; Glaubensvermittlung; Jugendreligionen; Meditation; Seelsorge; Sekten, christliche; Spiritualität

1. Begriffsklärung

Die von C. W. Beers zu Beginn dieses Jahrhunderts in den USA ins Leben gerufene „Psychohygiene-Bewegung" ist im deutschsprachigen Raum nie recht heimisch geworden. Eine unbekümmerte Übertragung des Wortes „Hygiene", das primär in der physischen Medizin und Gesundheitspolitik angesiedelt ist, auf die psychische Ebene ist in der Tat nicht unproblematisch. Im ursprünglichen Sinne ist damit ja zunächst das „Sauberhalten" im körperlichen Bereich gemeint. Eine Übertragung auf die Dimension des Psychischen wäre trivial, würde es doch auf ein „Entspannen" oder auf ein „Dampf ablassen" hinauslaufen, also auf eine Form von Katharsis. Katharsis ist aber trotz der zeitweilig vieldiskutierten Janovschen „Urschrei"-Therapie schon längst kein wesentliches Ziel heutiger Psychotherapie mehr.

Die Überlegungen der Psychohygiene sind freilich inzwischen über die genannten Parallelen zur Hygiene weit hinausgegangen. Von „Psychohygiene" sollte man heute nur sprechen, wenn man sich dabei von einer naiven „Hygiene"-Vorstellung löst und statt dessen nach der „Erhaltung und Festigung der psychosozialen Stabilität von einzelnen oder von gesellschaftlichen Gruppen durch vorbeugende Maßnahmen" fragt, „mit denen seelisch krank machende Faktoren in der menschlichen Lebenswelt (in Familie, Bildungseinrichtungen, außerschulischen Bereichen usw.) ausgeschaltet oder zumindest in ihrer Wirksamkeit abgeschwächt werden" (R. Fatke).

2. Religionskritik bei Freud und Zerrformen von Religiosität heute

Es ist eine in der Neuzeit im Westen weitverbreitete Überzeugung, daß die Religion die Menschen in ihrer psychischen Gesundheit nicht fördere, sondern sie eher unreif und krank mache. Daher müsse man zwar um der demokratischen Grundidee willen den religiösen Glauben tolerieren, in letzter Konsequenz aber um der Menschheit willen alles tun, um die „allgemein menschliche Zwangsneurose" Religion (Freud XIV, 367) zu bekämpfen. Besonders Sigmund Freud vertrat diesen Standpunkt mit gewichtigen Argumenten.

Den Religiösen, so sagte der Begründer der Psychoanalyse, gehe es nicht um Wahrheit, sie wollten vielmehr mit ihrem Glauben die Schrecken der Natur bannen, sich mit der Grausamkeit des Schicksals, besonders wie es sich im Tod zeigt, versöhnen und sich für die Leiden und Entbehrungen entschädigen, die dem Menschen durch das kulturelle Zusammenleben auferlegt werden (XIV, 339). Gegen eine solche illusionäre Rolle des religiösen Glaubens wandte sich Freud schon um der menschlichen Reife und Würde willen, denn „die Welt ist keine Kinderstube" (XV, 181). Dazu trat die praktische Forderung, daß der Mensch „seine Erwartungen vom Jenseits abziehen und alle freigewordenen Kräfte auf das irdische Leben konzentrieren" solle, um zu erreichen, „daß das Leben für alle erträglich wird und die Kultur keinen mehr erdrückt" (XIV, 373). Vor allem aber schien ihm die Zukunft der Menschheit gefährdet zu sein, falls es nicht gelingen sollte, das in seinen Augen tragische Junktim zwischen den Religionen und unabweisbaren ethischen Forderungen zu zerbrechen, denn „die ethischen Forderungen, denen die Religion Nachdruck verleihen will, verlangen ... eine andere Begründung (als die Religion sie gibt), denn sie sind der menschlichen Gesellschaft unentbehrlich, und es ist gefährlich, ihre Befolgung an die religiöse Gläubigkeit zu knüpfen" (XV, 181).

Als Christ wird man zwar diesen Argumenten nicht zustimmen können und in ihnen eine zeitgebundene Verkürzung des Verständisses von religiösem Glauben sehen. In der psychotherapeutischen Praxis freilich wird man ständig mit der Tatsache konfrontiert, daß viele Menschen auch heute noch direkte oder indirekte Opfer zeitgebundener Zerrformen von Religiosität sind. Unter ihnen tritt der Anteil derjenigen immer mehr zurück, die in einem repressiven religiösen Klima verbogen und verschroben wurden. Immer häufiger trifft man dagegen auf orientierungsarme und haltlose Menschen. Ihnen wurde der religiöse Glaube, wenn überhaupt, dann meist in ungeistiger, erfahrungsferner und unreifer Form nahegebracht, so daß sie mit ihm nichts mehr anfangen konnten. Zugleich gelang es ihnen nicht, sich auf eine andere Weise geistig und menschlich zu verankern.

3. Konsequenzen für die Psychohygiene der Gläubigen

Wer die großen heiligen Schriften aller Völker und Kulturen liest, also nicht nur die jüdischen und christlichen, stellt fest, daß nicht nur die von Freud gegeißelten Mißverständnisse, sondern auch die heute praktizierten Zerrformen des religiösen Glaubens mit dessen wirklichem Wesen nichts zu tun haben. Bei jedem wirklichen Glauben geht es ja weitaus weniger um Wünsche als vielmehr um eine Erschütterung und Infragestellung der Existenz des Gläubigen. Wirklicher Glaube ist außerdem im Unterschied zum passiven Charakter von Illusionen aktiv. Vor allem aber läßt sich eine religiöse Existenz mit menschlicher Unreife letztlich nicht vereinbaren. Dieser Gedanke, der im Buddhismus selbstverständlicher ist als bei uns, hat wichtige

Konsequenzen nicht nur für den Glauben selber, sondern auch für die Psychohygiene des Gläubigen:
a) Glaube ist kein vages, unverbindliches Herummeinen über bestimmte Inhalte und Traditionen unterhalb der Ebene verbindlicher Rationalität. Vielmehr sucht der Gläubige sich für eine Wirklichkeit zu engagieren, die ihn „unbedingt angeht" (Paul Tillich). Die Bestimmungsmerkmale eines derartigen Glaubens lassen sich aus der indogermanischen Wurzel des Wortes „glauben": „leubh", ableiten, die mit folgenden seelischen Funktionen zusammenhängt: etwas begehren, liebhaben, loben, gierig verlangen, für gut und wertvoll halten, nachgehen, sich freundlich erzeigen, vertrauen.
b) Religiöser Glaube kann keineswegs auf bestimmte Glaubensinhalte reduziert werden, die sich in einem Glaubenssystem in Gestalt von Dogmen bzw. einem „depositum fidei" zusammenfassen lassen und die es zu lernen gilt wie die Vokabeln einer fremden Sprache. Vielmehr geht es beim Glauben primär um die Art, *wie* einer glaubt, also um diejenigen Einstellungen und Haltungen, die es dem Gläubigen ermöglichen, sich aufgrund eines zwar begründeten, aber letztlich nicht mehr hinterfragbaren Urvertrauens für eine letzte halt- und sinngebende Wirklichkeit zu entscheiden.
c) Damit ist zugleich gesagt, daß Glauben keineswegs der Ausdruck eines bloßen Gefühls ist. Vielmehr steht im Zentrum jedes wirklichen Glaubens das menschliche Ich. Diese muß, soll es bei seinem Träger nicht zu Glaubensstörungen z.B. in Form von Ideologiebildung, Fanatismus oder Dogmatismus kommen, gleichermaßen stark und flexibel sein. Nur so kann sich der Gläubige dem „Objekt" seines Glaubens gegenüber eröffnen, ohne dabei an Realitätssinn im Denken und Tun zu verlieren, nur so kann er sich seinen inneren Erfahrungen erschließen, ohne daß dies zur Flucht in die Innerlichkeit verkommt, kann er selbstlos sein, ohne selbstverloren zu werden, erfährt er in seinem Glauben einen letzten Halt, ohne aber auf diesen zu pochen, vielmehr in einer Haltung von gelassener Wachheit. Voraussetzung für dies alles ist – jedenfalls ansatzweise – die Fähigkeit, ein „Pontifex oppositorum" (L. Szondi) zu sein, das heißt ein Überbrücker innerer und äußerer Gegensätzlichkeiten und Spannungen.
d) Glaube ist dennoch mit archaischen Bewußtseinszuständen, sei es in Form der Regression oder in Form der Ekstase, unvereinbar. Diese ermöglichen zwar meist ein besonders unangefochtenes und ungebrochenes Lebensgefühl, während für den Gläubigen eher eine Haltung von „Ungewißheit und Wagnis" (Peter Wust) und „Geduld im Ungewissen" (Friedrich Nietzsche) sowie eine hohe Sensibilität für die Nöte und Ungereimtheiten in dieser Welt kennzeichnend sind. Natürlich gab es zu früheren Zeiten Formen von Religiosität, die an urtümliche Bewußtseinszustände gebunden waren. Für den heutigen Menschen jedoch ist religiöser Glaube nur dann möglich, wenn dabei seine rationalen und willentlichen Seiten genauso im Spiele sind wie seine emotionalen und intuitiven.
e) Es ist auch ein Irrtum, zu meinen, daß sich im Glauben eine Sehnsucht

nach infantiler Abhängigkeit ausdrücke. In diesem Sinne wird gerne Mt 18,3 interpretiert, wo Jesus vom „Werden wie die Kinder" spricht. Unverkürzt lautet aber diese Stelle: *wenn ihr nicht umkehrt und werdet wie die Kinder, so werdet ihr nimmermehr ins Himmelreich kommen"*. Damit fordert Jesus nicht Regression, sondern eine Umkehr der Existenz, die nur dann möglich wird, wenn sie in jener vertrauenden, offenen und partizipativen Haltung erfolgt, wie sie gerade Kindern zu eigen ist. Wie wenig eine Nachfolge Christi mit Infantilismus vereinbar ist, wird gerade an dem bedeutendsten Interpreten des Jesus von Nazaret, Paulus, deutlich, der sich nicht ohne Stolz zur eigenen Reife bekennt, wenn er schreibt: „Als ich ein Kind war, redete ich wie ein Kind, dachte wie ein Kind und urteilte wie ein Kind. Als ich ein Mann wurde, legte ich ab, was Kind an mir war" (1 Kor 13,11).

4. Die psychohygienische Bedeutung der Religion

Mit dem Glauben im beschriebenen Sinn ist es unvereinbar, wenn sich jemand der autoritativen Auslegung von Glaubensinhalten unterwirft, die ihm von Experten des Glaubenssystems, dem er anhängt, rein äußerlich vermittelt wird. Der menschlichen Würde und der intellektuellen Redlichkeit ist die Bereitschaft des Gläubigen zum *Dialog mit den rationalen Erklärungsversuchen der Wirklichkeit* angemessen. Dadurch wird sein Glaube zwar nicht bewiesen, aber „heller" (Karl Jaspers).

Für wirklichen Glauben ist ferner der *Dialog zwischen Erfahrung und Dogma* kennzeichnend. Die Bemühung um die Erfahrungsdimension ermöglicht dem Glauben seine Lebendigkeit, die Tradition der Lehre dagegen, die die eigene Erfahrung reflektiert und systematisiert, gibt ihm den notwendigen Bezugsrahmen. Ohne Erfahrung erstarrt jeder Glaube zu einem kalten Kopfwissen, ohne Dogmatik zerfließt er zu einer konturlosen Gefühlsseligkeit bzw. zur Erlebnissüchtigkeit. Die derzeitige Krise des Christentums beruht nicht zuletzt auch darauf, daß sich bei uns zwar eine dogmatisch vielfältig ausdifferenzierte Orthodoxie entwickelt hat, während ihr keine gleichrangige Orthopraxie z. B. in Form einer meditativen Schulung zur Seite steht.

Eine dritte Form von Dialektik, die jeden lebendigen Glauben auszeichnet, bezieht sich auf das Verhältnis des Gläubigen zu seinen *Mitmenschen*. Der wirklich Gläubige wird in seinen Mitmenschen eine res sacra sehen, ein heiliges Wesen, während es mit einer gläubigen Existenz unvereinbar ist, wenn man den Mitmenschen entweder zu einem „Gott" überbläht (Ludwig Feuerbach) oder wenn man ihn zu einem „Wolf" entwertet (Thomas Hobbes).

Seneca, von dem das Wort von der „res sacra hominis" stammt, hat zugleich gezeigt, wie sich eine „Menschwerdung" des Menschen verwirklichen läßt. Er schrieb: „Die Vermenschlichung des Menschen geschieht, indem er sich über das Menschliche erhebt", d. h., indem er an einem überpersönlichen Sinn und an einer haltgebenden Wirklichkeit partizipiert. Der Christ ist davon überzeugt, daß er dies nicht aus eigener Kraft kann, sondern daß ein solcher Glaube Geschenk- und Gnadencharakter hat. Reife, meditative Erfahrung und eine wohlverstandene Zuwendung zu den Mitmenschen sind also psychohygienische Voraussetzung einer „gesunden" Religiosität und zugleich auch Voraussetzung für die Vermeidung wesentlicher Gefahren des heutigen Menschen: Abkehr von der mitmenschlichen und geistigen Wirklichkeit in Form von Narzißmus; Materialismus bzw. weltabgekehrte Innerlichkeitskulte; Ichaufgabe in der Form von Konsumverfallenheit usw. Nur über den Weg einer richtig verstandenen Reife können die Christen das sein, was ihr Herr von ihnen erwartete: „Salz der Erde" (Mt 5,13).

Literatur:
R. Egenter – P. Matussek, Ideologie, Glaube, Gewissen. Diskussion an der Grenze zwischen Moraltheologie und Psychotherapie (München – Zürich 1965); *R. Fatke,* Psychologie und Pädagogik, in: Die Psychologie des XX. Jahrhunderts, Bd. XII (Zürich 1980) 729f.; *S. Freud,* Gesammelte Werke, Bde. I–XVII (London o.J.); *E. Fromm,* Psychoanalyse und Religion (Zürich 1966); *A. Görres,* Kennt die Psychologie den Menschen? (München 1978); *W. Huth,* Glaube, Ideologie und Wahn. Das Ich zwischen Realität und Illusion (München 1984); *H. Müller-Pozzi,* Psychologie des Glaubens (Mainz – München 1975); *J. Scharfenberg – E. Nage* (Hrsg.), Psychoanalyse und Religion (Darmstadt 1977).

Werner Huth

Recht und Ethik

↗ Bergpredigt und Politk; Bioethik, Datenschutz, Friedensethik; Gewalt; Gewissen; Menschenrechte; Politik und Kirche; Recht und Liebe; Schwangerschaftsabbruch; Sterbehilfe; Wertewandel

1. Begriffliche Unterscheidungen

Wenn im folgenden die Bezeichnungen „Ethik", „Ethos", „Sittlichkeit" und „Moral" als gleichbedeutend verwendet werden, so besagt das nicht, daß unter anderen Rücksichten ihre Unterscheidung nicht sinnvoll sein kann. Dabei sprechen wir von „Moral" nicht im Sinne solcher Wendungen wie „Fußballer-Moral", „Steuer-Moral" u.a., wo es um die Haltung eines oder mehrerer einzelner und deren Leistungsmotivation im Hinblick auf die Ziele der Gruppe geht, sondern im Sinne von Verhaltensweisen, die einem Volk oder Stamm gemeinsam sind und deren Nichtbefolgung Sanktionen nach sich zieht.

2. Recht, Ethik und Person

Die Lehre von der *völligen Trennung von Ethik und Recht* verbindet sich vornehmlich mit den Namen Kant, Thomasius und Fichte. In neuerer Zeit ist sie besonders scharf ausgeprägt in der „Reinen Rechtslehre" Hans Kelsens verankert worden, die ihr Urheber nicht ohne Grund als „*die* Theorie des Rechtspositivismus" bezeichnet hat. Umgekehrt wird in den meisten Naturrechtslehren, aber nicht von ungefähr auch in den modernen Diktaturen, die *Identität von Recht und Ethik* behauptet. Beide Auffassungen werden jedoch dem zwischen ihnen bestehenden *Beziehungsgefüge* nicht gerecht, ihrer Polarität im Sinne eines nur relativen Gegensatzes, der einen engen sachlichen Zusammenhang nicht aus-, sondern einschließt. Ethik und Recht sind wohl in mancher Hinsicht verschieden, aber nicht voneinander geschieden.

Zum ersten versucht man Recht und Ethik durch die *Verschiedenheit ihres Zwecksubjekts* zu unterscheiden. Das Recht habe die mitmenschlichen Beziehungen zum Gegenstand, die Ethik dagegen den Menschen als Einzelwesen. Der rechtliche Wert kennzeichne eine Handlung als gut für das Zusammenleben, der ethische Wert als gut schlechthin. In neuerer Zeit hat man diese Unterscheidung in der Frage zugespitzt, ob allein die Ethik in der Personenhaftigkeit des Menschen, in seiner „Eigentlichkeit" angelegt sei, während der soziale Bereich, in dem sich das Recht bewegt, wesentlich unpersonaler Natur sei und daher den Modus der „Uneigentlichkeit" aufweise (Heidegger). Es geht also letztlich um die Frage, was *Person* ist.

In der Existensphilosophie bei Heidegger, erst recht bei Sartre, ist Person reines Selbstsein, pure Ichhaftigkeit, und die Selbstbestimmung der Person geschieht in völliger Autonomie, nichts ist ihr vorgegeben. Indessen kann der Mensch als kreatürliches Wesen nur in einem abgeleiteten, analogen Sinne „Person" genannt werden. Daher gibt es für ihn auch nie die vollkommene Freiheit, die restlose Selbstverfügung, er kann seine Natur nie restlos und adäquat „einholen". In dieser unaufhebbaren Differenz liegt der Grund für seine Geschichtlichkeit. Der Mensch muß in der je und je einmaligen und unwiederholbaren geschichtlichen Situation sein Wesen verwirklichen, und er verwirklicht sich durch die Schaffung seiner Werke. Aber diese Werke vermag der einzelne nie allein und auf sich gestellt zu leisten, sondern nur in und mit der Gemeinschaft. Deshalb bedeutet menschliche Personenhaftigkeit, eben weil sie nicht reines Selbstsein, nur ichhafte Individualität ist, immer zugleich auch „soziale Individualität" (Scheler). Die Sozialität des Menschen ist neben seinem Selbstsein nicht eine „ganz andere" Seinsweise, sie gründet vielmehr in seiner geschichtlichen Personalität.

Die personale Selbstverwirklichung des Menschen im Mitsein mit den anderen ist nur dann möglich, wenn ihm in seinem geschichtlichen Dasein das ihm Zustehende gesichert ist, wenn ihm *das Seine* gewährt wird. Dieses „Suum iustum" ist das, was man das „subjektive Recht" nennt. Und indem das objektive Recht die subjektiven Rechte des Menschen, vor allem die

Grund- und Menschenrechte, schützt und garantiert, dient es der Selbstverwirklichung der moralischen Persönlichkeit. Das Recht ist also auf ein moralisches Ziel gerichtet und darum auch keineswegs ein Hindernis für die existentielle Freiheit, sondern im Gegenteil, um mit Kant zu sprechen, „die Verhinderung eines Hindernisses der Freiheit" (Metaphysik der Sitten, S. 231). Das Recht kann und muß, vor allem durch Sicherung der Menschenrechte, jenes Maß an äußerer Freiheit schaffen, ohne das die innere Freiheit der moralischen Pflichterfüllung nicht gedeihen kann. Dabei ist das Recht freilich auf die Garantierung der elementaren ethischen Forderungen beschränkt. Die Frage, was dem Menschen durch das Recht zugemutet werden kann, spielt z. B. bei dem Problem des Schwangschaftsabbruchs eine zentrale Rolle; dabei mag die Ethik an die Schwangere höhere Anforderungen stellen, als dies unter rechtlichen Gesichtspunkten möglich ist, was zu der wichtigen Konsequenz führt, daß ein derartiger Schwangerschaftsabbruch zwar straflos, aber nicht gerechtfertigt ist.

3. Autonomie oder Heteronomie

Zweitens wird zur Unterscheidung von Ethik und Recht gesagt, jene sei auf *Autonomie* gegründet, dieses dagegen lediglich auf *Heteronomie*. Dabei geschieht die heteronome Begründung des Rechts herkömmlicherweise entweder durch die Machttheorie oder die Anerkennungstheorie. Aber aus einem bloßen Faktum, Imperium oder Konsens, folgt niemals eine Pflicht. Fremder Befehl oder Wille kann, wenn er von der Macht zu zwingen begleitet ist, wohl ein Müssen hervorbringen, aber nicht ein Sollen, d. h. eine echte normative Geltung. Freilich wird man sich im *Normalfall* damit begnügen können, die „Geltung" des Rechts auf den Geltungswillen und den Konsens der Rechtsgemeinschaft, repräsentiert durch den parlamentarischen Gesetzgeber, und insofern auf Heteronomie zu gründen. Aber im letzten Grunde kann die Rechtsgeltung nicht in einem solchen Konsens liegen, weil sonst auch ein schlechthin ungerechtes Gesetz, so es nur korrekt zustande kam, als verbindliches Recht akzeptiert werden müßte. Der Gedanke der Heteronomie, konsequent zu Ende gedacht, führt zur Auflösung der normativen Gesetzlichkeit und damit zur Auflösung des Rechts.
Aber auch der einseitig und extrem durchgeführte Autonomiegedanke zerstört die normative Gesetzlichkeit. Wenn, wie bei Sartre, jeder Mensch seine Moral selber macht, wenn es keinen anderen Gesetzgeber gibt als ihn selbst, dann ist das Problem der *Verallgemeinerung* nicht mehr lösbar. Diese Schwierigkeit hat Kant deutlich gesehen. In der Autonomie, sagt er, wird „der Wille nicht lediglich dem Gesetze unterworfen, sondern so unterworfen, daß er auch als selbstgesetzgebend und eben um deswillen allererst dem Gesetze (davon er sich als Urheber betrachten kann) unterworfen angesehen werden muß" (Grundlegung zur Metaphysik der Sitten, S. 431). Aber diese Autonomie, von der Kant spricht, kommt nicht dem Menschen als „physischem Sin-

nenwesen" zu, sondern allein der „Menschlichkeit in ihm". Also erst dort, wo die Grenzen der Individualität gesprengt werden und der Durchbruch zur übereinzelnen Allgemeinheit erfolgt, kommt der kantische Gedanke der Autonomie – und damit zugleich der Würde und Unantastbarkeit der menschlichen Person – in Sicht. Autonomie der Person bedeutet somit „nichts Geringeres als der Anteil an der allgemeinen Gesetzgebung" (ebd., S. 435) – Anteil, nicht Selbstgesetzgebung jedes einzelnen.

Damit ist der extreme Subjektivismus in Ethik und Recht vermieden, indessen noch keine objektive Grundlage für ihre Geltung geschaffen, immerhin aber ein Bereich der Intersubjektivität, der im *Normalfall* die moralische und rechtliche Ordnung tragen kann. Letztlich allerdings kann die Verbindlichkeit der Ethik und genauso des Rechts nur im Wert, der das Gewissen bindet, begründet sein.

Das heißt freilich nicht, daß Ethik und Recht ein und dasselbe wären. Das ist schon um deswillen nicht der Fall, weil es das Recht nur mit einem einzigen sittlichen Wert und dazu dem elementarsten, der Gerechtigkeit, zu tun hat, so daß ein Widerstreit zu anderen sittlichen Werten, etwa zum Liebesgebot, immer möglich ist (vgl. das Gleichnis von den Arbeitern im Weinberg, Mt 20,1 ff.). Sodann ist zu bedenken, daß das Recht nicht einmal die vollkommene Verwirklichung der Gerechtigkeit gewährleisten kann, weil wir zur sicheren Erkenntnis dessen, was je und je gerecht ist, nicht imstande sind und auch sprachliche Schwierigkeiten der Formulierung schlechthin „richtiger" Gesetze entgegenstehen. Um der Rechtssicherheit willen müssen daher auch unvollkommene Rechtsnormen Gültigkeit haben, sofern sie der Gerechtigkeit nicht generell widerstreiten (wie z. B. die Nürnberger Rassengesetze). Und schließlich muß bedacht werden, daß keineswegs alle moralische Ordnung auch rechtlich verfaßt sein müßte oder auch nur dürfte. Das Recht kann immer nur solche Verhältnisse betreffen, in welchen von allen Menschen mit möglichst großer Annäherung dasselbe verlangt werden kann. Insbesondere Strafnormen dürfen nur dort aufgestellt werden, wo es um die Wahrung oder Wiederherstellung der gesellschaftlichen Ordnung geht, also wo *Rechtsgüter* tangiert sind, während die durch die Unmoral oder die Sünde als solche verletzte Ordnung des einzelnen Menschen außerhalb der rechtlichen Sphäre bleiben muß. Das muß beachtet werden, wenn kirchliche oder weltanschauliche Gruppen sich an den Gesetzgeber wenden, um ihre Wertvorstellungen zur Geltung zu bringen; das Mittragen der Verantwortung für die Rechtsordnung ist legitim, doch kann das Recht religiöse und ethische Werte als solche, wenn sie nicht auch rechtlich relevant sind, nicht sanktionieren (beispielsweise die eheliche Treue; fraglich ist, wieweit im Ehescheidungsrecht religiöse Vorstellungen eine Rolle spielen dürfen).

Nach allem muß eingeräumt werden, daß das Recht, wiewohl seine Geltung in einem sittlichen Wert gründet, doch keineswegs in einer prästabilierten Harmonie mit der Ethik lebt, daß es vielmehr auf mannigfaltige Weise zu

Spannungen zwischen Rechtlichem und Sittlichem kommen kann. Als Beispiele hierfür können der Überzeugungstäter und das Widerstandsrecht gelten.

4. Legalität und Moralität

Zum dritten will man Ethik und Recht durch den Gegensatz *Innerlichkeit–Äußerlichkeit* unterscheiden. Ein solcher Unterschied besteht in der Tat, aber es ist kein Wesensunterschied. Auch im Recht sind innere Vorgänge – Wissen, Wille, Vorsatz, guter Glaube, Irrtum, Konsens, Dissens – von großer Bedeutung, wenngleich es auf das innere Verhalten nie ausschließlich ankommt. Andererseits ist der bloße „gute Wille" der „fromme Wunsch", dem keine Tat folgt, noch keine moralische Leistung. Sollte da die „böse Lust" allein schon zur moralischen Schuld genügen? Das liefe auf eine reine Gesinnungsethik hinaus. So ist also auch das äußere Verhalten für die Ethik und das innere Verhalten für das Recht von Bedeutung.
Schließlich wird noch mit der Unterscheidung von *Legalität* und *Moralität* argumentiert: Das Recht begründe nur Imperative, die Ethik dagegen Pflichten. Aber, wie schon gezeigt, Befehl und Zwang als solche können kein Sollen begründen, auch das Recht ist nur gesollt, wenn ihm ein Wert zugrunde liegt. Die Grundstruktur des Rechtssatzes ist daher nicht ein Imperativ, sondern eine Norm; der Imperativ ist nur das Mittel, um den in der Norm enthaltenen Wert zu verwirklichen. Ist das Recht aber Norm, dann kann es sich mit Legalität nicht begnügen, denn die Norm verlangt Moralität. Daß dem Recht die Rechtsgesinnung keineswegs gleichgültig ist, zeigt sich z. B. sehr deutlich bei der Strafe, die einerseits die Besserung des Rechtsbrechers anstrebt und andererseits den Anständigen in seiner rechtstreuen Gesinnung zu stärken sucht.
Diese Rechtsgesinnung ist nun auch genausowenig dem Zwang zugänglich wie die moralische Gesinnung. Aber auch abgesehen hiervon kann der Zwangscharakter nicht das Wesen des Rechts ausmachen. Denn wer, wie die Rechtspositivisten, im Zwang das Wesen des Rechts sieht, spricht ihm die Fähigkeit, Pflichten zu begründen, ab, und er ist nicht imstande, das Recht von bloßer Gewalt und Terror durch ein materiales Kriterium zu unterscheiden. Eine normative Legitimation von Rechtszwang ist nur durch einen Wert, durch das moralische Ziel des Zwanges möglich. Und mit dieser Maßgabe kann auch der kantische Satz akzeptiert werden: „Das Recht ist mit der Befugnis zu zwingen verbunden" (Metaphysik der Sitten, S. 231). Wo Recht ist, darf Zwang ausgeübt werden, nicht aber ist immer schon dort Recht, wo staatlicher Zwang ist. Man kann also die Geltung des Rechts nicht aus dem Zwang begründen, doch vom gültigen Recht ist zu fordern, daß es, damit Ordnung und Rechtsfrieden herrschen, notfalls mit Zwangsmitteln durchgesetzt wird.
Ist somit Zwang kein Wesensmerkmal des Rechts, so ist andererseits der Mo-

ral Zwang nicht gänzlich fremd, wie etwa Gewissensbisse und gesellschaftliche Ächtung zeigen. Auch die Ethik kennt Sanktionen.

Literatur:
A. Baumgarten, Moral, Recht und Gerechtigkeit (Bern 1917); *F. Böckle – E. W. Böckenförde* (Hrsg.), Naturrecht in der Kritik (Mainz 1973); *R. Bubner – C. Cramer – R. Wiehl*(Hrsg.), Recht und Moral, in: Neue Hefte für Philosophie 17 (Göttingen 1979); *R. Dreier,* Recht – Moral – Ideologie. Studien zur Rechtstheorie (Frankfurt a. M. 1981); *H. Geddert,* Recht und Moral. Zum Sinn eines alten Problems Berlin (1984); *Th. Geiger,* Über Recht und Moral (Berlin – München 1979); *H. L. A. Hart,* Recht und Moral (Frankfurt a. M. 1971); *J. Gründel*(Hrsg.), Recht und Sittlichkeit (Freiburg i. Br. 1982); *H. Holzhey – J. P. Leyfraz*(Hrsg.), Die Herausforderung des Rechts durch die Moral (Bern – Stuttgart 1985); *N. Horster* (Hrsg.), Recht und Moral. Texte zur Rechtsphilosophie (München 1977); *S. Jørgensen,* Ethik und Gerechtigkeit (Göttingen 1980); *A. Kaufmann,* Recht und Sittlichkeit (Tübingen 1964); *W. Korff,* Norm und Sittlichkeit. Untersuchungen zur Logik der normativen Vernunft (Freiburg – München ²1985); *H. Nef,* Recht und Moral in der deutschen Rechtsphilosophie seit Kant (St. Gallen 1937); *G. Otte,* Recht und Moral, in: Christlicher Glaube in moderner Gesellschaft, Bd. 12 (Freiburg i. Br. 1981) 6–36; *R. Pohlmann,* Recht und Moral – kompetenztheoretisch betrachtet, in: ARSP-Beiheft N. F. 13 (1980) 225 ff.; *R. Radbruch,* Rechtsphilosophie (Stuttgart ⁸1973); *W. Solowjow,* Recht und Sittlichkeit (Frankfurt a. M. 1971); *O. Weinberger,* Wahrheit, Recht und Moral, in: Rechtstheorie 1 (1970) 129 ff.; *W. Weischedel,* Recht und Ethik (Karlsruhe 1956).

Arthur Kaufmann

Recht und Liebe

↗ Arbeitsrecht, kirchliches; Befreiungstheologie; Bergpredigt und Politik; Menschenrechte; Recht und Ethik

1. Das Problem

Betrachtet man das Verhältnis von Recht und Liebe aus der Sicht schriftbezogener Verkündigung und christlicher Lebenspraxis, so kann es als ein eher gegenläufiges erscheinen. Ist christliche Liebe, wie sie uns im ersten Korintherbrief, Kapitel 13 entgegentritt, nicht gerade von den Grenzen und Fesseln des Rechts befreit? Sie beruft sich nicht auf Recht, mildert seine Härten, überschreitet seine Grenzen, ja läßt überhaupt das Recht als Verhaltensweise für zwischenmenschliches Leben hinter sich. Verwirklicht sich nicht eben darin Nachfolge Christi?
Eine solche Sicht ist einseitig. Sie hat zwar einen richtigen Aspekt, setzt aber diesen für das Ganze und wird dadurch selbst unwahr. Recht und Liebe stehen nicht in einem gegenläufigen Verhältnis, sie fordern sich vielmehr gegen-

seitig und sind aufeinander bezogen, wenngleich das Handeln aus Liebe die Ebene und die Gebote des Rechts auch überschreitet, sie gewissermaßen hinter sich läßt.
Dieses Verhältnis von Recht und Liebe läßt sich in mehreren gedanklichen Schritten anschaulich machen:

2. Rechtsordnung als Voraussetzung des christlichen Liebesgebots

Das christliche Liebesgebot kann zwar ein Überschreiten der Rechtssphäre intendieren, das Hintersichlassen rechtlicher Ansprüche und gegebenenfalls einen Verzicht darauf. Aber indem es dies tut, hebt es die Ordnung des Rechts nicht auf, sondern setzt sie in ihrem Bestand vielmehr gerade voraus. Erst dadurch erhält der Akt der Liebe als ein freies Handeln aus eigenem Entschluß, als Verzicht auf etwas, das jemand zusteht, überhaupt seinen Sinn. Die Aufforderung, demjenigen, der mir das Hemd nehmen will, auch noch den Mantel dazuzugeben (Mt 5,40), verlöre ihren Sinn und würde gegenstandslos, könnte nicht von Rechts wegen das Hemd zurückverlangt werden. Gleiches gilt für die Verpflichtung zum Almosengeben: Das Almosengeben wäre kein Akt der Liebe und Barmherzigkeit, wenn der über das Lebensnotwendige oder Auskömmliche hinausgehende Besitz schon von Rechts wegen entzogen werden könnte.
In der Sache nicht anders ist es bei den – seit je als Ausdruck christlicher Liebe und Nachfolge angesehenen – Mahnungen und Aufforderungen der Bergpredigt (Mt 5,3–12). Einesteils richten sie sich gerade auf die Suche nach oder das Leiden für Gerechtigkeit (Mt 5,6 u. 10); damit sind sie auf Recht positiv bezogen. Andernteils zielen sie – in der Aufforderung zur Barmherzigkeit – auf die Überschreitung der Ebene des Rechts, ohne sie aber in Frage zu stellen. Und der direkt auf das Zusammenleben der Menschen bezogene Anruf zum Friedenstiften bewegt sich nicht jenseits oder außerhalb des Rechts, er verweist vielmehr auf Recht. Frieden stiften zwischen Menschen und Menschengruppen, zwischen Völkern, Nationen und Staaten erfolgt zwar keineswegs allein, aber doch auch durch die Mittel und Ordnungen des Rechts (Verträge, Ausgleichs- und Verfahrensregeln, verbindliche Zuteilungen), die Konflikte entschärfen oder lösen und dem Zusammenleben feste Grundlagen und einen Halt geben.

3. Liebe und Einsatz für das Recht des anderen

Insofern christliche Liebe positive Zuwendung zum anderen, die Bejahung seines Daseins als Person und die Ausrichtung auf sein Wohl zum Inhalt hat, verlangt sie als erstes und mindestes die Achtung und Anerkennung von dessen Recht. Darüber hinaus umgreift sie auch den Einsatz, ja den Kampf für das Recht des anderen. Liebende Zuwendung zum anderen kann nicht unter Absehen von dessen Recht, seiner Achtung und Anerkennung geschehen, auch wenn sie dieses Recht überschreiten, d. h. mehr tun will, als es gebietet. Denn daß der Mensch Recht hat, das ihm zukommt und anerkannt ist, ein einforderbares, in sich stehendes Recht, ist Teil seiner Würde. Dieses Recht, das der Ausgestaltung zu einzelnen, konkret umschriebenen Rechten in der und durch die positive Rechtsordnung bedarf, schützt und schirmt sein Leben und seine Freiheit. Der Einsatz für das Recht des anderen – der Mitmenschen, zu denen man in Beziehung steht –, sei es für die Anerkennung oder den Schutz, sei es für die Schaffung seines (konkreten) Rechts, steht nicht neben der Liebe, ist vielmehr Handeln aus Liebe. Er reicht – in Grenzfällen – bis hin zum Opfer des eigenen Lebens; ein solches Opfer kann höchster Ausdruck christlicher Liebe sein (Joh 15,13). Und der Kampf für die „Befreiung", der in vielen Teilen der Dritten Welt geführt wird, erweist sich gerade darin als Ausdruck christlicher Liebe, daß und wenn er über die Hingabe von Almosen hinaus ein Kampf für das *Recht* der Armen und Entrechteten ist, ihnen zu einem Leben in Recht und Würde verhilft.

4. Einsatz für das Recht als Auftrag der Liebe

Dieser Zusammenhang zeigt, daß der Einsatz für das Recht und die Rechtsordnung, die es ausformt und gewährleistet, allgemein als Auftrag und Erweis der Liebe zu begreifen ist. Zwar gibt das Recht und die Ordnung, die es schafft, nur ein *Grundgerüst* für das Zusammenleben der Menschen ab. Dieses Grundgerüst ist zuweilen karg, manchmal auch hart, weil auf dem Boden des Rechts niemand dem andern etwas schuldig bleiben soll: Dem rechtlichen Anspruch muß die geschuldete Leistung entsprechen, rechtliche Verantwortung und Schuldigkeit werden objektiv, ohne Ansehen der Person eingefordert. Das Recht bringt noch nicht die Fülle oder eine glückhafte Vollendung im Miteinander der Menschen hervor, aber doch ein notwendiges Grundgerüst, das es ermöglicht, Gewalt und Übermacht abzuwehren, auch dem bösen Willen unter den Menschen entgegenzutreten, und das so einen festen Boden des Zusammenlebens bereitet. Auf diesem Grund – aber nicht ohne ihn – kann sich Weiteres und Höheres entwickeln. Diese Grundlage herzustellen und zu erhalten ist ein – unerläßlicher – Dienst am und für den Nächsten.
Ähnliches gilt für die Anwendung der Sanktionen des Rechts – Erzwingung von Leistungen, Auferlegung von Bußen und Strafen. Werden sie gegenüber demjenigen, der die Gesetze bricht oder mißachtet, zur Geltung gebracht, ist ein solches Handeln nicht aus sich heraus Verweigerung von Liebe; es kann vielmehr Ausdruck von Liebe sein. Sind diese Sanktionen selbst gerecht, stehen sie in einem angemessenen Verhältnis zur begangenen Tat – worauf es freilich entscheidend ankommt –, dienen sie nicht nur dem Ausgleich, den die Gerechtigkeit fordert. Sie dienen auch dazu, die Rechtsgemeinschaft, die eine Bedingung und Form des guten Lebens aller einzelnen ist, zu befestigen und dem Täter, indem sie ihn als selbsthandelndes, der Verantwortung fähi-

ges Subjekt, ja als sittliche Person ernst nehmen, die Einsicht in sein Unrecht-Tun zu vermitteln, ihn zur Achtung des Rechts der andern zu führen.

5. Angewiesenheit auf Verzeihung und Barmherzigkeit

Ein Zusammenhang von Recht und Liebe besteht auch und gerade insofern, als die Liebe in ihrer Zuwendung zum anderen verlangen kann, von der Durchsetzung des Rechts abzusehen, auf die Geltendmachung des eigenen Rechts zu verzichten. In diesen Fällen wird indes das Recht nicht durch die Liebe beseitigt, beide stehen vielmehr in einem dialektischen Verhältnis zueinander.

Menschen können in Not geraten – verschuldet oder unverschuldet – und dadurch zur Erfüllung ihrer rechtlichen Pflichten nicht mehr oder nur unter unverhältnismäßigen Opfern in der Lage sein. Hier kann es Pflicht der Liebe sein, um des Wohls des anderen willen – damit er aus der Not befreit wird oder angesichts ihrer menschenwürdig zu leben vermag – auf eigene rechtliche Ansprüche teilweise oder ganz zu verzichten. Liebe pocht dann nicht auf das eigene Recht, verzichtet vielmehr darauf, es durchzusetzen.

Ein weiteres gehört zur conditio humana: Menschen können in einer Weise aneinander schuldig werden und sich Unrecht antun, daß sie das von ihnen Verübte nicht selbst wieder auszugleichen vermögen. Sie sind – immer wieder – auf Verzeihung und Barmherzigkeit angewiesen. Die Ordnung des Rechts, die darauf angelegt ist, daß alles gegeneinander ausgeglichen wird, Restitution und Ersatz verlangt werden kann, kommt hier an ihre Grenze. Ihre gnadenlose Durchsetzung kann, angesichts des In-Schuld-verstrickt-Seins alles menschlichen Lebens, zur Härte und Verhärtung führen. Der Grundsatz „iure uti neminem laedit" (sein Recht gebrauchen verletzt niemand), der auf der Ebene des Rechts Geltung hat, erweist hier sein Ungenügen; er zeigt nicht den Weg zu Beseitigung oder Zudecken des Unrechts, damit ein neuer Anfang gemacht werden kann. Diesen Weg weist nur die Liebe in Form der Verzeihung und Barmherzigkeit. Sie darf freilich nicht mit der Scheu (aus Angst oder Bequemlichkeit) verwechselt werden, das Recht zur Geltung zu bringen, die dem anderen einen Dienst der Liebe verweigert (s. oben 4.). Die Liebe überschreitet und verläßt hier die Ebene des Rechts, aber nicht um das Unrecht als Unrecht aufzuheben, sondern um es zu überwinden, durch Verzeihung oder aus Barmherzigkeit „auszulöschen" und den Weg zu einem neuen Anfang freizumachen, der wieder in das Recht gestellt ist.

In diesen Fällen entsteht freilich kein Anspruch auf den Rechtsverzicht oder auf Verzeihung und Barmherzigkeit. Das Handeln der Liebe bleibt freie Tat, es folgt nicht einer einforderbaren, rechtlichen Schuldigkeit. Wer auf Rechtsverzicht, Verzeihung oder Barmherzigkeit angewiesen ist, um dadurch von der Last geschehenen Unrechts oder aus eigener Not befreit und zu einem neuen Anfang instand gesetzt werden kann – etwa der Ehepartner, der Ehebruch begangen hat, der Schuldner, der durch Nachlässigkeit seine Schulden nicht bezahlen kann, der Mörder, der unschuldiges Leben getötet hat –, bleibt auf die freie Tat der Liebe verwiesen, kann sie nicht von Rechts wegen einfordern. Nur die Liebe selbst kann das Handeln aus Liebe zur Pflicht machen.

6. Ordnung einer „Zivilisation der Liebe"

Das vorstehend aufgewiesene, teils aufeinander aufbauende und komplementäre, teils dialektische Verhältnis von Recht und Liebe wird in der christlichen Verkündigung nicht hinreichend reflektiert. In der naturrechtlich fundierten Moraltheologie, die lange Zeit, etwa bis B. Härings „Lex Christi" vorherrschend war, hatte es keinen Ort; gleichwohl ist es für die christliche Existenz, die in der christlichen Liebe ihren Ausgangspunkt hat, zentral. Allgemein formuliert, läßt sich sagen, daß das Recht, wiewohl es für das Zusammenleben der Menschen ein unabdingbares Ordnungselement darstellt, über sich hinausweist. Die Ordnung des Rechts ist nicht abschließend, sie erhält von der Liebe zum einen einen starken Impetus, wird von ihr unterfangen und ergänzt; zum andern wird das Recht von der Liebe transzendiert. Wiewohl notwendiges Fundament, ist das Recht aus sich allein nicht hinreichend für die Ordnung des Lebens der Menschen, vielmehr auf Ergänzung angelegt. Wie der einzelne Mensch des Erbarmens Gottes bedarf, um – als sündiger Mensch – leben zu können, so bedarf auch das irdische Zusammenleben der Menschen der von der Liebe getragenen Barmherzigkeit, des Hinwegsehenkönnens über Unrecht und Schuld. Das Zusammenleben der Menschen muß, christlich gesehen, als eine „Zivilisation der Liebe" (Johannes Paul II.) geordnet sein, die Recht als notwendige Stufe dieser Ordnung schafft und erhält, es zugleich aber auch überschreitet.

Literatur:
Der bedrohte Mensch und die Kraft des Erbarmens. Enzyklika „Über das Erbarmen Gottes" Papst Johannes Pauls II. Revidierte deutsche Übersetzung und Kommentar von Karl Lehmann (Freiburg i. Br. 1981). *K. Barth,* Rechtfertigung und Recht (Zollikon–Zürich ²1948); *Handbuch der christlichen Ethik,* 3 Bde., hrsg. von A. Hertz, W. Korff, T. Rendtorff, H. Ringeling (Freiburg i. Br. 1979–1982); Bd 1, S. 108–68, Bd 2, S. 300–43; *B. Häring,* Das Gesetz Christi (Freiburg ⁶1961), Bd 1, S. 260–324, Bd 2, S. 329ff., 362ff., Bd 3, S. 401–16; *ders.,* Frei in Christus. Moraltheologie für die Praxis des christlichen Lebens, 3 Bde (Freiburg i. Br. 1979–1981), Bd 2, S. 400–65, Bd 3, S. 358–428; *S. Meurer,* Das Recht im Dienst der Versöhnung und des Friedens, Studien zur Frage des Rechts nach dem NT (Zürich 1972); *O. H. Pesch,* Gesetz und Gnade, in: Christlicher Glaube in moderner Gesellschaft, Bd. 13 (Freiburg i. Br. ²1981) 5–77; *J. Pieper,* Über die Gerechtigkeit (München 1953); *K. Rahner,* Über die Einheit von Nächsten- und Gottesliebe, in: Schriften zur Theologie VI (Einsiedeln 1965) 277–298; *B. Schüller,* Die Herrschaft Christi und das weltliche Recht (Rom 1963); *E. Wolf,* Naturrecht oder Christenrecht (München 1960).

Ernst-Wolfgang Böckenförde

Religionsfreiheit

↗ Kirche; Lehramt; Marxismus; Menschenrechte; Politik und Kirche; Religionsunterricht; Vatikanum II

1. Religionsfreiheit und Säkularisierung

Die Religionsfreiheit, die von der katholischen Kirche erst seit Johannes XXIII. und dem Zweiten Vatikanischen Konzil ungeteilt bejaht wird und für die im protestantischen Raum sich erst der Ökumenische Rat der Kirchen nachdrücklich einsetzt (Erklärung von Neu-Delhi 1961), ist eine Errungenschaft der Entwicklung der westlichen politischen Kultur. Hat sie auch wichtige geistig-politische Voraussetzungen in der mittelalterlichen Gegenüberstellung von Kirche (sacerdotium) und Staat (imperium) und in der frühneuzeitlichen großen Glaubensspaltung (Reformation), so mußte sie doch gegen den absoluten Wahrheitsanspruch der Kirche und der Konfessionen und gegen die Verfügung der weltlichen Obrigkeit über das Glaubensbekenntnis der Untertanen verfochten werden. Das geschah – im Zuge fortschreitender Säkularisierung – vor allem durch die Aufklärung im späten 17. und im 18. Jahrhundert und wurde politisch umgesetzt mit der Amerikanischen Revolution von 1776 und der Französischen Revolution von 1789. In der Virginia Bill of Rights vom 12. Juni 1776 heißt es im Artikel 16: „Religion oder die Ergebenheit, die wir unserem Schöpfer schuldig sind, und die Art, wie wir sie erfüllen, kann lediglich durch Vernunft oder Überzeugung bestimmt werden, nicht durch Zwang oder Gewalt, und deshalb haben alle Menschen einen gleichen Anspruch auf freie Ausübung der Religion nach den Geboten ihres Gewissens." Die Erklärung der Menschen- und Bürgerrechte durch die französische Nationalversammlung vom 26. August 1789 formuliert distanzierter und mit bezeichnender Einschränkung auf weltliche Rücksichten: „Niemand soll wegen seiner Ansichten, auch nicht wegen der religiösen, beunruhigt werden, sofern ihre Äußerung die durch das Gesetz errichtete öffentliche Ordnung nicht stört." Seitdem ist die Gewährung der Religionsfreiheit in die liberalen Verfassungen des 19. und 20. Jahrhunderts eingegangen. Religionsfreiheit umgreift dabei das Recht auf freies Bekenntnis zu einer oder auch zu keiner Religion (Glaubens- und Bekenntnisfreiheit) sowie das Recht auf freie Religionsausübung (Kultusfreiheit). Beide Formen werden in totalitären Staaten stark eingeschränkt oder ganz beseitigt.

Das Grundgesetz der Bundesrepublik Deutschland führt die Glaubens- und Gewissensfreiheit unter den Grundrechten auf (Art. 4). Nach Art. 4, 7, 33 und 140 (in Verbindung mit den Art. 136–139 und 141 der Weimarer Reichsverfassung von 1919) sind die Freiheit des Glaubens, des Gewissens und des religiösen und weltanschaulichen Bekenntnisses unverletzlich; die ungestörte Religionsausübung wird gewährleistet. Niemand ist verpflichtet, seine religiöse Überzeugung zu offenbaren, und niemandem darf aus seinem Bekenntnis (oder Nicht-Bekenntnis) ein Nachteil erwachsen. Durch das religiöse Bekenntnis werden die bürgerlichen und staatsbürgerlichen Rechte nicht beschränkt; der Zugang zu öffentlichen Ämtern ist vom religiösen Bekenntnis unabhängig. Der Religionsunterricht (nach den Grundsätzen der Religionsgemeinschaften) ist in den öffentlichen Schulen ordentliches Lehrfach, aber kein Lehrer darf gegen seinen Willen verpflichtet werden, Religionsunterricht zu erteilen; die Teilnahme der Kinder steht im Willen der Erziehungsberechtigten. Es gibt keine Staatskirche, aber die großen Religionsgesellschaften bleiben Körperschaften des öffentlichen Rechtes und sind als solche berechtigt, Steuern zu erheben. Beim Militär, in Krankenhäusern, in Strafanstalten und in sonstigen öffentlichen Instituten wird bei Bedarf kirchliche Seelsorge eingeräumt. Der Sonntag ist als Tag der Arbeitsruhe und des religiösen Kultus geschützt. – Diese und ähnliche weitere Bestimmungen konkretisieren die Anerkennung und den Schutz der Religionsfreiheit.

2. Positionsänderung der Kirchen

Die somit staatlich gewährleistete Religionsfreiheit ist von den Kirchen selbst jahrhundertelang überwiegend verworfen worden. „Die Religionsfreiheit war, angesichts der Ausschließlichkeitsansprüche der widerstreitenden Religionsparteien, nur über den *Staat* und seine politische Entscheidungsgewalt zu erreichen, und sie ist auch als staatlich gewährleistetes und geschütztes Freiheitsrecht nach einigen Vorstufen schließlich im 19. Jahrhundert Wirklichkeit geworden" (Ernst W. Böckenförde). Die Päpste des 19. Jahrhunderts, so Gregor XVI. und Pius IX., haben die Forderung auf Freiheit der Religionsausübung noch ausdrücklich verurteilt. Erst die Toleranzansprache Pius' XII. von 1953 relativierte diese Haltung.
Die katholische Kirche hielt bis in diese Zeit an dem Vorrang der (von ihr vertretenen) Wahrheit vor der Freiheit fest. Das Recht auf freie Ausübung des Bekenntnisses und des Kultes sollte demnach nur der wahren Religion zukommen. Diese – die katholische – konnte allein legitimerweise öffentliche Anerkennung beanspruchen, weil nur sie auch in der objektiven Pflicht stehe, das Evangelium richtig zu verkünden. Deshalb mußte in mehrheitlich katholischen Ländern das katholische Bekenntnis möglichst Staatsreligion sein. In Ländern mit katholischer Minderheit dagegen sollte die Kirche für sich das Recht der freien Ausübung ihres kultischen, seelsorgerischen, erzieherischen, karitativen und publizistischen Wirkens auf der Grundlage ihrer Anerkennung als öffentlich-rechtliche Institution fordern. – Diese Position verfocht auch noch eine starke Minderheit der Bischöfe auf dem Zweiten Vatikanischen Konzil, sie konnte sich aber bei der Verabschiedung der Erklärung „Dignitatis humanae" und im Konzil insgesamt nicht mehr durchsetzen.

3. Bestärkung durch das Vatikanum II

Wenn wir alle für die Religionsfreiheit relevanten Erklärungen des Zweiten Vatikanums zusammennehmen, dann lassen sich folgende grundlegenden Gesichtspunkte herausheben: Die Kirche bejaht die Religionsfreiheit als ein Grundrecht des Menschen, als ein wesentliches Element des Gemeinwohls und als ein entscheidendes Prinzip der rechtlichen Ordnung, das im freiheitlichen Rechtsstaat zur angemessenen Geltung kommt. Die Kirche fordert von jedem Staat auch für sich selbst als Institution und gleicherweise für alle Religionen und Konfessionen die Freiheit der Religionsausübung und erkennt sie damit ihrerseits ausdrücklich an. Einzige Grenze für diese Ausübung ist die Gefährdung der öffentlichen Ordnung im Sinne der Verletzung der Rechte anderer, des öffentlichen Friedens oder der öffentlichen Sittlichkeit (vgl. dazu Dignitatis humanae 4; 7). Die Kirche bekennt, daß „bisweilen im Leben des Volkes Gottes auf seiner Pilgerfahrt – im Wechsel der menschlichen Geschichte – eine Weise des Handelns vorgekommen" ist (nämlich Glaubenszwang, Inquisition, religiös motivierte politische Unterdrückung, religiöser Fanatismus usw.), „die dem Geist des Evangeliums wenig entsprechend, ja sogar entgegengesetzt war; aber die Lehre der Kirche, daß niemand zum Glauben gezwungen werden darf, hat dennoch die Zeiten überdauert" (Dignitatis humanae 12).

Das Recht auf Religionsfreiheit ist primär in der Würde der menschlichen Person begründet. Diese schließt gleiche geistige und soziale Rechte für jeden Menschen, die Entwicklung des Menschengeschlechtes zur verantwortlichen Übernahme der Freiheit und die Wahrung der Freiheit des menschlichem Gewissens und seiner Akte, gerade auch des Glaubensaktes, ein (Dignitatis humanae 1–3; 9–11). Rechte können nicht einer Wahrheit, sondern nur Menschen und ihren Einrichtungen zukommen. Sie können nicht darauf basieren, wieweit ein Mensch, eine Gruppe oder auch eine Konfession in der Wahrheit steht, sondern nur auf der Würde der Personalität, zu der jedoch gerade auch die Schwachheit der menschlichen Wahrheitserkenntnis gehört.

Die Religionsfreiheit ergibt sich darüber hinaus aus der grundverschiedenen Natur des Staates mit seiner in Grenzen legitimen Zwangsgewalt und der Kirche mit ihrem Heilsauftrag, der durch das lebendige Zeugnis der Gläubigen und nicht durch wie auch immer gearteten Druck zu erfüllen ist (Dignitatis humanae 3; 4; 11; 13). Zugleich aber werden das staatliche wie das kirchliche Wohl gefördert, wenn Religionsfreiheit besteht. Der Grad der Religionsfreiheit wird zu einem Gradmesser für die Entwicklung von Freiheit und Gerechtigkeit in einer Gesellschaft überhaupt (Dignitatis humanae 6–8; 10; 13; 15). Nur ein im Prinzip freiheitlich verfaßter Staat kann auch die Religionsfreiheit fördern und mit Sicherheit gewährleisten. Daraus resultiert, daß sich die Christen und die Kirchen, denen heute am Schutz der Religionsfreiheit gelegen sein muß, auch für eine freiheitliche Staatsform und politische Kultur einsetzen und darin aktiv betätigen. Sie haben kritisch darüber zu wachen, sich jedoch auch konstruktiv dahingehend zu engagieren, daß der Staat seine Aufgabe als weltanschaulich neutrale und profane Institution begreift, die in inhaltlichen religiösen Angelegenheiten nicht kompetent ist, sondern nur den äußeren Rahmen für die Beziehungen der Religionsgemeinschaften zur Gesellschaft sowie untereinander setzt.

4. Religion im Rahmen des freiheitlichen Rechtsstaates

Dies kann mit einem hohen Maß an Gewißheit nur der Rechtsstaat, der seine Herrschaftsausübung verfassungsmäßig eingrenzt, der ein konstitutionelles, aus freier, gleicher, allgemeiner und geheimer Wahl des Volkes hervorgehendes Regierungssystem mit beschränkter, aber zur Aufrechterhaltung der öffentlichen Ordnung hinreichender Macht um der Rechte und Freiheiten der Person willen kennt und der die freie Wirkmöglichkeit der gesellschaftlichen, kulturellen und weltanschaulichen Gruppen und Organisationen im Sinne ihres geordneten Neben- und Miteinanders einräumt.

Mit der Anerkennung, Bejahung und Förderung der Religionsfreiheit verzichten die Kirchen auf gesellschaftliche Privilegierung. Die Religionsfreiheit befreit sie zum Dienst an der Gesellschaft und an den Menschen innerhalb der Gesellschaft und der modernen Lebenswelt. Es ist dann die Aufgabe der Christen, ihrem Glauben ohne besondere Bevorzugung gesellschaftliche Geltung zu verschaffen. Dazu stehen ihnen im freiheitlichen Rechtsstaat die öffentlichen Möglichkeiten wie den Anhängern anderer weltanschaulicher und gesellschaftlicher Positionen zur Verfügung, nicht mehr, aber auch nicht weniger. Wieweit die Gesellschaft noch von christlichem Geist durchdrungen ist oder es wieder wird, hängt letztlich allein von ihnen ab.

Literatur:
E.-W. *Böckenförde,* Religionsfreiheit als Aufgabe der Christen. Gedanken eines Juristen zu den Diskussionen auf dem Zweiten Vatikanischen Konzil, in: Stimmen der Zeit 176 (1964/65) 199–212; *ders.,* Die Bedeutung der Konzilserklärung über die Religionsfreiheit. Überlegungen 20 Jahre danach, ebd. 204 (1986) 303–312; Evangelische Kirche und freiheitliche Demokratie. Der Staat des Grundgesetzes als Angebot und Aufgabe. Eine Denkschrift der Evangelischen Kirche in Deutschland (Gütersloh 1985); *J. Hamer – Y. Congar* (Hrsg.), Die Konzilserklärung über die Religionsfreiheit (Paderborn 1970); *M. Honecker,* Religionsfreiheit und evangelische Glaubensüberzeugung, in: Der Staat 23 (1984) 481 ff.; *G. Lindgens,* Katholische Kirche und moderner Pluralismus. Der neue Zugang zur Politik bei den Päpsten Johannes XXIII. und Paul VI. und dem Zweiten Vatikanischen Konzil (Stuttgart 1980); *H. Lutz* (Hrsg.), Zur Geschichte der Toleranz und Religionsfreiheit (Darmstadt 1977); *J. C. Murray,* Die religiöse Freiheit und das Konzil, in: Wort und Wahrheit 20 (1965) 409–430, 505–536; *K. Schlaich,* Neutralität als verfassungsrechtliches Prinzip, vornehmlich im Kul-

turverfassungs- und Staatskirchenrecht (Tübingen 1972); *A. Schwan,* Katholische Kirche und pluralistische Politik. Politische Implikationen des II. Vatikanischen Konzils (Tübingen 1966).

Alexander Schwan

Religionsunterricht

↗ Gemeinde; Glaubensvermittlung; Kirchlichkeit; Religiöse Erziehung; Verkündigung

1. Aktuelle Diskussion um den Religionsunterricht

Nach einiger Zeit relativer Ruhe ist der schulische Religionsunterricht wieder in die Schußlinie öffentlicher, vor allem kirchlicher Kritik geraten. Waren die kritischen Stimmen der vergangenen Jahre vor allem auf Einzelfragen gerichtet (Religionsbücher, Lehrpläne, korrelative Hermeneutik und Didaktik, Streit um inhaltliche und didaktisch-methodische Schwerpunkte), so wird heute die *grundsätzliche Frage* nach der Tradierungskapazität von Religion und christlichen Glauben im Religionsunterricht aufgeworfen. Ist er aus seinem Selbstverständnis (wie es die Würzburger Synode 1974 formuliert hat), aus seiner gegenwärtigen Praxis, aus den Lebensformen der Schüler und Lehrer, der Familien und Gemeinden und aus den Bedingungen des Lernraums ‚Schule' befähigt, seine ihm zugewiesenen Aufgaben zu erfüllen? Ist der Religionsunterricht an seine religionspädagogische, an seine glaubensdidaktische Grenze gekommen? Diese Fragen werden um so dringlicher gestellt, als sich die Anzeichen einer rasch wechselnden Entkirchlichung und sogar Dechristianisierung mehren. Dabei ist weniger besorgniserregend der Schwund von Wissen in Sachen Religion und christlicher Glaube, sondern eher der Schwund von erfahrenem Lebenswert von Religion und christlich Glauben.

In dieser Situation schauen nun viele kritische Beobachter auf den Religionsunterricht als jene Vermittlungsinstanz, die – bei aller Kritik – doch die höchste institutionelle Sicherung ihres Tradierungsauftrags hat. Gerade angesichts deutlicher Veränderungsprozesse der Wirkungen und Funktionen von Religion in den postmodernen Gesellschaften und – damit verbunden – auffälliger religiöser Desozialisationserscheinungen in der Familie und in der Gemeinde, in der Gleichaltrigengruppe und im alltäglichen Milieu steigen die Erwartungen an den Religionsunterricht. Er ist die letzte, äußerlich intakte Vermittlungsinstanz von Religion und christlich Glauben. Um seinen schwindenden Erfolg zu steigern, werden Lehrplanrevisionen versucht, Katechismen empfohlen, die Spiritualität und Kirchlichkeit der Religionslehrer eingefordert. Kurz: Der Religionsunterricht wird weithin für die wachsenden

Anzeichen der religiösen und kirchlichen Desozialisation verantwortlich gemacht. Diesem Urteil muß entschieden widersprochen werden.
Der Religionsunterricht ist in seinem Selbstverständnis und in seiner Leistungsmöglichkeit angemessen zu betrachten nur in seiner gegenseitigen Abhängigkeit von Gesellschaft und Kirche, von Gemeinde und Familie. In einer hoch differenzierten „nachchristlichen", wertneutralen Gesellschaft kann eine religiöse, christliche Sozialisation und Erziehung nur wirksam und verantwortet werden *in einem integrativen Vermittlungsprozeß;* nur das Zusammenwirken von Familie und Gemeinde, von Schule und Gleichaltrigengruppe kann die Lebenswerte ‚Religion' und ‚christlich Glauben' in einer verschärften Diasporasituation erfahrbar, erziehbar und lebbar werden lassen. Lediglich neue Forderungen zur Revision von Lehrplänen und Religionsbüchern oder kräftige Empfehlungen zur Symboldidaktik und Schulseelsorge erscheinen heute unangemessen angesichts der religiös-kirchlichen Gesamtsituation. Denn wenn *Religion* bezeichnet wird als ein System der gegenseitigen Beziehung von Menschen zu einem unsagbaren Geheimnis der Welt und zugleich meiner Lebensgeschichte und wenn außerdem *christlich Glauben* als das gemeinsame Leben-Wagen auf jenen Gott hin bestimmt wird, der sich als ‚Gott-mit-uns' im Leben und Sterben und Auferwecktwerden Jesu auftut, dann ist solche Religion und solcher Glaube nicht im wertneutralen Raum der Schule allein vermittelbar; der Religionsunterricht braucht außerschulische Erfahrungs- und Bewährungsräume z. B. für die angstmindernde Kraft von Religion und für das versprochene „Leben in Fülle" (Joh 10,10) des christlichen Glaubens.

2. Der Religionsunterricht in einem integrativen Glaubensvermittlungsprozeß

Die Umrisse einer integrativen Erneuerung der religiös-christlichen Vermittlungsformen liegen großteils in konziliaren und nachkonziliaren Texten vor. Indem sich die Kirche bewußt nicht als Lehrmeisterin, sondern als Begleiterin in der Kirchen- und Pastoralkonstitution selbst bestimmt, wird der diakonische Grundzug aller kirchlichen Praxis erkennbar: In Gottes Namen und im Geist Jesu Christi dem Leben-Können der Menschen heute aufzuhelfen, das ist das Ziel und Aufgabe der Kirche in allen ihren Aktionsformen. Die mühsame und zähe Verwirklichung dieses Ziels ist ausgesprochen in dem Programmwort „Evangelisierung". In dem Apostolischen Schreiben „Evangelii nuntiandi" Pauls VI. (1975) werden ausdrücklich Stufen und Formen der Glaubensvermittlung unter nachchristlichen Lebensbedingungen genannt. Das „Zeugnis des Lebens" (Art. 21) ist das erste, noch stumme Wort der Einladung in die Lebensweise des Evangeliums. Das „stumme Zeugnis" bleibt „auf die Dauer unwirksam ... Die Frohbotschaft, die durch das Zeugnis des Lebens verkündet wird, wird also früher oder später durch das Wort des Lebens verkündet werden müssen. Es gibt keine wirkliche Evangelisierung, wenn nicht der Name, die Lehre, das Leben, die Verheißungen, das

Reich, das Geheimnis von Jesus von Nazaret, des Sohnes Gottes, verkündet werden" (Evangelii nuntiandi 22). Die ausdrückliche Einladung in die Lebensformen des Evangeliums, die Martyrie in Gemeinde und Familie, wird erst wirksam in der „Zustimmung des Herzens" (ebd., Art. 23). Zugleich werden „legitime Stufen auf dem Glaubensweg" erkennbar (R. Englert). Eine „Zustimmung des Herzens" drückt sich aus „durch den sichtbaren Eintritt in eine Gemeinschaft von Gläubigen ... die selbst ein Zeichen des neuen Lebens ist: es ist die Kirche, das sichtbare Sakrament des Heils" (ebd.). In dieser Gemeinschaft wird das erfahrbare (im Prozeß der evangelisierenden Inkulturation gewonnene) neue Leben aus dem Geist Jesu Christi in der Liturgie besprochen, dargestellt, verschenkt und gefeiert; zugleich wird jeder, „der evangelisiert ist, auch seinerseits wieder evangelisieren" (Evangelii nuntiandi 24). So wächst ein Fermentierungsprozeß aller Lebensbereiche durch das Evangelium heran.

Diese Skizze einer evangelisierenden Kirche und Gemeinde umschreibt auch die Zielstellung des schulischen Religionsunterrichts im Verbund mit der christlichen Erziehung in der Familie und der katechetischen Arbeit in der Gemeinde. Wie schon der Beschluß der Würzburger Synode (1974) formuliert, soll der „Religionsunterricht zu verantwortlichem Denken und Verhalten im Hinblick auf Religion und Glaube befähigen" (Synode I, 139), also Informations- und Entscheidungshilfe anbieten. Solche Hilfe kann aber nur wirksam werden *im Verbund mit einer evangelisierenden Familie und Gemeinde.* Darum ergeben sich folgende Konsequenzen für einen integrativen evangelisierenden Glaubensvermittlungsprozeß:

a) Gemeinden beginnen sich als freiwillige, hoffende, glaubende, feiernde Gruppen von Christen an einem Ort zu entdecken, die aus dem Geist Jesu Christi und geeint durch den Dienst des Amtes Leben suchen und Leben aufbauen wollen zur Ehre Gottes und zum Wohlergehen der Menschen. Solche Gemeinden bieten konkrete einladende Erfahrungsräume für die Lebenskraft des Evangeliums.

b) Die katechetischen Aktivitäten dieser Gemeinden – vor allem auf Erwachsene gerichtet – werden die lebenspraktische (und soteriologische) Kraft des Evangeliums als Nachfolge Jesu vorzeigen und vermitteln in selbstorganisierenden Gesprächsgruppen. Die schwindende Plausibilität von Religion und Religiosität, von christlich Glauben und von Kirchlichkeit wird hier bedacht und besprochen und mit dem Lebensangebot und dem Umkehrruf des Evangeliums verbunden; ein Stück evangelisierter Lebenskultur im Umgang mit Nächsten und Freunden, mit Sachen und Situationen beginnt heranzuwachsen.

c) Die Gemeinden werden vor allem den Eltern in der religiösen und christlichen Erziehung und Begleitung ihrer Kinder beistehen. Die sakramentenkatechetische Einführung der Kinder wird vorzugsweise von den Eltern der Kinder zusammen mit ehrenamtlichen Katecheten als mystagogische Einführung besorgt; auf eine rasche Sakramentalisation ohne Evangelisation wird verzichtet.

d) Das mit dem Evangelium und aus dem Geist Jesu Christi entdeckte und gelebte Leben der Christen und Gemeinden wird in der Liturgie gefeiert. Die Zelebration dieses von Gott in Jesus Christus geschenkten Lebens wird zur (evangelisierenden) Instruktion und zugleich Mission.

e) Die evangelisierende Gemeinde will ihre jugendlichen Mitglieder „erleben lassen, daß gerade der christliche Glaube mehr als alle anderen weltanschaulichen Angebote den Weg zu Selbstverwirklichung freimacht und somit auf ihre Frage nach Sinn, Glück und Identität anwortet, die immer auch die Frage nach dem Glück, dem Heil und der Identität aller einschließen muß" (Würzburger Synodenbeschluß „Ziele und Aufgaben kirchlicher Jugendarbeit": Synode I, 294).

f) In diesem Geflecht evangelisierender Lebensräume hat der schulische Religionsunterricht seinen legitimen Ort. Er hat zunächst unter den Bedingungen der Schule in einer nachchristlichen Gesellschaft an die Wissensbereiche Religion und Religionen, biblisch-christliche Traditionen und Kirchen heranzuführen. Dieses zu vermittelnde Religions- und Glaubenswissen ist aber als mögliches Lebenswissen und damit als Begründungswissen einer Lebensentscheidung nur zu beurteilen aus bezeugter oder eigener Erfahrung eben dieses lebensgestaltenden Wissens. Wenn also der Religionsunterricht – gemäß dem Würzburger Synodenbeschluß – auch auf Entscheidungsfähigkeit in Sachen Religion und christlich Glauben angelegt ist, dann ist er auf außerschulische Erfahrungs- und Bewährungsräume des Evangeliums und der christlichen Gemeinden angewiesen. Denn der Religionsunterricht in kein Raum der „ausdrücklichen Verkündigung" (vgl. Evangelii nuntiandi 22). Die evangelisierende Gemeinde holt den Religionsunterricht aus seiner sonst leider üblichen Isolation heraus, nimmt seine wissensvermittelnde und entscheidungsfördernde Funktion wahr und bietet ihm Räume der Erfahrung und Bewährung an.

3. Konkrete Empfehlungen für eine neue Praxis

Die oben angedeuteten gesellschaftlichen und kirchlichen Signale fordern dazu auf, die institutionalisierte, einmal höchst wirksame und berechtigte Arbeitsteilung in der Glaubensvermittlung heute aufzugeben. Es ist an der Zeit, das Thema Glaubensvermittlung aus der didaktisch-methodischen Sackgasse herauszuführen und als primär theologisches, als pneumatologisches, als ekklesiologisches Thema wahrzunehmen. Damit wird keine Re-Kerygmatisierung oder Re-Katechetisierung des schulischen Religionsunterrichts angestrebt (vgl. dazu ausführlich: G. Baudler und G. Miller), sondern dieser zum Erreichen seiner Ziele befähigt (vgl. Synode I, 139.149.152).

Im Zuge einer Neugestaltung der Glaubensvermittlungsprozesse in Gemeinde, Familie und Schule werden die Botschaft, das Werk und die Person Jesu Christi in den Mittelpunkt rücken. Eine organische *Christozentrik* in den wissensvermittelnden, den sinnstiftenden, den lebenanbietenden Formen der

Katechese, der Jugendarbeit, der Elternbildung und des Religionsunterrichtes ist zu wünschen, und zwar eine theologisch begründete und eine anthropologisch ausgelegte Christozentrik. Denn sowohl der oft erhobene Vorwurf gegen den Religionsunterricht heute, er verzettele sich durch zu viele „weltliche" Themen (Entwicklung und Frieden, Umwelt und Naturwissenschaften, Sexual- und Friedenserziehung usw.) auf Kosten der Glaubensthemen, als auch die immer wieder geforderte Vollständigkeit in der Vermittlung des Glaubenswissens (vgl. die Katechismusdebatte der letzten zehn Jahre) werden überholt in der gewünschten christologischen Konzentration.
Schon seit Jahren heißt das Programmwort der Theorie und Praxis des Religionsunterrichts *„Korrelative Didaktik"*. Nach den verschiedenen Pendelbewegungen einer pädagogisierenden und theologisierenden Überwucherung des Religionsunterrichts in den 30er bis 60er Jahren und den raschen alternativen Konzepten eines hermeneutischen, eines problem- und schülerorientierten Religionsunterrichts in den frühen 70er Jahren wird seit den Vorarbeiten zum gleicherweise curricular- und schülerorientierten Zielfelderplan für den Religionsunterricht der Schuljahre 5–10 (1973) nach einer korrelativen Didaktik gesucht, die zu einem kritisch-produktiven Gespräch zwischen der biblisch-christlichen Glaubenstradition gestern und den Lebenserfahrungen der Schüler anleitet. Dabei ist inzwischen eine gewisse Lösung der verzweigten Fragestellung gefunden, und zwar in der offenbarungstheologischen Einsicht, daß die von dem Gott Abrahams und Jesu Christi gestiftete Beziehung zu den Menschen und die von Menschen auf den geglaubten Gott hin gesuchten Beziehungen korrelativ = wechselseitig sind. Das erhoffte und geglaubte Handeln Gottes ereignet sich in der menschlichen Geschichte und wird als dieses geschichtliche Handeln vernehmbar, denkbar, sagbar mitten in konkreten Lebensfragen und Lebenseinsichten. Die in der christlichen Glaubensgeschichte ausgeformten Überzeugungen von gestern können zu neuen Lebensfragen und Lebenseinsichten von heute nur werden in einem kritisch-produktiven Austausch, der Gottes Werk und Wort in Jesus Christus neu offenbart. Dieser glaubenshermeneutische und darum glaubensdidaktisch relevante Prozeß vollzieht sich in der Kirche, im Leben der einzelnen Gemeinde.
In den bisherigen bilanzierenden und projektierenden Überlegungen zum Religionsunterricht sind bevorzugt die Schüler und die Eltern, die Themen und die Sozialformen bedacht worden, aber selten derjenige, der die unterschiedlichen Konzepte und Pläne realisieren soll, *der Religionslehrer*. Dabei hat der Wandel der Konzeptionen des Religionsunterrichts jeweils auch das Selbstverständnis des Religionslehrers verändert. So mußte in rascher Folge der Katechet (bis ca. 1965) zum Hermeneuten werden, der Experte zum Therapeuten, der Arrangeur zum Begleiter; seit einiger Zeit wird der Religionslehrer als Zeuge eingefordert. In einem Religionsunterricht im Gesamtkonzept einer integrativen Glaubensvermittlung erhält er nicht wieder eine neue Rollenumschreibung. Vielmehr ist zu wünschen, daß die Gemeinden und Fa-

milien die Tätigkeit jener Religionslehrer beachten, die in ihrem Bereich wirken. Denn der „unbekannte Religionslehrer" wird leicht zum gemeindefremden Religionslehrer in doppelter Weise: *fremd* für die Gemeinde und fremd *in* der Gemeinde; dagegen ist der Religionslehrer und sein Unterricht genauso auf Gemeindekontakte angewiesen wie die Gemeinde auf Schulkontakte (im oben angedeuteten Sinn). In dieser gebotenen Wiederannäherung von Gemeinde, Familie und Schule kommt unbedingt der Gemeinde die Initiative zu.

Literatur:
Evangelii nuntiandi. Apostolisches Schreiben Pauls VI. (1975); Catechesi tradendae. Apostolisches Schreiben Johannes Paul II. (1979); Gemeinsame Synode der Bistümer in der Bundesrepublik. Offizielle Gesamtausgabe Bd. 1 u. 2 (Freiburg i. Br. 1976 f.); Grundlagenplan für den Kath. Religionsunterricht im 5.–10. Schuljahr, Revidierter Zielfelderplan, hrsg. von der Zentralstelle Bildung der Deutschen Bischofskonferenz (Köln 1984); *G. Baudler,* Religiöse Erziehung heute (Paderborn 1979); *G. Bitter,* „Kommt und seht", Überlegungen zu einem einladenden Religionsunterricht, in: A. Biesinger – W. Nonhoff (Hrsg.), Religionsunterricht und Schülerpastoral (München 1982) 13–33; *D. Emeis – K. H. Schmitt,* Handbuch der Gemeindekatechese (Freiburg i. Br. 1986); *R. Englert,* Glaubensgeschichte und Bildungsprozeß. Versuch einer religionspädagogischen Kairologie (München 1985); *G. Miller,* Geschichte ist Gegenwart, in: Katechetische Blätter 102 (1977) 913–918.

Gottfried Bitter

Religiöse Erziehung

↗Familie; Frau in der Kirche; Gemeinde; Glaubensvermittlung; Kirche; Kirchlichkeit; Religionsunterricht; Seelsorge; Verkündigung

1. Zur Situation der religiösen Erziehung

Die Weitergabe des christlichen Glaubens an die nachwachsende Generation ist offensichtlich so sehr in Frage gestellt, daß man schon von einem drohenden Traditionsabbruch spricht. Immer seltener kann der Glaube den Heranwachsenden so nahegebracht werden, daß sie ihn als ihre – alle Einzelaspekte des Lebens umgreifenden – *Grundoption* und als persönlich verantwortete Glaubensüberzeugung übernehmen. Läßt dieser statistisch abgesicherte Befund auf eine tiefgreifende Krise der religiösen Erziehung schließen? Versagen die Erzieher, oder hat die religiöse Erziehung selbst Teil an einer langfristigen und unaufhaltsamen Entwicklung, die zur Säkularisierung immer weiterer Lebensbereiche, zur Zersetzung oder zur radikalen Umformung religiöser Lebensorientierungen führt?
So viel steht außer Zweifel: Die religiöse Erziehung steht heute vor einer äu-

ßerst schwierigen Situation: Die meisten Lebensbereiche haben sich aus dem Sinnhorizont des Glaubens herausgelöst und zu einer Autonomie gefunden, die keine religiösen Vorgaben mehr gelten läßt. Das hat zu einem gesellschaftlichen Funktionsverlust von Religion geführt: Religiöse Orientierung scheint weitgehend verzichtbar, wo es um Optionen in den Bereichen Ökonomie, Politik, Gesellschaft, Bildung und Kultur geht. Glaube und Religion sind weitgehend zur „Privatsache" geworden, aber auch im Bereich der individuellen Lebenspraxis sind sie vom Relevanzverlust bedroht. Die Nachfrage nach einer umfassenden Sinnperspektive, die alle Bereiche des Lebens auf eine metaphysisch verankerte Seinsordnung bezieht und dem einzelnen so eine verläßliche Orientierung im Gesamt der Wirklichkeit ermöglicht, geht dramatisch zurück. Dieser Rückgang mag von der zunehmenden Banalisierung unserer Lebenswelt herrühren und zu ihr beitragen. Weniger wertend ließe sich sagen, daß in ihrer Reichweite mehr oder weniger begrenzte Sinnangebote (sportliche und berufliche Leistung, Familie, Lebensstandard, Einsatz für Benachteiligte), die zudem miteinander kombiniert werden können, umfassende religiöse Sinnangebote vielfach ersetzen oder auch nur verdrängen. Es bleibt die Frage offen, wie der einzelne im Blick auf die konkurrierenden Sinnangebote, im Blick auf einander widersprechende Verhaltensanforderungen und Rollenangebote zur Ich-Identität gelangen, wie er selbstverantwortliches *Subjekt* werden und bleiben kann.

2. Gründe der Krise

Die religiöse Erziehung ist in die Krise geraten, weil die öffentliche und die „private" Nachfrage nach religiöser Sinndeutung stark zurückgegangen ist und so auch das Engagement der „Erzieher" für die motivierende Weitergabe der Glaubenstradition abnimmt. Hinzu kommen vielfältige zwiespältige Erfahrungen mit einer einengenden und entmündigenden *religiösen Sozialisation*. Gegenüber einer weithin als „repressiv" empfundenen religiösen Erziehung mit ihrem Totalanspruch auf die Erziehungswirklichkeit erscheint das selektive Auswählen aus verschiedenen Sinnangeboten als die vernünftigere Alternative. An die Stelle einer Erziehung zur Totalidentifikation soll die Hinführung zu differenzierender und kritisch auswählender Stellungnahme treten. Das Phänomen der „Auswahlchristen" (P. M. Zulehner) zeigt das Eindringen dieses Typs weltanschaulicher Orientierung auch in den religiös-kirchlichen Bereich. Das bringt die religiösen Erzieher in einen tiefgreifenden Rollenkonflikt. Sollen sie sich als Anwalt kritischer Mündigkeit verstehen oder den Heranwachsenden gegenüber die Ansprüche der Institution Kirche auf Totalidentifikation mit ihren „Grundsätzen" zur Geltung bringen? Die Erzieher machen in dieser zwiespältigen Situation zudem häufig die Erfahrung, daß alle ihre Initiativen zur Weitergabe der Glaubenstradition, daß auch eine – von außen gesehen – annähernd gelingende religiöse Sozialisation die Heranwachsenden nicht zu prägenden Glaubenserfahrungen hinführen kann. So sieht sich religiöse Erziehung auf allen Ebenen mit der Schwierigkeit konfrontiert, daß der christliche Glaube weithin als der an die jungen Menschen herangetragene *Anspruch* einer bürokratischen Institution und zu selten als *verheißungsvolle Lebensperspektive* begegnet; und die Erzieher scheitern häufig bei dem Versuch, die Abwehr der Heranwachsenden gegen diesen als Zumutung empfundenen Totalanspruch zu überwinden.

3. Intentionen und Grenzen religiöser Erziehung

Dieser Krisensituation kann man begegnen, indem man sie auf grundlegende Unklarheiten bei Erziehern und Erzogenen hinsichtlich des „zu Glaubenden" zurückführt und deshalb den Erziehungsprozeß auf die verbindliche Glaubensnorm festzulegen versucht. Die eben angesprochene Schwierigkeit kommt dabei freilich noch gar nicht in den Blick: Die unverkürzte Vermittlung des Glaubensgutes allein kann ja dem Heranwachsenden kaum die entscheidende Erfahrung vermitteln, daß es beim Glauben nicht nur um den Anspruch einer auf „Rekrutierung" von aktiven Mitgliedern bedachten Organisation, sondern *um das Gelingen meines Lebens* von seinem letzten Grund und Ziel her geht. Religiöse Erziehung steht und fällt mit dem Gelingen dieses Überzeugungsprozesses. Sie wird daher versuchen, Lernprozesse in Gang zu setzen, in denen das Leben der Heranwachsenden aus dem Glauben gedeutet und der Glaube in seiner Bezogenheit auf das menschliche Leben mit seinen Sinnerfahrungen und Reifungskrisen erschlossen wird. Sie wird *ganzheitliches Lernen* initiieren, das nicht nur auf die Aneigung von Kenntnissen und Fertigkeiten, sondern auf die Entdeckung der im Glauben erschlossenen Möglichkeiten wahren Lebens ausgerichtet ist: Der Heranwachsende kann lernen, welche schlechthin verheißungsvollen Dimensionen sein Leben im Vertrauen auf die Haß und Tod überlegene, schlechthin solidarische und jedem einzelnen Menschen gerecht werdende Liebe Gottes gewinnt, wenn ihm der Glaube in den grundlegenden Entfremdungserfahrungen seines Lebens von dieser Mitte des Evangeliums her ausgelegt und als *„Lebenswissen"* nahegebracht wird. Der Heranwachsende kann lernen, die Krisen- und Sinnerfahrungen seines Lebens auf die unabsehbaren Möglichkeiten der göttlichen Liebe zu beziehen, und er kann angeleitet werden, diese Möglichkeiten für sich zu entdecken. Der Glaube selbst, das Sich-Verlassen auf den Gott Jesu Christi, der jeden Menschen in seiner Liebe vollenden will, kann freilich nicht gelernt werden. Das ist die unüberschreitbare Grenze religiöser Erziehung: Lernprozesse können die grundlegende Erfahrung des Zutrauens zu Gott vorbereiten, aber niemals bewirken; diese tragende Glaubenserfahrung ist Gnadengeschenk, sosehr der Mensch dafür Verantwortung trägt, sich der Gnade zu öffnen.

4. Das Leitziel

Religiöse Erziehung muß versuchen, die Mitte des Evangeliums je neu auf die Lebensmitte des Heranwachsenden zu beziehen. Sie ist auf *lebenslanges Lernen* angelegt, weil sich die kritische Korrelation meiner Lebensmitte zur Mitte des Evangeliums je neu herstellt. Soll sie sich als *kritische* Korrelation einstellen können, so muß die Mitte des Evangeliums freilich auch als meiner subjektiven Lebens- und Glaubenserfahrung vorgegebene *unabhängige Größe*, als normative Glaubensregel zur Sprache kommen. Die Bindung der religiösen Erziehung an das Glaubensbekenntnis ist also durchaus unverzichtbar, auch wenn diese Bindung im Erziehungsprozeß über die Einsicht in die Mitte des Glaubens vermittelt sein müßte. Wo die religiöse Erziehung an der je neu zu entdeckenden und vor der normativen Glaubensregel zu verantwortenden kritischen Korrelation von Lebensmitte und Mitte des Evangeliums orientiert bleibt, da sieht sie es auch als ihre Aufgabe an, einseitige und verzerrende Korrelationen zu überwinden. Korrekturen sind notwendig, wo der Glaube von unreif gebliebenen Bedürfnissen überformt, wo er zur Legitimation unterdrückender psychischer und gesellschaftlicher Strukturen vereinnahmt, wo er von isolierten und deshalb verzerrenden Einzelaspekten her gelebt (oder auch abgelehnt) wird. Umfassendes Leitziel religiöser Erziehung ist deshalb die „reife Religiosität in reifer Persönlichkeit" (R. Bleistein), die den Glaubenden in die Lage versetzt, seine Lebensumstände und Lebensverhältnisse von der Bestimmung des Menschen zur heilsamen Gemeinschaft mit Gott her in Frage zu stellen bzw. zu verändern. Religiöse Erziehung will den Heranwachsenden befähigen, die Wahrheit des Glaubens als Herausforderung zu einer schlechthin verheißungsvollen, befreienden Lebenspraxis wahrzunehmen und die den Menschen von Gott angebotenen und in Jesus Christus mit letzter Deutlichkeit offenbar gewordenen neuen Lebensmöglichkeiten zu ergreifen. Wer sich auf diese im Glauben erschlossenen Lebensmöglichkeiten einläßt, der ist ein gläubiger Mensch, „der solidarisch mit anderen die gemeinsame Lebensgeschichte verantwortlich zu gestalten lernt" (N. Mette); der ist unterwegs dazu, *Subjekt* zu werden.

5. Erfahrungs- und Gemeinschaftsbezogenheit des Glaubens

Religiöse Erziehung muß dazu anleiten, die gängigen eindimensionalen Interpretationsmuster für menschliche Grunderfahrungen und deren gesellschaftliche Verankerung in Frage zu stellen und „die Menschen für Erfahrungen ... zu sensibilisieren, die sie betroffen machen, vor Fragen stellen, existentiell irritieren, aus der Gleichgültigkeit aufrütteln, Sehnsüchte wach werden lassen und sie für den letzten Grund ihres Daseins öffnen" (N. Mette). Die Gemeinde der Glaubenden kann der Raum sein, in dem solche Erfahrungen zugelassen und in der gemeinsamen Auslegung des Evangeliums von der Bestimmung des Menschen zur heilsamen Gottesgemeinschaft her gedeutet werden. Für das Gelingen der religiösen Erziehung hängt Entscheidendes davon ab, ob die Heranwachsenden mit ihren Erfahrungen in den kleineren Glaubensgemeinschaften (Familien, gemeindlichen Gruppierungen) und in der Großgruppe „Kirche" vorkommen dürfen, und ob sie als kompetente Mitglieder der Interpretationsgemeinschaft Kirche ernst genommen werden. Wo dies nicht geschieht, da bleibt die Kirche die fremde, fordernde Institution, deren Anspruch auf (Total-)Identifikation man sich entzieht, wo immer man dies ohne große „soziale Kosten" tun kann. In der Interpretations- und Traditionsgemeinschaft Kirche gibt es vielfältige Rollen, darf es auch Gesprächspartner geben, die sich vorübergehend (und wohl auch für lange Zeit) mit der normativen Glaubensregel nicht vollständig identifizieren können. Religiöse Erziehung wird diesen Vorbehalt gegen die Totalidentifikation achten und gleichwohl versuchen, einleuchtend zu machen, warum sich im Glaubensbekenntnis der Kirche die „organische Ganzheit des Glaubens" (J. Ratzinger) ausspricht.

6. Die Rolle des Erziehers

Auch die Rolle des „religiösen Erziehers" wird nicht immer durch Totalidentifikation mit dem Glaubensbekenntnis und der vorfindlichen Kirche abgedeckt sein können. Diese lebens- und glaubensgeschichtlich bedingte Distanz darf und muß im Erziehungsprozeß nicht verleugnet werden. Nur wo der Heranwachsende den Erzieher als *Zeugen* der Hoffnung auf den Gott Jesu Christi, der die Menschen in seiner Liebe vollenden will, wahrnimmt, kann eine motivkräftige Weitergabe des Glaubens gelingen. Dieses Zeuge-Sein schließt die Kritik an bzw. die Ratlosigkeit über bestimmte Artikulationen dieser Hoffnung und die Unzufriedenheit mit bestimmten kirchlichen Realitäten gerade nicht aus. Die *kritische* Solidarität mit der Kirche und ihrem Bekenntnis kann vielmehr gerade als Ausdruck der Leidenschaft wahrgenommen werden, mit der man sich für eine wahrheitsgemäße und wahrhaftige Weitergabe des Glaubens engagiert. Wer als Erzieher die eigene Lebens- und Glaubensgeschichte in sein Zeugnis einbringt, der wird freilich auch zu erkennen geben, daß sein Zeugnis von der Gemeinschaft des Glaubens mitgetragen und gerade vom Gespräch mit den zu Erziehenden mitgeprägt ist. So verweist die Zeugnisfunktion des Erziehers auf jene Gemeinschaft des Lernens und Bezeugens, in der der Lehrende auch zum Belehrten und der Erzogene zum Lehrer werden kann.

Literatur:
Catechesi tradendae. Apostolisches Schreiben über die Katechese heute (1979); *F. Feifel,* Die Theorie der religiösen Bildung und Erziehung, in: E. Feifel u.a. (Hrsg.), Handbuch der Religionspädagogik, Bd. 1 (Zürich 1973) 72–107; *B. Grom,* Religionspädagogische Psychologie des Kleinkind-, Schul- und Jugendalters (Düsseldorf 1981); *N. Mette,* Erziehung, in: P. Eicher (Hrsg.), Neues Hand-

buch theologischer Grundbegriffe, Bd. 1 (München 1984) 254–264; ders., Lehrbrief 1: Glauben lernen in der Welt von heute. Theologie im Fernkurs – Religionspädagogisch-katechetischer Kurs (Würzburg 1986); *J. Ratzinger,* Die Krise der Katechese und ihre Überwindung (Einsiedeln 1983); *R. Schlüter,* Der Religionslehrer als Zeuge – eine hilfreiche religionspädagogische Forderung? in: Theologie und Glaube 74 (1984) 341–356; *J. Werbick,* Der Glaube als „Lebenswissen". Begriff und Dimension eines „identitätsverbürgenden Wissens" aus Glauben, in: Katechetische Blätter 107 (1982) 326–333.

Jürgen Werbick

Sakramente

↗ Buße und Bußpraxis; Ehe; Glaubensvermittlung; Jesus Christus; Kirche; Kirchlichkeit; Ökumene; Seelsorge

1. Das Problem der Zahl

Sakramente heißen im Bereich des Christentums einige hochrangige kirchlich-gottesdienstliche Handlungen, die auf symbolische Weise wirklichen Anteil geben an dem in Jesus Christus geschenkten göttlichen Heil. Zahl, Sinn und Wirksamkeit der Sakramente sind zwischen den christlichen Konfessionen bis heute umstritten.
Während die Kirchen der Reformation meist nur zwei Sakramente kennen (Taufe und Abendmahl, gelegentlich auch die Buße), zählt die römisch-katholische Kirche insgesamt sieben Sakramente: Taufe, Firmung, Eucharistie, Buße, Krankensalbung, Priesterweihe, Ehe. Im 1. Jahrtausend bezeichnet man aufgrund eines sehr offenen Sakramentenbegriffes auch andere liturgische Handlungen als Sakramente, z. B. die Fußwaschung am Gründonnerstag, die Mönchs- und Jungfrauenweihe, gelegentlich sogar das Kreuzzeichen; die einzelnen sakramentalen Handlungen erscheinen als Ausfächerungen eines einzigen umfassenden kirchlich-liturgischen Mysteriums bzw. Sakramentes. Die östlichen Kirchen haben diese ursprüngliche Weite des Sakramentenbegriffs beibehalten. Die Siebenzahl ist offenbar eher symbolisch gemeint; als Summe der symbolischen Zahlen für Himmel (3) und Erde (4) bezeichnet sie die Wirklichkeitsfülle der Sakramente. Unter dogmatischer Rücksicht bleibt die Zählung der Sakramente daher weitgehend offen.

2. Neutestamentliche Grundlagen

Die Wurzeln der christlichen Sakramente reichen bis in vorchristliche Zeit zurück. Vor allem in den antiken Mysterienreligionen finden sich heilige Handlungen, in denen auf kultische Weise eine im Mythos überlieferte Heilstat vergegenwärtigt und dem einzelnen im Vollzug dieser Mysterien heilswirksam zugeeignet wird. Das Neue Testament bringt allerdings die sakramentalen Handlungen niemals mit dem Begriff „mysterion" in Verbindung – offenbar um den Unterschied zwischen heidnischen Mysterien und christlichen Sakramenten (vor allem in deren Rückbezug auf das geschichtliche Christusereignis) nachdrücklich zu unterstreichen. Überhaupt kennt das Neue Testament noch keinen Allgemeinbegriff für die später als Sakramente bezeichneten Handlungen; es bezeugt lediglich deren selbstverständliche Praxis, besonders den Vollzug von Taufe und Eucharistie. Die theologische Deutung dieser beiden Hauptsakramente in 1 Kor 10–12; Röm 6,1–11 und Gal 3,26–29 gibt erste Hinweise auf das neutestamentliche Sakramentenverständnis: Beide Sakramente werden in Beziehung gebracht zum „Leib Christi", womit ebenso die persönliche Lebensgemeinschaft mit Jesus Christus wie die Gemeinschaft der an Christus Glaubenden, die Kirche, gemeint ist. Dieselben christologischen und ekklesiogischen Zusammenhänge beinhaltet das neutestamentliche „mysterion", das in der lateinischen Bibelübersetzung Vorlage für den Begriff „sacramentum" ist. „Mysterion" meint (bes. in Eph und Kol) Gottes ewigen Heilsratschluß für die Welt in seiner geschichtlichen Realisierung in Jesus Christus, zugleich dessen weiteren Ausgriff auf die Welt durch die Kirche als gegenwärtige Vollzugs- und Offenbarungsgestalt dieses göttlichen Heilsratschlusses (vgl. Eph 3,1–13; Kol 1,25–27). Indem die Kirche die Sammlung der Völker beinhaltet und bewirkt, ist sie Zeichen und Werkzeug, Verwirklichungsgestalt dieses göttlichen Mysteriums, gleichsam dessen Real-Symbol (genau das meint der spätere Begriff Sakrament); ihr ganzes Handeln bleibt von diesem „mysterion" durchwirkt und ist daher „sakramental" bestimmt. Nach neutestamentlichem Zeugnis sind die einzelnen sakramentalen Handlungen also wechselseitig bezogen auf das Christusereignis wie auf die Kirche; ihrem Wesen nach sind sie kommunikative Handlungen, in denen die Kirche sich auf einzigartige Weise als „Leib Christi" darstellt, wodurch sie den einzelnen und sich selbst als Gemeinschaft aufs neue mit dem alles überragenden heilstiftenden Christusgeschehen konfrontiert und zugleich ihre Bestimmung zum Heil der Welt verwirklicht.

3. Theologiegeschichtliche Entwicklung

Die alte Kirche hat diesen umfassenden und maßgeblich ekklesiologisch geprägten Sinn des Mysteriums bzw. Sakraments zunächst bewahrt; dabei bleibt das platonische Urbild-Abbild-Denken bestimmend. Eine Schlüsselrolle für die weitere Geschichte spielen zunächst Augustinus und sein neuplatonisch gefärbter Sakramentsbegriff. Demnach sind Sakramente sichtbare Zeichen einer unsichtbaren Wirklichkeit, nämlich der göttlichen Gnade, die allerdings in den Zeichen selbst enthalten ist. Die naturale Symbolik der sakramentalen Elemente (z.B. Wasser, Brot, Wein) wird durch das göttliche Stiftungswort überformt, so daß das Sakrament ein worthaft gedeutetes Zeichen unsichtbar-gnadenhafter Wirklichkeit darstellt; seine Wirksamkeit gründet im göttlichen Auftragswort Christi. Der Einbruch germanischen Denkens führt einerseits zu einer Verflüchtigung der bei Augustinus nachdrücklich festgehaltenen Zeichen-*Wirklichkeit* der Sakramente und so zu einem entleerten Symbolismus; andererseits hat dies, bedingt durch ein eher dinglich-realistisches Verständnis sakramentaler Wirklichkeit, einen Verlust an *Symbol*-Wirklichkeit zur Folge. Thomas von Aquin versteht die Sakramente in aristotelischer Begrifflichkeit als Zeichen und Ursache göttlicher Gnade, näherhin als Instrumentalursache; sie zeigen an und bewirken zugleich die Mitteilung von Gnade, und zwar „ex opere operato", d. h. kraft ihres Vollzugs, unabhängig von irgendwelchen persönlichen Voraussetzungen. Die liturgisch-gottesdienstliche Gestalt der Sakramente tritt dabei in den Hintergrund. In der Folge werden die Sakramente oft unter Absehen von ihrer Symbolwirklichkeit wie von ihrer kirchlich-kommunitären Gestalt als objektiv und apersonal wirkende, eher privatistische Gnadenmittel betrachtet – ein Mißverständnis, das durch die Annahme einer geradezu „automatischen" Wirksamkeit der Sakramente bis an die Grenze des Magischen und damit menschlicher Verfügung über Gott reicht. Dagegen richtet sich der reformatorische Protest, der an die biblischen Grundlagen der Sakramente erinnert und zugleich deren Wort- und Verheißungscharakter, also die absolute Unverfügbarkeit göttlichen Handelns nachdrücklich betont. Die Reformatoren verstehen das Sakrament allerdings verschieden: Während die lutherische Tradition eine gewisse Eigenständigkeit und -wirksamkeit des Sakraments neben dem Wort der Verkündigung kennt, gerät es in der reformierten Kirche zu einem rein äußerlich verstandenen und aller Wirksamkeit entleerten Symbol. Calvin kennt zwar eine Wirksamkeit des Geistes „in" den Sakramenten, bindet diese allerdings nur locker an den Vollzug sakramentalen Handelns selbst; für Zwingli gilt das Sakrament vom Menschen her als Erinnerungs- bzw. Erkennungszeichen einer davon unabhängig geschehenen göttlichen Begnadung.

4. Erneuerung des Sakramentenverständnisses im 20. Jahrhundert

a) *Hintergründe:* Zu einer durchgreifenden und umfassenden Erneuerung im Sakramentenverständnis kommt es in der römisch-katholischen wie in der evangelischen Kirche erst im 20. Jahrhundert: Die Rückbesinnung auf die Kirchenväter enthüllt den umfassenden Mysterien- bzw. Sakramentencharakter alles kirchlichen, vor allem aber des liturgischen Handelns; die Bibelbewegung entdeckt einerseits die Schwierigkeit einer Rückführung aller Sakramente auf ein ausdrückliches Stiftungswort Jesu, andererseits aber die herausragende Bedeutung von Taufe und Abendmahl schon in neutestamentlicher Zeit; die liturgische Bewegung legt besonderen Nachdruck auf die gemeinschaftliche Feiergestalt der Sakramente und deren Zeichencharakter, was sich in der Liturgiereform nach dem Zweiten Vatikanischen Konzil auswirkt; die kirchliche Bewegung stellt den sakramentalen Charakter der Kirche selbst in den Vordergrund und entfaltet aus dem Grundsakrament Kirche die verschiedenen Einzelsakramente; die ökumenische Bewegung endlich führt zu einer neuen Wertschätzung des verkündigten Wortes neben dem Sakrament und einer stärkeren Beachtung des personal-glaubensmäßigen Charakters der Sakramente. Hinzu kommt eine breite Wiederentdeckung des Symbols in den Wissenschaften, vor allem in der Tiefenpsychologie, der Sprachphilosophie und der Soziologie; letztere betont vor allem die konstitutive Bedeutung symbolischer kommunikativer Handlungen zur Selbstverständigung und Selbstdarstellung gesellschaftlicher Großgruppen. Auch die ursprüngliche Bedeutung des Wortes „symbolon" beinhaltet eine soziale Beziehung im Zeichen: „Symbola" heißen die beiden Bruchstücke eines Tontäfelchens bzw. eines Ringes, die zwei Menschen als Erkennungszeichen ihrer gegenseitigen Verbundenheit oder vertraglichen Verpflichtungen dienen. Der symbolische (von sym-ballein, zusammenfügen) Vorgang des Zusammenfügens beider Hälften identifiziert diese beiden Menschen in ihrem vergangenen und bleibend gültigen Verhältnis zueinander. Dem Symbol als solchem eignet daher ein kommunikativer Sinn, denn es hebt die wechselseitige Zusammengehörigkeit und einen grundlegend gemeinsamen Sinnhorizont unter Menschen in ein leicht erkennbares verbindliches Zeichen.

b) *Systematische Entfaltung:* Die Wiederentdeckung des Symbolcharakters der Sakramente und die Berufung auf verschiedene Symboltheorien zeichnet die Sakramententheologie der letzten Jahrzehnte aus. Dabei liegt der Akzent weniger auf der naturalen Symbolik, die den sakramentalen Zeichen ebenfalls eigen ist (z. B. das frische, lebensspendende und reinigende Wasser in der Taufe; das nährende Brot und der festlich stimmende Wein in der Eucharistie; das stärkende und heilende Öl in den Salbungen). Unter anthropologischer Rücksicht steht im Vordergrund die neue Sinnstiftung eher biologisch-leiblicher Vorgänge wie das Mahl (Eucharistie), die Geburt (Taufe), der Eintritt in das Erwachsenenalter (Firmung), lebensbedrohende Krankheit (Krankensalbung), sexuelle Gemeinschaft und Fortpflanzung (Ehe) usw. An diesen Knotenpunkten menschlicher Existenz stellt sich dem Menschen in seiner Leiblichkeit die Frage nach dem letzten Sinn seines Menschseins. Daher werden diese Situationen zum Anlaß einer symbolischen Handlung, die dem Menschen in seiner konkreten menschlich-leiblichen Verfaßtheit von Jesus Christus her Heil zuspricht und vermittelt, indem sein Menschsein in all seinen Stationen als von Gott angenommen und sinnvoll aufleuchtet. Sakramente sind in dieser Perspektive zu verstehen als leibhaft-symbolisch vermittelte Sinnstiftungen menschlicher Existenz von Jesus Christus her, die ihre anthropologische Begründung in der leib-geistigen Wirklichkeit des Menschseins finden. Neuere Ansätze der Sakramententheologie gehen aus vom soziologisch-theologischen Symbolgefüge kirchlich-gemeinschaftlicher Handlungen und orientieren sich damit an der liturgischen Feier-Gestalt der sakramentalen Vollzüge. Als kommunikative Handlungen der konkreten kirchlichen Gemeinschaft begründen und bewahren die Sakramente die Identität individuellen wie gemeinschaftlichen Christseins; sie sind herausragende, auf den einzelnen wie auf die Kirche insgesamt bezogene Feiern des Glaubens und zugleich unverlierbare und unüberbietbare Selbstvollzüge der Kirche in ihrer radikalen Gründung im Christusereignis. Die darin geschehende symbolische Kommunikation zielt zunächst auf den Binnenraum der Glaubenden; Sakramente sind schließlich „sacramenta fidei", die den Glauben voraussetzen und nur im Raum des Glaubens ihre Wirksamkeit erweisen können. Zugleich haben solche kommunikativen Handlungen jedoch ihre eigene Dynamik und Wirksamkeit: Im Vollzug selbst ergreifen sie den Menschen und machen zugleich das für diese konkrete Gemeinschaft fundamentale vergangene Gründungsgeschehen gegenwärtig, bezeichnen dadurch aber ebenso den einzelnen und gemeinsamen Weg in die Zukunft; sie bewirken ein neues Miteinander innerhalb dieser Gemeinschaft, das zugleich Welt und Zeit einbezieht und das ebenso individuell wie sozial bestimmte Menschsein bzw. Christsein des einzelnen neu gestaltet. Solch herausragendes kirchlichkommunikatives Handeln in den Sakramenten ist vom Heiligen Geist getragen, der allein die alles begründende Christuswirklichkeit in Kirche und Welt gegenwärtig macht. Die Wirkung der Sakramente, die darin geschenkte Gnade, liegt somit zunächst in einer umfassenden Neubegründung kirchlicher Wirklichkeit, die ihrerseits ganz und gar aus dem Christusereignis lebt, dieses am dichtesten in den Sakramenten als gegenwärtig wirksam vermittelt und von hier aus das Heil von Mensch, Welt und Geschichte begründet.

Literatur:
G. Ebeling, Erwägungen zum evangelischen Sakramentsverständnis, in: ders., Wort Gottes und Tradition. Studien zu einer Hermeneutik der Konfessionen (Göttingen 1964) 217–226; *J. Finkenzeller,* Die Lehre von den Sakramenten im allgemeinen. Von der Schrift bis zur Scholastik (HDG IV/1 a) (Freiburg i. Br. 1980); *ders.,* Die Lehre von den Sakramenten im allgemeinen. Von der Reformation bis zur Gegenwart (HDG IV/1 b) (Freiburg – Basel – Wien 1981) (Lit.); *R. Hotz,* Sakramente – im Wechselspiel zwischen Ost und West (Zürich – Köln – Gütersloh 1979); *E. Jüngel - K. Rahner,* Was ist ein Sakrament? Vorstöße zur Verständigung (Freiburg i. Br. 1971); *W. Kasper,* Wort und Sakrament, in: ders., Glaube und Geschichte (Mainz 1970) 285–310; *U. Kühn,* Sakramente (Handbuch Systematischer Theologie Band 11) (Gütersloh 1985); *R. Schaeffler – P. Hünermann,* Ankunft Gottes und Handeln des Menschen. Thesen über Kult und Sakrament (Freiburg i. Br. 1977); *Th. Schneider,* Zeichen der Nähe Gottes. Grundriß der Sakramententheologie (Mainz 1979); *A. Skowronek,* Sakrament in der evangelischen Theologie der Gegenwart. Hauptypen der Sakramentsauffassungen in der zeitgenössischen, vorwiegend deutschen evangelischen Theologie (München – Paderborn – Wien 1971); *D. Zadra – A. Schilson,* Symbol und Sakrament, in: Christlicher Glaube in moderner Gesellschaft, Bd. 28 (Freiburg i. Br. 1982) 85–150 (Lit.).

Arno Schilson

Säkularinstitute

↗ Kirche; Laien; Neue geistliche Bewegungen; Orden und Ordensreform; Säkularität und Säkularismus; Spiritualität; Vatikanum II; Verkündigung; Zölibat

1. Wesen der Säkularinstitute

Säkularinstitute sind kirchliche Vereinigungen „gottgeweihten Lebens" (vitae consecratae), in denen Christen in der Welt leben, nach Vollkommenheit streben und zur Heiligung der Welt von innen her beitragen. Vier Elemente gehören wesentlich zum Leben von Mitgliedern von Säkularinstituten: a) die Verpflichtung auf die evangelischen Räte entsprechend der jeweiligen Konstitutionen (durch Gelübde, Eid, Weihe, Versprechen), b) die Apostolatstätigkeit (missionarisches Wirken in der Welt als „Sauerteig"), c) das in der Welt und von der Welt sein (in saeculo et ex saeculo): ohne vorgeschriebene besondere Lebensform, d) die Bindung an das Institut geschieht durch die übernommenen Verpflichtungen und wird realisiert in brüderlichem Dienst an der Gemeinschaft.

Die Eigenart der Säkularinstitute liegt also darin, daß sie es ihren Mitgliedern ermöglichen, Gott und den Menschen ganz zu dienen durch ein Leben, das Gott geweiht und in der Welt präsent ist. Ihre Mitglieder leben in der Welt und handeln aus der Welt heraus. Ihr In-der-Welt-Sein ist aber eine „saecularitas consecrata", eine „geweihte Säkularität". Deswegen leben die Mitglieder in ihren Familien, arbeiten in den üblichen Berufsmilieus und behalten in allem ihre menschlichen Beziehungen bei.

2. Säkularinstitute und Orden

Ihr nicht ganz geklärtes Problem bleibt auch nach der kirchlichen Anerkennung (1947) und der genaueren Fixierung ihres rechtlichen Status im neuen kirchlichen Gesetzbuch (1983) die Frage: Wenn sie keine Ordensinstitute sind, weil sie in der Welt leben, was sind dann die spezifischen Elemente des Ordenslebens?

Die Ordensinstitute haben ihre Anfänge in der Wüste. Die Eremiten lebten für Gott allein, in der Einsamkeit des Schweigens. Viele von ihnen suchten einen geistlichen Lehrer, damit er ihnen den Weg zeigte zum Gebet, zur Abtötung, zum inneren Schweigen, zur Absonderung von der Welt, zur Meditation und Kontemplation. Unter der Führung des Lehrers lebten sie zusammen. Sie gründeten Klöster, wo sie unter der Führung des Abtes der gleichen Lebensregel folgten. Von daher ist den Ordensinstituten vieles gemeinsam: Gott suchen und für ihn allein leben, sich von der Welt absondern, frei sein für das Gebet. Diese ursprünglichen Elemente haben dann auch die Bettelorden, die Regularkleriker sowie viele neuere Institute in ihr Leben aufgenommen. Aber außer der Absonderung der Mönche und der Konventualen von der

Welt und der Klausur der Nonnen begannen im 15. Jahrhundert neue Formen des geweihten Lebens im Dienst am Nächsten. Berühmt unter ihnen ist der erste Versuch von *Angela Merici* aus Brescia (1474–1540). Um leichter die weibliche Jugend erziehen zu können, verblieb sie in der Welt wie einst die Jungfrauen in der alten Kirche. Bald jedoch wurden sie und ihre Gefährtinnen von der kirchlichen Autorität zum gemeinsamen Leben in Klöstern verpflichtet.

Weitere Versuche, sich in besonderer Weise Gott zu weihen, aber ein Leben mitten in der Welt zu führen, wurden zur Zeit der Französischen Revolution unternommen. Unter den Stiftern ragt *P.-J.-P. de Clorivière* (1735–1820) heraus. Er errichtete für Priester und für Frauen Gesellschaften, die als Vorformen der heutigen Säkularinstitute angesehen werden können.

Als dritten Schritt konnte schließlich die Katholische Aktion genannt werden wegen der besonderen Art, in der sich ihre Mitglieder dem Apostolat widmen. Wieder ein anderes Modell sind die inzwischen sehr erstarkten „Kirchlichen Bewegungen" bzw. „Neuen geistlichen Bewegungen".

Die heutigen Säkularinstitute wurden 1947 von Pius XII. mit der Apostolischen Konstitution „Provida Mater Ecclesia" neben den Orden und den Gesellschaften gemeinsamen Lebens als dritter Stand der Vollkommenheit anerkannt. Diese Einstufung der Säkularinstitute erwies sich jedoch als ungenau und wurde im Zweiten Vatikanum berichtigt. Im Konzilsdekret „Perfectae caritatis" (Art. 11) heißt es: „Obwohl die Weltinstitute keine Ordensgemeinschaften sind, erfordern sie dennoch eine wahre und vollkommene, von der Kirche gutgeheißene Verpflichtung zu einem Leben nach den evangelischen Räten in der Welt. Diese Verpflichtung verleiht den in der Welt lebenden Männern und Frauen, Laien und Klerikern, eine Weihe. Darum müssen auch sie das Streben nach Ganzhingabe an Gott in vollkommener Liebe als ihre wichtigste Aufgabe betrachten; die Institute ihrerseits müssen den ihnen eigenen und besonderen Weltcharakter bewahren, damit sie dem Apostolat in der Welt und gleichsam von der Welt her, das der Grund für ihre Entstehung war, überall wirksam gerecht zu werden vermögen."

Der Unterschied zu den Orden besteht in ihrem spezifischen Weltbezug. Sie üben ihr Apostolat nicht nur *in der Welt, sondern aus der Welt heraus aus*. Die Mittel dieser Welt gebrauchend, sollen sie ihre Wirksamkeit als Sauerteig entfalten und so dem Wachsen und Reifen des Leibes Christi dienen. Diese ihre *„geweihte" Weltlichkeit* bestimmt die gesamte Existenz der Mitglieder. Dabei sollen Mitglieder eines Säkularinstituts nicht nur unter den Gläubigen, sondern auch unter den Fernstehenden und unter denen präsent sein und wirken, die der Kirche mit Vorbehalten gegenüberstehen.

3. Spezifische Weltlichkeit

Nach dem Zweiten Vatikanischen Konzil bestehen der Auftrag und das Wirken der Laien vor allem darin, die zeitlichen Dinge auf Gott hin auszurichten (Lumen gentium 31) und die ganze Welt im eucharistischen Opfer beständig darzubringen (ebd., Art. 34). In diesem Sinne sollen sie „Sauerteig sein für die Welt" (ebd., Art. 31). So betrachtet, ist der Auftrag der Laienmitglieder eines Säkularinstitutes einfach identisch mit dem Auftrag von Laien überhaupt. Gewiß sind auch die Ordensleute, die von der Welt abgesondert sind, in der Welt, und sie leben nicht als Menschenfremde und Unnütze in der menschlichen Gesellschaft (ebd., Art. 46b).
Dasselbe ist auch von den Diözesanpriestern zu sagen, die als Arbeiterpriester das Los der Arbeiter teilen, in der Wissenschaft als Forscher oder Lehrer tätig sind (Presbyterorum ordinis 8a). Denn auch sie erfüllen ihre Sendung *mitten in der Welt*. Besonders zu beachten ist die Stellung von Priestern und Diakonen, die Mitglieder eines Säkularinstituts sind. Für sie gilt ein Zweifaches: Sie gehören dem Diözesanklerus an, aber zu ihrem Status des Klerikers kommt ihre besondere Berufung: ihre Lebensweihe zum Wirken in der Welt. Sie leben in der Welt als Priester und Diakone einer Diözese, sie sind aber geweiht für die Welt, damit sie ihr Leben mitten in der Welt und nicht losgelöst von ihr leben.
Da aber die Säkularinstitute in gleicher Weise von der „geweihten Weltlichkeit" sowohl der Kleriker als auch der Laien sprechen, muß diese Weltlichkeit noch von der Weltlichkeit der Laien unterschieden werden. Denn wenn schon vom „einfachen" Laien gesagt wird, er stehe in der Welt, so berücksichtigt die Weltlichkeit der Mitglieder eines Säkularinstituts doch noch einmal in besonderer Weise das ganze Leben eines Menschen. Sie bestimmt näherhin die Art ihres Lebens und Tätigwerdens. Sie erfordert deshalb auch eine eigene Spiritualität, die einer schweigenden Einfügung in Klerus oder Laienstand. Dies ist wesentlich: Die aktive Präsenz von Mitgliedern eines Säkularinstituts in einem bestimmten sozialen Umfeld soll stillschweigend geschehen.
Zum besseren Verständnis der Besonderheit der Säkularinstitute tragen heute vor allem die Canones 710 und 711 des kirchlichen Gesetzbuches bei. In diesen Canones wird klar gesagt, daß die Mitglieder der Säkularinstitute ihrer Natur nach ein geweihtes Leben führen zur Heiligung der Welt „besonders von innen heraus". Ihre Mitglieder sind Laien oder Kleriker. Und ihr Status als Laie oder Kleriker wird durch die besondere Lebensweihe nicht verändert.
In Canon 713 § 2 wird nochmals versucht, die besondere Lebensweihe der Mitglieder von Säkularinstituten deutlicher zu umschreiben. Dabei werden kirchlicher und weltlicher Bereich nicht getrennt, sondern auf geeignete Weise miteinander in Einklang gebracht. Die Mitglieder haben teil am Verkündigungsdienst der Kirche. Dies geschieht durch das Zeugnis eines christ-

lichen Lebens. Durch dieses Zeugnis versuchen sie die weltlichen Dinge auf Gott hin auszurichten und die Welt mit der Kraft des Evangeliums zu durchdringen. Als Christen wirken sie dabei mit, das kirchliche Leben zu ordnen und zu stärken. Dieser Dienst darf jedoch nicht ein Hindernis sein für ihren Auftrag mitten in der Welt.

Die gottgeweihte Säkularität der Weltkleriker erklärt Canon 713 § 1 des CIC. Danach sollen Kleriker kraft ihrer Lebensweihe in besonderer Weise bemüht sein, ihrem jeweiligen Dienst gerecht zu werden (Presbyterorum ordinis, Art. 13 c). Da sie mitten in der Welt leben, müssen sie durch ihre Lebensweihe in der Weise Zeugnis geben, daß sie auch denen, die ihre besondere Weihe nicht kennen, ein Beispiel sind. Inmitten der Welt und vor allem inmitten des Volkes Gottes sollen sie die Heiligung der Welt vorantreiben. Daraus ergeben sich für die Säkularinstitute einige Folgerungen (vgl. die Canones 714–715).

4. Ungeklärtes

Wie wir gesehen haben, ändert die Zugehörigkeit zu einem Säkularinstitut nicht den jeweiligen kanonischen Stand. In der gesamten kanonistischen und theologischen Tradition wird zwischen Klerikern und Laien klar unterschieden. Doch beide können Ordensleute sein. Man kann also auch drei Stände unterscheiden: Kleriker, Ordensleute und Laien. Aber wie sind diesbezüglich Mitglieder von Säkularinstituten einzuordnen? Das Zweite Vatikanum hat in dieser Frage keine Lösung gefunden. Nach ihm sind die Glieder der Kirche entweder Laien oder Kleriker. An anderer Stelle sagt das Konzil, Laien sind solche, die weder Kleriker noch Ordensleute sind. Bereits vor dem Konzil traf man jedoch eine zweifache Unterscheidung: Hinsichtlich ihres Dienstes sind die Gläubigen entweder Kleriker oder Laien, hinsichtlich ihrer Lebensform betrachtete man sie entweder als Ordensleute oder als Weltleute. Nach der Approbation der Säkularinstitute stellt sich die Sache etwas anders dar. Kleriker und Laien können nun als Mitglieder eines Säkularinstituts ein Leben nach den evangelischen Räten führen, ohne deswegen Ordensleute zu sein. Die Ordensleute stellen einen öffentlichen und klar unterschiedenen Lebensstand in der Kirche dar, während die Säkularinstitute zwar zum ‚Stand' des geweihten Lebens gehören, aber dadurch weder ihren Status als Kleriker noch den als Laien verlieren. Ein und dieselbe Person kann also durchaus einem zweifachen Lebensstand zugehören. So gibt es Kleriker und Laien, die nach den evangelischen Räten leben, aber dennoch keine Ordensleute sind.

Die Säkularinstitute sind als neuer Typus geweihten Lebens in der Kirche nur langsam zum Durchbruch gekommen. Die Wirkung ihres Charismas ist noch nicht voll und von allen anerkannt. Die geweihte Säkularität kann wegen ihrer Einfügung in die anderen Stände und ihre diskrete Tätigkeit in Kirche und Welt den Geistlichen wie auch den Gläubigen nur schwer vermittelt werden. Es ist schwierig, ein Leben nach den evangelischen Räten, das in der Welt und aus der Welt heraus geführt wird, zu umschreiben. Die wirklichen

Säkularinstitute sind auch gar nicht sehr zahlreich, weibliche Institute sind sehr wiel zahlreicher als männliche. Es bleibt zu wünschen, daß das Charisma der Säkularinstitute von der Kirche angenommen und beibehalten wird und daß nicht solche Institute Säkularinstitute genannt werden, die es in Wahrheit gar nicht sind. Mehrere Institute, die früher einmal Säkularinstitute waren, haben inzwischen eine andere kanonische Form gefunden, einige sind Gesellschaften apostolischen Lebens, andere wurden als öffentliche Vereinigungen errichtet, eine, das Opus Dei, gar als Personalprälatur.

Literatur:
AA.VV., Mitten in dieser Welt. Aufgabe und Sendung der Säkularinstitute (Freising 1968); *AA.VV.,* Gli Istituti Secolari nel nuovo Codice di Diritto Canonico (Mailand 1984); *J. Beyer* S. J., De vita per consilia evangelica consecrata (Rom 1969); *ders.,* Berufung, Apostolat, Weihe (Freising 1970); *ders.,* Als Laie Gott geweiht, Vorwort von H. U. von Balthasar (Einsiedeln 1964); *S. Holland,* The Concept of Consecration in secular institutes (Rom 1981); *F. Morlot,* Conspectus bibliographicus I. S., in: Commentarium pro Religiosis 54 (1973) 231–297, 354–362; 64 (1983) 193–254; *H. Müller,* Liebend in der Welt (Leutesdorf 1968); *Th. Olmsted,* The Secularity of Secular Institutes (Rom 1981); *F. Viens,* Charismes et vie consacrée (Rom 1983)

Jean B. Beyer

Säkularität und Säkularismus

↗Arbeitswelt und Kirche; Atheismus; Fundamentalismus; Gott; Kirche, Kirchlichkeit; Kultur und Kirche; Kunst und Kirche; Literatur und Religion; Neue geistliche Bewegungen; Politik und Kirche; Traditionalismus; Vatikanum II; Verkündigung; Wertewandel

1. Begriffsklärung

Die beiden Begriffe Säkularität und Säkularismus bilden zusammen mit dem noch gebräuchlicheren Begriff der Säkularisierung (bzw. Säkularisation) ein Wortfeld, das seit Beginn unseres Jahrhunderts vor allem für Beschreibung und Wertung des Verhältnisses von moderner Gesellschaft und Religion erhebliche Bedeutung gewonnen hat und sich auch heute noch gerade im theologisch-kirchlichen Sprachgebrauch großer Beliebtheit erfreut: Die Rede von der „säkularisierten Gesellschaft", in der wir leben, oder von der „säkularen Welt" gehört zum geläufigen Bestand einschlägiger Situationsanalysen.

Betrachtet man die allesamt vom lateinischen „saeculum" abgeleiteten Begriffe im einzelnen, dann verweist das Stichwort Säkularisierung vor allem auf den vielschichtigen geschichtlichen Prozeß, durch den sich im neuzeitlichen Europa der Stellenwert von Religion, Glaube und Kirche tiefgreifend verändert hat und der sich inzwischen weltweit auswirkt. Spricht man von Säkularität, ist damit eher das strukturelle Ergebnis von Säkularisierungsvorgängen gemeint: Lebensverhältnisse also, die sich durch ihre „Weltlichkeit" von anderen, stärker religiös geprägten abheben. Unter Säkularismus wiederum versteht man eine Geisteshaltung, die eine religiöse Interpretation der Wirklichkeit ausschließt bzw. eine weltanschauliche Position, die den Bedeutungsverlust von Religion und Kirche ausdrücklich gutheißt.

2. Kennzeichen neuzeitlicher Säkularität

Das in den sechziger Jahren vielbeachtete Buch des amerikanischen Theologen Harvey Cox mit dem programmatischen Titel „The Secular City" erhielt in der deutschen Übersetzung den ebenso programmatisch-plakativen Titel „Stadt ohne Gott". Er drückt zugespitzt aus, worin die Säkularität unserer Lebensverhältnisse besteht: Es ist schwer geworden, in ihnen Gott ins Spiel zu bringen; für das allgemeine Bewußtsein liegt der Rekurs auf Gott bzw. auf einen religiösen Interpretationsrahmen sowohl bei der Erklärung der Wirklichkeit in ihren verschiedenen Bereichen wie bei der Bewältigung gesellschaftlicher (und weithin auch individueller) Probleme fern. Religiöse Vollzüge und Sprachelemente wirken weithin wie merkwürdige Fremdkörper ohne erkennbaren Bezug zur alltäglichen Erfahrung. Die Kirchen stoßen mit ihrer Verkündigung vielfach ins Leere, weil es an Anknüpfungspunkten und an Plausibilität für ihre Botschaft von Gott und vom Heil fehlt.

Säkular, das heißt von direkten religiösen Vorgaben frei und nicht in ein religiöses Sinngefüge integriert, sind zunächst alle wichtigen Lebensbereiche und Institutionen der modernen Gesellschaft. Das gilt für den Staat mit seiner Gesetzgebung und Rechtsprechung ebenso wie für die Wirtschaft mit ihren Marktmechanismen. Es gilt für Naturwissenschaft und Technik, für die Geistes- und Sozialwissenschaft, nicht zuletzt für Kunst und Kultur. In einer jahrhundertelangen, in sich sehr komplexen Entwicklung haben sich alle diese Bereiche und Institutionen als selbständige, mit eigenen Methoden und Maßstäben versehene Systeme aus einer religiös bestimmten Gesamtkultur und Lebenswelt ausdifferenziert. Dadurch ist Religion selber zu einem Teilbereich geworden: sie kommt im politischen und wirtschaftlichen Leben höchstens als Motivationshintergrund einzelner Beteiligter oder Gruppen vor; in der Kunst sind ihre Traditionen einer von vielen möglichen Stoffe, die nach Belieben aufgegriffen werden können oder auch nicht; durch wissenschaftliche Methoden und Ergebnisse wird zwar Religion nicht ausgeschlossen oder obsolet, sie büßt aber weitgehend ihren Erklärungswert ein.

Zu dieser institutionellen kommt die bewußtseinsmäßige Seite von Säkularität: Das moderne Bewußtsein ist von Leitideen und Antrieben bestimmt, die dazu geeignet sind und faktisch auch in vieler Hinsicht dazu beigetragen haben, die Bedeutung von Religion für Wirklichkeitsverständnis und Lebensführung zu verringern oder sie in das eigene System einzubauen und damit zu funktionalisieren. Sie kulminieren in der Herausstellung des Menschen als des freien, autonomen Subjekts, das alle vorgegebenen Traditionen als Vorurteile durchschaut oder aber zumindest kritisch auf ihre Geltung überprüft und dem die Wirklichkeit zum durchschaubaren und beherrschbaren Material wird. Das neuzeitliche Subjekt gestaltet seine Welt aus eigenem Vermögen, es verdankt sich niemand anderem. Was dann für Religion noch übrigbleibt, ist die Erklärung des noch nicht durchschauten Rests, die Absicherung beim Umgang mit noch nicht bewältigten Problemen und Risiken oder eine unanschauliche, für das alltägliche Erkennen und Handeln kaum relevante Letztbegründungsfunktion. Auch wenn die neuzeitlichen Leitideen Autonomie, Rationalität, Machbarkeit und Kritik längst ihre ursprüngliche Faszination eingebüßt haben und die Einsicht in die „Dialektik der Aufklärung" bzw. die Ambivalenz des Fortschritts zum Allgemeingut geworden ist: Das allgemeine Bewußtsein wird immer noch von diesen Leitideen geprägt, die für seine „diesseitige", „weltliche" Grundorientierung sorgen.

Die so in ihren Grundzügen beschriebene Säkularität der modernen Gesellschaft tritt in verschiedenen Varianten und Intensitätsgraden auf. So hat sie etwa in kommunistisch beherrschten, staatsatheistischen Ländern ein anderes Gesicht als unter den Verhältnissen pluralistischer Demokratien; sie ist je nach den geschichtlichen und kulturell-religiösen Voraussetzungen und Gegebenheiten unterschiedlich ausgeprägt. Demoskopische und statistische Daten über Kirchenbindung und religiös-weltanschauliches Profil erlauben Aussagen über den mehr oder weniger hohen Grad der Säkularisierung einzelner Länder, Milieus oder Gesellschaftsschichten. Die beträchtlichen Unterschiede im einzelnen ändern jedoch nichts an der Tatsache, daß es einen „harten Kern" an Säkularität gibt, der sich überall bemerkbar macht.

3. Neue religiöse Bedürfnisse

Nun mehren sich gegenwärtig die Stimmen innerhalb und außerhalb der Kirchen, die von einer „Rückkehr des Religiösen" bzw. einer „Rückbesinnung auf das Heilige" sprechen. Verwiesen wird in diesem Zusammenhang auf die Konjunktur verschiedenster religiöser Bewegungen, auf neue geistliche Aufbrüche in den christlichen Kirchen oder auch auf eine größere Offenheit für religiöse Themen Fragen und Botschaften in der gesellschaftlich-kulturellen Öffentlichkeit. Es stellt sich die Frage, ob es sich dabei um einen umfassenden Gegentrend zur Säkularisierung handelt oder nur um vereinzelte Pendelausschläge in die entgegengesetzte Richtung.

Daß der neuzeitliche Säkularisierungsprozeß unaufhaltsam immer weiter fortschreite und Religion letztlich ganz zum Verschwinden bringen werde, wird gegenwärtig kaum noch mit derselben Sicherheit behauptet wie vor zwanzig Jahren. Es ist auch nicht zu bestreiten, daß kämpferisch-entschiedene säkularistische Positionen heute so gut wie nicht mehr vertreten werden und auch dort, wo sie von Staats wegen noch propagiert werden, ihre Attraktivität weitgehend eingebüßt haben: Religion wird nicht mehr als Hindernis auf dem Fortschrittspfad denunziert; Wissenschaft und Technik haben viel Prestige verloren und werden zum Teil unter dem Eindruck ihrer negativen Begleiterscheinungen und Folgewirkungen oft sogar in die Defensive gedrängt. Angesichts der immer noch wachsenden Komplexität der Lebensverhältnisse hält man nach einer neuen Ganzheitlichkeit Ausschau und geht gleichzeitig mit der Selbstvergottung des neuzeitlichen Subjekts und der damit verbundenen Entfremdung von Natur und Tradition ins Gericht.

Beim genaueren Hinsehen erweist sich die „Rückkehr des Religiösen" als ein vielschichtiges Phänomen. Es macht in seinen einzelnen Facetten zweifellos Defizite und Aporien der modernen Säkularität sichtbar und verweist auf Bedürfnisse, die sie nicht oder nur mit Surrogaten einlösen kann. Gleichzeitig ist der in der Breite bisher nicht sehr ausgeprägte Trend zur Religion aber immer noch in vieler Hinsicht mit dem säkularen Bewußtsein und den Strukturen der säkularisierten Gesellschaft verflochten und führt schon deshalb nicht einfach über sie hinaus. So ist die Beliebigkeit, mit der auf mythische und religiöse Motive und Traditionen zurückgegriffen wird, nur unter der Voraussetzung des gegenwärtigen weltanschaulichen Pluralismus möglich. Oft sind auch Varianten der Funktionalisierung von Religion mit im Spiel: Man nimmt sie etwa zur psychischen Stabilisierung in Anspruch oder erhofft sich von ihr die Verstärkung und Fundamentierung politischer Optionen. Im übrigen machen Grenzerfahrungen und Sinnkrisen der technisch-wissenschaftlichen Zivilisation eine Wendung zum Religiösen zwar möglich, legen sie aber keineswegs zwingend nahe.

4. Glaube und säkulare Welt

Christlicher Glaube und neuzeitliche Säkularität sind nicht zwei nebeneinanderstehende Größen, sondern sind unlösbar miteinander verbunden. Die moderne säkularisierte Gesellschaft ist auf dem Boden der durch und durch vom Christentum geprägten Kultur und Gesellschaft des Abendlandes entstanden, hat das Christentum in Anknüpfung, aber auch im Widerspruch beerbt und lebt auch heute noch aus diesem Erbe, vielfach auch dort, wo die ausdrückliche Bindung an Glaube und Kirche längst nicht mehr gegeben ist. Vom christlichen Glauben und seiner Geschichte aus gesehen ist die säkulare Welt kein Fremdkörper, sondern in vieler Hinsicht Fleisch vom eigenen Fleisch.

Die Bewertung der modernen Welt ist im Christentum von Anfang an kontrovers gewesen. Die Urteile bewegen sich zwischen zwei Extrempositionen: Auf der einen Seite steht die ausdrückliche Gutheißung der neuzeitlichen Säkularität als legitimer Fortsetzung oder sogar Erfüllung christlicher Anstöße, auf der anderen Seite die massive Ablehnung der Moderne als Inbegriff des Abfalls von Gott und von den Grundwahrheiten des Christentums. Inzwischen ist deutlich geworden, daß dem Problem mit einem einfachen Schema nicht beizukommen ist: Es gehört zum Proprium des christlichen Glaubens, die Welt als Schöpfung in ihre Eigenständigkeit freizugeben und dadurch zu entgöttern und zu entzaubern und den Menschen als Partner und Ebenbild Gottes in seiner Freiheit ernst zu nehmen. Daraus ergibt sich die Anerkennung der in der Neuzeit auf breiter Front durchgesetzten und programmatisch geforderten „Autonomie der irdischen Wirklichkeiten" (Gaudium et spes 36), aber keine pauschale Legitimierung der neuzeitlichen Säkularität, weder in ihren Leitideen noch in deren konkreten Auswirkungen.

Es braucht vielmehr eine nüchterne und differenzierte Auseinandersetzung sowohl mit der Geschichte des neuzeitlichen Säkularisierungsprozesses, mit dem gegenwärtigen Erscheinungsbild der säkularisierten Gesellschaft wie mit ihren Zukunftsperspektiven. Sie impliziert zunächst eine selbstkritische Prüfung allen theologischen Sprechens und kirchlichen Handelns darauf hin, ob in ihnen die vom Glauben geforderte Eigenständigkeit der säkularen Welt auch wirklich respektiert wird. Zu ihr gehört weiterhin die Anerkennung dessen, was an christlichen Werten auch außerhalb der Kirchen in „profanen" Institutionen und ohne explizit religiöses Vorzeichen realisiert wird, aber auch die Aufgabe, die säkularisierte Gesellschaft immer wieder an die sie letztlich tragenden, von ihr aber nicht selber zu garantierenden Voraussetzungen und Werte zu erinnern. Dazu gehört die Wachsamkeit gegenüber vorschnellen Fluchtbewegungen ins Religiöse (sowohl in der Kirche wie in der Gesellschaft), die dem Glauben nicht erlaubt sind und mit denen auch der Welt nicht geholfen ist. Schließlich braucht es das Bemühen, die eigene Botschaft, die nicht einfach mit dem allgemeinen Bewußtsein kompatibel ist, sondern es auch kritisch herausfordert, in ihrem Anspruch lebendig zu halten und weiterzuvermitteln. Das schließt die Suche nach Berührungspunkten zwischen dieser Botschaft und dem Selbstverständnis einer ihrer eigenen Sache ja nicht mehr sehr sicheren säkularen Welt nicht aus, sondern gerade ein.

Literatur:
H. Blumenberg, Die Legitimität der Neuzeit (Frankfurt/Main 1966); ders. Säkularisierung und Selbstbehauptung (Frankfurt/Main 1974); *F. Gogarten,* Verhängnis und Hoffnung der Neuzeit (München – Hamburg 1966); *U. Hommes* (Hrsg.), Gesellschaft ohne Christentum (Düsseldorf 1977); *K. Lehmann,* Prolegomena zur theologischen Bewältigung der Säkularisierungsthematik, in: ders. Gegenwart des Glaubens (Mainz 1974); *K. Löwith,* Weltgeschichte und Heilsgeschehen; *H. Lübbe,* Säkularisierung (Freiburg i. Br. – München 1975); *J. B. Metz,* Zur Theologie der Welt (Mainz 1968); *U. Ruh,* Säkularisierung als Interpretationskategorie (Freiburg 1980); ders. Säkularisierung, in: Christlicher Glaube in moderner Gesellschaft, Bd. 18 (Freiburg i. Br. 1982) 62–100; *H. H. Schrey* (Hrsg.), Säkularisierung (Darmstadt 1982).

Ulrich Ruh

Schwangerschaftsabbruch

↗ Bioethik; Ehe; Familie; Familienplanung; Gemeinde; Gewissen; Humangenetische Beratung; Recht und Ethik; Wertewandel

1. Wissen und Einstellung

Schwangerschaftsabbruch, ein medizinischer Eingriff zur vorzeitigen Beendigung einer intakten Schwangerschaft durch die Tötung ungeborenen Lebens, wurde in der Geschichte der Menschheit nie nur als ein individuelles, sondern stets auch als ein gesellschaftliches Problem angesehen. Während es lange unterschiedliche Vorstellungen über den Beginn menschlichen Lebens gegeben hat, herrscht heute aufgrund der Forschungsergebnisse von Biologen, Embryologen und Medizinern Übereinstimmung, daß menschliches Leben durch die Verbindung von Ei- und Samenzelle entsteht. Trotzdem wird von nicht wenigen Menschen die Qualität „menschlichen Lebens" erst mit der Geburt oder mit dem subjektiven Bewußtsein der werdenden Mutter „verliehen". Das menschliche Leben steht zwar als höchstes Gut unter dem Schutz der Verfassung, aber unsere Gesellschaft unterscheidet in der Verpflichtung zum Lebensschutz auf diese Weise deutlich zwischen geborenem und ungeborenem Leben.

2. Die Gesetzeslage und ihre Wertung

Die gegenwärtige Auseinandersetzung um den Schwangerschaftsabbruch ist ohne die gesetzliche Neuregelung in den meisten europäischen Ländern während der siebziger Jahre nicht zu erklären. In der Bundesrepublik Deutschland bleibt der Schwangerschaftsabbruch nach dem neugestalteten § 218 StGB grundsätzlich strafbar und ist nur unter bestimmten Bedingungen straffrei. Die wichtigsten Bedingungen beziehen sich auf vier Indikationen, die in bestimmten Fristen von einem Arzt festgestellt werden müssen (medizinische, ethische, kindliche Indikation und Notlagenindikation), auf die medizinische und soziale Beratung, auf die Durchführung des Schwangerschaftsabbruchs durch einen anderen Arzt als den, der die Indikation festgestellt hat, und auf die Meldung des Schwangerschaftsabbruchs an das Statistische Bundesamt. – Die ursprünglich (1974) eingeführte Fristenregelung wurde bekanntlich in der Bundesrepublik Deutschland 1975 durch Bundesverfassungsgerichtsurteil angefochten und 1976 durch die hier beschriebene weitgefaßte Indikationenregelung ersetzt. In Österreich hingegen blieb es bei der 1975 mit knapper Mehrheit eingeführten Fristenregelung (generelle Straffreiheit während der ersten drei Schwangerschaftsmonate, wie z. B. auch in der DDR, keine obligatorische Beratung), während in der Schweiz seit 1977 eine der Gesetzeslage in der Bundesrepublik Deutschland vergleichbare erweiterte Indikationenregelung in Kraft ist.

Die gesetzlichen Regelungen werden nach Meinungsumfragen von der Mehrheit der Bevölkerung akzeptiert. Offen bleibt dabei, ob die tatsächliche Handhabung des Gesetzes, die zu mehr als 200 000 Schwangerschaftsabbrüchen im Jahr führt (84,3 Prozent Notlagenindikationen im Jahr 1985), gleichermaßen bejaht wird. Es gibt weiterhin starke Gruppen, die die völlige strafrechtliche Freigabe des Schwangerschaftsabbruchs fordern, und andere, die einen größeren strafrechtlichen Schutz für unabdingbar halten. Zu letzteren gehört die katholische Kirche, die sich aus grundsätzlichen Erwägungen eindeutig gegen die jetzige Fassung des § 218 ausspricht. Besonders abgelehnt wird die Finanzierung des Schwangerschaftsabbruchs durch die Krankenkassen. Sie fördert bei den betroffenen Frauen und Ärzten erwiesenermaßen die Einstellung, es handle sich dabei um einen „normalen medizinischen Vorgang". Die Befürworter aber machen fast übereinstimmend geltend, daß wirtschaftlich schwachen Frauen nur so „geholfen" werden kann, anderenfalls würde der § 218 StGB ein Klassenrecht schaffen. Dieses Argument ist ideologisch begründet, weil es bei den wirtschaftlichen Schwierigkeiten von Frauen im allgemeinen nicht um die einmalige Finanzierung des Schwangerschaftsabbruchs, sondern um langfristige wirtschaftliche Notstände im Zusammenhang mit der Existenzsicherung für das Kind geht. In den andersgelagerten Fällen müßte nach einer Finanzierung außerhalb der Krankenkasse gesucht werden. Dabei wird dies nur einen kleinen Personenkreis betreffen.

3. Gesellschaftlicher und ethischer Problemhintergrund von Schwangerschaftskonflikten

Die Notsituationen, die dem Verlangen nach einem Schwangerschaftabbruch zugrunde liegen, differieren stark. Das subjektive Moment der Störung der eigenen Lebensphase kann sich auf Reisepläne, Sportereignisse, berufliche Karriere, nicht gefestigte eigene Lebenssituation oder Partnerschaft beziehen. Es kann mit dem abgeschlossenen Kinderwunsch oder dem Unverständnis des Mannes für die Notwendigkeit einer langfristigen Zuwendung zu einem Kind zusammenhängen. Es gibt aber auch außerordentlich schwierige Situationen, die den Betroffenen ein Kind als untragbare Last erscheinen lassen: Die Ehe ist in einer schweren Krise; das Kind von dem Mann, der die Frau bis ins Tiefste verletzt hat, kann von der Frau nicht angenommen werden; das junge Mädchen steht in der Berufsausbildung ohne Partner und Familie, die ihr Geborgenheit geben könnten, die sie selbst ihrem Kind vermitteln soll; die Ausländerin fürchtet um das Ausgestoßensein aus der Familie und dies in einem fremden Land; die Angst vor einem weiteren behinderten Kind blockiert alles weitere Denken; der Mann droht, die Familie oder den Partner zu verlassen, wenn das Kind geboren würde; die Schwangerschaft und die Erziehung des Kindes bringen große wirtschaftliche Sorgen, weil die Frau die Berufstätigkeit aufgeben muß und damit die Schulden nicht abgetragen werden können – dies trifft häufig nach Bau eines Hauses zu.

Nicht wenige Partner, Ehemänner oder Freunde, sehen die Schwangerschaft allein als Sache der Frau und halten sich in der Entscheidung auf Distanz. Andere verlangen den Schwangerschaftsabbruch, um nicht weiter behelligt zu werden. Ein solcher Druck kann auch von Eltern auf die Tochter ausgehen, die ein nichteheliches Kind erwartet. Dabei können die Eltern verbal eine sehr deutliche Werthaltung in anderen Fragen vertreten.
Man muß bedenken, daß die Zahl der vermuteten Schwangerschaftsabbrüche von über 200000 (gemeldet wurden 1985 nur 83538) gegenüber ca. 600000 Geburten ein Faktum des Normalen schafft. Es fällt bei einer solch großen Zahl schwer, von außergewöhnlichen Notlagen und von Ausnahmesituationen zu sprechen. Die Zahl der Frauen, die einmal oder mehrmals Erfahrungen mit Schwangerschaftsabbrüchen gemacht haben, nimmt zu. Die Auswirkungen auf ihr Leben sind noch nicht absehbar, nicht nur im Hinblick auf gesundheitliche Folgen. Die latente Krise kann akut werden, wenn sich in einer späteren Ehe die Unfruchtbarkeit herausstellt, wenn ein geborenes Kind stirbt oder andere Lebenssituationen die Frau herausfordern. Auch die Auswirkungen auf Geschwisterkinder, die vom Schwangerschaftsabbruch erfahren und die sich nur zufällig akzeptiert vorkommen, sind ungewiß.
Die ethischen Fragen, die mit solchen Lebensentscheidungen zusammenhängen, sind vielfältig. Kann ein Mensch z. B. über das Leben eines anderen verfügen, für den er besondere Verantwortung hat? Wie kann es sich für das menschliche Zusammenleben auswirken, wenn sich jeder zum Maßstab der Beurteilung der Lebenschancen des anderen macht? Jeder versucht dabei, die Verantwortung abzuschieben: die Frau auf den Arzt, der die Indikation feststellt; der Arzt auf die Frau, er fühlt sich nur als Auftragnehmer zur Feststellung der Indikation oder zur Durchführung des Schwangerschaftsabbruchs.
Andere Ärzte fühlen sich aber unter erheblichem Druck, insbesondere bei der kindlichen Indikation. Hängt nicht doch mit der Feststellung einer Behinderung zusammen, daß dieses Leben nicht als lebenswert gilt? Welcher Grad der Behinderung wird dafür vorausgesetzt? Was bedeutet diese Einschätzung für die lebenden Behinderten?
Andere Fragen richten sich an die Kirche, weil sie Beratungsstellen anerkennt und sich für die Beratung engagiert. Manche glauben, daß die Kirche damit den Widerstand gegen den Schwangerschaftsabbruch aufgegeben hat, weil die Beratungsstellen im Gesetz vorgeschrieben sind. Sie haben allerdings den klaren Auftrag, über öffentliche und private Hilfen zu beraten, insbesondere über solche Hilfen, die die Fortsetzung der Schwangerschaft und die Lage von Mutter und Kind erleichtern. Wenn die Frau bei dem Verlangen nach Schwangerschaftsabbruch bleibt, muß die Beratungsstelle über die stattgefundene Beratung eine Bescheinigung ausstellen, die auch als Nachweis für den Arzt beim Schwangerschaftsabbruch dient. Wegen dieses Problems gibt es seit Anfang an intensive Auseinandersetzungen. Die Deutsche Bischofskonferenz hat sich immer wieder mit den anstehenden Fragen be-

faßt, Richtlinien für die Beratungsstellen erlassen und sich hinter die Arbeit der anerkannten katholischen Beratungsstellen gestellt.

4. Chancen und Grenzen der Beratung

Beratung geht im allgemeinen von der Freiwilligkeit der Ratsuchenden aus, von ihrem Wunsch, in einer schwierigen Lage Hilfe zur Klärung und Entscheidungsfindung zu erhalten. Für den Fachbereich der Beratung ist es sehr ungewöhnlich, daß ein Gesetz die Beratungspflicht vorschreibt, wobei diese mit der besonderen Schutzpflicht des Staates gegenüber dem ungeborenen Leben begründet ist. Hier liegt bereits ein Dissens unter den verschiedenen Trägern der Beratung.

Kirchliche Beratungsstellen können auf die Erfahrung hinweisen, daß zu den meisten Frauen eine Vertrauensbeziehung aufgebaut werden kann, so daß diese die Beratung als positive Erfahrung bejahen können. Dies um so mehr, als sehr viele Frauen eine starke Ambivalenz hinsichtlich des Wunsches nach Schwangerschaftsabbruch haben und auch fühlen. Beratung kann helfen, Wünsche zu erkennen und einzuordnen, die Realität des ungeborenen menschlichen Lebens bewußtzumachen und mögliche Lebensperspektiven unter Einbeziehung von vielerlei sozialen und wirtschaftlichen Hilfen zu erschließen. Die Entscheidung kann sie der Frau oder dem Paar nicht abnehmen.

Andere Fachleute sprechen von der wertneutralen Beratung, die letztlich nur das „widerspiegelt", was die Ratsuchende äußert. Danach ist es angeblich völlig gleichgültig, welche persönliche Haltung die Beraterin selbst hat. Es gibt auch Erwartungen an die Beratung, die von einer strikten Weisung an die Frau ausgehen, das Kind auszutragen.

5. Zukunftsprobleme

Im Blick auf die absehbare Zukunft gilt es folgendes zu bedenken:
a) Gesetzesänderungen sind gegenwärtig in keinem europäischen Land aussichtsreich: Um so dringlicher ist die verfassungsgemäße Anwendung des Gesetzes. Diese bezieht sich u. a. auf Beratung, Indikationsfeststellung und korrekte Meldung der Schwangerschaftsabbrüche an das Statistische Bundesamt. Ob diese Forderung sich umsetzt, hängt vor allem von der Einstellung der Beteiligten und von dem öffentlichen Klima, z. B. in den Medien, ab. Verbessert werden müssen weiterhin die *gesellschaftlichen Rahmenbedingungen*. Das betrifft vor allem die Alleinerziehenden, die Kinderreichen und die Arbeitslosen. In einer Gesellschaft mit durchschnittlich hohem Lebensstandard ist ein Leben unter sehr begrenzten Verhältnissen nicht sehr verlockend. Hier müssen sich gesellschaftliche Maßstäbe verändern, um dem einzelnen eine andere Bewertung seiner Lebenssituation zu ermöglichen.
b) Für die Pastoral ergeben sich wichtige Aufgaben im Hinblick auf die Ge-

wissensbildung. Vorrangig ist in diesem Zusammenhang die Bewußtseinsbildung für eine person- und situationsgerechte Empfängnisplanung.
c) Für die Kirche gilt: So wichtig das Aufzeigen und Begründen von Grundsätzen ist, sie muß, um das Mittragen von Sorgen zu ermöglichen, auch Gemeinschaft erfahrbar machen. Es zeigt sich immer wieder, wie schwer der Weg von Gemeinden zu Alleinerziehenden und Menschen in schwierigen Lebenssituationen ist – trotz vieler Bemühungen. Die Verantwortung des Mannes, aber auch die Erwartungen der Umwelt – auch der Kirche – an den Mann müssen sich ändern. Hier könnte die Kirche, die so oft als „Männerkirche" beschrieben wird, einen maßgeblichen Schritt tun. Die Frage des Schwangerschaftsabbruchs wird leicht zu einer Frauenfrage abgestempelt, dabei ist sie eine Lebensfrage, die von jedem beantwortet werden muß.

Literatur:
Deutsche Bischofskonferenz, Erklärung der Vollversammlung der Deutschen Bischofskonferenz zur gegenwärtigen Lage des Schutzes ungeborener Kinder vom 24. 9. 1985; *Deutscher Caritasverband,* Unser Auftrag: Ja zum Leben, Selbstverständnis katholischer Beratungsstellen für Mütter in Not- und Konfliktsituationen (Freiburg i. Br. 1980); *Deutscher Caritasverband,* Werdende Mütter in Not- und Konfliktsituationen, Erhebung in katholischen Beratungsstellen 1982/83 (Freiburg i. Br. 1984); *Deutscher Caritasverband,* Ja zum Leben, Rahmenbedingungen für die Arbeit katholischer Beratungsstellen für werdende Mütter in Not- und Konfliktsituationen (Freiburg i. Br. 1984); *J. Arndt,* Unerwünschte Schwangerschaft (Würzburg 1984); *F. Böckle* (Hrsg.), Schwangerschaftsabbruch als individuelles und gesellschaftliches Problem (Düsseldorf 1981); *O. Fallaci,* Brief an ein nie geborenes Kind (Frankfurt a. M. ^{8}1985); *H. Hepp:* Schwangerschaftsabbruch aus kindlicher Indikation, in: Stimmen der Zeit (1983) Heft 1; *M. Koschorke – J. F. Sandberger* (Hrsg.), Schwangerschaftskonfliktberatung. Ein Handbuch (Göttingen 1978); *R. Schlund,* Du sollst mich erinnern – Anmerkungen zur Sache des § 218, in: ders., In dieser Zeit Christi sein. Theologisch-pastorale Ortsbestimmungen (Freiburg i. Br. 1986) 111–193.

Elisabeth Buschmann

Seelsorge

↗ Basisgemeinden; Buße und Bußpraxis; Frau in der Kirche; Gemeinde; Glaubensvermittlung; Gottesdienst; Psychohygiene und Religion; Religiöse Erziehung; Säkularität und Säkularismus; Sakramente; Verkündigung

1. Begriff und Konzept

Alles Handeln der Kirche soll im Sinne des Auftrags Jesu der Heilsvermittlung dienen. Seelsorge ist demnach im Kontext all dieser Bemühungen der Inhalt und Methode umfassende, ausdrückliche und planerische Versuch,

Menschen zu einer personalen Begegnung mit Gott zu führen und Glaube und Zeugnis durch Verkündigung, Sakramentenspendung und diakonischen Dienst lebendig zu erhalten und neu in Gang zu setzen.
Wie Seelsorge zu geschehen hat, ist keineswegs unumstritten. Schon beim Wort „Seel-Sorge" empfinden viele eine Bedeutungsverengung. Denn die Sorge richtet sich auf den ganzen Menschen in all seinen Bezügen, nicht nur auf seine „Seele".
Um diesen Dienst der Heilsvermittlung leisten zu können, müssen Seelsorger in gleicher Weise in der „Welt Gottes" und in der „Welt der Menschen" zu Hause sein. Der Anspruch an den Seelsorger ist sehr umfassend und kann verunsichern. Seine Ausbildung muß von Philosophie und Theologie über die Einbeziehung der verschiedenen Humanwissenschaften bis zur Einübung von Kontaktfähigkeit und Organisationsvermögen reichen. Selbsterfahrung und Persönlichkeitsbildung sind dabei von grundlegender Bedeutung.
Seelsorge geschieht immer unter Menschen einer bestimmten Zeit und an einem bestimmten Ort. Die gesellschaftliche Situation der westlichen Industrienationen heute ist geprägt von Wirklichkeiten wie Anonymität, Mobilität und einer fortschreitenden Profanität. Alle wichtigen Lebensbereiche unterliegen einer rationalen und technisierten (Ver-)Planung. Gleichzeitig blüht das irrationale Geschäft. Die Massenmedien wirken als neue Autorität. Für die Beantwortung menschlicher Sinnfragen fühlen sich keineswegs nur die offiziellen Kirchen zuständig.
Trotzdem hat auch diese Situation ihren pastoralen Kairos. Es gibt mehr Chancen, als wahrgenommen werden können.

2. Die neue Situation

Eine erste Grunderkenntnis muß davon ausgehen, daß es sich bei Seelsorge jeweils um einen Prozeß handelt, in dem verschiedene Faktoren eine Rolle spielen.
Allzuoft wird Seelsorge noch mißverstanden als eingleisige ‚Betreuung von Objekten'. Dabei geht es vielmehr um eine Übersetzerfunktion, die in Wechselwirkung die Sprache des Senders und die Sprache des Empfängers, die Sprache des Heilshandelns Gottes und die des Menschen in einem Medium in Zusammenhang bringen muß, damit Verstehen, Leben, Heil erfahrbar werden. Als dieses Medium versteht sich die Kirche, in der Christen sich um die Verkündigung des Heilshandelns Gottes und um das Heil der Menschen sorgen. Seelsorge muß also ‚Brücke' sein, um die Welt Gottes mit der Welt der Menschen zu verbinden.
Dabei muß Seelsorge in dieser Zeit von der Tatsache ausgehen, daß die Zahl derer immer größer wird, die diese ‚Brücke' bislang nirgends erfahren haben, weil sie mit gelebtem Christentum kaum in Berührung gekommen sind. Distanz zur Kirche wird immer mehr zum Normalfall. Christen sind dabei,

eine gesellschaftliche Minderheit zu werden. In einer nachchristlichen Gesellschaft haben christlich geprägte Traditionen und ihre Zeichen oft deswegen keine tragende Kraft mehr, weil sie nicht mehr verstanden werden. Seelsorge besteht aber nicht im statischen Repetieren von Wortformeln im Namen der Orthodoxie. Der Seelsorger ist auch kein Ritualist, der sich einfach auf das Opus operatum von sakramentalen Riten verlassen darf. „Er ist gehalten, nach Kräften im Adressaten seines seelsorglichen Bemühens durch Verkündigungswort und Sakrament jene existentiellen Voraussetzungen zu schaffen, die zu einem echt menschlichen und gläubigen Empfang jener Wirklichkeiten Voraussetzung sind, die er dem Menschen ... anbietet zu seinem Heil" (Karl Rahner). Er achtet auf die verbindliche Glaubenssubstanz und ist zugleich bemüht um eine (zeitgebundene) Interpretation dieses Glaubens, die dem Menschen im Namen Gottes keine Lasten auferlegt, die er nicht tragen muß.

Seelsorge versucht, den gesamten ‚Lebensstoff' des Menschen im Lichte des Evangeliums zeit- und situationsgerecht zu deuten und ihn unter einen neuen Anspruch zu stellen. Bei aller Bedeutung des unverkürzten Glaubensgutes tritt dabei der anthropologische Ansatz als Prinzip der Seelsorge notwendig in den Vordergrund. Damit wird die Seelsorge immer deutlicher als umfassende Menschensorge (individuell) und Weltsorge (sozial) verstanden, die sich um je neue Verstehenshorizonte und Zugangswege bemüht.

Dieses ‚Heutigwerden' in der Kirche, ihre Zeitbezogenheit, verlangt eine tiefe Solidarität mit der Welt und den Menschen, die aber weit entfernt ist von einer unkritischen Anpassung. Vielmehr macht dieses ‚Heutigwerden' in seiner kritischen Distanz Zwänge bewußt und ermutigt zum Risiko der Freiheit. Die Kirche ist einerseits Teil der Welt und andererseits kann sie ihre Weltverantwortung nur in einem Grundkontrast im Verhältnis zur jeweiligen Lebenswelt wahrnehmen.

Da die Kirche nicht selber das Heil ist, sondern in ihrem seelsorglichen Handeln nur darauf hinweist, besteht die grundlegende Dimension ihres Tuns und damit ihrer Existenz in ihrer Zeichenhaftigkeit.

Bis zur Gegenwart denken viele Verantwortliche vor allem in Kategorien einer ‚flächendeckenden Pastoral'. Die Frage der Quantität behält Gültigkeit, muß aber ergänzt werden durch die Frage nach der Intensität. Denn Zeichenhaftigkeit hat wesentlich mit Intensität zu tun, soll eine ansteckende Strahlkraft nicht verlorengehen. Jesu Auftrag, „zu allen Völkern" (Mt 28,19) sowie „auf die Landstraßen und vor die Stadt" (Lk 14,23) zu gehen, darf nicht verwechselt werden mit einem übertriebenen Vertrauen auf Statistik. Die Seelsorge von heute wird mit dem Mut zur Lücke Prioritäten setzen müssen, um so neue Intensität zu gewinnen. Denn ein Zeichen, das nicht mehr wahrgenommen wird, ist ohne Bedeutung.

3. Konsequenzen für Verständnis und Praxis pastoralen Handelns

Wenn kirchenbildende Funktion in seelsorglichem Tun sich ergibt, wo Menschen in einem Prozeß Kontakt erfahren zwischen dem Heilshandeln Gottes und ihrem eigenen Leben, und wenn Seelsorge, die den Glauben und damit die immer neue kirchenbildende und lebenspendende Funktion als einen dynamischen Prozeß versteht, dann hat dies negative und positive Konsequenzen für Verständnis und Praxis pastoralen Handelns.

a) *Die Geschichte Gottes mit den Menschen beginnt früher und reicht weiter als die Geschichte der Institution Kirche mit den einzelnen Menschen.* Das darf den Seelsorger zu einer Gelassenheit ermutigen, die ihn vor einem unchristlichen Aktionismus bewahrt und seinem Bemühen das Bewußtsein des Vorläufigen gibt. Zugleich ist er zu einer Demut aufgerufen, die weiß: Jeder ‚Erfolg' pastoralen Wirkens ist letztlich Wirken des Geistes, der Gnade Gottes.

Zum anderen finden pastorale Möglichkeiten ihre Grenze in der Freiheit des einzelnen. Seelsorge ist ein Angebot, den Lebensweg eines Menschen so weit und so lange zu begleiten, als der einzelne es zuläßt.

In Zeiten ‚obrigkeitlicher Pastoral' (E. W. Zeeden) waren Druck und Zwang, durch staatliche Unterstützung und kulturelle Selbstverständlichkeit gedeckt, keine Seltenheit. Seelsorge orientierte sich an einem lückenlosen Erfassungsprinzip. Trotzdem richtet sich auch der subtilste Zwang gegen die Menschenwürde und gegen den Geist Jesu.

b) *Seelsorge läßt den Menschen Zeit:* Es gibt zwar die evangelische Mahnung, zu wirken, solange es Tag ist (Joh 9,4), trotzdem setzt Seelsorge nicht unter Druck. Wie es Lebensstufen gibt, so gibt es auch Glaubensstufen. Wie der christliche Glaube in seiner Vollgestalt in einem geschichtlichen Prozeß gewachsen ist, so auch im Leben des einzelnen Menschen. Wie es eine Lebensbiographie gibt, so gibt es eine Glaubensbiographie. Pastorale Ungeduld und missionarische Penetranz schaden meist nur.

Es geht um eine grundsätzliche Offenheit für die augenblickliche Situation des Menschen, nicht um die unmenschliche Alternative: entweder alles oder gar nichts. Das Ideal soll nicht verschrecken, sondern verlocken. Eine explizite Kirchlichkeit steht heute immer seltener am Anfang eines bewußten Glaubensweges. Dies bedeutet keineswegs, die Zielsetzung im Sinne einer Maximalforderung aufzugeben, wohl aber den Verzicht, an den Anfang des Weges Bedingungen zu setzen.

Eine solche Haltung schließt auch nicht die Hoffnung aus, sondern schließt sie sogar ein, daß jeder Mensch sich in der Kraft des Geistes noch ändern kann und muß, wie er es selbst noch nicht für möglich hält.

c) *Jeder ist in der Weise willkommen, wie er sich im Augenblick erfährt.* Rolf Zerfaß umschreibt Seelsorge auch mit „Gastfreundschaft": ‚invitare' – den anderen in den menschenfreundlichen Lebensstrom Gottes hineinholen. So erfordert Seelsorge Kontaktbereitschaft und Kontaktfähigkeit ohne Berührungsangst. Sie sieht im Anderssein keine Bedrohung, sondern eine Bereicherung, eine Einladung zur geistigen Auseinandersetzung in der Zuversicht, daß allein die Wahrheit frei machen wird. Zweifellos hat die Kirche einen Bekehrungsauftrag. Daß sie sich aber umgekehrt auch von den „anderen" bekehren lassen muß, daß sogar aus ihrer Gemeinschaft Ausgetretene ihr oftmals Hilfreiches und Wichtiges zu sagen hätten, sollte nicht weniger im Blick sein.

Es gibt in der Pastoral eine Fixierung auf eine einseitige Geberrolle, sowohl innerkirchlich zwischen den hauptamtlichen Experten und ihren Gemeinden als auch zwischen der Kirche insgesamt und den ihr „Fernstehenden". Wirkliche Begegnung aber lebt immer vom Geben und Nehmen. Bereichernde Erfahrungen, die man im Kontakt mit Distanzierten macht: daß auch außerhalb der Kirche in intensiver Weise und in neuen Formen genuin christliche Werte gelebt werden; daß es geradezu eine geheime oder offene Sehnsucht gibt, über Existenz- und Glaubensfragen zu sprechen; daß ein Vertrauenskredit auch da zu finden ist, wo er gemischt ist mit reserviertem Mißtrauen.

Da es eine negative und positive Profanität gibt, sind von der Kirche im Umgang mit einer säkularisierten Welt in gleichem Maße Treue zu ihrer Identität wie grundsätzliche Offenheit und Toleranz gefordert.

d) *Seelsorge bejaht die Vielfalt der Formen:* Wenn die Seelsorge alle Funktionen eines Mediums auszuüben hat, dann gehört zu ihr auch die Fähigkeit, verankert im Ursprung der Kirche, eine Sprache zu sprechen, die die Menschen der jeweiligen Zeit und der jeweiligen Kultur verstehen. Anders ist die Einladung nicht zu verdeutlichen, die die Kirche durch ihre Seelsorge auszurichten hat.

Viele sehen in diesem Zusammenhang leicht die Einheit der Kirche gefährdet. Diese ist zweifellos von fundamentaler Bedeutung. Aber „die Einheit der Kirche hat nichts zu tun mit dem mythologischen Zauber der Zahl ‚Eins', mit der Faszination der Einheit an sich. Einheit bedeutet nicht, daß alle gleich sein müssen im Sinne der freudlosen Uniformität eines Einheitstyps" (H. Küng). Wirkliche Einheit ist nicht primär eine Frage äußerer Formen, sondern eine geistliche Größe. Dieser Geist Gottes verrät nie den Ursprung, aber er führt die Kirche zugleich auf neue Wege.

Glaubensleben vollzieht sich heute in individuelleren Formen als früher. Das persönliche Gewissen spielt eine größere Rolle als eine überkommene Tradition. Das personale und existentielle (nicht subjektivistische) Moment ist vielen wichtiger als das institutionelle.

e) *Seelsorge als Ermutigung zur Evangelisation:* Im Rahmen der traditionellen Pastoral nahm der Priester eine ausschließliche Stellung im Heilshandeln der Kirche ein. „Er allein ist aktiv, die Leute sind passiv. Bei ihm liegt die ganze Heilsverantwortung ... Er sorgt sich, sie werden versorgt. Er ist ‚Subjekt der Seelsorge', sie sind ‚Objekt'" (P. M. Zulehner). Es wird allerdings auch in Zukunft die offiziellen Seelsorger geben, die ihren Beruf hauptamtlich und im ausdrücklichen Auftrag der Kirche wahrnehmen. Die pastorale

427

Verantwortung kann nicht an ein anonymes Kollektiv abgegeben werden. Einer der tiefgreifendsten und schwierigsten Prozesse heutiger Pastoral ist jedoch der Mut, in Erinnerung an Taufe und Firmung die Kompetenz und das Charisma auch des einzelnen Christen und ganzer Gemeinden anzuerkennen. Kirche ist dabei, Kirche des Volkes zu werden in neuen Formen der Mitverantwortung. Die christliche Gemeinde, nicht allein der geweihte Amtsträger, übernimmt den Auftrag der Evangelisation.

In diesem Wandlungsprozeß erhält die europäische Kirche starke Impulse durch das Selbstverständnis und den Lebensvollzug christlicher Basisgemeinden in den jungen Kirchen der Dritten Welt, die in den Bedrängnissen des Alltags das Leben als Fest des Glaubens feiern.

Literatur:
A. Exeler, Dem Glauben neue Bahnen brechen (Freiburg i. Br. 1982); KGI – Katholische Glaubensinformation (Hrsg.), Erfahrungen mit Randchristen. Neue Horizonte für die Seelsorge (Freiburg i. Br. 1985); Handbuch der Pastoraltheologie, 5 Bde, hrsg. von F. X. Arnold u. a. (Freiburg i. Br. 1969–1972); *J. Moltmann,* Neuer Lebensstil. Schritte zur Gemeinde (München 1977); *P. Weß,* Ihr alle seid Geschwister (Mainz 1983); *R. Zerfaß,* Menschliche Seelsorge. Für eine Spiritualität von Priestern und Laien im Gemeindedienst (Freiburg i. Br. 1985); *P. M. Zulehner,* „Denn du kommst unserem Tun mit deiner Gnade zuvor ..." Zur Theologie der Seelsorge heute (Düsseldorf 1984); *P. M. Zulehner,* Helft den Menschen leben. Für ein neues Klima in der Pastoral (Freiburg i. Br. ⁷1985); *P. M. Zulehner,* Einführung in den pastoralen Beruf (München 1977).

Werenfried Wessel

Sekten, christliche

↗ Esoterik; Jugendreligionen; Okkultismus; Synkretismus

1. Begriff

Das Wort Sekte leitet sich vom lateinischen „secta" (Substantiv von sequi: nachfolgen) ab und bedeutet Schule, Lehre, Partei; dies entspricht dem griechischen „haeresis". Nicht zutreffend ist die häufig angeführte Ableitung von „secare" (abtrennen).

Hatte der Begriff ursprünglich neutrale Bedeutung, wurde er durch die Auseinandersetzung mit Kirche und Staat negativ geprägt: als Abweichung von der rechtmäßigen Lehre. Sekten bilden neben den Volkskirchen und den (ökumenisch gesinnten, Freiwilligkeit und Freiheit vom Staat betonenden) Freikirchen konfessionskundlich eine eigene Größe. Heute wird das Wort für religiöse Sondergemeinschaften verwendet, die im Vergleich mit den Großkirchen als relativ kleine Organisationen a) in Lehre bzw. Praxis von den großen Kirchen abweichen, b) einen engen Absolutheitsanspruch vertreten und den universalen Heilswillen Gottes auf die eigene Gemeinschaft reduzieren, c) nicht ökumenisch orientiert sind, d) durch aggressive Werbung und Fanatismus auffallen. Vor allem der letzte Punkt führt dazu, das Verhalten von Gruppen und Einzelpersonen, das Enge und Fanatismus aufweist und in Konflikt mit herkömmlichem kirchlichem oder gesellschaftlichem Verhalten steht, als sektiererisch zu bezeichnen.

Die gesamte Geschichte der Kirche ist begleitet vom Phänomen der Spaltung und der Bildung von Sondergemeinschaften. Bereits im Neuen Testament ist davon die Rede. 1 Kor und Röm 16 sprechen von Spaltungen (schismata), 1 Kor 11, Gal 5 und 2 Petr 2 von Irrlehren (haereses), 2 Petr und Jud von Irrlehrern (pseudoprophetai) im Anschluß an Mt 24, 24, 1 Tim von Glaubensabfall. Aus dem frühen Christentum sind vor allem die gnostischen Sekten sowie Markioniten, Montanisten u. a. bekannt. Im Mittelalter entstanden u. a. Waldenser und Albigenser (Katharer). Im Gefolge der Reformation gab es zahlreiche Spaltungen (z. B. Täuferbewegung), die sich im Lauf der Zeit etablierten (Freikirchen). Die gegenwärtige Sektenbewegung geht vor allem auf Gründungen aus dem anglo-amerikanischen Raum im 19. und 20. Jahrhundert zurück, die in den USA durch die Betonung der Religionsfreiheit ungehindert möglich waren und ihre missionarischen Aktivitäten bald auf andere Kontinente übertrugen.

2. Zum Phänomen

Sekten bilden eine *religiöse Gemeinschaft* mit je eigenem Glaubensbekenntnis. Dabei ist zu unterscheiden zwischen solchen, deren Bekenntnis die Basisformel des Weltrates der Kirchen inhaltlich einschließt, und jenen, die sich selbst als christlich bezeichnen, aber nicht mehr auf der Basis des Christentums stehen. Sekten bilden in sich geschlossene Organisationen mit eigenem Kult und betonen (mit wenigen Ausnahmen) die Freiwilligkeit der Glaubensentscheidung. Sie stellen eine *Sekundärbildung* gegenüber den kirchlichen Großgemeinschaften dar, die teilweise mit starken Spannungen zu diesen belastet ist.

Der Status als *Minderheit* führt zu engem Gemeinschafts- und hohem Selbstbewußtsein als „Gemeinde der Heiligen" im Gegensatz zu bloßem Traditionschristentum. Sekten sind geprägt durch *ethischen Rigorismus* und *Radikalität* und verstehen sich als Elite. In der Sorge um Reinerhaltung sind zwar die Binnenkontakte eng, jedoch Kontakte zu Nichtmitgliedern distanziert. Teilweise wird strenge Gemeindezucht geübt. Sekten weisen eine gewisse *Traditionslosigkeit* auf: Sie berufen sich zwar auf die Urgemeinde, sehen aber die kirchliche Entwicklung negativ; nach Ansicht mancher erstand das wahre Christentum erst wieder mit der Sektengründung.

Bei den Sektengründern sind oft *überwertige Ideen* und nicht selten auch psychopathologische *Züge* feststellbar. Außerdem waren diese „Seher, Grübler,

Enthusiasten" (Hutten) stark durch zeitbedingte gesellschaftliche Momente geprägt, die ihre religiösen Ideen tiefgehend mitbestimmten. Der enge *Absolutheitsanspruch* distanziert die Sekten nicht nur von den Kirchen, sondern oft auch von Gesellschaft und Staat. Das führt zu einem „innerlichen Winkeldasein" (Hutten). Die Absolutsetzung der eigenen Lehre ist einerseits der fundamentalistisch ausgelegten Bibel, andererseits den eigenen Schriften entnommen als Ergänzung und Korrektur zur Bibel (bis in den Rang einer Neuoffenbarung). Manche Sekten sehen sich in ihrem Absolutheitsanspruch durch spezifische Erfahrungen (z. B. Heilungen) bestätigt.

Waren früher – in der Zeit des Staatskirchentums – Sekten nicht nur von kirchlicher, sondern auch von staatlicher Seite Kontrollen und Repressalien ausgesetzt (Inquisition, Ketzergesetze), kennt heute weder das kirchliche noch das staatliche Recht den Begriff der Sekte; die gegenwärtige Lage (in deutschen Sprachraum) gibt aufgrund der verfassungsmäßig garantierten Religionsfreiheit den Sekten im Rahmen der rechtlichen Gegebenheiten die Möglichkeit, frei zu wirken. Vereinzelt werden religiöse Sondergemeinschaften, die kirchlicherseits als Sekten bezeichnet werden, staatlicherseits als Körperschaft öffentlichen Rechts anerkannt. – Insgesamt beträgt die Zahl der Sektenmitglieder im deutschen Sprachraum nach Schätzungen mehr als 1 Million.

3. Typologie

Je nach inhaltlichem Schwerpunkt können unterschiedliche Gruppierungen ausgewiesen werden, wobei vielfach eine Überschneidung der einzelnen Elemente gegeben ist. Der nachfolgende Überblick berücksichtigt sowohl christliche Sekten als auch Sekten mit christlichem Anspruch.

Die Frage nach der Wiederkunft Christi ließ *Endzeitgemeinden* entstehen. In der ersten Hälfte des 19. Jahrhunderts entwickelten sich die *Siebenten-Tags-Adventisten,* die gegenwärtig eine gewisse Öffnung zur Ökumene aufweisen. Von den verschiedenen Abspaltungen gewinnt heute die *Weltweite Kirche Gottes* an Bedeutung. – Aus adventistischer Tradition stammen *Jehovas Zeugen,* ursprünglich Ernste Bibelforscher. Diese sehr straffe Organisation führt in der Praxis zu zahlreichen Konflikten, die an Intensität an jene der Jugendreligionen erinnern.

Perfektionistische Gemeinschaften haben als Ziel einerseits die Heiligung des einzelnen durch Bekehrung, Wiedergeburt aus dem Glauben und – damit verbunden – den Sieg über die Sünde (z. B. *Smithianer*); andererseits ist die Errichtung einer Idealgemeinde intendiert, die sich in Gottesdienst und Lebensgestaltung ausschließlich nach urchristlichem Muster richtet (z. B. *Gemeinde Christi*).

Die Höherentwicklung des Menschen auf esoterischer Basis ist Ziel der *Christengemeinschaft;* die biblische Botschaft wird anthroposophisch uminterpre-

tiert. Der Mensch soll durch den Kult den „Gnadenweg" zur Vervollkommnung gehen.
Die Sehnsucht nach *Heilung* nehmen z. T. Gemeinschaften auf, die sich aus dem Perfektionismus entwickelt haben, vor allem die international sehr verbreitete und rasch wachsende *Pfingstbewegung*. Diese in Hunderte von Kirchen aufgesplitterte Bewegung sucht heute auf den Weltpfingstkonferenzen vermehrten Kontakt zueinander. Manche Gemeinschaften führen auch Gespräche mit Großkirchen. Einzelne Pfingstkirchen haben sich dem Weltrat der Kirchen angeschlossen, die Mehrheit jedoch bleibt diesen Bestrebungen gegenüber reserviert. Neben perfektionistischen Anliegen findet sich hier als gemeinsames Kennzeichen der Wunsch nach Geisterfahrung („Geisttaufe") und außerordentlichen Charismen (besonders Glossolalie, Prophetie, Heilung). Die Betonung der Heilung hat nach dem Zweiten Weltkrieg zu einer eigenen Heilungsbewegung (Heilungsevangelisten) geführt, die gegenwärtig auch durch die *Electronic Church* (Satellitenprogramme) Verbreitung findet.
Im außerchristlichen Kontext steht das Anliegen der (Mental-)Heilung bei der *Christian Science*. Durch rechtes Denken soll sich der Mensch von Sünde, Krankheit und Tod befreien. Ähnliche Gedanken finden sich in der daraus entstandenen *Unity* (Silent Unity) und der breiten *Neugeist-Bewegung*.
Das *vollmächtige Amt* steht im Zentrum der Apostelgemeinden, von denen die bedeutendste die *Neuapostolische Kirche* ist. Wesentlich ist der Stammapostel, dessen Wort über der Bibel steht. Eine reiche Ämterhierarchie soll für die Wiederherstellung der urchristlichen Gemeinde sorgen. Die totale Überhöhung des Stammapostels hat zur Bildung zahlreicher Splittergruppen geführt.
Die Wiederherstellung der wahren Kirche ist auch Anliegen der *Mormonen* (Kirche Jesu Christi der Heiligen der Letzten Tage). Das Buch „Mormon" als Hauptwerk rückt die Bibel an die zweite Stelle, es vertritt letztlich einen Polytheismus. Zu den Geheimriten zählt u. a. die stellvertretende Totentaufe.
Neuoffenbarungen berühren den Bereich der Esoterik. Höhere Erkenntnis soll Lebenshilfe geben und ein besseres Verstehen der Bibel (die bloß als Teilwahrheit gesehen wird) ermöglichen. In diesem Zusammenhang sind die Schriften *Swedenborgs* und *Lorbers* zu nennen, die heute weite Verbreitung finden. Antikirchlich geprägt und inhaltlich mit östlichem Geankengut versetzt ist das *Universelle Leben / Heimholungswerk Jesu Christi*.
Eine Verbindung von Neuoffenbarung (als Privatoffenbarung) und traditionalistischen Elementen aus dem katholischen Raum stellen die Gemeinschaften um Gegenpäpste dar: Clemens XV. gründete die *Erneuerte Kirche*, um Gregor XVII. entstand die *Palmarianisch-katholische Kirche*.
Neubildungen ohne direkten christlichen Bezug sind *messianische* Sekten. Der jeweilige Gründer gilt als neuer Christus oder wiedergekommener Gott (z. B. *Gralsbewegung, Johannische Kirche*).
Eine Sonderform im Sektenbereich stellen die *Freien Bischöfe* dar. Heute versteht man darunter „einen wirklichen oder angeblichen Träger einer bischöf-

lichen Weihe in apostolischer Sukzession, der in keiner Bindung zu einer der großen Konfessionen steht" (Haack). Neben den Abenteurern, die eigene Kirchen gründen und z. T. auch akademische Grade verkaufen, und deren Gefolgsleuten bestehen Gemeindebildungen mit nationalkirchlichen Zügen. Schließlich gibt es Freie Bischöfe in theosophischen Kreisen *(Liberalkatholische Kirche)* sowie gnostischen und okkulten Gemeinschaften.

4. Faszination der Sekten

Von den zahlreichen Ursachen, die zu einem Sektenbeitritt führen, seien einige genannt. In einer Zeit wachsender Anonymität wird das persönliche Angenommensein, die Brüderlichkeit und das enge Gemeinschaftsbewußtsein, die Gemeinde der Gleichgesinnten und Auserwählten (Elitedenken) geschätzt. Religiöse Lehre und Praxis vermitteln Sinnerfahrung in einer säkularisierten Umwelt. Klare Lehre und absolute Heilsgewißheit gilt als positiv gegenüber kirchlichem Pluralismus. Naherwartung läßt die Angst vor Krieg und Leid durch die Hoffnung, am Tausendjährigen Reich Anteil zu haben, zurücktreten. Außerdem erscheinen diese relativ jungen Gruppen noch nicht durch die Geschichte belastet und sorgen durch teilweise rigorose Gemeindezucht, dem Exklusivanspruch gerecht zu werden. Schließlich ist die Aussicht auf ein „kirchliches" Amt für manche faszinierend. Manchmal sind auch materielle Gründe (finanzielle Unterstützung) ausschlaggebend.

5. Stellung der Kirche zu den Sekten

Nach der jahrhundertealten Praxis der Verurteilung fällt auf, daß das Vatikanum II in keinem Text Sekten erwähnt. Lediglich in den „Richtlinien zur Durchführung über die ökumenische Aufgabe" wird diese Problematik angesprochen: Der Bischof oder die Bischofskonferenz soll durch „geeignete Wege" einen Indifferentismus und Proselytismus durch Sekten oder Einzelpersonen verhindern. Das führte vor allem in den letzten Jahren zu einer vermehrten Beschäftigung einzelner Bischofskonferenzen mit dem Sektenproblem (z. B. Stellungnahmen unter Berücksichtigung der Jugendreligionen) und auch zur Errichtung eigener Informations- und Beratungsstellen. Im Frühjahr 1986 veröffentlichte der Vatikan eine Studie über die Probleme, die sich für die Kirche im Zusammenhang mit den Sekten ergeben. Sie basiert auf einer Umfrage bei allen Bischofskonferenzen.
Pastoral stellen Sekten als „unbeglichene Schuldscheine der Kirche" (Brasilianische Bischofskonferenz) in der Zeit der Säkularisierung den Kirchen die Aufgabe, sich theologisch und pastoral mit diesen Menschen und Gruppen zu befassen und die geforderte Unterscheidung der Geister vorzunehmen im Sinn der Haltung Augustinus', den Irrenden zu lieben, jedoch den Irrtum abzulehnen. Dabei wird diese Prüfung auch eine kritische Reflexion innerhalb der Kirchen einschließen. Vor allem aber sind Evangelisation, Gemeindeauf-

bau, Diakonie und die Hinführung zu einem persönlich verantworteten Glauben neu zu betonen.

Literatur:
O. Eggenberger, Die Kirchen, Sondergruppen und religiösen Vereinigungen (Zürich ³1983); *Handbuch religiöse Gemeinschaften,* Freikirchen, Sondergemeinschaften, Sekten, Weltanschauungen, missionierende Religionen des Ostens, Neureligionen. hrsg. von Horst Reller, Manfred Kiessig (Gütersloh ³1985); *K. Hutten,* Seher, Grübler, Enthusiasten. Das Buch der traditionellen Sekten und religiösen Sonderbewegungen (Stuttgart ¹²1982); *ders.,* Die Glaubenswelt des Sektierers. Das Sektentum als antireformatorische Konfession – sein Anspruch und seine Tragödie (Hamburg 1957); *H.-D. Reimer,* Umwege zum Heil?, hrsg. von F. Valentin (Wien 1980).

Friederike Valentin

Sexualität

↗ Bindungsverhalten; Ehe; Familie; Familienplanung; Nichteheliche Lebensgemeinschaften; Zölibat

1. Geschichtliche Entwicklungen und Hintergründe

Der Begriff Sexualität wird in weiterer und in engerer Bedeutung gebraucht. In der weiteren Bedeutung ist Sexualität eine grundlegende Bestimmtheit des Menschen. In diesem Sinne spricht man auch von Geschlechtlichkeit. Die Bestimmung des Menschen als Mann und Frau reicht in alle Dimensionen seines biologischen, geschichtlichen, gesellschaftlichen und personalen Daseins hinein. Demgegenüber spricht man von Sexualität in engerem Sinne, wenn es um das erotische, libidinöse und generative Verhalten des Menschen geht. Die beiden Bedeutungen sind zwar zu unterscheiden, aber nicht zu trennen. Dies wird schon durch einen Blick auf die geschichtlichen Entwicklungen und Hintergründe deutlich.
Die Geschichte der Sexualität weist unterschiedliche Einstellung zur Leiblichkeit des Menschen, zur Erotik der Beziehungen und zur Zeugung von Nachkommenschaft auf. Dies alles ist in unterschiedlichen gesellschaftlichen Zusammenhängen geordnet. Die ethnologischen Untersuchungen zeigen, daß es sehr unterschiedliche Modelle gibt: „harte" und „weiche" Tabuisierungen des Sexualverhaltens (am verbreitetsten ist das Inzesttabu), Polygamie (Gruppenehe), Henogamie (Vielehe des einzelnen mit unterschiedlicher Stellung der jeweiligen Partner), Matriarchat und Patriarchat. Im weiteren Kulturraum des Mittelmeeres, der unsere Geschichte der Sexualität am meisten beeinflußt hat, beobachten wir patriarchalische Systeme; die Entwicklung von der Henogamie zur Monogamie; die Spannung zwischen dualisti-

scher Leibfeindlichkeit und unbefangener Integration leiblicher Vollzüge; die starke Bindung der Sexualität an die Regeln einer generativen Familienordnung in Spannung zu den intensiven Erlebnisformen erotischer Beziehungen; das Dilemma, daß die „Ordnungsgestalt" der Sexualität mit ihrer „Erfahrungsgestalt" nie ganz aufgeht. Sexualität kann daher im Extrem als notwendiges Übel betrachtet oder als dämonische Kraft erfahren werden.
Trotz der Vorherrschaft des patriarchalischen Systems und der generativen Familienordnung ist die Geschichte der Sexualität in unserem Kulturraum uneinheitlich. Dies gilt zum Beispiel auch schon für die Schriften des Alten Testaments. Die freie Erotik des Hohenliedes und die normierte Ordnung des Gesetzes, der Glaube an einen ursprünglich monogamen Sinn der Schöpfungsordnung und die faktische Henogamie des Mannes, die Betrachtung der Ehe als Besitzstand des Mannes und als Bund partnerschaftlicher Gefährten (vgl. Mal 2, 14.15), dies alles läßt sich nicht einfach auf einen gemeinsamen Nenner bringen. Sicher ist jedoch, daß das Neue Testament eher die Schöpfungsordnung von Mann und Frau betont, die generative Familienordnung gegenüber den Erfordernissen des Gottesreiches und der Gemeindebildung zurücktreten läßt und den Eros unter den Gedanken der Annahme der ganzen Person des Partners stellt.
Für die Geschichte der Sexualität im Christentum ist entscheidend geworden, daß Wertungen der Sexualität unter dem Gesichtspunkt eschatologischer Vorläufigkeit bei Paulus mit Wertungen der Sexualität unter dem Gesichtspunkt des hellenischen Leib-Seele-Dualismus zusammengebracht wurden. Die Schöpfungslehre, die das Zueinander von Mann und Frau betont, wurde immer wieder mit der Entordnung der Schöpfung durch die Sünde konfrontiert, und die Triebdynamik der Sexualität, die in ihrer normativen patriarchalischen Ordnung nicht aufging, konnte als Zeichen erbsündlicher Schwäche des Menschen erscheinen (Augustinus' Lehre von der Konkupiszenz). Dualismus, Patriarchalität, Generativität (Vorherrschaft des Zeugungsgesichtspunktes), Dämonisierung der Sexualität, Konzentrierung des Sündenbewußtseins auf die sexuelle Antriebsstärke und auf die einzelnen Normabweichungen des gesellschaftlich geordneten Sexualverhaltens, das alles sind Hypotheken der Geschichte der Sexualität auch im Raum der Ausbreitung des christlichen Glaubens. Demgegenüber hat es immer wieder gegenläufige Entwicklungen gegeben. Die frühhumanistische Kultur des Mittelalters hat die erotische Dimension der Sexualität ebenso aufgewertet wie später die Romantik, die das Modell der „Liebe als Passion" (N. Luhmann) mitbegründet hat. Die Theologie entwickelte mühsam eine größere Unbefangenheit gegenüber den Antriebskräften der „Natur" der Sexualität, bis sie in unserem Jahrhundert endgültig für die Präferenz der Liebe zueinander vor dem Diktat des generativen Verhaltens eintrat. In der Neuzeit steht die Geschichte der Sexualität vor allem in der Spannung zwischen einem eher repressiven und einem eher emanzipativen Ethos der Sexualität.

2. Anthropologie der Sexualität

Die neue Anthropologie der Sexualität im Kontext des christlichen Glaubens setzt vor allem auf die empirische Erfahrung in den Humanwissenschaften, auf die heilsgeschichtlichen Entwicklungen in der Schrift und auf eine vernünftige Interpretation im Rahmen der philosophischen Anthropologie. Die positive Einstellung zur Sexualität, die hier bekundet wird, wird auch in kirchlichen Dokumenten als „neuer Humanismus" bezeichnet (vgl. Gaudium et spes 15; Familiaris consortio 8). Die humanwissenschaftlichen, oft in der Sexualwissenschaft integrierten Ergebnisse sind beachtlich. Wir können über ethnische und kulturelle Tabuisierungen, über soziohistorische Bedingtheiten, über frühkindliche Paradigmen, über sozial auferlegte Ethosformen, über die selbsttätigen Wirkungen erotischer Verbindungen, über das Problem von Sexualität und Macht und schließlich über den bedingten Charakter sexueller Abweichungen aufklären. Die Humanwissenschaften entreißen freilich mit diesen Aufklärungen der Sexualität nicht ihr anthropologisches Geheimnis. Diesem Geheimnis kommt man mit gedeuteter und gestalteter Erfahrung näher als mit empirischen Beobachtungen und analytischen Modellanalysen. Die humanwissenschaftlichen Ergebnisse sind in vielerlei Hinsicht deutungsoffen.
Die anthropologischen Deutungsmuster der menschlichen Geschlechtlichkeit werden daher immer mehr zur Frage nach einem Menschenbild, das zugleich den Sinn der Sexualität erhellt und diesen als verbindlichen Wert bestimmt. Viele dieser Deutungsmuster haben ihre geschichtliche Herkunft im religiösen Bereich. Die biblische Anthropologie stellt ein solches Deutungsmuster dar. Im Alten Testament gehört Sexualität mit größter Unbefangenheit zum menschlichen Leben. Die Tiefe der sexuellen Beziehung und die Tiefe der personalen Begegnung können bildhaft aufeinander verweisen. Die geschlechtliche Wahrnehmung der Gestalt des anderen und die Erkenntnis des andern in seinem Anderssein gehören zusammen. Die entscheidende theologische Linie im Alten Testament bleibt das Zueinander von einem Mann zu einer Frau, in dem sich der Schöpfungssinn realisiert (vgl. Gen 2,18.21-24). Die personale Einheit, die sich in leiblicher Dichte zeigt, ist die Basis für einen religiösen Analogieschluß: So wie Mann und Frau einander lieben, so liebt Gott sein Volk. Im Glauben wird diese Analogie umgekehrt: Von der religiösen Dichte des Bundes Gottes mit den Menschen bzw. des Bundes Christi mit der Kirche (Eph 5) wird der Sinn der geschlechtlichen Lebensgemeinschaft auf Dauer bestimmt. Daher erscheint diese Lebensgemeinschaft ihrem Sinne nach als unverbrüchlich. Nach der biblischen Anthropologie ist Liebe zugleich Gefühl und Lebensentscheidung, d.h., die Liebe als Gefühl für die einzigartige Gestalt des anderen bedarf der Ergänzung durch die Liebe als Entscheidung zur ganzen Person des anderen. Das Sinnziel der Sexualität ist also die personale Lebensgemeinschaft; von daher wird die Sexualität in die Werte von Liebe und Treue eingebettet. Das Zeugungsgeheim-

nis findet in diesem Umfeld seinen richtigen Ort. Die theologiegeschichtlichen Auslegungen dieses biblischen Befundes sind zwar voll von einzelnen Irrtümern: hinsichtlich der Stellung der Frau, hinsichtlich der Priorität der Zeugung gegenüber der Beziehung; hinsichtlich der Belastung der sexuellen Beziehungen mit den Wirkungen der Erbsünde; hinsichtlich der Bestimmung der Leiblichkeit als bloße Peripherie der Seele. Trotz dieser Irrtümer, die zum Teil auf falschen naturwissenschaftlichen Erkenntnissen beruhten, ist die Hauptlinie der biblischen Anthropologie doch als ständige erneuerte Erinnerung wiedergekehrt.

Eine philosophische Anthropologie der Sexualität ist nicht unabhängig von dieser religiös imprägnierten Geschichte des Menschenbildes zu bestimmen. Selbst wenn hier das vernünftige Verstehen der sexuellen Phänomene der richtige Maßstab ist, so ist doch in die geschichtliche Erfahrung des Menschen mit seiner Sexualität das Bewußtsein von tradierten Werten und einer eindrucksvollen Bilanz von Gefährdungen mit eingegangen. Die philosophische Deutung des Geschlechtswesens beginnt mit der Einsicht in das volle Menschsein trotz seiner zutiefst unterschiedlichen Ausprägung im Männlichen und im Weiblichen. Die Erkenntnis der gleichen Würde und Unverfügbarkeit, die dem Menschen auch als Geschlechtswesen zukommt, führt zu einer Sinnbestimmung, die die Achtung vor der Würde der anderen Person zum Maßstab macht und daher totale Instrumentalität ausschließt. Die Verbindung von Liebe und Zeugung wird so gedeutet, daß die Zeugung nicht nur Folgeerscheinung, sondern ein Ausdruckswert der personalen Deutung von Leiblichkeit und Geschlechtlichkeit sein kann.

3. Moraltheologische und kirchliche Probleme

Wer die anthropologischen Kriterien der Menschenwürde anerkennt, wird sich für eine Humanisierung der Sexualität einsetzen. Da diese Kriterien aber eher formaler Natur sind (Unauswechselbarkeit, Unverfügbarkeit, Unverletzlichkeit), scheinen unterschiedliche ethische Urteile im konkreten Verhalten möglich zu sein. Das gesellschaftliche Ethos und das kirchliche Ethos unterscheiden sich in der Tat. Die repressiven und zum Teil widersprüchlichen Einstellungen einer bürgerlichen Sexualmoral auf der einen Seite und eine emanzipative Freizügigkeit im Namen der Selbstverfügung auf der anderen Seite fordern die Erinnerung an die Geschichte des Gottesvolkes heraus, das sich stets zwischen Verteufelung und Vergötzung der Sexualität seinen Weg gesucht hat. Die Moraltheologie greift heute die Ideen der erotischen Humanisierung der Sexualität auf und ergänzt sie um den Gesichtspunkt der personalen Letztentscheidung für den anderen als Basis angstfreier Begegnung, in der allein sich die „Gefühlsräume" voll entfalten können. Eines der Hauptprobleme der moraltheologischen Reflexion und der kirchlichen Verkündigung ist die Frage nach der Liebe in Treue. Die anthropologische Begründung muß hier von den Erfordernissen einer gelingenden Liebe selbst

her erfolgen. Die theologische Begründung erinnert an die Treue Gottes zu seinem Volk.
Die vertiefte Deutung der Liebe im Kontext des Glaubens hat heute Vorrang vor der Bindung des Geschlechtsverhaltens an die Familiengründung und an die Zeugung von Nachkommenschaft. Dennoch ist die Idee der Fruchtbarkeit in der Deutung der Liebe selbst geborgen. Die Leitlinie einer biblisch orientierten Moralverkündigung lautet: Man soll sich aneinander freuen und nicht nur einander gebrauchen (vgl. Dtn 20,7; 24,5).
Die kirchliche Morallehre gesteht die Familienplanung in Verantwortung zu, wendet sich aber in verschiedenen Verlautbarungen gegen die technische Trennung von Liebeserweis und Zeugungsmöglichkeit. Auf der anderen Seite wird auf die Gewissensverantwortung im Hinblick auf die Methoden verwiesen. Hier sind noch nicht alle Probleme geklärt.
Die kirchlichen Normen des Sexualverhaltens werden häufig, auch von Christen, kritisiert: neben der Geburtenregelung die strikte Bindung der geschlechtlichen Vereinigung an die lebenslange Geschlechtsgemeinschaft der Ehe und die Lehre von strikter Enthaltsamkeit bei homosexueller Veranlagung. Dabei geht es weniger um die Intention dieser Normen als um die Frage, ob sie allen Bedingungen und Lebensumständen im einzelnen gerecht werden können.
Zu den moraltheologischen und kirchlichen Problemen gehört auch die Bestimmung der Sünde im Umgang mit der Sexualität. Ist der Begriff Sünde jeweils an die Normwidrigkeit vieler einzelnen Handlungen gebunden, oder stellt er nicht vielmehr eine Diagnose von Grundeinstellung und Handlung zugleich dar? Eine steigende Verantwortung des Gewissens in seiner Selbstdiagnose sowie in der Prüfung und Anwendung von Normen wird hier gefordert. Nicht immer wird der lehramtliche Stil der kirchlichen Moralverkündigung dieser Entwicklung gerecht. In vielen Fällen ist die behauptete lehramtliche Konstanz auch entweder nicht besonders groß (wie zum Beispiel in der Frage der Masturbation), oder es geht um Phänomene, die in der Tradition so nicht bekannt waren (die begütigende Kraft des sexuellen Zusammenlebens, die neuen Möglichkeiten der Geburtenregelung, die vorpubertäre Ausprägung der Homosexualität). Dabei treten in der normativen Sexualethik gelegentlich Unterschiede zwischen moraltheologischen Erörterungen und kirchlichen Stellungnahmen auf.
Es ist sicherlich eine wichtige Anfrage an die christliche Ethik, warum sie die Gebote des Dekalogs und die Haltungsbilder der Bergpredigt vor allem im Bereich der Sexualethik so präzise zu konkretisieren versuchte. Dies ist nicht zuletzt eine Frage nach dem Stellenwert der Sexualität und der Sexualethik innerhalb einer christlichen Ethik. Der hohe Stellenwert ist sicher auf der einen Seite ein Niederschlag der historischen Verbindung von Sünde und Sexualität und auf der anderen Seite ein Reflex der Bemühungen, die einzelnen Christen in ihren konkreten Lebensentscheidungen fürsorglich zu begleiten. Das Einwirken der Sünde in die Triebstruktur des Menschen wird heute je-

doch sowohl in der philosophischen wie in der theologischen Anthropologie eher in den destruktiven Potenzen der Aggressivität des Menschen gesehen. Auf der anderen Seite erscheinen die Probleme von Gerechtigkeit, Friedensfähigkeit und Selbstbegrenzung des Menschen heute in besonders dringlicher Gestalt, und wenn hier die Mündigkeit der Gewissen gefordert ist, warum nicht auch auf dem Gebiet der Humanisierung der Sexualität? Wer für eine Erneuerung der christlichen Ethik plädiert, wird für einen anderen Stellenwert der Sexualethik plädieren müssen, ohne dabei die Bedeutung der Sexualität für ein Gelingen des Lebens zu unterschätzen.

Literatur:
Ph. *Ariès – A. Bejin – M. Foucault u.a.,* Die Masken des Begehrens und die Metamorphosen der Sinnlichkeit (Frankfurt a.M. 1984); *F. Böckle,* Geschlecht der Beziehung und Liebesfähigkeit, in: Christlicher Glaube in moderner Gesellschaft, Bd. 6 (Freiburg i. Br. 1981) 109–153; *H. Cancik,* Zur Entstehung der christlichen Sexualmoral, in: W. Gladigow (Hrsg.), Religion und Moral (Düsseldorf 1976) 48–68; *M. Foucault,* Sexualität und Wahrheit, Bd. 1–3 (Frankfurt a.M. 1977, 1986); *M. Müller,* Grundlagen der katholischen Sexualethik (Regensburg 1966); *V. Sigusch* (Hrsg.), Sexualität und Medizin (Frankfurt a.M. 1982); *A. Ziegler u.a.,* Sexualität und Ehe. Der Christ vor einem Dauerproblem (Zürich 1981).

Dietmar Mieth

Sonntag

↗ Arbeitswelt und Kirche; Atheismus; Gott; Gottesdienst; Kirche; Kirchlichkeit; Konsumgesellschaft; Säkularität und Säkularismus; Spiritualität; Wertewandel

Religionsgeschichtlicher Hintergrund

a) *Der siebte Tag:* Die religiöse Markierung eines Tages der Woche geht auf den ägyptisch-babylonisch-sumerischen Kulturkreis zurück. Aufgrund astrologischer Spekulationen wird der siebte Tag der Woche (also der Samstag, denn der Sonntag gilt als erster Tag) als ein Termin bezeichnet, an dem die Götter das Tun der Menschen nicht begleiten. Er ist deshalb für sämtliche Unternehmungen ungünstig – ein verflixter und verhexter Tag.
b) *Der Sabbat:* Das Volk Israel übernimmt den Samstag als „Sabbat" (= Leertag) und wertet ihn theologisch um als Tag des Heiles und der Befreiung aus Ägypten, als Tag der besonderen Nähe Gottes und des Dankes für seine Führung und Begleitung in der Geschichte: „Denk daran: Als du in Ägypten Sklave warst, hat dich der Herr, dein Gott, mit starker Hand und hoch erhobenem Arm dort herausgeführt. Darum hat es dir der Herr, dein Gott, zur Pflicht gemacht, den Sabbat zu halten" (Dtn 5,15). Diese Bestimmung hat zu einer einmaligen Erscheinung in der gesamten antiken Umwelt geführt: Die

israelitische Sozialgesetzgebung garantierte den Sklaven einen regelmäßigen Ruhetag.
Die Begründung des Sabbats erfährt durch eine Redaktion des Schöpfungsberichtes im 5. Jahrhundert v. Chr. eine theologische Vertiefung: Das ursprünglich auf die sieben Tage der Woche verteilte Schöpfungswerk Gottes wird auf sechs Tage zusammengedrängt. „Am siebten Tag vollendete Gott das Werk, das er geschaffen hatte, und er ruhte am siebten Tag" (Gen 2,2). Die Einhaltung der Arbeitsruhe wird somit als Nachahmung Gottes dargestellt und zur vorrangigen religiösen Pflicht gemacht. Aus dem freien Tag wurde ein Feiertag, der Tag des Bekenntnisses zum „Bund", vollzogen durch Versammlung und Opfer.

2. Ursprung und Sinn des Sonntags

Im Schöpfungsbericht (Gen 1) ist der Sonntag der erste Tag der Woche, an dem Gott als Schöpfer in Erscheinung tritt. Er ist der Tag der Erscheinung Gottes an die Patriarchen und Propheten (z. B. Gen 7,10; Hag 1,1) und der Tag der Erscheinungen Jesu (Joh 20,11-18; Lk 24,34; Lk 24,15 usw.).
Die Betonung der Tatsache, daß der Auferstandene jeweils an einem Sonntag erschienen ist, enthält eine theologische Aussage: In Jesus erscheint Jahwe auf eine einzigartige Weise; er ist der „Sohn Gottes". Das gemeinsame Bekenntnis dazu war wohl der tiefste Grund dafür, daß die Christen von Anfang an ausgerechnet den Sonntag gefeiert haben, obwohl er nach damaligem Bewußtsein den Charakter des heutigen Montags hatte. Es gab keine vorchristliche Sonntagsfeier; der Sonntag ist eine Neuschöpfung der Christen. Das Bestehen auf dem Tag ist ein Teil ihres Bekenntnisses zur Auferstehung und Gottheit Christi. Deshalb haben sie auch auf bequemere Termine wie etwa den Freitagabend oder den Samstag verzichtet und sich am frühen Morgen des Sonntags vor der Arbeit versammelt, um Eucharistie zu feiern.
Zu einem allgemeinen Ruhetag war allerdings noch ein weiter Weg, den man zunächst auch gar nicht gehen wollte. Der Sabbat galt als überwunden, und man hatte Bedenken, am Sonntag nach Art des Sabbats eine Arbeitsruhe zu halten. Kaiser Konstantin gab 321 den christlichen Soldaten am Sonntag von 9 bis 11 Uhr dienstfrei, damit sie zu günstiger Zeit am Gottesdienst teilnehmen konnten. Als unter Kaiser Theodosius das Christentum zur Staatsreligion erklärt (380) und durch staatliche Gesetze geschützt wurde, war man noch weit davon entfernt, vom Kaiser eine Verordnung der Sonntagsruhe zu verlangen. Erst mit dem stärkeren Eindringen des Christentums in den germanischen Raum verblaßten die Bedenken gegen eine Übertragung von Sabbatvorstellungen auf den Sonntag, so daß ab dem 6. Jahrhundert die Feier des Sonntags durch die Eucharistie mit der Feier durch einen allgemeinen Ruhetag verbunden und gesetzlich vorgeschrieben wurde. Nach einer theologischen Deutung Jesu Christi als „wahrer Sonne" bestand auch keine Schwie-

rigkeit, die Bezeichnung Sonntag (= Tag des Sonnengottes) für den ursprünglichen „Herrentag" (Offb 1,10) zu übernehmen.
So entwickelte sich vom frühen Mittelalter an das Sonntagsgebot als Doppelgebot: Meßfeier und Arbeitsruhe. Dazu kam noch das Gebot der „Treuga Dei", also am Sonntag den Gottesfrieden zu halten, keine Waffen zu tragen und zu gebrauchen. Das alte Kirchenrecht (CIC/1917 can. 1248) schreibt ein vierfaches Sonntagsgebot vor: Meßbesuch, Enthaltung von schweren körperlichen Arbeiten, Unterlassung von Gerichtsverhandlungen und von öffentlichen Märkten. Stehen diese vier Sonntagspflichten dort ohne Wertung nebeneinander, so wird im neuen Kirchenrecht (can. 1247) eine Rangordnung gegeben: Zunächst sind die Gläubigen zur Teilnahme an der Meßfeier verpflichtet. Für die Arbeitsruhe werden nur Kriterien angegeben: Die Gläubigen sollen sich jener Werke und Tätigkeiten enthalten, „die den Gottesdienst, die dem Sonntag eigene Freude oder die Geist und Körper geschuldete Erholung hindern".
Über den Sinn der liturgischen Versammlungen insgesamt, insbesondere aber der sonntäglichen Eucharistiefeier, sagt die Würzburger Synode (Gesamtausgabe I, 198): Die Christen „versammeln sich, um ihre Dankbarkeit gemeinsam auszudrücken, aber auch ihre Schuld und ihr Versagen zu bekennen. Sie können nicht aufhören, von ihrer Hoffnung zu singen und zu träumen, und sehen darin einen unersetzlichen Dienst an der Menschheit. Sie feiern nicht, um dem Alltag zu entfliehen, sondern um ihn in der Kraft Gottes zu bestehen im Dienst am Nächsten. Durch ihre gottesdienstlichen Feiern und durch das, was darin geschieht, bekennen sie ihren Glauben, der sich vollendet, wenn er in der Liebe wirksam wird."

3. Der Sonntag in den heutigen Lebensverhältnissen

Im Bewußtsein der heutigen Gesellschaft beginnt die Woche mit dem Montag; der Sonntag erhielt in den Kalendern sowie in den Fahr- und Flugplänen die Nummer 7 und wurde zusammen mit dem Samstag zum „Wochenende" eingeebnet, das am Freitagmittag beginnt. Der Samstag ist der eigentliche Ruhetag geworden; Freitag und Sonntag haben für viele den Charakter eines Reisetages angenommen.
Der „Wochenendtourismus" greift ins Leben der Städte, aber auch der Erholungsgebiete stark ein. Sonntagsbräuche, festliche Kleidung und Sonntagsessen haben sich z. T. verloren. Die Arbeitsruhe ist durch Gesetz geschützt. Die Sinngebung des Sonntags wird von der Gesellschaft nicht geleistet und ist Privatsache geworden.
Manche sind damit überfordert und leiden unter „Wochenend-Depression" oder „Sonntagsneurose". Sie können sich nur mehr durch Arbeit ausdrükken; ihre Fähigkeit zu Muße, Fest und Feier ist verkümmert. Das Wochenende wird von der Vergnügungsindustrie, vom Sport- und Freizeitbetrieb beherrscht. Dadurch kann vielen zur Erholung und Zerstreuung geholfen

werden, jedoch nicht in entsprechendem Maß zur Sinngebung des Sonntags und des Lebens überhaupt. Hier liegt eine unersetzliche Aufgabe der Kirchen für die Gesellschaft. Das Zweite Vatikanische Konzil hat sich nicht auf einen Streit darüber eingelassen, ob der Sonntag der erste oder der siebte Tag genannt werden soll, sondern die Liturgiekonstitution (Art. 106) spricht vom „achten Tag". Sie weist mit dieser Bezeichnung darauf hin, daß der Sonntag eben nicht ein Bestandteil der Arbeitswoche ist und bloß der Erhaltung der Arbeitskraft dient. Insofern kann der Sonntag auch nicht in einer Reihe mit den anderen Tagen der Woche aufgezählt werden. Diese öffnet sich vielmehr am Sonntag auf das Lebensganze hin, auf die Frage nach dem Woher und Wohin und dem Sinn des Lebens überhaupt.

4. Die Sonntagsmesse

Die sonntägliche Versammlung der Gemeinde zur Feier der Eucharistie ist das älteste Zeichen des Glaubens, das Christen einander und auch den Nichtchristen geben. Sie ist der wohl wichtigste Vorgang zur Glaubensvermittlung und ein maßgeblicher Indikator für Kirchlichkeit.

Die Motivation der Gläubigen zur Mitfeier soll in erster Linie vom Sinn des Sonntags als eines „kleinen Osterfestes" ausgehen. Unzureichend sind die Betonung einer bloßen „Sonntagspflicht", die naturrechtliche Begründung durch ein Recht Gottes auf öffentliche Verehrung oder eine Art Leistungsdenken, demzufolge man ein Siebtel der Woche oder doch wenigstens eine Stunde für Gott „opfern" müsse.

Der weltweite Priestermangel zwingt zu einer Verringerung der Zahl an Sonntagsmessen, was nicht unbedingt ein Schaden für die Feier des Sonntags und das kirchliche Leben sein muß, solange in jeder Pfarrei wenigstens eine überzeugend gefeierte Sonntagsmesse erhalten bleibt. Da die Pfarreien vor allem zur Spendung der Taufe und zur Feier der Sonntagsmesse gegründet worden sind und die Katholiken gemäß CIC can. 213 ein Recht auf Seelsorge haben, darf man wohl auch von einem Recht der (Pfarr-)Gemeinde auf die Sonntagsmesse sprechen.

Falls es nicht möglich ist, am Sonntag eine Messe zu feiern, wird eine sonntägliche Versammlung der Gemeinde zu einem anderen Gottesdienst sehr empfohlen (CIC can. 1248 § 2). Dieser soll sich jedoch von der Messe deutlich unterscheiden und als Laudes, Vesper oder Andacht unter der Leitung eines dafür ausgebildeten und von der Kirche beauftragten Laien gefeiert werden.

5. Die Sonntagsruhe

Wenn auch die Sonntagsruhe gegenüber der Sonntagsmesse eine viel spätere Schicht der Feier des Sonntags darstellt, so enthält sie doch große religiöse und menschliche Werte für den einzelnen und für die Gesellschaft. Die naturrechtliche Argumentation mit der „Pflicht zur Erholung" greift aber zu kurz und ist zu sehr der Arbeitswelt bzw. der Gesundheit zugeordnet. Der Sonntag soll aber nicht vor allem deshalb gehalten werden, damit man wieder besser arbeiten kann, sondern er hat einen Sinn in sich. Er ist eine Form der Muße, also der Zustimmung zur Welt und zum Leben im ganzen, ein Tag der Orientierung, der Vergewisserung des Lebenssinnes, der Öffnung auf Transzendenz. Insofern ist die Feier des Sonntags eine Folge und ein Erfordernis der Menschenwürde, ein Protest gegen die Vermarktung des Menschen und gegen die Versklavung durch die Arbeitswelt. Er ist ein Tag der Gemeinschaft, der Kultur und der Pflege gesellschaftlicher Intimräume (Familie, Freundschaft usw.) und wirkt so der Vereinsamung und Anonymität in der heutigen Gesellschaft entgegen.

Diese Bedeutung für die Gesellschaft kann der Sonntag allerdings nur dann gewinnen, wenn er grundsätzlich von allen gemeinsam gehalten wird und nicht in einer „gleitenden Arbeitswoche" jeder einen anderen freien Tag erhält. Selbstverständlich müssen manche Arbeiten auch am Sonntag geleistet werden (Krankenhäuser, Heime, öffentlicher Verkehr, Polizei, Gaststätten und dgl.). Sie sollen jedoch im Interesse aller auf jene Tätigkeiten beschränkt bleiben, die für das Gemeinwohl unbedingt erforderlich sind. Die Sorge um den Sonntag ist also nicht nur Sache des einzelnen oder der Kirchen, sondern er muß auch von den Verantwortlichen in Politik und Wirtschaft garantiert werden. Die Respektierung des Sonntags ist somit nicht nur ein Maßstab für Glaube und Kirchlichkeit, sondern auch ein deutlicher Indikator für die Wertordnung der Gesellschaft sowie jener, die sie maßgeblich gestalten können.

Literatur:
R. *Bärenz,* Das Sonntagsgebot (München 1982) (Lit.); *J. Baumgartner,* Der Sonntag – Tag des Herrn (Freiburg i. Üe. 1978); *L. Bertsch,* Stirbt der Sonntag am Wochenende?, in: Liturgisches Jahrbuch 31 (1981) 159–168; *R. Bleistein,* Freizeit wofür? Christliche Antwort auf eine Herausforderung der Zeit (Würzburg 1978); Diakonia 10 (1979) 1–70, Schwerpunkt: Der Sonntag; *H. Halter* (Hrsg.), Sonntag – Der Kirche liebstes Sorgenkind (Zürich 1982); *Th. Maas-Ewerd – K. Richter* (Hrsg.), Gemeinde im Herrenmahl (Einsiedeln – Zürich – Freiburg – Wien ²1976); *H. Peichl* (Hrsg.), Der Tag des Herrn (Wien 1958); *J. Pieper,* Muße und Kult (München ⁷1965); *W. Rordorf,* Sabbat und Sonntag in der alten Kirche (Zürich 1972); *J. Scharfenberg,* Anthropologische Elemente in der Feier des Sonntags, in: Lebendige Seelsorge 33 (1982) 259–262; *Schweizer Bischofskonferenz,* Pastoralschreiben „Unser Sonntag" (Freiburg i. Üe. 1981); *W. Zauner,* Die Feier des Sonntags als Katechese für die Gesellschaft, in: J. Wiener – H. Erharter (Hrsg.), Gemeindekatechese (Wien 1981) 55–64.

Wilhelm Zauner

Spiritualität

↗ Askese; Bibel; Esoterik; Gebet; Meditation; Mystik; Neue geistliche Bewegungen

1. Was Spiritualität ist

Wenn man sieht, daß der einschlägige Band des „Lexikons für Theologie und Kirche" (1964) kein eigenes Stichwort Spiritualität besitzt, sondern nur auf einen Artikel „Frömmigkeit" verweist (und das evangelische Pendant dazu, „Die Religion in Geschichte und Gegenwart", nicht einmal einen solchen Verweis kennt), kann man ermessen, welche Begriffsablösung und -umbildung in den wenigen Jahren seither stattgefunden hat. Heute gibt es kaum ein Glaubensgespräch, kaum ein religiöses Buch, kaum eine Analyse der derzeitigen kirchlichen Situation, die ohne das Wort Spiritualität und seine Derivate auskommt. Man fragt und sehnt sich nach einer „Spiritualität" oder einer „spirituellen Gruppe"; man möchte, daß die Kirche, ihr Erscheinungsbild und ihre Pastoral „spiritueller" seien. Kein Wunder, daß in diesem vielfältigen Gebrauch der Begriff Spiritualität selbst sehr vage und die jeweils gemeinte Sache äußerst unscharf bleibt. Gleich einem der vielen anderen gegenwärtigen Reizworte stellt Spiritualität eher ein Ausrufzeichen dar oder eine ungefähre Geste, dessen genaue Bedeutung sich fast nur aus dem Zusammenhang ergibt. Selbst wenn der ursprüngliche Wortsinn von Spiritualität (= geistliche Lebensform) der kleinste gemeinsame Nenner allen Sprachgebrauchs ist, so stellt sich von hier aus erst recht die Frage, was hier „geistlich" heißen soll? Ist z. B. der Gegenbegriff dazu der Ungeist oder die „materiell"-konkrete Erfahrungswelt, gleichsam die harte Außenseite der Realität?

Nun ist es in der Tat nicht leicht zu definieren, was Spiritualität ist. Denn sie bezeichnet vor aller begrifflichen Klärung die gelebte Grundhaltung der Hingabe des Menschen an Gott und seine Sache. Deshalb ist Spiritualität eine so vielgestaltige Größe wie das Leben selbst und wie die Vielgestaltigkeit möglicher Beziehungen zu Gott.

Einer Klärung des mit „Spiritualität" Gemeinten kommt man näher, wenn man die zeitlich vorangehenden Begriffe betrachtet, welche die Bezeichnung Spiritualität abgelöst hat: Es ist neben Askese und Mystik vor allem der Begriff der *Frömmigkeit*. Frömmigkeit artikuliert die subjektive Reaktion des Menschen auf die Wirklichkeit Gottes. Als Antwort auf das Wort Gottes und seine Zuwendung zum Geschöpf besagt sie den persönlichen Vollzug des Glaubens. Dabei ist nicht so sehr der einzelne religiöse Akt des Menschen gemeint, sondern die umfassende Lebensgestaltung und Lebensordnung aus der Haltung des Glaubens. So umgreift Frömmigkeit sowohl den Bereich des „profanen" Lebens, das vom Glauben erreicht, qualifiziert und bestanden werden will, als auch jene Ausdrucksformen, in denen der Mensch direkt und ausdrücklich seinen Glauben an die Wirklichkeit Gottes zum Ausdruck bringt. Sie ist somit ein gestalthaftes Ganzes, ein Zusammenspiel von verschiedensten inneren und äußeren Vollzügen und Ordnungen: öffentliches Bekenntnis, moralische Verhaltensweisen, Lebensstil, kultisch-rituelle Ausdrucksformen u. a., kurz: Frömmigkeit ist die Art und Weise, wie der Mensch seinen Glauben lebt. Dazu gehören vor allem die *Askese* als geordnete Einübung in die Offenheit für Gott und die *Mystik,* nämlich die persönliche Begegnung und Vereinigung mit Gott als Ziel des Frömmigkeitsweges. Vorbereitet in der spätmittelalterlichen Mystik sowie im Bereich des protestantischen Pietismus, gewann jedoch dieser umfassende Begriff „Frömmigkeit" (wie auch der der Mystik) seit dem Beginn des 19. Jahrhunderts eine starke Beziehung zum Gefühlsleben, zur individuellen Innerlichkeit, ja zur Intimität. Gleichzeitig verband sich die Idee der Askese sehr einseitig mit der des persönlichen Willenstrainings. In dieser individualistischen, emotionalen und voluntaristischen Engführung wurde Frömmigkeit kommunikationsarm oder gar -unfähig. Und nicht selten wurden die „institutionellen" Faktoren des Glaubens, wie z. B. die ekklesial-objektiven Formen der Liturgie, aber auch der gemeinsame christliche Weltdienst als zur Frömmigkeit im Gegensatz oder wenigstens in Spannung stehend eingeschätzt.

Diese individualistische und emotionale Verkürzung des Frömmigkeitsverständnisses im 19. Jahrhundert war vermutlich einer der Hauptgründe für den in den fünfziger Jahren mit Macht einsetzenden Wortwandel. Das frühchristliche Adjektiv spirit(u)alis und dessen Hauptwort spiritualitas, das bereits im 5./6. Jahrhundert nachweisbar ist, wurde jetzt, vermittelt über den französischen Begriff der „spiritualité", in eingedeutschter Form aufgegriffen. Damit kam vor allem zum Ausdruck: Der Vollzug des Glaubens ist wesenhaft ein „Leben im Geist". Wenn ab jetzt – holzschnittartig gesagt – die Parole hieß: Nicht Frömmigkeit, sondern Spiritualität, nicht Fromm-sein, sondern Spirituell-sein, so bringen diese adversativen Formulierungen den Abschied von einer emotional-subjektiven Verkürzung zugunsten eines ganzheitlichen, alle Dimensionen umgreifenden Frömmigkeitsverständnisses sowie die Abwehr einer individualistischen Religiosität zugunsten einer ekklesial-gemeinschaftlichen Verwirklichung des Glaubens zum Ausdruck.

2. Der eine „Spiritus" und die Vielfalt der Spiritualitäten

Es kam noch ein Weiteres hinzu: Der Wechsel der Bezeichnung drückte bereits im Vokabular in deutlicherer Weise aus, daß das Leben des Glaubens Werk des Heiligen Geistes ist: Es ist der „Spiritus", der die „spiritualitas" bewirkt. Daraus folgt: Spiritualität ist zunächst etwas, was an mir „geschieht": Sie ist weder ein Gedankenentwurf, den *ich* mir zurechtlege, noch ist sie identisch mit festen Formen und Verhaltensweisen, die *ich* eintrainiere (auch wenn es zur Einübung immer fester Formen bedarf). Ständige Initiative und primäres Subjekt des spirituellen Geschehens ist der Heilige Geist. Damit hängt sofort ein Weiteres zusammen: Während Frömmigkeit nur im Singular vorkommt, verweist Spiritualität auf die Pluralität der Vollzugsgestalten des Glaubens: Es ist der eine Spiritus, der die Vielfalt der Spiritualität*en* hervorbringt. Vielfalt, Variationsbreite, Fruchtbarkeit in Fülle sind geradezu die charakteristischen Merkmale des Geist-Wirkens. Eben deshalb ist der Vollzug des Glaubens durch einen unabsehbaren Reichtum von spirituellen Gestalten, Haltungen und Formen ausgezeichnet. Sie fügen sich in der Kirche durch das Wirken des Geistes zu einer lebendigen Einheit zusammen und ergänzen sich gegenseitig – einander anregend, korrigierend, helfend und tragend, was auch heißt, daß jede einzelne Spiritualität von ihrem Wesen her kommunikabel sein muß.

Das bedeutet nicht, daß mit Berufung auf den Heiligen Geist jeder nur denkbare spirituelle Wildwuchs seine Berechtigung hat. Jede legitime Spiritualität hat sich vielmehr an der im Neuen Testament aufleuchtenden Gestalt Jesu Christi zu orientieren, an seinem Wort und seinem Handeln. Sie ist wesentlich Eingehen in den im Evangelium gewiesenen Weg der „Jüngernachfolge". Auch die Geschichte christlicher Spiritualität zeigt, daß es keine in der Kirche akzeptierte Frömmigkeit gibt, die nicht am Evangelium Maß nimmt. Doch die Worte des Evangeliums selbst sind nicht tote Buchstaben und erratische Wahrheitsblöcke, sondern „Geist und Leben". Sie wollen vom Adressaten gemäß seiner ganz persönlichen Berufung aufgenommen, in sein spezifisches Leben umgesetzt, auf seine Situation hin individualisiert und entfaltet werden. Auf der anderen Seite jedoch ist das Christsein des einzelnen eingebunden in die jeweilige epochale Situation und – zumeist auch – in eine spezifische Gruppenzugehörigkeit. Darum kann man sowohl von der Spiritualität einer bestimmten Zeit oder Kultur sprechen („Spiritualität des Barock", „Asiatische Spiritualität") als auch von der Spiritualität bestimmter Gruppen („Laien-Spiritualität", „Spiritualität des Priesters", „Spiritualität des Arbeiters" usw.).

Es kommt noch ein weiterer entscheidender Grund für die Vielzahl der Spiritualitäten hinzu: Die Heilige Schrift selbst, Basis jeder christlichen Spiritualität, ist durch eine innere, nicht auf einen einfachen Nenner zu bringende Pluralität der Perspektiven und Akzentsetzungen ausgezeichnet. Anders „spielt" die synoptische Tradition, anders das Johannesevangelium, anders Paulus, anders Jakobus die Wahrheit der Offenbarung. Diese unterschiedlichen „Spielarten" ergeben sich daraus, daß sowohl die Weise der Selbstmitteilung Gottes wie auch der Existenzvollzug des menschlichen Adressaten *wesenhaft* von Spannungspolen geprägt ist, von denen keiner eliminiert werden darf, die aber im konkreten Glauben gemäß der persönlichen Berufung und Begabung eine je unterschiedliche Priorität und Akzentsetzung finden.

Solche Spannungspole der *Offenbarung* sind etwa:

| Transzendenz Gottes | – | Immanenz Gottes |
| über Welt und Geschichte | | in Welt und Geschichte |

Christologie „von oben" (Schwerpunkt: Inkarnation; göttliche Natur Christi)	– Christologie „von unten" (Schwerpunkt: Leben und Sterben Jesu; menschliche Natur)
Primat der Auferstehung	– Primat des Kreuzes
Priorität des Schon-jetzt (der Erlösung). „Präsentische Eschatologie"	– Priorität des Noch-nicht. „Adventliche Eschatologie"
Glaube als Distanz zur Welt	– Glaube als Sendung in die Welt

Spannungspole des *Lebensvollzugs* sind zum Beispiel:

Zuwendung zur inneren Welt (Innerlichkeit)	– Zuwendung zur äußeren Welt
Primat des einzelnen	– Primat der Gemeinschaft (Kirche)
Schwerpunkt: Gottesliebe	– Schwerpunkt: Nächstenliebe
Affektbestimmter Glaubensvollzug	– Rational bestimmter Vollzug
Aszetisch-mystische oder auch kultisch-liturgische Frömmigkeit	– Welthafte „Alltagsspiritualität". „Liturgie der Welt"
Kontemplation (Gebet)	– Aktion (Arbeit)

Aus der je verschiedenen „Kombination" – sit venia verbo! – dieser (nur unvollständig angegebenen) Spannungsbögen ergeben sich die verschiedensten Spiritualitäten, die darüber hinaus noch aufgrund ihrer Herkunft in bestimmten „Stiftergestalten" oder „Ur-Impulsen" mit typischen Ausdrucksformen verbunden sind (so ist z. B. der Benediktiner nicht ohne das gemeinsame Chorgebet, der Franziskaner nicht ohne eine einfache Lebensform, der Jesuit nicht ohne die Exerzitien, ein Mitglied der geistlichen Familie Charles de Foucaulds nicht ohne ein besonderes Verhältnis zur „Wüste" denkbar usw).
Diese bunte Vielfalt der Spiritualitäten, die zumeist gemeinsam in Orden, Gemeinschaften, Bewegungen, „geistlichen Familien" oder – neuestens – in „Basisgemeinden" gelebt werden, ist ein Zeichen des Heiligen Geistes. Vielfalt bedeutet somit Reichtum, Fülle, Fruchtbarkeit. Wo sich darum einzelne Spiritualitäten absolut setzen und unterschwellig oder gar bewußt den Eindruck erwecken, daß nur sie selbst eigentlich die „Wahrheit" des Glaubens leben, da sondern sie sich aus dem Ganzen der Kirche ab und pervertieren zur „hairesis", ein Wort, dessen ursprünglicher Sinn *Auswahl* aus der Fülle des Ganzen bedeutet und schließlich Trennung, Abspaltung („Sekte") meint. Es kann darum der Kirche als Ganzer und jeder christlichen Gemeinde nichts Besseres gewünscht werden, als daß darin eine Vielzahl von sich ge-

genseitig er-gänzenden (zum Ganzen des Leibes Christi sich zusammenfügenden) Spiritualitäten verwirklicht wird.

3. Herausforderungen

Trotz der im Wortwandel (von Frömmigkeit zu Spiritualität) sich artikulierenden neuen Akzentsetzungen feiern gegenwärtig bisweilen die alten individualistisch-emotionalen Verengungen des Begriffs Frömmigkeit „fröhliche Urständ". So kann man gerade in den letzten Jahren einen starken Wunsch nach einer die Alltagswelt sprengenden oder überhöhenden „geistlichen Erfahrung" feststellen, einen Drang nach Innerlichkeit und inneren Erlebnissen sowie eine emphatische Herausstellung der je eigenen Spiritualität. Im Extremfall führen diese Tendenzen zu einer „Spiritualität des Ego-Trips", zur „Spiritualität nach dem Lustprinzip", kurz zur „verbürgerlichten Spiritualität" (P. M. Zulehner).
Diesem Trend stehen freilich auch spirituelle Aufbrüche gegenüber, die auf eine „Spiritualität des Alltags", des Sozialen und Politischen („Befreiungs-Spiritualität") und der zwischenkirchlichen Begegnung („Ökumenische Spiritualität") bedacht sind. Sie gehen davon aus, daß sich im konkreten Leben des Alltags und des Weltgeschehens, aber auch in den vordergründig säkularen Kulturbereichen (Literatur, Kunst, Wissenschaft) sehr viel „Geistliches" als Anruf und Verwirklichungsfeld verbirgt, das es zu vernehmen und dem es zu entsprechen gilt. Es ist von höchster Wichtigkeit, daß diesen Ausformungen nicht die Bezeichnung Spiritualität strittig gemacht wird, damit es nicht zu jenen höchst unchristlichen gegenseitigen Beurteilungen und Verurteilungen kommt: von seiten der „Frommen", daß die Konzentration auf den Alltag und der Einsatz für politische und kirchliche Reformen nicht spirituell sei, und von seiten der „Weltlichen", daß man statt Frömmigkeit viel eher Weltzuwendung, prophetische Kritik und nüchterne Praxis brauche. Solche gegenseitigen Verdächtigungen sind ein Anschlag auf das Wesen der Kirche als des pluriformen „Leibes Christi". Ob etwas „spirituell" ist, entscheidet sich einzig und allein daran, ob ein Mensch oder eine Gruppe sich wahrhaft dem Geist Gottes öffnet, der eigenen besonderen Berufung folgt und – so oder so – ein „Leben im Geist" führt. Dazu aber gehört auch ganz wesentlich die Einsicht, daß man der – womöglich anderen – „Geistesgaben" des Bruders oder der Schwester bedarf, diese anerkennt und sich ihnen in der Praxis des eigenen Lebens öffnet.

Literatur:
A. Auer, Weltoffener Christ. Grundsätzliches und Geschichtliches zur Laienfrömmigkeit (Düsseldorf 1960); *H. U. v. Balthasar,* Spiritualität, in: Verbum Caro (Einsiedeln 1960) 226–244 (im gleichen Bd. noch verschiedene andere Beiträge zur Spiritualität); *Fernstudium:* Typen christlicher Frömmigkeit, hrsg. von der kirchlichen Arbeitsstelle für Fernstudien (Würzburg 1983) (6 Lehrbriefe);

G. Greshake, Gottes Willen tun. Gehorsam und geistliche Unterscheidung (Freiburg i. Br. 1984); *G. Greshake – W. Geerlings – J. Weismayer,* Quellen geistlichen Lebens, Bd. I–II (Mainz 1980/1985); *K. Rahner,* Praxis des Glaubens. Geistliches Lesebuch (Zürich – Freiburg i. Br. ³1985); *H. Rotter,* Die Berufung. Elemente christlicher Spiritualität (Wien – München 1983); *A. Rotzetter* (Hrsg.), Seminar Spiritualität, Bd. I–IV (Zürich – Einsiedeln – Köln 1979–1982); *J. Sauer* (Hrsg.), Lebenswege des Glaubens (Freiburg i. Br. 1978); *J. Sudbrack,* Probleme – Prognosen einer kommenden Spiritualität (Würzburg 1969); *J. Weismayer,* Leben in Fülle. Geschichte und Theologie christlicher Spiritualität (Innsbruck – Wien 1983); *A. Zottl* (Hrsg.), Weltfrömmigkeit. Grundlagen – Traditionen – Zeugnisse (Eichstätt – Wien 1985).

Gisbert Greshake

Sterbehilfe

↗ Bioethik; Recht und Ethik; Suizid

1. Begriffserklärung

Der Begriff Sterbehilfe hat in den letzten zwanzig Jahren Wandlungen durchgemacht, die seiner Eindeutigkeit nicht förderlich waren. Ursprünglich hatte man unter „Sterbehilfe" jede Form von Beistand beim Sterben verstanden, also die umfassende Sorge für den Sterbenden in seelischer und körperlicher Hinsicht (englisch: terminal care). Eine beschleunigende Einwirkung auf den Sterbevorgang selbst oder ein passives Zulassen unter Verzicht auf lebensverlängernde Maßnahmen waren zunächst in den Begriff „Sterbehilfe" nicht eingeschlossen. Dafür verwendete man die Ausdrücke „aktive" oder „passive Euthanasie", je nachdem ob der Sterbevorgang beschleunigt wurde (aktive Euthanasie) oder ob man auf weitere, künstlich lebensverlängernde Maßnahmen verzichtete (passive Euthanasie). Diese Besetzung des Begriffs Euthanasie stellte aber schon eine Abwandlung der ursprünglichen Bedeutung dar, die in der griechischen Antike das Bemühen um einen guten (menschenwürdigen) Tod beinhaltete. Das „Euthanasieprogramm" Hitlers verfügte schließlich den (guten?) Tod für geistig Behinderte und überhaupt für in seinem Sinne „lebensunwertes Leben". Begreiflicherweise war nach dem Kriege, jedenfalls in Deutschland, das Wort „Euthanasie" mit ausgesprochen negativen Erinnerungen belastet.

Dies mag auch ein Anlaß dafür gewesen sein, daß in den folgenden Jahren die Begriffe „aktive" und „passive Euthanasie" allmählich durch die Begriffe „aktive" und „passive Sterbehilfe" verdrängt wurden, die nun in den Bedeutungsinhalt der ersteren eintraten. Wenn indessen heute von „Sterbehilfe" gesprochen wird, so wird häufig nicht mehr zwischen „aktiver" und „passiver Sterbehilfe" unterschieden. Viele verstehen nun unter „Sterbehilfe" jegliche

Form von Nachhilfe beim Sterben, d. h. eine bewußte, aktive Beschleunigung des Sterbevorgangs. Da der Sprachgebrauch kaum noch wesentlich zu ändern sein wird, sollte man aber wenigstens dann, wenn es sich um eine aktive Beschleunigung des Sterbevorgangs handelt, „aktive Sterbehilfe" sagen und „passive" dann, wenn der Verzicht auf künstliche Lebensverlängerung bei Sterbenden gemeint ist.

„Sterbebeistand", Hilfe *beim* Sterben (nicht „zum" Sterben), sollte dann das ausdrücken, was im Englischen unter „terminal care" verstanden wird, also die medizinische, pflegerische, mitmenschliche Betreuung des Sterbenden, in der Absicht, seine Leiden und Schmerzen zu lindern und ihn nicht allein zu lassen.

2. Passive Sterbehilfe (passive Euthanasie, Behandlungsverzicht)

Von „Sterbehilfe" im eigentlichen Sinne zu sprechen, ob nun aktive oder passive gemeint ist, ist man nur dann berechtigt, wenn es sich wirklich um Sterbende handelt, aber nicht schon vorher bei einem unheilbaren Leiden. Wenn aber ein Kranker am Ende seines Leidens angekommen ist und sich nun eine lebensbedrohende Komplikation, etwa ein Herzinfarkt mit Herzstillstand einstellt und man dann auf eine Wiederbelebung verzichtet, weil sie dem Kranken nicht mehr zuzumuten ist, so kann man von Behandlungsverzicht oder auch von passiver Sterbehilfe sprechen. Das gleiche wird in vergleichbaren Situationen gelten, in denen eine künstliche Lebensverlängerung dann nicht mehr sinnvoll sein würde, wenn auch das Minimum einer möglichen Selbstverwirklichung nicht zu erwarten wäre. In diesen Fällen verhält man sich insofern passiv, als man auf künstliche, lebensverlängernde Maßnahmen verzichtet und den natürlichen Sterbevorgang nicht behindert. Passiv verhält man sich aber nur der Krankheit gegenüber, die Pflicht zum mitmenschlichen Beistand wird davon nicht berührt.
Die objektive Situation erscheint theoretisch eindeutig. Sie ist es aber keineswegs immer in der Praxis.
Welches sind nun die Kriterien, die zum Verzicht auf Behandlung oder zum Abbruch einer bereits begonnenen Behandlung (z. B. einer künstlichen Beatmung) berechtigen? Man wird weiterhin die sehr wichtige Unterscheidung treffen müssen, ob der Behandlungsverzicht bei einem noch entscheidungsfähigen Patienten erfolgen soll oder ob der Patient nicht mehr entscheidungsfähig ist. Zu fragen bleibt auch, wer die Entscheidung treffen soll, der Arzt, der Patient, die Angehörigen oder vielleicht ein Gericht.
Solange der Patient noch selbst entscheiden kann, hat der Arzt den Willen des Patienten zu respektieren, jedenfalls wenn der Kranke voll aufgeklärt ist und seine Entscheidung als sittlich reif und einigermaßen sachgerecht angesehen werden kann. Wenn ein Kranker im Verlauf oder am Ende eines unheilbaren und schmerzhaften Leidens eine Operation ablehnt, die sein Leben vielleicht noch eine beschränkte Zeit verlängern könnte, so wird man sich

dem Willen des Kranken beugen müssen. Der Kranke entzieht dem Arzt in diesem Falle das Behandlungsrecht und damit natürlich auch die Behandlungspflicht für diese ganz bestimmte Situation. Sterbebeistand schuldet man dem Kranken jedoch in jedem Falle und tunlichst noch in verstärktem Maße, auch wenn wir darauf verzichten, sein vielleicht nur noch mühsam zu ertragendes Leben künstlich zu verlängern.

Die kritische Frage nach den Kriterien für einen Behandlungsverzicht wird sich vor allem dann stellen, wenn der Kranke selbst nicht mehr entscheidungsfähig ist. Dies kann z. B. der Fall sein, wenn ein Kranker nach einem Unfall bewußtlos eingeliefert wird oder wenn ein Patient, der bereits hoffnungslos erkrankt ist, zusätzlich noch eine lebensbedrohende Komplikation erleidet, etwa eine Lungenembolie oder einen Herzstillstand, aber nichts über den Willen und die Absichten des Patienten bekannt ist. Muß man dann alle Rettungsmaßnahmen anwenden? Oder darf man darauf verzichten, wenn ein weiteres Leben sinnlos erscheint?

Die Maximen des ärztlichen Handelns wird man daran messen, ob sie auf der einen Seite für den Kranken vertrauensbildend sind und andererseits dem Arzt Richtlinien für seine Entscheidungen geben. Der Kranke muß überzeugt sein können, daß der Arzt als sein Garant das jeweils Beste für die gesamtmenschliche Situation des Kranken anstrebt. Der Kranke möchte aber auch die Richtlinien kennen, die den Arzt anleiten. Er erwartet medizinische Kompetenz *und* ethische Verantwortung.

Die medizinische Beurteilung der Situation liegt in der Kompetenz des Arztes; das Handlungsermessen des Arztes ist jedoch nicht frei, d. h., er darf sich nicht nur nach seinem subjektiven Gewissen richten. Der Arzt hat auch Richtlinien zu berücksichtigen, die ihm Ethik und Gesetz vorgeben. Wenn er sich im Einklang damit befindet, liegt die letzte Entscheidung bei ihm und nicht bei Angehörigen oder anderen Dritten.

Der mutmaßliche Wille des Patienten ist als Hilfsmittel für die Entscheidungsfindung des Arztes recht unzuverlässig. Allzuleicht geht man nämlich bei der Ergründung des mutmaßlichen Willens davon aus, wie man selbst in einem entsprechenden Falle entscheiden würde. Man hat aber keinerlei Garantie, daß der Patient wirklich genauso entschieden haben würde, wenn er gekonnt hätte.

In der Praxis haben sich folgende Richtlinien bewährt: Wenn aufgrund der kompetenten medizinischen Beurteilung der Fall des nicht mehr entscheidungsfähigen (bewußtlosen) Patienten als völlig aussichtslos erscheint, hat der Arzt keine weitere Behandlungspflicht. Er muß dies aber auch akzeptieren können. Wenn indessen noch geringe Chancen zu bestehen scheinen, muß der Arzt so lange weiterbehandeln, als diese Chancen noch vorhanden sind. Er ist dabei nicht berechtigt, über den Sinn eines weiteren Lebens dieses Patienten zu befinden, denn über den Sinn seines Lebens kann nur jeder Mensch selbst urteilen.

Als weitere Regel kann gelten, daß eine Weiterbehandlungspflicht erst dann enden soll, wenn die völlige Kommunikationsunfähigkeit bei einem Kranken endgültig und zweifelsfrei feststeht und auch ein Minimum an menschlichem Leben nicht mehr zu verwirklichen wäre. Die Aufgabe des Arztes kann also nicht in der quantitativen Verlängerung des Lebens um seiner selbst willen bestehen, sondern in der Ermöglichung von wenigstens einem Minimum an personaler Selbstverwirklichung. Erweist sich dieses Ziel als unerreichbar, so ist ein weiteres medizinisches Bemühen im Grunde nicht mehr Dienst am Menschen (A. Eser).

3. Aktive Sterbehilfe (aktive Euthanasie, Tötung auf Verlangen)

Tötung auf Verlangen wird in den meisten zivilisierten Staaten unter Strafe gestellt. Der Wortlaut des Gesetzes ist in Deutschland, der Schweiz und Österreich sehr ähnlich. Gleichwohl sind immer wieder Fälle bekanntgeworden, in denen Ärzte, aber auch Laien, aus Mitleid bei einem schwer Leidenden den Eintritt des Todes beschleunigt haben, oft auf den vermeintlichen oder vielleicht auch wirklichen Wunsch des Sterbenden oder schwer Leidenden. Von sogenannten Euthanasiegesellschaften oder auch von manchen Medien wurde daher eine Änderung zur strafrechtlichen Regelung propagiert; Umfragen haben diese Tendenz bestätigt. Was läßt sich dazu sagen?

Zunächst zeigen viele sehr ernst zu nehmende Untersuchungen, daß der Wunsch eines Sterbenden nach etwas, das allem ein Ende mache, so gut wie immer einen Wunsch nach mehr und besserer Hilfe bedeutet, aber keineswegs den Wunsch ausdrückt, wirklich getötet zu werden. Der Verdacht ist begründet, daß viele, die sich rühmten, aus Mitleid einen Kranken getötet zu haben, den verschlüsselten Wunsch des Kranken allzu bereitwillig wörtlich genommen haben.

Neben ethischen und rechtstheoretischen Erwägungen sprechen auch praktische Gründe gegen jede Form von Freigabe der Tötung auf Verlangen. Im Interesse der Gesellschaft ist eine klare Definition der Arztrolle erforderlich, da kaum einem Beruf soviel unkontrollierte und unkontrollierbare Macht über den Menschen eingeräumt ist wie gerade dem Arzt. Ein Arzt, von dem bekannt ist, daß er auch tötet, kann nicht mehr das uneingeschränkte Vertrauen aller Patienten genießen. Man erwartet vom Arzt, daß er die ethische Forderung: „Du sollst nicht töten" besonders ernst nimmt, wenn man ihm sein Leben anvertrauen soll.

Zur Begründung einer Lockerung der Strafrechtsvorschrift wird meist das Selbstbestimmungsrecht des Menschen angeführt. Dieses Recht findet für den Christen dort seine Grenzen, wo die Rechte Gottes tangiert werden; für jeden Menschen muß es aber dort enden, wo die Rechte anderer Menschen berührt werden, also wenn man etwas Unerlaubtes verlangte. Auch rechtstheoretische Überlegungen sprechen gegen eine Aufhebung der Strafbarkeit von Tötung auf Verlangen, denn es müßte nach Eser das „Recht auf Ster-

ben" in ein „Recht auf Tötung" verlängert werden. Auch der Staat kann aber Leben nicht verfügbar machen.
In seltenen Fällen kann aber doch eine Diskrepanz zwischen der Länge eines Sterbeprozesses und dessen Menschen-Würdigkeit (P. Sporken) auftreten, so daß eine Tötung auf Verlangen nicht unbedingt sittlich verwerflich sein müßte. Für diese echten Ausnahmefälle wird von Juristen der Vorschlag gemacht, bei prinzipieller Aufrechterhaltung des Tötungsverbotes von Strafe absehen zu können.
Der Patient aber wird das Vertrauen in seinen Arzt behalten können, wenn er weiß, daß dieser immer bereit sein wird, dem Kranken in jeder denkbaren Situtaion die jeweils optimale Hilfe angedeihen zu lassen.

Literatur:
A. Auer – H. Menzel – A. Eser, Zwischen Heilauftrag und Sterbehilfe. Zum Behandlungsabbruch aus ethischer, medizinischer Sicht (Köln 1977); *U. Eibach,* Recht auf Leben, Recht auf Sterben. Anthropologische Grundlegung einer medizinischen Ethik (Wuppertal ²1977); *V. Eid, R. Frey* (Hrsg.), Sterbehilfe oder Wie weit reicht die ärztliche Behandlungspflicht? (Mainz 1978); *A. Eser,* Der Arzt zwischen Eigenverantwortung und Recht, in: Ärzteblatt Baden-Württembergs 1 (1981); *ders.* (Hrsg.), Suizid und Euthanasie als human- und sozialwissenschaftliches Problem (Stuttgart 1976); *E. Jüngel,* Tod (Stuttgart – Berlin ⁴1977); *T. Kruse – H. Wagner* (Hrsg.), Sterbende brauchen Solidarität (München 1986); *M. v. Lutterotti,* Menschenwürdiges Sterben (Freiburg i. Br. 1985); *P. Sporken,* Die Sorge um den kranken Menschen (Düsseldorf 1977); *ders.,* Darf die Medizin, was sie kann? (Düsseldorf 1971); *ders.* (Hrsg.), Was Sterbende brauchen (Freiburg i. Br. ³1984).

Markus von Lutterotti

Suizid

↗ Psychohygiene und Religion; Recht und Ethik; Seelsorge; Sterbehilfe

1. Begrenztheit der moralisch-ethischen und philosophischen Perspektive

Selbstmord ist ein sehr komplexes menschliches Problem und kann dementsprechend unter vielen Aspekten betrachtet werden.
Die moralisch-ethische Perspektive stellt die Frage: Ist Selbstmord verboten oder erlaubt? Der Mensch ist das einzige Lebewesen, welches imstande ist, Selbstreflexion zu betreiben; dadurch konnte er die Begrenztheit des eigenen Seins erkennen. Es gibt Institutionen, die lehren, daß der Selbstmord verboten ist. Zu ihnen gehören auch die christlichen Kirchen, die sagen: „Du hast dir nicht selbst das Leben gegeben. Letztlich haben das auch nicht deine Eltern getan, denn Leben kommt von Gott, und nur Gott hat somit das Recht,

dir das Leben auch wieder zu nehmen." Interessanterweise besteht z. B. in den Staaten des Ostblocks eine ähnliche Situation. Dort hat man lange Zeit Menschen, die Selbstmord begangen haben, als Abtrünnige, ja fast als Verräter angesehen. Es gibt auf der anderen Seite aber auch Auffassungen, die den Selbstmord als eine ethische Tat aufopfernder Lebenshingabe verherrlichen.
Eine philosophische Betrachtungsweise des Selbstmordes fragt, was der Selbstmord grundsätzlich bedeutet, welchen Sinn er hat oder haben kann. Jean Améry hat in den letzten Jahren seines Lebens für die Glorifizierung, die Sinnhaftigkeit, die Würde, ja vielfach sogar für die Notwendigkeit des Selbstmordes plädiert. Selbstmord sei die größte Freiheit des Menschen – die letzte, die ihm heute geblieben sei. Uns allen, meinte er, steht ein schrecklicher Tod bevor; wohl dem, der angesichts dieser Tatsache den Tod sozusagen in die eigene Hand nimmt, durch diese Handlung sich Qualen erspart und zugleich die letzte Freiheit gewinnt. Über eines aber kommen wir nicht hinweg: Auch Jean Amérys Philosophie ist Resultat seiner eigenen psychischen Erlebnisse; unter den gegebenen Umständen mußte sich bei ihm eine Philosophie der Lebensverachtung und -verneinung entwickeln.
Sowohl die Moralisten, die über den Selbstmord urteilen, als auch die Philosophen, die über seine Sinnhaftigkeit diskutieren, sind Theoretiker. Sie können nur über den Selbstmord, nicht aber über den Selbstmörder etwas aussagen – und damit fehlt ihnen eine entscheidende Dimension. Das eine ist, über den Selbstmord zu philosophieren und zu urteilen, und ein anderes ist es, den Selbstmord durchzuführen. Daher bleibt die Frage offen: Warum begeht ein bestimmter Mensch Suizid und ein anderer nicht?

2. Stadien und Zonen der Suizidgefährdung

1949 entdeckte ich erstmals bei selbstmordgefährdeten Menschen jene psychische Befindlichkeit, die man als „Präsuizidales Syndrom" bezeichnen kann. Es besteht aus drei Bausteinen: aus der Einengung, aus gehemmter und gegen die eigene Person gerichteter Aggression und aus zunehmenden Selbstmordphantasien.
Der *erste Baustein*, die Einengung, tritt in vierfacher Form in Erscheinung, und zwar a) als situative Einengung, b) als Einengung der Wertwelt, c) als dynamische Einengung und d) als Einengung der zwischenmenschlichen Beziehungen.
Die *situative Einengung* bedeutet, daß man sich in einer Situation befindet, die man als nicht bewältigbar erlebt, der gegenüber man sich ohnmächtig, hilflos, ausgesetzt und ausgeliefert empfindet. Sie kann auftreten als Folge eines Schicksalsschlages, wobei das Vorstadium der situativen Einengung die *situative Not* ist. Erst durch eine bestimmte Reaktion des Menschen auf diese, indem er nämlich verzagt, in Panik gerät, nicht Zeit vergehen lassen kann, wird daraus die situative Einengung. Situative Not ist noch nicht präsuizidal; situative Einengung ist es bereits. Es ist deshalb wesentliche Aufgabe jeder

Krisenintervention, eine gesunde Verarbeitung situativer Not zu erreichen und damit den Übergang in die situative Einengung zu verhindern.
Die zweite Form betrifft die *Einengung der Wertwelt*. Zunächst geht es um die Reduktion des Selbstwertgefühls. Es sind Menschen, die nicht an sich und an die Wichtigkeit ihrer Existenz glauben, sondern meinen, sie würden niemandem fehlen. Überdies verliert der selbstmordgefährdete Mensch seine Beziehung zu Wert- und Interessengebieten; immer mehr Dinge werden ihm „gleichgültig". Diese beiden Faktoren spielen eine besondere Rolle bei Selbstmorden von Jugendlichen. Ein weiterer, gesellschaftspolitisch bedeutender Punkt ist hinzuzufügen: Jeder Mensch, der anders denkt als die Mehrheit, abweichende Wertvorstellungen hat und daraufhin gewöhnlich zu den Randständigen, Minderwertigen, Verachteten zählt, ist durch diese wertmäßige Isolation in einer erhöhten Selbstmordgefahr.
Die dritte Form, d. h. die *dynamische Einengung,* stellt das Herzstück des Präsuizidalen Syndroms dar. Sie ist nicht zu verwechseln mit mangelnder Dynamik: Menschen in adynamischem Zustand (z. B. Krebskranke im terminalen Stadium) begehen nicht Suizid, denn zu dieser Tat gehört eine enorme Kraft. Der Begriff der dynamischen Einengung meint, daß sich die Gefühle des Menschen in eine einzige Richtung bewegen, und zwar in jene der Verzweiflung und Hoffnungslosigkeit.
Folgende Phänomene sind im Rahmen der dynamischen Einengung zu beobachten: a) *starrer Ablauf* der Apperzeption und der Assoziationen: Die Betreffenden verhalten sich, als trügen sie eine Brille, durch welche sie alle Geschehnisse tendenziös, also verzerrt, wahrnehmen; b) *fixierte Verhaltensmuster:* Es kommt zu einer Verringerung der Reaktionsmöglichkeiten, da starre Verhaltensmuster das Erscheinungsbild bestimmen; c) *affektive Einengung:* Diese bedeutet, daß *ein* affektives Muster unter vielen anderen prinzipiell möglichen immer mehr in den Vordergrund tritt und sich schließlich beherrschend auswirkt; dabei muß vor allem, aber keineswegs ausschließlich, an eine depressive oder ängstliche Verfassung gedacht werden; d) *Einengung der Abwehrmechanismen:* Der Abwehrmechanismus „Umkehr der Aggression gegen die eigene Person" tritt im Präsuizidalen Syndrom immer mehr in den Vordergrund.
Der vierte Punkt ist die *Einengung der zwischenmenschlichen Beziehungen*. In der überwiegenden Mehrzahl aller Fälle ist der Selbstmordgefährdete ein vereinsamter Mensch. Darunter darf man sich nicht nur, wie etwa in den tragischen Fällen des Altersselbstmordes, Menschen vorstellen, die ganz allein sind und niemanden haben, der sich um sie kümmert, sondern auch solche, die zwar äußerlich über Beziehungen verfügen, jedoch innerlich isoliert sind.
Beim *zweiten Baustein* des Präsuizidalen Syndroms, der gehemmten und gegen die eigene Person gerichteten Aggression, lassen sich drei Stadien abgrenzen: a) Es ballt sich in einem Menschen, gewöhnlich durch Enttäuschungserlebnisse, eine ungeheure aggressive Kraft zusammen. b) Diese

Aggression kann aus vielen Gründen (Gewissensverbot, kulturelle Norm, Entfremdung usw.) nicht nach außen entladen werden. c) Aus dieser nicht abreagierten Aggression entsteht das Gefühl „ohnmächtiger Wut", welches letztlich zur Umkehr der Aggression gegen die eigene Person führt. Der *dritte Baustein* des Präsuizidalen Syndroms beteht in der Flucht in eine Phantasiewelt, besonders in jene des Todes. Sie hat drei katastrophale Folgen: a) Wer flieht, gibt die Gestaltung der realen Welt auf. b) Je mehr man in eine Scheinwelt flieht, desto unerträglicher wird die Diskrepanz zur Wirklichkeit. c) Die Phantasien machen sich schließlich selbständig: Was zuerst als Lösung, Erlösung, Befreiung selbst intendiert wurde, drängt sich nun dem Menschen gegen seinen Willen auf. Inhaltlich verlaufen solche Selbstmordphantasien in drei Stadien: 1. „Ich möchte tot sein." 2. „Ich könnte ja Selbstmord begehen." 3. „Wie werde ich den Selbstmord durchführen?" Das letztgenannte Stadium ist das gefährlichste. Dennoch haben die zunehmenden Selbstmordphantasien auch einen positiven Aspekt: Menschen in der von W. Pöldinger beschriebenen Labilitätsphase, in der Leben- und Sterbenwollen noch miteinander im Kampf liegen, beginnen, über ihre Selbstmordabsichten zu sprechen.

3. Berechtigung und Grenzen psychopathologischer Deutung

Mit der Beschreibung des Präsuizidalen Syndroms kommt eine neue Problematik ins Spiel, denn die wichtigste Schlußfolgerung daraus lautet: es handelt sich eindeutig um einen psychopathologischen Vorgang, in dem ein Mensch die Kontrolle über sich selbst verliert. Keineswegs überraschend sind gegen diese Krankheitsthese zahlreiche Einwände erhoben worden: Der amerikanische Psychiater Thomas Szasz z. B. stellt fest: „Man hat nicht entdeckt, daß Selbstmord eine Krankheit ist, sondern man hat ihn zur Krankheit erklärt. Die moderne Psychiatrie beruht geradezu darauf, daß man eine Unzahl von Verhaltensweisen, die früher als sündig oder verbrecherisch gegolten haben, in Krankheiten umbenannt hat." Dagegen ist zu sagen: Der Befund der Krankhaftigkeit ist kein Verdikt, welches die Mehrzahl über Andersartige, die sich in der Minderzahl befinden, verhängt. Man hat schließlich gefragt: Gibt es nicht doch den oft zitierten „Bilanzselbstmord", also einen rationalen Suizid, der aus ganz „nüchterner", sachlicher Abwägung erfolgt? Gegen diese These spricht die Tatsache, daß eine solche „Bilanz" gewöhnlich in einer starken emotionalen Einengung gezogen wird; also eben *nicht* nüchtern-sachlich. Wie steht es schließlich mit dem eingangs erwähnten Opferselbstmord? Man kann nur antworten: Außer Zweifel gibt es Fälle, in denen sich ein Mensch für eine Idee oder für andere Menschen durch Selbstmord aufopfert. Zwar entpuppen sich manche solcher Suizide bei näherer Hinsicht als individuell-psychopathologisch motiviert, aber selbst dann bleiben noch Fälle übrig, die jeder diesbezüglichen Prüfung standhalten. Es handelt sich jedoch um extrem seltene Geschehnisse; keinesfalls kann daraus

eine Theorie für das generelle Verständnis des Selbstmordes abgeleitet werden.
Verständlicherweise wird auch die Frage gestellt: Ist der Mensch, der im KZ Selbstmord begeht, psychisch krank? An diesem Problem kann ein Komplex beleuchtet werden, der bisher nur am Rande erwähnt wurde. Es gibt natürlich Umstände, unter denen das Präsuizidale Syndrom eines Menschen nicht aus seinem eigenen Inneren entsteht, sondern von außen, durch gesellschaftliche Bedingungen, ihm aufgezwungen wird. Es wird unsere Aufgabe für die Zukunft sein, immer wieder solche Faktoren in unserer Gesellschaftsstruktur (und das sind mehr, als wir wahrhaben möchten), die in den Selbstmord drängen, um nicht zu sagen: ihn erzwingen, aufzudecken. Auch wo gewisse Situationen (z. B. uneheliche Schwangerschaft, Schulden eines Offiziers, Kapitän eines sinkenden Schiffes) deklariert werden, in denen der Mensch nach gesellschaftlicher Norm „verpflichtet" erscheint, sich selbst zu töten, bleibt der Suizid ein pathologisches Phänomen. Nur liegt hier die Krankheit nicht im einzelnen, sondern in der Gesellschaft.

4. Gruppen mit erhöhter Suizidgefahr

Betrachtet man die Gruppen in der Bevölkerung, bei denen man mit einer erhöhten Suizidgefahr rechnen muß, so sind dies: Süchtige (Alkohol-, Drogen-, Medikamentenabhängige); Depressive aller Arten; alte Menschen, besonders wenn sie vereinsamt sind; Menschen in Partnerschafts-, Ehe- und anderen schweren emotionalen Krisen; Menschen in schwerem sozialem Notstand; Menschen, die schon einen oder mehrere Selbstmordversuche durchgeführt haben; Kriminelle; Flüchtlinge und Entwurzelte, z. B. auch Gastarbeiter und Emigranten; aus rassischen, religiösen oder politischen Gründen Verfolgte; Angehörige von Selbstmördern (Selbstmord kann als suggestibles Phänomen von Mensch zu Mensch überspringen); Menschen nach einem Autounfall (viele bewerten das Auto heute als einen Bestandteil der eigenen Person, und selbst ein lächerlicher Kratzer daran vermag ihr Selbstwertgefühl so zu reduzieren, daß sie in momentaner Einengung Selbstmord begehen; auch der Verlust des Führerscheins wird oft als untragbare Degradierung erlebt).
Wenn man das Gemeinsame dieser Gruppen sucht, könnte man sagen, daß es sich durchwegs um Außenseiter der Gesellschaft handelt: Benachteiligte, Gedemütigte, Entwürdigte, Bloßgestellte. Einer solchen Gruppe anzugehören bedeutet, einer größeren Selbstmordgefahr *ausgesetzt* zu sein; ob aber der einzelne auch tatsächlich Selbstmord begeht, wird nicht zuletzt von seiner persönlichen *Anfälligkeit* abhängen. Wie immer dem auch sei: Von der Mehrzahl aller Menschen, die Selbstmord begehen, wird man sagen müssen, daß sie weder „frei" noch „willig" in den Tod gegangen sind.

Literatur:
J. Améry, Hand an sich legen. Diskurs über den Freitod (Stuttgart 1983); *A. Holderegger*, Suizid und Suizidgefährdung. Humanwissenschaftliche Ergebnisse und anthropologische Grundlagen (Fribourg – Freiburg i. Br. 1979) (Lit.); *ders.*, Verfügung über den eigenen Tod? Typen ethischer Argumentation am Beispiel der Selbsttötung (Fribourg – Freiburg i. Br. 1980); *W. Pöldinger*, Die Abschätzung der Suizidalität (Bern 1968); *A. Reiner* (Hrsg.), Ich sehe keinen Ausweg mehr. Suizid und Suizidverhütung – Konsequenzen für die Seelsorge (Mainz 1974); *E. Ringel*, Der Selbstmord – Abschluß einer krankhaften psychischen Entwicklung (Wien–Düsseldorf 1963); *Th. Szasz*, Ethics of Suicide, in: M. P. Battin – D. J. Mayo (Hrsg.), Suicide – The philosophical Issues (New York 1980) 185–198.

Erwin Ringel

Synkretismus

↗ Esoterik; Inkulturation; Jenseits; Jugendreligionen; Meditation; Mystik; Nichtchristliche Religionen; Okkultismus; Östliche Religiosität; Sekten, christliche; Spiritualität

1. Begriff

Synkretismus bezeichnet die Vermischung und Gleichsetzung verschiedener Religionen bzw. religiöser Elemente, insbesondere von Göttern und Kulten. Der griechische Begriff ist wohl aus synkretos (ionisch für synkratos, „zusammengemischt") gebildet und wird von Plutarch auf die gemeinsame Abwehr äußerer Bedrohung durch die sonst verfeindeten Kreter zurückgeführt. In der theologischen Sprache des 16. und 17. Jahrhunderts wird er abwertend auf Versöhnungsbemühungen zwischen verschiedenen theologischen Schulrichtungen angewendet. Auch heute noch hat er in der Theologie teilweise seinen negativen Sinn behalten und bezeichnet dann eine illegitime, die Reinheit des christlichen Glaubens gefährdende Vermengung mit außerchristlichen Elementen oder gar den Versuch, aus Elementen traditioneller Religionen eine neue Universalreligion zu schaffen (Visser 't Hooft, s. Vollversammlung des Ökumenischen Rates der Kirchen, Nairobi 1975). Nach H. Kraemer basiert der eigentliche Synkretismus auf der Idee der grundsätzlichen Einheit und Austauschbarkeit aller Religionen und ist von legitimer missionarischer Anpassung und Assimilation zu unterscheiden. L. Boff hingegen, der auf protestantischer Seite eine „übertriebene Leidenschaft für evangelische Reinheit" am Werk sieht, tritt für einen „christlichen Synkretismus" ein, „der aus dem innersten Kern des christlichen Glaubens erwächst, sobald dieser sich im Symbolrahmen einer anderen Kultur verkörpert". Gemeinsam ist den verschiedenen theologischen Wertungen das Wissen darum, daß die christliche Identität durch Übernahmen aus fremden Religionen gefährdet werden

kann. Eine wachsende Zahl von Theologen tritt für einen neutralen Gebrauch des Synkretismus-Begriffs ein, wie er sich seit dem 19. Jahrhundert in der Religionswissenschaft entwickelt hat.
Die begriffliche Unklarheit macht sich auch in der Debatte über die These bemerkbar, das Christentum sei selbst eine synkretistische Religion (H. Gunkel, R. Bultmann). Das über den palästinensischen Raum hinausdringende Urchristentum hat zweifellos in Übernahme und Auseinandersetzung auf hellenistische Vorstellungen zurückgegriffen, freilich in der Bindung an die alttestamentliche Tradition und den Osterglauben. Dieser Prozeß hat sich in der Kirchen- und Missionsgeschichte in vielen Variationen fortgesetzt. W. Pannenberg sieht eine besondere Stärke des Christentums in seiner „synkretistischen Assimilationskraft". Andererseits spiegelt sich die Auseinandersetzung mit dem Eindringen des hellenistischen Synkretismus bereits in vielen Schriften des Neuen Testaments, diejenige mit der synkretistischen „Kanaanisierung des Jahwekultes" (G. von Rad) vor allem in den Elijageschichten (1 Kön 18!) und bei Hosea. Solange der Begriff in der theologischen Diskussion so unterschiedlich gebraucht wird, muß seine Verwendung zu Mißverständnissen führen.

2. Verschmelzung bzw. Gleichsetzung von Gottheiten (Theokrasie)

Überwiegend aus religionspolitischen Gründen innerhalb ein und derselben Religion hat es Theokrasie schon im alten Ägypten und Babylonien gegeben; solche im Bereich mehrerer Religionen vor allem in der kosmopolitisch geprägten hellenistischen Kultur des Weltreichs Alexanders d. Gr. und seiner Nachfolgestaaten. Der Auflösung und Vermischung von Nationalreligionen entsprach ein zunehmender religiöser Individualismus, der – auch heute wieder – synkretistische Tendenzen begünstigt. Orientalische Gottheiten wurden durch interpretatio graeca bzw. romana mit solchen des Westens identifiziert. Für bestimmte Gottheiten wurde universale Gültigkeit beansprucht. Neue religiöse Gemeinschaften bildeten sich um die Geheimkulte der Mysterien, unter denen vor allem der Mithraskult sich über das ganze Römische Reich ausbreitete. Die synkretistische Tendenz der Zeit dokumentierte sich in der Möglichkeit, sich in mehrere Mysterien einweihen zu lassen. Vergleichbare Prozesse haben in anderen Religionen stattgefunden, vor allem im Hinduismus.

3. Legitimierung der Theokrasie

Durch Kultlegenden und Mythologien kann eine solche Legitimierung geschehen, aber auch durch philosophische Einheitsspekulationen. Der hellenistische Synkretismus wurde von der stoischen und neuplatonischen Philosophie theoretisch untermauert. In Indien finden sich schon früh Einsichten in die Einheit des Göttlichen. „Was nur das Eine ist, bezeichnen die

Seher mit verschiedenen Namen" (Rigveda). Als ein wichtiges Mittel, Gottheiten miteinander zu verbinden oder zu identifizieren, erwies sich das Avatara-Konzept. Den philosophischen Unterbau lieferte vor allem die monistische Konzeption Shankaras, die im Neohinduismus zu einer universalen Religionssynthese ausgeweitet worden ist: „Es ist ein und derselbe Avatara, der in das Meer des Lebens sich stürzt, an einer Stelle heraufkommt und als Krishna bekannt wird und, wiederum tauchend, an einer anderen Stelle heraufkommt und Christus heißt" (Ramakrishna). Dieser hinduistische „Inklusivismus", d.h. die „Praxis, das Fremde unterordnend dem Eigenen anzuschließen" (P. Hacker), ermöglicht eine relative Anerkennung aller Gottheiten als Manifestationen des Einen und ihre Eingliederung in eine Hierarchie der Religionen, die auf deren eigenes Selbstverständnis freilich keine Rücksicht nimmt. In der Begegnung mit missionarischen Hindutraditionen spielt der „Inklusivismus" eine wichtige Rolle.

Die hellenistische und hinduistische Religionssynthesen sind eindrucksvolle Beispiele dafür, wie religiöser Pluralismus auf monistischer (nicht: monotheistischer) Basis bewältigt werden kann. Das Christentum hat sich gegenüber dem kultischen Synkretismus im Sinne der Teilnahme von Christen an fremden Kulten stets ablehnend verhalten und sich gegen Versuche gewehrt, die Einmaligkeit des Christusgeschehens in einem wiederholbaren Mythos oder in einer Vielzahl göttlicher Manifestationen aufzulösen. Aus den gleichen Gründen sind interreligiöse Andachten und Rituale für das Christentum problematischer als für Anhänger östlicher Religionen.

4. Übernahme außerchristlicher Vorstellungen und Praktiken ins Christentum

Eine solche Übernahme erfolgt nicht nur im Prozeß der Inkulturation des Evangeliums, sondern auch im Zusammenhang mit Bemühungen, christliche Spiritualität aus Quellen asiatischer Meditation neu zu beleben. Nachdem die asiatischen Religionen bereits zahlreiche christliche Elemente absorbiert haben, setzt sich dieser Prozeß nun in umgekehrter Richtung mit dem Eindringen von Yoga, Zen, Reinkarnationsvorstellungen u.a. in das westliche Christentum fort, gefördert durch interkulturelle Kommunikation, Urbanisierung, den Druck unbewältigter Probleme und eine größere Bereitschaft, sich auf religiöse Erfahrungen aus dem außerchristlichen Bereich einzulassen. Solche Übernahmen wirken sich nicht notwendig als Bereicherung christlicher Spiritualität aus, sondern können auch zur Konversion im Sinne der vollen Annahme einer religiösen Tradition Asiens oder zu einer synkretistischen Religiosität führen. Wie bei der Inkulturation des Evangeliums „Synkretismus und falscher Partikularismus" (Ad gentes 22) vermieden werden müssen, so ist auch bei der Frage der Übernahme von Praktiken und Vorstellungen aus anderen religiösen Traditionen die „Unterscheidung" bzw. „Prüfung der Geister" unerläßlich.

5. Interreligiöse bzw. parareligiöse Bewegungen

Die interreligiösen bzw. parareligiösen Bewegungen (G. Lanczkowski, M. Eliade) sind ein wichtiges Ferment des Synkretismus, da sie in der Regel innerhalb verschiedener Religionen ein Sonderleben führen und deren tiefere, esoterische Bedeutung zu enthüllen beanspruchen. In hellenistischer Zeit trug die Gnosis in ihrer iranischen, jüdischen und christlichen Ausformung zum allgemeinen Synkretismus bei. Auch die Mystik als religionsgeschichtliches Phänomen trägt zwar religionsspezifische Züge, neigt aber wegen ihrer Tendenz zur Reduktion auf die mystische Erfahrung dazu, religiöse Differenzen einzuebnen, und trägt zu einem jenseits der Religionen und Konfessionen angesiedelten religiösen Individualismus mit synkretistischen Zügen bei.

Die 1875 entstandene theosophische Bewegung stellt sich, je nach Situation, als esoterisches Christentum oder esoterischer Buddhismus dar. Der moderne theosophisch-anthroposophisch-spiritistische Synkretismus, der auch die Basis der New-Age-Bewegung bildet, greift auf Elemente des gnostisch-hellenistischen Synkretismus zurück (Einweihungs- und Mysteriencharakter, hermetisches Schrifttum u.a.), aber auch auf umgedeutete Elemente asiatischer Religionen (Karma und Reinkarnation, Bodhisattva-Vorstellung usw.). In der Auseinandersetzung mit diesem synkretistischen Gesamtkomplex geht es längst nicht mehr um die Vereinbarkeit einzelner dieser Vorstellungen mit dem Christentum, sondern um eine „Achsenverschiebung" (R. Otto) hin zu einer neugnostischen Religiosität.

6. Neue Religionen oder religiöse Bewegungen

Neue religiöse Bewegungen sind häufig das Ergebnis eines bewußten (so z. B. der Manichäismus) oder unbewußten Synkretismus. Im Grenzbereich zwischen Islam und Hinduismus in Nordindien (Kabir!) entstand im 15./16. Jahrhundert die Sikh-Religion, die wichtige Elemente beider enthält. Sozialer, ökonomischer und politischer Wandel schafft Bedingungen, in denen synkretistische Religionen und Bewegungen entstehen können (Cargo-Kulte und andere Heilserwartungsbewegungen in der Dritten Welt, japanische Neureligionen mit schamanistischen, shintoistischen und buddhistischen Elementen, Mormonismus in den USA, Vereinigungskirche im geteilten Korea). Wo religiös-kultureller Pluralismus und mangelnde Fähigkeit der traditionellen Religionen, auf neue Probleme und Bedürfnisse einzugehen, zusammenkommen, ist der Boden für die Entstehung neuer Religionen und religiös-säkularer Mischphänomene wie der Bhagwan-Bewegung bereitet. Die modernen synkretistischen Neureligionen und religiösen Bewegungen haben durchweg christliche Elemente aufgenommen oder die christliche Offenbarung als Vorstufe in ihre universale Religionssynthese einbezogen und sind insofern nachchristlich. Der nachchristliche Synkretismus der neuen Religionen, der in der Renaissance des 19. Jahrhunderts erneuerten traditionellen Religionen, vor allem des Neohinduismus, sowie derjenige der modernen parareligiösen Bewegungen hat tiefgreifende Folgen für das Verhältnis des Christentums zu ihnen.

7. Volksreligion

Häufig ist Volksreligion synkretistisch geprägt, vor allem da, wo die herrschende Religion den alten Glauben verdrängt, aber nicht überwunden hat. So leben in Lateinamerika indianische und afrikanische Elemente in mehr oder weniger katholisierter Gestalt weiter. Volksreligiöse Bewegungen wie Umbanda haben ihre Funktion häufig in der (oft magischen) Bewältigung von Alltagsproblemen wie Krankheit und Unglück. Hinduistische und buddhistische Volksfrömmigkeit sind weithin das Ergebnis einer wechselseitigen Durchdringung lokaler, regionaler und „großer" Traditionen. Die Synkretismusfrage stellt sich auch im Westen angesichts der Gefahr, „das Evangelium in den sog. Zivilreligionen zu gefährden" (Theologische Konsultation des Ökumenischen Rates der Kirchen 1977 in Chiang Mai).
Damit sind grundsätzliche Fragen der Religionstheologie aufgeworfen, vor allem die Frage nach dem Verhältnis von Religion und Kultur. Synkretismuskritiker sehen, meistens am Islam orientiert, in jeder Religion eine unteilbare Einheit, in der alle Teile mit dem Ganzen verbunden und unauslöschlich von ihm geprägt sind (H. Kraemer, K. Cragg). Synkretismus wird positiver gewertet, wo man die Religionen selbst, einschließlich des Christentums, als Synthese von primärer („primitiver") und sekundärer („hochreligiöser") Religionserfahrung' (T. Sundermeier) und als Ergebnis eines „Synkretisierungsprozesses" im Kontext verschiedener Kulturen (L. Boff) begreift. Nach M. M. Thomas befinden sich heute „alle Religionen in verschiedenen Stufen der Desintegration und der Reintegration", so daß das Christentum der Zukunft ein „Christusorientierter Synkretismus" sein kann. Der Verweis auf die Person Christi reicht aber als Kriterium nicht aus, da auch das Christusbild zunehmend in die synkretistischen Prozesse der Gegenwart einbezogen wird. In der heutigen Diskussion spiegelt sich die unaufhebbare Spannung zwischen Text und Kontext des Evangeliums, zwischen seiner Unverwechselbarkeit und Situationsbezogenheit, wider.

Literatur:

L. Boff, Kirche. Charisma und Macht (Düsseldorf ²1985); *C. Colpe,* „Synkretismus", in: Der kleine Pauly, Bd. 5 (München 1975); *H. Kraemer,* Die christliche Botschaft in einer nichtchristlichen Welt (Zollikon 1940); *G. Lanczkowski,* Begegnung und Wandel der Religionen (Düsseldorf 1971); *W. Pannenberg,* Grundfragen systematischer Theologie, Bd. 2 (Göttingen 1980); *M. M. Thomas,* Christusorientierter Synkretismus, in: Zeitschrift für Mission 7 (1981) 70–80; *W. Visser't*

Hooft, Kein anderer Name. Synkretismus oder christlicher Universalismus? (Basel 1965); *G. Wießner* (Hrsg.), Synkretismusforschung (Wiesbaden 1978).

Reinhart Hummel

Technik und Ethik

↗ Bioethik; Datenschutz; Fortpflanzungsmedizin; Friedensethik; Gentechnik; Neue Medien; Recht und Ethik; Umweltethik

1. Leistungen und Gefahren der Technik

Bis vor kurzem noch schienen Technik und Ethik wenig Berührungspunkte zu haben. Man beschäftigte sich auf den technischen Hochschulen nicht mit den Grundlagen der Ethik, und die Vorlesungen über Ethik nahmen wenig Bezug auf die Probleme der Technik. Dennoch besteht ein enger Zusammenhang zwischen diesen Disziplinen. Beide befassen sich mit dem Handeln: Der Ethik geht es um die Ziele des Handelns, der Technik um die Wege, die zu den Zielen hinführen. Das betrifft verschiedene Funktionen unseres Verhaltens: Bei den Wegen geht es um berechenbare objektive Sachgegebenheiten, bei den Zielen um unser subjektives Wünschen und Wollen, um die Werte, die wir erstreben. Trotzdem hängt eines vom anderen ab. Bei einem Ziel, das man sehr begehrt, sucht man den Weg, um hinzugelangen, und die technischen Möglichkeiten, die sich bieten, schaffen den Anreiz auf Ziele, die früher utopisch schienen. Was wir wollen, steht unter dem starken Einfluß dessen, was wir können.

Technik, als Weiterentwicklung und Vervollkommnung unserer natürlichen Organe durch künstliche, die Steigerung unseres Sehens, Hörens, Fühlens und Greifens, entlastet die Körperfunktionen und erschließt weite Bereiche der Welt. Indem der Mensch sich aufrichtet, befreit er die Vorderextremitäten von der Fortbewegung, entwickelt die Hand als Tast- und Greiforgan, benutzt das erste Werkzeug zur Entlastung der Zähne. Mit der Zähmung des Feuers wird ein Teil der Verdauungsarbeit nach außen verlegt, die Maschinen ersetzen die Muskelarbeit, und die Computer befreien und ergänzen das Gehirn. Die Bildung und Entwicklung des Menschen ist ohne die Evolution der Technik nicht vorstellbar. Der Paläontologe A. Leroi-Gourhan schreibt: „Die Technizität des Menschen ist demnach eher eine Sache der Zoologie als irgendeiner anderen Wissenschaft."

Die Technik hat nicht nur die materielle, sondern auch die geistige Entwicklung des Menschen nachhaltig gefördert und zur Entfaltung großer Macht geführt. Die Ausbildung des Kehlkopfes, die Sprache als Instrument zur Organisation gemeinsamen Handelns, hat den Menschen zum sozialen Wesen gemacht; mit der Erfindung und Entwicklung der Schrift ist der objektive

Geist entstanden und der Mensch zum geschichtlichen Wesen geworden. Heute verfügen wir über globale Information. Die Beschleunigung der menschlichen Entwicklung gegenüber der biologischen kommt dadurch zustande, daß die Natur immer die Individuen als Versuchsobjekte aufs Spiel setzt: Von der Zufallserzeugung der Mutation sondert die Selektion scharf aus, so daß selbst von den höheren Tieren nur ein kleiner Bruchteil zur Fortpflanzung kommt. Der Mensch hat den Fortschritt vom Wechsel der Generationen abgekoppelt. Den Mechanismus von Versuch und Irrtum führt er am inneren Modell seiner Überlegung und mit seinen Laborversuchen und Beobachtungen aus, und zwar unblutig und mit großer Steigerung der Geschwindigkeit, da das Ergebnis nicht mehr vom Leben und von der Bewährung der Individuen abhängt. So ist der Mensch mit seinem Gehirn zum Mithelfer der Evolution geworden.

Diese Entwicklung bedeutet gleichzeitig eine Steigerung der Lebensgefahr; die höhere, kompliziertere Form ist immer gefährdeter als die primitive. Vor allem sind aber beim Verfahren von Versuch und Irrtum die Versuche gefährlicher. Im Gang der Entwicklung von den Amöben bis zu den großen Projekten höchster Technologie nimmt der Umfang, die Vernetzung, nehmen die Folgen der komplexen technischen Entwicklung ständig zu. So haben die Empfängnisverhütungsmittel zu einem anderen Selbstverständnis der Frauen geführt, zu veränderten Formen des geschlechtlichen Umgangs, der Fortpflanzung und der Bildung des Nachwuchses, und die Kernenergie ist nicht nur ein Energiereservoir, sondern öffnet auch den Blick auf unvorstellbare Zerstörungspotentiale. Die Natur bietet uns heute Möglichkeiten zu ungewöhnlichem inneren wie äußerem Reichtum ebenso wie zur Selbstvernichtung.

Angesichts der drohenden Gefahr wird der Ruf laut, auf die technische Entwicklung mehr oder weniger zu verzichten. Es tobt ein heftiger Streit von Meinungen. Dieser Verzicht bietet freilich keine grundsätzliche Lösung. Wir werden mit den Problemen des Hungers, des Bevölkerungswachstums und mit manchen anderen Schäden, die uns unsere Entwicklung angerichtet hat, nicht fertig werden, wenn wir auf Technik verzichten, sondern nur, wenn wir sie richtig verwenden.

2. Das Problem der Entscheidung

Die rechte Auswahl zwischen den technischen Möglichkeiten ist kein technisches, sondern ein ethisches Problem. Wir können mehr, als wir dürfen. Von der verantwortlichen Wahl hängt unsere künftige Lebensweise, ja unsere Existenz ab. Indem wir zu Mithelfern der Evolution geworden sind, ist uns hier nicht nur Macht gegeben, sondern auch eine Last der Entscheidung aufgebürdet, die frühere Zeiten nicht gekannt haben. Die Verantwortung gehört in der antiken und christlichen Tradition nicht zu den Kardinaltugenden. Es war selbstverständlich, daß man für das geradesteht, was man verursacht hat.

Aber heute geht es nicht darum, zu rechtfertigen, was geschehen ist, sondern vorauszusehen, was geschehen wird, und die Folgen zu verantworten. Aber die Folgen technischer Entwicklungen sind heute außerordentlich vielfältig, langfristig und verzweigt. Was wir noch gar nicht in der Hand haben, ist der Gang der öffentlichen Meinung, der Moden, der Weltanschauungen, die ihrerseits materielle Entwicklungen wieder stark beeinflussen. Noch in keiner Zeit waren die Menschen für ihr Verhalten so sehr auf verläßliche Prognosen angewiesen, aber gerade aufgrund von Intelligenz und Unternehmungsgeist werden die Prognosen immer unsicherer. Unser Schicksal hängt immer weniger vom ruhigen Gang der Naturgesetze ab, es ist immer mehr das Ergebnis einer unüberschaubaren Vielfalt menschlicher Entschlüsse.

Die Krise ist so ernst, daß wir uns neu auf die soziale Dimension unserer Existenz besinnen und andere Formen des Umgangs miteinander finden müssen. In dem großen System technischer Zusammenhänge ist es nicht mehr die Leistung eines einzelnen, den besten Weg zu finden, es bedarf vielmehr der Abstimmung in der sozialen Gemeinschaft. Dabei ist die Arbeitsteilung erforderlich, die Zusammenarbeit gerade von Menschen, die verschiedene Kenntnisse und Fähigkeiten haben. Das Band dieser Gemeinschaft ist nicht mehr wissenschaftlich kalkulierbar. Es beruht vielmehr auf Vertrauen, d.h. dem Bewußtsein, daß man sich aufeinander verlassen kann.

Es geht nicht darum, öffentliche Kontrolle durch Vertrauen zu ersetzen: wo man kontrollieren kann, soll man gewiß kontrollieren. Aber das Vertrauen reicht weiter. Unsere Technik ist so unanschaulich und spezialisiert geworden, daß sie sich fachkompetenter Kontrolle stärker entzieht, als uns zum Bewußtsein kommt. So ist es gerade die Entwicklung der Technik, die eine Restitution des Vertrauens erforderlich macht. Anders als über die intuitive Erkenntnis, die dem Vertrauen zugrunde liegt, kann man auch den Weg zu einer Zusammenarbeit mit Andersdenkenden nicht finden. Bei der Toleranz geht es nicht darum, daß man die fremden Meinungen aushält, sondern daß man sie produktiv einbaut: Die Wahrheit ist das Ganze (Hegel).

Die Technik ermöglicht den gewaltlosen Fortschritt. Zwar wird ihr vielfach der Vorwurf gewaltsamer Unterdrückung gemacht, und oft genug nicht zu Unrecht. Sie ist eine Macht, und Macht verführt zum Mißbrauch. Aber das muß nicht sein. Darin äußert sich offensichtlich eine Erbschaft aus der subhumanen Kultur. Die Technik ist so schnell in unseren Besitz gekommen, daß wir noch nicht wirklich gelernt haben, mit ihr umzugehen. Während früher der Krieg ein Maßstab für die Leistungsfähigkeit von Völkern war, sind heute die Zerstörungspotentiale im Sinne einer vernünftigen Entscheidung völlig ungeeignet und überholt, und es ist zu hoffen, daß man davon loskommt. Technik ermöglicht den Wettbewerb im Rahmen der Verständigung. Und das ist nicht nur ethisch vorzuziehen, sondern es ist auch zweckmäßiger, einfacher und billiger als die Gewalt.

Technik und Arbeitsteilung haben unser Leben zusammenhängender und vernetzter werden lassen. Die soziale Natur des Menschen hat auf diese

Weise eine sehr massive Unterlage bekommen. Demgegenüber geht es der Philosophie traditionell um den einzelnen Menschen, und die Ethik handelt vorwiegend von den Gesetzen, nach denen sich der einzelne in bezug auf sich selbst sittlich zu verhalten hat. Offen sind die Fragen, wie sich Gemeinschaften verhalten sollen, ob die individuelle Ethik ausreicht, um diesen Sachverhalt zu klären, ob es nicht der Stärkung einer sozialen Ethik bedarf, die das Sozialverhalten der einzelnen und der Gruppen in die Mitte rückt. Praktische Ansätze sind durchaus vorhanden, aber der klassischen Tradition folgend versteht der einzelne sich als ethisches Subjekt allein dem Mikrokosmos gegenüber, während er doch ein Glied des Ganzen ist, das noch andere auch anders geartete Glieder enthält. Dabei sind wir mit unserem Denken und Fühlen und auch mit unseren Urteilen bewußt wie unbewußt ganz in eine Gemeinschaft eingebettet, der wir uns gar nicht entziehen können und von der sich die Praxis alltäglichen Handelns gar nicht ablösen läßt.

Die schweren Entscheidungen, die unsere technische Zukunft betreffen, lassen sich dementsprechend nur in gemeinsamer Abstimmung lösen. Die Gefahr, daß einzelne grundlegende Fehler machen, wird auf diese Weise auf ein Minimum reduziert. Ausgeschaltet wird sie nicht, die Zukunft ist offen; ein gewisses Risiko, ob man etwas tut oder nichts tut, ist unvermeidbar, aber für das Problem der Entscheidungsfindung ist eine möglichst ausdifferenzierte Organisation des Gemeinwesens der beste Weg. – Eine Umstellung, wie sie hier dargestellt ist, muß als Erziehungsaufgabe durchdacht und verwirklicht werden.

3. Freiheit in Bewährung

Letztlich sind die Schwierigkeiten, die wir mit der ethischen Bewältigung unserer Technik haben, eine Konsequenz unserer Freiheit. Wir verfügen über außerordentlich umfassende technische Möglichkeiten und können damit im Prinzip anfangen, was wir wollen. Die Willensfreiheit ist freilich ohne den Abgrund von Falschem und Schlechtem nicht vorstellbar.

Die Technik, mit der Natur des Menschen verschwistert, hat unsere Freiheit außerordentlich vermehrt. Sie führt uns damit zu einer neuen Stufe unserer Existenz, die in neuem Umfang ethische Anforderungen stellt und Bewährung verlangt, die den Menschen aber erst zu dem eigentlich freien Wesen macht. Harte innere und äußere Arbeit ist erforderlich, um mit diesem Umbruch und seinen Gefahren fertig zu werden. Um nicht zu scheitern, bedarf es dabei der Bescheidenheit, des Mutes und des Vertrauens. Die Freiheit, in deren Besitz wir hier gelangen, ist kein leichtes Gut.

Literatur:
J. Cobb, Der Preis des Fortschritts (München 1972); *M. Heidegger,* Die Technik und die Kehre (Pfullingen 1962); *I. Illich,* Eine politische Kritik der Technik (Hamburg 1975); *H. Jonas,* Das Prinzip Verantwortung (Frankfurt a. M. 1979);

H. Lenk – H.-J. Staudinger – E. Ströker (Hrsg.), Ethik der Wissenschaften, 2 Bde. (Paderborn 1984f.); *A. Leroi-Gourhan,* Hand und Wort. Die Evolution von Technik, Sprache und Kunst (Frankfurt a.M. 1980); *N. Luhmann,* Vertrauen, ein Mechanismus der Reduktion sozialer Komplexität (Stuttgart 1973); *H. Sachsse,* Anthropologie der Technik. Ein Beitrag zur Stellung des Menschen in der Welt (Braunschweig 1978); *ders.,* Ökologische Philosophie. Natur – Technik – Gesellschaft (Darmstadt 1984); *C. F. v. Weizsäcker,* Der Garten des Menschlichen. Beiträge zu einer geschichtlichen Anthropologie (München 1977).

Hans Sachsse

Tradition

↗ Bindungsverhalten; Familie; Kirchlichkeit; Traditionalismus; Wertewandel

1. Traditionskrise

Das Verhältnis zur Tradition ist heute auf vielfache Weise widersprüchlich geworden. Ein Nachdenken über Tradition kann deshalb nur noch im Spannungsfeld zwischen der Feststellung eines unweigerlichen Traditionsverlusts einerseits und der Reflexion auf die Unabdingbarkeit von Traditionen andererseits stattfinden. Aus Umfragen kann man ersehen, daß viele Menschen ein Defizit an Tradition empfinden; das schließt allerdings nicht aus, daß ein Großteil der Menschen in Europa und besonders in Deutschland mit jenen Werten, die zum Besten der abendländischen Tradition gehören, nichts mehr anfangen können. Auf die demoskopische Frage, woran man denkt, wenn von traditionellen Werten die Rede ist, nennen die meisten Befragten am ehesten Tautologisches: „Alte Sitten und Gebräuche." Allenfalls „Heimatverbundenheit" und „Vaterlandsliebe" werden noch von einer Mehrzahl der Deutschen deutlich als traditionelle Werte identifiziert. Aber nur die wenigsten halten diese Werte persönlich für wirklich wichtig.

Auf den ersten Blick könnte man meinen, daß die Klagen über einen tiefgreifenden Traditionsbruch, die in diesem Jahrhundert immer wieder laut geworden sind, daher rühren, daß eine große Zahl heute hochgeschätzter Werte, die in Wirklichkeit das Ergebnis einer langen zivilisatorischen Tradition sind, gar nicht als Frucht dieser Tradition gesehen werden. Das Problem, das die Menschen heute mit der Tradition haben, sitzt aber tiefer.

2. Folgen des neuzeitlichen Subjektivitätsprinzips

Martin Heidegger hat im neuzeitlich verabsolutierten Prinzip der Individualität das deutlichste Kennzeichen der Moderne gesehen, das am klarsten im Rationalismus von Descartes, der am Anfang der Epoche entwickelt wurde, zum Ausdruck gekommen sei. Descartes hatte ja versucht, die gesamte Wirklichkeitswahrnehmung und Selbstgewißheit des Menschen, die am Ende des Mittelalters im Gefolge unzähliger neuer Entdeckungen, Erfindungen, Glaubensspaltungen und Kriege zwischen den Völkern in die Krise geraten waren, auf eine neue Grundlage zu stellen. Dieses neue und unbezweifelbare Fundament war das Ich. Selbst wenn sich an allem zweifeln läßt, bleibt das, was da nachdenkt und zweifelt, als solches über jeden Zweifel erhaben: cogito ergo sum.

Für den Begründer der französischen Aufklärung war der Akt des Zweifelns ein radikales philosophisches Experiment, mit dem er damals – im Chaos der widersprüchlichen Glaubenssätze, Meinungen und alten und neuen Informationen über die Welt und Wirklichkeit – Raum schaffen wollte für eine neue vernunftbestimmte Klarheit. In seiner systematischen Hauptschrift, den „Prinzipien der Philosophie" (vgl. § 1), spricht Descartes deshalb konsequent von den Hemmnissen der überlieferten Vorurteile, die wir „nur loswerden, wenn wir ... an allem zweifeln, worin sich nur der kleinste Verdacht der Unsicherheit findet". Solange der neue Boden jedoch von der Vernunft noch nicht vollständig gefestigt sei, sollten die alten Prinzipien der Moral, die dem menschlichen Zusammenleben Halt gaben, weiterhin ihre Geltung behalten – allerdings nur noch als eine vorläufige, als provisorische Moral.

Dieser Denkansatz hat weitreichende Folgen gehabt, die über die Aufklärung des 17. und 18. Jahrhunderts bis in unsere Gegenwart vermittelt worden sind. Denn je mehr sich Wissenschaftler und Denker im Bereich der Moral und praktischen Lebensführung um letzte, vernunftmäßig abgesicherte Maximen bemühen, um so deutlicher wurden alle Maßstäbe und Werte zum Provisorium, zu einem Provisorium, dem im Konfliktfall zwischen individuellen Trieben oder Interessen und verpflichtenden Normen letztlich die Verpflichtungskraft fehlt.

Damit ist das geistige Klima beschrieben, innerhalb dessen inzwischen jeglicher Überlieferungszusammenhang seine fraglose Selbstverständlichkeit verloren hat. Immerhin steckt in Descartes' Entschluß, die hergebrachte Ethik und moralischen Prinzipien so lange gelten zu lassen, solange die Vernunft nichts Besseres an ihre Stelle zu setzen vermag, eine lebenspraktische Erfahrung, nämlich die: daß auch der grundsätzlichste Skeptiker und Traditionsfeind jeweils nur immer einen ganz kleinen Teil seiner Wahrnehmungs-, Lebens- und Handlungsvoraussetzungen kritisch überprüfen und – je nachdem – außer Kraft setzen kann. Selbst dort, wo alles neu entschieden werden soll, läßt sich praktisch nur dann etwas neu entscheiden, wenn das meiste schon entschieden ist und gilt. Andernfalls lassen sich für unsere Entscheidungen die Folgen nicht absehen, werden die Entscheidungen blind. Traditionen, hergebrachte Normen, Glaubenssysteme, Bedeutungszuschreibungen und Institutionen aber sind die objektiven Gestalten solcher Vorentschiedenheit.

Der Anthropologe Arnold Gehlen hat die Traditionen deshalb als äußere Sicherungen und Stabilisierungen beschrieben, die uns im Chaos der Wahrnehmungs-, Denk- und Handlungsmöglichkeiten verläßliche Vorentscheidungen zur Verfügung stellen. Der Mensch wird dadurch von einem Überangebot an Eindrücken und Entscheidungszwängen, das ihn lähmen würde, entlastet. Der amerikanische Soziologe Edward Shils hat in seiner umfangreichen Abhandlung über „Tradition" die Tradition als „guiding pattern", als eine Art Wahrnehmungs-, Denk- und Handlungsmuster beschrieben.

3. Kluft zwischen den Generationen

Der neuzeitliche Rationalismus, der alles Wissen, alle Erfahrungen, Gesetze und Normen nur als vorläufig und bis auf den begründeten Widerruf zuläßt, hat unbestreitbaren Erfolg gehabt. Der ungeheure Fortschritt von Wissenschaft und Technik, der Anstieg von Bildung und Wohlfahrt, letztlich alles, was unsere gegenwärtige Zivilisation im Guten wie im Schlechten ausmacht, gehört zu den Früchten dieser modernen Rationalität, die inzwischen selbst zur Tradition geworden ist. Zu ihren Konsequenzen gehört aber auch jenes Phänomen, das Soziologen, Sozialpsychologen und Pädagogen als Prozeß eines tiefgreifenden Wertewandels beschrieben haben. Daß dabei die Summe der Möglichkeiten, zu einem selbstbestimmten Leben zu finden – zumindest theoretisch –, im Laufe der letzten Jahrhunderte und mit zunehmender Rasanz in den letzten Jahrzehnten immer größer, die Summe der Möglichkeiten, sich durch Normverstöße öffentlich sozusagen unmöglich zu machen, immer kleiner geworden ist, ist vor allem von jungen Menschen wie eine Befreiung begrüßt worden. Tatsächlich läßt sich aber zeigen, daß zu den Auswirkungen dieses Wandlungsprozesses die wachsende Schwierigkeit gehört, zu einer sinnvollen und glücklichen Lebensführung zu finden.
Gehlen schreibt zum Phänomen der Desorientierung: „Wenn die äußeren Sicherungen und Stabilisierungen, die in den Traditionen liegen, entfallen und mit abgebaut werden, dann wird unser Verhalten entformt, affektbestimmt, triebhaft, unberechenbar, unzuverlässig." Was das konkret bedeutet, läßt sich inzwischen anhand von empirischen Befunden genauer beschreiben. Es hängt mit der jüngeren deutschen Geschichte zusammen, daß die Deutschen für die Erforschung der sozialpsychologischen Auswirkungen krasser Traditionsbrüche geradezu modellhaften Anschauungsunterricht bieten.
Nachdem den Menschen innerhalb der ersten 50 Jahre dieses Jahrhunderts mindestens dreimal mit Gewalt ein großer Teil der äußeren Sicherungen und Stabilisierungen weggerissen worden ist, Normen, Wertorientierungen, tiefverankerte Selbstinterpretationen und noch die Selbstverständlichkeiten des Alltags um ihre Geltung gebracht worden sind, ist es zu einer Kluft zwischen den Generationen gekommen, die der deprimierende Ausdruck dieser radikalen Traditionsbrüche ist. In einer 1981 weltweit in mehr als 26 Ländern durchgeführten Werteuntersuchung zeigte sich, daß es kein Land weder in Europa noch in Asien oder sonstwo gibt, in dem die Distanz zwischen den

Wertorientierungen heutiger Eltern- und Kindergenerationen so groß ist wie in der Bundesrepublik.

Um die Nähe und Ferne zwischen den Generationen zu messen, wurde die Frage gestellt: „In welchen Bereichen haben/hatten Sie und Ihre Eltern ähnliche Ansichten?" Dabei wurde nach fünf verschiedenen Einstellungsbereichen gefragt: Moralvorstellungen, Einstellung zur Religion, Einstellung gegenüber anderen Menschen, politische Ansichten, Einstellung zur Sexualität. In Amerika sagten junge Menschen zu 77 Prozent, daß sie mit ihren Eltern in den Moralvorstellungen übereinstimmen würden, in Europa sagten das 50 Prozent, in der Bundesrepublik aber lediglich 38 Prozent. Ähnliche Unterschiede gibt es auch bei den anderen Punkten, besonders bei „Einstellung zur Religion" und „Einstellung zur Sexualität". Während sich in den USA die Prozentzahlen der Übereinstimmung zwischen den Jüngeren und ihren Eltern auf 302 Punkte summieren, ergibt sich in der Bundesrepublik nur eine Summe von 171 Punkten.

Über eine solche Kluft hinweg können Erfahrungen und Überzeugungen kaum noch weitergereicht werden. Zu der Entfremdung von Eltern gegenüber ihren Kindern und Kindern gegenüber ihren Eltern, zu der Verständnislosigkeit, Resignation und Traurigkeit auf der einen Seite, Kälte und Feindseligkeit auf der anderen Seite kommt ein großes Maß an Verunsicherung, an Desorientierung, die bis zur Verhaltensstörung gehen kann in der jungen Generation. In einer 1985 in Baden-Württemberg durchgeführten Untersuchung über „Ehe und Familie" zeigte sich, daß Menschen, die in großer weltanschaulicher Distanz zu ihren Eltern leben, zugleich auch unter besonders großen Disharmonieerlebnissen in ihrer eigenen Generation, in erster Linie natürlich mit dem eigenen Lebenspartner, zu leiden haben. Dies wiederum hat Konsequenzen, die sich mittlerweile auch sozialempirisch auf dramatische Weise niederschlagen: Die besonders niedrige Geburtenrate in der Bundesrepublik hat auch mit dieser Kluft zwischen den Generationen zu tun.

In welchem Ausmaß in den letzten zwanzig Jahren Traditionsketten abgebrochen sind, ist vor allem auch im religiösen Bereich spürbar geworden. Während z.B. 1953 noch jeder zweite katholische Erwachsene regelmäßig sonntags in die Kirche ging, kommt heute gerade etwas mehr als jeder zehnte seiner traditionellen Sonntagspflicht nach. Auch hier gibt es empirische Untersuchungen, die den Zusammenhang zwischen diesem Traditionsverlust und den vermehrten Orientierungs- und Sinnkrisen in der Gegenwart klarmachen. Wo aber einmal solche Traditionen unterbrochen wurden, scheint es für die vom Traditionsverlust betroffenen Generationen kaum noch einen Weg zu geben, um an die verlorene Erfahrung neu anzuknüpfen.

4. Autorität und Erfahrung

„Den Wert der Tradition anerkennen heißt den Wert der Autorität anerkennen", schreibt Leszek Kolakowski in einer kurzen Überlegung zum Thema Tradition. Wir sind ausgegangen von Descartes' Aufforderung zum Zweifel an allem, worin sich auch nur der kleinste Verdacht der Unsicherheit und Unvernunft findet. Kolakowski versucht indessen zu zeigen, daß gerade in unseren Traditionen genausogut auch die Chance zu einer höheren, überindividuellen Vernunft steckt. Denn Vernunft sei ja nicht nur die Fähigkeit zum logischen Kalkül, sondern auch die Fähigkeit, Informationen und neue Auskünfte, Erfahrungen über Generationen hinweg anzuhäufen. Wissen zu kumulieren und kumuliertes Wissen anzuwenden sei vernünftig, und auch diese Vernunft sei „spezifisch menschlich". Es ist dies aber eine Vernunft, die – anders als die moderne, immer auch zum Exzeß bereite Ratio – nicht auftrumpft, eine Vernunft, die nur im Verbund mit einer Tugend wirksam zu werden vermag, mit der Tugend der Bescheidenheit, der Bereitschaft, zuzuhören und hergebrachte Erfahrung aufzunehmen.

Literatur:
A. Gehlen, Anthropologische Forschung. Zur Selbstbegegnung und Selbstentdeckung des Menschen (Reinbek 1961); *G.-K. Kaltenbrunner,* Wege der Weltbewahrung. Sieben konservative Gedankengänge (Asendorf 1985); *L. Kolakowski,* Der Anspruch auf die selbstverschuldete Unmündigkeit, in: L. Reinisch (Hrsg.), Vom Sinn der Tradition (München 1970); *G. Krüger,* Geschichte und Tradition (Stuttgart 1949); *E. Noelle-Neumann,* Werden wir alle Proletarier? Wertewandel in unserer Gesellschaft (Zürich 1978); *E. Noelle-Neumann,* Eine demoskopische Deutschstunde (Zürich 1983); *J. Pieper,* Über den Begriff der Tradition (Köln und Opladen 1957); *E. Shils,* Tradition (Chicago 1981); *M. Seckler,* Tradition und Fortschritt, in: Christlicher Glaube in moderner Gesellschaft, Bd. 23 (Freiburg i. Br. 1982) 5–53.

Elisabeth Noelle-Neumann / Edgar Piel

Traditionalismus

↗ Bibel; Fundamentalismus; Glaubensvermittlung; Katholizismus; Kirchlichkeit; Lehramt; Nichtchristliche Religionen; Offenbarung; Wertewandel

1. Traditionalismus als Gewohnheitshandeln

Der Begriff Traditionalismus kann unterschiedliches bedeuten: das Verhalten von Leuten, die alles „beim alten lassen", weil sie daran gewöhnt sind; ein Verständnis von Tradition als bewußtes Bewahren gegen den geschichtlichen Wandel; eine theologische Theorie von einem menschheitlichen Gemeinverständnis (sensus communis), das Gott in seiner Uroffenbarung mit der Sprache geschaffen hat.

Gewohnheiten stehen heute in niedrigem Kurs, selbst wenn es „gute Gewohnheiten" sind. Denn der Mensch müsse sein Verhalten selbst bestimmen, in eigener Verantwortung handeln, die alten Regeln „hinterfragen". Wer etwa allsonntäglich in die Kirche geht, weil er diese Gewohnheit seiner Vorfahren übernommen hat, könne kein „wahrer Christ" sein. Diese Kritik am Traditionalismus verkennt die menschliche Natur, was an der banalen Erfahrung abzulesen ist, daß ein Autofahrer gut ist, wenn er sich gewohnheitsmäßig richtig verhält. Aber es gibt die außerordentliche Situation, der einer im Sinn dieses Traditionalismus nicht entsprechen kann. Der christliche Traditionalismus eines Vaters kommt in seine Krise, wenn es der heranwachsende Sohn ablehnt, sonntags in die Kirche zu gehen. Keineswegs erweisen sich jetzt Gewohnheiten als entbehrlich oder gar als verwerflich. Aber der Traditionalismus verändert sich, weil er begründet werden muß.

2. Traditionalismus und Tradition

Mit dem Begriff Traditionalismus wurde (so von M. Weber und K. Mannheim) Tradition schlechthin bezeichnet, wobei der Akzent darauf gelegt wurde, daß der Traditionalismus bewußt bestrebt ist, Vertrautes gegenüber den Veränderungen zu bewahren. Diese Gleichsetzung von Traditionalismus und Tradition ergab sich aus einem Verständnis von Tradition, in welchem diese nur noch als Bestand begriffen wird, als das traditum (Überliefertes) und nicht in eins damit als der actus tradendi (das Überliefern). Was Tradition, in welcher die beiden Momente, das Überlieferte und das Überliefern, sich wechselseitig bedingend verbunden sind, gegenüber dem Traditionalismus bedeutet, kann beispielhaft an dem kirchengeschichtlichen Thema „Schrift und Tradition" abgelesen werden. Es ist im Zeitalter der Reformation zu einer der fundamentalen Kontroversen geworden.

„Wenn nicht einmal die Apostel uns Schriften hinterlassen hätten", dann wäre doch die von ihnen begründete Tradition der wahre christliche Glaube, dem ja barbarische Völker „ohne Papier und Tinte" folgen. Dieser Satz (des

Irenäus von Lyon, † 202) wendet sich zwar gegen „Häresien", die sich auf Schriften berufen, und begründet die lehramtliche Autorität der Bischöfe darin, daß sie Nachfolger der Apostel sind. Aber zugleich dokumentiert der Satz, daß das Überliefern das eigentliche Moment der Tradition ist. Das Zweite Konzil von Nizäa (787) stellt „geschriebene" und „nicht geschriebene" Tradition nebeneinander.

Auch die (teilweise häretische) Kritik der mittelalterlichen Armutsbewegung an der verweltlichten Hierarchie beruft sich zwar auf die Heilige Schrift, aber um damit nachzuweisen, daß sich das Weitersagen der Heilsbotschaft, die Glaubensverkündigung von der apostolischen Überlieferung entfremdet und sich in dieser Entfremdung fixiert hat.

Dies war auch der erste Ansatz der Reformation. Aber das Prinzip „sola scriptura" und die Reaktion darauf im Trienter Konzil leiten einen Wandel im Verständnis der Tradition in Richtung auf einen Traditionalismus ein. Bahnte sich im Schriftprinzip eine philologische Fixierung der Tradition an (die im 19. Jahrhundert der Erkenntnis wich, daß bereits die Heilige Schrift eine Auslegung der Heilsereignisse ist), so fixierte umgekehrt das Trienter Konzil das apostolische Überliefern. Gegen das reformatorische Schriftprinzip wurden die nichtschriftlichen „traditiones" definiert als solche, „die von den Aposteln aus dem Munde Christi selbst entgegengenommen wurden oder von den Aposteln unter dem Diktat des Heiligen Geistes, gleichsam von Hand zu Hand weitergegeben, bis auf uns gelangten". Damit trat Tradition als Überliefern hinter Tradition als Überliefertes zurück.

Während die theologische Überlieferung begann, in der rückwärts gewandten Bewahrung des traditum aufzugehen, mochte darunter „die Schrift allein" oder „Schrift und Tradition" verstanden werden, emanzipierte sich ein humanistisches Traditionsbewußtsein, nach welchem die Antike nicht nur wiederholend nachgeahmt werden sollte, sondern ihre Rezeption als ein Impuls in die Zukunft verstanden wurde. Aber auch diese Tradition entleerte sich am Ende der Neuzeit in einem sich nur noch wiederholenden Traditionalismus. „Als keine geistige Autorität mehr da war, um das Meinungs- und Weltanschauungs-Chaos des ausgehenden 19. Jahrhunderts zu schlichten", blieb von der Tradition ein „traditionelles Begriffsgerüst" (H. Arendt). Tradition ist jetzt eine Ansammlung von gepflegten „Kulturgütern", in Ausstellungen präsentiert.

3. Die Selbigkeit des Gesagten und seine Weitergabe

Die Frage, wie sich Tradition und Traditionalismus verhalten, spitzt sich zu, wenn im Rückgriff hinter die im historistischen Vielerlei aufgelöste Geschichte die Ansicht vertreten wird, daß man Tradition „als etwas Endgültiges nur denken kann, sofern man zugleich akzeptiert, daß das in ihr Überlieferte auf eine göttliche Rede zurückgeht, auf Offenbarung im strengen Sinn", und wenn „ein von mir selbst Nachgeprüftes und kritisch Gewuß-

tes für mich seinen Überlieferungscharakter verliert" (J. Pieper). Dann wird das heilige Ereignis gegenwärtig allein in der erinnernden Wiederholung – so wie der Mythos erinnert wird; die Geschichte des Überlieferns des Ereignisses, der Wandel seines Verständnisses sind belanglos. Die bewegte Geschichte der eucharistischen Frömmigkeit seit der christlichen Antike bis zur Gegenwart etwa gehört so in die Religionspsychologie, während die Wiederholung der Konsekrationsworte immer außerhalb der Glaubensgeschichte bleibt, heiliger Bezirk, um den herum das „Gedächtnis" sich abspielt.
Die aktuelle Situation der Verkündigung des christlichen Glaubens ist durch eine doppelte Sorge charakterisiert: durch die Sorge des Dogmatikers um die Selbigkeit des Gesagten und durch die Sorge des Katecheten um das verstehbare Weitersagen. Beide Sorgen sind in der Einsicht verbunden, daß aus dem christlichen Traditionalismus der späten Neuzeit nur die Tradition im wechselseitigen Bezug des Überlieferten und des Überlieferns herausführen kann.
Dies kann nicht bedeuten, daß einer, wenn er das Credo spricht, jeden Satz zu reflektieren hat. Das kann keiner, ein jeder bedarf durchaus jenes Traditionalismus der Gewohnheit (siehe oben 1), ohne welche er überfordert ist. Aber dieser Traditionalismus ist ein Halt nur, wenn er in die Tradition eingebunden ist, welche als Einheit des Überlieferten und des immer neuen Überlieferns im Fundamentalismus preisgegeben wird.
Der theologische Traditionalismus gehört als eine Lehrmeinung des 19. Jahrhunderts der Theologiegeschichte an, hat aber eine durchaus aktuelle Bedeutung. Er richtete sich gegen den Rationalismus und Subjektivismus der Aufklärung und war in Frankreich auch eine politische Theorie, insofern er gegen die Revolution eine jede Autorität einzig als unmittelbare Stiftung Gottes legitimiert sah. (Elemente dieses Traditionalismusverständnisses finden sich heute noch paradigmatisch im „katholischen" Traditionalismus der Anhänger des Erzbischofs Marcel Lefebvre.) Der ursprüngliche theologisch-philosophische Gehalt dieses Traditionalismus ist die Theorie, daß der Mensch seine Sprache von dem in der Uroffenbarung sprechenden Gott entgegengenommen hat und daß mit der Sprache das Denken, das sittliche Verhalten und jede soziale Ordnung mit universaler Gültigkeit vorgegeben und wandellos zu überliefern sind (Louis de Bonald, † 1840). Der ganzen Menschheit, der christlichen und der nichtchristlichen, ist ein „sensus communis" eingestiftet (Lamennais, † 1854, hat auch noch nach der Trennung von der katholischen Kirche an dieser Anschauung festgehalten).
Das Erste Vatikanum (1870) definierte, daß die menschliche Ratio zu einer „natürlichen" Erkenntnis Gottes ohne eine Uroffenbarung befähigt ist, welche der mit Abraham beginnenden Offenbarungsgeschichte vorausginge. In der globalen Verflechtung der Menschheit im 20. Jahrhundert steht jedoch der christliche Glaube vor der nicht mehr mit dem abendländisch-europäischen Vernunftverständnis zu beantwortenden Frage, was die anderen Weltreligionen im universalen Heilswillen Gottes bedeuten. In diesem Sinne ist

der theologische Traditionalismus mit seiner Vorstellung von einer Uroffenbarung aktuell geworden.

Literatur:
H. Arendt, Fragwürdige Traditionsbestände im politischen Denken der Gegenwart (Frankfurt a. M. 1957); *H. Fries,* Uroffenbarung, in: Sacramentum Mundi, Bd. 4 (Freiburg i. Br. 1969) 1124–1130; *D. v. Hildebrandt,* Sittliche Grundhaltungen (Mainz 1946); *N. Hötzel,* Die Uroffenbarung im französischen Traditionalismus (München 1962); *O. Köhler* in: StL⁶, Bd. 7 (Freiburg i. Br. 1962) 1020–1028; *G. Krüger,* Geschichte und Tradition (Stuttgart 1948); *K. Mannheim,* Konservatives Denken (Berlin 1927, neu Frankfurt a. M. 1984); *J. Ratzinger,* Offenbarung und Überlieferung (Freiburg i. Br. 1965); *H. Reiners,* Grundintention und sittliches Tun (Freiburg i. Br. 1966).

Oskar Köhler

Umweltethik

↗ Bioethik; Friedensethik; Konsumgesellschaft; Technik und Ethik; Wertewandel

1. Herausforderungen für den einzelnen und für die Gesellschaft

Der Begriff „Umwelt" meint heute den ganzen vom Menschen durch Jahrtausende hindurch in vielfältigen kulturellen und technischen Unternehmungen gestalteten (teilweise auch verunstalteten) Lebensraum. Weil die Umweltkrise über den wissenschaftlich-technischen Bereich hinaus weit in die politisch-gesellschaftlich-ökonomische Dimension und schließlich in die des individuellen und kollektiven Bewußtseins hineinreicht, stellt der Umweltschutz zwar zunächst eine technologische Aufgabe dar, doch er darf nicht auf quantifizierbare Daten beschränkt werden; er bliebe sonst eine Kur an Symptomen. Umweltschutz zielt auf Einstellungen, auf individuelle Verhaltensweisen und auf gesellschaftliche Initiativen, durch die Umweltzerstörungen soweit wie möglich behoben, Umweltbelastungen soweit als möglich abgebaut und der gesamte vom Menschen zu verantwortende Lebensraum optimal gestaltet werden sollen.

Weil *der einzelne* die erste und entscheidende Instanz verantwortlichen ökologischen Handelns ist, muß er zuallererst in den wichtigsten Bereichen seines alltäglichen Lebens richtig zu handeln beginnen. Als die wichtigsten Bewährungsfelder erscheinen Ernährung und Gesundheitspflege, Haushaltsführung (Kaufverhalten, Energie- und Wasserverbrauch, ökologisch angepaßtes Wohnen, Beseitigung bzw. Wiederverwertung des Hausmülls), Gartenarbeit und Landbau und schließlich das Verkehrsverhalten. Aber die Behebung unserer ökologischen Probleme ist auch eine Herausforderung der *Gesellschaft*. Auf die Wissenschaft kommt eine Fülle neuer Aufgaben zu: Grundlagen und Ziele des Umweltschutzes erforschen, ökologische Systeme und Gleichgewichtsmechanismen sowie Risiken und Belastungsgrenzen erkunden, neue Energie- und Nahrungsquellen erschließen und neue Methoden der Wiederverarbeitung von Abfallprodukten entwickeln. Unter den praktischen Handlungsfeldern steht an erster Stelle die Beseitigung der Umweltschäden, also der Verunreinigung der Luft, der Gefährdung des Wasserhaushalts in allen Bereichen, der Durchsetzung des Bodens mit Chemikalien, der Verschmutzung des menschlichen Lebensraums durch die wachsenden Abfälle und schließlich der gesundheitlichen Gefahren durch Lärmbelästigung. Dazu kommt eine Reihe weiterer eher positiv orientierter Handlungsfelder: der verantwortliche Umgang mit den Naturreserven, die angemessene Gestaltung der Landschaft, die Begrenzung des Bevölkerungswachstums u. ä.

2. Die ethische Dimension der Umweltprobleme

Das Sittliche ist nicht ein dem Menschen fremder Anspruch, es ist vielmehr *der Anspruch, der von seiner eigenen Lebenswirklichkeit her auf ihn zukommt*. Zu dieser Wirklichkeit gehört auch die Einbindung des Menschen in seine natürlichen Lebensgrundlagen. Wer also von „Umweltethik" spricht, meint das Gesamt jener Verbindlichkeiten, die sich ergeben, wenn der Mensch in seinem naturalen Lebensraum zu geglückter und erfüllter Existenz kommen soll. Zu betonen ist, daß es sich bei den genannten Herausforderungen und Ratschlägen um Ansprüche handelt, die von der Wirklichkeit her auf den Menschen zukommen, die also ethische Qualität und ethischen Rang haben. Der Mensch vermag diese Ansprüche wahrzunehmen, weil er eine Sonderstellung in der Welt hat. *Gott hat ihm den Ort in der „Mitte der Welt" zugewiesen* (Anthropozentrik): Nur im Menschen kommt die Natur zu sich selbst, nur in ihm erfüllt sich ihr Sinn. Außer dem Menschen ist kein Geschöpf fähig, das vielgestaltige Wechselspiel im ökologischen Haushalt zu verstehen, zu respektieren oder zu zerstören. Er ist und bleibt der einzige, der aufgrund seiner Sonderstellung dieses Geschehen in seine Verantwortung nehmen kann. – Heute meinen viele, eine solche Auslegung stelle eine törichte Selbstüberhebung des Menschen dar und sei schuld an der ökologischen Katastrophe. Man will die Natur zur Mitte machen, der auch der Mensch ein- und untergeordnet ist (Physiozentrik): „Wir sind Natur", die Natur „treibt sich mit uns fort", sie denkt in uns, sie empfindet in uns, sie nimmt in uns ihre Chancen wahr. „Das Denken ist ein Prozeß der Natur." Freiheit erweist sich „nicht mehr als die des Menschen, sondern als die der Natur" (K.-M. Meyer-Abich). Wenn man dies alles konsequent zu Ende denkt, dann ist die Natur das alles tragende und treibende Subjekt, und man müßte dann auch sagen: Die Natur zerstört sich selbst im Menschen.
Der Mensch allein ist fähig, Maßstäbe für richtiges Handeln zu entwickeln

und Verantwortung zu übernehmen. In der Tat versuchen heute viele Menschen, *der sittlichen Vernunft im Umweltverhalten auf die Spur zu kommen:* in kritischen Analysen der ökologischen Situationen, in utopischen oder realistischen Entwürfen von Rettungskonzepten, im Selbstverständnis und in der Selbstdarstellung alternativer Gruppen und in der Präsentation alternativer Lebensstile, nicht zuletzt in detaillierten Programmen der Parteien und der staatlichen Umweltpolitik. Inmitten dieser Vielstimmigkeit werden nach und nach auch philosophische, theologische und kirchliche Stellungnahmen vernehmbar und bringen je aus ihrer Sicht kritische Einwände, weiterführende Orientierungen und tiefere Begründungen in den Prozeß der Bewußtseinsbildung ein. Was wir sittliche Vernunft nennen, „erscheint" aus der Zusammenschau der verschiedenen Aspekte. Die von der wissenschaftlichen Umweltethik zu leistende Reflexion zielt darauf, diese vielfältigen Äußerungen der gesellschaftlich-geschichtlichen Vernunft des Menschen anzuhören, kritisch-produktiv aufzunehmen, innerlich zu ordnen und aus einem umfassenden Sinnhorizont heraus einsichtig zu machen.

3. Auf dem Weg zu einem ökologischen Bewußtsein

Engagiertes ökologisches Bewußtsein wird sich freilich nur entfalten, wenn ein Grundmuster guten und richtigen Umweltverhaltens durch eine geduldige pädagogische Bemühung in Familie, Schule, öffentlicher Bildungsarbeit, vor allem in den Massenmedien konkret erschlossen und den Menschen nahegebracht wird. Dies bedeutet, daß der Mensch lernt, über seine Erfahrungen zu *reflektieren.* Das sittliche Fehlverhalten hat seine Sanktion in sich selbst. Jeder einzelne bekommt die Wirkungen seines Handelns zu spüren: Er leidet unter den Behinderungen seiner Freiheit, seiner Solidarität mit den Mitmenschen und seiner Eingebundenheit in die Natur. Unter dem Leidensdruck dieser Erfahrungen beginnt sich die ethische Vernunft zu artikulieren. – Der Mensch muß ferner lernen, sich in rechtes Verhalten *einzuüben.* Dies gelingt ihm leichter, wenn er sich in einer Gruppe engagierter Gleichgesinnter beheimatet fühlt, die in gemeinschaftlicher Entschlossenheit ihren Lebensraum verantwortlich zu gestalten beginnen. – Die Vermittlung eines Ethos bedarf schließlich ansprechender *Symbole,* in denen sich sein zentrales Anliegen repräsentiert. G. Liedke stellt als ökologische Symbolhandlung „die einfache Mahlzeit" dar, die in kleinen Gruppen und Gemeinden geübt wird. Hier wird geteilt, was da ist, hier leitet die Einfachheit in Speisen, Geschirr und Besteck zu sorgsamem Umgang mit der Schöpfung an, hier wächst aus der Kommunikation des Teilens die des Gesprächs und des Austausches. Solches und ähnliches könnte für die Schaffung eines ökologischen Klimas Bedeutung gewinnen; jedenfalls wird die Phantasie angeregt und die Sensibilisierung für ökologische Zusammenhänge geschärft. Versuche dieser Art könnten einen neuen Lebensstil symbolisch repräsentieren und viele ermutigen, ihre Lebensform insgesamt menschlicher und natürlicher zu gestalten. –

Durch solche Bemühungen könnte dann auf lange Sicht eine *Ethisierung der Interessen* erfolgen. In der vordergründigen Realität des Umweltverhaltens wird es im allgemeinen um einen hart umstrittenen Ausgleich berechtigter und die resolute Zurückweisung unberechtigter Interessen gehen. Langsam aber sollte sich die Einsicht durchsetzen, daß es dem Menschen und der Umwelt in gleicher Weise abträglich ist, wenn jeder rücksichtslos nach seinen Interessen handelt. Zu einem wirklichen Frieden zwischen den Menschen und auch zwischen Mensch und Umwelt wird es nur kommen, wenn der Kampf der Interessen als möglicher Weg zur Einsicht in vorgegebene Grundordnungen erkannt und die innere Zustimmung zu diesen Grundordnungen zum tragenden Element des Handelns wird. Ethisierung der Interessen ist der einzige Weg zu dauerhaftem und wirklichem Frieden.

4. Der Beitrag des christlichen Glaubens

Wenn gesagt wurde, ein Modell ökologischer Ethik verdanke sich zunächst der gesellschaftlich-geschichtlichen Vernunft des Menschen, dann bedeutet dies keine Abdankung der Kirchen und der Theologien. Im Gegenteil: Wenn keine Religion mehr da ist, um Ethik letztlich zu begründen, dann muß diese zusehen, wie sie sich selbst begründet. Dem Philosophen Hans Jonas erscheint es allerdings fraglich, „ob wir ohne die Wiederherstellung der (weithin verlorengegangenen) Kategorie des Heiligen ... eine Ethik haben können, die die extremen Kräfte zügeln kann, die wir heute besitzen und dauernd hinzuzuerwerben und auszuüben gezwungen sind". Jedenfalls ergeben sich aus einem umgreifenden christlichen Sinnverständnis heraus für unser Umweltverhalten ein Auftrag, eine Verheißung und eine Warnung.

Der Auftrag: Gott hat die von ihm geschaffene Erde der menschlichen Vernunft und Freiheit zur Bewahrung und Bebauung übertragen. Der Glaubende weiß, daß er sein Handeln nicht nur vor seinem Gewissen und seinen Mitmenschen, sondern vor seinem Schöpfer zu verantworten hat. Er weiß zugleich, daß Welt nicht als in sich verschlossener Wirklichkeitskomplex zu verstehen ist, sondern als ein Geschehen, in dem der Schöpfer dem Menschen unablässig seine Güte und die Fülle seines Lebens zuwendet. Er erfährt sein Leben in der Welt nicht nur als einen Auftrag, sondern als die Grundchance seines Daseins, insofern er nicht im Nichts geblieben ist, sondern in die Möglichkeit versetzt ist, Welt in seine Verantwortung zu nehmen und darin Gottes Ebenbild zu werden.

Die Verheißung: Der christliche Glaube versichert uns, daß wir uns nicht täuschen, wenn wir auf ein Sinnzentrum aller Wirklichkeit setzen, von dem her alles Sein und Leben mit dem Dasein zugleich auch seinen einmaligen Wert empfangen hat. Dieses zunächst verborgene Sinnzentrum ist mit Jesus Christus in die konkrete geschichtliche Lebenswelt der Menschen eingetreten. Damit sind Welt und Mensch endgültig von Gott angenommen und auf den Weg zu einer endgültigen Erfüllungs- und Vollendungsgestalt gebracht. Der

Glaubende weiß nicht, ob die Geschichte innerweltlich glückt, aber er ist sicher, daß Gott sein Ja zu Welt und Mensch endgültig einlösen wird. Dies gibt ihm die Kraft, nicht nur den unvermeidlichen Begrenztheiten der Welt, sondern auch den immer wieder hervortretenden Auswirkungen menschlicher Torheit und Überheblichkeit gegenüber gelassen zu bleiben.

Die Warnung: Die Heilige Schrift läßt keinen Zweifel daran, daß die Welt im argen liegt. Man hat die Sündenfallgeschichte in Gen 3 zu Recht als Durchbrechung der dem Menschen verfügten Grenzen, als bewußte Mißachtung menschlicher Lebensordnungen ausgelegt. Im Bereich des Umweltverhaltens lassen sich die Grenzen gewiß nicht leicht festlegen. Die „Hermeneutik der Furcht", von der Hans Jonas spricht, soll uns hellhörig machen für diese Warnung aus dem Anfang der menschlichen Unheilsgeschichte und uns lehren, der uns verfügten Grenzen bewußt zu werden.

Christliche Umweltethik fordert den beständigen und entschlossenen Willen, die Kräfte der Vernunft, der Freiheit und der Solidarität zu mobilisieren, damit in einer gemeinsamen Anstrengung den drohenden Gefährdungen unserer Lebenswelt wirksam entgegengetreten und für alle Menschen eine lebbare Zukunft heraufgeführt wird.

Literatur:
Verantwortung wahrnehmen für die Schöpfung. Gemeinsame Erklärung des Rates der Evangelischen Kirche in Deutschland und der Deutschen Bischofskonferenz (Gütersloh 1985). –
A. Auer, Umweltethik. Ein theologischer Beitrag zur ökologischen Diskussion (Düsseldorf ²1985); *R. Grießhammer,* Der Öko-Knigge (Reinbek ³1985); *H. Jonas,* Das Prinzip Verantwortung. Versuche einer Ethik für die technologische Zivilisation (suhrkamp taschenbuch 1085) (Frankfurt a. M. 1984); *G. Liedke,* Im Bauch des Fisches. Ökologische Theologie (Stuttgart ²1982); *K.-M. Meyer-Abich,* Wege zum Frieden mit der Natur. Praktische Naturphilosophie für die Umweltpolitik (München 1984); *J. Moltmann,* Gott in der Schöpfung. Ökologische Schöpfungslehre (München 1985); *Ph. Schmitz,* Ist die Schöpfung noch zu retten? Umweltkrise und christliche Verantwortung (Würzburg 1985); *G. M. Teutsch,* Umweltlexikon (Göttingen – Düsseldorf 1985)

Alfons Auer

Vatikanum II

↗ Gottesdienst; Juden und Christen; Katholizismus; Kirche; Kultur und Kirche; Laien; Lehramt; Menschenrechte; Mission; Nichtchristliche Religionen; Offenbarung; Ökumene; Orden und Ordensreform; Orthodoxe Kirchen; Papsttum; Pluralismus, kirchlicher; Religionsfreiheit; Säkularität und Säkularismus; Verkündigung

1. Zeichen des Aufbruchs

Das Zweite Vatikanische Konzil (1962–1965) ist neben dem Entstehen der ökumenischen Bewegung das bedeutendste und einschneidendste religiöskirchliche Ereignis des 20. Jahrhunderts. Trotz einer knappen und recht unsicheren Vorbereitungszeit (erste Ankündigung am 25. 1. 1959 durch Johannes XXIII. in St. Paul vor den Mauern; Eröffnung durch Johannes XXIII. in St. Peter am 11. 10. 1962), in der eine theologisch längst überholte begriffsstarre Neuscholastik, wie sie für die damalige römische Theologie weitgehend kennzeichnend war, kräftig mit den Hoffnungen kontrastierte, die der Konzilsplan des greisen Papstes in aller Welt weckte, setzte das 21. Allgemeine Konzil der katholischen Kirche bei nur etwas über dreijähriger Dauer einen Meinungsbildungsprozeß in Gang und faßte Beschlüsse, die nicht nur das Erscheinungsbild der Kirche (vor allem das ihres Gottesdienstes) sichtbar veränderten, sondern einen tiefgreifenden Wandel des gesamten kirchlichen Lebens bewirkten. Von ihm gingen wesentliche Einflüsse auch auf die nichtkatholischen christlichen Kirchen und Gemeinschaften aus.

Trotz mancher päpstlicher Einschränkungen durch Paul VI., den Nachfolger Johannes' XXIII., während des Verlaufs und der Tatsache, daß das Zweite Vatikanum vor allem in seinen Wirkungen und Rückwirkungen wenigstens bei Minderheiten nie ganz unumstritten war, haben die Päpste (zuletzt Johannes Paul II. zusammen mit der Außerordentlichen Bischofssynode vom November/Dezember 1985) seine Geltung für die Gesamtkirche immer wieder bestätigt und bekräftigt.

Getragen wurde der konziliare Erneuerungsprozeß von dem Willen, dem von Johannes XXIII. vorgegebenen Reformansatz gesamtkirchlich durch eine Vertiefung des Selbstverständnisses der Kirche und eine Neubestimmung ihres Weltverhältnisses zum Durchbruch zu verhelfen. Mit besonderer Prägnanz kam dieser Ansatz zum Ausdruck in dem bekannten Satz in der Eröffnungsansprache des Papstes, es gelte nicht, Altes zu wiederholen, sondern der ganze katholische Glaube müsse durch ein neues Bemühen – im Sinne des „Heutig"-werdens der Kirche – angenommen werden und dabei gelte es, die Substanz der Lehre von deren sprachlich-geschichtlicher Einkleidung zu unterscheiden. Begünstigt wurde der konziliare Durchbruch durch eine enge Zusammenarbeit zwischen dem in Rom versammelten Weltepiskopat und der zeitgenössischen Theologie, wie sie bis dahin ohne Beispiel war. Auch die Beobachter-Delegierten aus den verschiedenen nichtkatholischen christlichen Kirchen, kirchlichen Gemeinschaften und Organisationen hatten ihren aktiven Anteil daran.

2. Konzil über die Kirche?

Daß die Kirche selbst Hauptgegenstand der Beratungen und Beschlußfassungen des Konzils wurde, war nicht vorherbestimmt. Es ergab sich aber aus der konzilsgeschichtlichen wie aus der zeitgeschichtlichen Ausgangslage. *Erstens* bot sich eine Verdeutlichung der Lehre vom Episkopat als Ergänzung der Primatslehre des Vatikanum I an. Schon damit rückten kirchliche Struktur- und Verfassungsprobleme in den Mittelpunkt. *Zweitens* wollte die Kirche gesellschaftlich und geistig, theologisch und geschichtlich ihren Ort in der heutigen Lebenswirklichkeit neu finden lernen. Um damit ihrer Botschaft und dem Lebenszeugnis der Christen mehr Glaubwürdigkeit zu ermöglichen, mußte sie vor allem sich selbst zur Sprache bringen und sagen, wer bzw. was sie im göttlichen Heilsplan ist. Von daher wurde die Kirchenlehre wie von selbst zur thematischen Mitte des Konzils. In der Kirchenlehre schaffte das Konzil die eigentlichen theologisch-pastoralen Durchbrüche (Volk-Gottes-Ekklesiologie, Kirche als Communio: als sakramental gestiftete Gemeinschaft, die als solche Heilszeichen für die Welt ist). „Gaudium et spes", die Pastoralkonstitution über die Kirche in der Welt von heute, neben der Kirchenkonstitution „Lumen gentium" der zweite Eckpfeiler des Konzils, ist dabei nichts anderes als die Auslegung des Kirchenverständnisses des Zweiten Vatikanums in die Strukturen der modernen Lebenswelt.

In den ekklesiologischen Aussagen wird auch der *Gestaltwandel theologischen Denkens,* wie er sich im Zweiten Vatikanum gesamtkirchlich vollzogen hat, am deutlichsten: die Überwindung einer begriffsstarren Wesenstheologie durch ein vor allem an biblischen und patristischen Leitbildern ausgerichtetes Verständnis von Glaube, Offenbarung, Theologie und Kirche.

Auch wenn theologisch das Hauptergebnis des Konzils seine Kirchenlehre ist, so darf doch nicht übersehen werden, daß andere Fragestellungen für das Konzil und sein Ergebnis nicht minder bestimmend waren. Beispiele waren die harten Debatten und das teilweise manipulative, sich fast ins Skandalöse auswachsende Hin und Her in Fragen der Religionsfreiheit und des Schemas über die Juden (später nichtchristliche Religionen). Zum Entwurf über die Religionsfreiheit gab es als einzigen des Konzils drei Lesungen. Dort gab es auch die meisten Irritationen, Proteste, Intrigen und „Bekehrungen".

Andererseits: Wäre die Erklärung über die Religionsfreiheit nicht verabschiedet worden, hätte nicht nur dem Ökumenismusdekret, sondern selbst der Kirchenkonstitution die innere Glaubwürdigkeit gefehlt. Darüber hinaus läßt es sich gut vorstellen, wie ohne die Erklärung über die Religionsfreiheit die Kirche heute als Anwältin für Menschenrechte dastünde und welchen Ansehensverlust dies für das Konzil selbst bedeutet hätte.

3. Grundentscheidungen

Ebensowenig wie sich das Zweite Vatikanum auf seine Kirchenlehre reduzieren läßt, erschöpft sich seine Bedeutung im Wortlaut seiner Konstitutionen und Dekrete: Ereignis und Text, Fortgang der Debatten und der verbindliche Niederschlag in den Beschlüssen bilden vielmehr ein unauflösbares Ganzes. Wer deshalb sagt, das „Heute der Kirche sind die authentischen Texte des Zweiten Vatikanums" *(J. Kard. Ratzinger),* übersieht nicht nur die zeitbedingten Welteinflüsse, die nicht erst in die Verwirklichung des Konzils, sondern in dieses selbst eingeflossen sind, er verkennt auch die Struktur des konziliaren Prozesses und die Rangordnung seiner Beschlüsse, jedenfalls soweit diese pastoral, d. h. im kirchlichen Sinne handlungsbezogen, also auf Verkündigung und Zeugnis, auf Welt-Verstehen und Welt-Verändern gerichtet sind.

Der geschichtliche und theologische Rang des Zweiten Vatikanums ist weniger allein in den Beschlußtexten als solchen zu sehen als in einer Reihe von *Grundentscheidungen,* die die Kirche und deren Lebensbedingungen im gesamtgesellschaftlichen Umfeld bzw. das Verhalten der Kirche angesichts dieser Bedingungen bleibend verändert haben. Die Liturgiereform war eine solche Grundentscheidung: Sie machte nicht nur die Teilnahme am Gottesdienst in der eigenen Muttersprache zugänglich, sondern schuf die gottesdienstlichen Voraussetzungen, um vom sakramentalen Vollzug her die Gemeinden neu zu formen. Die Stärkung des Bischofskollegiums durch die Kollegialitätslehre war eine solche. Die Kennzeichnung der Kirche als sakramentale und zugleich weltoffene Geheimnisstruktur gehört dazu und vor allem die *Volk-Gottes-Theologie* als Kern der Kirchenlehre des Zweiten Vatikanums. Sie machte die Kirche nicht nur gemeinschaftsförmiger und half, einen tief eingefleischten Heils- und Frömmigkeitsindividualismus zu überwinden, sondern erlaubte wenigstens im Prinzip *Sammlung und Aufbruch zugleich.*

Auf der gleichen Linie liegt ein – wenigstens der Tendenz nach – nicht mehr exklusivistisch an die Kirche gebundenes Verständnis des universalen Heilswillens Gottes. Eine noch zentralere, den Kern des Kirche-in-der-Welt-Seins berührende Grundentscheidung war die Erarbeitung eines sehr viel *personaleren Verständnisses des Glaubensaktes* (Erklärung über die Religionsfreiheit, Offenbarungskonstitution) als Bedingung der Möglichkeit eines wirklich persönlichen Glaubenslebens und eines glaubwürdigen Glaubenszeugnisses im säkularen Lebensumfeld unter Verzicht auf politische Privilegien für die Kirche, das Setzen allein auf Religions- und Kirchenfreiheit.

Zu diesen inhaltlichen Grundentscheidungen kommen solche *perspektivischer* Art: für das Glaubensverständnis eine entschiedene Bejahung von *Geschichtlichkeit* als einer bestimmenden Kategorie der Glaubensauslegung und des Kirchen- und Heilsverständnisses. Und für die Glaubens- und Kirchenpraxis: das *Bekenntnis zum Dialog* als einem Grundmuster kirchlicher Kom-

munikation nach außen (und nach innen) auf der Grundlage der Gewissens- und Religionsfreiheit.
In all diesen Grundentscheidungen spiegeln sich zwei epochemachende Schritte der Gesamtkirche: das *Ja der Kirche zur „Moderne"* als gegenüber der Kirche eigenständiger Geschichts- und Kulturwelt. Die Kirche akzeptiert diese endgültig als Bedingungsrahmen ihres eigenen Existierens und Wirkens – dazu gehört auch das nun vorbehaltlose Ja zur Demokratie als Staats- und – soweit dadurch nicht „Verwirrung" in die eigenen Reihen gebracht wird – auch als Lebensform.
Und als zweiter Schritt: Die *Zurüstung der Kirche und der Christen auf ein christliches Leben in nachchristlicher Geschichtszeit,* in der flächendeckende christliche und kirchliche Milieus sich längst aufgelöst haben, christliche Glaubens- und Lebensregeln für die Gesamtgesellschaft nicht mehr verallgemeinerbar sind und die Lebenskraft des christlichen Glaubens vom Zeugnis des einzelnen und den ihn stützenden Gemeinden und Gemeinschaften abhängt. Die Einübung in diese Lebensweise geht erst langsam vor sich, geschieht aber in kirchlichen Basisgemeinschaften und in dem Sichsammeln in neuen geistlichen Bewegungen. Das Zweite Vatikanum hat dafür Voraussetzungen geschaffen.

4. Ungelöste Probleme

Das die ganze Nachkonzilszeit begleitende, wenn nicht bestimmende *Hauptproblem* ist der Umstand, daß das Konzil sich in Kirchenfragen und in Korrekturen des Kirche-Welt-Verhältnisses erschöpfte und nicht die eigentliche Frage, die von der religiösen Zeitsituation her aufgegeben war, thematisieren konnte: die Glaubensfrage selbst, zugespitzt in der *Gottesfrage.*
Die meisten praktischen Probleme rühren daher, daß das Zweite Vatikanum in Fragen der Kirchenreform – sieht man von der Liturgiereform und der Schaffung neuer pfarrlicher und diözesaner Mitverantwortungsstrukturen (Rätestrukturen) ab – am wenigsten weit vorankam, obwohl sich der größte Teil seiner Beratungen und Beschlußtexte gerade auf solche Fragen bezog. Die diesbezüglichen Grenzen sind in der Phase der Verwirklichung des Konzils nicht zuletzt dadurch sichtbar geworden, daß sich die Hoffnungen auf die Stärkungen des synodalen Prinzips in der Kirche weitgehend nicht erfüllt haben. Zwar hat Paul VI. dem ursprünglichen Wunsch des Konzils nach einer Art „Senat am Sitz des Papstes" Rechnung tragend noch vor Verabschiedung des Bischofsdekrets „Christus Dominus" die seit 1967 in regelmäßigen Abständen tagende Bischofssynode ins Leben gerufen. Doch da sie nur in ihrem Sekretariat als ständige Einrichtung fungiert, bleibt sie in ihrer Wirksamkeit sehr begrenzt und ist noch weit davon entfernt, ein wirkliches Beratungs- oder gar Mitentscheidungsorgan des Papstes zu werden. Die verschiedenen in den siebziger Jahren veranstalteten überdiözesanen (nationalen) Synoden und synodalen Vorgänge blieben trotz ihres Gewichts für die Umsetzung von

Buchstabe und Geist des Konzils passagere Erscheinungen und dienten mehr der Mäßigung eines polarisierten innerkirchlichen Meinungsklimas als der ortsbezogenen Umsetzung und pastoralen Fortschreibung des Konzils. Als auch nur im Ansatz ständige Einrichtungen wurden sie weder von Rom zugelassen noch von den Bischöfen gewünscht. In verschiedenen Diözesen des deutschen Sprachraums und weltweit finden diese synodalen Vorgänge zwar eine Fortsetzung in Diözesansynoden, doch sind diese in der Zusammensetzung und in der Beschlußfassung an die wieder enger gezogenen Grenzen des neuen Codex (can. 460-468) gebunden.

Manche Probleme, die der Kirche in der Rezeptionszeit des Zweiten Vatikanums besonders zu schaffen machten (Priesterfrage, Orden, kirchliche Autorität und Mündigkeit der Laien), waren vom Konzil als Konfliktstoffe noch gar nicht recht erkannt worden. Und in der Neubestimmung des Kirche-Welt-Verhältnisses fehlte die Probe aufs Exempel, insoweit dem Konzil wichtige, die persönliche Lebensführung betreffende Moralfragen entzogen blieben. Dies hatte zum Ergebnis, daß gerade solche Fragen („Humanae vitae"-Komplex) die Zeit der Konzilsverwirklichung belasteten.

Das die Kirche *als Kirche* betreffende Grundproblem dürfte aber in dem liegen, was gelegentlich die zwei *„entgegengesetzten Ekklesiologien"* des Zweiten Vatikanums genannt wurde. Dem Zweiten Vatikanum ist es nicht gelungen, die beiden in „Lumen gentium" anzutreffenden Kirchenverständnisse (Kirche als sakramental gestiftete und strukturierte Gemeinschaft der Gläubigen und Kirche als hierarchische Institution) zu einem wirklich plausiblen Ausgleich zu bringen. Ebenso gelang es nicht, die Primatslehre des Ersten Vatikanums mit der Kollegialitätslehre des Zweiten Vatikanums zu einer neuen, das Erste Vatikanum nach vorne öffnenden Synthese zu bringen. Man behalf sich mit „Nebeneinanderstellungen" (H. J. Pottmeyer): im Falle des Primats (vgl. die sog. „Erläuternde Vorbemerkung" hauptsächlich zu Nr. 22 und 23 von „Lumen gentium") sogar in einer das Erste Vatikanum verschärfenden Form.

Die Möglichkeit der Öffnung, die in solchen Nebeneinanderstellungen liegt, kann eigentlich nur in Richtung einer Verstärkung der „Werkzeuglichkeit" der Kirche (als Heilsinstrument des trinitarischen Gottes im Dienste am Menschen) liegen. Das schließt eine richtig verstandene Funktionalisierung der Ämter (das Papsttum inbegriffen) ein. Die bereits auf den verschiedenen nationalen Synoden und synodalen Vorgängen sichtbar gewordenen Grenzen einer solchen Öffnung werden nicht zuletzt vom *neuen Kirchenrecht* gezogen, indem man die Nebeneinanderstellungen kodiziert ebenfalls wiederfindet, das aber vor allem ein ungebrochen primatiales Kirchenverständnis widerspiegelt. Insofern sind auch der geographischen und inhaltlichen Ausfaltung einer regionale Differenzierungen zulassenden Pluralität des Katholischen Grenzen gesetzt. Im gleichen Sinne zeichnen sich auch die Grenzen eines wirklichen Weltkirche-Werdens der katholischen Kirche ab, obwohl gerade dafür das Zweite Vatikanum (Pluralismus, Inkulturation) der wichtigste

Antrieb – Karl Rahner sah darin sogar die „bleibendste Errungenschaft" des letzten Konzils – geworden ist.

Literatur:
Textausgaben: Lateinisch-Deutsch: Lexikon für Theologie und Kirche. Das Zweite Vatikanische Konzil. Konstitutionen, Dekrete, Erklärungen (mit theologischen Kommentaren), Band I–III, Freiburg i. Br. 1966–1968. – Deutsch: *K. Rahner* – *H. Vorgrimler,* Kleines Konzilskompendium. Sämtliche Texte des Zweiten Vatikanums. Mit einer allgemeinen Einleitung und 16 speziellen Einführungen (Freiburg i. Br. 1985); *Darstellungen: Y. M.-J. Congar,* Vatican II. Le Concile au jour le jour, 4 Bde. (Paris 1963–1966); *R. Laurentin,* L'enjeu du Concile, 4 Bde. 1963–1966; *K. Rahner* – *O. Cullmann* – *H. Fries,* Sind unsere Erwartungen erfüllt? (München 1966); *E. Schlink,* Nach dem Konzil (München 1966); *D. A. Seeber,* Das Zweite Vaticanum. Konzil des Übergangs (Freiburg i. Br. 1966). – *Zur Auseinandersetzung über die Rezeption: A. Bauch* – *A. Gläßer* – *M. Seybold,* Zehn Jahre Vatikanum II (Regensburg 1976); Zukunft aus der Kraft des Konzils. Die außerordentliche Bischofssynode '85. Die Dokumente mit einem Kommentar von *W. Kasper* (Freiburg i. Br. 1986); *Henri Card. de Lubac,* Zwanzig Jahre danach. Ein Gespräch über Buchstabe und Geist des Zweiten Vatikanischen Konzils (München 1985); *J. Pottmeyer* – *A. Alberigo* – *J. P. Jossua* (Hrsg.), Die Rezeption des Zweiten Vatikanischen Konzils (Düsseldorf 1986); *K. Rahner,* Über die bleibende Bedeutung des Zweiten Vatikanischen Konzils (München 1985); *J. Kard. Ratzinger,* Zur Lage des Glaubens. Ein Gespräch mit Vittorio Messori (München 1985).

David Seeber

Verkündigung

↗ Glaubensvermittlung; Gott; Gottesdienst; Jesus Christus; Kirche; Laien; Lehramt; Mission; Neue Medien; Priestermangel; Religionsunterricht; Seelsorge; Vatikanum II

1. Begriff

„Verkündigung" meint alle Kommunikationsvorgänge, die dazu Mut machen wollen, sich auf den Gott des Jesus von Nazaret als Grundlegung des eigenen Lebensentwurfs einzulassen. Die Basis aller christlichen Verkündigung ist daher die Verkündigung Jesu: seine Botschaft von Gott. Den christlichen Glauben zu verkünden heißt daher zuerst und vor allem: so von Gott zu reden, wie Jesus es getan hat. Dies bedeutet, wie Jesus das „Evangelium Gottes" (Mk 1,14) zu verbreiten: „Die Zeit ist erfüllt, das Reich Gottes ist nahe. Kehrt um, und glaubt an das Evangelium!" (Mk 1,15).
Der zu verkündigende Gott des Jesus von Nazaret ist nicht der spezifische Gott eines spezifischen Volkes, auch nicht ein Gott nur für Fromme und Ge-

rechte, sondern der erlösende und liebende Gott aller Menschen. Insofern sich die von Jesus gepredigte Zusage Gottes in ihm als dem Christus als unwiderruflich erwies, bilden Leben, Tod und Auferstehung Jesu den zentralen Inhalt christlicher Verkündigung.

2. Zur Geschichte christlicher Verkündigung

Von den Anfängen der jesuanischen Predigt bis zur Gegenwart geschieht Verkündigung in der eigentümlichen Spannung zwischen der Berufung aller Getauften zur Verkündigung und der kirchlichen Eingrenzung legitimer Verkündigung auf bevollmächtigte Träger. So spricht bereits das Neue Testament einerseits ausdrücklich vom Auftrag aller zur Verbreitung dessen, was sie mit Jesus erlebten (Mk 1,45; 5,19f.; 13,10; 14,9) und dann auch des nachösterlichen Glaubens an diesen Jesus als dem Christus (Apg 4,31; 1 Petr 2,9; Phil 1,14; Röm 15,14; 1 Kor 14,24f.). Andererseits finden sich aber schon erste Funktionsbezeichnungen für spezifische differenzierte Formen der Verkündigung: Apostel (1 Kor 9,1; 15,9f.), Prophet (1 Kor 14,1; Eph 2,20; Apg 21,9), Lehrer (1 Kor 12,28f.; Eph 4,11) und Evangelist (Eph 4,11; 2 Tim 4,5).
In den folgenden Jahrhunderten reduzierte sich diese ursprüngliche Vielfalt von Verkündigungsfunktionen dann jedoch zugunsten des Bischofsamts der antiken Stadtkirche. Spielen in dieser die Presbyter eine noch untergeordnete Rolle, so verlagert sich die reale Verkündigungsverantwortung während des Frühmittelalters auch aufgrund des Übergangs zur großräumigen Agrargesellschaft des fränkischen Reiches auf den Pfarrer. Die schon bald nach der apostolischen Zeit einsetzende Monopolisierungstendenz der Verkündigungsvollmacht wird im Hochmittelalter jedoch auf dramatische Weise durch die vielfältigen religiösen Erneuerungsbewegungen durchbrochen. Auf diesen krisenhaft erlebten Einbruch institutionell weitgehend ungebundener Verkündigungskompetenz reagiert die verfaßte Kirche mit dem Institut einer ausdrücklichen und notwendigen Sendung zum Verkündigungsamt (missio).
Mit der Zurückweisung des reformatorischen Ansatzes, der zum einen jedem Christen ein grundsätzliches Verkündigungsrecht zugestand und zum anderen den Zugang an das spezielle Verkündigungsamt an eine vocatio der Gemeinde und nicht an eine missio des Bischofs band, schrieb das Tridentinum die Trennung von Kleriker- und Laienkompetenz im Predigeramt gesamtkirchlich fest. Trient eröffnete aber andererseits auch neue Verkündigungsfelder durch die Wiederentdeckung der Katechese als unentbehrlicher kirchlicher Verkündigungsform (Petrus Canisius: Katechismen von 1554/56/58).
Die Situation verschärfte sich besonders für die katholische Kirche jedoch entscheidend, als mit der Säkularisierung des Schulwesens im 19. Jahrhundert die Kirche das Schulmonopol verlor. In dieser erneuten Krisenphase

wurde die „missio canonica" nun endgültig zum herausragenden Instrument, um in der nun kirchenfremden Schule die Kirchlichkeit des Gelernten über die Auswahl der Lehrenden zu sichern.

Das Zweite Vatikanische Konzil hat dann wieder das Recht, ja die Verpflichtung jedes getauften und gefirmten Christen, „den Glauben als wahre Zeugen Christi in Wort und Tat zugleich zu verbreiten und zu verteidigen" (Lumen gentium 11), hervorgehoben. Es überwindet damit eine klerikale Monopolisierung des Verkündigungsgeschehens, welche aus dem Interesse an Verkündigungskontinuität und -treue heraus zwar durchaus verständlich war, dennoch aber angesichts des biblischen Befunds und der soziologischen Realität einer zunehmend mündiger werdenden Gesellschaft als immer problematischer empfunden wurde.

3. Verkündigung in der Industrie- und Mediengesellschaft

Unbestreitbar ist die Verkündigung des christlichen Glaubens in den entwickelten Gesellschaften der Ersten Welt in eine Krise geraten. Speziell jene Verkündigungsversuche, die rein verbal die Ausrichtung des Lebensentwurfs am Gott der Bibel einfachhin fordern, ohne diesen Gott in den Erfahrungen der Menschen auch wirklich entdeckbar machen zu können, werden zunehmend als unzulässige Indoktrination zurückgewiesen. Seit sich das von der Aufklärung eingeforderte Recht des freien Gebrauchs von Vernunft und Gewissen durchgesetzt hat und die Kirche sich selbst als Anwältin dieses Rechts definiert (Gaudium et spes 16), wurde es zur herausragenden Aufgabe christlicher Verkündigung, sich selbst im Horizont der Vernunft Geltung zu verschaffen.

Damit stellt sich der Verkündigung des Glaubens eine zwar schwierige, im Gesamt der Kirchengeschichte aber keineswegs neue und auch nicht nur zu beklagende Situation. Da die Kirche endgültig darauf verzichtet hat, zur Verkündigung des Glaubens auf irgendwelche Formen des Drucks zurückzugreifen, ist sie nun allerdings gezwungen, jenes Merkmal des christlichen Glaubens ernst zu nehmen, das sie zwar stets und zu Recht in Anspruch nahm, aber nicht immer im freien Diskurs wirklich belegen mußte: seine Objektivität und Universalität. Die heute so dringend eingeforderte Plausibilität des christlichen Glaubens im Horizont der nachfragenden Vernunft gründet im zentralen Inhalt des Glaubens selber: dem Gottesbegriff. In ihm ist theologisch die Unteilbarkeit von Glaubens- und Vernunftwahrheit fundiert. Die Beantwortung der Frage nach den guten Gründen, heute Christ zu sein, ist für die christliche Verkündigung nicht nur ein theoretisches Problem. Notwendig berührt ist damit auch die zweite, die praktische Dimension des Plausibilitätsproblems für den Glauben. Denn offenkundig herrscht ein verbreitetes Erfahrungsdefizit an Pluralität, Feier, Spontaneität, konkretem Beistand, Kreativität, Kraft und Annahme in christlichen Gemeinden. Weitgehend zu Mittelstandsgruppierungen zusammengeschmolzen, gelten christliche Ge-

meinden zu selten als Orte neuer Perspektiven, befreiender Erfahrungen und spontaner Akzeptanz. Ohne den möglichen Verweis auf gemeindliche Orte der Erfahrbarkeit des Glaubens aber steht jede Verkündigung in der Gefahr, in ihren Begriffen leer und damit folgenlos zu bleiben.
Jeder Gläubige ist zur Verkündigung berufen und durch Taufe und Firmung zu ihr befähigt. Die hohe Differenziertheit und der enorme Rationalitätsanspruch der modernen Gesellschaft erfordern das Zeugnis jedes einzelnen Christen in seiner unvertretbaren Eigenart. Hauptamtliche Träger der Verkündigung stehen im Dienst am Glauben der Erstverkündiger in Familie, Beruf und Gesellschaft. Christliche Verkündigung muß sich als echte Perspektive zur Lösung der vielen bedrängenden Probleme des privaten und öffentlichen Lebens bewähren: Ihr Ziel ist es, in Situationen von Enge, von Lieb- und Ausweglosigkeit befreiende Entdeckungen zu ermöglichen und neue Handlungsansätze aufzuzeigen.

4. Verkündigung als Evangelisierung

Traditionell gelten Predigt und Katechese als die herausragenden Verkündigungsformen. Für die Mehrzahl der erwachsenen Christen ist die Predigt bis heute die primäre Zugangsform zu einer permanenten, die Entwicklung des eigenen Glaubens begleitenden, fördernden und korrigierenden Verkündigung. Die Relevanz der Predigt als gemeindebezogene und daher adressatennahe Verkündigungsform ist deshalb nicht hoch genug einzuschätzen. Wenn sich der Hörer in der Predigt als wahr- und ernstgenommen erfährt, wird er das Angebot des Predigers, neue Erfahrungen des Glaubens durch die Reflexion über dessen biblische Zeugnisse zu entdecken, als Chance für sein eigenes Leben wahrnehmen können. Voraussetzung ist dabei, daß der Prediger seine eigene Glaubensgeschichte und deren Brüche nicht ausklammert, sondern sie als Solidaritätsbasis mit seinen Zuhörern realisiert.
Das Zur-Sprache-Bringen des Gottes Jesu verlangt notwendig den Einsatz für Verhältnisse unter den Menschen, die den Maßstäben dieses Gottes entsprechen. Wo dieser Einsatz geleistet wird, wo Christen sich im Reden *und* Handeln, im privaten *und* öffentlichen Bereich für den Gott des Lebens einsetzen, dort spricht die nachkonziliare Kirche von „Evangelisierung". Sie „besagt für die Kirche, die Frohbotschaft in alle Bereiche der Menschheit zu tragen und sie durch deren Einfluß von innen her umzuwandeln und die Menschheit selbst zu erneuern" (Evangelii nuntiandi 18). Die Kirche kann es daher auch nicht akzeptieren, „daß ihre Sendung nur auf den Bereich des Religiösen beschränkt wird, indem sie sich für die zeitlichen Probleme des Menschen nicht interessiert" (Evangelii nuntiandi 34).
Evangelisatorische Verkündigung fragt also nach den notwendigen Auswirkungen des Zur-Sprache-Bringens Gottes für den einzelnen und die Gesellschaft. Sie arbeitet daran, beide zu einem dem Gott des Lebens gemäßeren Zustand weiterzuverhelfen. Voraussetzung dafür aber ist die gewissenhafte

Erhebung aller den Menschen und so auch Gott verachtenden Verhaltensweisen, Mentalitäten und Strukturen: ohne eine solche Analyse muß jede Rede von Gott merkwürdig folgenlos bleiben. Es geht dabei nicht um eine verfeinerte Zielgruppenanalyse, sondern um den langen, gemeinsamen Prozeß der Entdeckung der eigenen Lebenssituation im Horizont des Evangeliums.

Für die modernen Kulturen der Ersten Welt ist eine umfassende, von der gesamten Kirche gemeinsam zu leistende Situationsanalyse noch zu erbringen. Die Frage, was Erlösung und Umkehr in unserer hochkomplexen Gesellschaft für den einzelnen wie für die Strukturen der Gesamtgesellschaft bedeuten könnte, muß dringend gestellt werden. Zudem scheint sich eine neue Form der Gesamtpastoral erst noch herausbilden zu müssen: Nach einer Phase der priesterzentrierten Verkündigung ist heute eine gewisse Desintegration von vielfältigen Verkündigungsbemühungen zu beobachten, welche in eine partnerschaftliche und an der gemeinsamen Aufgabe orientierte Zusammenarbeit aller in der Verkündigung Tätigen überzugehen hätte.

Literatur:
Paul VI., Apostolisches Schreiben „Evangelii nuntiandi" über die Evangelisierung in der Welt von heute vom 8. 12. 1975; *L. Bertsch – F. Schlösser* (Hrsg.), Evangelisation in der Dritten Welt. Anstöße für Europa (Freiburg i. Br. 1981); *L. Boff,* Die Neuentdeckung der Kirche (Mainz 1980); *ders.,* Kirche: Charisma und Macht (Düsseldorf 1985); *B. Dreher – N. Greinacher – F. Klostermann* (Hrsg.), Handbuch der Verkündigung, 2 Bde. (Freiburg i. Br. 1970); *O. Fuchs,* Die lebendige Predigt (München 1978); *ders.,* Von Gott predigen (Gütersloh 1984); *J. Ratzinger,* Dogma und Verkündigung (München ³1977); *R. Zerfaß,* Der Streit um die Laienpredigt (Freiburg i. Br. 1974); *ders.* (Hrsg.), Mit der Gemeinde predigen (Gütersloh 1982).

Rainer Bucher

Wertewandel

↗ Arbeitswelt und Kirche; Bindungsverhalten; Ehe; Familie; Frau in der Kirche; Friedensethik; Politik und Kirche; Säkularität und Säkularismus; Technik und Ethik; Tradition; Traditionalismus

1. Werte und Wertewandel

Der *Begriff* „Wert" ist weder unumstritten, noch wird er ausreichend eindeutig verwendet. Manche Juristen und Staatstheoretiker kritisieren seine Unbestimmtheit, sprechen vom „Brei der Gesinnungen" (Hegel), der auf Kosten klarer formaler Rechtsregeln und Verfassungsimperative die politische Ethik überschwemme (Forsthoff, Schelsky), während Politiker ihn als handlungstheoretisches Instrumentarium mit populärem Bezug, also vor allem als Legitimationsstütze, ziemlich unreflektiert gebrauchen. Andere mißtrauen ihm wegen seiner Herkunft aus dem Ökonomischen, wo seine Verwendung zweifellos am eindeutigsten ist (Tauschwert, Gebrauchswert, Mehrwert). Sie sehen darin ein im Grunde vom Ökonomischen nicht ablösbares „ethisches Abstraktum" (C. Schmitt), an dem sich Verfechter wertfreier Wissenschaft aus der Wahrheitsfrage herausmogeln, oder vermuten im philosophischethisch verwendeten Wertebegriff schlicht einen „positivistischen Ersatz für das Metaphysische" (Heidegger).

a) Dahinter verbergen sich vielerlei bis in die jüngste Zeit hereinwirkende *Kontroversen:* in der Staats- und Rechtsphilosophie, die zwischen Neukantianern mit ihren formal verstandenen Handlungsimperativen und den mehr oder weniger konsequenten Anhängern einer „materialen Wertethik", wie sie von Max Scheler begründet und von Nicolai Hartmann entfaltet wurde. (Bei letzterem findet sich übrigens zum erstenmal der Ausdruck „Grundwerte".) Einzelne evangelische Theologen (z. B. Eberhard Jüngel) vermuten speziell in der Grundwertediskussion, wie sie in den siebziger Jahren geführt wurde, nichts anderes als ein positivistisch gewendetes katholisches Naturrechtsunternehmen, das von vornherein unter Ideologieverdacht zu stellen sei.

b) Wenn im Zusammenhang von Wertewandel von Wert die Rede ist, dann ist damit weder ein für sich geltender, nicht erkenn-, sondern erfühlbarer platonischer Wertehimmel wie in der Wertphilosophie noch eine durch subjektive Willkür gekennzeichnete aprioristische Setzung gemeint, sondern die seinshafte dynamische Struktur der Wirklichkeit, in die der Mensch mit Bewußtsein und Willen gestaltend eingreift und in der Werte als die übergeordneten Ziele erscheinen, die subjektiv und/oder objektiv sein Handeln normierend (indem sie dem Handeln die Richtung weisen) bestimmen. Werte sind, so verstanden, also Güter materieller, kultureller und ethischer Art, die dem einzelnen oder einer menschlichen Gemeinschaft als *Handlungsziele* vorgegeben sind oder als solche verstanden werden.

c) Beim gängigen *politischen* Gebrauch des Wertebegriffs handelt es sich um ein typisches Säkularisat, ablesbar speziell an den Programmen großer Volksparteien: Da diesen ein verbindendes weltanschauliches Fundament fehlt, auf das sich ihre Mitglieder verpflichten ließen, werden ihnen Werte als ganz allgemein gefaßte oberste Handlungsziele zugrunde gelegt: Freiheit, Gleichheit (Gerechtigkeit), Solidarität. Auf sie gründet sich – mit Nuancierungen – der demokratische Konsens über die Parteien hinweg. Die Begründung bleibt offen bzw. dem einzelnen überlassen. In ihrer unterschiedlichen Ausdeutung gewinnen Parteien ihr je spezifisches Profil.

d) In der allgemeinen (auch der kirchlichen) Diskussion ist der Wertbegriff noch mit anderen *Ungenauigkeiten* belastet. Man subsumiert unter Werten nicht nur die genannten Güter als Handlungsziele, sondern sowohl die Haltungen (Überzeugungen) in bezug auf diese Ziele wie die Trägerstrukturen, die Werte und Werthaltungen „transportieren". Sehr deutlich geworden ist dies im Verlauf der erwähnten Grundwertedebatte. Unter Grundwerten werden speziell in kirchlichen Dokumenten so unterschiedliche „Werte" genannt wie: persönliche Freiheit, Frieden, Subsidiarität, Bindungsverhalten, Familie (Ehe) usw. Nun läßt sich zwar Familie nicht nur als Vermittlerin von Werten, sondern auch als Wert an sich betrachten, weil durch sie die Verwirklichung anderer Werte behindert oder gefördert wird und ihre Stärkung deswegen ein höchst gewichtiges politisches Handlungsziel sein kann. Aber die mangelnde Unterscheidung von Trägerstrukturen und Selbstwerten auf der einen und Handlungszielen und den auf diese gerichteten Verhaltensnormen auf der anderen Seite erschwert ein unvoreingenommenes Verständnis des Wertewandels ebenso wie die Einengung des Wertewandels nur auf politische oder auf „rein" ethische Werte.

2. Wertewandel und gesellschaftlicher Wandel

Dieser selbst läßt sich nur als Gesamtheit wertbezogener Veränderungen in der Gesellschaft bzw. innerhalb eines bestimmten Typs von Gesellschaft (der westlichen, der sozialistischen, der industriellen usw.) angemessen beschreiben. Der Wertewandel bezieht sich also auf alle drei eingangs genannten Kategorien von Werten, die gesellschaftlich-politischen, die kulturellen und die sittlichen.

Mit jeder Veränderung im politischen, gesellschaftlichen, wirtschaftlichen oder kulturellen Bereich verändert sich aber die Gesamtbefindlichkeit der menschlichen Person als sittlich handelndes Subjekt. Zum Beispiel verändert die Verbreiterung von Bildung (neben vielen anderen in der gleichen Richtung wirksamen Faktoren) bei gleichzeitiger Anhebung des Bildungsniveaus zwar nicht automatisch das Freiheitsniveau. Mit Sicherheit verändert sich dadurch aber das Anspruchsniveau in bezug auf persönliche und parallel dazu auch in bezug auf gesellschaftlich-politische Freiheit. Dies hat Einfluß u. a. auf die Partnerschaftsbeziehungen, auf das Bindungsverhalten im privaten persönlichen Bereich. Davon gehen Änderungen auf Ehe und Familie aus: im Sinne einer partnerschaftlicheren Gestaltung der Ehe- und Familienbeziehungen, aber auch im Sinne einer stärkeren Individualisierung dieser Beziehungen. Es entwickeln sich neue Werte oder vorhandene gewinnen ein neues Profil (Partnerschaft, höheres persönliches Freiheitsniveau). Zugleich aber verändern sich vorhandene Werte oder werden stabile Werte destabilisiert (der Wille zur Ehe geht zurück, die Scheidungen nehmen zu).

Ein in manchem paralleles Beispiel ist der Wandel des Arbeitsethos: Die technischen Produktionsmethoden verändern die Arbeitsbedingungen. Die Automatisierung und Computerisierung vieler Arbeitsvorgänge steigert die Produktivität und erhöht mit allen damit verbundenen Beschäftigungsproblemen die Freizeit. Dadurch mitbedingt findet gleichzeitig zweierlei statt: eine Umpolung von Aufmerksamkeit von der Arbeit auf die Freizeit und eine Einstellungsänderung im Arbeitsprozeß selbst: Die Arbeit wird nicht mehr

als vorrangige Sinnerfüllung gesehen. Nicht mehr der Lebensunterhalt steht im Vordergrund, sondern Selbstverwirklichung im Umgang mit Sachen und Personen.
Was so für den einen als „Strukturwandel der Arbeitsmoral" im Sinn der Stärkung „kommunikativer" Tugenden gegenüber „puritanischen" (G. Schmidtchen), anderen hingegen als „Zerrüttung vieler Menschen im Verhältnis zur Arbeit" (B. Strümpel) erscheint, ist in Wirklichkeit eine Minderbewertung der Arbeit als Form der Sinnerfüllung bei erkennbarer Verlagerung der Glückserwartungen vornehmlich in die Freizeit.
Beide Beispiele verdeutlichen, was für den Wertewandel bezeichnend ist:
a) Wenngleich überall ein ethisches Moment ins Spiel kommt, ist Wertewandel zunächst ein gesellschaftlich-kultureller Vorgang, dessen Sinnspitze die Veränderung der Glückserwartungen sind. Über die genannten Beispiele hinaus: immaterielle, im engeren Sinne kulturelle, musische, sportliche oder Gesundheitswerte gewinnen in einer materiell gesättigten Gesellschaft Bedeutung gegenüber der physischen Existenzsicherung. Dabei handelt es sich jeweils nur zum Teil um einen auf Dauer angelegten Wertewandel, häufig hingegen um konjunkturbedingte Anschauungs- und Verhaltensschwankungen in Form von temporärer Anpassung an jeweils beherrschend werdende Trends (F. Lehner gegen R. Inglehart). Moden sind dabei von Tiefenveränderungen nur schwer unterscheidbar.
b) Der Wertewandel kann nicht moralisierend für sich betrachtet werden, sondern ist Teil des gesellschaftlichen Wandels, wobei er sowohl Folge gesellschaftlicher Veränderungen ist, wie er Ursache für neue gesellschaftliche Veränderungen sein kann.
c) Was sich verändert, sind nicht primär die Werte in sich als vielmehr die Trägerstrukturen (gesellschaftlich-institutioneller Wandel) und die Verhaltensweisen (und ihnen vorausgehend oder folgend und bestimmt von den jeweils sich verändernden Glückserwartungen, die Anschauungen). *Sie* sind im Wandel das Primäre, das den Bedeutungswandel der Werte selbst (z.B. den Bedeutungsverlust religiöser Werte gegenüber weltimmanenter Sinnerfüllung) bestimmt.

3. Interpretationen, Wertungen, Zuständigkeiten

In Zeiten und Gesellschaften mit umbruchartigen, als abrupt erlebten Veränderungen erscheint Wertewandel im Kollektiv- wie im persönlichen Bewußtsein vielfach einseitig als *Wertezerfall*. Die daraus resultierenden pessimistisch-kulturkritischen Interpretationsmuster stützen sich in der Regel auf die Wahnehmung akuten Traditionsverlusts: Traditionsverlust, verstanden zugleich als Schwinden gemeinsamer, nicht in Frage gestellter politischer, weltanschaulicher und sittlicher Grundüberzeugungen. Es entsteht der wenigstens teilweise durch empirische Daten gestützte Eindruck, Menschen drohe Identitätsverlust und dem Gemeinwesen als Ordnung gesellschaftlichen Zusammenlebens würden die Existenz- bzw. Funktionsgrundlagen entzogen.

a) Mit Sicherheit vollzieht sich Wertewandel wie gesellschaftlicher Wandel überhaupt nicht einfach in einem kontinuierlich selbsterzeugten und insgesamt stabilen Gleichgewicht. Zwar gehört es nicht nur faktisch, sondern konstitutiv zum Wertewandel, daß vernachlässigte, verdrängte, als unwesentlich eingeschätzte Werte in einer bestimmten gesellschaftlichen Veränderungskonstellation stärker zur Geltung kommen, während andere, früher einmal wie selbstverständlich geltende oder als hochrangig eingeschätzte an Profil verlieren. Zum Beispiel gewinnt nach zwei Weltkriegen und angesichts der atomaren Bedrohung der Wert „Frieden" gegenüber dem der „Nation". Der Wert „Umwelt" erhält angesichts akuter Umweltgefährdungen Vorrang gegenüber dem Wert „Technik". Und darauf bauen sich weiter neue Werterangordnungen und entsprechende Ethiken auf. Aber es gibt natürlich auch einen Wertewandel, in dessen Verlauf aufgrund veränderter Bedürfnisstrukturen ganze Wertschichten und Wertebereiche einem akuten öffentlichen (und privaten) Bedeutungsverlust unterliegen: z. B. der Wert Religion in einer vor allem an weltimmanenten Glückserwartungen orientierten „Lebens"-philosophie.

b) Dennoch liegt das Grundproblem des Wertewandels weniger in den sich verändernden gesellschaftlichen, kulturellen und sittlichen Werteinschätzungen und Grundüberzeugungen an sich als in der *Pluralisierung der Werthaltungen* und der damit zusammenhängenden *Individualisierung des Ethos*. Dies macht Gesellschaften konsens- und zugleich orientierungsschwierig. Insofern steckt hinter der Auseinandersetzung um Wertewandel und Wahrung von Grundwerten auch eine bislang unbewältigte, zum Teil auch uneingestandene Pluralismusproblematik. Staatlich verfaßte Gesellschaften können trotz aller demokratisch-parlamentarischen Verfahren Orientierung und Konsens nicht einfach in einem wie immer gedachten herrschaftsfreien oder auch herrschaftsdurchmischten Diskurs erzielen, sondern jedem Konsensverfahren müssen auch Wertvorstellungen als leitende Ideen und Handlungsziele zugrunde liegen, die als solche nicht umstritten sind. Es besteht ein natürliches Interesse der für ein Gemeinwesen Verantwortlichen daran, daß das Spektrum solcher Leitideen und Handlungsziele trotz der Pluralisierung von Wertvorstellungen möglichst breit bleibt.

c) Ohne diesen Hintergrund wäre der zeitweise heftig geführte Streit über Zuständigkeit und Verantwortung für Werte und Werthaltungen nicht verständlich. Daß politische Führungen in demokratischen Gemeinwesen ihre Verantwortung dafür eher zu minimalisieren und die anderer Autoritätsträger eher zu übersteigern suchen, ist verständlich. Es ist auch richtig, daß sich der Staat bzw. eine Regierung nicht ohne politischen Schaden von dem entfernen kann, was von der Gesellschaft her konsensfähig ist. Aber H. Maier hat recht, wenn er gegen diese vor allem von H. Schmidt pointiert vorgetragene Position einwendet, der Staat sei keine „Hohlform, in die sich, je nach

Zeitumständen, unterschiedliche, im Zweifel kontroverse Werte der Gesellschaft ‚einlagern' ". Der Staat bestimmt, wie immer er sich als Gesetzgeber verhält, den Wertekonsens und -dissens und damit Werteprofil und Wertewandel entscheidend mit, zumal der moderne Wohlfahrts- und Interventionsstaat.

Daß für die Kirchen bzw. die Religionsgemeinschaften die ethischen Implikationen des Wertewandels eine besondere Herausforderung sind, ist nicht zu bestreiten. Daß sie an Wertorientierung nur soviel in das Gemeinwesen einbringen können, als sie bei den eigenen Mitgliedern und in der Gesamtöffentlichkeit Resonanz finden, ebenfalls. Wie Werteinschätzungen und Werthaltungen aber tatsächlich beeinflußt werden, entscheidet sich letztlich immer in der politisch-gesellschaftlichen Auseinandersetzung, und zwar gesetzgeberisch und meinungsbildend am jeweils konkreten Fall.

Literatur:
D. Bell, Die nachindustrielle Gesellschaft (Frankfurt – New York 1975); *E. W. Böckenförde,* Staat – Gesellschaft – Kirche, in: Christlicher Glaube in moderner Gesellschaft, Bd. 15 (Freiburg i. Br. 1982) 5–120; *Deutsche Bischofskonferenz,* Gesellschaftliche Grundwerte und menschliches Glück (Trier 1976); *dies.,* Grundwerte verlangen Grundhaltungen (Bonn 1977); *Deutsche Unesco-Kommission* (Hrsg.), Wandlungen von Verantwortung und Werten in unserer Zeit. Evolution of Responsibilities and Values Today (Bonn 1983); *G. Gorschenek* (Hrsg.), Grundwerte in Staat und Gesellschaft (München 1977); *R. Inglehart,* The Silent Revolution. Changing Values and Political Styles among Western Publics (Princeton 1977); *Institut für Demoskopie Allensbach* (Hrsg.), Eine Generation später. Bundesrepublik Deutschland 1953–1979 (Allensbach 1981); *H. Klages – P. Knueciak* (Hrsg.), Wertewandel und gesellschaftlicher Wandel (Frankfurt – New York 1979); *K. Lehmann,* Grundwerte in Staat und Gesellschaft. Eine Zwischenbilanz zur bisherigen Diskussion, in: Herder-Korrespondenz 31 (1977) 13–18; *H. Maier,* Zur Frage der Grundwerte, in: ders., Politische Wissenschaft in Deutschland. Lehre und Wirkung (München – Zürich 1985); *C. Schmitt – E. Jüngel – S. Schelz,* Die Tyrannei der Werte (Hamburg 1979); *D. Seeber,* Was sind Grundwerte?, in: Herder-Korrespondenz 30 (1976) 1–4; *J. Stoetzel,* Les valeurs du temps présent: une enquête européenne (Paris 1983).

David Seeber

Wiederverheiratete Geschiedene

↗ Bindungsverhalten; Ehe; Gemeinde; Kirche; Recht und Liebe; Sakramente; Seelsorge

1. Die Situation

Mit dem Ansteigen der Zahl der Ehescheidungen ist auch die Zahl derer gewachsen, die nach der Scheidung einen anderen Partner geheiratet haben. Nach dem Verständnis aller christlichen Kirchen ist die Ehe unauflöslich, die Scheidung daher ein Verstoß gegen Gottes Ordnung. Die orthodoxen Ostkirchen und die reformatorischen Kirchen nehmen zwar nicht für sich in Anspruch, Ehen auflösen zu können, lassen aber um der menschlichen Schwachheit willen nach staatlichem Recht Geschiedene zu einer neuen Eheschließung zu. In den Ostkirchen, die sich zur Sakramentalität der Ehe bekennen, gelten die neuen Ehen jedoch nicht als sakramental. In der katholischen Kirche werden Geschiedene nicht zu einer neuen kirchlichen Eheschließung zugelassen. Wenn sie aber in bürgerlicher Form eine neue Ehe schließen, werden sie nicht mehr zum Empfang der Sakramente zugelassen. Viele Betroffene und auch Seelsorger leiden unter diesem Zustand.

2. Rechtliche Bestimmungen

Das kirchliche Gesetzbuch, der Codex Iuris Canonici von 1917 hat die wiederverheirateten Geschiedenen mit der von selbst eintretenden Strafe der rechtlichen Ehrlosigkeit bedroht. Darüber hinaus konnte nach erfolgloser Mahnung durch den Ortsbischof je nach der Schwere der Schuld die Exkommunikation verhängt werden (can. 2356). Wenn auch von dieser Möglichkeit seit längerem nicht mehr Gebrauch gemacht wurde, hatte doch die rechtliche Ehrlosigkeit zur Folge, daß wiederverheiratete Geschiedene als offenkundig Ehrlose vom Empfang der Eucharistie ausgeschlossen waren (can. 855 § 1). Im revidierten kirchlichen Gesetzbuch, dem CIC von 1983, ist die Wiederheirat Geschiedener nicht mehr mit einer kirchlichen Strafe bedroht. Aber nach herrschender Lehre, die 1981 von Johannes Paul II. in dem Apostolischen Schreiben über die Aufgaben der christlichen Familie in der Welt von heute („Familiaris consortio") bekräftigt wurde, leben Geschiedene, die wieder geheiratet haben, ständig in der schweren Sünde des Ehebruchs. Solange sie nicht bereit sind, diesen sündhaften Zustand aufzugeben, können sie nicht im Sakrament der Buße absolviert werden (can. 959, 987). Wer in einer offenkundigen schweren Sünde hartnäckig verharrt, darf nicht zum Empfang der Eucharistie (can. 915) und der Krankensalbung (can. 1007) zugelassen werden.

3. Herkömmliche pastorale Praxis

Johannes Paul II. begründet (in „Familiaris consortio" 84) die herkömmliche pastorale Praxis, wiederverheiratete Geschiedene nicht zum eucharistischen Mahl zuzulassen: „Sie können nicht zugelassen werden; denn ihr Lebensstand und ihre Lebensverhältnisse stehen in objektivem Widerspruch zu jenem Bund der Liebe zwischen Christus und der Kirche, den die Eucharistie sichtbar und gegenwärtig macht." Darüber hinaus führt der Papst einen besonderen Grund pastoraler Natur an: Die Zulassung zur Eucharistie „bewirkte bei den Gläubigen hinsichtlich der Lehre der Kirche über die Unauflöslichkeit der Ehe Irrtum und Verwirrung."

Diese pastorale Praxis wird jedoch seit längerer Zeit in Frage gestellt und diskutiert. Auch die Gemeinsame Synode der Bistümer in der Bundesrepublik Deutschland (1971-1975) und die Bischofssynode in Rom (1980) haben sich damit befaßt, ohne jedoch zu abschließenden Ergebnissen zu kommen. Es ist Sache der Gesamtkirche, einen Weg zu finden, der sowohl der Unauflöslichkeit der Ehe wie auch den betroffenen Menschen gerecht wird.

4. Rechtliche Lösungsversuche

a) Ausdehnung der Auflösung von Ehen: Obwohl die Unauflöslichkeit als Wesenseigenschaft der Ehe deklariert wird (can. 1056), kennt und praktiziert die katholische Kirche in begrenztem Umfang Auflösung von Ehen (can. 1141-1150). Da die Möglichkeit der Auflösung von den Anfängen der Kirche („Privilegium Paulinum") bis in die Mitte des 20. Jahrhunderts immer weiter ausgedehnt wurde („Privilegium Petrinum"), wird die Frage gestellt, ob die Kirche nicht auch Ehen auflösen könnte, die sie heute (noch) für absolut unauflöslich hält, nämlich die durch geschlechtliche Vereinigung der Gatten vollzogene gültige Ehe zwischen zwei Getauften. Zumindest aber wird angeregt, den Vollzug und die Sakramentalität der Ehe neu zu bestimmen, da sowohl nichtvollzogene wie auch nichtsakramentale Ehen aufgelöst werden. Als Ansätze dafür dienen die Erkenntnis, daß die Ehe vor allem personale Gemeinschaft ist, so daß der Vollzug nicht auf die geschlechtliche Vereinigung beschränkt werden darf, sowie die Erfahrung, daß nicht jeder Getaufte dem Sakrament der Taufe entsprechend lebt, so daß die Sakramentalität der Ehen von bloßen Taufscheinchristen in Frage gestellt werden kann. Abgesehen von den Schwierigkeiten, Vollzug und Sakramentalität der Ehe neu zu bestimmen, ist die grundsätzliche Frage zu stellen, ob überhaupt Ehen aufgelöst werden können. Daß die katholische Kirche Ehen auflöst, hängt damit zusammen, daß in der westlichen Kirche die Ehe vorwiegend als vertragliches Rechtsverhältnis zwischen den Gatten verstanden wurde. Auch wenn die Gatten selber dieses Rechtsverhältnis nicht auflösen können, glaubt sich die Kirche im Besitz der Rechtsmacht, in einem gewissen Umfang eheliche Rechtsverhältnisse auflösen zu können. Das Zweite Vatikanische Konzil hat aber das Eheverständnis in der Weise vertieft, daß die Ehe nicht als allein durch den Konsens der Partner begründetes vertragliches Rechtsverhältnis verstanden wird, sondern als personale Lebenseinheit, in die sich die beiden Partner als Personen hineingeben und zu der sie von Gott miteinander verbunden werden, so daß sie nicht mehr zwei, sondern eins sind (vgl. Mt 19,6). Eine personale Lebenseinheit kann aber durch keine Rechtsmacht aufgelöst werden.

b) Vermehrung der Ungültigkeitsgründe: Geschiedene können nach kirchlichem Recht eine neue Ehe mit einem anderen Partner schließen, wenn die Ungültigkeit der früheren Ehe kirchenamtlich festgestellt ist. Durch die Einführung neuer Ungültigkeitsgründe, wie z. B. bestimmte psychische Defekte (can. 1095) und arglistige Täuschung (can. 1098), kann die Zahl derer vermehrt werden, die nach dem Scheitern ihrer (ungültigen) Ehe wieder heiraten können. Aber die Anforderungen an die Gültigkeit der Eheschließung können nicht unbegrenzt erhöht werden. Selbst wenn diese Möglichkeiten voll ausgeschöpft werden, sind und bleiben die meisten Ehen, die scheitern und geschieden werden, nach kirchlichem Recht gültige Ehen.

5. Pastorale Wege

In jüngster Zeit gibt es vielfältige pastorale Bemühungen, Geschiedene, die wieder geheiratet haben, stärker am kirchlichen Leben teilnehmen zu lassen. In „Familiaris consortio" fordert Johannes Paul II. die Seelsorger und die ganze Gemeinschaft der Gläubigen auf, den Geschiedenen beizustehen, damit sie am kirchlichen Leben teilnehmen, wozu sie verpflichtet sind, nämlich das Wort Gottes zu hören, die Messe mitzufeiern, regelmäßig zu beten, Werke der Caritas zu unterstützen, die Kinder christlich zu erziehen und den Geist der Buße zu pflegen. Viele Betroffene haben aber darüber hinaus das Verlangen, auch zu den Sakramenten der Buße, der Eucharistie und der Krankensalbung zugelassen zu werden. Dies aber wird nur jenen zugestanden, die ernsthaft versprechen, „wie Bruder und Schwester" miteinander zu leben. Dieser Weg, zudem meist nur älteren Personen zugestanden, erscheint vielen nicht gangbar, er widerspricht auch einer personalen Sicht des ehelichen Lebens.

Darum werden seit Jahren auch weitergehende pastorale Wege erörtert und von manchen Seelsorgern praktiziert. Manche versagen zwar die Zulassung zur Eucharistie, verweisen aber die wiederverheirateten Geschiedenen auf eine „Kommunion des Wortes", d. h. die Vereinigung mit Christus durch die bereitwillige Aufnahme des Evangeliums, die auch ihnen nicht verwehrt sei. Andere wollen wiederverheiratete Geschiedene auch zum Empfang der Eucharistie zulassen, aber nur bei besonderen Anlässen (z. B. am Tag der Erstkommunion ihrer Kinder) oder nur an Orten, an denen ihre Lebensverhältnisse nicht bekannt sind, oder erst nach einer längeren Zeit der Bewährung der neuen Ehe. Wenn aber Vereinigung mit Christus im Wort möglich ist, kann sie im Sakrament nicht unmöglich sein; wenn die Zulassung zur Eucharistie an bestimmten Tagen oder an bestimmten Orten möglich ist, kann sie an anderen Tagen und an anderen Orten nicht unmöglich sein; wenn es möglich ist, daß das eheliche Leben nach längerer Bewährung nicht schwere Sünde des Ehebruchs ist, kann es auch nicht unmöglich sein, daß dasselbe unter entsprechenden Umständen auch bereits zu Beginn der neuen Ehe der Fall ist.

6. Sittliche Rechtfertigung der ungültigen Ehe

Die bisherigen Lösungsversuche vermögen das Problem nicht wirklich zu lösen. Sie suchen die isoliert gestellte Frage zu beantworten, unter welchen Voraussetzungen wiederverheiratete Geschiedene zum Empfang der Sakramente zugelassen werden können. Die entscheidende Frage ist aber: Gibt es Gründe, die eine neue Eheschließung oder die Fortsetzung einer neuen Ehe eines Geschiedenen sittlich zu rechtfertigen vermögen? Soweit diese Frage zu bejahen ist, steht auch der Zulassung der Betroffenen zu den Sakramenten nichts im Wege.

Die in bürgerlicher Form geschlossene neue Ehe eines Geschiedenen ist in kirchenrechtlicher Hinsicht eine ungültige Ehe, weil ihr das trennende Ehehindernis der bestehenden Ehe entgegensteht (can. 1085 § 1) und, soweit wenigstens ein Partner katholisch ist, die zur Gültigkeit der Eheschließung erforderliche Form nicht eingehalten wurde (can. 1108). Von der rechtlichen Ungültigkeit ist die sittliche Zurechenbarkeit zu unterscheiden. Nicht jede ungültige Ehe ist den Partnern als schwere sittliche Schuld und damit als schwere Sünde anzurechnen. Darum verlangt Johannes Paul II. in „Familiaris consortio", „die verschiedenen Situationen gut zu unterscheiden". Als Beispiel führt er an, daß ein Geschiedener „im Hinblick auf die Erziehung der Kinder" eine neue Ehe schließt. Die begründete Sorge um die Erziehung der Kinder aus der geschiedenen Ehe verhindert zwar nicht die rechtliche Ungültigkeit der neuen Ehe; sie kann aber die sittliche Schuldhaftigkeit der neuen Eheschließung mindern oder auch ganz ausschließen. Ebenso können andere besondere Umstände bei der Entscheidung eines Geschiedenen für eine neue Eheschließung sittliche Schuld mindern oder ausschließen. Sofern ein Geschiedener nach gewissenhafter Selbstprüfung in der redlichen Überzeugung, dies aufgrund der besonderen persönlichen Umstände tun zu sollen, in bürgerlicher Form eine neue Ehe schließt, ist ihm dies nicht als schwere Schuld anzurechnen. Dann ist ihm aber auch die Geschlechtsgemeinschaft in dieser Ehe nicht als schwere Sünde des Ehebruchs anzurechnen, da die geschlechtliche Vereinigung von Mann und Frau auch in der ungültigen Ehe, anders als in einer außerehelichen Gemeinschaft, Zeichen und Ausdruck der personalen Lebensgemeinschaft ist. Dann aber sind die Partner solcher Ehen auch nicht am Empfang der Sakramente der Buße, der Eucharistie und der Krankensalbung gehindert. Dieser Lösungsvorschlag hat noch nicht die Anerkennung der gesamten Kirche gefunden. Er wird sie um so eher finden können, je mehr es gelingt, durch seelsorgerliche Hilfen in der Vorbereitung auf die Ehe und in der Ehebegleitung die Zerrüttung und Scheidung von Ehen zu vermindern.

Literatur:
J. David – F. Schmalz (Hrsg.), Wie unauflöslich ist die Ehe? (Aschaffenburg 1969); *R. Gall,* Fragwürdige Unauflöslichkeit der Ehe? (Zürich 1970); *H. Heimerl* (Hrsg.), Verheiratet und doch nicht verheiratet? (Wien 1970); *K. Hörmann,* Kirche und zweite Ehe. Um die Zulassung wiederverheirateter Geschiedener zu den Sakramenten (Innsbruck 1973); *M. Kaiser,* Geschieden und wieder verheiratet. Beurteilung der Ehen von Geschiedenen, die wieder heiraten (Regensburg 1983); *H. Krätzl,* Seelsorge an wiederverheiratet Geschiedenen (Wien 1979); *K. Lehmann,* Unauflöslichkeit der Ehe und Pastoral für wiederverheiratete Geschiedene, in: ders., Gegenwart des Glaubens (Mainz 1974); *V. Steininger,* Auflösbarkeit unauflöslicher Ehen (Graz 1968); *N. Weil u. a.,* Zum Thema Ehescheidung (Stuttgart 1970); *N. Wetzel* (Hrsg.), Die öffentlichen Sünder oder Soll die Kirche Ehen scheiden? (Mainz 1970); *A. Zirkel,* Schließt das Kirchenrecht alle wiederverheirateten Geschiedenen von den Sakramenten aus? (Mainz 1977); *P. M. Zulehner,* Scheidung – was dann ...? (Düsseldorf 1982).

Matthäus Kaiser

Wirtschaftssysteme

↗ Arbeitswelt und Kirche; Kultur und Kirche; Marxismus; Nord-Süd-Konflikt

1. Sachautonomie und christliche Wertperspektive

Versteht man unter „Wirtschaftssysteme" den Versuch, „das Wirtschaftsleben in seiner konkreten Wirklichkeit als Einheit zu erfassen und die Mannigfaltigkeit seiner Einzelerscheinungen in ihrer Zusammengehörigkeit sichtbar zu machen" (Stavenhagen), so scheint es sich dabei um kein Glaubensproblem, sondern um eine Fachfrage wirtschaftswissenschaftlicher Zweckmäßigkeit zu handeln. Dennoch wird in jüngster Zeit immer deutlicher, daß es hier um eine echte religiöse Gegenwartsfrage geht: Nicht nur das individuelle Verhalten, sondern auch der Bereich der Institutionen, der politischen, sozialen und wirtschaftlichen Strukturen unterliegt einer moralischen Bewertung aus dem Glauben; die Knechtschaft der Sünde und die Befreiung der Erlösung wirken sich hier in besonderer Weise aus. Christen sind darum dazu aufgerufen, der sittlichen und religiösen Bedeutung der gesellschaftlichen Ordnung, in der sie leben, von der sie in ihrem Handeln beeinflußt werden und die sie ihrerseits in ihrem Handeln beeinflussen, ihre besondere Aufmerksamkeit zu schenken.
Ob und inwieweit ein eindeutiges Urteil über einzelne Wirtschaftssysteme

unter dieser Rücksicht christlichen Glaubens und der Moral gefällt werden kann, ist allerdings umstritten sowohl in der evangelischen Sozialethik, die in den Fragen des „Reiches Gottes zur linken Hand" nur mit großer Zurückhaltung eine eigentlich theologische Kompetenz beansprucht, als auch innerhalb der katholischen Soziallehre, die sich in solchen Fragen auch auf lehramtliche Äußerungen stützen kann. Nun steht aber außer Zweifel, daß die Kirche mit ihrem Lehramt nicht mitzureden hat bei Sachproblemen, die in die Zuständigkeit der Einzelwissenschaften fallen, also „in Fragen technischer Art, wofür sie weder über die geeigneten Mittel verfügt, noch eine Sendung erhalten hat, wohl aber in allem, was auf das Sittengesetz Bezug hat". Nach dieser Seite hin ist auch der wirtschaftliche Bereich dem Urteil der Kirche unterworfen (Quadragesimo anno 41). Gehört aber die Wahl des Wirtschaftssystems zu den moralischen oder den technisch-wirtschaftswissenschaftlichen Entscheidungen? Für beide Auffassungen lassen sich lehramtliche Aussagen finden. Einerseits betont Papst Johannes Paul II. in vielen Ansprachen (etwa in Puebla am 28. 1. 1979, III.3), daß die Kirche sich keinem der großen Systeme verschreiben möchte, um sich freizuhalten für den Dienst an den Menschen. Andererseits meint Kardinal Höffner: „Die katholische Soziallehre hält die Marktwirtschaft für die richtige Grundform der Wirtschaftsordnung." Es müsse ihr nur ein humanes Leitbild gegeben werden (Vollversammlung der Deutschen Bischofskonferenz, 23. 9. 1985). Die Unionsparteien und die ihnen nahestehenden Verbände versuchen, die „Soziale Marktwirtschaft", das in der Bundesrepublik Deutschland entwickelte Modell, als das eigentlich dem christlichen Menschenbild entsprechende Wirtschaftssystem darzustellen und auch für andere Länder als die Alternative zu allen Formen des Sozialismus zu empfehlen.

Der Gegensatz der Auffassungen ist nicht ganz so tiefgreifend, wie er auf den ersten Blick erscheint: Von der katholischen Soziallehre aus kann zwar kein bestimmtes, konkretes Wirtschaftssystem als das eigentlich christliche empfohlen werden, aber umgekehrt lassen sich bestimmte Wirtschaftssysteme negativ als mit christlichen Grundsätzen unvereinbar ausschließen. Zu beachten bleibt dabei, ob man sich auf der Ebene der idealtypischen Modellkonstruktion oder der geschichtlichen Wirklichkeit bewegt.

2. Marxistischer Kollektivismus und liberalistischer Kapitalismus

Idealtypisch wird häufig unterschieden zwischen der Zentralverwaltungswirtschaft und der Verkehrswirtschaft, je nachdem ob nach einem einheitlichen Plan gewirtschaftet wird oder jede einzelne Wirtschaftseinheit nach einem eigenen Plan die Verwirklichung ihrer Ziele anstrebt und diese Einzelpläne über den Markt miteinander koordiniert werden. In der geschichtlichen Wirklichkeit wird diese Unterscheidung häufig auf den einfachen Gegensatz von Sozialismus (Kommunismus) und Marktwirtschaft (Kapitalismus) reduziert. Dabei bleiben aber wichtige Gesichtspunkte zur Beurteilung der konkreten Wirtschaftssysteme unberücksichtigt. Die Vereinfachung der Problematik auf einige wenige Gesichtspunkte und die Kritik des so gewonnenen Bildes vom gegnerischen Wirtschaftssystem stellt eine der wirksamsten Strategien im ideologischen Kampf dar.

Sicher widerspricht eine marxistisch-kommunistische Planwirtschaft, wie sie etwa in der Sowjetunion praktiziert wird, der katholischen Soziallehre. Grund dafür ist nicht allein die dem orthodoxen Marxismus eigene atheistische Weltanschauung, das materialistische Menschenbild, demzufolge alles Religiöse nur als Überbau der Dynamik der Materie begriffen wird. Vielmehr stellt die Konzentration aller wirtschaftlichen Macht in der Hand des Staates, die Verweigerung des Eigentumsrechts an Produktionsmitteln, überhaupt die Leugnung subjektiver Rechte des Individuums gegen die Gesellschaft eine derartige Einschränkung der persönlichen Freiheit dar, daß ein solches Wirtschaftssystem als mit der christlichen Auffassung von Menschenwürde unvereinbar erscheint.

Ähnliches gilt aber auch von der sozialphilosophischen Grundkonzeption eines extrem marktwirtschaftlich-liberalistischen Wirtschaftssystems, demzufolge „der Profit der eigentliche Motor des wirtschaftlichen Fortschritts, der Wettbewerb das oberste Gesetz der Wirtschaft, das Eigentum an den Produktionsmitteln ein absolutes Recht, ohne Schranken, ohne entsprechende Verpflichtungen der Gesellschaft gegenüber darstellt" (Populorum Progressio 26). Die Solidarität der Menschen, die Verantwortung füreinander, die Beschränkung der subjektiven Rechte des einzelnen durch die Rechte der anderen und die Erfordernisse des Gemeinwohls sind dem Menschen wesentlich und müssen auch im Wirtschaftssystem zur Geltung kommen. Die Marktwirtschaft mit den Gesetzen des Wettbewerbs ist nicht die „natürliche" spontane Wirtschaftsordnung, für oder gegen die man sich eindeutig entscheiden könnte. Der Wettbewerb als solcher führt nicht mit Notwendigkeit zu einer wie immer verstandenen gerechten Ordnung; vielmehr war es gerade der Liberalismus, dessen schlimme Auswirkungen den Marxismus auf den Plan gerufen haben.

3. Befragung der Wertprämissen

Wenn man marxistischen Kollektivismus und liberalistischen Kapitalismus einmal als extreme Grenzfälle ausschließt, bleiben dazwischen viele Möglichkeiten der Gestaltung von Wirtschaftssystemen, für oder gegen die jeweils gute Gründe geltend gemacht werden können, die aber nicht eindeutig im Namen der christlichen Soziallehre befürwortet oder abgelehnt werden können. Jedenfalls ist es methodisch nicht möglich, aus christlichen Wertprämissen ein ideales Wirtschaftssystem zu konstruieren, sondern man hat umgekehrt von einer gegebenen Konzeption auszugehen und muß diese auf ihre tragenden Wertprämissen hin befragen. Wie überall in der Politik muß man dabei die konkrete Situation mit all ihren Gegebenheiten, Chancen und

Gefahren im Auge behalten. In keinem Wirtschaftssystem wird sich aber die Spannung ganz aufheben lassen, die zwischen der Freiheit des Individuums einerseits und der solidarischen Bindung andererseits besteht. Nach dem Subsidiaritätsprinzip soll dabei die Freiheit des einzelnen und der kleineren Gruppen nur im Maß des Erforderlichen eingeschränkt werden. Eine stärkere Betonung des marktwirtschaftlichen Elements führt im allgemeinen zu einer höheren Gesamteffizienz des Wirtschaftssystems: Die Marktwirtschaft versucht, an den Eigeninteressen des einzelnen zum Wohle aller anzuknüpfen. Sie kann sehr flexibel auf das Marktgeschehen reagieren; damit lassen sich auch Fehler schnell korrigieren. Die wirtschaftliche Freiheit macht auch eine große Freiheit im Bereich der Ideen möglich; die Marktwirtschaft kann darum als die ökonomische Ergänzung des politischen Systems der Demokratie angesehen werden.

Andererseits führt aus sich heraus das Wettbewerbssystem eher zu einer Verschärfung der Ungleichheiten und einer Unterdrückung der Schwächeren durch die Stärkeren. Zu diesen „Schwächeren" können auch Organe staatlicher Willensbildung gehören, Gemeinden, Parteien, staatliche Verwaltungsinstanzen, die gegenüber Interessen der Wirtschaft zum Nachgeben veranlaßt werden. Der Leistungswettbewerb zwingt häufig zu einem übertriebenen Einsatz für wirtschaftliche Ziele, begünstigt eine materialistische Mentalität.

Demgegenüber betont ein stärker sozialistisch ausgerichtetes Wirtschaftssystem den hohen Wert der Solidarität, der gemeinsamen Anstrengung zur Überwindung der Knappheiten und ökonomischen Ungleichheiten, der Unterstützung und besonderen Förderung der Schwachen in gezielter Planung. Allerdings scheitern diese edlen Absichten häufig an menschlichen Unzulänglichkeiten: Die Planung erweist sich als ungenügend und undurchführbar, die Starrheit des Systems, übergroße Bürokratisierung und Mißwirtschaft führen zu Verschwendung, der Egoismus der einzelnen sabotiert das System. Vor allem aber wird die individuelle Freiheit der Lebensführung grundlegend eingeschränkt.

4. Soziale Marktwirtschaft

In der Bundesrepublik Deutschland hat man versucht, das Wirtschaftssystem der „Sozialen Marktwirtschaft" zu verwirklichen. Schon in ihrem Begriff kommt die Spannung zwischen zwei Komponenten zum Ausdruck. Einerseits wird ausgegangen von einer grundsätzlich marktwirtschaftlichen Orientierung; andererseits bringt das Attribut „sozial" zum Ausdruck, daß das Marktgeschehen nicht einfach den Kräften des reinen Wettbewerbs überlassen bleiben, sondern nach übergeordneten Gesichtspunkten gestaltet und korrigiert werden soll, um gerechte gesellschaftliche Verhältnisse herzustellen. Damit kann dieser Begriff entweder stärker liberal als *Marktwirtschaft* interpretiert werden oder aber auch aus *sozialen* Gründen einen Eingriff gegen

die Marktmechanik rechtfertigen. Diese Dehnbarkeit hat ihn in der parteipolitischen Diskussion recht verschwommen werden lassen.
Die Grundgedanken dieses Wirtschaftssystems, wie es nach dem Zweiten Weltkrieg von den Neo-Liberalen der sog. „Freiburger Schule", insbesondere aber von Alfred Müller-Armack entwickelt und von Ludwig Erhard eingeführt wurde, gehen auf die Erfahrungen mit der Planwirtschaft des Nationalsozialismus zurück: Nicht die Effizienz dieses Wirtschaftssystems gab den Ausschlag, sondern der Gedanke, mit der wirtschaftlichen Freiheit eine unverzichtbare Vorbedingung auch der politischen, weltanschaulichen und religiösen Freiheit wiederzugewinnen. Aufgabe des Staates sei es, die Wirtschaft nach übergeordneten politischen Gemeinwohlprinzipien zu gestalten, allerdings nicht durch dauernde Intervention, sondern durch Setzung eines entsprechenden Datenkranzes. Durch das Wirtschaftssystem selbst und nicht erst durch nachträgliche Korrekturen sei die Wirtschaft „sozial" auszurichten. Dabei sollte der Wettbewerb als Instrument zur Erreichung politischer Ziele bewußt eingesetzt werden. „Wettbewerb ist Mittel, nicht letztes Ziel", heißt es im Vorwort zum ersten Band des Jahrbuches „Ordo", der Veröffentlichung der „Freiburger Schule".
Inzwischen hat sich im Bewußtsein der Öffentlichkeit eine etwas andere Auffassung von der „Sozialen Marktwirtschaft" durchgesetzt: Man sieht den Leistungswettbewerb auf dem Markt als das eigentlich ordnungspolitische Prinzip der Wirtschaft an, das allerdings aus mehr pragmatischen Gründen durch ein „außerwirtschaftliches" Netz von Sicherungen für die sozial Schwachen ergänzt werden müsse. Die Verteidiger der „Sozialen Marktwirtschaft" haben in den letzten Jahren vor allem in den Wahlkämpfen immer stärker altliberale Argumente in den Vordergrund gestellt, die sich nur schwer mit der katholischen Soziallehre vereinbaren lassen. So wurden denn auch Dokumente der Weltkirche (päpstliche Enzykliken, Hirtenworte außerdeutscher Bischofskonferenzen, Strömungen im Weltkatholizismus) regelmäßig von der deutschen Öffentlichkeit als „Linksruck" der katholischen Soziallehre empfunden.
Andererseits läßt sich kaum übersehen, daß sich der Abstand zwischen dem idealtypischen Modell eines marktwirtschaftlichen Systems und der Wirklichkeit erheblich vergrößert hat. Zwar gibt es noch weite Bereiche, in denen viele kleine Anbieter am Markt im Preis- und Qualitätswettbewerb stehen, aber auf anderen Gebieten spielen einerseits die Monopole, andererseits staatliche Interventionen eine wettbewerbsverzerrende Rolle. Man denke nur an die Landwirtschaft, an Kohle und Stahl, an Öl und Elektrizität, an Datenverarbeitung und Unterhaltungselektronik: Kein Politiker, keine Partei hat sich als fähig oder willens erwiesen, diese grundsätzlich marktwirtschaftlich zu regelnden Bereiche voll dem scharfen Wind des Wettbewerbs auszusetzen. Nur sehr unvollkommen entspricht die Wirklichkeit den theoretischen Modellen der Wirtschaftssysteme.

Literatur:
Texte zur Katholischen Soziallehre. Die sozialen Rundschreiben der Päpste und andere kirchliche Dokumente (Köln ⁶1985); Marktwirtschaft und Christliche Gesellschaftslehre. Der Hirtenbrief der amerikanischen Bischöfe (Walberberg 1985); *W. Eucken,* Die Grundlagen der Nationalökonomie (Berlin ⁵1975); *F. A. v. Hayek,* Der Weg zur Knechtschaft (Landsberg a. L. ⁵1982); *J. Kardinal Höffner,* Wirtschaftsordnung und Wirtschaftsethik (Bonn 1985); *S. Katterle – A. Rich,* Religiöser Sozialismus und Wirtschaftsordnung (Gütersloh 1980); *A. Müller-Armack,* Religion und Wirtschaft (Tübingen ³1981); *E.-E. Nawroth,* Die Sozial- und Wirtschaftsphilosophie des Neoliberalismus (Heidelberg 1961); *O. v. Nell-Breuning,* Kapitalismus – kritisch betrachtet. Zur Auseinandersetzung um das bessere „System" (Freiburg i. Br. ²1986).

Walter Kerber SJ

Zölibat

↗ Askese; Frau in der Kirche; Katholizismus; Kirche; Laien; Orden und Ordensreform; Priestermangel; Psychohygiene und Religion; Säkularinstitute; Spiritualität

1. Geschichtlicher Rückblick

Das Zölibatgesetz, das alle Kleriker (mit Ausnahme der Ständigen Diakone) zur Einhaltung der Ehelosigkeit als Lebensform verpflichtet, findet sich im Codex Iuris Canonici can. 277: „Die Kleriker sind gehalten, vollkommene und immerwährende Enthaltsamkeit um des Himmelreiches willen zu wahren; deshalb sind sie zum Zölibat verpflichtet, der eine besondere Gabe Gottes ist, durch welche die geistlichen Amtsträger leichter mit ungeteiltem Herzen Christus anhangen und sich freier dem Dienst an Gott und den Menschen widmen können." Diese rechtliche Fassung wird durch die Bestimmung des Eherechtes der katholischen Kirche unterstützt, die im can. 1087 die Eheschließung von Klerikern mit höheren Weihen für ungültig erklärt. Das Zölibatsgesetz ist Produkt einer langen und verwickelten Geschichte. Das Neue Testament kannte noch keine Regelung dieser Art; nur die Ehelosigkeit „um des Himmelreiches willen" wurde zweifelsfrei als Wert erkannt. Bald nach der konstantinischen Wende setzte sich *in der westlichen Kirche* die Vorstellung durch, ehelicher Verkehr und der Dienst am Altar seien miteinander nicht vereinbar; „kultische Reinheit" wurde gefordert (Damasus I., Siricius, Ende des 4. Jahrhunderts) und immer mehr auf gesetzlichem Weg durchgesetzt. Mißverstandene Reinheitsbestimmungen des Alten Testamentes und griechisch-stoische Einflüsse waren wirksam, aber auch die Vorstellung von einer ganzheitlichen Verfügbarkeit dessen, der nicht die Sorge für eine eigene Familie auf sich nimmt. Im Mittelalter führte der Erfolg der gregorianischen Reform zur seither endgültigen Bestimmung, in der die Eheschließung von Priestern als ungültig angesehen wurde (2. Laterankonzil). Sie wurde im Trienter Konzil gegen die *Einwände der Reformatoren* aufrechterhalten. – Die Entwicklung im *Osten* verlief anders: Eine vor der Weihe geschlossene Ehe konnte weitergeführt werden; nur von den Bischöfen verlangte man die Ehelosigkeit. Grundsätzlich gilt diese Regelung auch in den unierten Ostkirchen bis heute. Die zitierte gesetzliche Bestimmung betrifft also „allein die lateinische Kirche" (CIC 1983, can. 1).

2. Zur Problemsituation

Kaum jemals ist der Zölibat unumstritten gewesen. Er ist auch in unserem Jahrhundert aus unterschiedlichen Perspektiven problematisiert worden:
a) Eine grundlegende Veränderung in der Sichtweise ergibt sich *aus dem veränderten Verhältnis des Menschen zur Sexualität.* Für den heutigen Menschen ist es undenkbar geworden, ohne Annahme seiner geschlechtlichen Bestimmung zu einer gesunden Selbstverwirklichung zu kommen; in dieser Grundaussage konvergieren fast alle weltanschaulichen Richtungen mit den Auffassungen der Kirche, die sich in ihrem Verständnis der Sexualität von den Entwicklungen moderner Anthropologie mitbestimmen ließ. Hatte noch der Codex von 1917 im can. 1013 von einer eindeutigen Vorrangigkeit der Funktion der Fruchtbarkeit gesprochen, so stellte das Zweite Vatikanische Konzil den Wert ehelicher Einigung von Mann und Frau in wechselseitiger Ergänzung und Bereicherung gleichrangig daneben. Angesichts der so neu bewußt gewordenen Möglichkeiten menschlicher Selbstverwirklichung in der Begegnung von Mann und Frau scheint die im Zölibat erhobene Forderung der Kirche nicht mehr so selbstverständlich akzeptabel zu sein wie am Anfang des Jahrhunderts. Fand sich in den Ergebnissen der Humanwissenschaften nicht die Bestätigung der Auffassung Martin Luthers, der hier der Natur des Menschen ihr Recht zubilligte?
b) Das zölibatäre Leben ist auch *in seiner sozialen Einbindung zu sehen.* Die Erwartungen der umgebenden Gesellschaft, aber auch die der den Priester in seiner Tätigkeit mittragenden Gemeinde sind vielfach andere geworden. Gesellschaftlich ist der Einfluß der Priester seit langem kontinuierlich zurückgegangen. In der Frage des Zölibates begegnet der einzelne immer mehr einer Skepsis, die ihm oft nicht zutraut, für was er hier steht, und die die Notwendigkeit nicht einsieht. Kann zudem der Nichtverheiratete den Eheleuten mehr sagen als ein Verheirateter? Veränderte Erwartungshaltungen aber wirken zurück auf den, der sich ihnen ausgesetzt sieht.
c) Immer noch ist die Diskussion um den Zölibat *durch jene dubiosen Motivationen* (die Forderung kultischer Reinheit auf dem Hintergrund einer Abwertung des Leiblich-Sexuellen; kirchliche Macht- und Besitzinteressen) *belastet,* die, historisch gesehen, seine Einführung zumindest *mit* motiviert haben.
d) Schließlich erträgt es ein *emanzipatorisches Freiheitsbewußtsein* nur

schwer, den Bereich persönlicher Intimität durch ein Gesetz geregelt zu sehen, das nicht aus einer inneren Notwendigkeit der priesterlichen Aufgabe selbst begründbar ist. Die oft wiederholte Rede vom „Zwangszölibat" zeugt davon; er wird oft als Beeinträchtigung in einem Bereich unveräußerlichen Menschenrechtes angesehen.

3. Heutige Begründungsversuche

Gemeinsam ist fast allen neueren theologischen Begründungen des Zölibats der *Rückgriff auf die Heilige Schrift*. Hierin sieht auch das Zweite Vatikanische Konzil alle Erneuerung der Kirche grundgelegt. Von vornherein konnte es dabei nicht primär darum gehen, das Zölibatsgesetz biblisch herzuleiten. Aber neue Aspekte in der Motivation wurden erkennbar:
a) Ehelosigkeit um des Himmelreiches willen kann demnach als *prophetische Zeichenhandlung* verstanden werden. Der Lebensvollzug des Propheten ging (vgl. u. a. Hos 1–3; Jer 27, 1–28, 14) als integrierender Bestandteil in seine Verkündigung mit ein. In dieser Weise sollte der Zölibat „Zeichen" (Presbyterorum Ordinis 16) sein, im Sinne einer fundamentalen Lebensentscheidung Realsymbol für den Glauben derer, die sich zu ihm entschließen. „Zeichen" ist hier nicht nur Zeichen der Bezeugung für andere; es ist vielmehr auch Zeichen für den, der sich zu diesem Weg entschließt, Zeichen, das zurückwirkt auf seinen Glauben, „quasi-sakramentales" und so wirksames Zeichen, in dem sich seine eigene Hingabe ein für allemal – und immer wieder realisiert. Es ist ein Zeichen, das etwas vom Totalanspruch des Evangeliums ausdrückt und bewußt macht.
b) Inhaltlich wird die freiwillig gewählte Ehelosigkeit vor allem als ein *Zeichen der Glaubenshoffnung* angesehen. In dieser Existenzform wird die Sehnsucht wachgehalten und in ihr ist bezeugt, daß „das Eigentliche", in Christus ein für allemal gekommen, noch seiner Vollendung harrt.
c) Mt 19,11 f. spricht nicht nur von der Ehelosigkeit, sondern davon, daß es Menschen gibt, die sich „um des Himmelreiches willen" *zur Ehe unfähig gemacht* haben; hier ist wohl eine „existentielle Unmöglichkeit" (Schillebeeckx) gemeint, vergleichbar der der Apostel vor dem Hohen Rat: „Wir können unmöglich von dem schweigen, was wir gesehen und gehört haben" (Apg 4,20). Sie „können nicht anders", weil sie völlig erfaßt sind von ihrer Aufgabe. Wer sich in dieser Form dem Dienst am Evangelium verschreibt, „kann" sich nicht mehr einer Frau und der Familie zuwenden, weil er sich in diesem Sinn „ganz" gefordert sieht.
d) Die *Radikalität des Evangeliums ist keine Überforderung*. Die Berufung im Neuen Testament wurde als schöpferische Einwirkung verstanden; das Wort dessen, der ruft, erwirkt im Berufenen die Möglichkeit, dem Ruf zu folgen. Charisma (das Konzil spricht vom „donum") und Berufung sind zwei Seiten derselben Realität – in der Gabe deutet sich der Ruf an. Den Zölibat als Chance ergreifen, das heißt, ihn als Möglichkeit für sich selbst wahrzuneh-

men. Sie ist immer geschenkte Möglichkeit (wie auch die Entscheidung für einen anderen Menschen nur geschenkte Möglichkeit sein kann). Das Neue Testament wirkt hier realistisch, nicht exklusiv „asketisch", wenn Jesus auf die sehr nüchterne Frage des ersten Apostels, was ihnen, die alles verlassen hatten, zuteil würde, nicht mit einem ausschließlichen Hinweis auf jenseitigen Lohn antwortet, sondern in diesem Leben „Hundertfältiges" verheißt (Mk 10,29 parr.), nicht in gleicher Münze, das versteht sich, aber doch als reale Erfüllungschance im Vollzug menschlicher Kommunikation.

Ein Grundelement zieht sich *unverzichtbar* durch alle Überlegungen. Die Realisierung der Entscheidung ist *nur möglich im Vollzug des existentiellen Glaubens.* Wer diesen Schritt tut, sollte sagen können: „Auf dein Wort hin" (Lk 5,5).

4. Theologische Zölibatsbegründung und anthropologische Bedenken

Der Glaubensvollzug hat sich uns als Akt gezeigt, der in der existentiellen Tiefe der menschlichen Person wurzelt. Er realisiert sich in Entscheidungen, die ein Leben tragen sollen; der Sich-Entscheidende aktiviert gerade jene Mitte der Person, die auch im Vollzug geschlechtlicher Liebe tragend ist. Da wird nicht verdrängt, sondern integriert – „sublimiert", würde Freud sagen. Daß ein solcher Prozeß seine spezifischen Voraussetzungen hat, hat die Psychoanalyse gelehrt; das heißt nicht, daß er unmöglich wäre. Daß dieser Weg immer hohen Risiken ausgesetzt ist, liegt auf der Hand; er ist nur in vielen Schritten zu begehen. Gerade von daher bildet er eine dauernde Provokation, die einmal getroffene Entscheidung existentiell in einem lebensgeschichtlichen Reifungsprozeß, der nie voll abzuschließen ist, je neu einzuholen und zu ratifizieren. In diesem Bemühen ist der ehelose Priester durchaus trotz vielschichtiger Veränderungen in der Gesellschaft und den Gemeinden nicht allein gelassen. Es zeigt sich, daß in fast allen Erneuerungsbewegungen, in allen Aufbrüchen, die von der Basis des Evangeliums her das Leben zu sehen versuchen, der Sinn für die „Alternativen", die das Evangelium nahelegt, wächst. Zu ihnen gehört jene Ehelosigkeit um des Himmelreiches willen, in der der Zölibatär auch für den Verheirateten das Zeugnis eschatologischer Hoffnung gibt.

5. Der Zölibat als Gesetz

Von Intention und Praxis der Kirche her gesehen, will dieses Gesetz keinen Zwang ausüben; es setzt Bedingungen fest, die mit der Spendung der höheren Weihen verbunden sind. Daß diese freiwillig und in Kenntnis der zu übernehmenden Verpflichtungen empfangen werden, wird in der Weihehandlung öffentlich festgestellt. Jemand, der dieses so vollzogen hat, wird sich nicht sagen lassen wollen, er habe „unter Zwang" gehandelt. Gleichwohl liegt hier ein Stein des Anstoßes: Wie kann man einen so einschneidenden

Entschluß zu einer Forderung für alle machen, die in der lateinischen Kirche Priester werden wollen? Eine zwingende Notwendigkeit, die sich aus der Glaubenslehre über das priesterliche Amt ergäbe, liegt nicht vor – sonst könnte es keine Ausnahme geben. Keines der amtlichen Dokumente spricht von einer Notwendigkeit solcher Art. Es wird dagegen ein hoher Grad von *Angemessenheit* herausgestellt: Die oben genannten Begründungen weisen diese Angemessenheit aus (Presbyterorum Ordinis 16). Auf diese Weise kann und soll nichts „bewiesen" werden. Aber es können Entscheidungen nahegelegt werden. Dieses gilt nicht nur für den je einzelnen, der sich entscheidet. Man darf davon ausgehen, daß hier auch der kirchliche Gesetzgeber im Vollzug des Glaubens handelt, indem er sich auf eine nur im Glauben faßbare Realität beruft: die Führung der Kirche durch den Geist Christi. Die Kirche verbindet den Empfang der höheren Weihen mit der Zölibatsverpflichtung in Treue zu einer über Jahrhunderte hin geübten Praxis; sie vertraut darauf, daß sich in dieser Praxis der Geist Jesu auswirke. Hinter dem Gesetz steht weder Willkür noch dogmatisch zwingende Notwendigkeit, sondern eine von den Päpsten (vgl. Paul VI. „Sacerdotalis Coelibatus") und von einer Mehrheit der Bischöfe getragene geschichtliche Entscheidung (vgl. Röm. Bischofssynode 1971). Andere geschichtliche Bedingungen können u. U. eine andere Entscheidung nahelegen.

Die völlige Aufhebung des Gesetzes der ehelosen Lebensform der Priester würde ein Spezifikum ihrer Zeichenhaftigkeit nehmen, die von der Zusammengehörigkeit von Priestertum und Zölibat und einer darin mitgegebenen Solidarität der Priester in diesem Zeugnis lebt. Diese Entscheidung ist keine reine Privatangelegenheit; würde sie das bei Aufhebung des Gesetzes, so würde diese Dimension der Zeichenhaftigkeit aufgehoben. Über Modifikationen, über die konkrete Handhabung der Gesetze (u. a. Laisierung) wird weiter diskutiert werden müssen – auch über die Frage, ob sich in Inkulturationsprozessen in anderen Ländern nicht doch Probleme zeigen können, die die Behauptung der Zeichenhaftigkeit aufgrund eines ganz anderen kulturellen Kontextes in einem anderen Licht erscheinen lassen. Es fragt sich auch, ob bei hochgradigem Mangel an Priesterberufen, der dazu führt, daß in vielen Gemeinden die Feier der Eucharistie nicht mehr sichergestellt ist, an eine Weihe verheirateter Männer gedacht werden kann (Kardinal B. Hume). Solche Überlegungen heben den Wert des Zölibatsgesetzes nicht auf, sondern suchen ihn angesichts bestimmter Problemsituationen zu wahren.

Literatur:
Paul VI., Enzyklika „Sacerdotalis Coelibatus" (1967); *N. Baumert,* Ehelosigkeit und Ehe im Herrn. Eine Neuinterpretation von 1 Kor 7 (Würzburg 1984); *F. Böckle* (Hrsg.), Der Zölibat. Erfahrungen – Meinungen – Vorschläge (Mainz 1968), bes. K. Rahner, Der Zölibat des Weltpriesters im heutigen Gespräch 69–75; *J. Bours – F. Kamphaus,* Leidenschaft für Gott (Freiburg i. Br. ⁴1982), bes. 24–73; *H. Heimerl,* Der Zölibat (Wien – New York 1985); Kongregation für das

katholische Unterrichtswesen: Leitgedanken für die Erziehung zum priesterlichen Zölibat, hrsg. und kommentiert von B. Fraling (Trier 1976); *C. Maas,* Affektivität und Zölibat. Dargestellt aufgrund einer Untersuchung der holländischen Literatur 1960–1978 (St. Augustin 1979); *H. J. M. Nouwen,* Gottes Clown sein (Freiburg i. Br. 1985), bes. 46–67; *M. Oraison,* Le célibat (Bordeaux 1966); *E. Schillebeeckx,* Het ambts-celibaat in de branding (Bilthoven 1965); *P. M. Zulehner,* Leibhaftig glauben (Freiburg i. Br. 1983).

Bernhard Fraling

Sachregister

Abendland 170, 179, 199, 275, 344, 417, 466
Abendmahl 160
Abrüstung ↗ Friedensethik, Pazifismus
Absolutes 255, 258, 266
Absolutheitsansprüche 428 ff
Abtreibung ↗ Schwangerschaftsabbruch
Agnostizismus 7–10, 31, 98
Adveniat 212 ff
Adventisten 430
Aktion 365
Alltag 154, 156, 160 263 f, 266, 446
Alternative Szene 14, 127, 196, 340 f
Altes Testament ↗ Bibel, Israel, Judentum
Altorientalische Kirchen 337 f
Amt, kirchliches 15, 53 ff, 132 f, 151, 153, 204 f, 236 ff, 241 ff, 246 ff, 327, 362, 371, 428, 432, 483
Ananda Marga 194 ff ↗ Jugendreligionen
Animismus 321
Anonymes Christentum 221
Anonymität 64, 196, 424
Anthropologie 435 f, 467, 504
Anthroposophie 11–15, 90 f, 430 f
Anthropozentrik 171, 475
Antijudaismus 189 f
Antikommunismus 194
Antisemitismus 35, 189 ff
Arbeit 20 ff, 257 ff, 274, 295, 490 f
Arbeiterpriester 412
Arbeitervereine 200
Arbeitsethos 20 f, 490 f
Arbeitslosigkeit 22 f, 135, 314
Arbeitsrecht, kirchliches 15–19
Arbeitswelt 19–24, 295
Arbeitszeitverkürzung 24
Armenische Kirche 337 f
Armut 26, 43 ff, 210, 223 f, 311 ff
Askese 25–29, 116, 346 f, 443, 503 ff
Ästhetik 232 ff, 251 ff, 289 ff
Astralleib 92 f
Atheismus 29–33, 56, 219, 258, 290, 415 ff
Atomenergie 144, 463
Atomwaffen 67, 349
Auferstehung 13, 125, 150, 152, 154, 179 ff, 268, 446
Auferweckung 131, 150, 160, 181 f, 185 ff

Aufklärung 30 f, 128, 190, 230, 270, 315 ff, 391, 416, 467, 486
Ausbeutung 139, 159
Auschwitz 31, 34–38, 128 ff
Auswahlchristen 220, 356, 401
Autokephalie 335
Autonomie 245, 250 ff, 271 f, 315 f, 352, 372, 383 ff, 414 ff
Autorität 341, 362, 471 ff
Autoritätsgewissen 147

Bahnhofsmission 83
Barmherzigkeit 81, 87, 185, 387 ff
Basisgemeinden 38–42, 58, 135, 153, 371, 446, 482
Befreiung 43 ff, 153, 187 f, 447
Befreiungstheologie 38 ff, 43–47, 217
Befruchtung, extrakorporale 108 ff
Behandlungsverzicht ↗ Passive Euthanasie
Beichte 72 ff, 239
Bekennende Kirche 375
Bekenntnisfreiheit ↗ Religionsfreiheit
Bergpredigt 48–51, 362, 376, 387 ff, 437
Berufsständische Ordnung 200
Beschneidung 192
Bevölkerungspolitik 53 ff, 104 f
Bevölkerungswachstum 52–56, 104 ff, 224, 463
Bhagwan-Bewegung 14, 90, 194 ff, 460
Bibel 48 ff, 56–61, 83, 119 f, 124 ff, 129 ff, 150 ff, 179 ff, 218, 232 ff, 290 f, 316 ff, 344 f, 350 f, 373, 407, 430, 435, 505
Bibelbewegung 57 f
Bibelinterpretation 48 ff, 97, 124 f
Bild 152, 179, 233 f, 267
Bildmeditation 269
Bildschirmtext 300
Bildungsarbeit 210
Bindungsverhalten 61–65, 307 ff, 490
Bioethik 66–70, 108 ff, 136 ff
Biotechnik 136 ff
Bischöfe 204, 373, 480
Bischofsamt 132, 242 ff, 246 f, 327, 355, 480, 485
Bischofskollegium 243 f, 481
Bischofskonferenzen 355

509

Bischofssynode 482
Bistum ↗ Diözese
Bittgebet 129 ff
Blasphemie 252
Böses 242, 252
„Brot für die Welt" 212 ff
Buddhismus 9, 29, 267, 269, 273, 291, 339 ff, 378
Buße *70–74*, 335, 405 ff, 494
Bußfeiern 74
Bußpraxis *70–74*
Bußsakrament 72 ff
Bußtheologie 72 ff

Calvinismus 354
Caritas 80, 209, 212 ff, 239
Chalkedon 173, 186, 336
Charismatische Erneuerung 59, 294 f
Charismen 81, 133 f, 239, 241, 329 ff, 413 f, 428, 446, 505 f
Christentum 169 ff, 228 ff, 291 ff
Christenverfolgung 172, 330
Christian Science 431
Christliche Gewerkschaften 200
Christologie ↗ Jesus Christus
Christusmeditation 268 f
Comunione e Liberazione 295 ff
Cursillo 294

Dämonen 28, 184 f, 287
Darwinismus 66
Datenschutz *75–79*
Datenverweigerung 77
Demokratie 351, 375, 482, 489, 501
Demokratietheorie 353 f
Demokratisierung 240, 482
Denkschriften 361
Dependenztheorie 44
Deszendenztheorie 125
Diakonie, kirchliche *79–83*, 133 f, 162, 205, 239
Dialog 32 f, 35 ff, 83, 92, 158 f, 161, 169 ff, 188 ff, 260, 268, 277, 302 ff, 338, 380, 481 f
Diasporakirche 222, 237, 296
Dichtung ↗ Literatur
Diesseits 27, 83, 179 ff, 378
Diözesansynoden 483
Diözese 131 ff, 208, 355
Divine Light Mission 194 ff
Dogmatismus 316 f, 379
Dogmen 151, 244
Doketismus 172
Dritte Welt 52 ff, 82, 121, 135, 170, 220 f, 223 f, 311 ff, 328, 359, 373
Dualismus 25, 179, 353, 494

EDV 75 ff
Ehe *84–88*, 98 ff, 104 ff, 110, 112, 116, 174 ff, 208, 274, 307 ff, 335, 389, 405 ff, 433 ff, 490, 494 ff
Eheauflösung 495 f
Ehelosigkeit ↗ Evangelische Räte, Zölibat
Ehenichtigkeitsverfahren 87, 495 ff
Ehescheidung 86, 308, 494 ff
Ehetherapie 65
Einheit 242, 244, 324 ff, 334, 342, 356 f, 373, 427
EKD 373
Electronic Church 431
Embryonenspende 108 ff
Empfängnisverhütung 101, 104 ff, 176 f, 423
Endzeit 130, 154
Endzeitgemeinden 430
Entmythologisierung 182
Entwicklungsarbeit, kirchliche 210, 213 ff, 315
Entwicklungshilfe 311 ff
Entwicklungsländer 22, 52 ff, 215, 223 f, 311 ff
Enzykliken 244, 502
Epiphanie 336
Equipes Notre-Dame 301
Erfahrungshorizonte 356
Erlösung 116, 120, 150, 187 f
Erotik/Eros 433 ff
Ersatzmutterschaft 108 ff
Erstbeichte 239
Erstkommunionunterricht 153, 239
Erziehung, religiöse ↗ Religiöse Erziehung
Eschatologie 125, 129, 179 ff, 188, 319, 434, 446, 506
Esoterik 8, *89–93*, 180, 340
Ethik 66 ff, 77 ff, 110 ff, 175 ff, 265, 349, 366 f, 378, *381–386*, 448 ff, *462–466*, 474 ff
Ethik, christliche 49
Ethos 381
Eucharistie 131 f, 327, 335 f, 405 ff, 439, 473, 494 ff
Eugenik 164 ff
Euthanasie 448 ff
Evangelikale Bewegung 124 ff
Evangelische Räte 28, 300, 329 ff, 410
Evangelisierung 44 f, 150, 153, 238, 278 f, 396 ff, 487 f
Evolution 12, *94–98*, 180, 339 f, 463 f
Evolutionstheorie 66 f, 94 ff, 125
Ewiges Leben 25, 150, 254
Ex-cathedra-Entscheide 244, 346
Exegese 56 ff, 129
Exerzitien 267 ff

Existenzphilosophie 30 ff
Exkommunikation 71, 219
Experimente 108 ff

Familie 20 f, 84, *98–103*, 126, 153, 164 ff, 193, 211, 220, 263 f, 274, 307 ff, 365 f, 377, 396 f, 434, 442, 490
„Familie der Liebe" 194 ff ↗ Jugendreligionen
Familienplanung 53 ff, *104–107,* 164 ff, 173 ff, 437
Familienpolitik 99 ff, 103
Familienschutz 297
Familientherapie 65, 100
Fastenkollekte 214 ff
Fegfeuer 182
Feministische Theologie 114 ff
Firmung 85, 239, 335, 405 ff, 428, 487
Fokolar-Bewegung 294 ff
Folter 143
Forschungsethik 69, 137 ff
Forschungsfreiheit 69
Fortpflanzungsmedizin *108–114*
Fortschritt 462 ff
Frau 52, 85, 87, 108 ff, *114–119,* 126, 309, 366, 371, 419 ff, 463
Frauenordination 118, 371
Freiheit 11, 30, 46, 77, 121, 134, 145 ff, 153, 179 ff, 205, 272 f, 316 ff, 374, 382 f, 452 f, 501
Freikirchen 373, 429
Freitod ↗ Suizid
Frieden 48 ff, 119 ff, 134, 142, 271, 348 ff, 387, 477 f, 492
Friedensethik *119–124,* 348 ff
Friedenskirchen 350
Friedenspolitik 120 ff
Fristenregelung 419 ff
Frömmigkeit 82, 230, 443 ff
Fundamentalismus 97 f, *124–127*

Gallikanismus 345 f
Gastfreundschaft 426 f
Gebet 36 f, *127–131,* 148, 152, 218, 267, 446
Gebetserhörung 128
Geburtenregelung 53 ff, 437
Geheimnis 10, 77 ff, 130, 151, 158, 162 f, 205, 222, 268 f, 284 f, 396, 481
Geist 12, 97, 158, 182, 241, 292, 324, 444 ff
Geisttaufe 431
Gemeinde 38 ff, 71 ff, 81 f, 118, 119 f, *131–135,* 153 f, 162, 197, 219, 233, 237 ff, 370, 397 ff, 403 f, 427 f, 441
„Gemeinde Christi" ↗ Sekten

Gemeindeleiter 134, 370, 427
Gemeindereferenten 238
Gemeinschaften christlichen Lebens 295 f
Gemeinwohl 144, 393, 502
Generationengegensatz 468 f
Gentechnik 66 ff, 136–140, 365
Gentherapie 139
Gerechtigkeit 122, 134, 143, 151, 156, 185, 260, 271, 314, 381 ff
Gericht 74, 179 ff, 183
Geschichte 8, 192, 228, 242, 256 ff, 399
Gesellschaft 180, 298, 394, 395 f, 414 ff, 474 ff, 491
Gesellschaftlicher Wandel 20 ff, 99 ff, 298 ff, 382 ff, 490 f
Gesetz 185, 192, 242, 390
Gewalt 46 f, 122, 140–145, 271, 388
Gewaltdarstellung 263
Gewaltherrschaft 143 f
Gewerkschaften 200, 274, 359
Gewissen 10, 86, 104, *145–149,* 272, 373, 386, 423, 437
Gewissenserfahrung 10
Gewissensfreiheit 149, 206, 245, 352, 391 ff, 482
Glauben 56, 63, 93, 122, 134, 150 ff, 203 ff, 241 ff, 316 ff, 376 ff, 424 ff
Glaube, religiöser 65, 147, 293 ff, 378 ff
Glaubensbindung 147, 245
Glaubenserfahrung 91, 151, 162, 184, 285 f, 395 ff, 402
Glaubenspraxis 32 f, 43 ff
Glaubenssätze 8, 151
Glaubensvermittlung *150–155,* 281
Gleichheit 272, 330
Glücksbedürfnis 156, 398, 491
Gnade 49, 87 f, 148, 150, 156, 180, 268, 288, 406 ff
Gnosis 8 f, 89, 429, 460
Gott 7, 28, 33, 70 ff, 79 ff, 84 f, 90, 119, 148, 150 ff, 155–159, 183, 191 f, 241 ff, 251, 255, 266 ff, 285, 288, 290 ff, 315 ff, 402, 415 ff, 482, 484 ff ↗ Vatergott
Gottebenbildlichkeit 67, 158, 235 f, 272
Gottesbeweise 7, 10
Gottesdienst 44 f, 81, 85, 115, 130, 131 f, *159–164,* 205, 209, 241, 336, 441
Gotteserfahrung 27, 129, 156 f
Gottesfrage 29 ff, 35, 155 ff, 482
Gotteskindschaft 272, 330
Gottesverborgenheit 33
Grenzmoral 149
Grundrechte 273
Grundsakrament 150

511

Grundwerte 489 ff
Güterabwägung 148

Häresie 159, 242, 246 ff, 429
Hausmessen 163
Heil 133, 173, 179 ff, 188, 221, 305 f, 424 ff, 481 f
Heilige 151, 277 291
Heiliger Geist 57, 133, 150, 158, 180, 184, 205, 230, 242, 268, 409, 443 ff
Heiliges 66, 162
Heilige Schrift ↗ Bibel
Heilungsevangelisten 431
Hermeneutik 60, 319, 395, 399
Hermetik 460
Herrschaft 143 f
Heterologe Insemination ↗ Insemination
Heteronomie 383 ff
Hexenverfolgung 117
Hierarchie 237, 276, 354
Himmel 179 ff
Hinduismus 29, 229, 267, 291, 303 ff, 339 ff, 458 f
Hoffnung 29, 83, 122, 151 ff, 158, 179 ff, 285
Hölle 179, 183
Homo religiosus 127 ff
Homosexualität 437
Humanae vitae 106 f, 483
Humangenetik 108 ff, 138 f, 164 ff
Humangenetische Beratung 164–169, 363 ff
Humani Generis 96
Humanismus, aporetischer 8
Hunger 121, 212 ff, 463

Indifferentismus 33
Industrialismus 260
Informationssysteme 298 ff
Inkarnation 162 f, 172 f
Ikone 336
Inkulturation 153, 163 f, 169–173, 205, 371, 483, 507
Innere Mission 82
Inquisition 8, 393, 430
Insemination 173–178
Institution 41 f, 84, 218 ff, 309 f, 373, 426 f, 467, 498 ff
Integralismus 199, 302
Intimsphäre 77, 174
In-vitro-Fertilisation 108 ff, 173 ff
ISKON 194 ff ↗ Jugendreligionen
Islam 126, 229, 272, 275, 279 ff, 291, 303 ff, 460 f
Israel 35, 154, 162, 184, 242, 438 f
Jehovas Zeugen 430 ff

Jenseits 27, 83, 91, 179–184, 378 f
Jesus Christus 13, 33, 44, 49, 71 ff, 80 ff, 84 ff, 119 f, 125, 129 ff, 132, 152 ff, 157 f, 160 f, 180, 184–188, 191 f, 203 ff, 268 ff, 285, 397, 439, 477, 484 ff
Judentum 34 ff, 126 f, 129, 188 ff, 251 ff
Juden und Christen 34 ff, 59, 129, 171 f, 188–193, 206, 303, 480
Judenverfolgung 31, 34 ff
Jugend 154, 398
Jugendarbeit 398 f
Jugendreligionen 193–197
Jugendschutz 297
Jungfräulichkeit 116

Kabbala 89
Kapitalismus 14, 23, 44 ff, 189, 200, 259 f, 499 f
Kapitalsünden 71
Karma 14, 339, 342, 460
Katechese 36, 150 ff, 169, 218, 239, 397 ff, 485 ff
Katechismus 152, 395, 399
Katholikentage 200
Katholische Aktion 199, 411
Katholizismus 198–202, 228 ff
Kernenergie ↗ Atomenergie
Kernwaffen ↗ Atomwaffen
„Kinder Gottes" 194 ff ↗ Jugendreligionen
Kirche 15 ff, 19 ff, 32, 42, 45, 56 ff, 80 ff, 85 ff, 114 ff, 130, 131 ff, 150 ff, 186 f, 197, 198 ff, 202, 203–207, 207 ff, 212 ff, 218 ff, 227 ff, 232 ff, 236 ff, 241 ff, 300 f, 324 ff, 330 ff, 334 ff, 343 ff, 352 ff, 357 ff, 372 ff, 391, 397, 404, 405 ff, 424 ff, 443 ff, 480 ff
Kirchenaustritt 208, 211, 220
Kirchenbau 163, 229 f, 232
Kirchenfreiheit 360, 481
Kirchengeschichte 198, 458
Kirchenjahreskreis 163
Kirchenrecht 15 ff, 85 ff, 133, 207 ff, 233, 246 ff, 412 ff, 440, 483, 494 ff, 503 ff
Kirchenstaat 344 ff
Kirchensteuer 81, 207–212
Kirchentage 231
Kirchliche Hilfswerke 212–218, 82 f, 315
Kirchlichkeit 132, 217–223, 424 ff, 442
Klassengesellschaft 23, 45
Klassenkampf 200, 256 ff
Klassenlose Gesellschaft 257 ff
Klerus 133, 162, 233, 236 ff, 367 ff, 411 ff, 485, 503
Klonieren 138 ff
Koevolution 61 ff

Kollektivschuld 34
Kolonialismus 170ff, 276
Kommunikation 261ff, 296ff, 408f
Kommunikationstechniken 297ff
Kommunismus 14, 32, 256ff, 499f
Konkordatspolitik 199, 237
Konstantinische Wende 172, 330
Konsumgesellschaft 220, 223–227
Kontemplation 130, 266ff, 330, 446
Konvergenzerklärungen 327
Konzil 345ff, 480ff
Koptische Kirche 337
Koran 279ff
Kosmos 179, 231, 232, 289ff, 317f
Krankensalbung 85, 335, 405
Kreationismus 97f
Kreuz 13, 131, 150, 152, 185f, 252, 446
Krieg 120ff, 137, 143, 348ff
Krieg, gerechter 47, 349
Kriegsdienstverweigerung 349
Kryokonservierung 108ff
Kult 160, 163f, 169, 171, 234, 405f
Kultische Reinheit 503
Kultur 21, 24, 169ff, 225f, *227–232*, 250ff, 415ff, 442, 457
Kulturkampf 200, 230
Kunst 152, 163f, 186, 228ff, *232–236*, 250ff, 415

Laien 39ff, 132, 185, 201, 212, 231, *236–241*, 361, 371, 411, 483, 485ff
Laisierung 369, 507
Lamaismus 340
Landeskirchen 208, 276
Leben 66ff, 94ff, 108ff, 177, 225, 419ff, 448ff
Lebensschutz 419ff
Legalität 385
Legion Mariens 295f
Lehramt 45ff, 59, 96ff, 105f, 110ff, 175ff, 218, *241–246*, 246ff, 327, 346, 373, 376, 437, 499
Lehrbeanstandungsverfahren *246–250*
Lehre 151, 218, 241ff, 346
Leid 82, 111, 219, 221, 314
Liberalismus 500
Liebe 61ff, 82, 84ff, 101, 122, 151, 157f, 176, 310, *386–390*, 433ff
Liebesgebot 49f, 147, 384
Literatur 229, 232, *250–256*
„Literaturstreit" 201
Liturgie 132, 153, 159ff, 205, 218, 229, 334f, 398, 405ff, 441
Liturgiereform 58, 159ff, 231, 407f, 481

Lutheraner 373ff
Macht 50f, 53, 142f, 218, 357, 376, 383, 464f
Manipulation 110f, 140, 226
Märchen 289
Marien-Dogmen 244
Marktwirtschaft 200, 499ff
Martyrie ↗ Zeugnis
Martyrium 143
Marxismus 31f, 46, 223, *256–260*, 499ff
Massenmedien 225
Masturbation 437
Mater et magistra 22
Materialismus 31f, 46, 227, 256ff, 381, 500
Materie 12
Medien 152, 239, 261ff, 297ff
Medienpädagogik *261–265*
Meditation 90, 130, 148, 241, *266–270*, 339ff, 380f
Menschenrechte 45, 120ff, 149, 217, *270–275*, 351, 360, 383f, 391ff, 480
Menschenwürde 55, 82f, 96, 120, 138, 141, 165, 174, 206, 271, 354, 436, 452
Menschenzüchtung 138
Menschheit 26, 90, 225, 305f, 362, 378
Metanoia ↗ Umkehr
Metaphysik 158
Metaphysische Gewißheit 7
Metropolie 335ff
Militärseelsorge 392
Mischehe 208f, 337
„Misereor" 212ff
„Missio" 212ff
missio canonica 486
Mission 150, 162, 171ff, 188, 210, *275–279*, 283
Mitarbeitervertretungsordnungen (MAVO) 17ff
Moderne 482
Modernismus 124, 199
Mönchtum 267, 329ff, 341f, 410f
Monismus 285, 342, 353, 459
Monophysiten 338
Monotheismus 158
Moral ↗ Ethik
Moralität 385
Mormonen 431, 460
Muslime *279–284*
Mystagogik 222
Mysterien 13, 162, 405f, 458
Mysterium ↗ Geheimnis
Mystik 13f, 27, 90, 130, 151, 251, 267ff, *284–288*, 323, 443f, 460
Mythos 96, 179f, 229, 234, 251f, 254, *289–293*, 405f, 459, 473

513

Nachfolge Jesu 26f, 49f, 135, 150ff, 187f, 204f, 330, 380, 386, 397
Nachchristlich 482
Nächstenliebe 44, 73, 79ff, 157f, 182, 212ff, 331, 446
Naherwartung ↗ Parusie
Narzißmus 341, 381
Nationalsozialismus 31, 34ff, 189ff, 232, 349, 375, 502
Natur 20, 175, 225, 258ff, 292f, 474ff
Naturgesetz 175, 464
Naturrechtslehre 273, 382ff
Naturwissenschaft 66ff, 415
Nazarener 230
Neokatechumenale Bewegung 294f
Neomarxismus 260
Neuapostolische Kirche 431
Neue geistliche Bewegungen *293–297*, 482
Neue Medien 261, *298–302*
Neues Testament ↗ Bibel
Neugnosis 11
Neuplatonismus 25, 27, 406, 458
Neurose 377ff, 454ff
New-Age-Bewegung 90f, 460
Nichtchristliche Religionen 130, 206, *302–306*
Nichteheliche Lebensgemeinschaften 64, 101f, *307–310*, 437
Nord-Süd-Konflikt *311–315*
Normen 148f, 218, 353, 467f
Nuklearpazifismus 349, 351

Offenbarung 10, 49, 57ff, 150ff, 155f, 241ff, 285, *315–319*
Okkultismus 12, *320–324*, 340
Ökologie 68, 93, 474ff
Ökonomische Kommunikationsbewältigung 298
Ökumene 59, 82f, 126, 190, 206, 236, 276f, 300f, *324–329*, 334ff, 344ff, 376, 408, 429, 447, 480
Ökumenischer Rat der Kirchen 276, 325ff, 376
Opfer 34ff, 388, 455
Opus Dei 295
Opus Mariae 294
Orden 238, 329–333, 410f
Ordensgelübde 28, 329f
Ordensnachwuchs 332f, 369
Ordensreform *329–333*
Ordination 204, 371, 507
Orientierungskrise 466f
Orthodoxe Kirchen *334–339*, 405, 504
Orthopraxie 380

Ortskirche(n) 40, 132f, 216, 276, 334, 206
Ostern 163, 185ff, 242, 336, 441
Östliche Religiosität 26, 130, 193ff, 266ff, *339–343*, 457ff
Ost-West-Konflikt 121f

Pacem in terris 115, 122
Pantheismus 32, 93, 268, 285
Papst/Papsttum 204f, 218, 229f, 241ff, 335, *343–348*, 354f, 358, 483
Parabiologie 321f
Paramystik 287
Paraphysik 321f
Parapsychologie 180, 287, 321ff
Parteien 359, 361, 489
Partnerschaft 61ff, 307ff, 434ff, 490
Parusie 130, 181
Pascha-Mysterium 160f, 330
Passive Euthanasie 449
Pastoral ↗ Seelsorge
Pastorale Zentren 370
Pastoralreferenten 238
Patriarchalismus 116
Patriarchat 335
Patriarchalismus 433ff
Paulinisches Privileg 87, 495
Pazifismus *348–352*
Person 93, 141ff, 218ff, 382f, 387ff 393
Persönlichkeitsrechte 76ff
Petrinisches Privileg 495
Pfarrgemeinderäte 133
Pfarrei 39, 131ff, 153, 441
Pfingstbewegung 431
Pluralismus 37, 159, 169ff, 197, 229, 277, 302, *352–357*, 483, 492
Politik 48–51, 272f, 315, *357–362*
Politische Theologie 37
Populorum progressio 22, 144, 500
Positivismus 7, 31, 489
Pränatale Diagnostik *363–367*
Präsuizidales Syndrom 453f
Predigt 36, 152, 190, 229, 242, 485ff
Priester 134, 237ff, 367ff, 485
Priestermangel *367–372*, 441, 507
Priestertum, allgemeines 132f
Priesterweihe 335, 405ff
Primat 335, 343ff, 354, 358, 480, 489
Probeehen 307ff
Protestantismus 117, 124ff, 181, 229, 252, *372–376*, 391, 444
Psi 323f
Psychoanalyse 30, 148, 260, 378ff
Psychohygiene *377–381*
Psychokinese 323

Psychokulte 193 ff
Psychotechniken 90, 196
Psychotherapie 377 ff

Quadragesimo anno 15, 200

Rajneeshismus ↗ Bhaghwan-Bewegung
Randgruppen 134, 162, 224, 454
Rassismus 159, 190
Räte, kirchliche 240, 482
Rationalismus 10, 316 f, 466 f, 473
Reagenzglasbefruchtung 108 ff, 174 ff
Recht 174 ff, 270 ff, *381–390*
Rechtsordnung 142, 387
Rechtsstaat 394
Reform 205 f
Reformation 25, 56, 161, 276, 329, 345, 368, 372 ff, 405, 429, 472, 485
Reich Gottes 43, 130, 150, 163, 180, 184 ff, 221, 242, 329, 376, 434, 484
Reinkarnation 14, 93, 180, 196, 339 f 342, 460
Religion 127 ff, 194, 230, 250 ff, 258 ff, 342 f, *377–381,* 395 ff, 414 ff, 469
Religionen ↗ Nichtchristliche Religionen
Religionsfreiheit 16, 32, 206, 208, 220, *391–395,* 429, 480
Religionsgemeinschaften 208, 392
Religionskritik 29 ff, 128 f, 172, 180, 251, 257 ff, 290, 377 ff
Religionslehrer 399 f
Religionsunterricht 152 ff, 190, 239, 392, *395–400*
Religiöse Erziehung 153, *400–405*
Reproduktionstechnologie 108 ff
Rerum Novarum 21
Restauration 234, 250 f
Retortenbaby 108 ff, 174 ff
Revolution 46 f, 143 f, 198, 258
Romantik 230, 250 f
Rosenkreuzerbewegung 90
Rüstung 23, 312 ff, 348 ff

Sabbat 438 f
Sakralarchitektur ↗ Kirchenbau
Sakramentalität 28, 133, 151, 205, 238, 334, 405 ff
Sakramente 87, 132 ff, 151, 160 ff, 204 ff, 335 f, *405–409,* 424, 495
Sakramentenkatechese 239, 397
Säkularinstitute 300, 410–414
Säkularisation 489
Säkularisierung 115, 126, 155, 180, 201, 227, 234, 250 ff, 342, 391, 395 f, 414 ff

Säkularität *414–418*
Säkularismus *414–418*
Samenbank 108 ff
Samenspende 108 ff, 173 ff
Satanismus 320
Schicksal 293
Schicksalsanalyse 148
Schismata 429
Schönstatt-Bewegung 395 ff
Schöpfung 66 ff, 96 ff, 125, 151, 160, 184, 259, 292, 438 f, 475 ff
Schriftprinzip 472
Schuld 72 ff, 87, 130 f, 148 f, 156, 182 f, 191, 389
Schulgebet 126
Schulmonopol 485 f
Schwangerschaftsabbruch 54, 106 f, 126, 364 ff, 383, *419–423*
Schwangerschaftsberatung 363 ff
Schweigen 130, 161, 410
Scientology-Kirche 194 ff
Seele 179 ff, 377 ff, 424
Seelsorge 82, 197, 210, 392, *424–428,* 496 ff
Sekten 197, 199, 370, *428–433,* 446
Selbstbestimmungsrecht 77 ff
Selbstfindung 266, 341
Selbstmord ↗ Suizid
Selbstverwirklichung 382 f, 491
Sexualität 88, 104 ff, 116 ff, 168, 219, 342, 408, *433–438,* 469, 504
Sinnerfahrung 33
Shoah 34 ff
Sittlichkeit ↗ Ethik
Skeptizismus 7, 316
Solidarität 122, 170, 199, 200, 217, 226, 315
Sonntag 163, 392, *438–442*
Soteriologie ↗ Erlösung
Sozialethik 122, 499
Sozialisation 296, 401
Sozialismus 272, 499 ff
Sozialkatholizismus 200 f
Soziallehre 47, 122, 200, 260, 499
Sozialstaat 82
Spiritismus 320
Spiritualität 25 ff, 50, 91, 293 ff, 333, 336, 395, *443–448*
Sprache 152, 424
Staat 30, 51, 142 ff, 149, 199, 207 ff, 271, 359 f, 374, 391 ff, 415, 428, 492
Staatsgewalt 142, 392
Staatskirche 219 f, 360, 373, 392
Staatskirchenrecht 359 f
Staatsreligion 392, 439
Sterbehilfe 82, *448–452*

Sterben 154, 181, 274, 448 ff
Sterilisation 101, 104, 176
Sterilität 111 f
Stigmatisation 322
Stoa 128 ff
Stundengebet 161
Subordinationismus 159
Subsidiarität/Subsidiaritätsprinzip 100, 104, 210, 314, 501
Sucht 224
Südafrika 217, 374 f
Suizid *452–457*
Sufismus 92, 283, 287, 339 ff
Sünde 44 f, 70 ff, 149, 182 f, 184, 437
Sündenfall 146
Symbole 152, 161 ff, 205, 233 ff, 406 ff, 476
Symbolon 152
Synagoge 59, 129, 191
Synkretismus 12, 89, 194 ff, *457–462*
Synodale Ordnung 240
Synode, Gemeinsame 132 f, 395 ff
Synoden und synodale Vorgänge 335, 347, 373, 482 f
Syrische Kirche 337 f

T'ai Chi Ch'uan 339
Tabu 117, 291, 433
Taoismus 29, 339 ff
Taufe 150, 184, 203 f, 208, 238, 327, 335, 404 ff, 428, 441, 487, 495
Technik 231, 262 ff, *462–466*
Teilkirchen 16, 132
Telepathie 323
Tendenzbetriebe 18
Terror 143
Theodizee 31, 153
Theokrasie 458 ff
Theokratie 229
Theologie 36 f, 43 ff, 56 ff, 114 ff, 124 ff, 155 ff, 185, 245, 246 ff, 255, 292, 303 ff, 315 ff
Theonomie 245, 272
Theophanien 318, 336
Theosophie 12 ff, 90, 340, 432, 460
Tiefenpsychologie 60, 148
Tod 27, 160, 180 ff, 448 ff
Toleranz 144, 149, 273, 305 f, 342, 392
Totalitarismus 353, 391
Tradition 57, 192, 204 f, 242 f, 318 f, 327 f, 335 ff, 429, *466–470*, 471 f, 491 f
Traditionalismus *471–474*
Tötung auf Verlangen 451
Tötungsverbot 362, 448 ff
Transzendentale Meditation (TM) 90, 194 ff

Transzendenzerfahrung 154, 156, 442
Träume 318
Trauung, kirchliche 85 f
Treue 64, 101, 435
Trienter Konzil 243 f, 347, 472, 485, 504
Trinität 157 ff, 187, 268, 285, 318
Tugenden 62, 148, 223, 470, 491
Tyrannenmord 47

Überlieferung ↗ Tradition, Traditionalismus
Umkehr 70 ff, 131, 135, 146, 380
Umweltethik *474–478*, 492
Umweltschutz 137, 225, 474 ff
Unfehlbarkeit 241 f, 346
Unionskonzil 335
Unionsverhandlungen 327
Unrecht 144, 153, 156, 271 ff
Unsterblichkeit 179 ff
Unterdrückung 37, 46, 220 f
„Unterscheidung der Geister" 286, 288, 459
Uroffenbarung 471, 473
Urvertrauen 61 ff
Utopie 180
Vatergott 30, 183, 184, 268, 285, 333
Vaterunser 130, 152
Vatikan 343 ff
Vatikanum I 32, 155, 241 ff, 345 f, 473, 480
Vatikanum II 32, 40, 56 ff, 105, 118, 122, 132, 149, 161 ff, 169, 190 f, 202, 228, 238 ff, 241 ff, 276 ff, 293, 303 ff, 319, 326 ff, 329 ff, 343, 347, 350, 352 ff, 391 ff, 407 f, 432, 441 *479–484*, 504
Verantwortung 67 ff, 132 f, 146 ff, 156, 165 ff, 177, 367, 462 ff
Verbalinspiration 124
Verbände 198 ff, 237, 370 f
Vereinigungskirche 194 ff
Vergebung 156
Verkündigung 56 ff, 169, 205, 209, 160 ff, 218, 398, 424 ff, *484–488*
Vernunft 292, 315 ff, 376, 470, 486
Versorgungskirche 133
Verteidigung 143
Verteidigungsrecht 119 ff
Vertrauen 151, 402, 464 f, 471 f
viri probati 371
Visionen 318
Volk Gottes 40, 118, 130, 132, 154, 202, 205, 231, 237 ff, 480 f
Volksfrömmigkeit 39, 56, 58, 461
Volkskirche 40, 118, 219 ff, 301, 376, 428

Wahrheit 9 f, 56, 122, 232 ff, 242 ff, 252, 305 f, 393, 489

Wahrheitsanspruch 9f, 316f, 352, 391ff
Weihe-Priestertum 118, 503ff
Weiterleben 179ff
Welt 198f, 206, 228f, 235f, 238ff, 330ff, 376, 410ff, 414ff, 445ff
Weltkirche 42, 153, 205, 212, 275ff, 355, 483
Weltreligionen 28, 55, 171, 473
Weltrevolution 258
Weltverachtung 25
Werte 354, 361, 378, 384, 466ff
Wertewandel *488–493*
Wertezerfall 491
Wertpluralismus 353
Wertwelt 454
Widerstand 34ff, 143, 375
Widerstandsrecht 143
Wiedergeburt 14
Wiederverheiratet Geschiedene 87, *494–498*
Wirtschaft 102, 225, 231, 415f
Wirtschaftsliberalismus 200
Wirtschaftssysteme 125, 311ff, *498–503*

Wort 130, 161f, 204, 406ff
Wort Gottes 56ff, 81f, 160f, 243f, 335, 373
Wortgottesdienst 161f
Wortmeditation 269
Wunder 184f

Yin und Yang 342
Yoga 284, 339

Zen ↗ Buddhismus
Zentralismus 354f
Zeugnis 154, 161, 186, 205, 212, 239ff, 242, 278, 397, 404, 412, 424ff
Zeugung 116, 176, 433ff
Zeugungsunfähigkeit 174f
Zölibat 117, *503–508*
Zukunft 179ff, 465, 472, 477f
Zwang 140f, 385f, 393
Zwangsneurose 377
Zwei-Reiche-Lehre 374
Zwischenzustand 179ff

Themen und Autoren

Agnostizismus   (Jörg Splett, Frankfurt)
Anthroposophie   (Hans-Jürgen Ruppert, Wildbad/Stuttgart)
Arbeitsrecht, kirchliches   (Oswald von Nell-Breuning, Frankfurt)
Arbeitswelt und Kirche   (Oswald von Nell-Breuning, Frankfurt)
Askese   (Josef Sudbrack, München)
Atheismus   (Franz Kardinal König, Wien)
Auschwitz   (Johann Baptist Metz/Johanna Kohn, Münster)

Basisgemeinden   (Klaus Nientiedt, Freiburg)
Befreiungstheologie   (Horst Goldstein, Lilienthal)
Bergpredigt und Politik   (Manfred Hättich, Tutzing)
Bevölkerungswachstum   (Johannes Müller, München)
Bibel   (Rudolf Schnackenburg, Würzburg)
Bindungsverhalten   (Rita Süssmuth, Bonn/Neuss)
Bioethik   (Günter Altner, Heidelberg)
Buße und Bußpraxis   (Jürgen Werbick, Siegen)

Datenschutz   (Klaus Philipp Seif, Bonn)
Diakonie, kirchliche   (Theodor Schober, Stuttgart)

Ehe   (Otto Hermann Pesch, Hamburg)
Esoterik   (Bernhard Grom, München)
Evolution   (Stefan N. Bosshard, Freiburg)

Familie   (Kurt Lüscher, Konstanz)
Familienplanung   (Johannes Gründel, München)
Fortpflanzungsmedizin   (Johannes Reiter, Mainz)
Frau in der Kirche   (Marianne Dirks, Wittnau bei Freiburg)
Friedensethik   (Ernst Josef Nagel, Hamburg)
Fundamentalismus   (Erich Geldbach, Bensheim)

Gebet   (Rudolf Bohren, Heidelberg)
Gemeinde   (Reinhold Waltermann, Münster)
Gentechnik   (Georges Fülgraff, Berlin)
Gewalt   (Hans Buchheim, Mainz)
Gewissen   (Franz Furger, Luzern)
Glaubensvermittlung   (Günter Stachel, Mainz)
Gott   (Johannes Brantschen, Fribourg)
Gottesdienst   (Werner Hahne, Freiburg)

Humangenetische Beratung   (Traute Schröder-Kurth, Heidelberg)

Inkulturation   (Hans Waldenfels, Bonn)
Insemination   (Johannes Reiter, Mainz)

Jenseits   (Dietrich Wiederkehr, Luzern)
Jesus Christus   (Bernd Jochen Hilberath, Mainz)

Juden und Christen   (Clemens Thoma, Luzern)
Jugendreligionen   (Reinhart Hummel, Stuttgart)

Katholizismus   (Oskar Köhler, Freiburg)
Kirche   (Heinrich Fries, München)
Kirchensteuer   (Alexander Hollerbach, Freiburg)
Kirchliche Hilfswerke   (Georg Specht, Kirchzarten)
Kirchlichkeit   (Paul M. Zulehner, Wien)
Konsumgesellschaft   (Johannes Schasching, Rom)
Kultur und Kirche   (Werner Ross, München)
Kunst und Kirche   (Herbert Schade, München)

Laie   (Leo Karrer, Fribourg)
Lehramt   (Walter Kern, Innsbruck)
Lehrbeanstandungsverfahren   (Heribert Heinemann, Bochum)
Literatur und Religion   (Karl-Josef Kuschel, Tübingen)

Marxismus   (Tamás Nyíri, Budapest)
Medienpädagogik   (Karl Lüscher, Konstanz)
Meditation   (Johannes B. Lotz, München)
Menschenrechte   (Wolfgang Schild, Bielefeld)
Mission   (Walbert Bühlmann, Arth-Goldau)
Muslime unter Christen   (Hans Vöcking, Frankfurt)
Mystik   (Josef Sudbrack, München)
Mythos   (Gottfried Bachl, Salzburg)

Neue geistliche Bewegungen   (Klaus Nientiedt, Freiburg)
Neue Medien   (Wilhelm Schätzler, Bonn)
Nichtchristliche Religionen   (Hans Waldenfels, Bonn)
Nichteheliche Lebensgemeinschaften   (Rita Süssmuth, Bonn/Neuss)
Nord-Süd-Konflikt   (Johannes Müller, München)

Ökumene   (Ulrich Ruh, Freiburg)
Östliche Religiosität   (Reinhart Hummel, Stuttgart)
Offenbarung   (Siegfried Wiedenhofer, Frankfurt)
Okkultismus   (Andreas Resch, Innsbruck/Rom)
Orden und Ordensreform   (Johannes G. Gerhartz, Rom)
Orthodoxe Kirche   (H. M. Biedermann, Würzburg)

Papsttum   (Peter Neuner, München)
Pazifismus   (Hans Langendörfer, Bonn)
Pluralismus, kirchlicher   (Franz-Xaver Kaufmann, Bielefeld)
Politik und Kirche   (David Seeber, Freiburg)
Pränatale Diagnostik   (Traute Schroeder-Kurth, Heidelberg)
Priestermangel   (Jan Kerkhofs, Löwen)
Protestantismus   (Eberhard Stammler, Stuttgart)
Psychohygiene und Religion   (Werner Huth, München)

Recht und Ethik   (Arthur Kaufmann, München)
Recht und Liebe   (Ernst-Wolfgang Böckenförde, Freiburg)
Religiöse Erziehung   (Jürgen Werbick, Siegen)
Religionsfreiheit   (Alexander Schwan, Berlin)
Religionsunterricht   (Gottfried Bitter, Bonn)

Sakramente   (Arno Schilson, Mainz)
Säkularinstitute   (Jean B. Beyer, Rom)
Säkularität und Säkularismus   (Ulrich Ruh, Freiburg)
Schwangerschaftsabbruch   (Elisabeth Buschmann, Freiburg)
Seelsorge   (Werenfried Wessel, Dortmund)
Sekten, christliche   (Friederike Valentin, Wien)
Sexualität   (Dietmar Mieth, Tübingen)
Sonntag   (Wilhelm Zauner, Linz)
Spiritualität   (Gisbert Greshake, Freiburg)
Sterbehilfe   (Markus von Lutterotti, Freiburg)
Suizid   (Erwin Ringel, Wien)
Synkretismus   (Reinhart Hummel, Stuttgart)

Technik und Ethik (Hanns Sachsse, Wiesbaden)
Tradition   (Elisabeth Noelle-Neumann/Edgar Piel, Allensbach)
Traditionalismus   (Oskar Köhler, Freiburg)

Umweltethik   (Alfons Auer, Tübingen)

Vatikanum II   (David Seeber, Freiburg)
Verkündigung   (Rainer Bucher, Ansbach)

Wertewandel   (David Seeber, Freiburg)
Wiederverheiratet Geschiedene   (Matthäus Kaiser, Regensburg)
Wirtschaftssysteme   (Walter Kerber, München)

Zölibat   (Bernhard Fraling, Würzburg)